LÉO TAXIL

LA FRANCE
MAÇONNIQUE

LISTE ALPHABÉTIQUE DES FRANCS-MAÇONS

NOMS, PRÉNOMS, PROFESSIONS ET DOMICILES

(Seize Mille Noms dévoilés)

ORGANISATION ACTUELLE DES LOGES

PRIX : **3** FR. **50**

PARIS ET DÉPARTEMENTS

CHEZ TOUS LES LIBRAIRES

ntral : AGENCE DES BONS LIVRES, 51, Rue de Lille, Paris

LA FRANCE MAÇONNIQUE

LÉO TAXIL

LA

FRANCE

MAÇONNIQUE

NOUVELLES · DIVULGATIONS

DÉPOT CENTRAL :
AUX BUREAUX DE LA *PETITE GUERRE*
51, RUE DE LILLE, PARIS

—

PARIS ET DÉPARTEMENTS
Chez tous les Libraires

AVANT-PROPOS

A l'époque de mon affiliation à la Franc-Maçonnerie, j'appartenais à la Loge *le Temple des Amis de l'Honneur Français*, Orient de Paris, laquelle avait pour Vénérable d'honneur le Très Illustre, Parfait, Vaillant et Sublime Frère Esprit-Eugène Hubert, directeur de la *Chaîne d'Union*, organe de la Franc-Maçonnerie universelle.

Ce Sublime Frère, qui se contente de porter dans les Loges l'humble titre de Souverain Grand Inspecteur Général, a écrit, en 1885, ces lignes :

« Quand donc publiera-t-on un dictionnaire donnant, dans une première partie, le nom des plus importants personnages qui ont pu appartenir à la Maçonnerie dès l'origine, et, dans une seconde partie, tous les Francs-Maçons actifs existants?... Il va sans dire que chaque famille maçonnique aurait son dictionnaire : la famille maçonnique française, la famille maçonnique anglaise, la famille maçonnique américaine, etc. » (Numéro d'avril 1885, page 151.)

Deux ans plus tard, le Frère Hubert, revenant à la charge, écrivait encore :

« J'ai bien souvent entretenu mes lecteurs de l'utilité qu'il y aurait pour la Franc-Maçonnerie française de posséder un dictionnaire, tenu à jour, qui donnerait les noms de tous les Maçons, avec leurs qualités civiles et leurs demeures... On est d'autant plus fort, d'autant plus respecté, d'autant plus *habile*, que l'on ne craint pas de montrer qui l'on est. » (Numéro de janvier 1887, page 3.)

Parler ainsi, c'est parler d'or.

C'est pourquoi le Frère Hubert sera, — je veux le croire, — enchanté de me voir réaliser, aujourd'hui, une partie de son vœu.

Aussi, cet ouvrage, je le dédie à mon ancien Vénérable, je le place sous son illustre protection, je me complais à rêver qu'il voudra bien le recommander à ses maçonniques lecteurs, — comme, de mon côté, je le recommande aux vulgaires profanes.

On reproche, en général, aux Francs-Maçons de cacher avec trop de soin leur qualité. Sur dix membres d'une Loge, un ou deux, tout au plus, ne font pas mystère de leur affiliation; les huit autres sont de vraies violettes.

Et la preuve, c'est que le Frère Hubert, qui, mieux que personne, est en mesure de publier le dictionnaire maçonnique, dont il proclame — bien sincèrement, oh! oui! — l'utilité, a toujours hésité à faire cette publication. Il a pensé que la modestie des huit dixièmes de ses collègues serait effarouchée.

Quant à moi, je l'avoue, cette considération ne saurait me retenir. La Franc-Maçonnerie, à tout propos, proclame, par ses divers organes, qu'elle se compose exclusivement de citoyens réunissant toutes les vertus civiques et privées. Il était donc intéressant de dresser la liste des hommes vertueux qui méritent si bien de la France !... C'est en secret qu'ils en étaient, jusqu'à présent, l'honneur; désormais, ils en seront publiquement la gloire... Ecartons les buissons ombreux, et que les violettes maçonniques resplendissent au soleil !...

Je n'ai, en ceci, qu'un regret, mais il est vif : c'est de n'avoir pu, pour aujourd'hui, donner au public qu'une liste incomplète. Avoir réuni les noms de seize mille

Francs-Maçons français, c'est déjà joli, évidemment, tant il est difficile de se procurer les documents établissant les preuves de ces sortes d'affiliations ; mais ma satisfaction eût été sans mélange, si j'eusse pu publier d'un seul coup les noms de tous les membres de nos Loges.

Patience, cela viendra. J'espère, avant une année, publier un second volume qui en contiendra tout autant. Et alors le Frère Hubert (Eugène-Esprit) n'aura plus qu'à me décerner une médaille de grand module, en témoignage de sa sublime allégresse.

✖

La liste, qui fait l'objet de ce premier volume, a été composée avec le plus grand soin. Pendant près de trois ans, j'ai réuni des documents maçonniques de toutes sortes : revues secrètes de l'association, annuaires, procès-verbaux des Loges, lettres de convocation aux séances, avis d'initiation, etc. Je me suis procuré aussi diverses pièces se rapportant à des réunions essentiellement maçonniques. Muni de ces documents, je les ai compulsés et dépouillés, transcrivant, au fur et à mesure, et avec une fidélité rigoureuse, tous les noms que j'y rencontrais.

Ces noms ont été ensuite classés ; et, les renseignements d'un document complétant ceux d'un autre, j'ai pu former une liste définitive.

Les documents ainsi dépouillés sont contemporains ; les plus anciens sont de 1870, les plus récents appartiennent à l'année 1887. Les Francs-Maçons français, que ce volume fait connaître, sont donc vivants, à cette heure, pour la plus grande majorité ; et les quelques-uns qui sont décédés, ont du moins vécu sous la troisième République. A cet égard, l'ouvrage est d'un intérêt de pleine actualité.

J'ai tenu à reproduire scrupuleusement les noms tels que je les ai trouvés sur les pièces à ma disposition. Si, par hasard, il en était se rapportant à la même personne et orthographiés différemment, c'est qu'ils figurent ainsi sur le document original. En cas de doute, j'ai respecté même les erreurs d'impression des annuaires et planches maçonniques.

Lorsque, par exception, un nom n'est pas suivi de la profession ou du domicile de la personne, c'est que je n'ai pas pu découvrir d'indication plus complète, quand il s'agit d'un simple particulier. Au contraire, quand il s'agit d'une personne très connue et ayant un caractère public, j'ai omis volontairement l'adresse, attendu qu'elle n'est alors d'aucune utilité, qu'il ne saurait y avoir d'erreur sur l'individu, et qu'au surplus la personne est exposée à des changements de domicile; tel est le cas des membres du Parlement, des officiers supérieurs, des préfets, sous-préfets et autres fonctionnaires ayant une résidence variable.

J'avais eu, d'abord, l'intention de classer les noms par départements; mais j'ai bien vite reconnu que ce classement n'était pas pratique. En effet, tel individu s'est fait initier alors qu'il habitait telle ville : en classant les noms par départements, j'aurais donc rendu difficiles les recherches le concernant; en me bornant à l'ordre alphabétique général, je permets, au contraire, de trouver immédiatement le nom recherché; il suffit ensuite au chercheur de savoir en quelles villes diverses a demeuré la personne qui l'intéresse.

En somme, je crois que ce livre rendra de grands services à quiconque désire connaître les Francs-Maçons.

De leur côté, les Francs-Maçons auraient mauvaise grâce à se plaindre de la divulgation de leurs noms. Ils disent qu'on les calomnie, quand quelqu'un traite leur association de société secrète; ils affirment qu'ils ne se cachent pas le moins du monde. Je ne fais donc que violenter leur modestie, après tout. Ce n'est certes pas là un crime !

LÉO TAXIL.

Paris, 31 janvier 1888.

LISTE ALPHABÉTIQUE DES NOMS

A

Aardewerk, diamantaire, rue Oberkampf, 102, Paris.
Aaron, négociant en nouveautés, Verdun, Meuse.
Abadie, propriétaire, rue des Couronnes, 34, Paris.
Abadie, charpentier, rue Spontini, 62, Paris.
Abadie, horloger, Batna, Algérie.
Abd-el-Kader, Sidi-el-Hadji-Ouled-Mahiddin (émir).
Abeille, Valentin, secrétaire général de préfecture.
Abel, négociant en huiles, président du Tribunal de commerce, rue des Beaux-Esprits, Toulon.
Abel, Jean-Bapt., mécanicien, rue Campagne-Première, 5, Paris.
Abelès, négociant, rue de la Fontaine-au-Roi, 59, Paris.
Abou, Félix, limonadier, Vallauris, Alpes-Maritimes.
About, Edmond, homme de lettres.
Abraham, Alexandre, rue Vieille-du-Temple, 125, Paris.
Abreveux, peintre-verrier, rue du Champ-de-Mars, 16, Paris.
Abriard, charpentier, Chambéry, Savoie.
Abric, Ernest, notaire et maire, Millau, Aveyron.
Abzac (d'), publiciste, Paris.
Acary, fils, fabricant de fleurs, rue Beauregard, 27, Paris.
Accardo, Antoine, propriétaire, Constantine, Algérie.
Accarias, place d'Italie, Chambéry, Savoie.
Achard, député de la Seine.
Achard, mécanicien, Aurillac, Cantal.
Aché-Duplan, tueur aux abattoirs, rue de Courlancy, 7, Reims, Marne.
Acher, négociant, rue d'Aboukir, 64, Paris.
Achet, Paul, artiste-peintre, rue de Lille, 49, Paris.
Achternbosch, employé de banque, rue du Faubourg-Poissonnière, 112, Paris.
Aconin, Charles, rue Saint-Nicolas, 21, Compiègne, Oise.
Adam, hôpital du Val-de-Grâce, Paris.

Adam, tenant un cabinet de lecture, Chalon-sur-Saône.

Adam, Emile, ancien directeur de l'École de dressage et d'équitation, rentier, adjoint au maire, rue Saint-Lambert, 2, Nancy.

Adam, François-Auguste, employé aux Halles, rue des Vieilles-Etuves, 13, Paris.

Adam, Jules, maréchal-ferrant, Epeigné, Indre-et-Loire.

Adamy, peintre, Constantine, Algérie.

Adamistre, François-Germain, ingénieur du canal de la Marne au Rhin, Bar-le-Duc, Meuse.

Adeline, Edouard-Désiré, cordonnier, Laons, Eure-et-Loir.

Adelswaerd (d'), Oscar, député, Longwy, Meurthe-et-Moselle.

Adéma, Bertrand, employé aux contributions indirectes, rue du Hautoir, 35, Bordeaux.

Adenis, Ambroise, entrepreneur de chemin de fer, Lyon.

Ader, Jean, négociant, cours d'Alsace-Lorraine, 40, Bordeaux.

Adeville, professeur de géographie, Berthecourt, Oise.

Admant, Victor, limonadier, rue Michel-le-Comte, 7, Paris.

Adnot, Louis, voiturier, quai d'Ivry, 6, Ivry, Seine.

Adoue, Joseph, orfèvre, rue Saint-Sauveur, 22, Paris.

Adoux, Etienne-Cyrille, modeleur, boulevard Benoît, 15, Saint-Denis, Seine.

Adouy, Pierre, négociant, rue Caffarelli, 28, Toulouse.

Aeschimann, Charles, courtier en bijouterie, rue Sévigné, 11, Paris.

Afforty, rue Saint-Denis, 142, Paris.

Agast, Jean-Joseph, ancien marchand de briques, Courmes, Alpes-Maritimes.

Agéro, Lubin, négociant, rue des Griffons, 4, Avignon.

Ageron, Eugène, entrepreneur de bâtiments, Valence, Drôme.

Agez, Emile-Joseph, avoué, Charleville, Ardennes.

Agnési, artiste lyrique, rue de Miroménil, 50, Paris.

Agoplan, négociant, rue Lafayette, 52, Paris.

Agrenier, marchand de chevaux, Valence, Drôme,

Aguesse, maréchal-ferrant, place Nationale, aux Deux-Moulins.

Aillau, Edouard, banquier, Orange, Vaucluse.

Aillaut, Paul, maître-tailleur, Nyons, Drôme.

Aimon, marchand de vins, rue de Courcelles, 100, Paris.

Akar, négociant, rue de Cléry, 19, Paris.

Alabrune, rue Du Guesclin, 93, Lyon.

Aladenize, boucher, rue de Clignancourt, 15, Paris.

Alaine, orfèvre, passage Saint-Sébastien, 9, Paris.

Alalinarde, entrepreneur de maçonnerie, Livrant, Cantal.

Alary, rue Fontaine-Saint-Georges, 31, Paris.

Alasseur, ent. de trav. publics, aven. La Bourdonnais, 2, Paris.

Alavaill, journaliste, conseiller général des Pyrénées-Orientales.

Alazet, Paul, employé, all. d'Orléans, 28, au Bouscat, Gironde.

Albagnac, chapelier, Cormiers, Eure.

Albagnac, **Louis**, chef de bureau à la C⁰ d'Orléans, Périgueux, Dordogne.

Albaret, père, receveur de rentes, rue St-Honoré, 97, Paris.

Albaret, fils, employé, rue du Poirier, 6, Paris.

Albaret, Eugène, caissier-comptable au secrétariat général du Grand Orient de France.

Albert, serrurier, rue St-Pierre-des-Corps, 64, Tours.

Albert aîné, boulanger, Bordeaux.

Albert jeune, boulanger, Bordeaux.

Albert, Alexandre, négociant, Valence, Drôme.

Albert, Arthur, teinturier-apprêteur, rue de l'Echauderie, 4, Reims, **Marne**.

Albert, Edouard-Alexis, horloger-bijoutier, Constantine, Algérie.

Albert, François, employé, av. des Champs-Elysées, 73. Paris.

Albert, Sixte, représentant de fabrique, rue Notre-Dame-des-Champs, 5, **Paris**.

Alberth, tailleur, rue de Rivoli, 71, **Paris**.

Alberti, négociant, rue des Petites-Ecuries, 5, **Paris**.

Albin, rédacteur en chef du *Glaneur de Saint-Quentin*, Saint-Quentin, **Aisne**.

Albraan, entr. de maçonnerie, Longjumeau, Seine-et-Oise.

Albrecht, Jean-Pierre, maître-cordonnier au 1ᵉʳ bataillon d'infanterie légère d'Afrique, Mascara, Algérie.

Alépée, **Félix**, fabricant d'appareils à **gaz**, rue **Boursault**, 71-73, Paris.

Alexander, **Louis**, rue de Londres, 17, Paris.

Alexandre, employé, rue Moreau, 64, Paris.

Alexandre, aux Petits-Ménages, Issy, Seine.

Alexandre, voyageur de commerce, Grande-Rue, 8, Nancy.

Alexandre, François-Désiré, limonadier, Laons, Eure-et-Loir.

Alexandre, Léon, propr.-rentier, rue Le Nôtre, 13 *bis*, Rouen.

Alexandry, march. d'ivoire, rue de la Folie-Méricourt, 21, Paris.

Alexis, rue Poulet, 38, Paris.

Alger, bijoutier, rue de Turenne, 51, Paris.

Alhaiza, voyageur de commerce, rue du Faubourg-Saint-Antoine, 295, Paris.

Alhant, François, sabotier, conseiller municipal, rue des Postes, 119, Lille.

Alhès, Charles, représentant de commerce, **Lyon**.

Aliato, maçon, Philippeville, Algérie.

Aliaume, Louis-Georges, faub. Ste-Catherine, 15, **Nancy**.

Ali-ben-Mohamed, caïd de Tebessa, Algérie.

Alibert, Pierre-Pascal, négociant, rue Roland, 7, Bordeaux.

Alibert, Marius, entrepreneur, Toulon.

Alicot, maître des requêtes au Conseil d'Etat, avenue de Messine, 14, Paris.

Alié, rue du Taur, 8, Toulouse.

Ali-Margarot, banquier, maire, quai de la Fontaine, Nîmes.
Alizier, cafetier, rue Charlemagne, 53, Lyon.
Alizon, négociant en vins, Audincourt, Doubs.
Alker, négociant, rue de la Bourse, 9, Paris.
Allain, négociant, boulevard Beaumarchais, 33 bis, Paris.
Allain, Charles, menuisier, rue du Faub.-St-Denis, 192, Paris.
Allain-Targé, député de la Seine, ministre.
Allain-Targé, R., préfet.
Allaire, marchand de bois, la Roche-sur-Yon, Vendée.
Allaire, Jules, pâtissier, boulevard Saint-Martin, 41, Paris.
Allaire, Octave, conseiller général de la Seine.
Allard, maire de Marseille.
Allard, Albert, substitut du procureur de la République, près le
    Tribunal civil de la Seine, rue Saint-Florentin, 8, Paris.
Allard, Athanase, maître-charpentier, au Mans, Sarthe.
Allard, Jules, négociant, quai de Bercy, 32, Paris.
Allardet, Claude, marchand de vins en gros, Lyon.
Allart, négociant Crécy, Aisne.
Allaurent, Jean-Baptiste, ex-sergent d'infanterie, Paris.
Alleaume, commiss. en marc., r. de Larochefoucauld, 62, Paris,
Alleaume, propriétaire, Sainte-Adresse, près le Havre.
Allegrand, Henri, imprimeur, Confolens, Charente.
Allègre, député du Var, gouverneur aux colonies.
Allègre, Victor-Louis, contre-maître mécanicien, Toulon.
Allegri, Eusèbe, entrepreneur, Constantine, Algérie.
Allemand, député.
Allemand, Lyon.
Allemand, nég. en cristaux, rue Venoise, Gray, Haute-Saône.
Allemand, Antoine, chemin d'Uzès, Nîmes.
Allemandou, rue Saint-Dominique, 219, Paris.
Alleon, ancien notaire, Valence, Drôme.
Allier, Hubert, capitaine d'infanterie, Saint-Cloud, Eure-et-Loir.
Allineaud, négociant, Rouillac, Côtes-du-Nord.
Alliot-Préjardin, Amand, prote d'imprimerie, Caen.
Alloncle, emp. de banque, rue du Moulin-de-la-Pointe, 2, Paris.
Allouard, Eugène, maître-charron, Lahaye, Indre-et-Loire.
Alluaume, Jean, sous-chef de gare, Nice, Alpes-Maritimes.
Allys, Victor, négociant, Saint-Louis, Sénégal.
Almeida (de), dit Santos, nég., rue du Conservatoire, 6, Paris.
Alméras, entrepreneur de chemins de fer, Aurillac, Cantal.
Alorat, Lyon.
Alouis, Alfred, employé aux Chemins de fer de l'Etat, rue de
    l'Elysée, 32 bis, Tours.
Alphand, directeur des travaux de la ville de Paris.
Alphandéry, Aristippe, propriétaire, conseiller général, place
    Pie-Ier, Avignon.
Alquié, docteur-médecin, Mostaganem. Algérie.

Alquier, négociant, rue Mazarine, 40, Paris.

Alquier, Louis-Victor, lieutenant de vaisseau, Toulon.

Altairac, place Saint-Thomas-d'Aquin, 3, Paris.

Altaroche, publiciste, ancien rédacteur du *Charivari*, Paris.

Althabegoïty, B.-J., garde d'artillerie, Constantine, Algérie.

Altmann, Hermann, pâtissier, Paris.

Altmayer, Nicolas, courtier, rue de l'Assomption, 46, Paris.

Altmeyer, route du Calvaire, 4, Saint-Cloud, Seine-et-Oise.

Altwegg, rue Sauval, 16, Paris.

Alvarès, conducteur de messagerie, Aurillac, Cantal.

Alvarès, I.-E., négociant, rue Ste-Catherine, 227, Bordeaux.

Alvarez, ancien brasseur, Angoulême.

Alype, Pierre, journaliste, député de l'Inde française.

Amable, menuisier, Montmorency, Seine-et-Oise.

Amaillon, Isidore, rue de Chabrol, 65, Paris.

Amand, employé au Chemin de fer du Nord, Paris.

Amant, ferblantier, rue de Bondy, 80, Paris.

Amat, Léopold, directeur du Casino, rue de France, 32, Nice, Alpes-Maritimes.

Amate, employé, rue du Faubourg-du-Temple, 109, Paris.

Amavet, rue de Passy, 50, Paris.

Ambard, dit le Rouge, receveur des contributions indirectes, Toulon.

Ambier, Léon, chef armurier, Périgueux, Dordogne.

Amboix de Larbont (d'), capitaine d'état-major, boulevard Malesherbes, 69, Paris.

Ambron, P., négociant, rue Vertais, 70, Nantes.

Ambroselli, professeur de chant, rue de Louvois, 2, Paris.

Ambrosini, avocat à la Cour d'Appel, rue Monge, 6, Paris.

Ambrossetti, J.-D., entrepreneur de [fumisterie, rue Louis-le-Grand, 16, Paris.

Amel-Dorcy, Louis, huissier audiencier de la Cour suprême, rue de l'Eglise, Port-Louis, île Maurice.

Amet, horloger, rue de Paradis-Poissonnière, 58, Paris.

Amiable, Louis, docteur en droit, homme de lettres, boulevard Saint-Michel, 79, Paris.

Amié, entrepreneur de travaux publics, rue de la République, 39, Marseille.

Amiel, Célestin, Pamiers, Ariège.

Amieux, Maurice, négociant, rue Haudaudine, Nantes.

Amiot, Nevers, Nièvre.

Amot, capitaine de gendarmerie, Langres, Haute-Marne.

Amouroux, chapelier, membre de la Commune, conseiller municipal de Paris, conseiller général de la Seine, député de la Loire.

Amouroux, Jean, chef arrimeur, rue Montméjeon, La Bastide, Bordeaux.

Ampaire, Jean-Baptiste, négociant, Lyon.

Amy, Damien, marchand de vins, Choisy, Seine-et-Oise.

Amyot, chirurgien-dentiste, rue Ne-des-Petits-Champs, 29, Paris.

Amyot, E., médecin oculiste, r. Ne-des-Petits-Champs, 29, Paris.

Amzinski, rue Le Peletier, 22, Paris.

Ancel, cafetier, rue Vieille-du-Temple, 104, Paris.

Ancel, propriétaire, Besançon.

Ancelin, employé, rue du Parc-Royal, 16, Paris.

Ancelin, Alfred, voyageur de commerce, boulevard Louis-Rœde-rer, 28, Reims, Marne.

Ancellet, Albert, entrepreneur de maçonnerie, rue des Jar-dins, 67, Nogent-sur-Marne, Seine.

Ancellet, François, entrepreneur de menuiserie, rue de Paris, 65. Nogent-sur-Marne, Seine.

Ancenay, conducteur, Chambéry, Savoie.

Ancey, Fr., conducteur-chef à la gare, cité Montéty, Toulon.

Andouf, charpentier, boulevard Saint-Jean, Orléans.

Andra, Célestin, négociant, Valence, Drôme.

Andral, bijoutier, Aurillac, Cantal.

André, préfet.

André, entrepreneur de maçon., boul. de Vaugirard, 38, Paris.

André, chapelier, rue des Blancs-Manteaux, 20, Paris.

André, monteur de métiers, côte Saint-Sébastien, 1, Lyon.

André, mécanicien, Angoulême.

André, chef de section à la Compagnie Paris-Lyon-Méditerranée, Valence, Drôme.

André, professeur, place Chaptal, Mende, Lozère.

André, Antoine, aux Martignes, Bouches-du-Rhône.

André, Basile, maître-couvreur, Nouzon, Ardennes.

André, Casimir, chef de section de chemin de fer, Lyon.

André, Isidore, plumassier, rue Poliveau, 36, Paris.

André, Jean-Joseph, négociant, Constantine, Algérie.

André, Jules, Nîmes.

André, Louis, attaché au cabinet du président de la Chambre des Députés, Paris.

André, Nicolas, négociant, rue Saint-Dizier, 4, Nancy.

Andréa, négociant, Oran, Algérie.

Andrée, boutonnier, rue Piat, 31, Paris.

André-Godot, voyageur de commerce, Beaune, Côte-d'Or.

Andréoly, peintre.

Andréotti, Jean-Baptiste, fumiste, Cognac, Charente.

Andrez, Charles-Victor, lieutenant d'infanterie, Caen.

Andrieu, huissier, rue de St-Emilion, Libourne, Gironde.

Andrieu, avocat, Gaillac, Tarn.

Andrieux, rue Claude-Vellefaux, 12, Paris.

Andrieux, commissionnaire, passage Chausson, 5, Paris.

Andry, Alphonse, négociant, rue Montmartre, 32, Paris.

Ané, Jean, charpentier, rue Lemercier, 51, Paris.

Ange de Arbib, négociant, rue d'Enghien, 44, Paris.

Angelby, sculpteur, Lyon.

Angeli, casernier, Philippeville, Algérie.

Angebry.

Angenoult, Louis, employé de chemin de fer, Coulommiers, Seine-et-Marne.

Angerville, Paris.

Angibaux, employé, rue de Seine, 39, Paris.

Angibout, cultivateur, Elancourt, Seine-et-Oise.

Angignard, Paul, propriétaire, Pas-de-Jeu, Deux-Sèvres.

Angot, Anatole, employé de commerce, Caen.

Angot, Ferdinand, rentier, Caen.

Angot, Paul-Casimir, Paris.

Anhoni, comptable, rue Martel, 8, Paris.

Anquetil, rue de La Villette, 27, Paris.

Anquetin, propriétaire, rue d'Amsterdam, 73, Paris.

Anquetin, menuisier, rue Blondel, 7, Paris.

Anqueule, négociant, rue Jean-Jacques-Rousseau, 16, Paris.

Anqueulle, receveur de rentes, rue de Rivoli, 66, Paris.

Ansaldy, Benonin, négociant en vins, Port Marchand, Courmes Alpes-Maritimes.

Ansart du Fiesnet, propriétaire, conseiller général, Boulogne-sur-Mer, Pas-de-Calais.

Anse.

Ansel, Gabriel, peintre sur porcelaine, rue de Paradis-Poissonnière, 1 bis, Paris.

Anselme, Achille, négociant, rue des Carmes, Nancy.

Anstaett, commis-épicier, Paris.

Anterrieu, conseiller général de l'Hérault.

Antheaume, J.-B., boulevard de Sébastopol, 71, Paris.

Anthus, propriétaire, Nantes.

Anthus, C., directeur d'assurances, rue Harroup, Nantes.

Antomarchi, Jean, lieutenant d'infanterie, Caen.

Antonioli, Alexandre, marchand de comestibles, rue François-de-Paule, 2, Nice, Alpes-Maritimes.

Anue de la Gorgette, rentier, rue du Temple, Nice, Alpes-Maritimes.

Anundsen, tailleur, rue de Provence, 9, Paris.

Anzoli-Bellot, Lyon.

Apché, marchand de vins, rue Saint-Honoré, 113, Paris.

Appay, entrepreneur de pavage, rue de l'Isle-Adam, Beauvais.

Appel, lithographe, rue du Delta, 12, Paris.

Appement, voyageur de commerce, Paris.

Aprzadkiewiez, employé au chemin de fer, Aurillac, Cantal.

Apté, capitaine au 24e régiment de ligne, Rouen.

Aquarone, Nicolas, limonadier, rue Molière, Toulon.

Arago, Emmanuel, avocat, député, sénateur des Pyrénées-Orientales, ambassadeur, en Suisse.

Arago, Etienne, maire de Paris.

Arbaud, Isidore, pharmacien-droguiste, place de la Poissonnerie, Toulon.

Arbel, sénateur de la Loire.

Arbieu, Guillaume, propriét., rue de la Gare, Béziers, Hérault.

Arbola, Léopold, compos.-typ., rue de Thionville, 18, Toulouse.

Archambault, peintre en bâtiments, rue de Palestro, 39, Paris.

Archambault, Adolphe, négociant en peinture, boulevard Heurteloup, 31, Tours.

Archimbaud, boucher, Grande-Rue, 29, Issy, Seine.

Archinard, Romain, limonadier, Valence, Drôme.

Ardisson, sous-préfet.

Ardisson, Antoine, débit. de tabac, Vallauris, Alpes-Maritimes.

Ardouin, Léon, médecin de 1re classe de la marine, rue de l'Arsenal, 38, Rochefort, Charente-Inférieure.

Arène, ancien directeur de théâtre, Caen.

Argence, avocat, maire, conseiller général, Troyes, Aube.

Argoud, Lyon.

Argout, maître-teinturier, rue Marthe, 47, Paris.

Argoux, Hippolyte, négociant, Lyon.

Arioli, rentier, place de Thorigny, 4, Paris.

Arlaud, Constantin, rentier, quai Masséna, 3, Nice, Alpes-Marit.

Arlot-Ochs, rédacteur à l'*Indépendant Rémois*, rue de l'Arbalète, 8, Reims, Marne.

Armand, banquier, quai de Bercy, 24, Paris.

Armand, Alexandre, scieur de long, rue Fessard, 28, Boulogne, Seine.

Armand, Alfred, entrepreneur de serrurerie, rue de Rochefort, 97, Royan, Charente-Inférieure.

Armand, François, limonadier, Valence, Drôme.

Armand, Georges, percepteur, Saint-Pardoux-Larivière, Dordogne.

Armand, Gustave, maître-d'hôtel, Crest, Drôme.

Armand, Henri, ferblantier, place Bouffay, Nantes.

Armando, propriétaire du café du Helder, Toulon.

Armansinet, négociant, place Viarmes, Nantes.

Armant, Paris.

Armant, Adolphe, chapelier, La Rochelle, Charente-Inférieure.

Armengaud, restaurateur, rue de Vaugirard, 198, Paris.

Armez, député.

Aminguié, Félix, rentier, r. Régis, maison Fondère, Cette, Hérault.

Arnal, Louis, mécanicien, Lyon.

Arnaud, sculpteur, boulevard Pigalle, 48, Paris.

Arnaud, négociant, rue Coquillière, 25, Paris.

Arnaud, employé de commerce, rue Dumont-d'Urville, 2, Lyon.

Arnaud, voyageur de commerce, rue de Flesselles, 20, Lyon.
Arnaud, dit de l'Ariège, secrétaire du président de la Chambre des Députés.
Arnaud, Claude, marchand de vins, Lyon.
Arnaud, Ernest, voyageur de commerce, rue du Palais-Gallien, 72, Bordeaux.
Arnaud, Félix, marchand-tailleur, aven. du Prado, 56, Marseille.
Arnaud, Jean-Pierre, tailleur de pierres, Lyon.
Arnaud, L., négociant en eaux-de-vie, conseiller municipal, Cognac, Charente.
Arnaud, Louis, propriétaire, adj. au maire, Bourdeaux, Drôme.
Arnaudie du Mazet, employé, cour des Messageries-Nationales, 4, Paris.
Arnault, Saint-Pierre, Martinique.
Arnault, Anselme, liquoriste, Mascara, Algérie.
Arney, Jean-Claude, maréchal des logis chef aux chasseurs d'Afrique, Constantine, Algérie.
Arnold, employé, Paris.
Arnold, marchand de vins, rue Nationale, 5, Paris.
Arnold, David, rue de Châteaubriand, 9, Paris.
Arnolet, Jean-Louis, libraire, Constantine, Algérie.
Arnoud, Lyon.
Arnould, Étienne, fabricant de lits, Lyon.
Arnoult, entrepreneur de serrurerie, rue d'Aboukir, 120, Paris.
Arnoult, maison Jacquand, Lyon.
Arnoux, Ernest, fabricant de clous, Orange, Vaucluse.
Arnoux, François, fabricant, Orange, Vaucluse.
Arnoux, Joseph, rentier, avenue de Bonne, Gap, Hautes-Alpes.
Arnut, propriétaire, conseiller municipal de Bordeaux, au Bouscat, Gironde.
Aron, négociant, rue de Rambuteau, 22, Paris.
Aron, H., anc. directeur du *Journal Officiel*, rue Lafayette, 62, Paris.
Arona, tailleur, boulevard de Sébastopol, 94, Paris.
Aron-Hauser fils, nég., rue Croix-des-Petits-Champs, 38, Paris.
Aron-Lion, voyageur de commerce, Nantes.
Aronssohn, propriétaire, rue de Paradis-Poissonnière, 40, Paris.
Aroud-Charreard, Paris.
Arpagaus, J.-Grégoire, pâtissier, Beauvais.
Arpillière, rentier, rue du Chat-Haret, Senlis, Oise.
Arpin, loueur de voitures, rue Moncey, 14, Paris.
Arqué, cantonnier, Toulon.
Arquillière, Henri, employé de commerce, Lyon.
Arribat, Charles, sous-préfet.
Arricau, A.-Frédéric, percepteur surnuméraire, Bordeaux.
Arrighi, avocat, rue de Richelieu, 43, Paris.
Arriu, Félix, négociant, Pau, Basses-Pyrénées.
Arsonnet, négociant, rue de Lyon, 49, Lyon.

Artault-Devevey, propriétaire, Beaune, Côte-d'Or.
Artel, maréchal-des-logis de gendarmerie, Rambouillet, S.-et-O.
Arthur, Jules-Entime, maître au cabotage, Bernières-sur-Mer, Calvados.
Arthur-John, négociant, rue de Castiglione, 10, Paris,
Artières, Maurice, père, industriel, Millau, Aveyron.
Artigue, Jean, maître d'hôtel, Bordeaux.
Artigues (d'), préfet.
Artiser, professeur de comptabilité, quai Bourbon, 33, Paris.
Arto, négociant en métaux, Nice, Alpes-Maritimes.
Artus, hôtel de Paris et d'Aboukir, rue d'Aboukir, 20, Paris.
Aryer, limonadier, boulevard de Strasbourg, 78, Paris
Ascoli, père, rentier, rue des Petits-Hôtels, 7, Paris.
Ascoli, David, employé, rue des Petits-Hôtels, 7, Paris.
Ascoli, Joseph, fab. de fleurs, rue des Petits-Hôtels, 7, Paris.
Ascoli, Marcus, employé, rue des Petits-Hôtels, 7, Paris.
Aséma-Mazaé, docteur-médecin, St-Denis, île de la Réunion.
Asperge, courtier en vins, rue de Bercy, 54, Paris.
Asselin, employé, rue des Juifs, 7, Paris.
Asselin, doreur, rue Martel, 5, Paris.
Asseline, boucher, rue du Levant, 38, Vincennes, Seine.
Assiot, préfet.
Assoignon, Paul, publiciste, Lille.
Assorin, négociant, Mostaganem, Algérie.
Assorty, voyageur de commerce, rue Saint-Denis, 142, Paris.
Ast (d'), Adrien, avocat, Nérac, Lot-et-Garonne.
Astier, Jean-Jacques-Philippe, négociant, Bourdeaux, Drôme.
Astorgues, rue d'Aboukir, 108, Paris.
Astrié, maître d'hôtel aux Mess. Maritimes, rue Poyenne, 13, Bordeaux.
Astruc, Léon, cordonnier, Orange, Vaucluse.
Attenet, Auguste, cartonnier, rue du Poirier, 6, Paris.
Aubé, empl. au chemin de fer, boulev. Diderot, 35, Paris.
Aubé, entrepreneur, Oran, Algérie.
Aubel, Alexis, limonadier, rue de Sèvres, Paris.
Aubert, sous-préfet.
Aubert, chef de contentieux, rue Thévenot, 28, Paris.
Aubert, fabricant de plumes, rue du Temple, 46, Paris.
Aubert, mécanicien, boulevard de Charonne, 67, Paris.
Aubert, tailleur, La Roche-sur-Yon, Vendée.
Aubert, directeur de l'Ecole communale, Grasse, Alpes-Maritimes.
Aubert, professeur, Méricourt.
Aubert, aîné, marchand-tailleur, Crest, Drôme.
Aubert, Adolphe, marchand-tailleur, Crest, Drôme.
Aubert, Arthur-Louis, lieutenant au 66e régiment de ligne, avenue de Grammont, 55, Tours.

Aubert, François, négociant-tanneur, Toulon.

Aubert, Gustave, Toulon.

Aubert, Henri, commis de marine, Toulon.

Aubert, Henri-Stanislas, mécanicien, rue du Chevaleret, 28, Paris.

Aubert, Jacques, négociant, rue Chanoineau, 1 ter, Tours.

Aubert, Jean, impasse des Vignolles, bd de Charonne, 71, Paris.

Aubert, Louis, ciseleur, rue Blomet, 157, Paris.

Aubert, Louis, débitant de tabac, rue de Grenelle, 163, Paris.

Aubert, Louis-Dom., fumiste, rue du Fg-St-Martin, 75, Paris.

Aubert, Louis-Germain, négociant, Cherbourg.

Aubert-Bouché, négociant, membre du Tribunal de Commerce, conseiller municipal, Tours.

Aubertie, Alfred, commissionnaire en vins, place Gambetta, Bergerac, Dordogne.

Aubertin, Bernard, empl. à la mairie du XVe arrond. de Paris.

Aubertot, employé, rue Ramey, 13, Paris.

Aubine, Edouard-J., employé, calle San-José, 135, Buenos-Ayres, République Argentine.

Aubrée, marchand de vin, rue de la Vieille Forge, Vanves, Seine.

Aubron, étudiant en droit, rue du Cherche-Midi, 24, Paris.

Aubron, Nantes.

Aubrun, menuisier, rue des Bassins, 25, Paris.

Aubry, marchand-tailleur, rue Meyerbeer, 2, Paris.

Aubry, chaudronnier, rue Grégoire-de-Tours, 24, Paris.

Aubry, employé, rue Geoffroy-l'Angevin, 11, Paris.

Aubry, ébéniste, rue de Reuilly, 87, Paris.

Aubry, mécanicien, rue Saint-Dominique, 87, Paris.

Aubry, restaurateur, rue du Terrier, 18, Vincennes, Seine.

Aubry, employé de la voirie, boulevard Preuilly, 35, Tours.

Aubry, Jean-Alfred, employé, rue du Caire, 7, Paris.

Auclair, représentant de commerce, Bône, Algérie.

Auclaire, Léon-Romulus, boulanger, rue Cler, 45, Paris.

Aucouturier, Alexandre, maréchal-ferrant, Paris.

Audate, Edmond, négociant, Jacmel, Haïti.

Audax, Thomas-William, Saint-Thomas, Antilles danoises.

Audé, Louis-Daniel, capitaine en retraite, capitaine-major de l'armée territoriale, Toulon.

Audebert, employé, rue Quincampoix, 42, Paris.

Audebert, négociant en vins, rue du Cardinal-Lemoine, 21, Paris.

Audebert, Auguste, tonnelier et commissionnaire en vins, Saint-Avertin, Indre-et-Loire.

Audemard, Gérald, notaire, Périgueux, Dordogne.

Audibert, Ernest, rue Poitevine, 15, Montpellier.

Audibert, Joseph, rentier, rue du Moulin-à-Vent, Créteil, Seine.

Audiffred, Jean-Honoré, avocat, député de la Loire.

Audigé, Marius, représentant de commerce, Grenade-sur-Garonne, Haute-Garonne.

Audignon, Jean-Gustave, médecin-vétérin., Monségur, Gironde.

Audonnet, fabricant d'ornements, rue du Faubourg-Saint-Antoine, 99, Paris.

Audouin, père, entrepreneur, Confolens, Charente.

Audouin, fils, Pierre-Alphonse, Confolens, Charente.

Audoux, Victor, mécanicien au chemin de fer, Grande-Rue, 104, Nogent-sur-Marne, Seine.

Audrain, Henri, industriel, Nantes.

Audrant, Jérôme, négociant, Montpellier.

Audry, marchand de tableaux, rue de Laval, 21, Paris.

Aufan, huissier, rue de la République, 40, Toulon.

Aufraise, bijoutier, rue Paradis, 1, Marseille.

Aufray, boulevard Voltaire, 34, Paris.

Augé, fabricant de vannerie, rue Tardieu, 1, Paris.

Augé, François, ouvrier tourneur, rue Tardieu, 1, Paris.

Augé, François, employé de commerce, Toulon.

Augeard, cafetier, rue du Commerce, Tours.

Augendre, Nevers, Nièvre.

Augeron, Ch., débitant de tabac, rue des Deux-Ponts, 7, Paris.

Augey, Pierre, capitaine au cabotage, Bordeaux.

Augias, négociant, Oran, Algérie,

Augier, Esprit, voyageur de commerce, rue Delaborde, 9, Paris.

Augier de Maintenon, commissaire-adjoint de la marine, en Cochinchine.

Augirard, Paul, propriétaire, Cette, Hérault.

Augros, Claude, entrepreneur de travaux publics, avenue de Paris, 129, La Bastide, Bordeaux.

Augros, Jean-Bapt.-André, impr., pass. du Caire, 87 et 89, Paris.

Augu, Henri, homme de lettres, rue de Clignancourt, 105, Paris.

Augustin, architecte, rue Montmartre, 161, Paris.

Aulonbard, entrepreneur de maçonnerie, rue Adélaïde, 7, Courbevoie, Seine.

Aumerat, conseiller général, rue de Lorraine, 25, Belcourt, Mustapha inférieur, Algérie.

Aumerle, Ernest, propriétaire, conseiller général, Grande-Rue, 3, Issoudun, Indre.

Aumignon, cultivateur, Neuville-au-Pont, Marne.

Aumont, François-Clément, propriétaire-cultivateur, Caen.

Aumont, Frédéric, avocat, Caen.

Aumont, Marie-Joseph-Auguste, avocat, Caen.

Aumoyne, François-Louis, marchand de vins, Lyon.

Auneveux, Antoine, tailleur de pierres, rue de la Montagne-Sainte-Geneviève, 63, Paris.

Auquier, Nimes.

Auransan, négociant, quai de Queyries, Bordeaux.

Auransan, Grégoire, maître-forgeron, rue du Jour, Bordeaux.
Auransan, maître-tonnelier, Bordeaux.
Auriac (d'), Eugène, conservateur à la Bibliothèque Nationale.
Auriel, boucher, quai de Queyries, Bordeaux.
Aurillac, docteur-médecin, place de l'Hôpital, Vichy, Allier.
Auriol, fabricant de meubles, r. du Faub.-St-Antoine, 47, Paris.
Aurouze, Joachim, propriétaire, Veynes, Hautes-Alpes.
Auroy, entrepreneur de chemin de fer, Aurillac, Cantal.
Aury, Victor, employé, rue des Fossés-St-Bernard, 28, Paris.
Auscher, Simon-Ernest, chef des ateliers de fabrication à la
    Manufacture Nationale de Sèvres, Seine-et-Oise.
Aussé, Jean, marchand de vins, rue des Prouvaires, 8, Paris.
Aussel, A., professeur de comptabilité, r. des Halles, 11, Paris.
Aussel, Honoré, fabricant de poterie, Vallauris, Alpes-Maritimes.
Ausset, sous-préfet.
Austell, ferblantier, rue Saint-Denis, 341, Paris.
Authemann, L.-A., maître-poudrier, Constantine, Algérie.
Authié, comptable, boulevard de Clichy, 5, Paris.
Autixier, Etienne, entrepreneur, rue Saint-Sauveur, 35, Tours.
Autran, tailleur de pierres.
Autran, pharmacien, Grande-Rue, Bourg-la-Reine, Seine.
Autrusseau, A.-Léon, instituteur, Saint-Georges-de-Didonne,
    Charente-Inférieure.
Auvenet, garçon limonadier, boul. de Strasbourg, 24, Paris.
Auvert, Alexandre, employé, Paris.
Auvert, Charles, employé au ministère de la Guerre, rue de
    Montessuy, 2, Paris.
Auvray, employé, rue d'Allemagne, 114, Paris.
Auzebit, Lyon.
Auzies, limonadier, Saint-Girons, Ariège.
Avenel, agent d'affaires, adjoint au maire, Grande-Rue,
    Palaiseau, Seine-et-Oise.
Avert, L., architecte, rue du Faubourg-du-Temple, 124, Paris.
Avice, Charles-Arthur, professeur, rue du Collège, 5, Port-
    Louis, île Maurice.
Avisseau, fabricant de pianos, boulevard Saint-Denis, 8, Paris.
Avril, Philippe, tailleur, Montbéliard, Doubs.
Ayasse, rue Saint-Jean, Valenciennes, Nord.
Ayaste, employé, Grasse, Alpes-Maritimes.
Ayaud, Joseph, employé de commerce, Lyon.
Ayel, Jean-Baptiste, scieur de long, Lyon.
Aymard, général, gouverneur de Paris.
Aymard, liquoriste, cours d'Herbouville, 22, Lyon.
Aymers, Caen.
Ayral, Jean-Th., tailleur, rue d'Argenteuil, 33, Paris.
Azaïs, bottier, rue Saint-Martin, 90, Paris.
Azan, Charles, Toulon.

Aze, L.-M., entrepr. de maç., rue des Trois-Couronnes, 39, Paris.
Azéma, Constant, photographe, Saint-Denis, île de la Réunion.
Azémar, Joseph, chapelier. Graulhet, Tarn.
Azémar, Léon, chapelier, Graulhet, Tarn.
Azibert, maître-pilote, Oran, Algérie.
Azibert, Numa, conseiller général de l'Aude.

B

Baader, commerçant en marée, cité de La Chapelle, 8, Paris.
Babaud-Lacroze, Paris.
Babaud-Lacroze, Antoine, adj.. naire de Confolens, Charente.
Babaud-Laribière, avocat, député, préfet.
Babaud-Laribière, Charles, avocat, propriétaire, maire de Confolens (Charente).
Babet, Lyon.
Babin, coiffeur, rue du Grand-Marché, Tours.
Babineau, employé, rue de l'Echiquier, 44, Paris.
Babineau, E., marchand-drapier, place du Centre, 1, Royan, Charente-Inférieure.
Bablot, peintre en bâtiments, r. des Menus, 1, Boulogne, Seine.
Baboneau, nég. en fers, fontes et aciers, r. des Marais, 95, Paris.
Babron, Louis-Nicolas, fondeur de cuivre, Coulommiers, S.-et-M.
Baccallié, Honoré, mécanicien, Valence, Drôme.
Bachelard, briquetier, Pontault, Seine-et-Marne.
Bachelé, négociant, rue du Temple, 76, Paris.
Bachelier, Léopold, représentant de commerce, Nevers, Nièvre.
Bachelin, boucher, route de la Reine, 94, Boulogne, Seine.
Bachelot, docteur-médecin, Vernou, Indre-et-Loire.
Bachelut, Lyon.
Bachmann, mécanicien, rue du Chevaleret, 83, Paris.
Bacholet, fabricant de plaqués, rue Morand, 2 et 4, Paris.
Bacler d'Albe (baron), propriétaire-rentier, Dax, Landes.
Bacquet, entrepreneur, rue Lasne, Saint-Denis, Seine.
Bacquet, statuaire, Paris.
Bader, lampiste, rue Aumaire, 10, Paris.
Badez, Jean-Pierre, employé au chemin de fer, Lyon.
Badier, Charles, tonnelier et marchand de vins, Bléré, Indre-et-Loire.
Badon, caissier, boulevard Barbès, 23, Paris.
Bador, instituteur, rue de l'Alma, 13, Lyon.

Badu, marchand de vins, rue du Commerce, 85, Paris.

Baduel, Pierre, corroyeur, cours de Vincennes, 61, Saint-Mandé, Seine.

Baer, Frédéric, brasseur, rue du Jour, Bordeaux.

Baffoy, Gustave-Adolphe, agent-voyer, Château-Landon, Seine-et-Marne.

Bagary, ancien négociant en vernis, rue de Laval, 5, Paris.

Baggio, César, avocat, conseiller municipal, rue Sainte-Catherine, 76, Lille.

Baguer, instituteur, rue Henri-Chevreau, 26, Paris.

Baile, préfet.

Baillard, Louis-Sylvain, marchand de faïence, rue Ville-Perdue, 15, Tours.

Baillard, Philippe, avocat, rue des Dames, 19, Asnières, Seine.

Baille, maître-voiturier, rue du Champ-de-l'Alouette, 20, Paris.

Baille, ancien négociant, boulevard Baille, 10, Marseille.

Baille, Florent, conducteur-chef à la gare, Toulon.

Baillet, professeur, rue de la Tour-d'Auvergne, 30, Paris.

Baillet, Jean, commerçant, rue Peyronnet, 13, Bordeaux.

Baillet, Nicolas, limonadier, Lunéville, Meurthe-et-Moselle.

Baillet, Paul-Etienne, entrepreneur, Tournan, Seine-et-Marne.

Baillot-Descombes, propriétaire, Confolens, Charente.

Baillou, François-Jean, prop., St-Cyr-sur-Loire, Indre-et-Loire.

Bailly, conseiller général de la Seine.

Bailly, rue de l'Hôtel-de-Ville, 47, Paris.

Bailly, ancien caissier à la Banque de France, rue de Rennes, 156, Paris.

Bailly, archit. de la Ville, boul. de Bonne-Nouvelle, 19, Paris.

Bailly, employé, rue de l'Echiquier, 7, Paris.

Bailly, march.-épicier, rue du Faub.-Saint-Antoine, 169, Paris.

Bailly, négociant-exportateur, rue Bellefond, 34, Paris.

Bailly, rentier, boulevard Voltaire, 173, Paris.

Bailly, sculpteur, quai Pierre-Scize, 65, Lyon.

Bailly, constructeur-mécanicien, faubourg Stanislas, 41, Nancy

Bailly, maître-carrier, Vernonnet, Eure.

Bailly, tanneur, Bourbonne-les-Bains, Haute-Marne.

Bailly, dit Baër, place des Maisons-Neuves, Lyon.

Bailly, Charles, boucher, Rueil, Seine-et-Oise.

Bailly, Edmond, huissier, Meulan-le-Fort, Seine-et-Oise.

Bailly, Félix, marchand de vins, rue de l'Ouest, 63, Paris.

Bailly, Pierre, marchand de vins, rue de Flandre, 29, Paris.

Bailly, Pierre-Antoine, tonnelier, Lyon.

Bailly, Sylla, dessinateur, Lyon.

Bailly, Sylvain, menuisier, Lyon.

Bajar, Prosper, ancien notaire, Valence (Drôme).

Bajard, entrepreneur, Lyon.

Bak, lapidaire, rue des Panoyaux, 4, Paris.

Bal, brigadier de la garde de Paris, rue de Sully, 4, Paris.

Bal, tanneur, Chambéry, Savoie.

Bal, comptable, Chasse, Rhône.

Bal, François, architecte, rue des Lions-Saint-Paul, 5, Paris.

Balagairie, rue du Faubourg-du-Temple, 45, Paris.

Balanfat, négociant, rue Chapon, 20, Paris.

Balanger, Alph., clerc de notaire, r. Paradis, 50, Marseille.

Balavoine, employé au Chemin de fer de l'Ouest, rue d'Amsterdam, 30, Paris.

Balavoine, voyageur de commerce, Paris.

Baldarra, Maurice-Alphonse, commis-négociant, rue Sainte-Catherine, 58, Bordeaux.

Baledent, voiturier, rue Nicolaï, 49, Paris.

Balhmam, ancien comptable, rue du Temple, 145, Paris.

Balivet, la Belle-Epine, Seine.

Ballade, Jean, négociant, rue des Tanneries, 16, Bordeaux.

Balland, sous-préfet.

Balland, Xavier, inspecteur du Crédit Foncier, rue du Téméraire, 34, Nancy.

Ballera, Louis, architecte, rue du Cardinal-Lemoine, 15, Paris.

Ballery, marchand de vins, rue du Petit-Pont, 8, Pantin, Seine.

Ballet, André, charpentier, Soisy-sous-Etoile, Seine-et-Oise.

Balley, Théodore, teinturier, rue de Constantine, Tours.

Ballière, Edouard-Achille, architecte, Caen.

Balligny, entrepreneur de peinture, rue Pavée, Bagneux, Seine.

Ballinvann, avocat, rue des Jeûneurs, 17, Paris.

Ballot, marinier, Saint-Mamès, Seine-et-Marne.

Ballot-Galliffet, Lyon.

Ballue, Arthur, chef de bataillon au 4e régiment de zouaves, député du Rhône.

Balmain, Saturnin, graveur-lithographe, rue Saint-Martin, 162, Paris.

Balmat, cordonnier, Toulon.

Balmette, Louis, rue George-Sand, 11, Tours.

Balmond, Pierre, huissier, Lyon.

Bamberg, F., consul de Prusse, rue de la Victoire, 46, Paris.

Bamberger, docteur-médecin, député de la Seine.

Bance, dit Montigny, rue Stanislas, 27, Nancy.

Bancel, avocat, Bruxelles, Belgique.

Baner, négociant, rue de Turbigo, 35, Paris.

Banes, agent de change, rue de Grammont, 17, Paris.

Bannier, Joannès-Isaac, négoc., boul. Maupas, 89, Vienne, Isère.

Banquil, vétérinaire, Sétif, Algérie.

Baqué, J., négociant, rue du Pont-Guilleméry, 7, Toulouse.

Barabeau, Arthur, négociant, Périgueux, Dordogne.

Baradat, Agen, Lot-et-Garonne.

Barade, Pau, Basses-Pyrénées.

Baragnon, **Pierre**, journaliste, directeur du *Courrier du Soir*, de Paris, président du Conseil général des Bouches-du-Rhône, préfet.

Baraine, Ernest, négociant, rue d'Angoulême, 38, **Paris.**

Baraize, Jean-Baptiste, négociant, Caen.

Barallon, fabricant de rubans, rue St-Charles, 17, Saint-Etienne, Loire.

Barandier, Lyon.

Barat, marchand de vins, route de Saint-Mandé, 62, Saint-Maurice, Lot.

Baratti, avenue des Ternes, 106, Paris.

Barazzetty, fumiste, pl. du Marché-au-Blé, Melun, Seine-et-Marne.

Barba, secrét. de la lég. de l'Equateur, rue Taitbout, 4, Paris.

Barbançon, peintre, rue Durantin, 3, Paris.

Barbary, bijoutier, rue Meslay, 65, Paris.

Barbary, négociant, boulevard de la Villette, 194, Paris.

Barbay, Gustave, chef d'atelier, Paris.

Barbe, Limoges, Haute-Vienne.

Barbe, Jean-Pierre, dentiste, rue Montmartre, 34, Paris.

Barbe, Louis, propriétaire, rue des Blanchers, 18, Toulouse.

Barbe, Paul, ingénieur des usines de dynamite, député de Seine-et-Oise, ministre.

Barbé, fripier, quai de la Tournelle, 27, **Paris.**

Barbé, Pierre-Jules, lieutenant du génie, rue des Fonderies, 37, Rochefort, Charente-Inférieure.

Barbeau, Philémon, propriétaire-planteur, quartier des Pamplemousses, Port-Louis, île Maurice.

Barbecot, J.-B., marchand de vins, Lyon.

Barbedette, sénateur de la Charente-Inférieure.

Barbelet, employé de commerce, av. de Laon, Reims, Marne.

Barbereau, employé, rue du Docteur, 12, Paris.

Barbereau, employé, rue du Marché-Saint-Honoré, 4, Paris.

Barbe-Schmitz, Charles-Jean-Baptiste, faubourg St-Jean, Nancy.

Barbet, boucher, rue de la Fontaine-au-Roi, 60, Paris.

Barbet, Gustave, Senonches, Eure-et-Loir.

Barbeu-Dubourg, docteur médecin, rue des Martyrs, 10, Paris.

Barbey, quincaillier, rue d'Aboukir, 120, Paris.

Barbey, menuisier, rue de Popincourt, 94, Paris.

Barbey, Pierre, huissier, Bayeux, Calvados.

Barbezieux, Louis, horloger, Lyon.

Barbier, pharmacien, rue du Commerce, 72, Paris.

Barbier, marchand de vins, Paris.

Barbier, professeur à l'Ecole vétérinaire d'Alfort, Seine.

Barbier, Lyon.

Barbier, marchand de parapluies, Epernay, Marne.

Barbier, mécanicien-taillandier, rue du Midi, 49, Tournus, Saône-et-Loire.

Barbier, officier d'administration, Bône, Algérie.
Barbier, père, fabricant de billes de billard, rue Borda, 3, Paris.
Barbier, fils, tabletier, rue de Bondy, 28, Paris.
Barbier, Alexis, employé, rue de Rivoli, 4, Paris.
Barbier, Anatole, fabricant de ciment, rue de Belleville, 14, Paris
Barbier, Antoine, officier de gendarmerie, Lyon.
Barbier, Constant-Antoine, tonnelier, quai de Bercy, 56, Paris.
Barbier, Louis, peintre en bâtiments, rue Edouard-Larue, Havre
Barbier-Duval, J.-N., propriétaire, rue Saint-Dizier, Nancy.
Barbillon, avoué, Compiègne, Oise.
Barbot, Amédée, propriétaire, La Chartre, Sarthe.
Barbuda, Dominique, pâtissier, Caen.
Barbusse, Eugène-Frédéric, capitaine en retraite, Saint-Hippo-
    lyte-du-Fort, Gard.
Barbut, Gabriel, Nîmes.
Barby, employé, rue Saint-Dominique, 137, Paris.
Barcet, Henri, entrepreneur de peinture, Asnières, Seine.
Barcouda, Auguste, rentier, conseiller général, Grenade-sur-
    Garonne, Haute-Garonne.
Bard, Lyon.
Bardaut, Anatole-Prosper, avocat, Constantinople, Turquie.
Bardet, limonadier, boulevard Voltaire, 34, Paris.
Bardet, mécanicien, Lyon.
Bardet, jeune, voyageur de commerce, Zurich, Suisse.
Bardet, Alexandre-Auguste, pharmac., rue de Sèvres, 76, Paris.
Bardet, Barthélemy, praticien, Périgueux, Dordogne.
Bardet, Jean-Baptiste, mécanicien, rue de Paris, 2, Tours.
Bardillon, Alexandre, mécanicien, rue d'Alésia, 191, Paris.
Bardin, rue Joquelet, 7, Paris.
Bardin, entrepreneur de serrurerie, rue de Varennes, 25, Paris.
Bardin, employé, rue du Faubourg-Saint-Denis, 135, Paris.
Bardon, Léon, négociant, Bordeaux.
Bardot, Claudius, f. de chaussures, rue St-Ambroise, 27, Paris.
Bardot, Eugène, marchand de lingerie et mercerie, rue de La
    Chapelle, 65, Paris.
Bardot-Cadet, Pierre, fabricant d'appareils à gaz, Lyon.
Bardou, J.-P., maître-tailleur, r. du Pont-Louis-Philippe, 4, Paris.
Bardoux, ministre, sénateur inamovible.
Bardoux, ébéniste, rue Princesse, 2, Paris.
Bardoux, pharmacien, Oran, Algérie.
Bardoux, Ch., marchand de vins, rue de Lyon, 71, Paris.
Bardy, Delisle-Alfred, docteur-médecin, Périgueux, Dordogne.
Baret, mécanicien, rue de la Corderie, 25, Lyon.
Baret, pharmacien, place Delorme, 2, Nantes.
Barétaud, avoué près le Tribunal civil de 1re instance, rue
    Basse-Croix-Neuve, 1, Limoges, Haute-Vienne,
Bareyre, Paulin, négociant, Bordeaux.

Barfety, marchand-boucher, rue Saint-Maur, 101, Paris.
Barge, négociant en draps, rue des Deux-Ecus, 15, Paris.
Barge, voyageur, Agen, Lot-et-Garonne.
Baril, employé des finances, Caudéran, Gironde.
Baril, Henri-Aristide-Eugène, peintre-vitrier, Caen
Bariot, Denis, menuisier, Lyon.
Baritaud, conducteur des ponts et chaussées, cours Tressac, Agen, Lot-et-Garonne.
Barjau, propr., capit. des pompiers, Perpignan, Pyrén.-Orient.
Barjolet, Marie-Philibert, propriétaire, Lyon.
Barjols, menuisier, Segonzac, Charente.
Barland, Pierre, tisserand, Bergerac, Dordogne.
Barlet, Ant.-H., fils, march. taill., r. des Remparts, 18, Bordeaux.
Barlet, Jacques, march. tailleur, rue des Remparts, 18, Bordeaux.
Barlet, J.-B., entrepreneur de maçonnerie, Paris.
Barlier, limonadier, boulevard de Sébastopol, 121, Paris.
Barlier, Noël, ébéniste, rue Beaubourg, 31, Paris.
Barne, sénateur des Bouches-du-Rhône.
Barneron, Martin, vétérinaire, Valence, Drôme.
Barnier, Joseph-Albert, peintre, rue Royale, 70, Toulon.
Barnoin, Alphonse, tourneur sur bois, Crest, Drôme.
Barnoin, Félix, tourneur sur bois, Crest, Drôme.
Barnoud, négociant, Lyon.
Barnoux, représ. de commerce, r. du Faub.-St-Honoré, 90, Paris.
Barodet, négociant, Lyon.
Barodet, Désiré, instituteur, maire de Lyon, député de la Seine.
Baron, maire de Ville-sur-Lumes, Ardennes.
Baron, Eugène, cuisinier, rue des Acacias, 30, Paris.
Baron, Jules-Emile, employé, Paris.
Baronnet, boucher, Luçon, Vendée.
Baronnet, boulan_er, cons. munic., Bourg-s.-Gironde, Gironde.
Baronnet, William, boulanger, Bourg-sur-Gironde, Gironde.
Barot, Æmélius, constr. de navires, L'Eguille, Charente-Infre.
Barousse, lithographe, passage du Commerce, 12, Paris.
Barrabant, préfet.
Barraine, représ. de commerce, rue Louis-le-Grand, 29, Paris.
Barral, Lyon.
Barral, J.-A., secr. perp. de la Société Nationale d'Agriculture.
Barrat, Charles, serrurier, Brives, Corrèze.
Barratte, Emile, commissionnaire en grains, rue Sainte-Colombe, 30, Bordeaux.
Barrau, Raymond, premier maître-mécanicien, Toulon.
Barraud, fabricant de chaises, rue Keller, 1, Paris.
Barraud, propriétaire, passage Digre, 15, Lyon.
Barraud, Emile, commis-négociant, Cognac, Charente.
Barraud, Raoul, mécanicien aux Messageries Maritimes, rue des Argentiers, 6, Bordeaux, Gironde.

Barrault, négociant, rue de Flandre, 189, Paris.

Barrault, employé, chemin des Guibertelles, 9, Montreuil-sous-Bois, Seine.

Barrault, Eugène, peintre, rue de l'Archevêché, 24, Tours.

Barré, mécanicien, rue des Vinaigriers, 26, Paris.

Barré, tonnelier, quai des Carrières, 42, Charenton, Seine.

Barré, Charles-Gustave, docteur-médecin, r. de Seine, 34, Paris.

Barré, Eugène, sellier, Bléré, Indre-et-Loire.

Barré, Hippolyte, couvreur, Dôle, Jura.

Barré, Joseph, professeur au Collège Chaptal, maire de Carrière-Saint-Denis, député de Seine-et-Oise.

Barreau, place Foire-le-Roi, 7, Tours.

Barreau, Henri, marchand de fers, faub. Baunier, 70, Orléans.

Barreaud, propriétaire, passage Digre, 15, Lyon.

Barren-Rapp, diamantaire, rue de Montholon, 30, Paris.

Barrère, Camille, ministre plénipotentiaire en Suède.

Barrères, rue du Faubourg-Saint-Denis, Paris.

Barret, Gustave, caissier, Lyon.

Barret, Jean-François, bourrelier, Bergerac, Dordogne.

Barretta, Charles, employé au Secrétariat général du Grand-Orient de France.

Barreyre, Fr., percepteur, Bléré, Indre-et-Loire.

Barreyre, Guillaume, charcutier-saleur, rue Maubourguet, 1, Bordeaux.

Barreyre, Léonce, voyageur de commerce, rue Maubourguet, 1, Bordeaux.

Barriel, Armand, employé au Chemin de fer du Midi, Cette, Hérault.

Barrier, J., voyageur de commerce, Savonnières, Indre-et-Loire.

Barrière, Edgar, négociant, rue du Tondu, 36, Bordeaux.

Barrois, marchand de vins, rue de Bercy, 25, Paris.

Barrois, Fourmies, Nord.

Barrot, fabricant de peignes, Taverny, Haute-Saône.

Barrot, huissier, Meyssac, Corrèze.

Barry, Léon, sous-préfet.

Barte, Aug., marchand de vins, rue Neuve-St-Merry, 41, Paris.

Bartet, Paul, artiste, rue Dobrée, Nantes.

Barth, Christian, maître-relieur-doreur, rue Ragueneau, Tours.

Barthas, Paul, bijoutier, rue Henri IV, Castres, Tarn.

Barthe, négociant en vins, Aiguillon, Lot-et-Garonne.

Barthe, négociant, Oran, Algérie.

Barthe, Gédéon, propriétaire, Grande-Rue, 65, Royan, Charente-Inférieure.

Barthélemy, fabricant d'encriers, rue du Temple, 104, Paris.

Barthélemy, fabric. de papiers peints, rue Oberkampf, 47, Paris.

Barthélemy, sergent aux chasseurs à pied, Paris.

Barthélemy, marchand de papier, rue des Boucheries, Toulon.

Barthélemy, liquoriste, au Pont-du-Los, Var.

Barthélemy, pharmacien, Oran, Algérie.

Barthélemy, A.-F., capitaine en retraite, directeur des Magasins généraux et de la Gare d'eau de Vaise, Lyon.

Barthélemy, E. A., clerc de notaire, rue de la Pépinière, Nancy

Barthélemy, Jean-Joseph, Paris.

Barthélemy, Louis, huissier, Nyons, Drôme.

Barthélemy, Marius-Constant, ancien notaire, directeur d'assurances, rue des Marchands, 1, Toulon.

Barthélemy, Nicolas, horloger, rue Stanislas, Nancy.

Barthelet, Edmond, négociant, rue de Rome, 16, Marseille.

Bartherosse, Henri, voyageur de commerce, Lyon.

Barthod, Alphonse, marchand de fromages, Lyon.

Bartholdi, Frédéric-Auguste, sculpteur (auteur de la statue de la Liberté offerte aux Etats-Unis), rue Vavin, 10, Paris.

Bartholomé, voyageur de commerce, Pitres (Eure).

Bartibas, père, maitre-bottier au 2e régiment de zouaves, Oran, Algérie.

Bartibas, fils, maitre-bottier, Oran, Algérie.

Bartissol, père, négociant, chaussée Madeleine, Nantes.

Bartissol, fils, négociant, chaussée Madeleine, Nantes.

Bartolein, Isidore, rentier, Lyon.

Bartoli, Simon, conseiller de préfecture.

Barus, Louis, crèmier, rue Geoffroy-Marie, 3, Paris.

Barut, François, mécanicien, rue des Prés, 1, Issy, Seine.

Bascans, J.-F.-Maximin-Henri, capitaine d'infanterie de marine en retraite, propriétaire, Nouméa, Nouvelle-Calédonie.

Bascou, Désiré, charpentier, rue Bayen, 2, Paris.

Basile, Hippolyte, entrepreneur de maçonnerie, Saints, S.-et-M.

Baslé, carrossier, avenue de Malakoff, 70, Paris.

Basly, ouvrier mineur, cabaretier, député de la Seine.

Basly, entrepreneur, Paris.

Basly (de), Louis-Augustin, marchand de chevaux, Caen.

Bassaler, plombier, chez M. Hébert, rue de Douai, 4, Paris.

Bassand, Jean-Léon, ferreur en bâtiments, Lyon.

Bassereau, Adolphe, négociant, avenue Est-de-la-Gare, Toulon.

Bassereau, Alexandre, négociant, boulevard de Tessé, Toulon.

Bassereau, Gustave, marchand-tailleur, r. Lafayette, 70, Toulon.

Basset, tapisserie et ébénisterie, rue du Mail, 39, Lyon.

Basset, Aurillac, Cantal.

Basset, Claude, mécanicien, Lyon.

Basseux (comte de), conseiller d'arrond. de Seine-et-Oise.

Bassière, entrepreneur de peinture, rue Saint-Denis, 73, Paris.

Bassille, père, ferblantier-zingueur, Longjumeau, Seine-et-Oise.

Bassille, fils, zingueur, Savigny-sur-Orge, Seine-et-Oise.

Basson, Marius, cultivateur, Collonges, Rhône.

Bassot, négociant, rue de la Prévôté, 13, Dijon,

Bassot, Paul, employé, Villefort, Lozère.

Bastard, capitaine, chaussée Madeleine, 11, Nantes.

Bastard, Jean, ex-employé du Chemin de fer d'Orléans, Castel-sarrazin, Tarn-et-Garonne.

Bastian, Pau, Basses-Pyrénées,

Bastid, Adrien, docteur en droit, député du Cantal.

Bastide (de la), employé, rue Neuve-Saint-Augustin, 42, Paris.

Bastide, Alphonse, rue Martel, 6, Paris.

Bastide, Jacques, rentier, rue des Rigoles, 114, Paris.

Bastien, négociant en vins, Epernay, Marne.

Bastier, François, rentier, rue de la Saussière, Boulogne, Seine.

Bastien, Gabriel, comptable, rue du Roi-de-Sicile, 33, Paris.

Bastin, Bernard-Désiré, entrepreneur de travaux publics, Ri-bérac, Dordogne.

Bastion, Isidore, commis-négociant, Cognac, Charente.

Bataille, sous-préfet, professeur au Conservatoire, rue Haute-ville, 23, Paris.

Bataille, étudiant en médecine, rue St-André-des-Arts, 66, Paris.

Bataille, mécanicien, rue Gambey, 9, Paris.

Batandier, père, négociant, Vesoul, Haute-Saône.

Batard, rue de la Gaîté, au Perreux, Seine.

Batho, C.-J.-A., avocat, Cirey, Meurthe-et-Moselle.

Baticle, fabricant de pains d'épices, Essonnes, Seine-et-Oise.

Batigne, pharmacien, Batna, Algérie.

Batis, rue de la Commanderie, 31, Nancy.

Batis, Ch.-Joseph, fab. de broderies, faub. Saint-Jean, 31, Nancy.

Batiste, professeur au Conservatoire, rue de Berry, 20, Paris.

Batsère, Tarbes, Hautes-Pyrénées.

Batton, traiteur, passage Saulnier, 21, Paris.

Batty, dompteur, Londres, Angleterre.

Baty, Lyon.

Bauchaire, Elie, entrepreneur de maçonnerie, rue du Lavoir, Royan, Charente-Inférieure.

Bauchelet, Hubert-François, garde principal du génie, Constan-tine, Algérie.

Bauclair, tailleur de pierres, Villeneuve-Saint-Georges, Seine-et-Oise.

Baud, rue de Lisbonne, 11, Paris.

Baud, Constant, négociant, Lyon.

Baudart, tourneur, rue du Faubourg-Saint-Antoine, 34, Paris.

Baude, Félix, retraité, La Seyne, Var.

Baudet, Gustave, entrepreneur de maçonnerie, route de Pon-taillac, 41, Royan, Charente-Inférieure.

Baudier, négociant, Paris.

Baudiet, lampiste, rue du Faubourg-Poissonnière, 52, Paris.

Baudin, passage Saint-Dominique, 1, Paris.

Baudin, médecin-vétérinaire, Epernay, Marne.

Baudin, Jean, menuisier, rue Ducau, Bordeaux.
Baudmer, négociant, rue de Paradis-Poissonnière, 40, Paris.
Baudoin, ancien avoué, rentier, rue Lemercier, 51, Paris.
Baudoin, rue du Faubourg-Saint-Martin, 78, Paris.
Baudouin, voyageur, quai Duquesne, 4, Nantes.
Baudoin, Jean, garçon lampiste, place Châteauneuf, Tours.
Baudoin, Jules, propriétaire, St-Florent-le-Vieil, Maine-et-Loire.
Baudot, chauffeur, rue Clisson, 9, Paris.
Baudot, rentier, rue Virginie, 8, Paris.
Baudot, St-Jean-de-Maurienne, Savoie.
Baudot, Jules, limonadier, place Stanislas, Nancy.
Baudot, Victor, limonadier, place Stanislas, Nancy.
Baudrand, Louis, contre-maître, Lyon.
Baudrier, sabotier, avenue de Grammont, Tours.
Baudry, rue de la Station, Suresnes, Seine.
Baudry, gérant du comptoir des Warants, place de la Répu-
    blique, 1, Rouen.
Bauduer, agent de change, Auch, Gers.
Bauduret, Charles, limonadier, St-Claude, Jura.
Bauër, rue de Rivoli, 188, Paris.
Bauer, garde d'équipage, Vernon-sur-Seine, Eure.
Bauer, François, lithographe, rue Cassette, 9, Paris.
Bauër, Henri, homme de lettres, Paris.
Bauër, Théodore, enseigne de vaisseau, Toulon.
Baugé, ingénieur civil, Cognac, Charente.
Baugé, Arthur-Octave-Jean-Baptiste, ingénieur civil, passage
    Saulnier, 17, Paris.
Baugin, horloger, rue du Commerce, 79, Tours.
Bauguel, Louis, plâtrier, rue Elie-Gintrac, Bordeaux.
Bauhmann, ébéniste, Langres, Haute-Marne.
Baulard, conseiller général de la Seine.
Baulard, bombeur de verres, rue des Gravilliers, 37, Paris.
Baumann, employé, cité des Bains, 3, place Dancourt, Paris.
Baumann, limonadier, boul. Saint-Martin, 8 et 10, Paris.
Baumann, André, marchand de meubles, Lyon.
Baumann, Charles, fabricant de blanc, Bougival, Seine-et-Oise.
Baunin, chaudronnier, Cusset, Allier.
Baury, député.
Bausa, Pierre-Vencislas, fondeur en caractères, rue Montmar-
    tre, 32, Paris.
Baute, père, propriétaire, Noisy-le-Grand, Seine-et-Oise.
Baute, Eugène, artiste, rue des Dames, 99, Paris.
Baute, Frédéric, artiste, rue des Dames, 99, Paris.
Baute, Gustave, artiste, rue Fontaine-Saint-Georges, 52, Paris.
Baütz, Joseph, Malmort.
Banveutre, Saint-Jean-de-Braye, Loiret.
Bauzon, Jules-Louis-Augustin, huissier, Alais, Gard.

Bauzon, Louis-Edme, rédacteur à la *Gironde*, rue Théodore-Ducos, 31, Bordeaux.

Baverel, Clair-Eugène, marchand de meubles, Caen.

Baveret, J., nég. en vins, rue du Cardinal-Lemoine, 25, Paris.

Bax, Joseph, march.-taill., rue Gambetta, Nérac, Lot-et-Gar.

Bayard, employé au *Siècle*, rue Neuve-Saint-Merry, 19, Paris.

Bayet, Charles, commissaire de la marine, Yanaon, Inde.

Bayeux, avocat, près la Cour d'Appel, professeur à la Faculté de Droit, place Saint-Laurent, 14, Caen.

Bayeux, Jean-Baptiste, employé, Pouheue.

Bayeux-Dumesnil, recev. de rentes, rue de Montyon, 10, Paris.

Bayle, Alexandre, ferblantier, rue Latour, 26, Bordeaux.

Bayle, Charles, fabric. de conserves, rue Latour, 26, Bordeaux.

Bayol, maçon, rue Burq, 13, Paris.

Bayon, G.-Paul, quincaillier, rue d'Orléans, 15, Nantes.

Bayon-Lucini, plâtrier, Vichy, Allier.

Bayot, grainetier, Montmorency, Seine-et-Oise.

Bazangeon, entrep. de trav. publ. rue de Joinville, 16-18, Paris.

Bazereau, rue Michelet, Tours.

Bazille, chapelier, boulevard Diderot, 82, Paris.

Bazille, voyageur de commerce, Angers.

Bazille, Gaston, sénateur de l'Hérault.

Bazin, marchand de tabac, rue de la Chaussée-d'Antin, Paris.

Bazin, restaurateur, Paris.

Bazin, Amiens.

Bazin, négociant en eaux-de-vie, Cognac, Charente.

Bazin, François, professeur de géographie, avenue de Wagram, 145, Paris.

Bazire, greffier, Isigny, Calvados.

Bazouge, Jacques, officier en retraite, Tours.

Bealeu, Jean, rentier, rue Picard, Bordeaux.

Beau, Antoine, avoué, Grande-Rue, 35, Nancy.

Beau, G., commerçant, La Pointe-à-Pitre, Antilles Françaises.

Beau, Hippolyte, employé au Chemin de fer de l'Est, Nangis, Seine-et-Marne.

Beau, Jean, négociant, rue Jean-Burguet, 10, Bordeaux.

Beau, Paul, attaché d'ambassade, rue de Mézières, 13, Paris.

Beaubiat, L., avocat, propriétaire, conseiller municipal, boulevard de la Poste, 24, Limoges.

Beaubois, fabricant de passementeries, rue Pierre-Lescot, 21, Paris.

Beaucamp, E.-C., meunier et brasseur, Rumigny, Ardennes.

Beauchef de Servigny, Louis, Caen.

Beaud, libraire, Lyon.

Beaudet, Edouard, cafetier, Charleville, Ardennes.

Beaudichou, maître d'hôtel, hôtel de Suez, boulevard Saint-Michel, Paris.

Beaudigny, route d'Asnières, 26, Levallois-Perret, Seine.
Beaudinot, Emile, confectionneur, Coulommiers, Seine-et-Marne.
Beaufils, appareilleur de gaz, rue de Montholon, 31, Paris.
Beaufils, Antoine, boulanger, rue Cambronne, 88, Paris.
Beaufils, Jean-Baptiste, charron, rue Malar, 35, Paris.
Beaufumé, maître-menuisier, Paris.
Beauger, rentier, rue du Faubourg-Saint-Martin, 90, Paris.
Beaugrand, prof. d'harmonie, boul. de La Chapelle, 58, Paris.
Beaugrand, tonnelier, rue Fessard, 28, Boulogne, Seine.
Beaugrand, propriétaire, Montmorency, Seine-et-Oise.
Beaujard, Louis, négociant en vins, boulevard Diderot, 94, Paris.
Beaujet, commissionnaire en vins, Epernay, Marne.
Beauleux, Champigny, par Etrechy, Marne.
Beauleux, Paul-Alex., restaurateur, rue de Sèvres, 38, Paris.
Beaumais, Victor, propriétaire, comptable, Paris.
Beaumarié, Hippolyte, entrepreneur de travaux publics, calle
    Alsina, 742, Buenos-Ayres, République Argentine.
Beaume, Léonard, entrep. de battage de grains, Imphy, Nièvre,
Beaumont fils, nég. en vins, Grande-Rue, Nemours, Seine-et-M.
Beaumont, Charles, étudiant en droit, route d'Orléans, 2, Paris.
Beaumont, Jean, ex-imprimeur-libraire, instituteur en retraite,
    faubourg Saint-Antoine, Coustantine, Algérie.
Beaumont, Stanislas, élève timonier, Toulon.
Beaupin, Francis, La Charité, Nièvre.
Beaupoil de Saint-Aulaire, cap. d'inf. de marine, au Sénégal.
Beaucquier, Charles, préfet, député du Doubs.
Beauvais (de), quincaillier, rue du Faub.-St-Antoine, 13, Paris.
Beauvais, Antoine, md de vins, rue Saint-Martin, 62, Paris.
Beauvais, Jules, négociant, Dollon, Sarthe.
Beauvais, J., fabricant de pots d'étain, r. St-Antoine, 107, Paris.
Beauvisage, Lyon.
Bec, nég. en peaux de chèvres, r. Etienne-Marcel, 22, Paris.
Becar, Edmond, artiste-peintre, r. des Marais. 93, Paris.
Becède, rue Saint-Germain, 1, Courbevoie, Seine.
Becelle, négociant, au Havre, Seine-Inférieure.
Bech, Henri, rue Neuve, Cambrai, Nord.
Béchade, trésorier-payeur général, au Mans, Sarthe.
Bechard-Bey, rue Keppler, 6, Paris.
Becherat, horloger, Chambéry, Savoie.
Béchet, marchand de charbons, cours Charlemagne, 67, Lyon.
Béchet, entrepreneur de travaux publics, cours Saint-Antoine,
    Agen, Lot-et-Garonne.
Béchet, Jean, marchand tailleur, rue Rochechouart, 88, Paris.
Béchevot, négociant, rue de Montmorency, 34, Paris.
Becker, Charles, agent comptable, rue Sainte Anne. 20, Paris.
Becker, Guillaume, limonadier, boul. de Strasbourg, 18, Paris.
Becker, Sylvain, négociant, rue Etienne-Marcel, 30, Paris.

Bécour, Théophile, docteur, Lille.

Bécourt, docteur-médecin, rue de Rocroy, 2, **Paris.**

Bécourt, professeur à l'Ecole Turgot, Paris.

Bécourt, Alfred-Joseph, rentier, r. N.-D.-des-Victoires, 38, Paris.

Becq-Rouger, architecte-voyer, impasse Saint-Julien, Tours.

Becquet, **rue du Mail, Paris.**

Becquet, Alphonse, menuisier, rue Roussel, 13, Paris.

Bécu, Prosper, march. de vins, r. du Faub.-St-Antoine, 304, Paris.

Beda ides, Samuel, marchand de chevaux, Orange, Vaucluse.

Bedeau, Ernest-Pierre, rentier, rue Bellot, 24, Paris.

Bedel, Emmanuel-Jean-Marie, fourrier de la marine, Toulon.

Bédel, négociant, rue Saint-Martin, 186, **Paris.**

Bédier, Marie-André, capitaine de milice, Saint-Denis, île de la
Réunion.

Bedoit, voyageur de commerce, rue Saint-Ambroise, 16, Melun,
Seine-et-Marne.

Bédollière (de la), Emile, hommes de lettres, rédacteur au
Siècle, Paris.

Bedos, Narbonne, Aude.

Bédrines, chef de train, au Chemin de fer d'Orléans, rue Molinier, Agen, Lot-et-Garonne.

Béffres, Cette, Hérault.

Bégard, fabricant de bijoux, rue Michel-le-Comte, 22, Paris.

Begot, Vincent-Martin, tourneur, Egreville, Seine-et-Marne.

Begué père, propriétaire, avenue Allard, Nantes.

Béguet, Justin, agent-voyer, route de Pontaillac, 42, Royan,
Charente-Inférieure.

Béguine, Hippolyte, employé, rue Ortolan, 5, Paris.

Behcy, Jacq.-Fr., fabric. de chaussures, r. St-Romain, 3, Paris.

Behne, professeur, Nice, Alpes-Maritimes.

Behuet, rentier, Paris.

Beinbrech, rue de Bondy, 3. Paris.

Bélanger, Michel, menuisier, Lyon.

Bélard, marchand de porcelaines et crist., rue Richer, 30, Paris

Bélard, Vital, négociant en vins, rue du Landy, 32, Clichy-la-
Garenne, Seine.

Bélat, bâtonnier de l'Ordre des avocats, procureur de la République, maire de Valence, vice-président du Conseil général
de la Drôme.

Belbenott, voyageur de commerce, rue du Sentier, 23, Paris.

Beldent, François, entrepreneur, au Mans, Sarthe.

Belet, rue des Caves, 22, Sèvres, Seine-et-Oise.

Belgrand, François, rue Gioffredo, 46, Nice, Alpes-Maritimes.

Béliard, artiste-peintre, rue du Faubourg-Poissonnière, 57, Paris.

Belin, clerc de commissaire-priseur, rue de Rocroi, 14, Paris.

Bellain, voyageur, Pont-Rousseau, Loire-Inférieure.

Bellande, négociant, Jacmel, Haïti.

Bellande, Elie, négociant, Jacmel, Haïti.

Bellanger, maître-couvreur, Paris.

Bellanger, Lyon.

Bellanger, Louis, capitaine au long-cours, Saint-Denis, île de la Réunion.

Bellart, propriétaire, place du Sépulcre, 1, Abbeville, Somme.

Bellat, horloger, Besançon.

Bellaton, Lyon.

Bellavoine, boucher, rue Charlemagne, 8, Paris.

Belle, Antoine-Dieudonné, avocat, maire de Tours, conseiller général et député d'Indre-et-Loire.

Bellé, François, coiffeur, Périgueux, Dordogne.

Bellenand, rue Mandar, 5, Paris.

Bellet, propriétaire, Montmorency, Seine-et-Oise.

Bellet, Jean, propriétaire, Porte-Rouge, Enghien, Seine-et-Oise.

Bellet, Laurent, manufacturier, Lyon.

Beulleune, Augustin, propriétaire, rue Merand, Nantes.

Belley, professeur, Montbéliard, Doubs.

Belley, E.-L., négociant, l'Isle-sur-le-Serein, Yonne.

Belliard, rue la Félicité, 34, Paris.

Bellinguier, nég. en comestibles, rue de Trévise, 47, Paris.

Belloir, entr. de tentures, boul. du Montparnasse, 70, Paris.

Bellon, entrepreneur, route de Versailles, 2, Paris.

Bellon, François, ferblantier, rue des Bonnetières, Toulon.

Bellon, Victor, liquoriste, Toulon.

Belly, Edmond, commerçant, casilla, 257, Valparaiso, Chili.

Belly, Jacques, fils, entrepreneur, Bergerac, Dordogne.

Belly, Jean, négociant, Bordeaux.

Belmas, aîné, huissier, Saint-Pierre, île de la Réunion.

Belmont, Amand-Léon, greffier en chef du tribunal de 1re instance, conseiller municipal, La Basse-Terre, Antilles Françaises.

Belouin, Hyacinthe, peintre, rue de la Sellerie, 25, Tours.

Belot, architecte, boulevard Morland, 3, Paris.

Belot, receveur des contributions directes, Pacy-sur-Eure, Eure.

Belot, Auguste, entrepreneur de peinture, rue du Faubourg-Montmartre, 21, Paris.

Belot, Gilbert, fumiste, Lyon.

Belot, Paul, architecte-vérificateur, boul. Voltaire, 75, Paris.

Belouin, Auguste, tanneur-corroyeur, Angers.

Belville, chocolatier, rue du Château, Melun, Seine-et-Marne.

Belzanne, entrepr. de maçonnerie, rue St-Ambroise, 29, Paris.

Bénard, architecte, boulevard Arago, 15, Paris.

Bénard, march. de vins, rue du Terrier, 45, Vincennes, Seine.

Bénard, banquier, Feuquières, Oise.

Bénard, Désiré, architecte, boulevard Voltaire, 38, Paris.

Bénard, Eugène, charcutier, Rebais, Seine-et-Marne.

Benardeau fils, Amboise, Indre-et-Loire.

Benardeau, François, courtier en vins, Amboise, Ind.-et-Loire.

Bénard-Lechevallier, rentier, rue de Launay, Pont-l'Évêque, Calvados.

Benassy, Lyon.

Bénat, Nevers, Nièvre.

Benech, Lucien, médecin-major au 73e régiment de ligne, Béthune, Pas-de-Calais.

Bénédic, rue de Ponthieu, 17, Paris.

Bénédictus, marchand de pierres fines, rue de Provence, 5, Paris.

Bénédite, Raoul, boulevard Pereire, 131, Paris.

Beneyto, Thomas, négociant en vins, Grande-Rue, 101, Boulogne, Seine.

Bénézech, Louis, père, négociant, Nîmes.

Benezech, Etienne, fils, Nîmes.

Benier, Lyon.

Bénier, Faustin, rentier, boulevard Richard-Lenoir, 134, Paris.

Benlayoux, Paul, Bordeaux.

Bennerotte, Paris.

Benoist, député.

Benoist, marchand de vins, rue Saint-Martin, 259, Paris.

Benoist, propriétaire, rue Saint-Claude 26, Paris.

Benoist, propriétaire, Créteil, Seine.

Benoist, Alfred, marchand de vins, Caen.

Benoist, Charles, commissaire priseur, Caen.

Benoist, Pierre-Ernest, comptable, r. des Bons-Enfants, 37, Paris.

Benoist-Couchy, négociant en papiers peints, rue de l'Ancienne-Comédie, 6, Paris.

Benoît, fabricant de chaussures, rue Vieille-du-Temple, 64, Paris.

Benoît, marchand de vins, rue Sainte-Croix-de-la-Bretonnerie, 7, Paris.

Benoît, propriétaire, rue Haxo, 21, Marseille.

Benoît, Claude, employé, Lyon.

Benoît, Joseph, apprêteur sur crin, rue de Paris, 89, Saint-Denis, Seine.

Benoît, Théodore, rue de Grenelle, 149, Paris.

Benon, voyageur, rue de la Bourde, 29, Tours.

Benson, marchand de charbons, Carpentras, Vaucluse.

Bentejac, employé des ponts et chaussées, rue Neuve-Saint-Merry, 48, Paris.

Ben-Zimera, Isaac, négociant, Mascara, Algérie.

Béquet, L., maître des requêtes au Conseil d'Etat, rue de Rennes, 85 bis, Paris.

Ber, Clément, marchand de vins, Tuffé, Sarthe.

Béral, E., conseiller d'Etat, rue Neuve-des-Mathurins, 5, Paris.

Béranger, cafetier, Philippeville, Algérie

Béranger, Hélie, quincaillier, Valence, Drôme.
Béranger, Justin, limonadier, Bourdeaux, Drôme.
Béranger, Paul, député de l'Aisne.
Bérard, fils, Lyon.
Bérard, Auguste, tailleur, rue de Richelieu, 59, Paris.
Bérard, Charles-Sévère-Marie, percepteur des contributions directes, Saint-Fort-sur-Gironde, Charente-Inférieure.
Bérard, Emile-Théophile, chef de division à la Préfecture, place Richemont, Vannes, Morbihan.
Bérard, Eugène, architecte, boulevard Voltaire, 26, Paris.
Bérard, entrepreneur de travaux publics, Lyon.
Béras, chez M. Dessemond, rue Roquette, 11, Lyon.
Béraud, employé, rue de Paris, 88, Paris.
Beray, Jean-Baptiste, boucher, Grande-Rue, 78, Issy, Seine.
Berbigier, négociant, au Puy, Haute-Loire.
Berbiguier, Auguste, Nîmes.
Berché, cours la Reine, 94, Paris.
Bercheux, négociant, rue de Viarmes, 9, Paris.
Berchon des Essarts, propriétaire, boulev. Voltaire, 72, Paris.
Berçot, ancien garde de Paris.
Berçot, employé, Paris.
Berdala, rue Dumoustier, 45, Suresnes, Seine.
Berdoni, Jean-François, imprimeur-typographe, rue Saint-Gérôme, 4, Toulouse, Haute-Garonne.
Bère, Frédérick, ingénieur des tabacs, conseiller municipal, rue du Pont-Neuf, 32, Lille.
Bereau, négociant, rue du Temple, 22, Paris.
Bérenger, Jean, quai des Célestins, 26, Paris.
Bergé, négociant, Lyon.
Bergé, Hugues, chapelier, rue du Palais-Grillet, 32, Lyon.
Bergeon, employé, rue de Clignancourt, 47, Paris.
Bergeon, Antoine, Sauzet, Drôme.
Berger, conseiller d'Etat, rue de Miroménil, 59, Paris.
Berger, boulevard Voltaire, 93, Paris.
Berger, employé, rue Coquillière, 6, Paris.
Berger, mécanicien, quai d'Orsay, 123, Paris.
Berger, rue de l'Eglise, 6, Neuilly, Seine.
Berger, négociant, rue de l'Hôtel-de-Ville, 25, Vincennes, Seine.
Berger, entrepreneur, Blois, Loir-et-Cher.
Berger, teinturier, rue du Commerce, Soissons, Aisne.
Berger, sous-officier, Oran, Algérie.
Berger, propriétaire, rue d'Artois, 68, Port-Louis, Ile-Maurice.
Berger, C.-P.M., propriétaire, conseiller général et député de la Nièvre.
Berger, Georges, lieutenant-colonel.
Berger, Louis, menuisier, Lyon.
Bergerault, Narcisse, tanneur, Beaulieu, Indre-et-Loire.

Bergeron, médecin-juré près les Cours et Tribunaux de Paris.

Bergeron, G.-J., négociant, rue Neuve-des-Mathurins, 86, Paris.

Bergerot, garde du génie.

Bergers, tailleur, rue Beaurepaire, 13, Paris.

Bergès, Théodore, secrétaire général du gouverneur de la Martinique, ex-rédacteur en chef du *Progrès du Nord*.

Berghuème, lithographe, rue Notre-Dame-de-Nazareth, 5, Paris.

Bergier, négociant, rue Neuve-des-Martyrs, 12, Paris.

Bergier, Joseph, propriétaire-rentier, Lyon.

Bergis, Alexis, négociant, Montauban, Tarn-et-Garonne.

Bergnès, Perpignan, Pyrénées-Orientales.

Bergrath, fabricant de cravates, rue de la Jussienne, 5, Paris.

Berhens, négociant, rue Laffitte, 8, Paris.

Bérier, imprimeur, Voiron, Isère.

Bérillon, Edgar, docteur-médecin, directeur de la *Revue de l'Hypnotisme*, rue Vieille-du-Temple, 12, Paris.

Béringer, comptable, boulevard du Temple, 34, Paris.

Berjon, représentant de commerce, rue Keller, 20, Paris.

Berkowiez, architecte, rue Sedaine, 52, Paris.

Berlan, glacier, rue de Rambuteau, 48, Paris.

Berlier, négociant, Lyon.

Berlon, Hyacinthe, maître-tailleur de pierres, rue du Champ-de-Mars, 20, Toulon.

Berlize, rentier, rue Michel-le-Comte, 16, Paris.

Berment, J.-V.-A., notaire, Neuviller-sur-Moselle.

Bermont, Nicolas, commandant en retraite, Vincelles, Yonne.

Berna, pharmacien, rue Rébeval, 43, Paris.

Bernachot, Lyon.

Bernard, rue Letort, 25, Paris.

Bernard, chemisier, rue Notre-Dame-de-Lorette, 6, Paris.

Bernard, comptable, boulevard de Strasbourg, 74, Paris.

Bernard, employé, rue Tiphaine, 12, Paris.

Bernard, employé aux Magasins généraux, quai de Bercy prolongé, 3, Paris.

Bernard, employé au télégraphe, rue de Grenelle, 58, Paris.

Bernard, propriétaire, rue des Fourneaux, 26 *bis*, Paris.

Bernard, restaurateur, rue de Popincourt, 98, Paris.

Bernard, marchand de charbons, rue Dumoutiers, 24, Aubervilliers, Seine.

Bernard, comptable, Ivry, Seine.

Bernard, ex-sergent d'infanterie.

Bernard, à la filature Bureau, rue de Crucy, Nantes.

Bernard, propriétaire, Chambéry, Savoie.

Bernard, receveur d'enregistrement, rue du Commerce, 41, Nevers, Nièvre.

Bernard, employé de commerce, St-Pierre-le-Moutier, Nièvre.

Bernard, Achille, rue de Bretagne, 39, Paris.

Bernard, André-Antoine, marchand de vins, rue Saint-Louis-en-l'Ile, 1, **Paris.**

Bernard, A., entrepr. de trav., publ., Sidi-bel-Abbès, Algérie.

Bernard, **Blaise,** malletier, place du Théâtre, Toulon, Var.

Bernard, **Claude,** chaudronnier, **Lyon.**

Bernard, C.-Cl., doct.-méd., Dieulouard, **Meurthe-et-Moselle.**

Bernard, **Edouard,** rue Cadet, 20, Paris.

Bernard, **Edouard-Remy,** directeur de la Banque-**M**aritime, rue Chaptal, **2, Paris.**

Bernard, **Jean,** avocat, rue Castillon, 9, Bordeaux.

Bernard, **Jean-Antoine,** agent d'affaires, Saillans, Drôme.

Bernard, **Jean-Auguste,** avocat, maire de Beaume-les-Dames, député du Doubs.

Bernard, **Joseph,** propriétaire, Lyon.

Bernard, **Joseph,** nég., Pont-à-Mousson, **Meurthe-et-Moselle.**

Bernard, **Jules-Aristide,** enseigne de vaisseau, île de la Réunion.

Bernard, **Pie,** libraire, rue du Canon, Toulon.

Bernard, **Pierre,** secr. de la mairie de Beaune, Côte-d'Or.

Bernard, **Théophile,** entrepreneur de peinture, **Paris,**

Bernardeau, L., agent d'assurances, Bourg-s-Gironde, Gironde.

Bernasconi, **Maxime, Lyon.**

Bernaud, **Henri,** ex-sergent d'infanterie.

Bernay, marchand de vins, rue de la **Croix-Rousse, 15, Lyon,**

Berne, rentier, quai des Fossés, 12, Nemours, Seine-et-Marne.

Berneton, passementier, rue Saint-Denis, 117, Paris.

Bernheim, rue de Turbigo, 61, Paris.

Bernheim, **Matthieu,** négociant en laines, rue de Màcon, 2, Reims, **Marne.**

Bernier, maître-répétiteur, rue de l'Hôtel-de-Ville, 47, Paris.

Bernier, **Antony,** au Havre.

Bernier, **Hippolyte,** décorateur, avenue Bouchaud, Nantes.

Berniquet, préfet.

Bernolin, confectionneur, rue Méhul, 1, Paris.

Bernon (baron de), rue des Jeûneurs, 31, Paris.

Bernon, **Paulin,** négociant, Cognac, Charente.

Bernonville, métreur-vérific., rue du Faub.-St-Martin, 36, Paris.

Bernot, **Auguste,** négociant, Nevers, Nièvre.

Bernou, ex-chef d'institution, Agen, Lot-et-Garonne.

Bernoux, **Alexis-Paul-Henri,** négociant, rue de Turenne, 37, Paris.

Berntzwiller, limonadier, rue Taitbout, 13, Paris.

Bérod, Pierrefitte, Seine.

Bérod, **Charles,** rue Ordener, 30, Paris.

Berr, **Lucien,** négociant, rue de Bondy, 66, Paris.

Berriat, **Pierre-A**lexandre, négociant, Moulins-Engilbert, Nièvre.

Berruyer, **Camille,** docteur-médecin, rue Urvey-de-Saint, Nantes.

Berry, **Albert,** serrurier, passage d'Austerlitz, 5, Paris.

Berry, **Georges,** fab. d'encre, r. du Figuier-St-Paul, 12, Paris.

Bersat, Jean, constructeur, Sainte-Terre, Gironde.

Bersia, architecte, boul. Beaumarchais, 14, Paris.

Berson, boucher, rue de Montreuil, 110, Vincennes, Seine.

Bersot, avoué, rue du Palais, Vesoul, Haute-Saône.

Bert, négociant, Saint-Flour, Cantal.

Bert, David, restaurateur, Maison-Dorée, Toulon.

Bert, Paul, docteur-médecin, député de l'Yonne, ministre, résident général au Tonkin.

Bertau, pharmacien, rue des Martyrs, 40, Paris.

Bertault, bijoutier, rue Volta, 20, Paris.

Bertault, Al., chimiste, Paris.

Bertaut, rentier, boulevard Voltaire, 263, Paris.

Bertaut, Edouard-Philippe, maître sellier au 2e spahis, Mascara, Algérie.

Berteau, maçon, rue d'Inkermann, 5, Tours.

Berteloot, Antoine-René, serrurier, rue Saint-Denis, 357, Paris.

Bertereau, préfet des Côtes-du-Nord.

Berthaud, Lyon.

Berthaud, Charles, marchand de charbon, Lyon.

Berthauld, Marie, directeur d'assurances,

Berthault, maçon, route de Saint-Mandé, 17, Charenton, Seine.

Berthault, boulevard de Créteil, 6, Saint-Maur, Seine.

Berthe, propriétaire, Auch, Gers.

Berthe, Edme, propriétaire, place Saint-Jean, Joigny, Yonne.

Bertheau, épicier, faubourg Baunier, Orléans.

Berthelier, horloger, Cusset, Allier.

Berthelin, rue de Grammont, 13, Paris.

Berthelon, Aimé, rue Mercière, 52, Lyon.

Berthelon, fils, marchand-tailleur, rue Saint-Pierre, 4, Lyon.

Berthelon, Claude-Marie, mécanicien, Lyon.

Berthelot, boulanger, Hôtel des Invalides, Paris.

Berthelot, Achille-Charles-Alexandre, architecte, Senlis, Oise.

Berthelot, Alfred-Achille-Auguste, agent d'affaires, C... en.

Berthemot, J.-B.-C., chapelier, rue des Dominicains, Nancy.

Berthemot, Jules, employé de commerce, rue des Dominicains, Nancy.

Berthet, huissier, rue de la Barre, 8, Lyon.

Berthet, contre-maître, rue Notre-Dame-du-Thil, Beauvais.

Berthet, Henry, marchand de vins en gros, Lyon.

Berthet, Louis, industriel, Grande-Rue-des-Charpennes, près de Lyon.

Bertheville, Louis, blanchisseur, Rueil, Seine-et-Oise.

Berthier, mécanicien, rue Saint-Maur, 65 et 67, Paris.

Berthier, tailleur, rue du Faubourg-Saint-Denis, 184, Paris.

Berthillier, Claude, nég. en vins, Belleville-sur-Saône, Rhône.

Berthoin, marchand d'antiquités, rue des Saussaies, 12, Paris.

Bertholet, négociant, rue de l'Hôtel-de-Ville, 72, Lyon.

Bertholle, **Paris.**

Bertholon, fils, marchand-tailleur, rue Saint-Pierre, 4, Lyon.

Bertholon, César, négociant en soieries, fondateur du *Censeur*, de Lyon, député de la Loire, préfet, conseill. municipal d'Alger.

Berthomier-Brun, Jean-Baptiste, Sancoins, Nièvre.

Berthoulat, secrétaire général de préfecture.

Berthoumieu, Pierre, dessinateur, rue St-Martin, 324, **Paris.**

Berthoux, Jules, employé, Alais, Gard.

Berthre, peintre, Grande-Rue, 42, St-Mandé, Seine.

Bertiau, François, instituteur, Armentières, Nord.

Bertifort, receveur des contributions indirectes, Guignes, Seine-et-Marne.

Bertin, sous-chef de bureau au ministère de la Marine, rue de Rennes, 76, Paris.

Bertin, médecin-vétérinaire, rue de Charenton, 141, Paris.

Bertin, négociant, rue des Bons-Enfants, 30, Paris.

Bertin, caissier à la Caisse d'épargne, Briey, Meurthe-et-Moselle.

Bertin, propriétaire, Hardencourt, Eure.

Bertin, propriétaire, Pacy-sur-Eure, Eure.

Bertin, fils, rentier, rue Mal, 25, Fontenay-sous-Bois, Seine.

Berton, François, capitaine de cavalerie, Caen.

Bertin, Marcelin, entrepreneur, rue Saint-Laurent, 7, Paris.

Berton, brodeur d'ornements maçonniques, rue St-Honoré, 113, Paris.

Berton, serrurier, rue Mauconseil, 42, Paris.

Bertot, cap. de navire, rue Jean-Bart, 3, Dunkerque, Nord.

Bertot, Charles, horloger-bijoutier, Caen.

Bertout, conseiller d'Etat, rue de Grammont, 14, Paris.

Bertrand, cartonnier, rue Volta, 54, Paris.

Bertrand, employé, Paris.

Bertrand, employé, rue de Reuilly, 30, Paris.

Bertrand, marchand de vins, boulevard de Grenelle, 165, Paris.

Bertrand, fabricant d'orfèvrerie, rue Vieille-du-Temple, 92, Paris.

Bertrand, sous-chef des bureaux de la mairie du XIIIe arrondissement de Paris.

Bertrand, Lyon.

Bertrand, expéditionnaire de navire, Agde, Hérault.

Bertrand, voyageur de commerce, Brunoy, Seine-et-Oise.

Bertrand, percepteur des finances, Froissy, Oise.

Bertrand, Charles-Eugène, professeur, route de Béthune, 17, Loos, Nord.

Bertrand, Etienne, inspecteur primaire, rue Nationale, 297, Lille, Nord.

Bertrand, Ferdinand, avocat, rue du Sénat, 7, Nice, Alpes-Maritimes.

Bertrand, J.-M.-A., pharmacien, Lyon.

Bertrand, Louis-Aristide, aîné, artiste-graveur, rue de Clignancourt, 14, Paris.

Bertrand, Louis-Joseph, rentier, Remiremont, Vosges,

Bertrand, P.-H-Polidor, commis-négociant, rue du Manège, 4, Bordeaux.

Bertrou, employé, rue de l'Université, 82, Paris.

Bertroux, Joseph, entrepreneur de travaux publics, Lyon.

Berugeau, place Voltaire, 9, Paris,

Bery, Nevers, Nièvre.

Bès, Perpignan, Pyrénées-Orientales.

Besançon, past. protest., r. Nationale, 72, Constantine, Algérie.

Besançon, vétérinaire, Glay, Doubs.

Besançon, Jules, Lausanne, Suisse.

Besançon, Pierre, mécanicien, aux Petits-Ménages, Issy, Seine.

Bès de Berc, préfet.

Besnard, industriel, rue Geoffroy-l'Asnier, 28, Paris.

Besnard, marchand de vins et charbons, rue du Petit-Chemin, Sceaux, Seine.

Besnard, recev. des finances, terrasse des Carmélites, Tours.

Besnard, François, marchand de bateaux, Tours.

Besnière, prop., pl. du Marché-au-Blé, 4, Melun, Seine-et-Marne.

Besnier, marchand de bois, place du Marché-au-Blé, Melun, Seine-et-Marne.

Besnier, cafetier, rue du Grand-Marché, Tours.

Besombes, Jean-Baptiste, ferblantier, Cognac, Charente.

Besombes, Victor, aîné, épicier, Cognac, Charente.

Besquel, bourrelier, rue de Paris, 4, Vincennes, Seine.

Bessay, Georges, entrepreneur, Lyon.

Besse, rentier, Chambly, Oise.

Besse, Neauphle-le-Château, Seine-et-Oise.

Bessières, rue Aumaire, 11, Paris.

Bessières, Jean-Pierre, fumiste, avenue des Ternes, 75, Paris.

Bessler, A., marchand-tailleur, Coulommiers, Seine-et-Marne.

Bessler, Léon, négociant, Coulommiers, Seine-et-Marne.

Besson, employé, rue Véron, 27, Paris.

Besson, fabricant de moulures, rue du Faubourg-St-Denis, 100, Paris.

Besson, marchand de futailles, rue de Bercy, 33, Paris.

Besson, receveur des domaines, Aurillac, Cantal.

Besson, entrepreneur, La Roche-sur-Yon, Vendée.

Besson, maître-plâtrier, La Roche-sur-Yon, Vendée.

Besson, Claude, marchand de vins, Lyon.

Besson, H., employé aux Halles centrales, rue St-Honoré, 113, Paris.

Besson, Jean-Auguste, architecte, Lyon.

Besson, Paul-Louis-Clément, employé, rue du Parc, 46, Fontenay-sous-Bois, Seine.

Besson, P.-A., limonadier, rue Saint-Martin, 134, Paris.

Bessonnet, Félix-Charles, employé, Tours.

Bestel, J.-B.-F., professeur à l'Ecole normale, Charleville, Ardennes.

Bétancourt, Edouard, ingénieur civil, rue de Fontenay, 98, Vincennes, Seine.

Béthisy, négociant, boulevard du Temple, 28, Paris.

Bethmont, Paul, avocat, député de la Charente-Inférieure, conseiller général, premier président de la Cour des Comptes.

Betoulle, Antoine, géomètre, Constantine, Algérie.

Bétrémieux, commis principal à la Préfecture de la Seine, boulevard Voltaire, 260, Paris.

Bétremieux, voyageur, rue Crébillon, 24, Nantes.

Bettembault, chapelier, rue de Rivoli, 74, Paris.

Betz, Jean-Remhart, tailleur, Lyon.

Betzler, Balthazar, tabletier, Lyon.

Betzy, Léopold, commis-négociant, Saint-Denis, île de la Réunion.

Beucler, négociant en vins, Bart, Doubs.

Beugelard, mécanicien, Bordeaux.

Beunardeau, négociant, rue d'Aboukir, 40, Paris.

Beuret, gérant du Dépôt des Mines de la Mulatière, rue Paradis, 31, Marseille.

Beurre, boulanger, rue Saint-Sauveur, 14, Paris.

Beurrier, rue Lechâtelet, 4, Levallois-Perret, Seine.

Beutz, Jean-Pierre, négociant, Blamont, Meurthe-et-Moselle.

Beuze, Urbain, ingénieur, quai de Grenelle, 63, Paris.

Beuzeboc, courtier de commerce, rue de la Ferme, 11, au Havre.

Beuzelin, Jean-Baptiste, propriétaire, Dampierre-sur-Avre, Eure-et-Loir.

Beuzet, négociant, rue Paradis, 56, Marseille.

Beverini-Vico, secrétaire-général de préfecture.

Bewet, serrurier, rue des Curlies, Orléans.

Beydon, fils, négociant, chaussée d'Arc, Gray, Haute-Saône.

Beyer, bottier, rue des Francs-Bourgeois, 4, Paris.

Beynié, voyageur, Orléans.

Beynié, Pierre, teinturier, Brives, Corrèze.

Beynis, Victor, négociant, Saint-Louis, Sénégal.

Bez, avocat, greffier à la Cour d'appel, place Dupuy et rue des Potiers, 37, Toulouse.

Bezard, cultivateur, Fernicourt, Eure-et-Loir.

Bèze, dit Baldi, artiste lyrique, rue Nollet, 14, Paris.

Beziade, menuisier, Philippeville, Algérie.

Bézian, négociant, cours d'Alsace-Lorraine, 74, Bordeaux.

Bézian, Edouard, négociant, Saïgon, Cochinchine française.

Béziat, Charles, carrossier, Bordeaux.

Beziaux, Alfred, marchand de vins, rue de Flandre, Nantes.

Bezin, rue Charlot, 73, Paris.

Bezodis, architecte, rue d'Amsterdam, 84, Paris.
Bezou, avocat, boulevard Saint-Michel, 105, Paris.
Biaggi, entrepreneur de peinture, rue Poissonnière, 23, Paris.
Bianchi, Alphonse, ingénieur, sous-préfet, receveur des hospices, rue Alexandre-Leleux, 17, Lille.
Bibal, rue du Faubourg-Montmartre, 3, Paris.
Bibard, plombier, quai d'Austerlitz, 44, Paris.
Biberon, Louis, propriétaire, Saint-Paul, île de la Réunion.
Bichain, Etienne, imprimeur-lithographe et libraire, Dunkerque, Nord.
Biche, négociant, rue de Strasbourg, 12, Paris.
Bichebois, Alfred, maréchal-ferrant, avenue de Paris, Bordeaux.
Bichelberger, lithographe, rue Réaumur, 56, Paris.
Bichelonne, Denis, charpentier, Toulon.
Bichenot, L., négociant en vins, Montbéliard, Doubs.
Bidault, Chalon-sur-Saône.
Bidault, Eugène, cafetier, au Mans, Sarthe.
Bidault, Jules, fabricant de chaussures, place Vauban, Avallon, Yonne.
Bidaut, caporal à la 10e section d'ouvriers, Rennes.
Bidaut, Edouard, march. d'abats, r. des Bourdonnais, 41, Paris.
Bidaut, J.-B., mécanicien, Lyon.
Bidez, marchand de fers, Charleville, Ardennes.
Bidot, Jean-Baptiste, propriétaire, Ruffey, Jura.
Bidouet, Ph., rue Lafayette, Nantes.
Bidron, perceur de perles, rue des Jeûneurs, 10, Paris.
Bielefeld, négociant, rue des Pénitents, 15, au Havre.
Bien, pharmacien, Mennecy, Seine-et-Oise.
Bienaimé, commissionnaire exportateur, cité Trévise, 5, Paris.
Bienaimé, directeur des Constructions navales, Toulon.
Biének-Ridé, J.-B., serrurier, Lyon.
Bienfait, artiste dramatique, rue Jouye-Rouve, 19, Paris.
Bières, entrepreneur, Auch, Gers.
Bigault, voyageur, Orléans.
Bigeard, rue Herbonnière, 3, Nantes.
Biget, Jacques, garde du génie en retraite, Constantine, Algérie.
Bigey, plombier, rue Pastourel, 24, Paris.
Bignaud, P., teinturier, cours Vitton prolongé, 2, Lyon.
Bignon, L., restaurateur, rue Le Peletier, 1, Paris.
Bignoneau, Mauzé, Deux-Sèvres.
Bignonneau, vétérinaire, Rochefort, Charente-Inférieure.
Bigonville.
Bigot, professeur de musique, Angoulême.
Bigot, Pau, Basses-Pyrénées.
Bigot, Charles, publiciste, Paris.
Bigot, Etienne, rentier, Lyon.
Bigot, Jean-Claude, mécanicien, Lyon.

Bigot, rue des Tilleuls, 68, Boulogne, Seine.

Bigot, Pierre, route d'Orléans, 43, Paris.

Bihourd, préfet du Pas-de-Calais, résident général au Tonkin.

Bijou, maître-blanchisseur, rue de l'Hippodrome, 76, Paris.

Bilange, négociant, calle San-Diego, 32, Carthagène, Espagne.

Bilbault, Louis, entrepreneur de travaux publics, rue Assalit, 4, Nice, Alpes-Maritimes.

Bildé, maréchal des logis chef, à la poudrerie du Bouchet, Seine-et-Oise.

Bilfinger, rue du Cloître-Saint-Honoré, 11, Paris.

Bilheux, Hyacinthe, voyageur de commerce, au Mans, Sarthe.

Billard, constructeur, Pacy-sur-Eure, Eure.

Billard, père, peintre, rue de Bièvre, 28, Paris.

Billard, fils, employé de commerce, rue de Bièvre, 28, Paris.

Billardon, Romain, représentant, Nevers, Nièvre.

Billaud, Georges-Alphonse, employé, rue Montaigne, 22, Paris.

Billault, négociant, rue des Lions-Saint-Paul, 19, Paris.

Billecart, rue de Dunkerque, Paris.

Billet, Joseph, carrossier, rue Thiard, 34, Chalon-sur-Saône.

Billiard, fils, rue Jean-Jacques-Rousseau, 30, Paris.

Billiet, Louis, marchand de vins, rue Corbineau, 3, Paris.

Billion, François, marchand de crépins, Lyon.

Billion, Victor, rue Oberkampf, 145, Paris.

Billoin, Arthur, négociant en fers et charbons, maire de Pontoise, Seine-et-Oise.

Billoir, rue des Amandiers, 99, Paris.

Billoir, au Havre.

Billon, ferblantier, avenue Marceau, place de l'Ancienne-Caserne, Nevers, Nièvre.

Billot, général, sénateur inamovible.

Billot, négociant en vins, boulevard de Magenta, 157, Paris.

Billot, jeune, marchand de vins, rue Lévis, 36, Paris.

Billuart, Louis, préposé au service des lits militaires, adjoint au maire, Mascara, Algérie.

Biltz, marchand-tailleur, Aurillac, Cantal.

Bimet, propriétaire, Oran, Algérie.

Binard, Pantaléon, limonadier, Bergerac, Dordogne.

Bine, hameau de la Chaux, Saint-Cyr-au-Mont-d'Or, Rhône.

Binet, constr. d'abris pour marchés, rue Pierre-Lescot, 1, Paris.

Binet, rentier, rue de Charenton, 220, Paris.

Binet, Hyacinthe, négociant, Caen.

Bingley, boulevard des Italiens, 4, Paris.

Bion, instituteur, rue Baunier, 47, Orléans.

Bion, inspecteur d'assurances, Vendôme, Loir-et-Cher.

Bionda, fumiste, Longjumeau, Seine-et-Oise.

Biord, Joseph, marchand-tailleur, Lyon.

Biot, rentier, maire de Fécamp, Étretat, Seine-Inférieure.

Bir, François, brasseur, boulevard de Grenelle, 148, Paris.

Birac, Pierre, serrurier, Lyon.

Biran, charpentier, rue d'Avron, 110, Paris.

Birde, rue Albouy, 2, Paris.

Birié, Adolphe, banquier, rue du Faub.-St-Martin, 20, Paris.

Birmann, professeur d'Allemand, rue Mariotte, 3, Paris.

Bisabois, entrepreneur de maçonnerie, rue Friant, 42, Paris.

Bisséi, imprimeur, Bordeaux.

Bisson, march. de couleurs, rue de St-Pétersbourg, 22, Paris.

Bilard, banquier, Sancerre, Cher.

Bivel, marchand de vins, rue de Charonne, 9, Paris.

Bivel, rue de Reuilly, 34 *bis*, Paris.

Bivel, Auguste, corroyeur, avenue de la Tourelle, 21, au Parc Saint-Maur, Seine.

Bixio, Maurice, conseiller municipal de Paris, conseiller général de la Seine.

Bizard, rue du Pont-Louis-Philippe, 13, Paris.

Bizarelli, Louis, docteur-médecin, député et conseiller général de la Drôme.

Bizet, serrurier, rue Mercière, 35, Lyon.

Bizeuil, Léon, rue Lafayette, 22, Paris.

Bizot de Fonteny, député.

Blacet, peintre en voitures, Vernon-sur-Seine, Eure.

Blache, rentier, La Tour-du-Pin, Isère.

Blache, Charles-Antoine, propriétaire, Lyon.

Blache, Charles-Paul, mécanicien, chemin de Sainte-Marthe, 126, Marseille.

Blache, L., négociant en vins, Montbéliard, Doubs.

Blache, Noël, cons. d'arrond^t du Var, r. Lafayette, 31, Toulon.

Blain, Charles, plâtrier-peintre, Lyon.

Blairon, Théodore-Achille, constructeur, Charleville, Ardennes.

Blaise, marchand de chaussures, rue de Courcelles, 50, Paris.

Blampain, receveur des hospices, Vichy, Allier.

Blanc, rue de La Rochefoucauld, 55, Paris.

Blanc, dentiste, rue Royale, 18, Paris.

Blanc, fabricant d'articles de voyage, rue Beaurepaire, 8, Paris.

Blanc, mécanicien, rue du Château, 16, Paris.

Blanc, rue Grenette, 1, Lyon.

Blanc, restaurateur, rue Bodin, 11, Lyon.

Blanc, négociant, rue Palais-Grillet, 17, Lyon.

Blanc, rue Traversière, 7, Saint-Étienne, Loire.

Blanc, adjudant de la marine en retraite, Maisons-Neuves, Toulon.

Blanc, maître-cordonnier au 20e régiment de ligne, Digne, Basses-Alpes.

Blanc, négociant, Oran, Algérie.

Blanc, Casimir, notaire, rue Charles, Nice, Alpes-Maritimes.

Blanc, Ch., docteur en droit, sous-préfet.

Blanc, Charles, entrep. de maconnerie, rue Picot, Toulon.

Blanc, Irénée-Pierre, publiciste, rédacteur à la *France*, rue de Dunkerque, 54, Paris

Blanc, Jean, Bordeaux.

Blanc, Jean, sous-préfet.

Blanc, Jean, cordier, place aux Porcs, Nemours, Seine-et-Marne.

Blanc, Jules-Joseph-Aristide, pharmacien, Caen.

Blanc, Justin, employé à l'Hôtel des Monnaies, Paris.

Blanc, Louis, publiciste, historien, député de la Seine.

Blanc, Louis, propriétaire, Constantine, Algérie.

Blanc, Michel, militaire en retraite, commis de perception, rue de la Retrache, Gap, Hautes-Alpes

Blanc, Paul, homme de lettres, rue Guichard, 2, Paris.

Blanc, Pierre, avocat, député de la Savoie.

Blancard, propriétaire, rue Drouot, 34, Paris.

Blanc-Brethé, épicier, Cusset, Allier.

Blanchard, ancien manufacturier, rentier, rue Dumoustier, 40, Suresnes, Seine.

Blanchard, café Molière, place Gratien, Nantes.

Blanchard, boulanger, rue du Bon-Secours, Nantes.

Blanchard, négociant, Oran, Algérie.

Blanchard, J.-A., serrurier, rue Saint-Paul, 20, Paris.

Blanchard, Laurent-Jules, garde du génie, Constantine, Algérie.

Blanchard, Louis, négociant, Caen.

Blanchard, Pierre, liquoriste, rue de la Monnaie, 22, Bordeaux.

Blanchard, René-Louis, cafetier, Nantes.

Blanchart, négociant en nouveautés, Meaux, Seine-et-Marne.

Blanche, Paris.

Blanche, maire de Puteaux, conseiller général de la Seine.

Blanche, fils, capitaine de navire, Bordeaux.

Blanche, Alfred, directeur de l'Ecole d'administration, secrét. général du ministère de l'Algérie et des Colonies, conseiller d'Etat, secrétaire général de préfecture.

Blanchecappe, fabricant d'équipements militaires, chaussée de la Muette, 9, Paris.

Blanchet, entrep. de maçonnerie, rue de Châlons, 14, Paris.

Blanchet, rue Passet, 9, Lyon.

Blanchet, au chemin de fer, avenue des Ponts, 24, Lyon.

Blanchet, Sens, Yonne.

Blanchet, peintre, Oran, Algérie.

Blanchet, Auguste, négociant, La Grenouille-Cuffy, Cher.

Blanchet, Benoît, comptable, r. Durand, La Bastide, Bordeaux.

Blanchet, Eugène, propriétaire, Préaux, Indre.

Blancheton, Jean, brasseur, La Charité, Nièvre.

Blanchi, Pierre, avoué, au Cours, 5, Nice, Alpes-Maritimes.

Blanchon, rue de Turbigo, 64, Paris.

Blanchon, propriétaire de bains, rue Pierre-Levée, 4, Paris.

Blancsubé, Marie-Jules, avocat, maire de Saïgon, député de la Cochinchine.

Blandin, rue de Sébastopol, 30, Tours.

Blandin, E., avoué, conseiller général et député de la Marne.

Blandin, Prosper-Antoine, rue Oberkampf, 81, Paris.

Blangy, A., compositeur de musique, rue du Temple, 17, Paris.

Blanlœil, président de la Chambre des notaires de l'arrondissement de Barbezieux, Baignes, Charente.

Blanlœil, huissier, Confolens, Charente.

Blanpain, Narcisse, imprimeur, rue Jeanne, 7, Paris.

Blatin, boulevard Saint-Germain, 68, Paris.

Blatin, Antoine, docteur-médecin, maire de Clermont-Ferrand, conseiller général et député du Puy-de-Dôme.

Blau, tailleur, rue Dupin, 20, Paris.

Blavette, Jean-Joseph, limonadier, rue des Halles, 16, Paris.

Blavier, Marie-Lucien-Alfred, avocat, avenue de la Source, Nogent-sur-Marne, Seine.

Blender, bijoutier, boulevard Voltaire, 18, Paris.

Blet, rue de Seine, 18, Ivry-Port, Seine.

Bleton, marchand-boucher, Saint-Irénée, Lyon.

Bléton, négociant, Tournus, Saône-et-Loire.

Bleton, Jules, négociant, Alexandrie, Egypte.

Blin, horloger, rue du Berche, 14, Paris.

Blin, commis principal de factage, Fontenay-sous-Bois, Seine

Blin, menuisier, rue de Belfort, 3, Lyon.

Blin, rentier, rue des Massons, 6, Lyon.

Blin, lieutenant au 66e régiment de ligne, Tours.

Blitz fils, coupeur d'habits, Aurillac, Cantal.

Blitz, Julien, tailleur, Caen.

Bloc, voyageur, Bordeaux.

Bloch, docteur-médecin, avenue de St-Mandé, 86, Paris.

Bloch, médecin-dentiste, rue de Bondy, 22, Paris.

Bloch, fabricant d'objets religieux, rue Pastourel, 12, Paris.

Bloch, fleuriste, rue Saint-Denis, 374, Paris.

Bloch, Armand, architecte, rue de Bondy, 22, Paris.

Bloch, Eugène, négociant, rue de Bondy, 3, Paris.

Bloch, Gabriel, ancien huissier, rentier, rue des Ponts, 28, Nancy.

Bloch, Maurice, négociant, rue Saint-Loup, 59, Châlons-sur-Marne.

Bloch, Nathan, commissionnaire en quincaillerie, rue de l'Entrepôt, 17, Paris

Bloch, Salvator, licencié ès-sciences, Nancy.

Bloch, Simon, fabricant de limes, rue de la Hache, 28, Nancy.

Blocquaux, N.-J.-Achille, professeur, rue de la Pompe, 78, Paris.

Blœcher, mécanicien, Paris.

Blog, lapidaire, rue Saint-Ambroise, 37, Paris.

Blog, lapidaire, boulevard de Belleville, 14, Paris.

Bloicon, ferblantier, rue Aumaire, 2, Paris.

Blois, chef des bureaux de la mairie du XX⁰ arrond. de Paris.

Blois, Albéric, avocat, Périgueux, Dordogne.

Bloncourt, Octave, ancien négociant, La Pointe-à-Pitre, Antilles françaises.

Blondat, Eugène, limonadier, rue de Paris, 4, Vincennes, Seine.

Blondeau, rue Durantin, 11, Paris.

Blondeau, fabricant de chaussures, place aux Fruits, Tours,

Blondeau, notaire, Saint-Omer, Calvados.

Blondeau, capitaine de marine, Oran, Algérie.

Blondel, Antoine, cultiv., aux Parichets, Coulommiers, S.-et-M.

Blondel, Eugène, entrepreneur de maçonnerie, aux Parichets, Coulommiers, Seine-et-Marne.

Blondelle, François, marchand de vins, Montlignon, S.-et-O.

Blondelot, François, cultivateur, Nangis, Seine-et-Marne.

Blondet, négociant, rue des Martyrs, 33, Paris.

Blondet, père, rue du Château-d'Eau, 45, Paris.

Blondet, fils, rue du Château-d'Eau, 45, Paris.

Blondin, Albert, préfet.

Blondet, Alexandre, rue Linné, 15, Paris.

Blot, Jacques, pilote, Saint-Pierre, île de la Réunion.

Blot, Marcelin, Victor, fabricant de briques, Pont-Carré, S.-et-M.

Blouetet, bourrelier, Beaune, Côte-d'Or.

Bloy, Laurent, propriétaire, rue du Cerf-Volant, 6, Bordeaux.

Bloy, Louis, chef d'institution, rue Foudaudège, 23, Bordeaux.

Blum, négociant, rue de Rivoli, 18, Paris.

Blum, voyageur de commerce, rue de Turenne, 31, Paris.

Blum, Albert, avocat, rue Saint-Dizier, 21, Nancy.

Blum, Fernand, représentant de fabrique, rue des Petites-Ecuries, 12, Paris.

Blum, Moïse, ancien négociant, rentier, place d'Armes, 16, Dijon.

Blum, Sylvain, négociant, rue Meslay, 26, Paris.

Boban, licencié, rue Richer, 43, Paris.

Bobin, peintre en voitures, rue Jean-Robert, 14, Paris.

Bocage, cultivateur, Bizy-Vernon, Eure.

Bochet, Jean-Baptiste, agent-voyer chef, Montbéliard, Doubs.

Bochin, conseiller général.

Bochkoltz, rue Béranger, 19, Paris.

Bock, avenue d'Italie, 178, Paris.

Bocquet, loueur de voitures, rue Lebouteux, 17, Paris.

Bocquet, menuisier, rue de Fontenay, 56, Vincennes, Seine.

Bocquet, pharmacien-aide-major de 1ʳᵉ classe, Lille.

Bocquin, François, employé de commerce, Lyon.

Bodeau, marchand de vins, conseiller municipal, Valence, Drôme.

Bodeau, Narcisse, maître-bourrelier, Bordeaux.

Bodulle, Jules, instituteur, rue Négrier, 75, Lille.

Bodenhausen, boulanger, rue des Acacias, 30, Paris.
Bodet, Jean-Baptiste, bottier, rue Naujac, 16, Bordeaux.
Bodevingt, Michel, marchand de fruits, rue Baillif, 1, Paris.
Bodoy, avocat, Ajaccio, Corse.
Boech, employé d'hôtel, rue Neuve-des-Petits-Champs, 48, Paris.
Bœgner, Isidore, préfet.
Bœuf, tailleur, place des Orfèvres, 6, Toulon.
Bogolthy, meunier, Bergy-le-Sel.
Bohain, Eugène-Louis, employé, rue Richer, Paris.
Bohler, Emile, employé, rue des Bons-Enfants, 35, Marseille.
Boïeldieu d'Auvigny, secrétaire du tribunal des conflits.
Boïët, notaire, Sainte-Menehould, Marne.
Boileau, emp. au Chem. de fer de l'Ouest, rue Nollet, 18, Paris.
Boillée, Martin, négociant, Commercy, Meuse.
Boileux, pharmacien, rue de Noyon, 12, Cambrai, Nord.
Boilley, Charles, propriétaire, Arbois, Jura.
Boillot, menuisier, rue Gigodot, 1, Lyon.
Boireau, instituteur, Valanton, Seine-et-Oise.
Boiron, maître-carrier, rue Moncey, 20, Paris.
Boiron, Lyon.
Boirot, employé, rue de Clignancourt, 17, Paris.
Boiroux, Etienne, rentier, Lyon.
Bois, A.-C., tonn., route Versailles, 130 bis, Billancourt, Seine.
Bois, Charles, graveur, passage des Gravilliers, 6 Paris.
Bois, Eugène, tonnelier, rue de Buffon, 25, Paris.
Boissard, boulevard de La Chapelle, 18, Paris.
Boisse, Emile, capitaine au 117e régiment de ligne, Paris.
Boisseau, marchand de meubles, hospice de Bicêtre, Seine.
Boisseau, serrurier, rue Saint-Nicolas, Nantes.
Boisseau, François, négociant, rue des Bons-Français, Nantes.
Boissée, propriétaire, prairie de Caen.
Boissel, Ernest-Antoine, négociant, rue Lucornie, 12, Bordeaux.
Boisselier, aux colonies.
Boisset (vicomte de), René, propriét., Saintes, Charente-Infér.
Boisset-Glassac (de), lieutenant au 3e régiment du train des
    équipages militaires, Châteauroux, Indre.
Boissière, couvreur, quai de Gesvres, 8, Paris.
Boissieux, menuisier, Lyon.
Boissin, serrurier, rue de Charonne, Paris.
Boissin, rue de Paradis-Poissonnière, 43, Paris.
Boisson, rue Bourbon-le-Château, 2, Paris.
Boisson, David, rue de Rivoli, 63, Paris.
Boissonnade, rue de l'Arrivée, 10, Paris.
Boissonnat, rue de la Madeleine, 27, Lyon.
Boissonneau, rentier, rue Moneyra, 22, Bordeaux.
Boissonnet, bottier, rue de Buci, 45, Paris.
Boissy d'Anglas, député.

Boistard, N., serrurier, Bléré, Indre-et-Loire.

Boitel, instituteur, boulevard du Montparnasse, 55 *bis*, Paris.

Boivin, cultivateur, Hermonville, Marne.

Boizard, ancien maître-sellier aux lanciers.

Boizet, Désiré, fabricant de couleurs, Ecordal, Ardennes.

--Bokes, rédacteur du *Mostakel*, Tunis, Tunisie.

Bolâtre, gérant de la *Révolution Française*, Paris.

Bolé, marchand de vins, rue Ramey, 65, Paris.

Bolin, pharmacien, La Seine, Var.

Boll, marchand de vins, rue Saint-Antoine, 185, Paris.

Bollantin, tailleur, rue de Caumartin, 17, Paris.

Bollenger, tonnelier-brasseur, rue Mouffetard, 259, Paris.

Boloré, quai de Jemmapes, 38, Paris.

Bolzam, Jean, bijoutier, rue Keller, 17, Paris.

Bombail, François, marchand-tailleur, Lyon.

Bombard, Emile, voyageur de commerce, Lyon.

Bompain, Charles, corroyeur, Caen.

Bompard, capitaine à la garde républicaine, caserne de la Cité, Paris.

Bompart, capitaine au 132e régiment de ligne, Reims, Marne.

Bon, Oscar, agent d'assurances, propriétaire, route de Pontaillac, 39, Royan, Charente-Inférieure.

Bon, Théophile, peintre, rue Foncillon, 35, Royan, Charente-Inf.

Bonafos, employé de commerce, rue de Strasbourg, 7, Paris.

Bonal, François, forgeron, rue Oberkampf, 62, Paris.

Bonamy, maître-maçon, rue de Bercy, 40, Paris.

Bonamy, serrurier, rue de Bercy, 40, Paris.

Bonaz, employé des ponts et chaussées, Meximieux, Ain.

Bondue, Louis, voyageur, hôtel des Voyageurs, Nantes.

Bonenfant, bijoutier, rue Saint-Martin, 226, Paris.

Bonfante, Pascal, bijoutier, rue de la Préfecture, 1, Nice, Alpes-Maritimes.

Bonfils, François, entrepreneur du génie, Nice, Alpes-Maritimes.

Bonfils, Jean-Claude, comptable, rue Chaudron, 15, Paris.

Bongarts-Lebbe, Jean, cafetier, rue Nationale, 15, Lille.

Bongonelli, rue d'Aboukir, 96, Paris.

Bouger, rue de Paris, 38, Paris.

Bonheur, Ferdinand, artiste, boulevard Voltaire, 90, Paris.

Bonhomme, rue Rochechouart, 44, Paris.

Bonhomme, Jean, maître-artificier de la marine à l'Ecole de pyrotechnie, Toulon.

Bonhoure-Boissier, avocat, chef du cabinet du président de la Chambre des Députés, rue de l'Université, 128, Paris.

Bonmartin, maçon, rue des Cendriers, 8, Paris.

Bonnaire, propriétaire, rue de Berlin, 16, Paris.

Bonnaire, Eugène, entrepreneur de peinture, rue de Bourgogne, 57, Paris.

Bonnamy, Jean, entrepreneur de travaux publics, rue Naujac, 20, Bordeaux.

Bonnard, conseiller général de la Seine.

Bonnard, Adrien, épicier, rue Blomet, 68, Paris.

Bonnard, Henri, Bordeaux.

Bonnard, Jules, voyageur, rue de Bondy, 42, Paris.

Bonnard, dit de Nangis, artiste dramatique, Lille.

Bonnardel, Louis, appareilleur, rue d'Aubervilliers, 26, Paris.

Bonnardel, Nicolas, fabricant de chaussures, Lyon.

Bonnardot, rue Royale, 13, Orléans.

Bonnardot, Charles-Louis, menuisier, Pouilly-sur-Loire, Nièvre.

Bonnaud, député.

Bonnaud, Laurent, entrepreneur, Lyon.

Bonnaveau, Bernard, charron, Bordeaux.

Bonne, fourreur, boulevard de Magenta, 126, Paris.

Bonneau, négociant, rue des Déchargeurs, 16, Paris.

Bonneau, Charles, rentier, Saint-Saulge, Nièvre.

Bonneau, Henri, ingénieur des ponts et chaussées, La Rochelle, Charente-Inférieure.

Bonneau, Jean, négociant, rue Saint-Nicolas, Nancy.

Bonneau, Jean, chef de cuisine, rue Alberti, Nice, Alpes-Marit.

Bonneau, Louis, prof' de dessin, Kerentrech-Lorient, Morbihan.

Bonneau, Michel, propriétaire, rue Sainte-Anne, Nancy.

Bonneaux, Michel, employé de commerce, r. St-Nicolas, Nancy.

Bonnefois, Thomas, jardinier, rue de la Gare-des-Marchandises, 8, Cannes, Alpes-Maritimes.

Bonnefont, Toulouse.

Bonnefous, cantinier aux Ouvriers constructeurs, Vernon, Eure.

Bonnefoy, négociant, place des Vosges, 15, Paris.

Bonnefoy, employé de commerce, rue Saint-Georges, 34, Paris.

Bonnefoy, rue du Milieu, 10, Montreuil, Seine.

Bonnefoy, garde d'artillerie, Toulon.

Bonnefoy, négociant, Morez, Jura.

Bonnefoy, Antoine, entrepreneur, Grande-Rue-du-Soleil, 33, Saint-Étienne, Loire.

Bonnefoy-Sibour, Marcel, secrétaire général de préfecture.

Bonnel, commissionnaire-négociant, rue d'Enghien, 28, Paris.

Bonnel, Hippolyte, marchand-taill., rue du Commerce, 60, Paris.

Bonnenfant, ent. de serr., av. de Paris, 72, St-Denis, Seine.

Bonneric, entrepreneur, Batna, Algérie.

Bonnet, boulevard Voltaire, 129, Paris.

Bonnet, charcutier, rue du Rocher, 91, Paris.

Bonnet, marchand de vins, rue des Panoyaux, 26, Paris.

Bonnet, ornemaniste, rue St-Bernard, 25, Paris.

Bonnet, rentier, rue Saint-Bernard, 25, Paris.

Bonnet, rentier, avenue de Neuilly, 106, Neuilly-sur-Seine.

Bonnet, imprimeur, Aurillac, Cantal.

Bonnet, imprimeur, cours du Pin, Agen, Lot-et-Garonne.
Bonnet, Fontainebleau, Seine-et-Marne.
Bonnet, aux Martignes, Bouches-du-Rhône.
Bonnet, docteur-médecin, Sidi-bel-Abbès, Algérie.
Bonnet, Adolphe-Eugène, secrétaire de préfecture, chef de bu-
    reau à la Préf. de la Seine, chef de cab. du préfet de police.
Bonnet, Alphonse, négociant en soieries, rue Boileau, 27, Lyon.
Bonnet, Auguste, gérant de commerce, Cette, Hérault.
Bonnet, Benoît, marchand de vins, Lyon.
Bonnet, Benoît, papetier, Lyon.
Bonnet, Ed.-C., ingénieur, inspecteur général des travaux pu-
    blics, parc de la Pièce-d'Eau, 3, Chatou, Seine-et-Oise.
Bonnet, Émile, charron, au Champ-de-Mars, Toulon.
Bonnet, Jean, interprète principal du gouvernement à la direc-
    tion de l'Intérieur, Saïgon, Cochinchine française.
Bonnet, Joseph, ingénieur des arts et manufactures, place de la
    République, 16, Paris.
Bonnet, Joseph, marchand-tailleur, rue Combes, 8, Bordeaux.
Bonnet, Jules, tonnelier, Beaune, Côte-d'Or.
Bonnet, Martial, conducteur des ponts-et-chaussées, Saint-
    Girons, Ariège.
Bonnet, Pierre, dessinateur, rue du Fg-St-Antoine, 181, Paris.
Bonnet, Romain, Lanquier, Périgueux, Dordogne.
Bonnet-Duverdier, député du Rhône.
Bonnelin, rentier, rue Chaumais, 9, Lyon.
Bonnelin, cafetier, boulevard de la Croix-Rousse, 163, Lyon.
Bonneval, comptable, rue des Vieux-Augustins, 13, Paris.
Boni, Jean, peintre, route de Villefranche, villa Boni, Nice,
    Alpes-Maritimes.
Boniface, employé, Philippeville, Algérie.
Bonnier, sous-préfet.
Bonnieux, rue de Cléry, 13, Paris.
Bonnifay, Honoré, propriétaire, St-Denis, île de la Réunion.
Bonnin, marchand de vins, rue du Temple, 145, Paris.
Bonnin, Alfred, chaudronnier, rue de la Madeleine, Tours.
Bonnin, Eugène, chaudronnier, rue de la Madeleine, Tours.
Bonnin, Victor, propriétaire, La Guerche, Indre-et-Loire.
Bonniol, Jérôme, charron, rue Truguet, Toulon.
Bonnore, boulanger, Brignoles, Var.
Bonnoron, Simon, employé d'octroi, Cognac, Charente.
Bonnot, Charles-Jules-Émile-Eugène, ancien maître-tanneur,
    conseiller municipal, propriétaire-rentier, Laon, Aisne.
Bonnot, Jean, tapissier, rue Sainte-Eutrope, 8, Béziers, Hérault.
Bonnotte, ingénieur-typographe, r. du Cherche-Midi, 91, Paris.
Bonorand, chapelier, rue Saubat, 18, Bordeaux.
Bonoron, J.-L.-Bernard, march. de vins, rue de Passy, 12, Paris.
Bonsergent, Alfred, secrétaire de la présidence du Sénat.

Bontemps, inspecteur général des Télégraphes, rue de Grenelle, 103, Paris.

Bontemps, horloger-mécanicien, rue de Cléry, 72, Paris.

Bontemps, fabricant de chaussures, rue des Récollets, Tours.

Bontin, rue Brochant, 2, Paris.

Bontou, Alcide, restaurateur, rue Porte-Dijeaux, 64, Bordeaux.

Bontou-Desplanques, capitaine au long-cours, Bordeaux.

Bontron, employé, montée Rey, 2, Lyon.

Bonvay, charpentier, à Colerices.

Bonvoisin, Emile-Félix, banquier, Vire, Calvados.

Bony, adj. au 4e régiment d'infanterie, Toulon.

Bony, limonadier, Checy, Loiret.

Bopp, François, professeur de musique, place de l'Hôtel-de-Ville, Bordeaux.

Bora, rue du Havre, 13, Paris.

Bord, employé, Paris.

Bord, Emile, mach. à la Compagnie d'Orléans, Périgueux, Dordogne.

Borde, Jean-H., tailleur, rue d'Aguesseau, 36, Boulogne, Seine.

Bordeaux, marchand de cheveux, rue d'Ivry, 5, Lyon.

Bordelaise, Baptiste, maréchal-ferrant, Loches, Indre-et-Loire.

Bordenave, propriétaire, Bordeaux.

Bordenave, Fernand, marchand de papiers peints, rue des Douves, 28, Bordeaux.

Bordes, marbrier, rue de la Roquette, 169, Paris.

Bordes, Jean, cafetier, rue de la Dolve, 2, Tours.

Bordes, propriétaire, rue Rodriguez-Pereire, Bordeaux.

Bordes, Victor, négociant, Périgueux, Dordogne.

Bordesol, aîné, nég. rue Mercière, 4 et 6, Bourg-en-Bresse, Ain.

Bordet, Simon, entrepreneur de roulage, Lyon.

Bordier, Edgar, avocat à la Cour d'appel, rue du Vieux-Colombier, 21, Paris.

Bordier, Gustave, négociant en peinture, boul. Heurteloup, 31, Tours.

Bordier, Jean-Charles, entrepreneur, au Lude, Sarthe.

Bordon, Charles, quai Bourbon, 21, Paris.

Bordot, Isidore, négociant, Nogent-le-Sec, Eure.

Borel, restaurateur, rue du Rendez-Vous, 30, Paris.

Borel, rentier, Touques, Calvados.

Borel, Louis, banquier, Valence, Drôme.

Borgerst, tourneur, rue des Gravilliers, 65, Paris.

Borgniet, P.-N., orthopédiste-bandagiste, rue Vavin, 46, Paris.

Boricaud-Ismard, Narcisse, commerçant et propriétaire, La Pointe-à-Pitre, Antilles-Françaises.

Borie, père, ex-chef armurier, Melun, Seine-et-Marne.

Borie, fils, libraire-imprimeur-lithographe, rue Saint-Aspais, 36, Melun, Seine-et-Marne.

Borie, Léon, industriel, maire de Tulle, député de la Corrèze.
Borie, Victor, maire du VI° arrondissement de Paris.
Borie, Sylvain, épicier, rue Saint-Dominique, 8, Paris.
Borigite, Théodore, employé de commerce, rue d'Iéna, 12, Lille.
Borin, horloger, rue aux Pains, 4, St-Germain-en-Laye, S-et-O.
Bornarel, Claude, marbrier, Lyon.
Bornat, graveur-sertisseur, rue Saint-Fargeau, 65, Paris.
Borne, Marie-Joseph-Charles, docteur-médecin, conseiller général, Hérimoncourt, Doubs.
Bornet, Ernest, fabricant d'huile, rue des Beaux-Arts, Gray, Haute-Saône.
Bornibus, vinaigrier, boulevard de la Villette, 60, Paris.
Borniche, Pierre-Antoine, serrurier, rue de Paris, 78, Paris.
Bornier, secrétaire général de préfecture.
Borny, tailleur, rue Neuve-des-Petits-Champs, 69, Paris.
Borowski, Léon, horloger, passage Jouffroy, 49, Paris.
Borriès, Frédéric, médecin-dentiste, r. Saint-Honoré, 358, Paris.
Bortmanbrun, négociant, Agen, Lot-et-Garonne.
Bory, Bonaventure, menuisier, Lyon.
Bosc, député du Gard.
Bosc, Jean-Désiré, fabr. de galoches, rue Saint-Maur, 91, Paris.
Bosche, Charles, avocat, Brives, Corrèze.
Boscher, rue Saint-Antoine, 265, Paris.
Bosq, coiffeur, place du Marché-au-Blé, Agen, Lot-et-Garonne.
Bosredon, Antoine, notaire, Fossemagne, Dordogne.
Bossand, Jean, tailleur, Lyon.
Bothereaux, appareilleur de pierres, rue des Murs-de-la-Roquette, 6, Paris.
Botherel, voyageur, chez M. Chelet, Nantes.
Botta, restaurateur, rue du Vert-Bois, 58, Paris.
Bottin, Auguste, étudiant en droit, rue de la Barre, 81, Lille.
Bottini, négociant, Oran, Algérie.
Botton, charron, Vitry, Seine.
Botz, Léonce, manufacturier-apprêteur, rue du Cardinal-de-Lorraine, 19, Reims, Marne.
Boubal, avocat, rue Saint-Just, 24, Rodez, Aveyron.
Boubal, Louis, place d'Armes, 8, Perpignan, Pyrénées-Orientales.
Boubée, homme de lettres, rue du Château-d'Eau, 36, Paris.
Boubée, commis-négociant, gérant de la cité ouvrière, rue Paradis, Marseille.
Boubée, employé, Auch, Gers.
Boubier, courtier en vins, rue de Bercy, 15, Paris.
Boubon, Charles-Honoré, Vincennes, Seine.
Boucard, Gustave, négociant, Saint-Nazaire, Loire-Inférieure.
Bouchacourt, march. de provisions alimentaires, Vichy, Allier.
Bouchar, Alexandre, comptable, Lyon.
Bouchard, André, cafetier, Lyon.

Bouchard, Isidore-Jacques, négociant, La Ferté-Macé, Orne.

Bouche, Théodore, serrurier, av. du Cimetière-du-Nord, 17, Paris.

Bouché, forgeron. rue de Tocqueville, 96, Paris.

Bouché, maréchal-ferr., Grande-Rue, Montgeron, Seine-et-Oise.

Bouché, Jacques, Mareuil-sur-Ay, Marne.

Bouché, Louis-Joseph-Vincent, Fontenay-sous-Bois, Seine.

Bouchée, propriétaire, conseiller municipal, adjoint au maire, rue Blanche, 43, Lille, Nord.

Boucher, banquier, rue Godot-de-Mauroy, 30, Paris.

Boucher, entrepreneur de charpente, rue Dutot, 5, Paris

Boucher, Auguste, peintre, Jarnac, Charente.

Boucher, Henri, industriel, Docelles, Vosges.

Boucher de Perthes, Amiens.

Boucheron, appareilleur, aux Batignolles, Paris.

Boucheron, Agen, Lot-et-Garonne.

Boucheron, Auguste, forgeron, rue de la Pépinière, Tours.

Boucheron, Auguste, limonadier, Tours.

Boucheron, Georges, publiciste, directeur de l'*Union républi-caine*, allées de la République, 2, Libourne, Gironde.

Boucheron, Henri, ingénieur et professeur à l'Ecole Centrale, quai d'Orsay, 99, Paris.

Boucheron, Jean, constructeur-mécanicien, cours Victor-Hugo, Agen, Lot-et-Garonne.

Bouchet, receveur des rentes, r. du Faubourg-St-Denis, 78, Paris.

Bouchet, épicier-distillateur, Neauphle-le-Château, Seine-et-Oise.

Bouchet, Jean, fils, sous-inspecteur de l'éclairage, rue Clément, 41, Bordeaux.

Bouchet, Paul-Emile-Brutus, avocat, député des Bouches-du-Rhône, agent de l'administration, au Tonkin.

Bouchet, Pierre-François-Alexis, bijoutier, Nîmes.

Bouchetal, maître de lavoir. r. du Faub.-du-Temple, 127, Paris.

Boucheux, César-Maximin-Babylas, fabricant de plaques pour compagnies d'assurances, Paris. *

Bouchois, Désiré-Médard, employé, route de Darnétal, Rouen.*

Bouchon, Nice, Alpes-Maritimes.

Bouchou, entrepreneur de travaux publics, route Neuve, Agen, Lot-et-Garonne.

Bouchy, lieutenant, Philippeville, Algérie.

Boucley, Pierre, avenue de Grammont, 17, Tours.

Bouclin, marchand de chaussures, rue de Tocqueville, 92, Paris.

Boucoskist, peintre, rue du Moulin, Nantes.

Boudailliez, sertisseur, rue du Faubourg-du-Temple, 117, Paris.

Boudard, restaurateur, Mazeuil-sur-Ay, Marne.

Boudarel, Jean-Marie, fabricant de rubans, rue des Arts, 6, Saint-Étienne, Loire.

Boudarel, Pierre, fabricant de rubans, rue des Arts, 6, Saint-Étienne, Loire.

Boudes, **Henri, expert-comptable,** rue Sainte-Germaine, 39, Toulouse.

Boudet, sous-ingénieur des mines, Veny.

Boudet, Pierre, propriétaire, Lyon.

Boudeville, député.

Boudier, secrétaire général de préfecture.

Boudier, cultivateur, Devigneux, Seine-et-Oise.

Boudin, rue de Crimée, 19, Paris.

Boudin, Louis, rentier, rue Boyer, 32, Bordeaux.

Boudois, serrurier, Aiguillon, Lot-et-Garonne.

Boudon, commis principal des postes, Lodève, Hérault.

Boudon, entrepreneur de peinture, marchand de papiers peints. Longjumeau. Seine-et-Oise.

Boudot, Albert, entrepreneur, rue des Jardins, 11, Nancy.

Boudot, Ferdinand, architecte, rue Stanislas, 48, Nancy.

Boudot, Louis-Victor, limonadier, rue de Paris, 22, Vincennes, Seine.

Boudoux, employé, rue Saint-Martin, 243, Paris.

Boudoux, tôlier, rue du Faubourg-Saint-Antoine, 45, Paris.

Boudreaux, marchand d'articles de Paris, Charleville, Ardennes.

Boué, conseiller municipal de Paris, conseiller général de la Seine.

Boué, sous-officier administrateur, Oran, Algérie.

Boué de Villiers, rédacteur de l'*Union républicaine*, Evreux, Eure.

Bouedron, négociant, rue de Versailles, Nantes.

Bouet, rue du Battoir, 9, Paris.

Bouet, peintre, La Roche-sur-Yon, Vendée.

Bouet, greffier, Vallet, Loire-Inférieure.

Bouet, Gustave-Adolphe, marchand de papiers peints, Caen.

Boufleteau, plombier, conseiller municipal, rue de la République, **Tours.**

Bouffigny, Joseph-Victor, peintre en bât., Dreux, Eure-et-Loir.

Bougarel, Alfred, banquier, Orange, Vaucluse.

Bougé, Louis, épicier, rue de la Trinité, Royan, Charente-Infér.

Bougier, naturaliste, boulevard Saint-Michel, 53, Paris.

Bougier. rue Châtelain, 10, Paris.

Bougy, Charles-Victor, capitaine au long-cours, Caen.

Bouhaben, entrepreneur, Batna, Algérie.

Bouheben, Jean-Baptiste, marchand-tailleur, rue Esprit-des-Lois, 2, Bordeaux,

Bouhier, propriétaire, Saint-Martin-des-Noyers, Vendée.

Bouillet, négociant, Philippeville, Algérie.

Bouillet, Jean-Claude, mécanicien, Lyon.

Bouilliaux, emballeur, rue Bergère, 35, Paris.

Bouillier, marchand de vins, Paris.

Bouillon, dessinateur, rue Saint-Dominique, 170, **Paris.**

Bouillon, Joseph, avenue de la Gare, maison Chabrand, Pertuis, Vaucluse.

Bouillot, père, tonnelier, Beaune, Côte-d'Or.

Bouillot, fils, marbrier, Chorey, Côte-d'Or.

Bouilloux, Philibert, négociant en vins, Lyon.

Bouilly, Joseph, métreur-vérificateur, rue Meslay, 42, Paris.

Bouinais, ancien secrétaire de préfecture, rue du Calvaire, 11, Saint-Cloud, Seine-et-Oise.

Bouis, Albert, pharmacien, place Voltaire, 5, Narbonne, Aude.

Bouis, Antoine-Sylvain, boulanger, quart. des Routes, Toulon.

Bouissière, Louis, marchand de vins, Lyon.

Bouisson, Alphonse, avocat, rue Planturable, 11, Bordeaux.

Bouju, Alexandrie, Egypte.

Boulade, négociant, rue d'Antibes, 31, Cannes, Alpes-Maritimes.

Boulan, Armand-Victor, capitaine au long-cours, Caen.

Bouland, J.-B., cafetier, Lyon.

Boulanger, Etienne, propriétaire-rentier, rue de Paris, 140, Saint-Denis, Seine.

Boulanger, Georges-Ernest, général, ministre de la Guerre.

Boulanger, Xavier, tonnelier, rue Saint-Julien, 13, Nancy.

Boulard, orthopédiste, rue Notre-Dame-de-Nazareth, 5, Paris.

Boulard, peintre en bâtiments, Niort, Deux-Sèvres.

Boulay, papetier, passage du Ponceau, 9 et 12, Paris.

Boulay, Victor, négociant, au Mans, Sarthe.

Boulay de Solard, rentier, rue des Saints-Pères, 55, Paris.

Boule, employé au chemin de fer, Tavaux, Jura.

Boulé, entrepreneur de couverture et de plomberie, rue de la Plâtrière, Melun, Seine-et-Marne.

Boulenger, caissier de la Société génér. algér., Oran, Algérie.

Boulet, charpentier, rue Saint-Jean, 42, Agen, Lot-et-Garonne.

Boulet, Nevers, Nièvre.

Bouliau, surrurier, rue Voltaire, 30, Nantes.

Bouliech, conseiller général de l'Hérault.

Boulin, Adolphe, chef du matériel aux Ateliers et Chantiers de la Loire, Saint-Nazaire, Loire-Inférieure.

Boullanger, rue de Paris, 140, Saint-Denis, Seine.

Boullant, marchand de vins, rue du Terrier, 1, Vincennes, Seine.

Boullay, Etienne, conseiller général et député de Saône-et-Loire.

Bouloiseau, cap. d'infanterie, Saint-Avertin, Indre-et-Loire.

Boulon, arquebusier, rue de l'Echiquier, 7, Paris.

Boulva, Alexandre, meunier. Courmelles, Aisne.

Bouniard, Lyon.

Bounin, E., empl. des contrib. indirectes, Orange, Vaucluse.

Bouquet, député des Bouches-du-Rhône.

Bouquet, marchand de vins, rue Rochechouart, 12, Paris.

Bouquet, peintre, Coulommiers, Seine-et-Marne.

Bouquet, marchand de vins en gros, Palaiseau, Seine-et-Oise.

Bouquet, Louis, chef de bureau au ministère du Commerce, rue Fontaine, 28, Paris.

Boura, propriétaire, au Mée, Seine-et-Marne.
Bourat, Claude, marchand de vins, rue des Carrières, 11, Paris.
Bourayne, Jules, docteur-médecin, St-Pierre, île de la Réunion.
Bourbon, sculpteur, passage Lathuile, 21, Paris.
Bourbon, fumiste, rue des Arts, 17, Nantes.
Bourbon, A., commis-négociant, rte de Bayonne, 17, Bordeaux.
Bourbon (prince Henri de), duc de Séville, r. de Rivoli, 210, Paris.
Bourceret, rédacteur du *Réveil du Dauphiné*, Grenoble.
Bourchanin, comptable, cité Trévise, 24, Paris.
Boursier, J.-B., directeur du service des lits militaires, Constantine, Algérie.
Bourdeaux, tailleur, rue de la Vrillière, 4, Paris.
Bourdeaux, commerçant, en Russie.
Bourdeille, maître d'hôtel, Montmoreau.
Bourdeix, Léonard, marchand de vins, Lyon.
Bourdeloup, F., employé des ponts et chaussée, Constantine, Algérie.
Bourdet, Lyon.
Bourdet, propriétaire, ordonnateur du Bureau de bienfaisance, rue de la Plâtrerie, Vernon-sur-Seine, Eure.
Bourdil, père, brasseur, Auch, Gers.
Bourdil, fils aîné, Auch, Gers.
Bourdil, jeune, Auch, Gers.
Bourdin, agent de change, Port-Louis, île Maurice.
Bourdin, Ed., ferblantier-lampiste, place du Palais, Tours.
Bourdin, E., fabricant de fleurs, bd de Sébastopol, 78, Paris.
Bourdin-Gaillard, Aug., maître d'hôtel, au Lude, Sarthe.
Bourdolle, H., entrepreneur de couverture, allées Damour, 25, Bordeaux.
Bourdon, employé, rue Le Regrattier, 11, Paris.
Bourdon, limonadier, rue Saint-Jacques, 161, Paris.
Bourdon, Bordeaux.
Bourdon, Amand, commerçant, Saint-Denis, île de la Réunion.
Bourdon, Jean-Joseph, Nîmes.
Bourdy, Nîmes.
Boureau, mégissier, rue Poliveau, 18, Paris.
Bourelly, Paulin, entrep. de maçonnerie, cours Lafayette, 100, Toulon.
Bourg, Joseph, maître-serrurier, place Monbas, Bordeaux.
Bourganel, Pierre, conseiller général et député de la Loire.
Bourgasel, médecin de l'hôpital civil, Toulon.
Bourgaux, Ch.-A., garde général des forêts, Baccarat, M.-et-M.
Bourgeat, Chalon-sur-Saône.
Bourgeat, Jean-François, maître d'hôtel, Lyon.
Bourgeois, rue Saint-Antoine, 183, Paris.
Bourgeois, entrep. de peinture, r. La Rochefoucauld, 56, Paris.
Bourgeois, négociant en vins, Choisy-le-Roi, Seine.

Bourgeois, chemin de Gerland, 6, Lyon.

Bourgeois, avenue des Ponts, 61, Lyon.

Bourgeois, marchand de vins, Gray, Haute-Saône.

Bourgeois, François-Joseph, grainetier, Crécy, Seine-et-Marne.

Bourgeois, Henri-Constant-Louis, ancien marchand de vins en gros, propriétaire, maire d'Andilly, Seine-et-Oise.

Bourgeois, Henri-Xavier, rue de Paris, 36, Boulogne, Seine.

Bourgeois, Hippolyte, commerçant, rue de Paradis-Poissonnière, 31, Paris.

Bourgeois, Jean-Baptiste, négociant, conseiller général et député du Jura.

Bourgeois, Jules, banquier, rue du Quatre-Septembre, 12, Paris.

Bourgeois, Léon, docteur en droit, secrétaire général de préfecture, préfet, conseiller d'Etat, directeur de l'Administration départementale et communale au ministère de l'Intérieur, préfet de police.

Bourgeois, Louis-Pierre, musicien aux chasseurs à cheval.

Bourgeois-James, bijoutier, Charleville, Ardennes.

Bourgès, Julien, professeur, Bordeaux.

Bourgeuil, Louis-Gabriel, employé au chemin de fer, Nogent-sur-Marne, Seine.

Bourgogne-Bonnard, charpentier, Savigny, Haute-Marne.

Bourgoin, André, employé, rue Banchereau, 18, Tours.

Bourgoin, Auguste, comptable, Saint-Denis, île de la Réunion.

Bourgoin, Ernest, négociant, Beaune, Côte-d'Or.

Bourgon, Job-François, entrepreneur, Niedervilier.

Bourguel, César, chocolatier, rue de la Roque, 2, Alais, Gard.

Bourguet, Louis, receveur principal des douanes, rue de la République, Perpignan, Pyrénées-Orientales.

Bourguignon, négociant, rue de Flandre, 12, Charleville, Ardennes.

Bourguignon, négociant, Port-Louis, île Maurice.

Bourguignon, Georges-Constant, négociant en grains, cours de la Gabelle, Vernon-sur-Seine, Eure.

Bourguignon, Omer, maréchal ferrant, rue Raguencau, Tours.

Bourguignon-Richard, Ernest-Auguste-Paul, représentant de commerce, Charleville, Ardennes.

Bourienne, Léon, employé, Caen.

Bourigault, négociant en grains, quai Barentin, Orléans.

Bourillon, médecin militaire, Oran, Algérie.

Bourin, Adolphe, employé, rue des Moines, 63, Paris.

Bourlier, Charles, propriétaire, conseiller général et député de l'Algérie.

Bournais, Félix, fabricant de poteries, rue des Ursulines, 26, Tours.

Bourneville, Désiré, docteur-médecin, conseiller municipal de Paris, conseiller général et député de la Seine.

Bourniche, rue Saint-Louis, 7, Vincennes, Seine.

Bourouilloux, négociant, maison Joubert, Tours.

Bourousse, voyageur de commerce, passage Saint-Pierre, 12, Paris.

Bourrasset, Joseph, deuxième maître-mécanicien, Toulon.

Bourrat, Perpignan, Pyrénées-Orientales.

Bourre, maître d'armes au 2e chasseurs, Tours.

Bourrée, Alexandre, Nîmes.

Bourry, Jacques, Nîmes.

Boursier, conseiller d'arrondissement de l'Oise.

Boursier, fils, limonadier, boulevard Voltaire, 30, Paris.

Bourtereau, épicier, rue de la Brèche-aux-Loups, 43, Paris.

Bousige, Grande-Rue, Bessèges, Gard.

Bousin, maître-timonier en retraite, Toulon.

Bousin, Benoît-Auguste, timonier, à la division, Toulon.

Bousquel, ingénieur civil, rue Mazarine, 84, Paris.

Bousquet, Jean, taillandier, rue du Coq, Béziers, Hérault.

Bousquet, Victor-Alphonse-Jean, avocat, sous-préfet, député du Gard.

Boussard, Paul, publiciste, Paris.

Boussardon, charpentier, rue de la Procession, 86, Paris.

Boussié, limonadier, boulevard de Sébastopol, 98, Paris. .

Boussier, négociant, Prairie-au-Duc, Nantes.

Boussigues, agent-voyer, en retraite, Grenade-sur-Garonne, Haute-Garonne.

Boussion, Urbain, fabricant de chaussures, rue Grenier-Saint-Lazare, 43, Paris.

Bousson, Henri-Joseph, rentier, Lyon.

Boutaud, Joseph, restaurateur, Lyon

Bouteiller, Alexandre, rue des Tribunaux, 7, Dieppe, Seine-Inf.

Bouteiller (de), maire de Grigny, Rhône.

Boutelant, soldat à la 1re section d'ouvriers, à la Manutention, Paris.

Bouthier, négociant, Fraine-au-Duc.

Boutier, boulanger, Pontchartrain, Seine-et-Oise.

Boutigny-d'Evreux, chimiste, La Châtre-sur-le-Loir, Sarthe.

Boutillier, Auguste, pharmacien, rue des Suaires, 24, Lille.

Boutillier, Sabin, négociant, Cognac, Charente.

Boutin, marchand de vins, Challans, Vendée.

Boutin, Alcide, couvreur, boulev. de Ménilmontant, 101, Paris.

Boutin, Emile, café National, Florac, Lozère.

Boutin, Joseph-Marie, marchand de vins, port marchand, Toulon.

Boutinon, Eugène.

Bouton, fournisseur des troupes, Lyon.

Boutonnet, rue Pesset, Saint-Pierre, Martinique.

Boutreux, horticulteur, route d'Orléans, 99, Paris.

Boutroux, Georges, étud. en médecine, r. de la Barre, 40, Lille.

Bouty, Joseph-Alphonse, garde principal du service des mines, rue du Vieux-Château, Oran, Algérie.

Bouvagnet, sous-préfet.

Bouvard, rue de Rambuteau, 22, Paris.

Bouvault, Théophile, architecte de la Préfecture et du département, Nevers, Nièvre.

Bouverot, employé, rue Saint-Gilles, 1 bis, Paris.

Bouvery, petite rue des Feuillants, 5, Lyon.

Bouvet, entrepreneur, Montaigu, Vendée.

Bouvet, Auguste, rentier, administrateur de l'Ecole La Martinière, rue Gentil, 11, Lyon.

Bouvier, empl. aux Halles, rue de la Butte-aux-Cailles, 30, Paris.

Bouvier, tapissier, rue La Bruyère, 22, Paris.

Bouvier, couvreur, quai de la Fosse, 12, Nantes.

Bouvier, forgeron au Chemin de fer de l'Etat, r. Michelet, Tours.

Bouvier, négociant, Lons-le-Saunier, Jura.

Bouvier, Lagny, Oise.

Bouvier, Félix, rentier, Charleville, Ardennes.

Bouvier, Louis-Joseph, négociant, Lyon.

Bouvret, homme de lettres, rue Vivienne, 6, Paris.

Boux, mécanicien, Lyon.

Bouxain, marbrier, rue de la Roquette, 127, Paris.

Bouyer, J., doct.-méd., r. du Rempart de l'Est, 24, Angoulême.

Bouygues, rue Gaillon, 10, Paris.

Bouys, Fulerand, pépiniériste, faub. du Port, Béziers, Hérault.

Bouzeran-Laboussole, huissier-audiencier, rue des Prêtres, Agen, Lot-et-Garonne.

Bouzons, Rodolphe-Bernard, nég., rue d'Albret, 16, Bordeaux.

Bovagnet, maître-menuisier, Chambéry, Savoie.

Bovey, Lyon.

Bovez, Edouard, fondeur d'or, Lyon.

Bovier-Lapierre, Amédée, avocat, député de l'Isère, secrétaire de la Chambre des Députés.

Boy, père, fabricant de bronzes, rue de Turenne, 96, Paris.

Boy, fils, fabricant de bronzes, rue de Turenne, 96, Paris.

Boy, négociant, rue du Château-d'Eau, 25, Paris.

Boyé, Pierre-Théodore, bottier, rue Chevérus, 17, Bordeaux.

Boyenval, architecte, rue des Boulangers, Paris.

Boyer, charbonnier, rue des Menus, 6, Boulogne, Seine.

Boyer, chaudronnier, passage Saint-Pierre, 7, Paris.

Boyer, dessinateur, avenue Duquesne, 3, Paris.

Boyer, fabricant de parapluies, rue Saint-Sauveur, 7, Paris.

Boyer, propriétaire, Toulon.

Boyer, coutelier, La Roche-sur-Yon, Vendée.

Boyer, quincaillier, La Roche-sur-Yon, Vendée.

Boyer, Henri, cours Berriat, Grenoble.

Boyer, Jules, architecte, rue Contrescarpe, 38, Nantes.

Boyer, Pierre, propriétaire, Bordeaux.
Boyet, propriétaire, Charantay, Rhône.
Boymier, docteur-médecin, Sainte-Foy-la-Grande, Gironde.
Boyron, docteur-médecin, Oran, Algérie.
Boysset, consul à Philippopoli, Roumélie.
Boysset, Charles, avocat, maire, préfet, député de Saône-et-Loire.
Bozarier de Vomane (de), officier en retraite, Marseille.
Bozonat, Antoine, rue Adamoli, 1, Lyon.
Bozonat, Eugène, rue Adamoli, 1, Lyon.
Brabant, artilleur, au fort de Vincennes, Seine.
Bracco, Victor, professeur, Nice, Alpes-Maritimes.
Brach, employé, rue d'Aboukir, 18, Paris.
Brach, Henri, négociant, place des Augustins, 2, Bordeaux.
Brachais, fabricant de bijouterie, rue du Temple, 152, Paris.
Brachet, Lyon.
Brachet-Laforest, employé, Paris.
Braconnier, dentiste, rue Neuve-des-Petits-Champs, 20, Paris.
Braconnot, horloger, rue Vieille-du-Temple, 83, Paris.
Bracquemont (de), Art.-Ch., rentier, Périgueux, Dordogne.
Bradfer, Ernest, maire de Bar-le-Duc, Meuse.
Bragas de Soutzed, commis-négociant, pass. Saulnier, 8, Paris.
Brahic, fabricant de billards, rue Lafayette, Toulon.
Braibant, Désiré, comptable au Secrétariat général du Grand
    Orient de France.
Braida, professeur, rue des Jeûneurs, 31, Paris.
Braleret, conseiller municipal de Paris, cons. gén. de la Seine.
Braley, employé de commerce, rue de Palestro, 1, Paris.
Brancion (comte de), préfet.
Brançon, intendant de la maison du prince Napoléon.
Brand, Chalon-sur-Saône.
Brandus, éditeur de musique, boulev. des Italiens, 1, Paris.
Brandus, négociant, rue Richer, 24, Paris.
Brané, Jean, ancien garde de Paris, rue St-Antoine, 136, Paris.
Branicki (comte), Xavier, administrateur du Crédit Foncier, rue
    de Berry, 20, Paris.
Bras, menuisier, quai de la Fosse, Nantes.
Bras, Eugène, négociant, rue des Grandes-Carrières, 4, Paris.
Bras-Laffitte, avocat, place Dauphine, 28, Bordeaux.
Brasseur, menuisier, rue du Faubourg-Saint-Denis, 87, Paris.
Brasseur, Charles, rentier, rue de la Pépinière, 9, Nancy.
Brasseur (Dumont, dit), artiste dramatique, Paris.
Braud, Félix, employé, rue de la Chaussée-d'Antin, 9, Paris.
Braud, Louis, avocat, journaliste, rue Vidale, 2, Toulouse.
Braunschwig, voyageur de commerce, Lyon.
Bravard, marchand de vins, rue du Chemin-Vert, 1, Pantin, Seine.
Bravard, Jules, commis au ministère de la Marine, boulevard
    de Magenta, 123, Paris.

Bravay, Albin, commerçant, Orange, Vaucluse.
Bravet, Placide, charpentier-mécanicien, Grasse, Alpes-Maritimes.
Bray, rue des Lombards, 26, Paris.
Brazzis, Lyon.
Bréant, entrepreneur, Vernon, Eure.
Bréart, Achille, rue des Beaux-Arts, 15, Paris.
Bréhan, Eugène, architecte, Paris.
Brédif, Théodore, tapissier, rue des Halles, Tours.
Bregon, maître d'hôtel, Verdun, Meuse.
Bréhant, Eugène, comptable, Périgueux, Dordogne.
Breillot, avoué, Valognes, Manche.
Brelay, Pierre, député de la Seine.
Brémond, ébéniste-tapissier, rue Bouffard, 19, Bordeaux.
Brémond, commis de marine, Toulon.
Brémond, Ernest, avocat, sous-préfet, conseiller municipal de
   Marseille, conseiller général des Bouches-du-Rhône,
Brémond, Laurent, directeur d'assurances, Nîmes.
Brémond, rue Lauriston, 76, Paris.
Brémond, négociant, Bordeaux.
Brémont, tonnelier, la Ville-du-Bois, Seine-et-Oise.
Brenac, Siméon, sergent-major-vaguemestre au 83e régiment
   d'infanterie, Constantine, Algérie.
Breuguès, maître-tailleur au 54e régiment de ligne, La Roche-
   sur-Yon, Vendée.
Brenier, tailleur, rue Nationale, Tours.
Brenier, Louis, teneur de livres, Valence, Drôme.
Breny, négociant, quai Bouffay, 1, Nantes.
Brepsant, boulevard de l'Est, 20, Ténès, Algérie.
Bréret, docteur-médecin, Grasse, Alpes-Maritimes.
Brès, avoué, Tournon, Ardèche.
Bressant, boulevard de l'Est, 20, Ténès, Algérie.
Bresson, marchand de couleurs, rue des Deux-Ponts, 32, Paris.
Bresson, E.-V.-St., industriel, cons. gén. et député des Vosges.
Bressy, peintre-plâtrier, boul. de la Croix-Rousse, 163, Lyon.
Bret, Ferdinand, négociant en vins, Valence, Drôme.
Brethé, pharmacien, Vichy, Allier.
Breton, mécanicien, rue Cambronne, 30, Paris.
Breton, serrurier, rue de Strasbourg, 120, Nancy.
Breton, marchand de charbons, rue des Guetteries, Tours.
Breton, H.-M., rentier, Lyon.
Breton, Joseph, docteur-médecin, rue Neuve, Toulon.
Breton, Pierre-Toussaint, employé au chemin de fer, Pontoise,
   Seine-et-Oise.
Bretonnière, employé, rue d'Allemagne, 43, Paris.
Bretou, notaire, Agen, Lot-et-Garonne.
Breuil, Elie, médecin-vétérinaire, Brives, Corrèze.
Bréviairo, graveur, Rouen.

Bréville, Albert-Auguste-Louis, professeur agrégé au Lycée, Belle-Place, 7, Coutances, Manche.

Brey, Jean-Baptiste, architecte, rue Blanche, 97, Paris.

Breyna, Adolphe, Beauford, Drôme.

Brézol, H.-J.-B., maître de fonderie, Signy-le-Petit, Ardennes.

Briezzi, Henri, maître d'hôtel, b. d'Enceinte, Nice, Alpes-Marit.

Brialou, député du Rhône, puis de la Seine.

Brian, Guill., entrepr. de bâtisse, rue Donissan, 21, Bordeaux.

Briand, rue des Capucines, 15, Paris.

Briand, employé à la Compagnie financière d'Egypte, rue Brochant, 20, Paris.

Briand, propriétaire, rue de l'Héronnière, 8, Nantes.

Briand, Alphonse, propriétaire, rue Saint-André, Nantes.

Briand, père, entrepreneur de travaux publics, Caen.

Briand, Jean-Victor, père, négociant, Cognac, Charente.

Brianne, négociant, rue du Mail, 30, Paris.

Briaud, Nantes.

Briaudet, Nicolas, tambour-major au 83e régiment d'infanterie, Constantine, Algérie.

Bricard, marchand de beurre, rue Guisarde, 2, Paris.

Bricbach, employé, Paris.

Brichard, menuisier, Champlan, Seine-et-Oise.

Bridault, restaurateur, Montmorency, Seine-et-Oise.

Bridault, Charles, négociant, Coulommiers, Seine-et-Marne.

Bride, Patrice, mécanicien, rue Siéard, 24, Bordeaux.

Bridet, ancien marchand de vins, Mâcon.

Brière, marchand de comestibles, boulev. Voltaire, 148, Paris.

Brière, Pierre-Ange, capitaine de navire, Belle-Ile-en-Mer, Morbihan.

Briest, serrurier, rue du Marchix, Nantes.

Briffault, entrepreneur de menuiserie, Gennevilliers, Seine.

Briffaut, François, maître-menuisier, au Mans, Sarthe.

Brigaud, peintre, rue de Versailles, 24 bis, Ville-d'Avray, Seine-et-Oise.

Brillier, rentier, rue Saint-Clair, 4, Lyon, Rhône.

Brilloir, négociant, rue des Amandiers, 99, Paris.

Brillouin, Benjamin, architecte, Caen.

Brimont, chef de bureau à la Sûreté du Commerce, rue d'Aboukir, 85, Paris.

Brinck, F.-H., chef de comptabilité, rue Pigalle, 10, Paris.

Brinck, Henri, chancelier du Consulat général de Perse, rue Pigalle, 10, Paris.

Bringolle, Jérôme-Louis, ingénieur, Java, île de la Malaisie.

Bringuier, Hippolyte, limonadier, Castelnaudary, Aude.

Brion, Simon, menuisier, La Tour-Saint-Gélin, Indre-et-Loire.

Brion-Loison, Jean-Baptiste-Léon, indust., Nouzon, Ardennes.

Briotet, Claude, relieur, rue des Carmes, 23, Paris.

Brique, propriétaire, rue Gît-le-Cœur, 8, Paris.
Briquet, banquier, Montmorency, Seine-et-Oise.
Brison, tailleur de pierres, rue Montorgueil, 29, Paris.
Brisse, sous-chef aux ateliers des chemins de fer.
Brisseau, Limoges.
Brisson, sculpteur-dessinateur, rue de Birague, 14, Paris.
Brisson, Nevers, Nièvre.
Brisson, employé des ponts et chaussées, Oran, Algérie.
Brisson, François, rue de Levallois, 84, Levallois-Perret, Seine.
Brisson, Henri, journaliste, député du Cher, président de la Chambre des députés, ministre.
Brisson, Jules, propriétaire, Cognac, Charente.
Brisonneau, ainé, mécanicien, rue Launay, Nantes.
Brissonneau, Joseph, mécanicien, rue Launay, Nantes.
Brix, Jules, sculpteur sur bois, Poitiers.
Brizard, maître cordonnier militaire, Caen.
Brizard, Thomas-Marius, mécanicien, Lyon.
Brizaud, menuisier, Cusset, Allier.
Brizon, Valéry, mécanicien, Hirson, Aisne.
Bro, commis de roulage, Aurillac, Cantal.
Broca voyageur de commerce, Florac, Lozère.
Brocandel, employé au chemin de fer, rue Charles VII, Nogent-sur-Marne, Seine.
Brocard, employé, rue Quincampoix, 94, Paris.
Brocchi, docteur-médecin, rue de Vaugirard, 106, Paris.
Brochard, empl. de commerce, rue du Château-d'Eau, 71, Paris
Brochier, Jean-Baptiste, ingénieur civil, conseiller municipal et maire de Marseille.
Brocinet, Joseph-B., négociant, Galatz, Roumanie.
Brodu, Alexandre, négociant, quai Moncouse, Nantes.
Brodia, Gabriel, propriétaire, La Chaise, Charente.
Brody, commissionnaire de roulage, Oran, Algérie.
Brogard, Pierre, débitant, Lyon.
Broggi, limonadier, rue Saint-Denis, 370, Paris.
Brohan, peintre, Saint-Nazaire, Loire-Inférieure.
Bron, limonadier, rue d'Arcole, 23, Paris.
Bron, tisseur, Grande-Rue-de-Cuire, 57, Lyon.
Bronchard, Étienne, maître-marinier, St-Mamès, Seine-et-Marne
Brondeau, Léon, propriétaire, Senelles, Lot-et-Garonne.
Brondel, maître-tailleur au 9e bataillon de ligne, Batna, Algérie
Bronner, François, tailleur sur verre, Gijon, Espagne.
Bronzini, conducteur des ponts et chaussées, Lille.
Broquier, capitaine en retraite, rue du Pont-Long, Agen, Lot-et-Garonne.
Brossard, rentier, rue Jean-Jacques-Rousseau, 8, Nantes.
Brosse, François, tisseur, Lyon.
Brosselard, Henri, lieutenant d'infanterie, rue de Lille, 64, Paris.

Brosset, ferblantier, rue des Ecouffes, 21, Paris.

Brottier, employé, rue de Strasbourg, 12, Paris.

Brou, Louis-Pierre, employé, rue Lecourbe, 24, Paris.

Brouard, menuisier, rue de Lamartine, 24, Paris.

Brouard, Joseph-Désiré-Sébastien, négociant, conseiller général, maire de Saint-Jean-de-Braye, Loiret.

Brouet, Charles-Albert, pharmacien, Hirson, Aisne.

Brouillet, Etienne, appareilleur, Périgueux, Dordogne.

Brousse, Marie-Joseph, capitaine au long cours, propriétaire, villa Saint-Georges, au Ray, Nice, Alpes-Maritimes.

Brousse, Emile, avocat, député des Pyrénées-Orientales.

Brown, capitaine au 4e cuirassiers.

Brozec, peintre, Grande-Rue, 13, Sèvres, Seine-et-Oise.

Bru, Constant, lieutenant au 66e régiment de ligne, Tours.

Bru, Joseph, courtier, rue Jeanne-d'Arc, 6, Bordeaux.

Bruand, négociant, juge au Tribunal de Commerce, conseiller municipal et maire de Besançon.

Bruand, jeune, Besançon.

Bruchet, négociant, rue de la Grande-Horloge, 47, Agen, Lot-et-Garonne.

Bruel, Lyon.

Bruel, E., conseiller général de l'Allier.

Brugeilles, Louis, notaire, conseiller général et député de la Corrèze.

Brugère, François-Marie-Jules-Aurélien, propriétaire, député et conseiller général de la Dordogne.

Brugmann, tailleur, propriétaire, rue Chevalier, 38, Levallois-Perret, Seine.

Bruils, professeur d'espagnol, rue Bochard-de-Saron, 12, Paris.

Brulé, cafetier, place du Martray, Orléans.

Brulé, Eug.-Fréd., receveur des finances, Ribérac, Dordogne.

Brulfert, imprimeur, quai de la Loire, 2, Nevers, Nièvre.

Brulon, Joseph, march. de vin, rue de Vaugirard, 285, Paris.

Brumauld des Houillières, architecte, rue Casimir, Nantes.

Brun, comptable, rue de Flandre, 187, Paris.

Brun, représentant de commerce, rue de Laval, 1, Paris.

Brun, lieutenant au 10e chasseurs.

Brun, receveur des douanes, Ténès, Algérie.

Brun, André, Nîmes.

Brun, Antoine, plâtrier, Châtillon, Seine.

Brun, Auguste-Barthélemy, boulanger, Lyon.

Brun, François, rue Saint-Etienne, Nice, Alpes-Maritimes.

Brun, Matthieu, courtier en vins, Lyon.

Brunache, propriétaire, conseiller général, Constantine, Algérie.

Brunant, rue Lacuée, 18, Paris.

Brunat, Nevers, Nièvre.

Bruneau, pharmacien, rue Poulet, 38, Paris.

Bruneau, Alfred, négociant, rue de la Paix, 29, Tours.

Bruneau, André-Georges, rentier, rue du Faubourg-Saint-Martin, Paris.

Bruneau, Edouard, greffier, rue d'Entraigues, 13, Tours.

Bruneau, Henri, négociant, Marmande, Lot-et-Garonne.

Bruneau, J., aîné, rue Menou, Nantes.

Bruneaux, marchand de vins, rue Saint-Maur, 224, Paris.

Brunel, Léon, Nîmes.

Brunelet, capit.-major au 3e bataillon d'Afrique, Batna, Algérie.

Brunet, chef de cabinet du sous-secrétariat d'Etat, au ministère de l'Intérieur.

Brunet, employé, boulevard de Courcelles, 80, Paris.

Brunet, Chalon-sur-Saône.

Brunet, C.-F., rentier, rue de Montreuil, 125, Paris.

Brunet, Joseph, boucher, Lyon.

Brunet, Pierre, dessinateur, rue Saint-Sabin, 12, Paris.

Brunetti, peintre, rue du Faubourg-Saint-Martin, 124, Paris.

Brunhausen, entrepreneur de bains, au pont de Grenelle, Paris.

Brunier, tapissier, Lyon.

Brunier, Michel, liquoriste, Lyon.

Brunissen, F.-L., corroyeur, rue du Pont, 2, Neuilly, Seine.

Brunke, A., négociant, Paris.

Bruno, serrurier, rue Saint-Nicolas, 49, Paris.

Brunod, ancien garde de Paris.

Brunot, Nevers, Nièvre.

Brun-Prélong, Henri-Marie-Emile, trésorier-payeur général, boulevard de la Préfecture, Poitiers.

Brunschwick, négociant en tissus, rue des Jeûneurs, 10, Paris.

Brunschwig, Daniel, rue du Temple, 83, Paris.

Brunschwig, Samuel, négociant, place du Martroi, 51, Orléans.

Brunschwig-Meyer, Charles, chemisier, rue Nationale, 66, Lille.

Bruyant, négociant, rue Balagny, 10, Paris.

Bruyant, fils, propriétaire, Ay, Marne.

Bruyas, négociant en soieries, place de Sathonay, 5, Lyon.

Bruyas, Jean, négociant, Constantine, Algérie.

Bruyas, Marc, artiste-peintre, Lyon.

Bruyère, fabricant de draps, Sedan, Ardennes.

Bruyère, Pierre, sous-lieutenant d'infanterie, Caen.

Bruyère, Robert, indust., prop., Pont-Saint-Esprit, Gard.

Bruyeron, Jules-Claude, marchand de bois, Lyon.

Bruynéel, Auguste, fabricant de peignes, Fourmies, Nord.

Bryndza, rue Blanche, 83, Paris.

Bucaille, Henri, Paris.

Buchard, Alfred-Hyacinthe, horloger-bijoutier, Caen.

Buchet, négociant, Douzy, Ardennes.

Buck, H., tailleur, rue de la Tour-des-Dames, 16, Paris.

Bucly, rentier, avenue des Ternes, 88, Paris.

Bucquoy, charpentier, rue Merlusine, 4, Tours.

Budin, Ignace, propriétaire, inspecteur d'assurances, hôtel de Lyon, Dôle, Jura.

Budy, avenue des Ternes, 58, Paris.

Bué, capitaine aux carabiniers, rue Duvivier, 14, Paris.

Buffard, Pierre-Antoine, propriétaire-rentier, Lyon.

Buffaud, Lyon.

Buffe, fils, fumiste, rue Meslay, 7, Paris.

Buffeteau, Pierre, propriétaire, Confolens, Charente.

Buffevant, Ferdinand, maître d'armes militaire, Caen.

Bugey, Hippolyte, négociant, Lyon.

Bugniard, Joseph, rentier, Issy, Seine.

Bugniot, Jean-Lucien, rentier, Lyon.

Bugnot, architecte, rue Saint-Dominique, 161, Paris.

Buhr, tailleur, Oran, Algérie.

Buino, rue du Marché-Neuf, 9, Versailles.

Buis, ancien conservateur des hypothèques, conseiller général. Die, Drôme.

Buissière, négociant, pl. de la Porte-de-la-Buisse, Voiron, Isère.

Buisson, conseiller d'État, inspecteur général de l'Instruction publique, directeur de l'Enseignement primaire au ministère de l'Instruction publique.

Buisson, marchand, marché Sainte-Catherine, 4, Paris.

Buisson, épicier-marchand de vins, rue du Landy, 30, Clichy-la Garenne, Seine.

Buisson, André, maître-armurier, Toulon.

Buisson, Ernest-Antoine-Louis, rue du V.-Colombier, 13, Paris.

Buisson, Eugène, marchand-fondeur, Pont-du-Los, Var.

Buisson, Jean, négociant en charbons, Lyon.

Buisson, Pierre-Pr., limonadier, buffet de la gare, Laigle, Orne.

Buleux, négociant, rue Traînée, 11, Paris.

Bullier, doreur, rue Commines, 8, Paris.

Bullot, Louis-Philippe, charron, rue du Grand-Cerf, Chartres, Eure-et-Loir.

Bullot, Victor, charcutier, La Ploux, Indre-et-Loire.

Bully, Ambroise, docteur en droit, propriétaire, député et conseiller général de l'Eure.

Bulot, substitut du procureur de la République près le Tribunal de 1re instance de Paris.

Bunel, rentier.

Bunot, rue Godefroy, Puteaux, Seine.

Bunot, Charles, capitaine au 2e spahis, Mascara, Algérie.

Buquet, conseiller de préfecture.

Buquet, menuisier, Gourna	Seine-Inférieure.

Bur, Joseph-Eugène, marcha	d'aciers, conseiller municipal, Charleville, Ardennes.

Burat, rue de Paradis-Poissonnière, 41, Paris.

Burat, Edmond, employé, rue Véron, 9, Paris.
Burck, Henri, négociant, rue Basfroy, 10, Paris.
Burdeau, professeur, chef de cabinet du F∴ Paul Bert (ministre de l'Instruction publique), député du Rhône.
Burdet, Henri, employé, rue de l'Hôtel-de-Ville, 56, Paris.
Burdiat, Pierre, tailleur de pierres, Lyon.
Burdin, Jean, entrepreneur de travaux publics, Lyon.
Bureau, menuisier, route de la Reine, 55 bis, Boulogne, Seine.
Bureau, propriétaire, quai de la Fosse, 36, Nantes.
Bureau, machiniste de la Compagnie d'Orléans, Périgueux, Dordogne.
Bureau, entrepreneur, Saint-Cyprien, Loire.
Bureau, Jules, plâtrier, avenue du Parc, Royan, Char.-Infér.
Bureau, P., cond. des ponts et chaussées, La Chapelle, Paris.
Bureau, Roland, graveur, rue Esquermoise, 6, Lille.
Burel, Camille, employé, Saint-Pierre, île de la Réunion.
Buret, sabotier, Longjumeau, Seine-et-Oise.
Burel, Antoine, rentier, Valence, Drôme.
Burgan, Jean-Baptiste, tailleur, rue du Mail, 18, Paris.
Burger, employé des ponts et chaussées, rue des Jardins, 35, Nogent-sur-Marne, Seine.
Burger, Lazare, négociant, rue du Château-d'Eau, 94, Paris.
Burgues, Rodolphe, publiciste, président de la Société des Sauveteurs de la Seine, rue Joubert, 20, Paris.
Burguet, Antoine, armurier, rue Jean-Burguet, 33, Bordeaux.
Burine, teinturier, Lyon.
Burkart, marchand-tailleur, rue Sainte-Anne, 9, Paris.
Burlet, fabricant de fleurs, rue Mayran, 14, Paris.
Burnier, jeune, boulanger, Lyon.
Burot, médecin de la marine, Saint-Louis, Sénégal.
Burtier, Joseph, rentier, rue de Rivoli, 86, Paris.
Burtin, rue de Calais, 53, Paris.
Burtscher, caissier, rue d'Allemagne, 154, Paris.
Busch, Martin, brasseur, Lyon.
Busquet, ingénieur civil, rue de la Taupe, Bordeaux.
Bussard, chef ouvrier d'artillerie de la marine, en retraite, rue Laforêt, 17, Rochefort, Charente-Inférieure.
Bussely, père, Vichy, Allier.
Bussely, fils, Vichy, Allier.
Bussière, Georg., avocat, pl. Bugeaud, 12, Périgueux, Dordogne.
Buteau, fils, propriétaire, Château-Chinon, Nièvre.
Butel, Victor, marchand de vins, rue de la Plaine, 14, Paris.
Bution, typographe, rue Laplace 16, Paris.
Butot, C., imprimeur, passage du Caire, 72, Paris.
Butot, P., écrivain-lithographe, passage du Caire, 72, Paris.
Butterin, conducteur des Messageries, Valence, Drôme.
Butzbach, entrepreneur, Belfort.

Buvignier, Jean-Charles-Vict., sous-préfet, député de la Meuse.

Buyat, Etienne, avocat, secrétaire général de préfecture, conseiller général et député de l'Isère.

Buzelin, Jules-L., prop., route Stratégique, 35, Pantin, Seine.

Buzi, fondeur, Toulon.

Bubot, J.-B., aîné, entrepreneur, Lyon.

Buzzini, entrepreneur de fumisterie, rue du Cherche-Midi, 34, Vincennes, Seine.

Bysinski, rue Crébillon, 5, Nantes.

C

Cabadé, Amédée, avocat, conseiller, à la Cour d'appel, Agen, Lot-et-Garonne.

Cabanel-Genin, voyageur de commerce, place Drouet-d'Erlon, 50, Reims, Marne.

Cabanes, Jean-Pierre-Célestin, sous-lieutenant d'infant., Caen.

Cabanis, Auguste, Nîmes.

Cabanne, Cette, Hérault.

Cabardos, marchand de vins, rue Lacépède, 31, Paris.

Cabaret, chef de bureau au ministère de l'Agriculture.

Cabaret, employé des contributions indirectes, Paris.

Cabaret, Raymond, négociant, quai de Brienne, 17, Bordeaux.

Cabart, Maurice, professeur de mathématiques, boulev. Saint-Michel, 143, Paris.

Cabassut, représ. de commerce, rue de la Préfecture, 8, Lyon.

Cabaud, Charles, commis principal à la Conservation des hypothèques, Tlemcen, Algérie.

Cabaup, cafetier, rue de la Sellerie, 47, Tours.

Cabois, rue Nollet, 1, Paris.

Carbonnier, Pierre, négociant, Paris.

Cabotte, L., garçon de recettes, r. du F..-St-Martin, 78, Paris.

Cabrié, entrepreneur, Cluzan.

Cabrol, J., fab. de casquettes, r. du Faub.-St-Antoine, 66, Paris.

Caby, tailleur d'habits, rue d'Aumale, 4, Paris.

Caby, Louis, carrier, Montesson, Seine-et-Oise.

Cacha, Jean, tailleur de pierres, Constantine, Algérie.

Cachot, Lyon.

Cacourel, maître-tail. au 56ᵉ rég. de ligne, Digne, Basses-Alpes.

Cadeillan, officier en retraite, aux Herbiers, Vendée.

Cadet, conseiller municipal de Paris, conseiller général et député de la Seine.

Cadet, chaussée du Maine, 11, Paris.

Cadet, Achille, fabr. de robinets, rue de la Roquette, 69, Paris.

Cadio, Paris.

Cadol, Edouard, hommes de lettres, Paris.

Cadots, rentier, rue des Panoyaux, 10, Paris.

Caduc, sénateur de la Gironde.

Caën, négociant, rue de Jouy, 4, Paris.

Caen, Gustave, négociant en peaux, rue Greneta, 34, Paris.

Caffarel, André, commis-voyageur, Uzès, Gard.

Caffarena, Bernard, capitaine au long-cours, place de la Cathédrale, Toulon.

Caffeau, architecte, rue Paradis-Poissonnière, 1 bis, Paris.

Caffei, François, professeur de chant, place Masséna, 1, Nice, Alpes-Maritimes.

Caffin, rue de la Glacière, 14, Paris.

Caffin, négociant, quai de la Fosse, Nantes.

Cagé, employé, rue Jean-Jacques-Rousseau, 80, Paris.

Cagin, François-Liévin, marbrier, rue de la Roquette, 2, Paris.

Cagin, Théophile-Jules, prop., rue du Calvados, Vire, Calvados.

Cagliano, François, ébéniste, Lyon.

Cagnard, entrepreneur de peinture, rue de Popincourt, 31, passage Raoul, Paris.

Cagneul, Antoine, chapelier, Graulhet, Tarn.

Cahen, négt en passementerie, boul de Sébastopol, 10, Paris.

Cahen, négociant, rue du Faubourg-Saint-Martin, 179, Paris.

Cahen, négociant en draps, rue d'Aboukir, 3, Paris.

Cahen (comte de), banquier, rue de Grenelle, 118, Paris.

Cahen, Bernard, rue de Mulhouse, 4, Paris.

Cahen, Isaac, comptable, rue de l'Hôtel-de-Ville, 86, Lyon.

Cahen, Jacob, employé, rue de Rivoli, 76, Paris.

Cahen, Jules, agent d'assurances, rue St-Georges, 81, Nancy

Cahen, M.-F., boulevard de Sébastopol, 10, Paris.

Cahen-Gaudchaux, négociant, rue de la Visitation, 9, Nancy.

Cahn, fournitures de bureaux, rue d'Hauteville, 6, Paris.

Cahn, employé, rue du faubourg-Poissonnière, 116, Paris.

Cahn, Edouard, tailleur, Lyon.

Cahors, fab. de sièges, rue St-Antoine, 195, Paris.

Cahors, rue de la Poissonnerie, 19, Nantes.

Cahuzac, commis-voyageur, Auch, Gers.

Cahuzac, négociant, Auch, Gers.

Cahuzac, ferblantier, Jégien, Charente.

Caillau, J., négociant, rue Paradis-Poissonnière, 40, Paris.

Caillandre, aux Martignes, Bouches-du-Rhône.

Caillard, docteur-médecin, à l'hôpital militaire, Rennes.

Caillard, Louis, marchand de faïence, rue Lamartine, 5, Tours.

Caillat, Ph.-T.-J.-B., ingén., rue Koutal-el-Ouasis, Tunis, Tunisie

Caillau, H., bâtonnier de l'Ordre des avocats, rue de l'Hôtel-de-Ville, 56, Lyon.

Caillau, A.-P., cond. des ponts et chaussées, Moissac, Tarn-et-G.

Caillaud, greffier au tribunal, Mortagne, Vendée.

Caillaux, Amiens.

Caille, Auguste, sergent maître-d'armes, Périgueux, Dordogne.

Cailleux, propriétaire, place de Roubaix, 47, Paris.

Cailleux, A.-C. archiv., Gde-Rue-St-Marcel, 6, St-Denis, Seine.

Caillo, chapelier, rue d'Orléans, Nantes.

Caillot, artiste lyrique, rue Lepic, 61, Paris.

Caillot, marchand de vins, rue des Fourneaux, 81, Paris.

Caillot, chef de cuisine, place Bellecour, 27, Lyon.

Caillot, commissaire de la marine, Mayotte, Asie.

Caillot, Georges, armurier, Saumur, Maine-et-Loire.

Caillot, Philibert, armurier, à la Tête d'Or, Metz, Lorraine.

Caix de Saint-Aymour, conseiller général.

Calabre, employé des ponts et chaussées, Paris.

Calam, F., entrepreneur, Montbéliard, Doubs.

Calamard, fab. d'appar. à gaz, rue du Chemin-Vert, 35, Paris.

Calaret, Aimé, professeur au Collège de Libourne, Gironde.

Calaret, Hippolyte, nég., La Pointe-à-Pitre, Antilles françaises.

Calès, G.-J.-J., docteur-médecin, sous-préfet, député de la Haute-Garonne.

Calimet, J.-B., comptable, rue d'Artois, 130, Lille.

Callerot, représentant de commerce, rue de Calais, 3, Paris.

Calloo, Mosès, lapidaire, rue Oberkampf, 130, Paris.

Callot, peintre héraldique, rue de Longchamps, 69, Paris.

Calluaud, négociant en vins, avenue d'Orléans, 98, Paris.

Calmautran, Alexandre, épicier, Lyon.

Calmel, Lyon.

Calmette, Théophile, secrétaire de mairie.

Calmon, sénateur inamovible.

Calmon, parfumeur, Bône, Algérie.

Calon, voyageur de commerce, r. de Paris, 18, Vincennes, Seine.

Calu-Sauvêtre, sabotier, Angoulême.

Calvel, L., négociant en grains, La Motte, Maine-et-Loire.

Calvet, éditeur, rue Gît-le-Cœur, 10, Paris.

Calvinhac, journaliste, député de la Haute-Garonne.

Cambassèdes, Benjamin, docteur-médecin, au Vigan, Gard.

Camberlin, plombier, rue de l'Abreuvoir, 16, à Meaux, Seine-et-Marne.

Cambier, attaché au ministère de la Marine et des Colonies, avenue des Ternes, 83, Paris.

Cambon, J., préfet du Nord, résident général en Tunisie.

Cambon, Louis, forgeron, rue de la Tour, Béziers, Hérault.

Came, employé de constructions mécaniques.

Cameau, boucher, Paris.

Camélinat, bronzier, député de la Seine.

Camescasse, député, directeur de l'Administration départementale et communale au ministère de l'Intérieur, préfet de police.

Camet, Antoine, limonadier, Chabeuil, Drôme.

Caminade, rue d'Illiers, Orléans.

Cammas, propriétaire, maire, président de la Commission de
secours, Maisons-Laffitte, Seine-et-Oise, et rue Guénégaud, 17,
Paris.

Cammas, Henri, rentier, rue Saint-Lazare, 86, Paris.

Camon, Édouard, boulanger, rue des Maréchaux, Nancy.

Campadelli, villa Saint-Michel, 9, Paris.

Campagne, négociant en farines, passage Laferrière, 12, Paris.

Campana, Laurent, propriétaire, Ajaccio, Corse.

Campana, Louis-César, aide-commissaire de marine, rue du
Canon, 20, Toulon.

Camparan, sénateur de la Haute-Garonne.

Campardin, Auch, Gers.

Campiche, Charles-François, raseur de velours, Lyon.

Campillo, marchand-tailleur, rue de la Lanterne, 24, Lyon.

Camu, Maurice, rentier, rue de Lalande, 4, Bordeaux.

Camus, avenue La Motte-Piquet, 25, Paris.

Camus, boulevard de Sébastopol, 13, Paris.

Camus, place de l'Hôtel-de-Ville, 3, Compiègne, Oise.

Camus, limonadier, Jarnac, Charente.

Camus, D., poêlier, rue des Trois-Bornes, 7, Paris.

Camus, Jean-Michel, entrepren., Saint-Denis, île de la Réunion.

Camus, Joseph-G., commis-greffier près le Tribunal mixte,
Mansourah, Basse-Égypte.

Camus, Louis, plâtrier, Tours.

Camus, Louis-Dominique, piqueur des ponts et chaussées,
Mascara, Algérie.

Camus, Pierre, cordonnier, rue Servandoni, 20, Paris.

Cana, Alexandre-Léon, négociant, rue Montmartre, 26, Paris.

Canac, Gaston, avocat, Marmande, Lot-et-Garonne.

Canac, Théophile, fabricant de meubles antiques, rue Oberkampf, 142, Paris.

Canal, négociant, quai de Bercy, 68, Paris.

Canal, Louis, capitaine au 61e régiment de ligne, Toulon.

Canard, Eugène Louis-François, doreur sur bois, r. Albouy, 19,
Paris.

Canaud, Lyon.

Candela, rue Keller, 3, Paris.

Candelier, secrétaire général de préfecture.

Candellé-Bayle, avocat, rue du Vieux-Bourg, 22, Tarbes, Hautes-
Pyrénées.

Candelot, négociant, rue de la Verrerie, 70, Paris.

Candelot, fils, commis-voyageur, r. du Faub.-St-Denis, 148, Paris.

Canet, E., commissionnaire, Montbéliard, Doubs.

Caneva, Auguste, capitaine au long cours, Bordeaux.

Canis, bijoutier, adjoint au maire du III° arrondissement de Paris, rue du Temple, 104, Paris.

Canivet, Jacques-Charles-Ferdinand, commis-négociant, Caen.

Canivet, Louis-Prosper, restaurateur, Caen.

Cannac, Henri, premier maître-mécanicien, Claret, Hérault.

Cannepa, Nice, Alpes-Maritimes.

Canoix, J.-P., nég. en vins, r. des Fossés-St-Bernard, 14, Paris.

Canole, médecin de marine, Toulon.

Canon, boulevard Bourdon, 1, Paris.

Canon, Jean-Baptiste, serrurier, Lyon.

Canonge, Firmin, chef de bureau à la s.-préf., Florac, Lo..ère.

Canot, René-Camille, rentier, au Champ-de-Mars, Nemours, Seine-et-Marne.

Canouville, négociant, rue du Gouvernement, 37, Port-Louis, Ile Maurice.

Canque, Léonard, entrepreneur de travaux publics, Lyon.

Cantagrel, député de la Seine.

Cantagrel, ingénieur, conseiller municipal de Tours, avenue de Grammont, 38 bis, Tours.

Cantecor, Toulouse.

Canton, Jacques, maréchal-ferrand, Sisteron, Basses-Alpes.

Cantuel, marchand-tailleur, Clermont-Ferrand.

Capaun, Paul, employé, rue du Château-d'Eau, 46, Paris.

Capdeville, Emile, vice-consul à Douvres, Angleterre.

Capel, médecin-dentiste, rue d'Aguesseau, 2, Paris.

Capelle, Henri, commerçant, Orange, Vaucluse.

Capelle, Xavier, menuisier, Orange, Vaucluse.

Capéran, Moissac, Tarn-et-Garonne.

Capitaine, Paul, lieutenant de vaisseau, Toulon.

Capot, Georges, négociant, rue Saint-Honoré, 5, Tours

Cappetter, capitaine au long-cours, Bordeaux.

Cappronier, conseiller général.

Caprais-Laville, propriétaire, rue Blaniac, 19, Villeneuve-sur-Lot, Lot-et-Garonne.

Capronnier, négociant, rue des Flageots, 32, Beauvais.

Capronier, fils, négociant, Beauvais.

Capuron, Joseph, ancien boulanger, Périgueux, Dordogne.

Carbonel, marbrier, Constantine, Algérie.

Carboni, mécanicien, Philippeville, Algérie.

Carbonneau, commissionnaire de roulage, Auch, Gers.

Carbonnel, entrep. de travaux publics, Espalais, Tarn-et-Garonne.

Carbonnel, fils, entrepreneur de travaux publics, Espalais, Tarn-et-Garonne.

Carcanagues, fabricant de bijouterie, rue du Renard, 5, Paris

Carcaud, J.-M.-Bernard, avocat, rue de St-Genis, Bordeaux.

Carcouet, commis, rue Châteaubriand, Nantes.

Cardelli, César, professeur d'italien, boul. des Batignolles, 11, Paris.

Cardinaux, maréchal-ferrant, Paris.

Cardon, rue Paradis-Poissonnière, 10, Paris.

Caren, rentier, rue du Cheval, 2, Alger.

Carence, rue du Théâtre, 6, Bucharest, Valachie.

Caret, étudiant en médecine, rue de l'Odéon, 8, Paris.

Carette, employé, passage Cardinet, 16, Paris.

Carette, Auguste, propr., sente des Guérets, Boulogne, Seine.

Carette, Victor, homme d'affaires, rue de Billancourt, 23, Boulogne, Seine.

Carez, entrepreneur d'affichage, rue de Richelieu, 19, Paris.

Carichon, sous-officier à la première section d'ouvriers, à la Manutention, Paris.

Cariol, artiste lyrique, Paris.

Carion, boulevard Beaumarchais, 88 Paris.

Caristie-Martel, artiste dramatique, pensionnaire de la Comédie-Française, rue de Condé, 15, Paris.

Carl, peintre en bâtiments, rue Montrosier, 22, Neuilly, Seine.

Carle, Henri, publiciste, rédacteur de la *Libre Conscience*, Paris.

Carle, Jean-Laurent, serrurier, Lyon.

Carles, concierge au Lycée d'Agen, Lot-et-Garonne.

Carlet, menuisier, av. de St-Ouen, villa St-Michel, Paris.

Carlez, Amand, commis-voyageur, Caen.

Carlier, Auguste, repousseur sur métaux, rue de la Folie-Méricourt, 42, Paris.

Carlier, Auguste, conseiller municipal, Auch, Gers.

Carlier, Emmanuel-Désiré, rue Montyon, 4, Paris.

Carlin, Ulysse, mécanicien, Lyon.

Carminata, agent de publicité, place de la Bourse, 5, Paris.

Carnet, capitaine d'état-major.

Carnot, Lazare-Hippolyte, père, publiciste, député, ministre, sénateur inamovible.

Carnot, Marie-François-Sadi, ingénieur, député de la Côte-d'Or, ministre, président de la République.

Caro, cafetier, rue Rubens, Nantes.

Caron, représentant de commerce, cité Beaurepaire, 8, Paris.

Caron, Antoine-Matthieu, commis-greffier au Conseil de guerre, Constantine, Algérie.

Caron, Henri, portier-consigne, Lille.

Caron, peintre en équipages, rue Jean-Robert, 15, Paris

Carové (de), Jean-Marie-Alexandre, sous-commissaire de la marine, rue Royale, Toulon.

Carpentier, receveur de l'octroi, rue des Moines, 58, Paris.

Carpentier, voyageur, rue Neuve-Bourg-l'Abbé, 4, Paris.

Carpentier, propriétaire, Essey-lès-Nancy, Meurthe-et-Moselle.

Carrat, Charles, tailleur, rue Coq-Héron, 1, Paris.

Carraton, rue Saint-Antoine, 165, Paris.

Carraud, Jules, droguiste, rue du Temple, 1, Troyes, Aube.

Carré, négociant, Angoulême.

Carré, Alcide, comptable, Saint-Denis, île de la Réunion.

Carré, A.-D., entrepreneur de menuiserie, Nouzon, Ardennes.

Carré, Henri, sous-chef de musique au 28e de ligne, Nice, Alpes-Maritimes.

Carré, J., docteur-médecin, Saint-Denis, île de la Réunion.

Carré, Valentin, cafetier, rue Nationale, 2, Tours.

Carrère, voyageur de commerce, Agen, Lot-et-Garonne.

Carrère, Jacques, droguiste, rue du Cheval-Blanc, Nantes.

Carrère, L., limonadier, propr., r. Ste-Catherine, 196, Bordeaux.

Carrère, Maxime, négoc., rue du Serporat, 5 et 7, Bordeaux

Carret, Jules, docteur-médecin, député de la Savoie.

Carrey, maire de Rambouillet, conseiller général et député de Seine-et-Oise.

Carrier, restaurateur-marchand de vins, place Praslin, Melun, Seine-et-Marne.

Carrière, charpentier, rue de Bagnolet, 143, Paris.

Carrière, agent d'affaires, Philippeville, Algérie.

Carrière, Jean, chef de train, Valence, Drôme.

Carrière, Marc-Alexis, rentier, Coulommiers, Seine-et-Marne.

Carrivenc, Gaillac, Tarn.

Carron, marchand-boucher, rue Romarin, 27, Lyon.

Carrouge, sergent-major au 34e de ligne, Mirande, Gers.

Carsault, Etienne, cultivateur, Vaux-le-Pont.

Cartal, Charles, doreur sur bois, rue du Faubourg-du-Temple, 50, Paris.

Cartelier, rue Suger, 7, Paris.

Cartier, vice-président du Tribunal de 1re instance de la Seine, rue de Rivoli, 232, Paris,

Cartier, Clément-Constant, marchand de vins, Courbevoie, Seine.

Cartier, Henri, limonadier, Valence, Drôme.

Carton, bijoutier, rue Saint-Martin, 323, Paris.

Carton, Ernest, négociant, rue du Sabot, 2, Lille.

Carton, Paul, étudiant, rue du Sabot, 2, Lille.

Cartoux, Aubert-François-Léon, garde d'artillerie de marine, Toulon, Var, et à Saint-Denis, île de la Réunion.

Caruchet, Claude, courtier en marchandises, rue Nationale 15, Tours.

Carvailho, Amédée, nég. pour la commission et l'exportation. rue de l'Echiquier, 39, Paris.

Carvaillé, Louis-Arthur, voyageur de commerce, rue Sainte-Colombe, 55, Bordeaux.

Carvallo, Abraham-B.,'nég., consul de Perse, rue Sainte-Catherine, 214, Bordeaux.

Casal, Jacques-Joseph, médecin de 1re classe, Toulon.

Casard, Joseph, caporal à la 9e section d'infirmerie, Constantine, Algérie.

Casati, conseiller à la Cour d'appel, Douai, Nord.

Casenave, adjudant à l'Atelier des travaux publics, Ténès, Algérie.

Cazenave, Laurent, courtier de commerce, rue Artes, 34, Buenos-Ayres, République Argentine.

Casimir-Perier, Jean-Paul-Pierre, avocat, conseiller général, sous-secrétaire d'Etat, député de l'Aube.

Casimir-Perier, Paul, propriét., député de la Seine-Inférieure.

Cassagnade, propriétaire, rue Saint-Honoré, 229, Paris.

Cassagneau, A., secrétaire général de préfecture.

Cassaignes, secrétaire général de préfecture.

Cassan, Gustave, sous-préfet.

Cassan, Théophile, négociant, Confolens, Charente.

Cassavant, professeur, rue de l'Odéon, 3, Paris.

Casse, marchand de fromage, Aurillac, Cantal.

Casse, Germain, journaliste, député de la Seine.

Cassenave, employé, q. Beaubourg, 8, Joinville-le-Pont, Seine.

Casses, charbonnier, rue Delambre, 136, Paris.

Cassiani, Edouard, mouleur, rue de la Procession, 7, Paris.

Cassiat, Elie, ancien avoué, directeur de l'Asile des aliénés, au Vésinet, Seine-et-Oise.

Castagnary, conseiller municipal de Paris, conseiller général de la Seine, conseiller d'Etat, directeur des Beaux-Arts.

Castarède, négociant, Fleurance Gers.

Castel, artiste lyrique, rue de Douai, 18, Paris.

Castel, marchand de nouveautés, rue de Lévis, 92, Paris.

Castel, charpentier, Paris.

Castel, menuisier, rue Mercœur, Nantes.

Castel, marchand de vins, avenue de Sceaux, 2, Versailles.

Castel, propriétaire, Bû, Eure-et-Loir.

Castel, Jacques, entrepreneur, Toulon.

Castel, Jean-Amédée, voyag. de comm., rue des Champs, Nancy.

Castel, Louis-Jean-Nicolas, clerc de notaire, Bû, Eure-et-Loir.

Castel, Paul, docteur-médecin, boulevard de la Patte-d'Oie, 33, Castres, Tarn.

Castel, Pierre-Charles, garçon de bureau à la Banque, rue Armedieu, 37, Toulon.

Castelain-Catteri, négociant, Grand'place, Lille.

Castelli-Mortimer, négociant, Saint-Thomas, Antilles danoises.

Castels, rue des Bourguignons, 17, Bois-Colombes, Seine.

Castenada, docteur-médecin, avenue de la République, 14, Paris.

Casteuil, pharmacien, Hyères, Var.

Castex, directeur des Messageries, Auch, Gers.

Casteyo, Vidal-Joseph, rue St-Sébastien, 1, Mahon, île Minorque.

Castille, doreur sur bois, rue des Juifs, 7, Paris.

Castille, Joseph, rue des Juifs, 18, Paris.

Catala, rue Jean-Jacques-Rousseau, 41, Paris.

Catala, rue de Nanterre, 22, Courbevoie, Seine.

Catala, serrurier-mécanicien, Béziers, Hérault.

Catalano, capitaine de marine, Bône, Algérie.

Cataneo, H.-P.-A., sculpteur-ébéniste, rue Oberkampf, 129, Paris.

Cathala, Auguste, entrepreneur de ponts, Lyon.

Cathelin, chef d'institution, Paris.

Cathelin, négociant, rue Gay-Lussac, 5, Paris.

Catherine, employé, rue Truffault, 24, Paris.

Cathérineau, Ernest, mod.-mécanicien, rue de Lormont, 51, Bordeaux.

Cathiard, fab. de parapluies, rue du Caire, 23, Paris.

Caton, Gilbert, orfèvre, rue de Braque, 9, Paris.

Catonet, Edme, serrurier, Lyon.

Catonné, Jacques-Philippe, agent voyer, faubourg de Beuvron, Clamecy, Nièvre.

Catonné, Louis, agent-voyer, Premery, Nièvre.

Cattecoux, boulanger, rue de Rome, 36, Paris.

Cattelat, F., maître-bottier, cours d'Herbouville, 21, Lyon.

Cattet, boulevard Richard-Lenoir, 126, Paris.

Cattiaux, docteur-médecin, conseiller municipal de Paris, conseiller général de la Seine.

Cattier, François-Laurent, employé, Lyon.

Catusse, préfet.

Caubet, homme de lettres, conseiller municipal de Paris, conseiller général de la Seine, chef de la police municipale, chef de la police secrète politique.

Caubet, artiste lyrique, place des Capucins, 56, Bordeaux.

Caubet, serrurier, Auch, Gers.

Caubet, consul à Liverpool, Angleterre.

Caubry, directeur de forges, Fumel, Lot-et-Garonne.

Cauchois, officier de marine.

Cauchois, avocat, juge de paix suppléant, rue Saint-Antoine, 183, Paris.

Cauchois, Jules, agent d'affaires, rue de Vaugirard, 199, Paris.

Cauderon, arbitre de commerce, rue Latour, 60, Paris.

Caudrelier, H., conseiller municipal de Roubaix, Lille.

Caudrelier, Urial, instituteur-directeur de l'école de la rue de la Deule, Lille.

Caudron, Louis, employé, rue Cuvier, Paris.

Caulet, rentier, avenue de Saint-Mandé, 11, Paris.

Cauley, négociant, Château-Thierry, Aisne.

Caumartin, march. de nouveautés, r. du Commerce, 87, Paris.

Caumont, entrepreneur, Auch, Gers.

Caumont, E.-Florentin, peintre, place du Chemin, 22, Saint-Germain, Seine-et-Oise.

Caumont, François, entrepreneur, Fontenay-Trésigny, S.-et-M.

Caumont, Pierre, charpentier, r. St-Pierre-des-Corps, 15, Tours.

Caumont, Salva, charpentier, r. St-Pierre-des-Corps, 17, Tours.

Causse, pharmacien, rue Vieille-du-Temple, 19, Paris.

Causse, ancien entrepreneur de messageries, comptable à la *Nièvre républicaine*, Nevers, Nièvre.

Causse, Henri, chef de bureau aux contribution l'Italie, Toulon.

Cauvet, rue du Faubourg-Saint-Antoine, 123, Paris.

Cauvin, propriétaire, pont des Solives, près de La Rochelle, Charente-Inférieure.

Cauzard, comptable, rue de la Goutte-d'Or, 48, Paris.

Cauzard, homme de lettres, Paris.

Cauzard, fabricant de bijoux, rue de Beauce, 18, Paris.

Cavagnino, tailleur, Toulon.

Cavaignac, Eugène-Godefroy, maître des requêtes au Conseil d'Etat, député de la Sarthe.

Cavalié, L.-H.-A, notaire, maire d'Albi, député du Tarn.

Cavalier, Alphonse, banquier, Gangès, Hérault.

Cavallier, avoué, Bordeaux.

Cavaillier, parfumeur, Grasse, Alpes-Maritimes.

Cavallier cadet, parfumeur, Grasse, Alpes-Maritimes.

Cavarnier, Lyon.

Cavarnier, Michel, entrepreneur, Lyon.

Cavaro, Etienne-Jean, capitaine au long-cours, Saint-Denis, île de la Réunion.

Cavenel, Charles, comptable, rue Tiquetonne, 11, Paris.

Cavenel, Henri, colles fortes et vernis, rue du Faubourg-Saint-Antoine, 133, Paris.

Caveron, restaurateur, Longjumeau, Seine-et-Oise.

Cavodeau, Constant, entrepreneur, Fondettes, Indre-et-Loire.

Cavy, Ernest, fourreur, rue Saint-Martin, Nevers, Nièvre.

Caye, bottier, rue Commines, 2, Paris.

Cayeux, maçon, rue Traînée, 14, Paris.

Cayeux, négociant, Abbeville, Somme.

Cayla (baron de), Horace-Charles, directeur de Compagnie, rue du Prince-Régent, 11, Port-Louis, île Maurice.

Cayol, Paul-Noël, Nîmes.

Cazamian, Firmin, professeur au Lycée de Saint-Denis, île de la Réunion.

Cazaubon, limon., cours Saint-Antoine, Agen, Lot-et-Garonne.

Cazauvieilh, Octave-Arnold-Bernard-Jean, propriétaire, conseiller général et député de la Gironde.

Caze, Ed., député.

Cazé, Louis-Adolphe, artiste-peintre en céramique, r. Royale, 47, Versailles.

Cazeaux, L., coiffeur, r. Esprits-des-Lois, 25, Bordeaux, Gironde.

Cazelles, Em., préfet, directeur de la Sûreté générale au ministère de l'Intérieur.

Cazenave, Arnaud, rentier, quai de la Queyrie, La Bastide, Bordeaux.

Cazeneuve, propriétaire, Paris.

Cazeneuve, négociant, Oran, Algérie.

Cazeneuve, Marius, physicien, Nice, Alpes-Maritimes.

Cazères, Jean, négociant, Bordeaux.

Cazin, instituteur-adjoint, Lille.

Cazin, Théophile-Jules, propr., rue du Calvados, Vire, Calvados.

Cazos, avocat, boulevard Saint-Germain, 70, Paris.

Cazot, Jules, avocat, premier président de la Cour de Cassation, sénateur inamovible, ministre.

Cécereu, huissier, Batna, Algérie.

Cederberg, tailleur, rue des Bons-Enfants, 1, Paris.

Ceïde, Théophile, élève ingénieur à l'Ecole Centrale, rue de Rennes, 74, Paris.

Celières, G., pharmacien, Saint-Pierre, île de la Réunion.

Celières, J., pharmacien, Saint-Louis, île de la Réunion.

Celières, V., propriétaire, Saint-Pierre, île de la Réunion.

Cellarier, quincaillier, Aurillac, Cantal.

Cellerier, agent-voyer, Mussidan, Dordogne.

Cellier, clerc de notaire, rue Saint-Sébastien, 18, Paris.

Cellier, Alphonse, couvreur, rue de Belleville, 146, Paris.

Cellière, conducteur, Chambéry, Savoie.

Célos, Constant, entrepreneur de couverture, rue des Tilleuls, 51, Boulogne, Seine.

Célos, François, couvreur, rue au Colombier, 4, Sèvres, Seine-et-Oise.

Cendras, Gabriel, grainetier, Rueil, Seine-et-Oise.

Censier, Henri, teinturier-dégraisseur, rue de l'Arbalète, 11, Reims, Marne.

Cerbelaud, entrepreneur, boulevard Pereire, 10, Paris.

Cercueil, employé, rue Ramey, 13, Paris.

Cerèdes, Louis, cantinier militaire.

Cerf, chef d'escadron d'artillerie,

Cerf, Edmond, négociant, cours de l'Intendance, 19, Bordeaux.

Cerf, Nathan, géomètre, Lyon.

Cerisier, Charles, secrétaire général de la résidence, Cayenne Guyane française.

Cerisier-Duperval, Jean-Baptiste, négociant, aux Cayes, Haïti.

Cernesson, conseiller municipal de Paris, conseiller général de la Seine.

Céron, peintre-décorateur, Melun, Seine-et-Marne.

Cerri, Joseph, fumiste, Périgueux, Dordogne.

César, Jean, Saint-Geniès-de-Malgoirès, Gard.

Cesbron, Achille, artiste-peintre, rue Jacquemont, 13, Paris.

Cevoule, Jacques, marchand-tailleur, Vallauris, Alpes-Marit.

Cézard, Jules, confiseur, rue Saint-Dizier, Nancy.

Chabaille, nég. en laines, boulevard de Strasbourg, 76, Paris.

Chabanne, tonnelier, rue Bichat, 8, Paris.

Chabannes, gabarier, Bordeaux.

Chabassière, Jules, géomètre, Constantine, Algérie.

Chabaud, Paul, maçon, rue Glacière, 8, Lyon.

Chabaud, Marius, négociant, Toulon.

Chaberel, Lyon.

Chabert, Lyon.

Chabert, Hippolyte, rue Sainte-Marie, Béziers, Hérault.

Chabirand, Marie-Louis-Geoffroy, lieut. de vaisseau, Toulon.

Chabot, cont. au Mont-de-Piété, rue d'Allemagne, 17, Paris.

Chabrie, voyageur, Agent, Lot-et-Garonne.

Chabrié, employé, rue de Grenelle, 50, Paris.

Chabrière-Arlès, trésorier-payeur-général, Lyon.

Chabuel, employé, place du Perron, 5, Lyon.

Chaduc, marchand-boucher, Neuilly-sur-Marne, Seine-et-Oise.

Chaffin, père, hospice des Incurables, Ivry, Seine.

Chagniard, négociant, place Bellecour, 22, Lyon.

Chaigneau, docteur-médecin, allées de Tourny, 57, Bordeaux.

Chaigneau, maître-d'hôtel, La Roche-sur-Yon, Vendée

Chaigneau, Pierre, rue d'Aboukir, 2, Paris.

Chaignot, cafetier, quai du Pont-Neuf, Tours.

Chaillier, Charles, rue des Bonnetières, 13, Toulon.

Chailloleau, entrepreneur de maçonnerie, avenue Gambetta, Saintes, Charente-Inférieure.

Chaillou, Aimé, entrepreneur de travaux publics, allées des Soupirs, 7, Toulouse.

Chaillou, Théodore, docteur-médecin, conseiller d'arrondissement, Tourny, Eure.

Chailloux, avenue de Paris, 35, Rueil, Seine-et-Oise.

Chaine, Jean, rentier, Lyon.

Chaisnet, teinturier, Ancenis, Loire-Inférieure.

Chaix, pharmacien, rue Paradis, 262, Marseille.

Chaix, md de charbon, conseiller municipal, Valence, Drôme.

Chaix, Adrien, père, marchand de charbon, Valence, Drôme.

Chaix, Alexandre, menuisier, Lyon.

Chaix, B.-C., avocat, préfet, député des Hautes-Alpes.

Chaix, Philidor, fils, teneur de livres, Valence, Drôme.

Chaix, Prosper, banquier et négociant, rue Saint-Charles, 3, Digne, Basses-Alpes.

Chalamet, sénateur de l'Ardèche.

Chalange, Louis-François, limonadier, Caen.

Chalard, **conserv.** au cimetière, rue du Pot-au-Lait, **52, Paris.**

Chalbos, fab., de balances, avenue d'Italie, 149, Paris.

Chalbot, François, prop., au Val, près Meudon, Seine-et-Oise.

Chaley, député.

Chaliès, docteur-médecin, Ancenis, Seine-Inférieure.

Challemel-**Lacour,** journaliste, préfet, sénateur des Bouches-du-Rhône.

Challier, Charles-Louis-Marie, mécanicien, Toulon.

Challier, **Honoré,** négociant, Chambéry, Savoie.

Challier, **Jules,** négociant, Chambéry, Savoie.

Challier, **Michel,** mécanicien de la marine, rue du Pont-du-Los, 10, Toulon.

Chalmaison (de), Léon, armateur, Bordeaux.

Chalon, horloger, rue Baillif, 1, Paris.

Chalons, **négociant,** rue de la Verrerie, 14, Paris.

Chalumeau, Gonesse, Seine-et-Oise.

Chalumeau, **Philippe,** négociant, Nevers, Nièvre.

Chalvignac, Jean-Victor, ouvrier poêlier, Lyon.

Chalviré, négociant, aux Cayes, Haïti.

Chamarande, Eugène, propriétaire, Bordeaux.

Chamarande, Pierre, rentier, Lyon.

Chambaraud, Elie, propriétaire, Bourdeilles, Dordogne.

Chambaud, chef de chantier, avenue du Maine, 57, Paris.

Chambaud, **caissier,** rue Nationale, 189, Villefranche-sur-Saône, Rhône.

Chambaud, **Gustave,** propriétaire, Orange, Vaucluse.

Chambaud, **Noël-Claude,** secrétaire de mairie, Lyon.

Chambeaud, charpentier, Soisy-sur-Étiolles, Seine-et-Oise.

Chambeaud, entrepreneur, Larochefoucault.

Chambeaud, Gustave, juge de paix, Orange, Vaucluse.

Chambellan, agréé, rue Banchereau, Tours.

Chamberland, député du Jura.

Chambeyron, Eugène-Clément, docteur-médecin, cours Lafayette, 37, Toulon.

Chambion, Lyon.

Chambor, Augustin-Oscar, propriétaire, Gauriac, Gironde.

Chambor, Jean-François, capitaine au long-cours, rue de la Douane, Bordeaux.

Chambort, Germain, chef de dépôt au chemin de fer de Vincennes, Nogent-sur-Marne, Seine.

Chamboux, comptable, rue Bonnet, 14, Paris.

Chamboux, rue Bonnaux, 14, Levallois-Perret, Seine.

Chambri.lor., négoc. en vannerie, rue Pierre-Lescot, 10, Paris.

Chambron, Paul-Albert, employé, quai de la Gare, 22, Paris.

Chambrouty, rue des Petits-Carreaux, 45, Paris.

Champagne, négociant, passage Laferrière, 12, Paris.

Champagne, J., charpentier, rue Faub.-St-Martin, 209, Paris.

Champavert, négociant, Lyon.

Champeix, avocat, maire, Villeneuve-sur-Lot, Lot-et-Garonne.

Champenois, liquoriste, rue de la Lionne, Orléans.

Champenois, entrepreneur de travaux publics, Oran, Algérie.

Champeymond, François, maître-maçon, Lyon.

Champfleury (Jules Fleury, dit), homme de lettres, conservateur du musée de la Manufacture Nationale de Sèvres, S.-et-O.

Champion, employé, rue Germain-Pilon, 23, Paris.

Champion, négociant en porcelaines, boul. du Temple, 7, Paris.

Champion, Adolphe, tourneur sur bois, rue du Faubourg-Saint-Antoine, 161, Paris.

Champion, Edouard, père, fabricant de fauteuils, rue du Faubourg-Saint-Antoine, 60, Paris.

Champion, François, fabric. de carreaux, Châtellerault, I.-et-L.

Champion, Hippolyte, tourneur sur bois, rue du Faubourg-Saint-Antoine, 159, Paris.

Champion, Jules, voyageur de commerce, rue du Jard, 30, Reims, Marne.

Champollion-Figeac, homme de lettres, rue Joubert, 28, Paris.

Champon, instituteur, La Basse-Terre, Antilles françaises.

Champroux, négociant en vins, boulevard Voltaire, 82-84, Paris.

Champy, conseiller général.

Chan, tailleur, rue Croix-des-Petits-Champs, 45, Paris.

Chanal (de), général, député.

Chanay, Marc, marchand-boucher, Lyon.

Chancel, ingénieur, Briançon, Hautes-Alpes.

Chancel, Félix, entrep. de messageries, Orange, Vaucluse.

Chancerel, G.-L., négociant, La Ferté-Macé, Orne.

Chandeleux, Marc, notaire, Lyon.

Chandivert, Ferrières, Loiret.

Chandron, Auguste, entrep. de menuiserie, Orange, Vaucluse.

Chanel, négociant, rue Saint-Paul, 27, Paris.

Chanet, docteur-médecin, rue de Provence, 55, Paris.

Changarnier, voyag. de commerce, q. de la Tournelle, 59, Paris.

Changarnier, chapelier, Beaune, Côte-d'Or.

Chanlatte, négociant, Jacmel, Haïti.

Chanlatte, fils, négociant, Jacmel, Haïti.

Chanliaux, propriétaire, Couverte-Fontaine, Saône-et-Loire.

Chanon, maître d'hôtel, rue Aumaire, 25, Paris.

Chanoz, épicier, rue Dumont-d'Urville, 1, Lyon.

Chanoz, Moscou, Russie.

Chanron, rue Masséna, 64, Lyon.

Chanson, fils, négociant, Condom, Gers.

Chanson, Antoine, avocat, député du Cantal.

Chanson, Léopold-Bernard, négociant, place du Lion-d'Or, Condom, Gers.

Chantagrel, Jean, professeur, député du Puy-de-Dôme.

Chanteclaire, entrepreneur de travaux publics.

Chante-Grellet, maître des requêtes au Conseil d'État et commissaire du gouvernement, rue Neuve-des-Petits-Champs, 61, Paris.

Chantemille, sénateur de l'Allier.

Chanu, J.-Benoît, comptable, Lyon.

Chaoul-Ribat, Samuel, Nîmes.

Chapas, Lucien, représentant de commerce, boulevard Diderot, 78, Paris.

Chapatte, Eugène, confiseur, rue Ste-Catherine, 140, Bordeaux.

Chapé, C., négociant, rue du Bocage, Nantes.

Chapeau, limonadier, Paris.

Chapelain, Paul, propriétaire, rue Saint-Louis, 81, Evreux, Eure.

Chapelle, Paris.

Chapelle, scieur de long, Soisy-sur-Etiolles, Seine-et-Oise.

Chapelle, Jules, négociant, Lyon.

Chapellier, Pierre Jules, graveur sur cuivre, boulevard du Montparnasse, 62, Paris.

Chaperon, employé, rue Sedaine, 19. Paris.

Chapet, architecte, boulevard Beaumarchais, 17, Paris.

Chapiron, ancien receveur des postes à Moulins, Lille.

Chaplot, Ernest, tonnelier, rue d'Orléans, 14, Paris.

Chapon, Antoine, commissionnaire en rubans, place Saint-Charles, 8, Saint-Etienne, Loire.

Chapotier, Jean, ferblantier-lampiste, place de la Bourse, 18, Bordeaux.

Chapotot, L.-F., employé aux Halles, 59, quai des Grands-Augustins, Paris.

Chapoy, employé, rue de la Bienfaisance, 25, Paris.

Chappaz, Paris.

Chapperon, Joseph, propriétaire, Chambéry, Savoie.

Chappet, Nicolas, mécanicien, rue Morand, 7, Paris.

Chappont, Joseph, charpentier, rue Gaston-de-Saint-Paul, 23, Paris.

Chappotin, Achille, architecte, Troyes, Aube.

Chappuis, Jacques-Antoine, avocat-défenseur, Tizi-Ouzou, Algérie.

Chapre, Romain, avoué, Valence, Drôme.

Chapron, préfet.

Chapron, chef de gare, Montoire, Indre-et-Loire.

Chapron, Charles-Alphonse, limonadier, Caen.

Chapuis, coupeur-bottier, rue du Bourg-Tibourg, 18, Paris.

Chapuis, aîné, boulanger, r. du Faubourg-Montmartre, 78, Paris.

Chapuis, jeune, boulanger, rue de Grammont, 6, Paris.

Chapuis, B., maître d'hôtel, rue des Ecuries-d'Artois, 12, Paris.

Chapuis, Joseph, commis principal, Lyon.

Chapus, quincaillier, place des Capucins, 19, Pertuis, Vaucluse.

Chapus, Jean, instituteur, Loriol, Drôme.
Chapuy, Charles-Victor, commissaire, place au Foin, Toulon.
Charassin, homme de lettres, rue des Feuillantines, 90, Paris.
Charassin, tailleur, rue Française, 9, Paris.
Charavay, Etienne, paléographe, Paris.
Charban, Lyon.
Charbonnel, apprêteur d'étoffes, rue de Cléry, 82, Paris.
Charbonnel, marchand de vins, rue Richer, 34, Paris.
Charbonnier, publiciste, Paris.
Charbonnier, commerçant, rue des Petits-Carreaux, 26, Paris.
Charbonnier, Etienne, entrep., rue de Malzéville, 21, Nancy.
Charbonnier, Hippolyte, charron, rue Raspail, 34, Lev.-Perret, Seine.
Charbonnier, S.-G., md de bouillon, rue Sedaine, 74, Paris.
Charbuy, Alexandre, commis-voyageur, Caen.
Chardon, serrurier, rue Saint-Denis, 386, Paris.
Charenton, Louis, cuisinier, Hanovre, Allemagne.
Charlas, Bertrand, négociant, Lyon.
Charlas, Laurent, négociant, Lyon.
Charlemagne, François, place du Cirque, Béziers, Hérault.
Charles, sous-préfet.
Charles, rue Joquelet, 11, Paris.
Charles, prop., cons. municipal, rue du Port, 88, Lille.
Charles, André-Joseph, aîné, maître-mécanicien, St-Denis, Seine.
Charles, Eugène, jeune, rue de la Briche, 20, St-Denis, Seine.
Charles, Georges, chaudronnier, Vichy, Allier.
Charles, Jean, capitaine au long-cours, Bordeaux.
Charles, Joseph, négociant, rue des Minimes, 16, Toulon.
Charles, Th., négociant en bouchons, Epernay, Marne.
Charlet, passage Saint-Dominique, 8 bis, Paris.
Charlet, artiste dramatique, rue Jouye-Rouve, 11, Paris.
Charlet, employé, avenue Daumesnil, 56, Paris.
Charlet, Claude, maître charron, Lyon.
Charleux, père, négociant, Beaune, Côte-d'Or.
Charlois, charpentier, rue des Archives, 9, Paris.
Charlot, Jean-Baptiste, manufacturier en caoutchouc, rue Saint-Ambroise, 25, Paris.
Charmaillac, Jean-Baptiste, rentier, r. Rochechouart, 47, Paris.
Charmarty, distillateur, Bône, Algérie.
Charmeux, marchand de vins, rue de Chabrol, 15, Paris.
Charmont, Pierre, tonnelier, Lyon.
Charmot, négociant, Fourchambault, Nièvre.
Charnay, Claude-Joseph, homme de lettres, rue de Gramont, 22, Paris.
Charneu, marchand de vins, rue de Fourcy, 7, Paris.
Charnoz, lieutenant de vaisseau, Toulon.
Charon, Mengin-Charles, place Carrière, Nancy.

Charpagne, constructeur de fours, Angoulême, Charente.
Charpentier, employé, rue du Faubourg-Saint-Denis, 62, Paris.
Charpentier professeur, place des Vosges, 20, Paris.
Charpentier, négociant, place de la Bourse, 23, Nantes.
Charpentier, Romorantin, Loir-et-Cher.
Charpentier, négociant, Saint-Pourçain, Allier.
Charpentier, A.-A., march. de nouveautés, Nonancourt, Eure.
Charpentier, Alfred, commis-négociant, r. Balechoux, 10, Tours.
Charpentier, Ch.-A., fabricant de chaux, Mortcerf.
Charpentier, E., commis-négociant, rue Balechoux, 10, Tours.
Charpentier, G., commis-négociant, rue Balechoux, 10, Tours.
Charpentier, J., nég., propr., maire, rue St-Eloi, 70, Tours.
Charpentier, L., peintre-décorateur à la Manufacture de Sèvres,
 Seine-et-Oise.
Charpentier, Pierre, banquier, Marmande, Lot-et-Garonne.
Charpin, négociant, Grasse, Alpes-Maritimes.
Charpiot, J.-L., gueldivier, Saint-Denis, île de la Réunion.
Charrain, Edmond, maire de Tulle, Corrèze.
Charrel, Joseph, négociant, Lyon.
Charreyre, Victor, descente Crotti, 4 et 6, et boulevard du
 Pont-Neuf, 26, Nice, Alpes-Maritimes.
Charrier, receveur des finances, Dellys, prov. d'Oran, Algérie.
Charrier, Paul, entrepreneur, Nice, Alpes-Maritimes.
Charriéras, Louis-Matthieu, ex-adjudant d'infanterie.
Charriéras, Matthieu, négociant, Thiviers, Dordogne.
Charrier, Auguste, avocat, magistrat, rue du Calvaire, 3,
 Périgueux, Dordogne.
Charrière, Romain, huissier, Lyon.
Charrin, courtier en vins, rue Saint-Louis-en-l'Ile, 29, Paris.
Charriot, capitaine d'état-major, Mostaganem, Algérie.
Chartier, marchand de couleurs, rue du Faubourg-Saint-
 Martin, 165, Paris.
Chartier, propriétaire, Crépy-en-Valois, Oise.
Chartier du Raincy, Alexandre, étudiant en droit, boulevard
 Saint-Germain, 82, Paris.
Charton, Edouard-Thomas, avocat, député, conseiller d'Etat,
 directeur et fondateur du *Magasin Pittoresque* et du *Tour du
 Monde*, conseiller municipal, sénateur de l'Yonne.
Charton, Martin-Désiré, brigadier à la mairie du XIe arrondis-
 sement de Paris.
Charton, dit Legros, employé, Orsay, Seine-et-Oise.
Charnet, marchand boulanger, rue de Seine, 38, Paris.
Charvein, sous-commissaire de la marine, directeur de l'Inté-
 rieur, rue d'Angoulême, Cayenne, Guyane française.
Charvet, fabricant de fleurs, cour des Petites-Ecuries, 18, Paris.
Charvet, Jean-Antoine, propriétaire-moulinier, Lyon.
Chas, marchand de vin-traiteur, rue Delaborde, 40, Paris.

Chaspoul, serrurier-mécanicien, rue du Vert-Bois, 25, Paris.
Chassain, Louis, pharmacien, boulevard de Talence, Bordeaux.
Chassel, Joseph-Ferdin., écriv.-lithographe, r. Royale, 2, Toulon.
Chasseloup, Urbain, propriét., cons. municipal, Blaye, Gironde.
Chassenot, Vincent, propriétaire, Orange, Vaucluse.
Chassepoux, Louis, entrepreneur, rue Saint-Saturnin, Tours.
Chassériaud, Henri-André, lieutenant de vaisseau, Cayenne,
 Guyane française.
Chasset, caissier d'assurances, rue Fessart, 35, Paris.
Chassevant, pharmacien, rue Coquillière, 35, Paris.
Chassevent, Louis-Marie, propriétaire, au Mans, Sarthe.
Chassin, Ch.-L., publiciste, Paris.
Chassin, Jean, marchand-tailleur, cours du Trente-Juillet, 2,
 Bordeaux.
Chassin, Léonard, mécanicien, Lacouronne.
Chassin, Théodore, mécanicien, Lacouronne.
Chastan, maréchal-ferrant, rue de l'Ecu, Beauvais.
Chastanet, impasse d'Eysonnes, Bègles, Gironde.
Chastanet, Georges, ancien notaire, Mussidan, Dordogne.
Chastanet, Polh, propriétaire, Mussidan, Dordogne.
Chasteau, François, employé de mairie, Périgueux, Dordogne.
Chastel, Paul, employé de commerce, Lyon.
Chastenet, Georges, conseiller de préfecture, chef du secréta-
 riat général du Grand Orient de France.
Chatagniat, Lyon.
Chatagnier, cordonnier, rue de Miromesnil, 21, Paris.
Chataignon, Antoine, employé d'imprimerie, Périgueux, Dord.
Chataing, formier, Valence, Drôme.
Chatard, appareilleur, rue de Vaugirard, 102, Paris.
Château, comptable, rue de Villiers, 60, Levallois-Perret, Seine.
Chateau, Jacques, marchand de bateaux, Bergerac, Dordogne.
Chatel, architecte, rue de Douai, 47, Paris.
Chatel, Florentin-Rémy, entrepreneur, Saint-Denis, Ile de la
 Réunion.
Châtelain, restaurateur, rue Lecourbe, 11, Paris.
Chatelet, Jean, tanneur, Bergerac, Dordogne.
Chatelet, Yves, docteur-médecin, Lyon.
Chatelue, L'Arbresle, Rhône.
Chatizel, Alexandre-Désiré, empl., rue de la Lingerie, 6, Paris.
Chatrenet, maître-d'hôtel, Dôle, Jura.
Chatrian, Alexandre, homme de lettres, Paris.
Châtriot, confiseur, rue des Lombards, 18 et 20, Paris.
Chaudot, entrepreneur, rue du Joli-Cœur, Nancy.
Chaudot, Jules, négociant en vins, rue Charles V, 7, Paris.
Chaudré, employé, quai de Montebello, 15, Paris.
Chaudron, Joseph, aîné, boulanger, Champoux, Allier.
Chaudron, Joseph, jeune, boulanger, Cérilly, Allier.

Chauffeingeal, employé aux Domaines, rue Genouille, Agen, Lot-et-Garonne.

Chaufourier, cultivateur, Crégy, Seine.

Chaulet, docteur-médecin, rue Oberkampf, 129, Paris.

Chauley, Isidore, tailleur d'habits, Constantine, Algérie.

Chaumard, serrurier, Lyon.

Chaumat, instituteur, Savigny-le-Temple, Seine-et-Marne.

Chaumat, Philippe, boulanger, Savigny-le-Temple, Seine-et-M.

Chaumeix, peintre, rue Charlemagne, 16, Paris.

Chaumont, marchand de vins, Rueil, Seine-et-Oise.

Chaumont, Pierre, entrepreneur de travaux publics, Bordeaux.

Chaumontel, Louis, cons. gén. et sénateur de la Haute-Savoie.

Chaussard, fabricant de vinaigre, rue de l'Ecrevisse, 3, Orléans.

Chausse, traiteur, avenue des Ponts, 60, Lyon.

Chaussivert, boulevard d'Enfer, 27, Paris.

Chaussonet, rentier, place du Commerce, 1, Paris.

Chaussonet, fils, menuisier, rue du Théâtre, 99, Paris.

Chautemps, conseiller municipal de Paris, conseiller général de la Seine.

Chauvain, Pierre, propriétaire, rue Alberti, villa de Flore, Nice, Alpes-Maritimes.

Chauvain, Pierre, fils, propriétaire du grand hôtel Chauvain, quai Saint-Jean-Baptiste, Nice, Alpes-Maritimes.

Chauvassaigne, inspecteur-ingénieur des lignes télégraphiques, rue Marbeuf, 63, Paris.

Chauve, employé, rue Jenner, 56, Paris.

Chauveau, entrep. de peinture, rue des Batignolles, 18, Paris.

Chauveau, tailleur, \ , ,lème, Charente.

Chauveau, Franck, député.

Chauveau, François, maître-carrier, au Petit-Créteil, Seine.

Chauvel, Alfred, régisseur, Périgueux, Dordogne.

Chauvelot-Gérard, maire de Chorey, conseiller général de la Côte-d'Or.

Chauvet, chef de service, rue de la Chaussée-d'Antin, 51, Paris.

Chauvet, A., liquoriste, rue du Pas-St-Georges, 16, Bordeaux.

Chauvet, A., marchand de vins, route de la Reine, 128, Boulogne, Seine.

Chauvet, L., fils, marin, L'Eguille, Charente-Inférieure.

Chauvin, conseiller de préfecture.

Chauvin, marchand de vins, cité Bergère, 5, Paris.

Chauvin, md de vins, boulevard de la Villette, 68, Paris.

Chauvin, Achille, docteur-médecin, Lyon.

Chauvin, E., constr. maritime, Saint-Pierre, île de la Réunion.

Chauvineau, avocat, rue de la Promenade, 26, Chatellerault, Vienne.

Chaux, Constant, rue Saint-Denis, 374, Paris.

Chavagniat, Pierre, conducteur, Paris.

Chavanne, docteur-médecin, député du Rhône.

Chavannes, G., mouleur-sculpteur, rue des Remparts, 62, Bordeaux.

Chavanon, Charles, entrepreneur, Brives, Corrèze.

Chavigny, horloger, Grande-Rue, 63, Sèvres, Seine-et-Oise.

Chavoix, Jean-Baptiste, docteur-méd., député de la Dordogne.

Chavret, Alphonse, boulanger, Lyon.

Chavy, rue du Faubourg-du-Temple, 113, Paris.

Chavy, négociant en vins, rue Louvain, 16, Paris.

Chay, Joseph-Pierre-François, manufacturier, conseiller municipal, rédacteur en chef de l'*Union républicaine du Tarn*, Albi, Tarn.

Chazel, Henri, entrepreneur de fumisterie, rue Fessart, 50, Boulogne, Seine.

Chédanne, Louis, chef des bureaux de la sous-préfecture, rue de la Glacière, 35, Toulon.

Chedeville, couvreur, rue Alphonse, 11, Paris.

Chedeville, constructeur, Pacy-sur-Eure, Eure.

Chelet, capitaine au long-cours, Nantes.

Chelet, voyageur de commerce, rue Contrescarpe, Nantes.

Chelle, rentier, boulevard Morland, 19, Paris.

Chemery, prop., adjoint au maire, Vitry-le-François, Marne.

Chemin, horloger-bijoutier, rue de la Vieille-Monnaie, 18, Lyon.

Chemin, A., nég. en laines, boul. Roederer, 34, Reims, Marne.

Chemin, Edouard, marchand-tailleur, Lyon.

Chemin, Louis, marchand-tailleur, Lyon.

Chêne, employé, rue Drouot, 6, Paris.

Cheneau, député du Cher.

Chenel, Pierre, mécanicien, Caen.

Chenelat, Louis, restaurateur, Lyon.

Chenet, liquoriste, boulevard Saint-Michel, 19, Paris.

Cheney, traiteur, rue de la Grande-Truanderie, 41, Paris.

Chenouard, vernisseur, rue de la Vieille-Forge, 5, Vanves, Seine.

Chenu, Pierre-François, marchand de vins-restaurateur, rue Branzac, 3, Cachan, Seine.

Chérault, fleuriste, rue St-Denis, 380, Paris.

Cherblanc, Michel, limonadier, Lyon.

Cheret, marchand-boucher, Joinville-le-Pont, Seine.

Cheret, Jules, art.-dessin., rue de la Tour-des-Dames, 16, Paris.

Chernovski, François-Joseph, rue d'Angoulême, 70, Paris.

Cheron, rue des Trois-Frères, 15, Paris.

Chéron, march. de vins-restaurateur, Argenteuil, Seine-et-Oise.

Chéron, Auguste-Désiré, limonadier, Tillières-sur-Avre, Eure.

Chéron, Jean-Baptiste, meunier, Bougival, Seine-et-Oise.

Chéroux, Sylvain, architecte, rue de Sèvres, 47, Paris.

Cherpot, plâtrier-entrepreneur, Chambéry, Savoie.

Cherrier, employé, Philippeville, Algérie.

Chery, parfumeur, Grasse, Alpes-Maritimes.
Chéry, Claude, cafetier, rue Cambronne, 90, Paris.
Chesneau, peintre, rue de la Longue-Echelle, Tours.
Chesneau, professeur à l'Ecole Normale, Loches, Ind.-et-Loire.
Chesneau, sabotier, Longjumeau, Seine-et-Oise.
Chesnet, Jean-Alexandre, limonadier, Tillières-sur-Avre, Eure.
Chesnon, commissionnaire-expéditeur, rue Ste-Catherine, 20, Avignon, Vaucluse.
Cheuret, Léon, notaire, rue Thiers, 26, au Havre.
Chevalier, charpentier, rue des Sablons, 16, Courbevoie, Seine.
Chevalier, propriétaire, avenue Montpensier, Vincennes, Seine.
Chevalier, négociant, place Saint-Michel, 44, Marseille.
Chevalier, garde-moulin, Essonnes, Seine-et-Oise.
Chevalier, Alfred, doreur, rue Nationale, 95, Lille.
Chevalier, Amédée, tuilier, Avallon, Yonne.
Chevalier, Emile, conseiller municipal de Paris, conseiller général de la Seine.
Chevalier, Eugène, couvreur, rue du Bac, 4, Argenteuil, Seine-et-Oise.
Chevalier, Eugène, négociant en draperie et nouveautés, conseiller municipal. rue de Valence, 15, Ruffec, Charente.
Chevalier, Gustave-Frédéric, caissier, rue Bauchereau, Tours.
Chevalier, Honoré, épicier, Lyon.
Chevalier, Joseph, mécanicien, Orange, Vaucluse.
Chevalier, Marie-Victor, maître-peintre en bâtiments, Château-la-Vallière, Indre-et-Loire.
Chevallerie, propriétaire, rue du Calvaire, 10, Nantes.
Chevallerie, rentier, Vigneux, Loire-Inférieure.
Chevallier, Benjamin, marc. de vins, pl. de Bretagne, Nantes.
Chevallier, Joseph, blanchisseur, Rueil, Seine-et-Oise.
Chevallier, Léon, courtier, rue Baleschoux, Tours.
Chevallon, représentant de commerce, rue de l'Orillon, 35, Paris.
Chevalon, Edouard, prof., avenue de Saint-Ouen, 72, Paris.
Chevance, propriétaire, Mennecy, Seine-et-Oise.
Chevandier, Antoine-Daniel, docteur-médecin, sous-préfet député de la Drôme.
Chevassu, comptable, boulevard Saint-Germain, 56, Paris.
Chevassu, limonadier, rue de la Bourse, 3, Paris.
Chevaugeon, Lyon.
Chevé, rue Valette, 21, Paris.
Chevesich, Guillaume, épicier, Constantine, Algérie.
Chevet, cuisinier, hôtel du Porte-Enseigne, Metz, Lorraine.
Chevillon, Joseph, docteur-médecin, député des Bouches-du-Rhône.
Chevillon, Joseph, négociant en quincaillerie, rue du Chapeau-Rouge, 40, Avignon, Vaucluse.
Chevreuil, rue d'Aguesseau, 83, Boulogne, Seine.

Chevreuil, Jean-Louis-Victor, négociant, avenue des Champs-Elysées, 114, Paris.

Chevreux, architecte-paléographe, rue du Port, Epinal, Vosges.

Chevreux, Antoine, représentant de commerce, place de la Carrière, 5, Nancy.

Chevriot, Pierre, entrepreneur, Tournan, Seine-et-Marne.

Chevy, cartonnier, rue du Faubourg-Saint-Denis, 19, Paris.

Cheysson, Auguste, rentier, Lyon.

Chèze, Joseph, chef de bureau au Chemin de fer de Lyon, rue de Wattignies, 23, Paris.

Chiarisoli, empl. à la Trésorerie Générale de la Corse, Ajaccio.

Chiboust, Edouard, jardinier, avenue des Princes, 36, Boulogne, Seine.

Chibout, maître d'hôtel, Lunéville, Meurthe-et-Moselle.

Chibout, garçon boulanger, Essonnes, Seine-et-Oise.

Chiboys, architecte, Limoges.

Chicon, négociant, Salins, Jura.

Chiesse, rue Guy-de-Veyre, Aurillac, Cantal.

Chièze, place de l'Hôtel-de-Ville, Aurillac.

Chignan, marchand de vins, route d'Orléans, Croix-d'Arcueil.

Chilly (de), estampeur, rue de Bondy, 80, Paris.

Chimènes, Léopold, aîné, nég, r. Ste-Catherine, 185, Bordeaux.

Chimènes, Oscar, négociant, Bordeaux.

Chion, chapelier, Valence, Drôme.

Chippel, tapissier, rue des Fossés-Saint-Bernard, 20, Paris.

Chiquant, négociant, passage du Grand-Cerf, 25, Paris.

Chiris, Léon, sénateur des Alpes-Maritimes.

Chocot, employé de commerce, Clermont-Ferrand.

Choisel, fabr. de bijouterie, rue du Temple, 78, Paris.

Choisnet, Alfred, rue Garancière, 7, Paris.

Chol, Lyon.

Cholle, ingénieur, Toulon.

Chollet, Louis-Barthélemy, légiste, Lyon.

Chomette, menuisier, rue de Moscou, 7, Paris.

Chonski (de), employé, rue Joubert, 12, Paris.

Chopard, boulevard de La Villette, 162, Paris.

Chopard, marchand d'abats, r. du Marché-St-Honoré, 36, Paris

Chopart, Alphonse-Charles, lieutenant de vaisseau, Toulon.

Chopin, marchand de vins, quai de Cuire, 22, Lyon.

Choquelin, Nevers, Nièvre.

Choquet, Auguste, prof de musique, rue Jeanne-d'Arc, 2, Lille

Choquet, François, march. de papiers, rue de Seine, 13, Paris

Choquet, François, boulanger, Aubigné, Sarthe.

Choret, architecte, rue de la Verrerie, 7, Saint-Germain-en-Laye, Seine-et-Oise.

Chotard, père, employé, rue Saint-Dominique, 190, Paris.

Chotard, fils, employé, rue Saint-Dominique, 190, Paris.

Chotteau, avenue de Villiers, Paris.

Choucherie, propriétaire, rue des Rosiers, 7, Paris.

Choucherie, Jean, huissᵣ, r. des Piliers-de-Tutelle, 23, Bordeaux.

Chouiller, Alexis, marchand de vins, r. d'Amsterdam, 64, Paris.

Chouin, tailleur, quai de Bercy, 39, Paris.

Chouippe, entrepreneur de couverture, rue de l'Eglise, 37, Montrouge, Seine.

Chounier, rentier, Iles, Calvados.

Chouquet, sous-directeur de l'établissement thermal et du Casino, Vichy, Allier.

Chouquet, dit Chéri, concierge, rue Buirette, 27, Reims.

Choury, Étienne, marchand-serrurier, Lyon.

Chouzy, Georges, marchand de bois, Lyon.

Chovet, fondeur, rue Saint-Emilien, Nantes.

Chrétien, chapelier, rue Saint-Martin, Tours.

Chrétien, aubergiste, Essonnes, Seine-et-Oise.

Chrétien, Williams, négociant, Bordeaux.

Chrismann, Nicolas, négociant, rue de la Course, 17, Bordeaux.

Christ-Dorsant, briquetier, Hirson, Aisne.

Christen, rue du Temple, 149, Paris.

Christen, pharmacien, rue du Caire, 31, Paris.

Christensen, Caspar, rue Lafayette, 147, Paris.

Christensen, Halfdan, rue Lafayette, 147, Paris.

Christensen, Harald-Rist, boulevard de la Villette, 202, Paris.

Christensen, Waldmar, avenue de Wagram, 82, Paris.

Christi, rue Brochant, 3, Paris.

Christofleau, Eugène, quincaillier, rue des Halles, 20, Tours.

Christol, armateur et négoc. en vins, Agde, Hérault.

Christophe, mercier, rue Vavin, 4, Paris.

Christophe, Claude, propriétaire, Lyon

Chritophel, court.-maritime, Buenos-Ayres, Rép. Argentine.

Chusseau, maître d'hôtel, aux Sables-d'Olonne, Vendée.

Cibert, Jean, marin, Bordeaux.

Cieutat, chef d'institution, Troyes, Aube.

Cinqualbre, A., libr.-édit., rue Monsieur-le-Prince, 48, Paris

Ciret, Gustave, représentant, rue Ste-Catherine, 150, Bordeaux

Cirier, architecte, rue de Courcelles, 58, Paris.

Cirier, Blaise-Jean-Charles, architecte-vérificateur, rue Poccart, 20, Levallois-Perret, Seine.

Cissey, agent d'assurances, Evreux, Eure.

Citoleux, professeur au Lycée d'Angoulême.

Citroen, négociant, rue de Bondy, 46, Paris.

Civet, E.-A., comptable, Charleville, Ardennes.

Cladière, bijoutier, rue Charlot, 33, Paris.

Claire, cordier, Beaune, Côte-d'Or.

Clairet, conduct. des ponts et chaussées, Dôle, Jura.

Clairsaint, Elie, tailleur, rue N.-D.-de-Nazareth, 84, Paris.

Clairsaint, V., march.-cordonnier, rue N°-St-Merri, 40, Paris.
Clamageran, sénateur inamovible.
Clamageran, vice-consul, Rosas, Espagne.
Clamart, J.-B.-Narcisse, fondeur, Nouzon, Ardennes.
Clamouse, chef d'institution, Paris.
Clanet, fabr. d'outils, rue du Faub.-Saint-Antoine, 80, Paris.
Clapier, Barthélemy, nég., Pont-à-Mousson, Meurthe-et-Moselle.
Clapot, journaliste, conseiller général du Rhône.
Claquesin, propriétaire, rue Sévigné, 27, Paris.
Claret, employé, rue Paradis-Poissonnière, 15, Paris.
Claret, négociant, rue des Archives, 24, Paris.
Claretie, Jules, homme de lettres, directeur de la Comédie Française, Paris.
Claris, publiciste, Paris.
Claron, Pierre, boulanger, Lyon.
Clary, machiniste, Périgueux, Dordogne.
Claude, sénateur des Vosges.
Claude, boulevard des Batignolles, 18, Paris.
Claude, réd. en chef du *Progrès du Nord*, rue Nationale, Lille.
Claude, François, vétérinaire, av. de la Gare, Blidah, Algérie.
Claudon, Alph., nég., rue de la Promenade, Béziers, Hérault.
Claus, rue du Pont-Louis-Philippe, 7, Paris.
Clausade (de), rue de Cléry, 52, Paris.
Clauses, Édouard, sculpteur, Lyon.
Clausier, meunier, Grande-Rue, 23, Saint-Mandé, Seine.
Clausse, tapissier, rue Gay-Lussac, 25, Paris.
Clauzel, Joseph, restaurateur, Valence, Drôme.
Clauzet, teinturier, rue de Châteaudun, 7, Paris.
Clavel, docteur-médecin, rue d'Enghien, 17, Paris.
Clavel, inspecteur d'assurances, rue Beautreillis, 12, Paris.
Clavel, Alcide, fabricant de caisses, Bordeaux.
Clavel, Jean, propriétaire, Lyon.
Clavel, Victor, négociant, sur le port, Toulon.
Claverie, ancien maître-tailleur à la légion étrangère, Sidi-Bel-Abbès, Algérie.
Clavière, cafetier, Vichy, Allier.
Clavot, limonadier, rue Saint-Gilles, Agen, Lot-et-Garonne.
Clayette, négociant, passage Jouffroy, 32 et 34, Paris.
Clayette, Nicolas, cafetier, Lyon.
Cléiftié, G., préfet.
Clémenceau, Georges, docteur-médecin, député du Var.
Clémenceau, Michel, architecte, rue des Jacobins, 6, Tours.
Clémenceau, Pierre-Jacques, ancien épicier, rue d'Entraigues, Tours.
Clémencet, clerc d'avoué, rue du Petit-Musc, 30, Paris.
Clémencet, Jean, chaudronnier, rue de Clignancourt, 32, Paris.
Clémenson, professeur au lycée, rue de la Marine, 22, Alger.

Clément, employé, rue Corbeau, 19, Paris.
Clément, rue de Montreuil, 20, Paris.
Clément, rue des Nonnains-d'Hyères, 8, Paris.
Clément, commis de chantier, r. Dareau, pass. Jardins, 3, Paris.
Clément, propriétaire, cours Marigny, Vincennes, Seine.
Clément, bijoutier, cours d'Herbouville, 38, Lyon.
Clément, boul. de la Croix-Rousse, 107, Lyon.
Clément, représentant, rue Crucy, 16, Nantes.
Clément, chef de bureau de la const. des Chemins de fer de
    Paris-Lyon-Méditerranée, rue de la Maison-Carrée, 7, Nîmes.
Clément, Alphonse, men., r. du Faub.-Poissonnière, 132, Paris.
Clément, André, Nîmes.
Clément, Charles-Albert, lieut. de vaisseau, Toulon.
Clément, Emile, avocat, Valence, Drôme.
Clément, Frédéric, rue des Trois-Chandelles, 2 à 16, Bordeaux.
Clément, Henri, entrep. de plâtrerie, rue d'Entraigues, 9, Tours.
Clément, Jacques-Jules, percepteur des contributions directes,
    La Haye-Pesnel, Manche.
Clément, Jean-Louis, propriétaire, Montvendres, Drôme.
Clément, Joseph, comptable au Ch. de fer de l'Ouest, avenue
    Péreire, 2, Asnières, Seine.
Clément, Léon-Joseph, employé à la Trésorerie Génér., Caen.
Clément, Pierre, tailleur, route de Toulouse, 259, Bordeaux.
   .ent, Stanislas, Nîmes.
Clément, Thomas, propriétaire, Vitry-le-François, Marne.
Clément-Besnard, Michel, négociant, Orbigny, Indre-et-Loire.
Clerc, tailleur, Agen, Lot-et-Garonne.
Clerc, fils, musicien, Charleville, Ardennes.
Clerc, David, maître-mécanicien, rue de la Brise-Echalats,
    Saint-Denis, Seine.
Clerc, Gustave, négociant, au Mans, Sarthe.
Clerc, Léon, anc. négoc., rue des Minimes, 5, au Mans, Sarthe.
Clerc, Pierre, march. de pierres, St-Quentin-de-Baron, Gironde.
Clerc, Renaux-Félix, distillateur, boul. du Temple, 2, Paris.
Clère, Jules, homme de lettres, rue Léonie, 3, Paris.
Clergé, Th., vannier, Grande-Rue, 46, Créteil, Seine.
Clerget, marchand-boucher, rue Oberkampf, 83, Paris.
Clerget, entrepreneur de peinture, rue Pilois, 7, Puteaux, Seine.
Clerget, adjoint au maire de Besançon.
Clerget, Narcisse-G.-A., dessinateur, Constantine, Algérie.
Clerin, A., chef de cuisine, rue de France, 49, Nice, Alpes-Mar.
Clerjaud, employé aux glacières du bois de Boulogne, rue
    Spontini, 64, Paris.
Clermont, rentier, rue Sainte-Eugénie, 49, Paris.
Clermont, fils, employé, rue de Buci, 32, Paris.
Clerveaux, Alexis, négociant, Périgueux, Dordogne.
Clerveaux, Paul, peintre, Périgueux, Dordogne.

Cléry, Louis, employé, r ie Volta, 42, Paris.
Clinquin, Louis, march. de bonneterie, Vendresse, Ardennes.
Clique, ouvrier miroitier, rue Saint-Benoît, 26, Paris.
Clœuss, Charles-Gustave, conseiller de préfecture.
Cloquet, bijoutier pour deuil, rue du Temple, 138, Paris.
Clos, marchand de cuirs, rue de Chevérius, 40, Bordeaux.
Closange, maçon, rue Saint-Jacques, 25, Paris.
Closmadeuc (de), armateur, rue J.-J.-Rousseau, 3, Nantes.
Closmadeuc, Ch.-Thomas, nég.-comm., rue Pétrelle, 34, Paris.
Clouet, lithographe, rue Sedaine, 12, Paris.
Cloup, maréchal-des-logis de gendarmerie, Paris.
Clozier, cordonnier, rue de La-Tour-d'Auvergne, 44, Paris.
Clunet, cafetier, cours du Midi, 24, Lyon.
Coblentz, Eugène, négociant, rue Saint-Dizier, 58, Nancy.
Coblentz, Jules, fabricant de chaussures, rue de la Salle, Nancy.
Coboche, rue Descombes, 25, Paris.
Cocagnac, tailleur, Oran, Algérie.
Cochery, Adolphe, père, avocat, député du Loiret, ministre.
Cochery, Georges, député du Loiret.
Cochet, inspecteur des agences du Crédit Lyonnais, avenue
  Sainte-Marie, 37, Saint-Mandé, Seine.
Cochet, Cyprien, horticulteur, Gresy-Luisnes, Seine-et-Marne.
Cochet, Joseph, miroitier, Lyon.
Cochet, Scipion, horticulteur, Luisnes, Seine-et-Marne.
Cochey, Victor, photographe, Beaune, Côte-d'Or.
Cochois, négociant-armateur, Antibes, Alpes-Maritimes.
Cochut, direct. du Mont-de-Piété, boul. de Strasbourg, 66, Paris.
Codet, député de la Haute-Vienne.
Codoni, négociant, rue du Grenier-Saint-Lazare, 18, Paris.
Coeffe, Limoges.
Cœlln, négociant, passage des Panoramas, 8, Paris.
Coelos, négociant en vins, rue des Deux-Ecus, 12, Paris.
Coën, Lazare, courtier de commerce, Constantine, Algérie.
Coëne (de), ingénieur des Chemins de fer de l'Etat, rue du
  Champ-des-Oiseaux, 23, Rouen.
Cœret de Saint-Georges, capitaine d'état-major, Paris.
Cœur, fabricant d'horl., rue Notre-Dame-de-Nazareth, 45, Paris.
Cofflard, fabricant de timbres, Villers-Saint-Barthélemy, Oise.
Coflard, layetier-emballeur, rue des Trois-Bornes, 21, Paris.
Cognard, employé à la maison Pasquier, rue Descartes, Tours.
Cohadon, A., maçon, rue Saint-Victor, 155, Paris,
Cohen, négociant, rue Meslay, 42, Paris.
Cohn, Adolphe, négociant en draperies, r. d'Enghien, 13, Paris.
Cohën, G., commerçant, Orange, Vaucluse.
Cohn, Léon, préfet.
Cohn, Moïse, négociant en draperies, rue d'Enghien, 22, Paris.
Coiffier, Louis, serrurier, Saint-Mandé, Seine.

Coignard. **René-Charles**, maître-charron-forgeron, La Membrolle, Indre-et-Loire.

Coignet, ingénieur civil, rue Lafayette, 130, Paris.

Coignet, F., fabricant, rue de Berry, 22, Paris.

Coin, Jean-Laurent, mécanicien, Lyon.

Coindet, Jean, charpentier, Lyon.

Cointe, René, peintre, place du Bon-Pasteur, Nantes.

Cointepoix de Blay, adj. au maire du XIIIe arrondiss. de Paris.

Cointreau, Louis-Denis, secrétaire d'état-major, rue du Luxembourg, 28, Paris.

Coirier, villa d'Helvétie, Vichy, Allier.

Coiseur, Eugène, confiseur, rue Saint-Dizier, Nancy.

Coisnon, menuisier, Saint-Marcel, Eure.

Colaire, François, teneur de livres, Lyon.

Colas, Benoît, chaudronnier, Lyon.

Colas, François, chaudronnier, Lyon.

Colas, P., nég. en tissus, rue du Cardinal-de-Lorraine, 3, Reims.

Colassot, charcutier, rue de la Cathédrale, Toulon.

Colfavru, J.-C., avocat, juge de paix, député de Seine-et-Oise.

Colignon, E., piqueur des travaux de la voie au Chemin de fer de l'Ouest, rue de Paris, 48, St-Germain-en-Laye, S.-et-O.

Colin, artiste lyrique, boulevard de Clichy, 8, Paris.

Colin, inspecteur d'assurances, rue de l'Eglise, 36, Paris.

Colin, Ch.-E., médecin de la marine, rue de la Promenade 7, Asnières, Seine.

Colin, G.-F., représentant de commerce, Belhoncourt.

Colin, Jules, bijoutier, rue Rodier, 27, Paris.

Colin, Jules, restaurateur, boulevard Bonne-Nouvelle, 8, Dieppe, Seine-Inférieure.

Colin, Laurent, ex-capitaine au 2e lanciers.

Colin, Paul, cafetier, au Mans, Sarthe.

Colin, V., receveur de rentes, rue des Lions-St-Paul, 19, Paris.

Colin, Victor, huissier, Tours.

Collange, ancien chef d'institution, rentier, maire, rue des Arts, 13, Levallois-Perret, Seine.

Collard, artiste au th. des Célestins, impasse Savoie, 2, Lyon.

Collart, employé, au Cateau, Nord.

Collas, souffleur de verre, rue des Amandiers, 80, Paris.

Collas, peintre-ent., rue Doumoutiers, 47, Aubervilliers, Seine.

Collas, marchand de volailles, rue Saint-Germain, 16, Houilles, Seine-et-Oise.

Collas, Alexis, limonadier, Sannois, Seine-et-Oise.

Collas, Alph., nég. en nouveautés, Neuvy-Roy, Indre-et-Loire.

Collas, Louis, plombier, Rueil, Seine-et-Oise.

Collé, artiste, rue Montmartre, 70, Paris.

Collet, négociant, rue de Bondy, 66, Paris.

Collet, garçon de recettes, rue de Turbigo, 46, Paris.

Collet, charpentier, Montmorency, Seine-et-Oise.
Collet, Ch., sellier, rue du Bois, 120, Levallois-Perret, Seine.
Collet, Didier, lim., Grande-Rue, 100, Sèvres, Seine-et-Oise.
Collet. Hippolyte, propriétaire, Bône, Algérie.
Collet, Louis, mécanicien, Montereau, Seine-et-Marne.
Collet, Marie-Claude, pharmacien, Lyon.
Collet, Nicolas, maître-charpentier, rue Calvimon, Bordeaux.
Collet, Pierre-Louis, maître-charpentier, rue Grétry, 12, Montmorency, Seine-et-Oise.
Collet-Delarsille, fils, manufacturier, espl. Cérès, 8, Reims.
Collier, tabletier, rue Belhomme, 4, Paris.
Collin, Jean-Baptiste, entrepreneur de travaux publics, Lyon.
Collin, Nicolas, imprimeur, rue Gambetta, Nancy.
Collin, Victor, rue du Faubourg-Saint-Martin, 212, Paris.
Collin, Victor, industriel, rue Rochelle, 118, Bar-le-Duc, Meuse.
Collineau, docteur-médecin, rue du Temple, 187, Paris.
Collomb, marchand-tailleur, rue d'Austerlitz, 11, Lyon.
Collonel, employé au chemin de fer, Château-Thierry, Aisne.
Collot, peintre, Verzy, Marne.
Colognon, Alexandre-Louis, ingénieur-mécanicien, adjoint au maire, rue de la Boucherie, Saint-Denis, île de la Réunion.
Colomb, rue Beudant, 3, Paris.
Colomb, négociant, rue Montgolfier, 16, Paris.
Colomb, Benoît, peintre, Lyon.
Colomb, Charles, sous-préfet.
Colombat, tonnelier, rue du Pot-de-Fer-Saint-Marcel, 9, Paris.
Colombat, voyagr de comme, r. du Faub.-St-Antoine, 251, Paris.
Colombé, limonadier, Pacy-sur-Eure, Eure.
Colombet, conseiller général de la Loire.
Colombet, Philippe, propriétaire, Périgueux, Dordogne.
Colombier, rue du Faubourg-Matabiau, 51, Toulouse.
Colomer, rue du Fanal, Port-Vendres, Pyrénées-Orientales.
Colomer, Michel, rue Saint-Séverin, 16, Paris.
Colomiès, en Algérie.
Colon, Antoine, liquoriste, Boulogne, Seine.
Colon, Henri, distillateur, rue de La Rochefoucauld, 37, Boulogne, Seine.
Colon-Moril, négociant, Jacmel, Haïti.
Colson, employé au chemin de fer, Charleville, Ardennes.
Colson fils, propriétaire, Chalais, Charente.
Combe, march. de vins-traiteur, rue de Mulhouse, 26, Paris.
Combes, caiss. à la Banque de France, r. d'Hauteville, 8, Paris.
Combes, Emile, marchand de meubles, Rueil, Seine-et-Oise.
Combes, Fr., cons. munic. de Paris, cons. génér. de la Seine.
Combes, Louis, publiciste, conseiller municipal de Paris, conseiller général de la Seine.
Combescure, Clément, sénateur de l'Hérault.

Combet, ex-officier de marine marchande, propriétaire, boulevard Saint-Martin, 33, Paris.

Combet, horticulteur, rue Saint-Gervais, 19, Montplaisir, Lyon.

Combet, Emile sous-agent du Commissariat de la marine, quai supérieur de l'Esplanade, 6, Cette, Hérault.

Combet, Pierre-Gabriel, pilote de bât. à vap., Valence, Drôme.

Combié, négociant, Agen, Lot-et-Garonne.

Combier, rue de Bagnolet, 94, Paris.

Combier, distillateur, maire, rue Beaurepaire, Saumur, Maine-et-Loire.

Combier, Albert, commissionnaire, rue du Temple, 174, Paris.

Combre, père, rentier, Beaune, Côte-d'Or.

Combre, J.-B., négociant, Beaune, Côte-d'Or.

Combre-Béraud, rentier, Beaune, Côte-d'Or.

Comeaux, Louis, taillandier, Lyon.

Commans, Jules, commerçant, St-Denis, île de la Réunion.

Comme, Jean, sous-directeur des Jardins et Squares, rue de Belleville, 15, Bordeaux.

Commet, François, modeleur, rue Legrand, 22, Paris.

Commien, conducteur des ponts-et-chaussées, Clermont, Oise.

Commissaire, instituteur, boul. de la Croix-Rousse, 165, Lyon.

Communeau, Eugène-François, conducteur de travaux de gaz, rue des Martyrs, 82, Paris.

Comolet, préfet.

Comont, tailleur, rue du Luxembourg, 22, Paris.

Compagnon, mécanicien, Paris.

Compaint, négociant en vins, rue de Gallois, 7, Paris.

Compayré, Jules-Gabriel, professeur, député du Tarn.

Comperat, aux Petits-Ménages, Issy, Seine.

Compienne, Auguste-Félix, cap. d'infanterie de marine, Toulon.

Compin, place de la Bourse, 30, Nantes.

Comte, monteur en bronze, rue Mazarine, 10, Paris.

Comte, François, forgeron, Lyon.

Comte, Henri, machiniste, Périgueux, Dordogne.

Comte, J., chef du bureau de l'Enseignement, à l'Administration des Beaux-Arts, rue Saint-Florentin, 7, Paris.

Comtet, Philibert, huissier, suppléant de la justice de paix, conseiller municipal, Nevers, Nièvre.

Conan, chef d'atelier, rue du Chemin-Vert, 24-26, Paris.

Conchon, propriétaire, Saint-Mandé, Seine.

Condemine, lieutenant au 43e régiment de ligne, Lille.

Conféron, rentier, rue de l'Abbé Groult, 83, Paris.

Connet, Pierre, marchand de vins, rue de Bercy, 74, Paris.

Connin, marchand de vins, La Madeleine, Loir-et-Cher.

Conninx, employé, rue du Château-d'Eau, 62, Paris.

Consolat, employé de commerce, maison Dagousset, Gentilly, Seine.

Constans, avocat, professeur agrégé à la Faculté de Droit de Toulouse, député de la Haute-Garonne, administrateur des Chemins de fer de l'Etat, ministre de l'Intérieur, ministre plénipotentiaire en Chine.

Constans, négociant, rue de La Rochefoucauld, 56, Paris.

Constans, Pierre, entrepreneur, rue St-Cyr, 3, Béziers, Hérault.

Constant, voyageur de commerce, rue Vivienne, 19, Paris.

Constant, négociant en horlogerie, r. Neuve-St-Augustin, Paris.

Constant, boulevard de Strasbourg, 116, Boulogne, Seine.

Constant, fils, restaurateur, rue de la Gaîté, 20, Paris.

Constant, Louis-Jean, maître-charpentier, r. de Sèvres, 64, Paris.

Constantin, compositeur de musique, r. des Abbesses, 26, Paris.

Constantin, graveur sur bois, rue des Tournelles, 34, Paris.

Constantin, libraire, rue de la Comédie, 12, St-Etienne, Loire.

Constantin, architecte, rue de l'Ile-de-Corse, Nancy.

Constantin, négociant, Angoulême.

Constantin, propriétaire, Cublac, Dordogne.

Constantin, Ch., chef d'orchestre du Casino, rue Foncillon, 56, Royan, Charente-Inférieure.

Constantin, Florent, chaudronnier, rue de la Briche, 33, Saint-Denis, Seine.

Constantin, François, chaudronnier, rue de la Briche, 33, Saint-Denis, Seine.

Constantin, Jacques, père, serrurier, rue de la Briche, 33, Saint-Denis, Seine.

Constantin, Jules, architecte, rue Sainte-Catherine, Nancy.

Constantin, Jules, directeur de l'usine à gaz, rue des Jardiniers, 18, Nancy.

Constantin, Justin, négociant, Thouars, Deux-Sèvres.

Constantin, Nicolas-Sigisbert, rue de l'Ile-de-Corse, Nancy.

Contable, Charles, commis, Portillon. Indre-et-Loire.

Contal, repr. de commerce, r. de La Rochefoucauld, 50, Paris.

Contal, Jules-Philippe, pap. lithographe, rue St-Georges, Nancy.

Contard, chef de musique, Toulon.

Contaut, négociant, Neufchâteau, Vosges.

Conte, Charles, négociant, rue du Pont-Mouja, Nancy.

Conte, Jules-Charles, voyageur de commerce, Nancy.

Conte, Louis, huissier, Vertillat.

Conté, peintre en voitures, rue de la Pompe, 127-129, Paris.

Conté, Maurice, représentant de commerce, rue d'Antibes, 17, Cannes, Alpes-Maritimes.

Contour, Alfred, restaurateur, Beaune, Côte-d'Or.

Contro, négociant, rue de Rivoli, 68, Paris.

Conversano, Ioseph, pharmacien, Constantine, Algérie.

Copeaux, père, négociant en grains, Soissons, Aisne.

Copeaux, fils, négociant en grains, Soissons, Aisne.

Copin, professeur, Paris.

Copin, place du Saint-Sépulcre, 14, Cambrai. **Nord.**
Coq, layetier-emballeur, rue Meslay, 58, Paris.
Coquard, Pierre-Martin, Lyon.
Coquereau, employé de lavoir, rue des Trois-Bornes, 29, Paris.
Coquet, rue Lécluse, 13, Paris.
Coquet, Franç., doct. en droit, r. de l'Hôtel-de-Ville, 104, Lyon.
Coquibus, Nicolas, **bourrelier**, Cognac, Charente.
Coquigneau, docteur-médecin, Philippeville, Algérie.
Cora, fabricant de plumes, rue des Petites-Écuries, 16, Paris.
Cora, Georges, serrurier, rue des Tilleuls, 80, Boulogne, Seine.
Corbé, Charles, fils, Marcoussis, Seine-et-Oise.
Corberon, Ch.-Adolphe, contre-maître, Grenelle, Paris.
Corbet, rentier, rue de Vanves, 71, Paris.
Corbière, pasteur protestant, rue Sembel, 1, Agen, Lot-et-Gar.
Corbon, sénateur inamovible, questeur du Sénat.
Corcelles, Joseph, quincaillier, Valence. **Drôme.**
Cordeiro de Silva, doct.-méd., Sainte-Foy-la-Grande, Gironde.
Cordelié, Pierre, serrurier-mécanicien, Périgueux, Dordogne.
Cordelier, Félix, fabricant de pianos, rue de Flandre, 112, Paris.
Cordier, sénateur inamovible.
Cordier, rue des Jeûneurs, 40, Paris.
Cordier, maître d'hôtel, Châlons-sur-Marne.
Cordier, ancien architecte, Epernay, Marne.
Cordier, adjoint au maire de Bône, Algérie.
Cordier, Alexandre, publiciste, Paris.
Cordier, Alexandre, entrepr. de serrurerie, cité du Midi, 21, Paris.
Cordier, François-Charles, employé au Chemin de fer de l'Est,
rue Rébeval, 20, Paris.
Cordier, Louis-Marie, négociant en vins, Lyon.
Cordier, Pierre-Vincent, rue des Gravilliers, 75, Paris.
Corc, Nevers, Nièvre.
Coret, Ludovic, représentant de commerce, Lyon.
Corke, représentant de commerce, Smarts Buildings, Hol-
born, 3, Londres.
Corlenz, Simon, négociant, Bingen, Prusse.
Cormery, place aux Veaux, Orléans.
Cormier, Louis, entrepreneur, Périgueux, Dordogne.
Cormier du Médic, place de la Liberté, Brest, Finistère.
Cormoz, teneur de livres, Lyon.
Cornat, chef de bureau, rue du Faub.-St-Martin, 207, Paris.
Cornat, employé de chemin de fer, Aurillac, Cantal.
Corne, teneur de livres, quai de Gesvres, 8, Paris.
Corne, employé au télégraphe, Besançon.
Corneau, Émile-Joseph, industriel, député des Ardennes.
Corneau, Georges, fils, rentier, Charleville, Ardennes.
Corneille, Baptistin, médecin de la marine, Toulon.
Corneiro, François-Marie, Saint-Thomas, Antilles danoises.

Cornet, Alfred, insp. de l'éclairage public, Talence, Gironde.
Cornet, Ant., repr. de comm., pl. Ruinart-de-Brimont, 1, Reims.
Cornevin, Arthur, dessinateur, rue de Tocqueville, Paris.
Cornic, brocheur, rue du Cherche-Midi, 79, Paris.
Cornichou, rue Sainte-Catherine, Orléans.
Cornier, Nicolas, voiturier, Lyon.
Cornil, chef de section de l'Etat, rue d'Entraigues, 136, Tours.
Cornillat, Joseph, cafetier, Orange, Vaucluse.
Cornillat, Jules, cafetier, Orange, Vaucluse.
Cornilleau, F., marchand de tabac, au Lude, Sarthe.
Cornilleau, V., chef d'équipe, Agen, Lot-et-Garonne.
Cornilliet, sellier-carossier, rue de la Terrasse, 19, Paris.
Cornillon, secr. de la Cᵉ Santander, rue de la Victoire, 70, Paris.
Cornillon, docteur-médecin, Vichy, Allier.
Cornio, blanchisseur, rue Courté, 3, Cachan, Seine.
Cornu, appareilleur, Aurillac, Cantal.
Cornu, N., garde d'artillerie principal, Toulon.
Cornu, Samson, capitaine au long-cours, Blaye, Gironde.
Cornuey, emballeur, rue Sainte-Anastase, 10, Paris.
Coron, propriétaire, rue de Reuilly, 67, Paris.
Corra, Émile, publiciste, Paris.
Corre, propriétaire, Oran, Algérie.
Corsin, marchand de vin, rue du Luxembourg, 42, Paris.
Corsin, Antoine, tonnelier, rue de Charenton, 87, Paris.
Cortay, Frantz-Auguste, marchand de comestibles, Caen.
Cortot, employé, rue de la Sourdière, 11, Paris.
Corvi, rue des Prairies, 93, Paris.
Coscat, Guy, cafetier, Lyon.
Cosme, Victor, ingén. civil, rue Charles-de-Muyssart, 25, Lille.
Cosnard, Abel, propriétaire, Vallon, Sarthe.
Cosnier, marchand de jouets, rue Saint-Martin, 255, Paris.
Cosnier, Léon, propriétaire, avenue de Villiers, 16, Paris.
Cosrouge, maître-menuisier, r. de la Croix-Blanche, 35, Bordeaux.
Cosrouge, Ch., fils, menuisier, rue Croix-Blanche, 35, Bordeaux.
Cosso, propriétaire, Oran, Algérie.
Cosson, Ladon, Loiret.
Cosson-Galine, marchand de vins, St-Avertin, Indre-et-Loire.
Cossonnet, blanchisseur, à Tournon, Seine-et-Marne.
Costa, Charles, marchand-épicier, Mascara, Algérie.
Costalès, étudiant en médecine, Paris.
Coste, ancien professeur de musique, rue Saint-Georges, 35,
    Vitry-le-François, Marne.
Coste, Hippolyte, ancien manufacturier, président de la Chambre
    de Commerce, rue de Strasbourg, 8, Castres, Tarn.
Coste, Joseph, employé de commerce, Lyon.
Costes, député.
Costey, négociant, Saint-Vaast-la-Hougue, Manche.

Cotel, carrossier, rue de Monceau, 14, Paris.

Cotelle, maltre des req. au Cons. d'Etat, r. de Mogador, 12, Paris.

Cothonay, chef-cuisinier d'hôtel au café Français, rue Claudia, 21, Lyon.

Cottais, Emmanuel, march. de vins, rue des Martyrs, 33, Paris.

Cottance, Charles, épicier, Brie-Comte-Robert, Seine-et-Oise.

Cottance, Edmond-Eugène, marchand de nouveautés, Brie-Comte-Robert, Seine-et-Oise.

Cottard, charpentier, rue de la Voie-Verte, 27, Paris.

Cottard, maison meublée, rue de Vannes, 2, Paris.

Cottat, fabricant d'orfèvrerie, quai Saint-Michel, 15, Paris.

Cotte, avocat, Digne, Basses-Alpes.

Cottentin, fils, employé, rue Bénard, 25, Paris.

Cottereau, secrétaire général de préfecture.

Cottereau, Adolphe, employé au Chemin de fer de l'Etat, impasse du Petit-Clos, Tours.

Cotterel-Lapalue, négociant, Jacmel, Haïti.

Cotteret, Antide, libraire, Saint-Denis, île de la Réunion.

Cottier, employé, avenue des Ternes, 54, Paris.

Cottin, voyageur de commerce, r. Vieille-du-Temple, 16, Paris.

Cottin, marchand-tailleur, rue Rochechouart, 8, Paris.

Cottin, fils, tailleur, rue Mercœur, 8, Paris.

Cottineau, sous-préfet.

Cotton, restaurateur, rue de Bezons, 3, Courbevoie, Seine.

Cottray, commis-carrier, rue du Faubourg-Saint-Martin, Paris.

Cottray, commis-voyag., rue du Faub.-St-Martin, 267, Paris.

Cotture. Alfred, nég., rue de la Rousselle, 47, Bordeaux.

Cotty, Eugène, boucher, rue Montmartre, 71, Paris.

Couault, employé, avenue Daumesnil, 24, Paris.

Couderc, charp., rue Neuve-des-Carmes, Agen, Lot-et-Garonne.

Couderc de la Villatte, capitaine au 100e rég. de ligne, Paris.

Coudcreau, pharmacien, Choisy-le-Roi, Seine.

Coudert, rue de Flandre, 3, Paris.

Coudière, marchand de vins, faubourg Baunier, Orléans.

Coudière, Constant, march. de bois, quai d'Ivry, 21, Ivry, Seine.

Coudoin, père, maltre-maçon, rue de Poissy, 35, Paris.

Coudoin, fils, maçon, rue de Poissy, 35, Paris.

Coudouy, Paul, négociant, rue Notre-Dame, 159, Bordeaux.

Coudy, ancien négociant en papiers peints, rentier, place du Champ-de-Mars, 5, Rouen.

Coué, Charles, mécanicien, place du Martray, Nantes.

Couesnon, Alexandre, cultivateur, La Roche, Seine-et-Marne.

Couilbœuf, lampiste, place de la Bourse, 10, Paris.

Couillaud, Anatole, instituteur communal, rue de Rochefort, Royan, Charente-Inférieure.

Couissin, rue des Martyrs, 26, Paris,

Coulandon, père, Lyon.

Coulaudon, Jean, peintre-plâtrier, Lyon.
Coulet, Luc, négociant, Dôle, Jura.
Coulit, instituteur, Toulon.
Coulom, conseiller de préfecture.
Coulomb, Joseph, serrurier, Cognac, Charente.
Coulon, artiste dramatique, rue de la Sourdière, **Paris**.
Coulon, employé, rue Tiquetonne, 12, Paris.
Coulon, md de vins, av. du Cimetière-du-Nord. 17, Paris.
Coulon, Lyon.
Coulon, anc. chef d'institution, prop., Saumur, Maine-et-Loire.
Coulon, Ch., cordonnier, Orange. Vaucluse.
Coulon, François, maçon, rue Voltaire, 20, Lille.
Coulon, Georges, avocat, rue de Clichy, 2, Paris.
Coulon, Jean-Achille, nég. en vins, dir. d'assurances, conseiller
  municipal, rue Elie-Gentrac, 36, Bordeaux.
Couloumès, Jean, médecin-vétérinaire, Gourdon, Lot.
Couly, sous-préfet.
Coumets, négociant, Agen, Lot-et-Garonne.
Couppey, négociant, rue des Trois-Frères, 26, Paris.
Couprant, Alexandre, mécanicien, Lille.
Couprant, Joseph-Arthur, mécanicien. Lille
Courbaise, propriétaire, Vitrac. Cantal.
Courcelle-Seneuil, J.-G., membre de l'Institut, cons. d'Etat.
Courcière, ancien notaire, rue Bab-el-Oued, 14, Alger.
Courcy, Michel, rue Rochechouart, 108. Paris.
Courdavaux, prof. à la Faculté des Lettres de Douai, Nord.
Courdoux, Victor, huissier, Mortcerf.
Couret, cond. de travaux, rue de Sambre-et-Meuse, 52, Paris.
Courmeaux, Eugène, député de la Marne, bibliothécaire de la
  ville de Reims.
Courmes, Léon, lieutenant de vaisseau, Toulon.
Cournault, Edouard, propriétaire, cours Léopold, Nancy.
Courneric, ingénieur, Caen.
Courrejolles, lieutenant de vaisseau, officier d'ordonnance du
  ministre de la Marine.
Courrier, employé, rue de Hambourg, 14, Paris.
Court, négociant, impasse de l'Ecole, 5, Paris.
Court, sculpteur, passage des Thermopyles, 26, Paris.
Court, peintre, au Mourillon, Var.
Courtadent, Fr., plombier, avenue Daumesnil, 20, Paris.
Courtat, fab., de pap. peints, r. du Four-St-Germain, 39, Paris.
Courtaudier, A., entrepreneur, Tournan, Seine-et-Marne.
Courtaux, F.-M., comm., r. de l'Eglise, Port-Louis, Ile Maurice.
Courtecuisse, tailleur de pierres, Fontenay, Seine-Inférieure.
Courtier, Augustin-Louis-Marie, menuisier-mécanicien, Se-
  nonches, Eure-et-Loir.
Courtin, Jean-Jules, économe des hospices, Caen.

Courtin, Raymond-Jules, receveur des douanes, Caen.
Courtinat, avocat-défenseur, Oran, Algérie.
Courtois, A., employé au télégraphe, r. de l'Abbaye, 34, Paris.
Courtois, Abel, négoc. en couleurs, b. Beaumarchais, 74, Paris.
Courtois, Ch.-Gustave, agriculteur, Ecordal, Ardennes.
Courtois, Paul, négoc. en couleurs, b. Beaumarchais, 74, Paris.
Courtois, Maurice, rue des Petits-Hôtels, 34, Paris.
Courty, étudiant, rue Toullier, 5, Paris.
Courvoisier, Aug., grainetier, r. de Paris, 93, aux Lilas, Seine.
Cousin, tonnelier, rue du Château-des-Rentiers, 25, Paris.
Cousin, fils, ex-inspecteur aux abattoirs, Reims.
Cousin, Charles, inspecteur principal au Chemin de fer du Nord,
    rue de Dunkerque, 20, Paris,
Cousin, N., café du Château, Bezons, Seine-et-Oise.
Cousin, Pierre-Henry, employé, rue Gozlin, 20, Paris.
Cousset, Camille, avocat, député de la Creuse.
Coussin, Claude, négociant, avenue de Paris, Bordeaux.
Coustaud, David, propriétaire, Bègles Gironde.
Cousteau, Edmond, négociant-armateur, Bordeaux.
Cousteix, Aurillac, Cantal.
Coustel, Antoine, employé, route d'Espagne, Béziers, Hérault.
Coustenoble, voyagr de commerce, r. de l'Arbre-Sec, 22, Paris.
Coustolle, Pierre, avoué, Cognac. Charente.
Coutand, père, rentier, avenue d'Orléans, 57, Paris.
Coutand, fils, limonadier, rue des Filles-du-Calvaire, Paris.
Coutel, boulevard de Strasbourg, 11, Paris.
Coutelier, négociant, rue des Suaires, 12, Lille.
Coutelle, Joseph, agréé, rue Banchereau, Tours.
Coutelle, Léopold, mécanicien, rue Trousseau, Tours.
Coutherut, notaire, conseiller municipal, Lure, Haute-Saône.
Coutreau, Jean, mécanicien, Vandays, Gironde.
Coutures, boulevard de Reuilly, 40. Paris.
Couturier, Antoine, propriétaire, Fourchambault, Nièvre.
Couturier, Benoît, négociant, Lyon.
Couvert, employé, rue de Chabrol, 32, Paris.
Couvet, fabricant d'eaux minérales, Mantes, Seine-et-Oise.
Couvrat, Jules, courtier, rue du Cimier, 14, Tours.
Couvreur, rentier, Grande-Rue, 49, Bondy, Seine.
Couvreur, Lyon.
Cowland, rue Neuve-des-Petits-Champs, 33, Paris.
Coye, Ferdinand, commis-négociant, Aubenas, Ardèche.
Coyne, Paul, docteur-médecin, professeur à la Faculté de Mé-
    decine de Bordeaux.
Cozade, Guillaume, maître-commis, Toulon.
Craissac, sculpteur, rue des Arts, Nantes.
Crandès, Simon, nég., rue de la Petite-Tannerie, 6, Troyes, Aube.
Cransac, menuisier, Tours.

Crassé, Etienne-Louis, voyageur de commerce, Caen.

Cravoisier, Paul, dentiste, Caen.

Créange, marchand de vins, rue d'Angoulême, 70, Paris.

Créchet, Georges-Augustin, cannier, r. de Longchamps, 25, Paris.

Creisse, Auguste, employé, Brives, Corrèze.

Creissel, Ernest, comptable, Bordeaux.

Cremazy, Séraphin, propriétaire, Ste-Suzanne, île de la Réunion.

Cremer, employé de commerce, Paris.

Cremers, concierge de la Loge *La Fraternité*, Charleville, Ard.

Cremier, Bertrand, entrepr. de charpente, Floirac, Gironde.

Cremieux, md de chevaux, av. des Champs-Elysées, 53, Paris.

Crémieux, Fernand, avocat, député du Gard.

Crémieux, Gaston, avocat, rue de Rome, 4, Marseille.

Crémieux, Gaston, fils, Paris.

Crémieux, Isaac-Moïse-Adolphe, avocat, député, membre du gouvern. provisoire de 1848, ministre, sénateur inamovible.

Crémieux, Martial, négociant, rue Saint-Sauveur, 87, Paris.

Créniault, négociant en papiers peints, calle Cangollo, 310-312, Buenos-Ayres, République Argentine.

Crépet, Pierre, voyageur de commerce, Lyon.

Crépy, Edouard, négociant, conseiller municipal, vice-consul de Belgique, rue de Valenciennes, 44, Lille.

Crépy, Emile, négociant, propriétaire, Laon, Aisne.

Crépy, Gaston, en Amérique,

Crespe, Alexandre, fabric. de briques réfract., Bollène, Vaucluse.

Crespin, Jean-Jacques, avocat, Saint-Louis, Sénégal.

Crespin, Louis, cultivateur, Rueil, Seine-et-Oise.

Crespin de la Jeannière, D., propr., r. St-Dominique, 94, Paris.

Cressy, voyageur de commerce, Garnay, Eure-et-Loir.

Cretel, marchand de nouveautés, Massy, Seine-et-Oise.

Crevat, avenue Victoria, 22, Paris.

Crevel, Alfred-Pierre, employé au télégraphe, Caen.

Crevelier, Jean-Jacques, gref. au tribunal, Confolens, Charente.

Cribier, Louis, chef de sect. au chemin de fer, Béziers, Hérault.

Criblier, Ernest, négociant, rue de la Paroisse, 5, Versailles.

Crimail-Ricouard, march. de fourrures, rue d'Orléans, Nantes.

Crinon, avenue Kléber, 78, Paris.

Crinquant, Nicolas, négociant, Bône, Algérie.

Crisard, voyageur, rue Centrale, 12, Lyon.

Crochard (baron de), propriétaire, Saint-Michel, Haute-Marne.

Crochu, H., march. de vins, r. du Faubourg-St-Martin, 134, Paris.

Croctaine, Léon, négociant, Blâmont, Meurthe-et-Moselle.

Croës (de), François, négociant et propriétaire, rue Julien-Lacroix, 103, Paris.

Croibier, commis-voyageur, rue de l'Hôtel-de-Ville, 59, Lyon.

Croisille, avocat, Aurillac, Cantal.

Croissant, Armand, architecte, rue Scheffer, 3, Paris.

Croix, Charles, secrétaire de police, au Mourillon, Var.
Croizet, employé, Paris.
Croizet, caissier, avenue Herbillon, 2, Saint-Mandé, Seine.
Croizier-Deronzière, rue de Magenta, 17, Lyon.
Crolle, Lyon.
Cros, A., docteur-médecin, rue Royale, 14, Paris.
Cros, Louis, représ. de commerce, rue St-Etienne, 8, Toulouse.
Crosnier, Alphonse, commerçant, St Pierre, île de la Réunion.
Crotte, Claude, tonnelier, Lyon.
Crotto, aîné, peintre en décors, rue du Faub.-St-Denis, 50, Paris.
Crotto, jeune, rue de la Tournelle, 6, Paris.
Croutte, Augustin, fabricant d'horlogerie, Saint-Aubin-le-Couf,
   Seine-Inférieure.
Crouzet, Antoine, ferblantier, Lyon.
Crouzet, Pierre-Henri, négociant, Loriol, Drôme.
Crozat, quincaillier, Vichy, Allier.
Croze, Nevers, Nièvre.
Crozet-Fourneyron, Emile, constructeur-mécanicien, secrétaire
   de préfecture, député de la Loire.
Crubellier, avenue Parmentier, Paris.
Cruels, négociant, Oran, Algérie.
Cruet, négociant, rue des Halles, 11, Paris.
Cruisevert, marchand-boucher, rue de la Préfecture, 1, Lyon.
Crumière, François, armurier, Valence, Drôme.
Crunière, Auguste, boulanger, Lyon.
Crozel, charpentier, rue Louis-le-Grand, 49, Paris.
Crozel, Eugène, La Belle-Epine, Seine.
Cubain, Alfred, rue Portefoin, 14, Paris.
Cuchote, inspecteur d'assurances, Paris.
Cudenet, Benjamin, arpenteur, Saint-Pierre, île de la Réunion.
Cudenet, François, arpenteur-juré, ingénieur et professeur, Saint-
   Pierre, île de la Réunion.
Cudorge, André, ancien maître-tailleur au 5e hussards, Rouen.
Cudraz, maître-blanchisseur, rue de Sully, 35, Boulogne, Seine.
Cugnet, Clovis, ingénieur, Paris.
Cuinier, gouverneur de la Réunion.
Cuisenier, fondeur en cuivre, Dôle, Jura.
Cuisinier, Jules, fils, quincaillier, place du Centre, 7, Royan,
   Charente-Inférieure.
Cuissin, employé, Paris.
Cuizin, Alexandre, sculpteur, rue Royale, Toulon.
Culeron, régisseur, La Chabrerie, Dordogne.
Cullant (de), Charles, ag. d'affaires, rue des Dames, 46, Paris.
Culley, marchand de chevaux, Fréville, Loiret.
Cumin, Bordeaux.
Cumin, Désiré, maire de Genon, Gironde.
Cuminet, Charles, rentier, Commercy, Meuse.

Cunault, Stanislas, md. de vins, rue du Bac, 25, Paris.
Cunier, Phil.-Vincent distill., rue Campagne-Première, Paris.
Cuny, receveur principal des postes de la Côte-d'Or.
Curan, Henri, empl. de comm., cours Champion, 56, Bordeaux.
Curé, conseiller municipal de Paris, cons. génér. de la Seine.
Cureau, négociant-voyageur, Nantes.
Curinier, Charles, employé d'usine, boul. d'Italie, 32, Paris.
Cursat, avoué, Albertville, Savoie.
Curtelin, voyageur de commerce, avenue de Gravelle, 3, Charenton, Seine.
Curvalle, Louis, négociant, Bordeaux.
Curveur, restaurateur, boulevard de Denain, 9, Paris.
Cury, Alfred, inspecteur d'assurances, Charleville, Ardennes.
Cuseret, inspecteur, route de Versailles, 37, Boulogne, Seine.
Cussol, adjudant sous-officier, Oran, Algérie.
Cuvillier, limonadier, rue de Belleville, 46, Paris.
Cuvillier, Joseph, boulanger, Vrigne-aux-Bois, Ardennes.
Cuvinot, sénateur de l'Oise.
Cuzeaux, charcutier, rue Volta, 6, Paris.
Cuzent, fils, Brest, Finistère.
Cuzin, Jean-Marie-Claude, négociant, Lyon.
Czarnecki, gantier, rue Grégoire-de-Tours, 35, **Paris**.

D

Dabon, C., limonadier, rue de Paris, Nemours, Seine-et-Marne
Dacheux, limonadier, rue Dubois, 102, Levallois-Perret, Seine
Dacheux, L.-François, rue de l'Ecole-de-Médecine, 50, Paris.
Daclin, Fontainier, Salins, Jura.
Dacosta, place Richelieu, 9, Bordeaux.
Da Costa, Mendès-Adolphe-Auguste, compt., r. Legendre, Paris
Da Costa Correa Leite, rue Condorcet, 9, Paris.
Dadolle, Lyon.
Daëne, Stanislas, commis-négociant, Caen.
Dagand, imprimeur, Bône, Algérie.
Dagier, Auguste, voyag. de comm., rue des Juifs, 17, Paris.
Dagna, Dominique-Alfred, artiste lyrique, rue Truguet, Toulon.
Dagnaux, chef de chantier, Montbéliard, Doubs.
Dagorno, marchand de vins, rue Borda, 4, Paris.
Dagron, employé de commerce, Dreux, Eure-et-Loir.
Dagron, Jacques-Martin, propriétaire, Bourdonné, Seine-et-Oise

Daguenet, horloger, Saint-Nazaire, Loire-Inférieure.
Daguet, Jean, fils, propriétaire, Bordeaux.
Daguin, commerçant, La Pointe-à-Pitre, Antilles françaises.
Daigleptas, Jean, coiffeur, Confolens, Charente.
Dailly, conseiller général de la Seine.
Daire, Elie-Maltus, passage Fauvet, 23, Paris.
Daire, Nicolas, peintre, pass. de la Ferme-St-Lazare, 7 bis, Paris.
Daix, maître de pension, avenue du Roule, 7, Neuilly, Seine.
Daizay, maître-bottier, au quartier Saint-Jean, Nancy.
Dalbavie, Jules, employé de commerce, Périgueux, Dordogne.
Dalbepierre, marchand de vins, quai de Serin, 42, Lyon.
Dalbret, Hippolyte, voyageur, place Saint-Clément, Tours.
Dallery, employé, rue Bichat, 8, Paris
Dallesandri, vitrier, rue de Sèze, 1, Lyon.
Dally, César, propriétaire, rue Haudry, 11, au Havre.
Dailly, Eugène, docteur-médecin, rue Legendre, 5, Paris.
Dalquié, Camille, négociant, rue de la Pomme, 59, Toulouse.
Dalsace, Eugène, employé, rue de l'Echiquier, 19, Paris.
Dalsace, Gustave, négoc. en passementerie, r. du Mail, 35, Paris.
Damade, voyageur-commerçant, rue Bertin-Poirée, 10, Paris.
Damas, Olivier, rue Saint-André, Reims.
Dambrine, Aimé-Zéphire-Joseph, négociant en vins, conseiller
   municipal, rue de Mantes, 4, St-Germain-en-Laye, S.-et-O.
Dambuyant, Joseph, commis-drapier, Crest, Drôme.
Damerme, docteur-médecin, Pacy-sur-Eure, Eure.
Dameron, Edme, négociant, rue Roussin, 45, Paris.
Damien, rue Saint-Maur, 73, Paris.
Damilot, coiffeur, rue du Faubourg-Saint-Denis, 14, Paris.
Damoiseau, cultivateur, Saint-Marcel, Eure.
Damon, Jargeau, Loiret.
Damon-Pichat, boulanger, Lyon.
Damour, épicier, rue Châtelaine, 58, Laon, Aisne.
Damoy, Gustave, fondeur, Paris.
Damoy, Julien, épicier, rue Nollet, 100, Paris.
Dampon, relieur, rue de la Glacière, 3, Paris.
Damuzeaux, Emile, constructeur-mécanicien, Balan, Ardennes.
Danastorg, négociant, Saint-Thomas, Antilles danoises.
Dandre, négociant, adjoint au maire du Ier arrondissement
   de Paris, rue des Halles, 12, Paris.
Danecker, voyageur, Bar-le-Duc, Meuse.
Danel, Anatole, représ. de commerce, r. de Belleville, 33, Paris.
Danelle-Bernardin, Jean-Baptiste-Fernand, maître de forges,
   conseiller général et député de la Haute-Marne.
Daney, Bernard, employé, Bordeaux.
Daney, Jean-Emile, entrepr. de bât., r. du Rocher, 34, Bordeaux.
Daney, Pierre-Alphonse, aîné, maître-plâtrier, rue du Ro-
   cher, 34, Bordeaux.

Dangé, Alexandre, négociant, Isigny, Calvados.

Daniel, découpeur sur étoffes, rue de la Fidélité, 5, Paris.

Daniel, Paul, lieut. de vaiss., r. d'Aiguillon, Brest, Finistère.

Daniel, Saint-Marc-Jean, employé au Chemin de fer d'Orléans, Poitiers.

Danlois, restaurateur, rue de Charonne, 56, Paris.

Danos, capitaine en retraite, percepteur, rue de la Pomme-d'Or, Auch, Gers.

Dantier, maire d'Argenteuil, Seine-et-Oise.

Danto, père, rentier, Lyon.

Danto, fils, constructeur de chaudières, Lyon.

Danton, marchand d'habits, Bassonnet.

Danton, propriétaire, Castillon-Desbats, Gers.

Danty, empl. de banque, rue des Moulins, 3, Paris.

Danylard, E., propriétaire, Confolens, Charente.

Dapèna-Oliveira, José, capitaine au long-cours, Bordeaux.

Darbour, Hippolyte, caissier au Comptoir d'escompte, rue Neuve-Saint-Jean, 43, Caen.

Dardenne, Baignes-Sainte-Radegonde, Charente.

Darfeuille, empl. de chemin de fer, Aurillac, Cantal.

Daridan, empl. de comm., rue Soubise, 9, Saint-Ouen, Seine.

Darlan, Xavier, docteur-médecin, Nérac, Lot-et-Garonne.

Darlot, opticien, conseiller municipal de Paris, conseiller général de la Seine.

Darmont, Jacob, interprète, Bordeaux.

Darnet, charpentier, Paris.

Darnoux, Emile, md de vins en gros, au Pecq, Seine-et-Oise.

Darondeau, E.-S., employé de commerce, Paris.

Darras, E., filateur, rue de Roubaix, 12, Tourcoing, Nord.

Darras, Modeste, fabr. de toiles, Alby, Somme.

Darré, Gustave, artiste-peintre, Allemagne, Calvados.

Darredeau, Emile, Cayenne, Guyane française.

Darroles, Louis, négociant, Bordeaux.

Darse, notaire, Calvinet, Cantal.

Darthez, employé de commerce, rue de Seine, 69, Paris.

Darton, François, charpentier, Nevers, Nièvre.

Daruty, Jean-Emile, au Havre.

Da Silva, lapidaire, rue St-Ambroise, 15, Paris.

Dassier, Lyon.

Dasté, Jean-Baptiste, ébéniste, rue Constantin, 20, Bordeaux.

Daubas, limonadier, Auch, Gers.

Daudet, propriétaire à Corbeil, Seine-et-Oise, et distillateur, rue Réaumur, 58, Paris.

Daudet, employé, Nîmes.

Daufy, représentant de commerce, rue Nationale, 74, Lille.

Daugard, chemisier, rue Vivienne, 34, Paris.

Dauje, coutelier, rue Neuve-d'Argenson, Bergerac, Dordogne.

Daumal, **Aristide**, marchand de graines, Poix, Marne.
Daumal, Charles-Henri, avocat, Rocroi, Ardennes.
Daumas, négociant, Vallauris, Alpes-Maritimes.
Daumas, Aug.-Honoré, mécanicien et négt., député du Var.
Daumas, Louis, liquoriste, rue Royale, 4, Toulon.
Daumesnil, Auguste-Aimé, confiseur, Caen.
Daumet, Magloire, forgeron, Etancourt, Seine-et-Oise.
Daumet, fils, serrurier, rue de Paris, 90, Boulogne, Seine.
Daumez, Auguste, entrepreneur, quai Hoche, Nantes.
Daumont, Emile, entrepreneur de peinture, conseiller muni-
   cipal, place du Château, 22, Saint-Germain-en-Laye, S.-et-O.
Daumy, Charles, industriel, Jouet, Cher.
Dauphin, avocat, procureur près la Cour d'Appel de Paris, sé-
   nateur de la Somme, ministre.
Dauphin, Lille.
Dauphin, Etienne, entrepreneur, boulevard Napoléon, Toulon.
Dauphinot, sénateur de la Marne.
Dauriac, Edouard, notaire, Périgueux, Dordogne.
Dauriat, **Paris.**
Dauteur, fabricant de peignes, rue Volta, 44, Paris.
Dautresme, Lucien, musicien, député de la Seine-Inférieure,
   ministre.
Dauvergne, rue de Thou, 1, Lyon.
Dauvergne, Firmin, entrepreneur, Tours.
Dauvillier, Henri, sellier, route départementale, 5, Saint-
   Cloud, Seine-et-Oise.
Daux, propriétaire, rue de Jarente, 1, Paris.
Dauzon, E., préfet.
Davaud, lampiste, Angers, Maine-et-Loire.
Davayat, limonadier, boulevard Pereire, 9, Paris.
Daveau, ébéniste, rue du Faubourg-Saint-Antoine, 47, Paris.
Daver, ancien sous-officier, Grasse, Alpes-Maritimes.
Davias, marchand-tailleur, rue Vivienne, 9, Paris.
David, secrétaire particulier du préfet du Calvados.
David, architecte, rue Madame, Paris.
David, docteur-médecin, rue d'Ulm, 38, Paris.
David, commissionnaire en primeurs, rue des Halles, 28, Paris.
David, employé, rue Commines, 2, Paris.
David, fabricant de bronzes, boulevard du Temple, 41, Paris.
David, père, graveur, rue du Faubourg-St-Antoine, 116, Paris.
David, fils, graveur sur métaux, Paris.
David, maître-sellier au 9e régiment d'artillerie.
David, propriétaire, rue des Trois-Couronnes, 14, Paris.
David, rue du Parc, 3, Gentilly, Seine.
David, restaurateur, rue de Belfort, 7, Lyon.
David, Maison-Dorée, place Puget, Toulon.
David, marbrier, au Champ-de-Mars, Toulon.

David, directeur de l'usine à gaz, Melun, Seine-et-Marne.
David, sculpteur, place du Marché, Montmorency, Seine-et-Oise.
David, mécanicien, Lacouronne.
David, Alfred, peintre-vitrier, rue d'Armaillé, 1, Paris.
David, Charles, dit Gilbert, rentier, rue du Poteau-Juré, 1, Saint-Germain-en-Laye, Seine-et-Oise.
David, Philippe, étudiant, rue d'Ulm, 38, Paris.
David, François, hôtelier, rue du Roi-d'Alger, 11, Paris.
David, François, Rochefort, Charente-Inférieure.
David, Jean, avocat, député, maire d'Auch, Gers.
David, Joseph, maître-calfat, rue Bourbon, 103, Toulon.
David, Pierre, maître-calfat, rue Traverse-St-Jean, 1, Toulon.
David, Pierre, commis aux vivres, Toulon.
David, Zéphyrin, pharmacien, au Havre.
David de Thiais, avocat, Poitiers.
David-Lévy, chemisier, place Saint-Sébastien, Nevers, Nièvre.
Davin, Toulon.
Davinière, dessinateur, rue Fondary, 21, Paris.
Davoine, maître-blanchisseur, rue de l'Est, 13, Boulogne, Seine.
Davoust, Camille, voyageur de commerce, Lille.
Davril, limonadier, Montmorency, Seine-et-Oise.
Dayet, limonadier, rue Croix-Nivert, 12, Paris.
Dayrand, taill. de pierres, r. du Faubourg-St-Jacques, 24, Paris.
Dayre-Niéto, négociant-balancier, rue Cacault, 8, Nantes.
Dayton, David, négociant, Honolulu, îles Hawaï.
Dazet, Tarbes, Hautes-Pyrénées.
Dazin, Edmond, instituteur, Roubaix, Nord.
Dcek, fabricant de cannes, rue Basfroi, 18, Paris.
Deal, Lyon,
Deandréis, Elisée-Léon, banquier, député de l'Hérault.
Deauzelin, J., marchand de verreries, Fresnes, Nord.
Debaise, Louis, menuisier, Paris.
Debaptista, employé, Philippeville, Algérie.
Debart, tapissier, boulevard Beaumarchais, 7, Paris.
Debas, photographe, Angoulême.
Debax, sous-préfet.
Debbeld, commiss. en marchand., rue de l'Echiquier, 41, Paris.
Debeauce, Jean-Baptiste, charpentier, Servan, Seine-et-Marne.
Debergue, Raymond-François, peintre, rue du Puits, 19, Toulon.
Deberle, conseiller munic. de Paris, conseiller gén. de la Seine.
Deberle, Charles, entrepreneur, calle Belgrano, 204, Buenos-Ayres, République Argentine.
Debessé, fils, rue Planturable, 18, Bordeaux.
Debessé, G., jeune, commis-négoc., r. Fondaudège, 15, Bordeaux.
Debessé, Pierre-Fréd., aîné, nég., r. Planturable, 18, Bordeaux.
Debiais, Louis, employé, rue de Sambre-et-Meuse, 31, Paris.
Debidour, avocat, Grande-Rue, Nontron, Dordogne.

Debilly, Ambroise, md de vins, Lyon.

Deblaise, conducteur de travaux, rue Bichat, 14, Paris.

Deblé, Jules, tourneur, rue du Faub.-du-Temple, 33, Paris.

Deblet, G., boucher, rue du Faub.-Montmartre, 44, Paris.

Debon, Gustave, négociant, Isigny, Calvados.

Debonduwe, md de vins, Vincennes, Seine.

Debono, Félix, négociant, Bône, Algérie.

Deborde, Lyon.

Debout, Joseph, md de bois, Morvilliers, Oise.

Deboynne, chez M. Alhant, rue des Postes, 119, Lille.

Debray, comptable, passage de Tivoli, 16, Paris.

Debray, Louis-F., artiste-graveur, rue Mayet, 14, Paris.

Debribal, Alexandre, contrôleur des chemins de fer, rue des Menuts, 37, Bordeaux.

Debrieux, Victor, manufacturier, Lyon.

Debruge, Adelin, brasseur et maire, Jandun, Ardennes.

Debrun, tapissier, rue Le Chapelais, 8, Paris.

Debuire, rue Barthélemy-Delespaul, Lille.

Debureau, Charles, fils, artiste pantomime, Caen.

Decamus, fabricant d'ornements pour tapissiers, rue du Faubourg-Saint-Antoine, 21, Paris.

Decaux, commerçant, rue du Faubourg-Montmartre, 77, Paris.

Décaux, Charles, propriétaire, Saint-Germain-de-Fresney, Eure

Decaye, marchand-épicier, rue Saint-Martin, Beauvais.

Decazes (duc), député, ministre.

Décembre-Alonnier, Joseph, publiciste, membre de la Société des Gens de lettres et de diverses Sociétés savantes, imprimeur, rue de Vaugirard, 326, Paris.

Dechanet, docteur-médecin, Neuilly-Lévêque, Haute-Marne.

Dechaumel, gard. de square, rue du Faub.-Poissonnière, 3, Paris.

Dechaux, Philibert, pharmacien, Entrains, Nièvre.

Dechesnes, directeur de la Compagnie des compteurs à gaz, rue d'Isly, 67 et 69, Lille.

Dechevaux-Dumesnil, publiciste. rue de Harlay, 20, Paris.

Déchezelles, Aristide, instituteur. Limeray, Indre-et-Loire.

Deck, passage des Favorites, Paris.

Dècle-Vazelle, Achille, banquier, Neuville-de-Poitou, Vienne.

Decor, imprimeur-lithographe, rue Bonaparte, 70. Paris.

Decoste, Antoine, passementier, rue des Envierges, 29, Paris.

Décour, banquier, Lyon.

Decourcelle, boulevard de La Villette, 120, Paris.

Decours, Félix, eaux minérales, rue Nationale, 82, Tours.

Decourty, préposé aux douanes, Bresle, Oise.

Decrais, conseiller d'Etat, ambassadeur en Italie.

Decrette, Célestin, horloger, rue Saint-Sabin, 66, Paris.

Decrombecque, membre du Conseil supérieur de l'Agriculture et du Commerce, Lens, Pas-de-Calais.

Decugnières, chef d'atelier, rue Polonceau, 24, Paris.
Decullant, gérant de propriétés, rue des Dames, 46, Paris.
Déd·yan, aîné, employé, cité Trévise, 18, Paris.
Dédeyan, jeune, négociant, cité Trévise, 18, Paris.
Dedieu, rue de la Folie-Méricourt, 66, Paris.
Dedieu, Auguste, propriétaire, rue de l'Ermitage, 10, Pontoise, Seine-et-Oise.
Dedieu, Jean-Marie, fabricant d'instruments de précision, rue de l'Arbre-Sec, 27, Lyon.
Dedieu, Joseph, charpentier, rue de Cérons, 28, Bordeaux.
Dedos, sculpteur sur bois, r. de Cîteaux, imp. Druinot, 1, Paris.
Dedouvre, aîné, architecte, rue de La Villette, 41, Paris.
Dedouvre, P.-L., architecte, sous-inspecteur du domaine de l'Assistance publique, r. du Faubourg-du-Temple, 84, Paris.
Dedron, rentier, rue des Prêcheurs, 8, Paris.
Defaucamberge, Raymond, fils, officier d'infanterie, Caen.
Deffarge, propriétaire, Mussidan, Dordogne.
Deffines, capitaine de touage, Conflans, Seine-et-Oise.
Deflechin, dessinateur, rue du Château-des-Rentiers, 53, Paris.
Deflers, entrepreneur de charpente, rue de Cambrai, 6, Paris.
Defontaine, avoué, boulevard Montmartre, 11, Paris,
Defonte, rue Gay-Lussac 5, Paris.
Defontenay, maître-carrier, Giverny, Eure.
Defontis, Auguste, serrurier, Lyon.
Déforest, capitaine au 28e de ligne, Evreux, Eure.
Defoulenay, député.
Defoy, rentier, rue de Passy, 36, Paris.
Defrain, Adrien, jeune, plombier, Vincennes, Seine.
Defresne, Paul, négociant, Constantine, Algérie.
Defressine, marchand de vieux métaux, Tours.
Défretière, instituteur Lachapelle, Lot-et-Garonne.
Degand, serrurier, impasse de l'Astrolabe, Paris.
Degand, Emile, architecte, place Rihours, 1, Lille.
Degardin, artiste dramatique, rue Saint-Fiacre, Paris.
Degeorge, ancien libraire, clerc de notaire, Noyarey, Isère.
Deglarge, droguiste, au Cateau, Nord.
Degois, Jean-François, menuisier, Nevers, Nièvre.
Degory, représentant de commerce, rue Dubos, Beauvais.
Degouet, rue de Jessaint, impasse d'Isly, 14, Paris.
Degoute, pharmacien, rue du Temple, 51, Paris.
Degouy, chef d'institution, rue d'Allemagne, 35, Paris.
Degroux, Alphonse-Edouard, employé, Caen.
Deguilhem, nég. en soies, prop., au Pont-d'Aubenas, Ardèche.
Dehanot, J.-B., pharmacien, rue Mandar, 8, Paris.
Dehaut, avocat, rue Joubert, 30, Paris.
Dehors, nég. en jouets, rue des Vieilles-Haudriettes, 8, Paris.
Dehors, directeur d'assurances, rue Saint-Nicolas, 22, Rouen.

Dehors, employé de commerce, Dreux, Eure-et-Loir.

Dehoux, docteur-médecin, rue Oberkampf, 78, Paris.

Dejardin, entrepreneur, Chatou, Seine-et-Oise.

Dejarry, négociant, avenue Victoria, 8, Paris.

Dejean, Ernest, négociant, rue de la Rousselle, 80, Bordeaux.

Dejean, Hippolyte, charpentier, rue Brochant, 13, Paris.

Dejou, représentant de commerce, Oran, Algérie.

Dejour, tonnelier, Beaune, Côte-d'Or.

Dejoux, peintre en bâtiments, Essonnes, Seine-et-Oise.

Dekorff, rue du Faubourg-Montmartre, 42, Paris.

Delaboissière, épicier, entr. de fêtes publiques, Vernon, Eure.

Delabranche-Audonie, artiste lyrique, Lyon.

Delabroise, Léon, négociant, avenue des Ternes, 61, Paris.

Delabrousse, conseiller municipal de Paris, conseiller général de la Seine.

Delaby, horloger, rue Saint-Placide. 58, Paris.

Delachanal, rue des Jardins-Saint-Paul, 26, Paris.

Delacour, Charles-Alexandre, garde du génie, Toulon.

Delacour, Conrad, architecte, rue Amelot, 78, Paris.

Delacroix, comptable, rue Clavel, 87, Paris.

Delacroix, Achille, négociant, Caen.

Delacroix, Alphonse, commissionnaire en marchandises, rue du Faubourg-Poissonnière, 57, Paris.

Delacroix, Edmond, ingénieur des ponts et chaussées en retraite, rue du Paillon, 17, Nice, Alpes-Maritimes.

Delaferté, Henri, employé, rue de Belzunce, 32, Paris.

Delafond, débitant de tabac, rue du Vieux-Colombier, 3, Paris.

Delaforge, professeur de musique, boulevard Saint-Jean, Melun, Seine-et-Marne.

Delaforge, tuilier, Cessan.

Delage, camionneur, rue des Juifs, 3, Paris.

Delage, maître-cordonnier, rue Blanche, 70, Paris.

Delage, négociant, Oran, Algérie.

Delage, négociant, Sigogne, Charente.

Delage, Pierre, maître-plâtrier, cours Balguerie, Bordeaux.

Delagrange, E., plâtrier, avenue de Grammont, Tours.

Delahalle, fabricant de chaussures, rue des Fontaines, 58, Paris.

Delahaut, conseiller municipal, Charleville, Ardennes.

Delahaut, Paul, propriétaire, chef de la fanfare municipale, Charleville, Ardennes.

Delahaye, fabricant de cartons, rue Pierre-Levée, 11, Paris.

Delahaye, ébéniste, rue Fabert, 46, Paris.

Delahaye, propriétaire, rue de la Huchette, 21, Paris.

Delahaye, chef d'établissement libre d'instruction secondaire, propriétaire, boulevard des Batignolles, 84, Paris.

Delahaye, fils, étudiant, boulevard des Batignolles, 84, Paris.

Delahaygue, négociant, r. du Landy, Clichy-la-Garenne, Seine.

Delair, Arthur, voyageur de commerce, rue Ramey, 17, Paris.
Delair, Jean-Charles-Léon, fils, journaliste, r. Salneuve, 11, Paris.
Delair, Jean-Etienne-François, père, avocat, r. Salneuve, 11, Paris.
Delaitre, rue du Cloître-Notre-Dame, 14, Paris.
Delalande, boulevard Voltaire, 94, Paris.
Delalande, négociant, Oran, Algérie.
Delalande, Jules, propriétaire, Mareuil, Loir-et-Cher.
Delamain, rue du Temple, 20, Paris.
Delamare, Jacques-Eugène, rentier, rue Beauvoisine, 138, Rouen.
Delamarre, gardien de square, rue du Château-des-Rentiers, 14, Paris.
Delamotte, Etienne-Victor, Torcy Seine-et-Marne.
Delanardre, négociant, Paris.
Delande, propriétaire, Oran, Algérie.
Delange, Achille, hôtelier, Briouze, Orne.
Delanoix, lieutenant d'infanterie, Caen.
Delanoue, Thierry, conseiller d'arrondissement.
Delanugue, Jules, employé au ministère de la Marine, rue Victor-Hugo, 232, Bois-Colombes, Seine.
Delanux, Thomy, commis, Saint-Denis, île de la Réunion.
Delaplace, Brest, Finistère.
Delaplace, Ernest-Léon, meunier, Pommeuse, Seine-et-Marne.
Delaplace, Henri, entrepreneur de peinture, rue de Nantes, 19, Tours.
Delaplanche, avenue de Neuilly, 137, Neuilly, Seine.
Delaporte, ingénieur-mécanicien, rue Moret, 2, Paris.
Delaporte, Adolphe-Napoléon, plomb., cité de la Mairie, 1, Paris.
Delaporte, Louis-Joseph, architecte, Lagny, Seine-et-Marne.
Delarette, Gustave-François, commis-négociant, Caen.
Delaroche, architecte, boulev. de Latour-Maubourg, 35, Paris.
Delaroche, tailleur de pierres, rue Burq, 8, Paris.
Delarue, rue des Martyrs, 19, Paris.
Delarue, propriétaire, boulevard de Courcelles, 57, Paris.
Delarue, fabricant de voitures, rue Doudeauville, 24, Paris.
Delaruelle, officier en retraite, Châlons-sur-Marne.
Delasalle, préfet.
Delatour, rue de La Chapelle, 175, Paris.
Delattre, instituteur, La Bassée, Nord.
Delattre, Charles, professeur de musique, rue des Trois-Conils, 44, Bordeaux.
Delattre, Eugène, avocat, conseiller municipal, préfet, député de la Seine.
Delaunay, marchand de produits chimiques, rue Sainte-Marguerite, 37, Paris.
Delaunay, fabricant de chaussures, rue Mouffetard, 36, Paris.
Delaunay, ferblantier, quai de la Fosse, 92, Nantes.
Delaunay, père, représent. de comm., r. des Jacobins, Beauvais.

Delaune, boucher, rue de la Tacherie, 8, Paris.

Delaup, matelassier, Paris.

Delauvérenge, professeur, Armentières, Nord.

Delauzin, rue Dumont-d'Urville, 1, Lyon.

Delavallée, caissier, rue du Faubourg-Saint-Martin, 177, Paris.

Delavarenne, Edouard, docteur-médecin, rue Chaptal, 21, Paris.

Delavaux, Jean, négociant, quai de la Fosse, 54, Nantes.

Delavelle, maire de Besançon.

Delavette, Léon, tailleur, La Ferté-Macé, Orne.

Delavier, ingénieur civil, Aix, Bouches-du-Rhône.

Delavigne, ancien militaire, maître d'armes.

Delavigne, distillateur, rue St-André-des-Arts, 30, Paris.

Delavigne, marchand-peaussier, rue Michel-le-Comte, 28, Paris.

Delavigne, boucher, Saint-Pierre, Eure.

Delavigne, Paul-Michel, avocat, St-Aubin-sur-Mer, Calvados.

Delaville, quincaillier, rue de la Verrerie, 47, St-Mandé, Seine.

Delay, rue Ramey, 3, Paris.

Delaye, propriétaire, rue Pépin, 24, Montreuil-sous-Bois, Seine.

Delbergue, rue d'Aubervilliers, 12, Paris.

Delbos, négociant, Murat, Cantal.

Delbrouch, architecte, Vernon, Eure.

Delcambe, adjoint au bureau arabe civil, Bône, Algérie.

Delcayré, rue Pernetty, 24, Paris.

Delcourt, Ernest, entrepreneur, rue d'Anjou, 7, Bordeaux.

Delcourt, Pierre, publiciste, Paris.

Delcroix, Paul, lieutenant au 4e zouaves, en Tunisie.

Delcros, propriétaire, rue du Pont-de-Tournis, 5, Toulouse.

Delduc, graveur, rue de Vaugirard, Paris.

Deleau, négociant, boulevard des Batignolles, Paris.

Deléchenault, rue Pastourelle, 7, Paris.

Delem, David, constructeur, Renaix, Belgique.

Delepée, Edouard, cordonnier, rue Clopin, 7, Paris.

Delépine, fab. de chauss., r. du Faub.-Saint-Martin, 65, Paris.

Delerue, Auguste, facteur de pianos, r. St-Dominique, 140, Paris.

Delery, Lyon.

Delesalle, Edmond, marchand de papiers peints, rue des Chats Bossus, 18, Lille.

Deleschamps, fils.

Deleschamps, P., rue Aubert, 1, Saint-Denis, Seine.

Delespinay, négociant, rue Chapon, 35, Paris.

Delestable, négociant, Clermont-Ferrand.

Delestain, garde d'artillerie, Toulon.

Delestrac, Gustave, avocat, ancien avoué, Apt, Vaucluse.

Delestre, imprimeur, boulevard Voltaire, 48, Paris.

Delestroc, capit.-rapporteur au Conseil de guerre, cit. de Lille.

Deleuvre, Paris.

Deleuvre, pharmacien, rue de Belfort, 9, Lyon.

Delevacque, limonadier, Grande-Rue, 51, Boulogne, Seine.

Deleval, rue Crozatier, 23, Paris.

Delgado, négociant, rue Lafayette, 86, Paris.

Delhomme, Etienne-Auguste, ancien surveillant au château de Saint-Cloud (Seine-et-Oise).

Deligne, ancien tailleur, rue Rodier, 20, Paris.

Deligny, rentier, rue de Ponthieu, 8, Paris.

Deline, Jules-Louis, blanchisseur, rue Lavieuville, 15, Paris.

Delingette, sous-principal au Collège d'Auxerre, Yonne.

Delisle, professeur de musique, rue Laugier, 26, Paris.

Delisle, avenue des Ternes, 98, Paris.

Delivet, A., entr. de maçonnerie, rue de Paris, 156, Puteaux, Seine.

Delivet, Pierre, maçon, rue de Paris, 131, Puteaux, Seine.

Delize, procureur de la République près le Tribunal civil de la Seine, procureur général en province.

Delle Sedie, prof. au Conservatoire, place Louvois, 4, Paris.

Dellestable, Félix, docteur médecin, député de la Corrèze.

Delmas, conseiller d'Etat, rue St-Honoré, 370, Paris.

Delmas, rue Beaurepaire, 4, Paris.

Delmas, négociant en mercerie, rue Chapon, 26, Paris.

Delmas, Charles, nég., rue du Rempart-St-Etienne, 51, Toulouse.

Delmas, Firmin, employé, rue de Bondy, 7, Paris.

Delmas, Henri, épicier, rue Sauffroy prolongée, Paris.

Delmonte, propriétaire, Oran, Algérie.

Delobel, comptable, rue Notre-Dame-de-Nazareth, 34, Paris.

Delobel, capitaine au 20e de ligne, Bône, Algérie.

Deloche, membre de l'Institut, rue de Solferino, 13, Paris.

Delom, Louis, concierge à la prison civile, Mascara, Algérie.

Delougray, François-Marie, rue Mongenot, 1, St-Mandé, Seine.

Delord, Hippolyte, menuisier, Bergerac, Dordogne.

Delorme, rue Beaubourg, 76, Paris.

Delorme, capitaine de navire, Bordeaux.

Delorme, rue d'Ardoise, 14, Compiègne, Oise.

Delorme, Saint-Sornin, Ain.

Delorme, aîné, cap. au long-cours, chemin de Plaisance, 28, Nantes.

Delorme, jeune, capit. au long-cours, rue des Carmélites, Nantes.

Delorme, Achille, avocat, rue de La Bruyère, 28, Paris.

Delorme, Claude, contre-maître de chaudronnerie, rue Compoise, Saint-Denis, Seine.

Delorme, Philibert, bourrelier, maire de Saint-Sorlin, Ain.

Delort, Jacques, forgeron, Lyon.

Deloste, Gabriel, capitaine au long-cours, Bordeaux.

Deloule, Henri, méc. au chem. de fer, maison Montetty, Toulou.

Deloume, Pierre-Victor, chapelier, rue Saint-Paul, 5, Paris.

Deloupy, André, négociant, propriét., St-Denis-du-Sig, Algérie.

Deloy, Jacques, fabricant de chaises, r. du Loup, 44, Bordeaux.

Delpech, représ. de comm., préfet, général à l'armée des Vosges.

Delpech, négociant, rue de la Garonne, Agen, Lot-et-Garonne.

Delpech, Nice, Alpes-Maritimes.

Delpeuch, Edouard, chef de cabinet du ministre de l'Instruction publique.

Delpeut, avoué, Mauriac, Cantal.

Delpit, étudiant en droit, rue Neuve-Saint-Augustin, 42, Paris.

Delporte, officier d'administration, Hôtel des Invalides, Paris.

Delporte, rue des Jeûneurs, 31, Paris.

Delprat, Camille, négociant, Agen, Lot-et-Garonne.

Delpy, huissier, Brives, Corrèze.

Delrieu, négociant, rue Caffarelli, 16, Paris.

Delrieux, Jean, sergent de magasin, au fort d'Issy, Seine.

Delsault, marchand de vins, rue Basfroi, 17, Paris.

Delshens, mécanicien, fabricant d'essieux, Paris.

Delsorbier, architecte, rue de Clichy, 50, Paris.

Deltel, Albert, pharmacien, Saint-Pierre, île de la Réunion.

Deltel, Jules, commerçant, Saint-Pierre, île de la Réunion

Deluns-Montaud, avocat, député de Lot-et-Garonne.

Deluy, André, rentier, Orange, Vaucluse.

Delvaille, Edmond, négoc., rue Sainte-Catherine, 174, Bordeaux.

Delvaille, Georges, commis, rue Arnaud-Miqueu, 32, Bordeaux.

Delval, lieutenant de cavalerie, avenue Duquesne, 6, Paris.

Delval, Onésime-Joseph, professeur de lycée en retraite, Saint-Denis, île de la Réunion.

Delvoie, mécanicien, passage Cottin, 5 *bis*, Paris.

Dely, Joseph, menuisier, rue Saussure, 41, Paris.

Delzangles, marchand de vins en gros, Aurillac, Cantal.

Delzant, ingr civil, directr de l'usine à gaz, Compiègne, Oise.

Delzoncles, chaudr, place de la Mairie, Gennevilliers, Seine.

Demadrille, musicien, sentier des Guérets, Boulogne, Seine.

Demaesner, march. de porcelaine, r. N.-des-P.-Champs, 65, Paris.

Demange, restaurateur, rue Taitbout, 25, Paris.

Demangeat, conseiller à la Cour de Cassation, membre du Tribunal des conflits.

Demarais, Jean-Baptiste, notaire, Périgueux, Dordogne.

Demarchi, commis, Paris.

Demarescaux, pharmacien, Lille.

Demarini, propriétaire, Philippeville, Algérie.

Demaris, représentant, rue Corbeau, 19, Paris.

Demars, Victor, jeune, ent. de peinture, rue Keller, 10, Paris.

Demartelet, distillateur, route de Créteil, Maisons-Alfort, Seine.

Demathieu, propriétaire, Saint-Cernin, Lot.

Demay, Eugène, architecte, quai de Béthune, 14, Paris.

Demellier, Edmond, employé de commerce, St-Maixent, Deux-Sèvres.

Demenge, Valéry, employé de commerce, Grande-Rue, Nancy.

Demerte, négociant, Agen, Lot-et-Garonne.

Demessieux, clerc d'avoué et expert au **Tribunal de Commerce**, avenue de Saxe, 71, Lyon.

Demessire, artiste-sculpteur, rue Neuve-des-Martyrs, 6, Paris.

Demeure, chapelier, rue Terne, 17, Lyon.

Demeuré, Jean, marchand de vins, rue Cambronne, 58, Paris.

Demeyer, commiss. en marchand., rue d'Hauteville, 32, Paris.

Demeyère, Eugène, typographe, Paris.

Demeyère, Henri, orfèvre, Paris.

Demilly, organiste, Paris.

Demilly, J., sabotier, rue Montorgueil, 21, Paris.

Demitrius, docteur-médecin, Port-Saïd, Egypte.

Demonaz, Michel, compt.. ag. de publ., rue Bridaine, 19, Paris.

Demonet, ingénieur, conseiller municipal, rue de la Commanderie, 19, Nancy.

Demorey, David-Marie, négociant, Lyon.

Demoulin, Victor, journ., rue du Corbillon, 6, St-Denis, Seine,

Demoury, marchand de beurre, rue Coquillière, 1, Paris.

Demouy, propriét., café du Commerce, rue de Chamarande, 11, Chaumont, Haute-Marne.

Denangle, employé, rue Sain Louis-en-l'Ile, 11, Paris.

Denans, adjudant au 38e régiment d'artillerie, Toulon.

Denard, J.-P., propriét., route de la Reine, 57, Boulogne, Seine.

Denat, entrepreneur, allée Saint-Etienne, 23, Toulouse.

Dénaux, Henri, place Notre-Dame, 11, Pontoise, Seine-et-Oise.

Denayrouze, Louis, ingénieur, député de l'Aveyron.

Deneau, menuisier, rue Gigant, Nantes.

Dénériaz, militaire retraité, Hôtel des Invalides, Paris.

Deniau, viticulteur, conseiller général et député de Loir-et-Cher

Denis, entrepreneur de maçonnerie, rue d'Avron, 32, Paris.

Denis, rue de Fontenay, 12, au Grand-Montrouge, Seine.

Denis, marchand de vins-traiteur, Grande-Rue, 46, Bourg-la-Reine, Seine.

Denis, rue de la Pyramide, 10, Lyon.

Denis, avocat, ancien bâtonnier du barreau, Versailles.

Denis, chef de station, Questembert, Finistère.

Denis, maître d'hôtel, Saint-Martin-des-Noyers, Vendée.

Denis, B., commis, rue Boileau, Nantes.

Denis, Gustave, sénateur de la Mayenne.

Denis, Jean-Joseph, employé, rue de Lesdiguières, Paris.

Denis, Léon, employé de commerce, secrétaire de la Ligue de l'Enseignement, rue de Cluzel, 26, Tours.

Denis, Louis, voyageur de commerce au Mans, Sarthe.

Denis, Pierre, homme de lettres, Laon, Aisne.

Denis, Victor-Félix, ancien négociant, propriétaire, Caen.

Denise, orfèvre, rue de Turenne, 119, Paris.

Deniset, Amédée, représentant de commerce, Verdun, Meuse.

Denizet, directeur, au **Mans**, Sarthe.

Denizot, chimiste, conseiller municipal de Paris, conseiller général de la Seine.

Denizot, percepteur, Tours.

Denizot, Nevers, Nièvre.

Dennery, négociant, rue de Mulhouse, 4, Paris.

Denombret, Etienne, chauffeur au chemin de fer, Dôle, Jura.

Denouroy, instituteur, rue Nationale, 55 bis, Paris.

Denoyelles, entr. de fumisterie, rue du Fg-St-Denis, 137, Paris.

Dentand, Louis-Pierre, rentier, Valence, Drôme.

Denvès, rue Bailleul, 10, Paris.

Denys, aîné, imprimeur, Philippeville, Algérie.

Denys, Napoléon-Joseph, employé, Paris.

Deotte, négociant, rue Saint-Maur, 189, Paris.

Deparde, représentant de commerce, rue Corbeau, 31, Paris.

Deparis, rue des Carrières, 7, Paris.

Depasse, H., conseiller municipal de Paris, conseiller général de la Seine.

Depau, Louis, propriétaire, av. de la Grande-Armée, 75, Paris.

Depierre, opticien, rue Michel-le-Comte, 25, Paris.

Deporte, enseigne de vaisseau.

Depré, François, maréchal-expert et vétérinaire, propriétaire, rue Nationale, 64 bis, Philippeville, Algérie.

Depreux, Théophile, avocat, rue des Anges, 1, Cambrai, Nord.

Déprez, mécanicien, rue des Juifs, 17, Paris.

Deprez, ancien notaire, boulevard Vauban, 110, Lille, Nord.

Deproge, Louis-Joseph-Ernest, avocat et journaliste, député de la Martinique.

Dequatre, chauffeur, cour du Château, 39, Paris.

Dequcker, employé, rue Feutrier, 22, Paris.

Dequcker, marchand de tabac, rue Duphot, 19. Paris.

Derain, limonadier, rue des Jeûneurs, 10, Paris.

Deramble, Pierre, mécanicien, rue des Amandiers, 103. Paris.

Deray, tailleur d'habits, rue Saint-Merri, 39, Paris.

Derbanne, courtier d'assurances, place de la Bourse, 5, Paris

Derbez, Maurice-François, Clermont-Ferrand.

Derbier, charron, Grande-Rue, 83, Nogent-sur-Marne, Seine.

Dercheu, tailleur, rue de Rivoli, 22, Paris.

Dereix, Edouard, limonadier, Cognac, Charente.

Dereix, Paul, représentant rue de Marengo, Toulouse.

Derelot, charcutier, rue du Four-Saint-Germain, 15, Paris.

Deriard, Louis, maître de verrerie, Lyon.

Deriège, employé, Bône, Algérie.

Dérieul de Roland, agent des distillateurs, Saint-Denis, île de la Réunion.

Dérieux, Désiré, comptable, avenue du Perreux, 10, Nogent-sur-Marne, Seine.

Derisbourg, tailleur, rue de Chaillot, 37, Paris.

Derivry, tonn., rue du Jeu-de-Paume, 3, Nogent-s.-Marne, Seine.
Derivry, fils, rue du Jeu-de-Paume, 3, Nogent-s.-Marne, Seine.
Dermont, Clément, employé, rue du Bouloi, 22, Paris.
Dernas, docteur-médecin, Etaules, Charente-Inférieure.
Derock, employé, Paris.
Derognat, marchand d'abats, rue de Rambuteau, 92, Paris.
Derolland-Dumerville, Saint-André, île de la Réunion.
Derosières, Alexandre, rue de Solferino, 12, Pantin, Seine.
Derouale, Victor, mécanicien, rue Sablé, Nantes.
Deroubaix, serrurier, rue de Chabrol, 21, Paris.
Derouilla, marchand de vin, rue Scipion, 8, Paris.
Deroy, René, jeune, march. de vin, r. de Charenton, 74, Paris.
Derriey, boulanger, Oran, Algérie.
Derroja, Perpignan, Pyrénées-Orientales.
Déruas, docteur-médecin, Royan, Charente-Inférieure.
Dervieux, Lyon.
Dery, Fr., maçon, rue de l'Ermitage, 6, St-Ouen, Seine.
Desanglois, chemisier, rue de Rivoli, 61, Paris.
Desannois, employé, rue d'Aboukir, 6, Paris.
Desbarres, md de tabac, Paris.
Desbas, St-Thomas, Antilles danoises.
Desbats, chapelier, boul. de la Croix-Rousse, 158, Lyon.
Desbois, charpentier, rue de Montreuil, 86, Paris.
Desbons, député.
Desbons, ferblantier, Aurillac, Cantal.
Desbordes, horloger, Paris.
Desbordes, Joseph, notaire, Allemans, Dordogne.
Desbordes, Pierre, géomètre, Constantine, Algérie.
Desbret, Ferdinand, pharmacie centrale, à la Croix de la Mission, Vichy, Allier.
Descamps, député.
Descamps, Henri, rue St-Rémy, 35, Bordeaux.
Descarrières, quai de Valmy, 285, Paris.
Descaves, employé, rue Mazarine, 42, Paris.
Deschamps, docteur-médecin, conseiller municipal de Paris, conseiller général de la Seine.
Deschamps, limonadier, route des Moulins, 6, Isssy, Seine.
Deschamps, négociant, rue de l'Hôpital, 5, Dijon.
Deschamps, avocat, rue de la Poterne, 17, Rouen.
Deschamps, avoué, Die, Drôme.
Deschamps, banquier, Nontron, Dordogne.
Deschamps, entr. de maçonn., Morsang-sur-Orge, Seine-et-Oise.
Deschamps, coiffeur, Bordeaux.
Deschamps, Auguste, fondeur, rue d'Arcole, 36, Lille.
Deschamps, Félix, fils, fondeur en cuivre, conseiller municipal, rue Notre-Dame, 214, Lille.
Deschamps, Louis, ferbl., rue de la Longue-Echelle, 3, Tours.

Deschamps, Louis, cultivateur, Montmagny, Seine-et-Oise.
Deschamps, Pierre-André, menuisier, rue d'Odessa, 10, Paris.
Deschamps, Romain, propriétaire, Rozac.
Deschanel, Emile, prof. au Collège de France, sénat. inamov.
Deschanel, P.-E.-L., publ., sous-préfet, député d'Eure-et-Loir.
Deschausses, Charles, machiniste, Périgueux.
Desclefs, fabricant d'outils de chirurgie, rue des Fossés-Saint-
   Victor, 9, Paris.
Descombes, trésorier du Sénat, palais du Luxembourg, Paris.
Descombes, Lyon.
Descombes, Jean, négociant, Bordeaux.
Descombes, Martial, ingén. civil, St-Denis, île de la Réunion.
Descombles, Alexandre, rue de la Pompe, 44, Paris.
Descomps, notaire, Guimbrède.
Descomtes, recev. de l'enregistrem., Moulins-Engilbert, Nièvre.
Descormes, Bernard, père, charpentier, rue du Faubourg-
   Saint-Martin, 200, Paris.
Descors, François, comptable, rue Gaillon, 10, Paris.
Descourty, limonadier, Corbeil, Seine-et-Oise.
Descoute, Ferdinand, meunier, au ravin de Toudmann, Algérie.
Descoux, Gaillac, Tarn.
Descroix, Eugène, employé au Chemin de fer de l'Ouest, aux
   Mureaux, Seine-et-Oise.
Desdames, marchand de vins, rue du Faubourg-Saint-Martin,
   208, Paris.
Desdoits, fabricant de pompes, place de Bretagne, Nantes.
Deseaux, entrepreneur de maçonnerie, boulevard de Belle-
   ville, 36, Paris.
Désenfant, maître-maçon, rue du Retrait prolongée, 1, Paris.
Désespringalle, Edouard, avocat, rue St-Jean, 30, Douai, Nord.
Desfresnes, employé à l'Assistance publique, rue des Orteaux,
   47, Paris.
Desgranges, fils, marchand de bois, Epernay, Marne.
Desgranges, Victor, ancien distillateur, propriétaire, Limay,
   Seine-et-Oise.
Deshaies, comptable, quai de la Fosse, 85, Nantes.
Deshaies, Etienne-Duhamel, négociant, au Mans, Sarthe.
Deshayes, horloger, boulevard Saint-Martin, 23, Paris.
Deshayes, restaurateur, Grande-Rue, 2, Saint-Mandé, Seine.
Deshors, Auguste, restaurateur, Paris.
Deshoulières, Léonard-Simon, employé de chemin de fer.
Desigaux, restaurateur, rue des Halles, 12, Paris.
Desjammes, peintre, impasse de l'Astrolabe, 4, Paris.
Desjardins, étudiant en médecine, place de l'Ecole, 17, Paris.
Deslandes, rue du Faubourg-du-Temple, 31, Paris.
Deslandres, P., rue d'Orléans, 15, Paris.
Deslongchamps, rentier, Caen.

Desloy, Charles, ex-sous-lieutenant d'infanterie.

Desmarchelier, quai de Montebello, 9, Paris.

Desmares, Léon-Anténor, enseigne de vaisseau, Caen.

Desmarest, père, rue Haute, Deuil, Seine-et-Oise.

Desmarest, fils, rue de l'Eglise, 16, Deuil, Seine-et-Oise.

Desmarest, Paul, ingénieur des arts et manufactures, boulevard Malesherbes, 4, Paris.

Desmaret, Emile, coiffeur, Ay, Marne.

Desmarres, François-Joseph, serrurier, au Mans, Sarthe.

Desmartin, Etienne, propriétaire, au Change, Dordogne.

Desmazures, propriétaire, pl. de la Rotonde-du-Temple, 8, Paris.

Desmazures, Auguste, entrepreneur de couverture, place Royale, Brie-Comte-Robert, Seine-et-Marne.

Desmons, Frédéric, pasteur protestant, conseiller général et député du Gard.

Desmons, Gustave, méd.-major, r. Monstrelet, 12, Cambrai, Nord.

Desmoulin, Etienne, négociant, Savigny, Côte-d'Or.

Desmoulins, cons. municipal de Paris, cons. général de la Seine.

Desnoyers, chapelier, rue d'Angoulême, 65, Paris.

Desnoyers, directeur d'usine, rue de l'Aqueduc, 54, Paris.

Desnoyer, fils, constructeur-mécanicien, rue Curial, 7, Paris.

Desormeaux, rue de la Tombe-Issoire, 5, Paris.

Des Perrières, employé, rue de Lagny, 23, Paris.

Despinoy, Auguste, gérant de commerce, chez M. Delanne, distillateur, Seclin, Nord.

Despland, Jean-Amédée, menuisier, Lyon.

Desplanques, trésorier-payeur général, Arras, Pas-de-Calais.

Desplante, voyageur de commerce, Lyon.

Desplats, secrétaire général de préfecture.

Desplats, Michel, menuisier, calle Salta, 23, Buenos-Ayres, République Argentine.

Despois, treillageur, Grand'Rue, 5, Nogent-sur-Marne, Seine.

Des Portes, Albert, lieutenant de vaisseau, Toulon.

Despras, comptable, rue de Charenton, 65, Paris.

Despreaux, F.-Xavier, march. de vins, r. du Croissant, 18, Paris.

Desprès, docteur, chirurgien en chef des hôpitaux, conseiller municipal de Paris, conseiller général de la Seine.

Desprez, employé de commerce, rue Bleue, 16, Paris.

Desprez, Léon, docteur-médecin, Lyon.

Desrez, professeur au Lycée de Vanves, Seine.

Desroches, Jean-Baptiste, buraliste, Focé, Indre-et-Loire.

Desrues, Alfred, avoué d'appel, rue Montmartre, 103, Paris.

Desrumeaux, rue de Douai, 33, Paris.

Dessaint, architecte, rue Taitbout, 76, Paris.

Dessant, Eugène-Désiré, maréchal-ferrant, Hirson, Aisne.

Dessauge, Pétrus, Saint-Cyr-au-Mont-d'Or, Rhône.

Desse, rentier, rue du Terrier, 18, Vincennes, Seine.

Desseaux, député de la Seine-Inférieure.
Desseaux, employé, rue Thérèse, 4, Paris.
Dessein, fabricant de jouets d'enfants, rue Chapon, 13, Paris.
Dessert, Ferdinand, négociant, Richelieu, Indre-et-Loire.
Dessirier, lieutenant aux zouaves, Oran, Algérie.
Dessirier, Louis, ancien directeur de l'usine à gaz, membre du Tribunal de Commerce, rentier, Troyes, Aube.
Destas, boulanger, rue de Poissy, 30, Paris.
Desterbecq, négociant, rue Montmartre, 152, Paris.
Desusclade, Pierre, voyag⁰ de commerce, Périgueux, Dordogne.
Détail, Prosper, emp. au chemin de fer, Château-Thierry, Aisne.
Detaille, banquier, rue de La Chapelle, 17, Paris.
Détang, négociant, Beaune, Côte-d'Or.
Dethomas, conseiller général.
Dethou, Alexandre-René, conseiller général et député de l'Yonne.
Détieux, Charles, régisseur de forges, Héminy.
Deton, Emile, représentant, Nevers, Nièvre.
Deusy, député.
Deutch, négociant, Châlons-sur-Marne.
Deutsch, Alfred, marchand-tailleur, Epernay, Marne.
Deutsch, Simon, rue de la Grange-Batelière, 16, Paris.
Devade, G.-A., docteur-médecin, député du Loiret.
Devalloir, rue du Théâtre, 1, Beauvais.
Devallois, G.-F., épicier, rue de la Roquette, 66, Paris.
Devalo, Elie (ou Héli), secrétaire général de préfecture.
Devaluez, A., directeur de l'usine à gaz, Voiron, Isère.
Devauges, Nevers, Nièvre.
Devé, docteur-médecin, rue Saint-Antoine, Beauvais.
Deveille, marbrier, rue de la Roquette, 172, Paris.
Develle, Paul-Jules, avocat, sénateur de la Meuse.
Develle, Philibert, employé, Lyon.
Develon, mécanicien, rue de Chaillot, 37, Paris.
Devenon, employé, rue Poultier, Paris.
Devès, Paul, avocat, sénateur des Hautes-Pyrénées, ministre.
Devesly, marchand de vins, rue Beaurepaire, 17, Paris.
Devevey, aîné, fabricant de chaux, Beaune, Côte-d'Or.
Devevey, fils, fabricant de chaux, Beaune, Côte-d'Or.
Devidal, entrep. de travaux publics, Agen, Lot-et-Garonne.
Devienne, Louis, graveur, passage du Génie, 9, Paris.
Devies, marchand de grains, rue Forest, Charleville, Ardennes.
Devies, Etienne, rue de l'Espérance, 21, Reims.
Devillaine, négociant, Roanne, Loire.
Devillard, rue de la Pompe, 134, Paris.
Devillard, empl. au chemin de fer, boul. de Reuilly, 33, Paris.
Devillard, limonadier, rue Vanoise, Gray, Haute-Saône.
Devillars, brigadier de recettes, rue de Provence, 68, Paris.
Deville, Lyon.

Deville, limonadier, Clermont-Ferrand.
Deville, A., parfumeur, rue Fonneuve, 43, Libourne, Gironde.
Deviller, représentant de commerce, Lafolie-Arpajon.
Devilliers, marinier, Clamecy, Nièvre.
Devine, François, menuisier, Orange, Vaucluse.
Deviterne, rue Dupin, 8, Paris.
Devoye, représentant de commerce, rue Portalès, 6, Paris.
Devoyon, md de confections, rue de l'Hôtel-de-Ville, 58, Paris.
Dewailly, Alfred, voyageur, rue Saint-Roch, 7, Paris.
Dewailly, Paul, autographiste, rue Saint-Roch, 22, Paris.
Dewain, Pierre, propriétaire, rue Barbey-de-Jouy, 35, Paris.
Dewez, fabricant d'enseignes, rue Saint-Denis, 356, Paris.
Dewez, Léon, libraire, rue Cujas, 15, Paris.
Dexmier, négociant, Angoulême.
Deyrie, étudiant en droit, Toulouse.
Dezille, Jean-Pierre, maître-armurier de la marine, quartier Valbourdin, Toulon.
Dezoize, doreur sur métaux, rue des Filles-du-Calvaire, 7, Paris.
Dhaille, marchand de vins-traiteur, rue de Vanves, 121, Paris.
Dhérissard, boulevard Voltaire, 115, Asnières, Seine.
Dhionnet, Edmond, nég.-ingén.-mécan., Lattaquié, Syrie.
D'Huin, Charles-Eugène, employé au Chemin de fer du Nord, rue des Amandiers, 119, Paris.
Diancourt, député.
Dias, Chéri-J., caissier des assureurs, rue du Mirail, 62, Bordeaux.
Dias, Eutrope, pilote-lamaneur, boulevard de la Grandière, Royan, Charente-Inférieure.
Dibot, brigadier des haras, La Roche-sur-Yon, Vendée.
Dide, Auguste, pasteur protestant, sénateur du Gard.
Didier, comptable, rue Bailly, 4, Paris.
Didier, confiseur, conseiller municipal, rue des Casernes, 30, Cette, Hérault.
Didier, peintre, Neauphle-le-Château, Seine-et-Oise.
Didier, Philomen, négoc., en vins, rue de l'Hôtel-de-Ville, 21, Cette, Hérault.
Didier-Serre, Henri, dessinateur, Valence, Drôme.
Didiot, nég.-mercier, rue Delambre, 5 Paris.
Didiot, anc.-négoc., propr , Rivoli, par Mostaganem, Algérie.
Didon, Claude, entrepr. de bâtiments, Valence, Drôme.
Didout, outilleur, rue du Faubourg-du-Temple, 121, Paris.
Diehly, Grégoire, boulanger, Nanterre, Seine.
Diespecker, négociant, rue d'Angoulême, 50, Paris.
Dietrich, facteur de pianos, rue du Faub.-St-Denis, 137, Paris.
Dieu, md de vins, rue Mouffetard, 29, Paris.
Dieudonné, fab. de cravates, rue St-Martin, 160, Paris.
Dieulangard, Alexis, sergent au 33e de ligne.

Dieutre, Fr.-Frédéric, avoué à la Cour d'Appel, propriétaire, conseiller d'arrondissement, adjoint au maire, pl. de l'Hôtel-de-Ville, 51 *bis*, Rouen.

Digeon, artiste-graveur, prof. de dessin, rue Thouin, 10, Paris.

Diligent, Nevers, Nièvre.

Dillon, rue du Rocher, 59, Paris.

Dimmer, maître d'hôtel, rue d'Odessa, Paris.

Dinand, J., hôtel du Commerce, Saint-Jean-d'Angely, Charente-Inférieure.

Dindeau, Charles, sous-préfet.

Dindin, charcutier, Verzenay, Marne.

Dinel, peintre en lettres, rue Montorgueil, 61, Paris.

Dinslage, tailleur, rue de Choiseul, 22, Paris.

Dion, employé, passage Saint-Louis-du-Temple, 22, Paris.

Dionet, épicier, Chéry-Chartreuse, Aisne.

Dippel, Jacques, mécanicien, rue Jean-Robert, 6 *bis*, Paris.

Dislère, maître des requêtes au Conseil d'Etat, rue Godot-de-Mauroy, 83, Paris.

Dislère, Paul, ingénieur de la marine, Toulon.

Dissou, bijoutier, rue de Turenne, 83, Paris.

Dissoubray, appareilleur de pierres, rue Saint-Victor, 30, Paris.

Distribué, comptable, rue de Duras, 8, Paris.

Ditrich, rue Papillon, 12, Paris.

Doazan, boulanger, Fleurance.

Dobert, Auguste, marchand de bois, Monsigné.

Dobremelle, tonnelier, rue des Fontaines, Paris.

Doby, mécanicien, Bresle, Oise.

Doche, Alexis, médecin-vétérinaire, Confolens, Charente.

Doche, Alphonse, notaire, Thonon, Dordogne.

Docollet, boulevard Voltaire, 101, Paris.

Docquin, Emile, marchand-boucher, Boutancourt, Ardennes.

Dodanthun, Alphonse, négociant, conseiller municipal, rue Notre-Dame, 81, Lille.

Dodarcourt, limonadier, Gournay, Seine-Inférieure.

Dodart, Edmond, négociant, Cognac, Charente.

Dodé, facteur aux Halles, rue Saint-Honoré, 83, Paris.

Dodoin, propriétaire, Xentraille.

Doerr, Ch., négociant, rue des Quatre-Fils, 20, Paris.

Dogimont, E., déc. en marquet., rue Jacques-Cœur, 16, Paris.

Doignies, Louis-Joseph, rentier, rue des Carmes, 23, Paris.

Doillon, Charles, restaurateur, rue du Commerce, 1, Paris.

Doire, fabricant de chaussures, rue du Vert-Bois, 51, Paris.

Dolbeau, Auguste, courtier en vins, Cinq-Mars, Indre-et-Loire.

Dolfus, Jules-Henri, négociant, Lyon.

Dolfus, Martin, graveur sur bois, Lyon.

Dollieule, Jules, pharmacien, place de la Poissonnerie, Toulon.

Dolmetch, Frédéric, pianiste, rue Marivaux, Nantes.

Dolmutto, prof. de musique, boul. de La Chapelle, 21, Paris.

Doloret, Victor, officier d'infanterie, Caen.

Domaine, Henri, conducteur des ponts-et-chaussées, Bourg Saint-Andéol, Ardèche.

Domaison, boulanger, cours de Vincennes, 16, Paris.

Domange, impr.-lith., rue du Bourg-Tibourg, 10, Paris.

Dombios, maître-d'hôtel, Epernay, Marne.

Domeizel, Lyon.

Domenjod, Édouard, fils, greffier, Mayotte, colonie française.

Domerge, employé, Chambéry, Savoie.

Dominguez, percepteur, Saint-Vallier, Drôme.

Dominique, Jean, rue des Bouchers, 14, Tours.

Dominique, Nicolas, négociant, Plagny, Nièvre.

Dominique, Pierre, homme de lettres, rue du Bois-de-Cros, 72, Clermont-Ferrand.

Domino, Etienne, géomètre, rue des Boulangers, 25, Paris.

Domongue, Pierre-Joseph, chef d'orchestre, Caen.

Domstricth, marchand de bois, rue de l'Entrepôt, Nantes.

Donadille, Julien, employé, pass. des Petites-Écuries, 15, Paris.

Donadille, Louis, rue de l'Arcade, 43, Paris.

Dondain, Victor, meunier, Jarménil, Vosges.

Doney, Léorat, négociant, rue de Caumartin, 66, Paris.

Dougherty, professeur, rue Véron, 4, Paris.

Doninelli, Théodore, opticien, rue Saint-François-de-Paule, 7, Nice, Alpes-Maritimes.

Doniol, préfet.

Donnadieu, Joseph, fabric. de soieries, r. St-Etienne, 24, Tours.

Donnat, ingénieur des mines, conseiller municipal de Paris, conseiller général de la Seine.

Donnatin, fabric. de passementerie, rue du Temple, 38, Paris.

Donneaud, piqueur au chemin de fer, Vernon, Eure.

Dony, F.-J., employé à la mairie, rue St-Dizier, Nancy.

Dooz, architecte, Oran, Algérie.

Dor, Jean, maître d'hôtel, Confolens, Charente.

Dorant, C.-F., md de vins, boul. de La Chapelle, 2, Paris.

Doré, pr. aux subsistances militaires, r. St-Jean, 74, Beauvais.

Doré, Ed., négociant, allée des Noyers, 147, Bordeaux.

Doré, Honoré-Casimir, peintre-déc., rue Papillon, 4, Paris.

Doret, Abraham, piq. des ponts et chaussées, Mascara, Algérie.

Dorgé, E.-L., tanneur-corroyeur, Coulommiers, Seine-et-Marne.

Dorgueil, E., quartier-maître mécan., rue Lafayette, 10, Toulon

Dorian, membre du gouvernement de la Défense nationale.

Dorian, H., vétérinaire, Montbéliard, Doubs.

Dorian, Victor, conseiller de préfecture.

Dorion, mécanicien, Mantes, Seine-et-Oise.

Dorme, négociant, rue Saint-Lazare, 136, Paris.

Dormenval, Sosthène, rue de Paris, 135, Lille.

Dorneau, négociant, **Paris.**

Dornemant, Christophe, employé, rue Charlot, 15, **Paris.**

Dortel, Adolphe, négociant, rue Ste-Catherine, Nantes.

Dorus, prof. au Conservatoire, rue Duperré, 44, Paris.

Dorveaux, François, chef de gare, Nevers, Nièvre.

Doss, X., capitaine en retraite, rue Meynadier, 18, Paris.

Dostor, G., doct. ès science, Saint-Denis, île de la Réunion.

Douarche, conseiller général de l'Aude, procureur général.

Douat, J., fabr. de malles, rue du Chemin-Rouge, 24, Bordeaux.

Douaud, Stanislas-Camille, docteur-médecin, cours du Jardin-Public, 71, Bordeaux.

Doublat, Charles, professeur au Collège de Gray, Bac-du-Pont, 1, Gray, Haute-Saône.

Doublent, rue de la **Borne,** 7, Sannois, Seine-et-Oise.

Doublet, représent. de comm., boulevard Voltaire, 127, Paris.

Doublet, clerc de notaire, boul. Lamouroux, 34, Vitry, Seine.

Doublet, passage du Nord, Gennevilliers, Seine.

Doublet, Eugène, aide-commissaire de la marine, Saïgon, Cochinchine française.

Douce, Félix, ancien sculpteur-marbrier-monumentiste, rue du Carrouge, 29, Reims.

Doucerain, gérant de la Société du gaz, Evreux, Eure.

Doucet, Edmond, employé des ponts et chaussées, Sillé-le-Guillaume, Sarthe.

Doucet, Henry, entrepreneur, Chars, Seine-et-Oise.

Doucet, P., entrepreneur, rue de l'Yonne, 8, Paris.

Douchet, fabr. de chapeaux, rue du Caire, 38, Paris.

Douchet, employé, rue de la Chaussée-d'Antin, 27, Paris,

Doucin, préfet.

Doudeau, boulevard de Clichy, 114, Paris.

Doué, Jean-Guillaume-Martin, contrôleur en retraite, rue de Ménilmontant, 50, Paris.

Doué, Philippe-Marius, pharmacien de première classe de la marine, Nouméa, Nouvelle-Calédonie.

Doué, Pierre-Adolphe, médecin de première classe de la marine, maison Suchet, avenue Ouest-de-la-Gare, Toulon.

Douet-Litou, ferblantier, quai Penthièvre, 3, Nantes.

Doulat, Louis, boulanger, rue des Orfèvres, Toulon.

Doumenc, propriétaire, Paris.

Doumens, Perpignan, Pyrénées-Orientales.

Doumergue, comptable, rue Romiguières, 3, Toulouse.

Doumet, propriétaire, Cette, Hérault.

Dounemont, sous-lieutenant, Philippeville, Algérie.

Dourlet, fabricant de fleurs, rue du Caire, 23, Paris.

Dourmel, mouleur, passage Saint-Pierre, 22, Paris.

Douron, Eugène, représentant de commerce, Voiron, **Isère.**

Doury, Théodore, **menuisier,** rue de Paris, 10, Tours.

Doussaud, Alfred, avocat, Brives, Corrèze.
Dousse, lampiste, rue Tiquetonne, 53, Paris.
Dousse, rentier, boulevard du Montparnasse, 155, Paris.
Dousselin, rue de Turbigo, 53, Paris.
Doutre, limonadier, Auch, Gers.
Douville, rue de la Ferronnerie, 29, Paris.
Douville, Jean-Charles, négociant, Caen.
Doux, secrétaire général de préfecture.
Doyen, employé de commerce de la maison Ernest Brion, boulevard Cérès, Reims.
Doyen, vétérinaire, Hermonville, Marne.
Doyonnard, ferblantier, Dôle, Jura.
Dramard, Nevers, Nièvre.
Drenler, Oscar, rue Damrémont, Bône, Algérie.
Dréo, avocat, député du Var.
Dreux, député.
Drevault, jardinier-préparateur à l'École de pharmacie, rue de l'Arbalète, 23, Paris.
Drevet, négociant, boulevard de Sébastopol, 106, Paris.
Drevet, rentier, Vassieu, Rhône.
Drevet, géomètre, Sidi-bel-Abbès, Algérie.
Drevet, Jean-Louis-Justin, imprimeur, Corbeil, Seine-et-Oise.
Dreyer, François, employé, Lille.
Dreyfus, ancien chef de cabinet du sous-secrétaire d'État au ministère des Finances, rue de l'Université, 25, Paris.
Dreyfus, négociant, boulevard de Sébastopol, 109, Paris.
Dreyfus, Albert, voyageur de commerce, rue Duret, 33, Paris.
Dreyfus, Alfred, md de mules, rue des Marais, 44, Paris.
Dreyfus, Ferdinand, député de Seine-et-Oise.
Dreyfus, Ferdinand-Camille, publiciste, conseill. municipal de de Paris, conseiller général et . . uté de la Seine.
Driault, Pierre, peintre, rue St-Maurice, 43, Tours.
Driesler, pharmacien, Aurillac, Cantal.
Drioux, serrurier, Ris-Orangis, Seine-et-Oise.
Drillon, plaqueur, rue Albouy, 19, Paris.
Droinet, gérant de propriété, La Jonchère, Seine-et-Oise.
Droinet, Laurent-Marie-Victor, adj. sous-officier au 2e spahis, Mascara, Algérie.
Dromain, limonadier, Mouy, Oise.
Dromas, G.-Aug., coutelier, Rozay-en-Brie, Seine-et-Marne.
Dron, menuisier, rue Meslay, 22, Paris.
Dronelle, Pierre-Auguste, Paris.
Drouard, place Scipion, 13, Paris.
Drouet, rue Saint-Maur, 5, Paris.
Drouet, emballeur, rue de Turenne, 97, Paris.
Drouet, commis d'ag. de change, rue de Maubeuge, 15, Paris.
Drouet, prop., av. du Ch.-de-Meudon, 6, Bellevue, Seine-et-Oise.

Drouet, sous-ingénieur des ponts-et-chaussées, avenue du Trocadéro, 145, Paris.

Drouet, charcutier, rue d'Aguesseau, 87, Boulogne, Seine.

Drouet, Victor-Albert-Antoine, chapelier, Laigle, Orne.

Drouillard, Frédéric, charpentier, Paris.

Drouilly, propriétaire, Tieffrain, Aube.

Drouin, Léonce, au Grand-Café, place Graslin, Nantes.

Drouineau, sous-chef de bureau au Chemin de fer du Nord, Grande-Rue, 43, Enghien, Seine-et-Oise

Drouot, colleur de papier, rue de l'Ile-Saint-Louis, 39, Paris.

Drouot, quincaillier, route de la Reine, 91, Boulogne, Seine.

Druart, Maurice, fondeur, Revin, Ardennes.

Druelle, Auguste, rédacteur au *Petit Nord*, rue de l'Orphéon, Douai, Nord.

Druet, march. d'antiquit., r. de Fontenay, 128, Vincennes, Seine.

Drumel, député.

Drzewinski, sellier, Paris.

Duballen, rue Bénard, 26, Paris.

Dubard, Louis-François-Maurice, inspecteur de la marine, rue Thénard, 7, Paris.

Dubard, marchand de bois, Espalais, Tarn-et-Garonne.

Dubas, fabricant de tissus, rue d'Aboukir, 135, Paris

Dubé, employé de commerce, rue Neuve-Coquenard, 23, Paris.

Duber, tailleur, rue du Colisée, 27, Paris.

Dubessay-Montbrun, à l'hôtel de Madrid, Vichy, Allier.

Dubessy, Guillaume, négociant, Lyon.

Dubiez, conseiller général de Saône-et-Loire.

Dublé, peintre, Angoulême.

Dublé, P.-J.-M., Paris.

Duboc, employé, rue Saint-Jacques, 262, Paris.

Dubois, artiste-musicien, rue Saint-Georges, 44, Paris.

Dubois, boulanger, rue de l'Abbaye, 6, Paris.

Dubois, docteur-médecin, rue Brézin, 23, Paris.

Dubois, étudiant en médecine, rue Saint-Guillaume, 7, Paris.

Dubois, géomètre, rue de Turenne, 117, Paris.

Dubois, géomètre, rue de l'Eglise, 9, Montreuil-sous-Bois, Seine.

Dubois, imprimeur, rue Cadet, 16, Paris.

Dubois, limonadier, boulevard de Ménilmontant, 136, Paris.

Dubois, maître-blanchisseur, rue de Silly, 50, Boulogne, Seine.

Dubois, menuisier, rue du Faubourg-Saint-Martin, 231, Paris.

Dubois, cours du Pressoir, 2, Paris.

Dubois, négociant en épicerie, rue Cousin, 12, Clichy-la-Garenne, Seine.

Dubois, négociant, Angers.

Dubois, charpentier, rue Michelet, Tours.

Dubois, marchand-tailleur, Cusset, Allier.

Dubois, rentier, Santenay, Côte-d'Or.

Dubois, rentier, Ganilly-Vernon, Eure.
Dubois, aîné, négociant, rue de Joinville, Laval, Mayenne.
Dubois, A., ferblantier, Montbéliard. Doubs.
Dubois, Bastien-Théophile, lampiste, Poitiers.
Dubois, Charles, dessinateur, Caen.
Dubois, Charles, maréchal-des-logis de gendarmerie, Toulon.
Dubois, François, menuisier, rue du Faubourg-Saint-Antoine,
    148, Paris.
Dubois, Frédéric, tanneur, Bordeaux.
Dubois, Georges, docteur-médecin, Périgueux, Dordogne.
Dubois, Hippolyte, cultivateur, Vaux-le-Pénil, Seine-et-Marne.
Dubois, Jacques, médecin-vétérinaire, Périgueux, Dordogne.
Dubois, Jacques, négociant, Valence, Drôme.
Dubois, J.-B., négociant, Londres, Angleterre.
Duboc, couvreur, Vernonnet, Eure.
Dubord, jeune, march.-grainetier, r. Molinier, Agen, Lot-et-Car.
Duborsé-Riequebourg, propriétaire, St-Denis, île de la Réunion.
Dubosq, géomètre, rue Jean-Jacques-Rousseau, Nantes.
Duboscq, Jean, ancien avocat, rue Saint-Remi, 32, Bordeaux
Dubost, rue Grande, 8, Tarare, Rhône.
Dubost, Antonin, avocat, journaliste, secrétaire à la Préfecture
    de police, conseiller d'Etat, député de l'Isère.
Dubost, Henri, propriétaire, Lyon.
Dubouch, brasseur, Auch, Gers.
Dubouin, procureur de la République à Reims, puis procureur
    général à Grenoble.
Dubourdieu, soldat aux ouvriers constructeurs, Vernon, Eure.
Dubourg, monuments funèbres, r. du Nouveau-Calvaire, Tours.
Dubourg, tonnelier, Aiguillon, Lot-et-Garonne.
Dubreuil, décorateur, boulevard de Magenta, 136, Paris.
Dubreuil, tapissier, rue Taitbout, 52, Paris.
Dubreuil, capitaine au long-cours, Nantes.
Dubreuil, rue Saint-Louis, Brest, Finistère.
Dubreuil, docteur-médecin, rue de la Savonnerie, 20, Rouen.
Dubreuilh, Michel, négociant, rue Borie, 16, Bordeaux.
Dubroca, marchand de vins, rue de Passy, 24, Paris.
Dubroca, Pierre, march.-tailleur, r. Ste-Catherine, 6, Bordeaux.
Dubroué, agent d'assurances, Bordeaux.
Dubruc, gendarme, Paris.
Dubrulle, rocailleur, Vert-le-Petit, Seine-et-Oise.
Dubuisson, Adrien, aspirant pour la mar. au long-cours, Caen.
Dubulle, négociant, Salins, Jura.
Duc, bijoutier, rue du Temple, 175, Paris.
Duc, confiseur, conseiller municipal, Valence, Drôme.
Duc, Antoine, employé, Vaugirard, Paris.
Duca, Paul, sous-directeur au ministère des Affaires Etran-
    gères, avenue Montaigne, 16, Paris.

Ducamp, **député du Gard.**

Ducarouge, docteur-médecin, Pacy-sur-Eure, Eure,

Ducarouge, fils, boucher, Pacy-sur-Eure, Eure.

Ducarre, manufacturier, député du Rhône.

Ducarre, Nicolas, négociant, Lyon.

Ducasse, Bordeaux.

Ducasse, Louis, négociant, Angoulême.

Ducau, découpeur, fab. d'outils, r. Saint-Bernard, 42, Paris.

Ducau, François, limonadier, boul. de Vaugirard, 161, Paris.

Ducelier, François, applicateur de ciment, Lyon.

Ducelier, Pierre-Anatole, applicateur de ciment, Lyon.

Ducellier, marchand de vins, rue Charlot, 43, Paris.

Duceux, Charles, fabricant de bonneterie, boulevard Thiers, Remiremont, Vosges.

Duchablet, Limoges.

Duchamp, avocat, conseiller général et membre de la Commission départementale, rue de la Loire, 10, St-Etienne, Loire.

Duchamp, J., avocat, anc. cons. de préfecture, r. Terme, 18, Lyon.

Duchamp, Pierre, tonnelier, Parçay-Meslay, Indre-et-Loire.

Duchasseint, J.-B -F., avocat, député du Puy-de-Dôme.

Duchateau, march.-tailleur, rue du Faub.-St-Martin, 236. Paris.

Duchâteau, contre-maître, Villeneuve-la-Garenne, S.-et-O.

Duchâtelet, fab. de porcelaines, faub. du Pont-Neuf, 56, Limoges.

Duchauffour, Ernest, rue de Paris, 52, Lille.

Duchaumont, Frédéric, prof. de musique, Périgueux, Dordogne

Duché, Antoine-Marie Scœvola, journaliste, député de la Loire.

Duché, Louis, marchand-tailleur, rue de Gasc, 89, Bordeaux.

Duchemin, rue de la Cerisaie, 31, Paris.

Duchemin, fournitures de modes, rue Sainte-Foy, 8, Paris.

Duchemin, teneur de livres, r. du Faub.-Montmartre, Paris.

Ducher, confiseur, rue du Faubourg-Saint-Antoine, 277, Paris.

Duchesnay, commerçant, Léonis.

Duchesne, impasse de Guelma, 8, Paris.

Duchesne, Eloi-Adolphe, artiste lyrique, r. Vivienne, 26, Paris.

Duchesne, Léon, employé, rue du Chemin-de-Fer, 56 *bis*, Mantes (Seine-et-Oise).

Duchesnet, Chalon-sur-Saône.

Duchez, Antoine, entrepreneur, Lyon.

Duchier, carrossier, rue Sedaine, 44, Paris.

Duchiron, Arthur, fils, horloger, Confolens, Charente.

Duchiron, Edouard, père, horloger, Confolens, Charente.

Ducholet, docteur-médecin, rue de la Verrerie, 2, Paris.

Duclaud, A., avocat, préfet, député de la Charente.

Duclaud, G., commis-négociant, rue Notre-Dame, 34, Bordeaux.

Du Cleuziout, homme de lettres, rue d'Assas, 104, Paris.

Duclos, propriétaire-fermier, Santeny, Seine-et-Oise.

Duclos, M., négociant, rue Ausone, 10, Bordeaux.

Ducloux, limonadier, rue Cadet, 11, Paris.
Ducondut, papetier, rue de Turbigo, 16, Paris.
Duconseil, bottier, rue de la Bourse, 7, Paris.
Ducorbier, ancien adjudant au 15e régiment d'artillerie, île de la Martinique.
Ducorbier, propriétaire, Cayenne, Guyane française.
Ducornot, Saint-Affrique, Aveyron.
Ducos, rue de Rivoli, Paris.
Ducos, Ambroise, rentier, Cazauban, Gers.
Ducos, Marc-Désiré, épicier, Givet, Ardennes.
Ducoudray, clerc d'avoué, rue St-Jacques, 241, Paris.
Ducoudray, F.-F.-E., docteur-médecin, député de la Nièvre.
Ducourliou, Fr.-J., maçon, boul. de Vaugirard, 165, Paris.
Ducouron-Lagougine, Marie, capitaine de vaisseau en retraite, cité Bergère, 7, Paris.
Ducourt, rentier, Saint-Palais, Basses-Pyrénées.
Ducoux, docteur-méd.-pharmacien, rue des Halles, 3, Poitiers.
Ducret, mécanicien, rue Malesherbes, 18, Lyon.
Ducretot, Jacques-François, propriétaire, Dreux, Eure-et-Loir.
Ducreux, Charles, rentier, Presles, Seine-et-Marne.
Ducrez, mécanicien, Oran, Algérie.
Ducros, bottier, rue St-Marc, 39, Paris.
Ducros, buraliste, au Pradet, Var.
Ducros, Emile, quai de Bosc, Cette, Hérault.
Ducros, Frédéric, avoué, Nyons, Drôme.
Ducros, Georges, publiciste, rue Mirbel, 2, Paris.
Ducros, Jules-Marc, bijoutier, Charleville, Ardennes.
Ducros-Bourgeois, bijoutier, Charleville, Ardennes.
Ducrot, négociant, boulevard de Strasbourg, 9, Paris.
Ducrot, Adrien, md de chaussures, cons. municipal, administ. de l'hospice général, place du Grand-Marché, 55, Tours.
Ducru, ébéniste, Auch, Gers.
Ducuing, F., avocat à la Cour d'appel, rue Laffite, 43, Paris.
Ducuing, publiciste, Paris.
Dudésert, Guil., nég. en vins, quai de la Paludate, 18, Bordeaux.
Dudon, Elie-Georges, employé, rue François-Miron, 56, Paris.
Dudonné, cordonnier, rue du Mail, 2, Paris.
Duesse, dit Genneville, artiste lyrique, Chambéry, Savoie.
Dufau, E.-Emile, officicier d'administration militaire, rue Malard, 22, Paris.
Dufaut, rue des Poissonniers, 62, Paris.
Dufay, praticien, Pacy-sur-Eure, Eure.
Dufet, Henri, orfèvre, rue d'Orléans, Nantes.
Duffau, rue Mabillon, Paris.
Duffaud, Charles, quincaillier, r. du Faub.-St-Antoine, 48, Paris.
Duffau-Pauillac, anc. négociant, prop., Tarbes, Hautes-Pyrén.
Duffès, naturaliste-empailleur, Oran, Algérie.

Duffour, Jean-Paul, garde principal d'artillerie, Constantine, Algérie.

Dufils, L., professeur de piano, rue Lafayette, 50, Paris.

Duflo, conseiller municipal, Lille.

Duflos, préfet.

Duflou, chimiste-parfumeur, rue des Billettes, 22, Paris.

Dufoix, secrétaire général de préfecture.

Dufond, rue Joseph-Dijon, 16, Paris.

Dufort, restaurateur, avenue de Saint-Mandé, 49, Paris.

Dufossé, Maximilien, négociant, boul de Sébastopol, 94, Paris.

Dufougeray, Joseph, propriétaire, Bordeaux.

Dufour, artiste-musicien, Paris.

Dufour, comptable, rue Mercœur, 6, Paris.

Dufour, employé à l'Assurance, rue Rivet, 7, Lyon.

Dufour, agent-voyer, Chambéry, Savoie.

Dufour, François-Georges-Gustave, propriétaire-rentier, rue Caponnière, 20, Caen.

Dufour, Georges-Guillaume, carrossier, Périgueux, Dordogne.

Dufour, Gustave, receveur, Beaumont-sur-Sarthe, Sarthe.

Dufour, Jean, distillateur, Etauliers, Gironde.

Dufour, Jean, père, carrossier, Périgueux, Dordogne.

Dufour, Louis, rue Damrémont, 43, Constantine, Algérie.

Dufourd, tuilier, Checy, Loiret.

Dufrasne, sculpteur, rue Saint-Sébastien, 15, Paris.

Dufrène, Théodore, marchand de vins, Toulon.

Dufresne, employé de commerce, boulevard Voltaire, 48, Paris.

Dufresne, musicien.

Dugardin, marchand de nouveautés, rue Barillerie, Nantes.

Dugardin, Eugène, administrateur du *Progrès du Nord*, rue Stappaert, Lille.

Dugas, négociant, Bordeaux,

Dugast, chapelier, Valet, Loire-Inférieure.

Dugat, Paul, propriétaire, Orange, Vaucluse.

Dugne, marchand de vins, rue Beaurepaire, 2, Paris.

Dugourd, aplatisseur, boulevard de Belleville, 114, Paris.

Dugourd, Edmond, voiturier, Dôle, Jura.

Dugrip, Jean-François, propriétaire, au Mans, Sarthe.

Duguesnoy, employé, à la gare, Chalon-sur-Saône.

Duguet, jeune, maçon, St-Martin-le-Beau, Indre-et-Loire.

Duhallais, faubourg Saint-Antoine, maison Person, Châlons-sur-Marne.

Duhamel, avocat, conseiller général du Pas-de-Calais, chef de cabinet du président de la République, receveur des finances, rue des Martyrs, 41, Paris.

Duhamel, instituteur, Comines, Nord.

Duhamelet, pharmacien, Fécamp, Seine-Inférieure.

Duhaupas, architecte, boulevard Voltaire, 260, Paris.

Duhay, Michel, couvreur, rue Juge, 10, Paris.
Duhazé, bijoutier en argent, rue Vieille-du-Temple, 78, Paris.
Duhoux, comptable, rue Notre-Dame-de-Nazareth, 35, Paris.
Duivepart, boulevard Poissonnière, 14, Paris.
Dujardin, mécanicien, Paris.
Dujardin, agent d'assurances, Clermont, Oise.
Dulac, Félix, négociant, Lyon.
Dulac, Rodolphe, propriét., Rivière-du-Mât, île de la Réunion.
Dulary, négociant, Angoulême.
Dulermez, H., marchand de vins en gros, r. de Lyon, 7, Paris.
Duliège d'Aunis, Pierre-Georges, avocat, Caen.
Dulien, Prosper, doct.-médecin, r. des Quatre-Eglises, Nancy.
Dulliaud, père, émailleur, rue des Gravilliers, 30, Paris.
Dulliaud, fils, émailleur, rue des Gravilliers, 30, Paris.
Dulphy, marbrier, Saint-Ouen, Seine.
Duluc, médecin-vétérinaire, Bordeaux.
Dumais, Lyon.
Dumais, ferblantier-lampiste, Chambéry, Savoie.
Dumais, Jean, géomètre-expert, au Mans, Sarthe.
Dumais, Jean-François, mécanicien, Lyon.
Dumarest, préfet.
Dumas, conseiller municipal de Paris, cons. gén. de la Seine.
Dumas, avocat, rue Meslay, 65, Paris.
Dumas, comptable, avenue de Saint-Mandé. 15, Paris.
Dumas, limonadier, place de la Bastille, 6, Paris.
Dumas, serrurier, cours Morand, 43, Lyon.
Dumas, instituteur, rue Saint-Gilbert, 21, Montplaisir, Lyon.
Dumas, propriétaire, quai de la Bourse, 19, Rouen.
Dumas, Augustin, géomètre, Pont-Saint-Esprit, Gard.
Dumas, Honoré-Toussaint, fils, boulanger, r. de Vaugirard, Paris.
Dumas, Jacques, rentier, rue Saint-Thibaud, 2, Bordeaux.
Dumas, Jean, instituteur communal, rue Gambetta, 68, Royan,
    Charente-Inférieure.
Dumas, Lucien, clerc de notaire, Brives, Corrèze.
Dumas, P.-E., greffier à la justice de paix, Périgueux, Dordogne.
Dumas-Delage, cafetier, Confolens, Charente.
Dumas-Faure, rue des Ecluses-Saint-Martin, 22 bis, Paris.
Dumas-Noël, J.-B., lieuten. d'infanterie, rue Oudinot, 20, Paris.
Dumast, Lucien, mécanicien, avenue de la Roquette, 29, Paris.
Dumazo, Louis, propriét., r. d'Aguesseau, 155, Boulogne, Seine.
Dumesnil, rue Blondel, 7, Paris.
Dumesnil, homme de lettres, rue de Harlay, 20, Paris.
Dumesnil, préfet.
Dumesnil, employé aux contribut. indirectes, St-Mandé, Seine.
Dumesnil, Amédée-Jules, employé, r. du Cherche-Midi, 24, Paris.
Dumez, Chéri, conseiller général, rue de Douai, 140, Lille.
Dumien, Jules, maître d'hôtel, Valence, Drôme.

Dumilier, pâtissier, Lyon.
Duminy, négociant en vins, Ay, Marne.
Dumon, boulanger, rue Saint-Lazare, Paris.
Dumonchel, publiciste, Paris.
Dumond, Jules-M., voyageur, Lyon.
Dumons, employé de chemin de fer, Aurillac, Cantal.
Dumont, journaliste, conseiller général.
Dumont, brasseur, avenue d'Italie, 141, Paris.
Dumont, charpentier, rue d'Avron, 65, Paris.
Dumont, marchand de vins, avenue d'Orléans, 10, Paris.
Dumont, père, entrepr. de maçonnerie, rue Brézin, 12, Paris.
Dumont, fils, rue Brézin, 12, Paris.
Dumont, distillateur, Villiers-Adam, Seine-et-Oise.
Dumont, marchand de vins, au Port, Gray, Haute-Saône.
Dumont, Alfred, voyageur de commerce, Seillère, Jura.
Dumont, Antoine, maître d'armes, Brives, Corrèze.
Dumont, Louis, teinturier, rue Saint-Etienne, Tours.
Dumonteil, préfet.
Dumonteil, Jean, menuisier, Périgueux, Dordogne.
Dumont-Reveil, Denis, débitant de tabac, Lyon.
Dumorisson, secrétaire général de préfecture.
Dumortier, horloger, rue du Faubour-de-Tournai, Lille.
Dumoulin, commerçant, Batna, Algérie.
Dumoulon, Pau, Basses-Pyrénées.
Dumoutier, boulevard Voltaire, 43, Paris.
Dumius, fabr. de chaussures, rue de Vaugirard, 73, Paris.
Dumy, entrepreneur, La Roche-sur-Yon, Vendée.
Dunaigre, préfet.
Dunaime, peintre en voitures, rue Sedaine, 51, Paris.
Dunkèle, dit Robin, physicien, avenue Daumesnil, 36, Paris.
Dunoyer, employé de banque, avenue de St-Ouen, 14, Paris.
Dupanloup, charpentier, rue des Vinaigriers, 21, Paris.
Dupau, J., docteur-médecin, Jardin-Royal, 1, Toulouse.
Duperié-Pellou, négociant, quai de Bercy, 36, Paris.
Duperrey, comptable, rue Saint-Maur, 217, Paris.
Duperrier, P.-E., ostréiculteur, cons. mun., La Teste, Gironde.
Dupeux, Joseph, entrepreneur, Floirac, Gironde.
Dupeyrat, employé, boulevard Malesherbes, 27, Paris.
Dupeyrat, Gustave, commis-courtier maritime, rue du Jour, Bordeaux.
Duperray, J.-C., maître-menuisier-ébéniste, Lyon.
Duphénieux, receveur-percepteur, Paris.
Dupin, md de confect., boulevard des Batignolles, 82, Paris.
Dupin, traiteur, rue du Faubourg-Saint-Antoine, 52, Paris.
Dupin, H., rue de l'Asile-Popincourt, 13, Paris.
Dupla, capitaine, Ecole Militaire, Paris.
Duplain, André-Auguste, employé, au Mans, Sarthe.

Duplaix, inspecteur des bâtiments de la Compagnie des Voitures de Paris, avenue de Ségur, 2, Paris.

Duplaix, E.-A., employé, Cahors, Lot.

Duplessis, mécanicien, rue Schomer, 2, Paris.

Dupont, cocher, rue Lebrun, 17, Paris.

Dupont, instituteur, Lille.

Dupont, négociant, quai des Constructions, Nantes.

Dupont, employé d'assurances, rue Saint-Sixte, 9, Reims.

Dupont, libraire, Confolens, Charente.

Dupont, voyageur de commerce, Nangis, Seine-et-Marne.

Dupont, voyageur de commerce, Cognac, Charente.

Dupont, menuisier, au Bois-d'Oingt, Rhône.

Dupont, imprimeur-photographe, Oran, Algérie.

Dupont, Aug., employé aux Halles centrales, Paris.

Dupont, Emile, négociant, rue du Buisson-St-Louis, 23, Paris.

Dupont, Georges-Léon, docteur-médecin, Triel, Seine-et-Oise.

Dupont, Louis-Auguste, voyageur en vins, Nangis, Seine-et-M.

Dupont, Martin, rue des Douves, 25, Niort, Deux-Sèvres.

Dupont, V.-J., tourneur sur métaux, r. de la Reynie, 5, Paris.

Duport, François, gabarier, Bordeaux.

Duport, Jacques, entrepreneur de navigation, Lyon.

Duportal, Armand, député de la Haute-Garonne.

Dupouy, sénateur de la Gironde.

Duprat, maître-charpentier, boulevard St-Vincent-de-Paul, 141, Clichy-la-Garenne. Seine.

Duprat, tanneur, Fleurance, Gers.

Duprat, étudiant en médecine, Fleurance, Gers.

Duprat, Pascal, député de la Seine.

Dupraz, Amédée-Chevrier, rue Saint-Maur, 246, Paris.

Dupraz, Pierre, employé, Lyon.

Dupré, négociant en broderies, rue des Moulins, 18, Paris.

Dupré, épicier, rue de Belfort, 29, Lyon.

Dupré, Paul, conseiller d'Etat, av. de Neuilly, 30, Neuilly, Seine.

Dupré, au puits Lardy, Vichy, Allier.

Dupriez, rue Biscornet, 4, Paris.

Dupriez, Alex., mécanicien princip., Courmes, Alpes-Maritimes.

Duprom, rue Pontarique, 3, Agen, Lot-et-Garonne.

Dupuis, rue Jeanne-d'Arc, 11, Paris.

Dupuis, brasseur, rue d'Enghien, 28, Lyon.

Dupuis, Albert, avocat, rue Le Peletier, 4, Paris.

Dupuis, J., vérificateur, rue des Fossés-Saint-Bernard, 46, Paris.

Dupuis, J.-Georges, cabinet d'assurances, rue Cadet, 11, Paris.

Dupuy, rue du Perche, 8, Paris.

Dupuy, bijoutier, rue de Thorigny, 3, Paris.

Dupuy, comptable, rue Lecourbe, 210, Paris.

Dupuy, relieur, Paris.

Dupuy, ancien commissaire-priseur, rentier, Angoulême.

Dupuy, lampiste, près de la gare, Béziers, Hérault.
Dupuy, propriétaire et tuilier, Merens, Gers.
Dupuy, Antoine, ferblantier, rue Truguet, Toulon.
Dupuy, Charles, commerçant, Mahé, îles Seychelles.
Dupuy, Destin-Décadi-Magloire, doct.-méd., député de l'Aisne.
Dupuy, Elie-Louis, percepteur, Béthune, Pas-de-Calais.
Dupuy, Guillaume, employé des manufactures de l'Etat, rue de
   Bègles, 7, Bordeaux.
Dupuy, Louis, consul à Edimbourg, Ecosse.
Dupuy de Cujus, Auguste, hôtel Chauvain, quai Saint-Jean-
   Baptiste, Nice, Alpes-Maritimes.
Dupuys, Jacques, mégissier, Chambéry, Savoie.
Duquers, courtier, Philippeville, Algérie.
Duquesne, Henri-Emile, libraire, Château-du-Loir, Sarthe.
Durancleau, serrurier, rue Lamartine, 25, Tours.
Durand, rue de l'Arbre-Sec, 19, Paris.
Durand, rue de Turbigo, 32, Paris.
Durand, conducteur d'omnibus, boulev. de la Gare, 10, Paris.
Durand, employé, rue Taylor, 20, Paris.
Durand, rentier, rue des Chartreux, 6, Paris.
Durand, rentier, avenue de Clichy, 18, Paris.
Durand, serrurier-mécanicien, rue de Bretagne, 61, Paris.
Durand, entrepreneur de bâtiments, conseiller municipal, pas-
   sage du Pont, 6, Rouen.
Durand, rue de Flandre, 32, Pantin, Seine.
Durand, commerçant en grains, quai Moncousu, Nantes.
Durand, homme d'affaires, Agen, Lot-et-Garonne.
Durand, rentier, Orgeval, Seine-et-Oise.
Durand, négociant, Lyaumont, Haute-Saône.
Durand, fils, employé, Nîmes.
Durand, Adolphe, employé principal à l'usine à gaz, Valence,
   Drôme.
Durand, Alcide, employé, rue Rochechouart, 83, Paris.
Durand, Alphonse, négociant, Saint-Nazaire, Loire-Inférieure.
Durand, Auguste, voyageur de commerce, r. du Poirier, 1, Paris.
Durand, Gustave, marchand de vins, rue de Rivoli, 9, Paris.
Durand, Henri, marchand-boucher, Lyon.
Durand, Jacques, imprimeur Bordeaux.
Durand, Jean, facteur au ch. de fer, r. de la Bucherie, 9, Paris.
Durand, Jean, minotier, Monpont-s.-l'Isle, Dordogne.
Durand, Jean-Bapt., négociant, rue d'Aligre, 13, Paris.
Durand, J.-B., Isidore, md de vins, boulev. Diderot, 18, Paris.
Durand, Louis-Victor-Henri, commis-voyageur, Caen.
Durand, Marius, représentant de commerce, r. de la Prade, 24,
   Carcassonne, Aude.
Durand, Numa, employé, rue Rochechouart, 83, Paris.
Durand, Pierre, ajusteur, Nîmes.

Durand-Désormeaux, cons. général, dir. du pers. au minist. de la Justice, rue François Ier, 24, Paris.

Durand Gaillout, prop., adm. de la Caisse d'épargne, rue Montant-au-Palais, 3, Joigny, Yonne.

Durand-Savoyat, avocat, cons. général et député de l'Isère.

Durandeau, maire de Vitteaux, Côte-d'Or.

Durandeau, Cayenne, Guyane française.

Duranton, menuisier, Cusset, Allier.

Duranton, E., cont. des const. de la ville, Charleville, Ardennes.

Dureau, négociant, rue Traversière, 35, Paris.

Durel, entrepreneur de voitures, Lyon.

Durenne, fab. de bronzes, rue St-Nicolas, 3, Paris.

Duret, rue de Javel, 10, Paris.

Duret, employé, boulevard Voltaire, 70, Paris.

Duret, comptable, route de la Reine, 136, Boulogne, Seine.

Duret, Lyon.

Duret, négociant, Imphy, Nièvre.

Duret, Joseph, employé, rue Bertrand, 16, Paris.

Duret, Théodore, fils, négociant, Cognac, Charente.

Duret-Maritte, Nevers, Nièvre.

Durier, E., avocat, membre du Comité consultatif de la Préfecture de la Seine.

Durieux, avocat, conseiller général.

Durieux, empl. à la manuf. de glaces, rue de Lancry, 42, Paris.

Durieux, route du Château, 55, Saint-Gratien, Seine-et-Oise.

Duriot, Baptiste, ferblantier-lampiste, Périgueux, Dordogne.

Duriot, Gothard, ferblantier-lampiste, Périgueux, Dordogne.

Durmont, rue André-Duchesne, 28, Tours.

Duroch, J.-L, pharm.-major en retraite, rue Royale, 5, Toulon.

Durollet, pharmac., Saint-Nicolas-du-Port, Meurthe-et-Moselle.

Dürr, Ch., représentant de commerce, Lyon.

Durrieu, rue Poulet, 25, Paris.

Durrieu, commerç. en meubles, boul. de Strasbourg, 62, Paris.

Durrieu, A., empl. chez un changeur, r. Montmartre, 13, Paris.

Durrieux, rue de La Chapelle, 40, Paris.

Duru, rue de Dunkerque, 18, Paris.

Duru, Baptiste, marchand de volailles, Bezons, Seine-et-Oise.

Durupt, rue Neuve-Saint-Merry, 14, Paris.

Dusacq, Lucien, chef de division à la Préfecture de la Seine, boulevard Voltaire, 18, Paris.

Duseaux, Paris.

Dusolier, Alcide, publiciste, sénateur de la Dordogne.

Dussagne, Philippe, boucher, Périgueux, Dordogne.

Dussault, architecte, rue des Petites-Ecuries, 11, Paris.

Dussaux, avocat, rue du Faubourg-Saint-Denis, 67, Paris,

Dusségné, Ulysse, négociant en vins, place de la Reine, 15, Boulogne, Seine.

Dusson, Jean-Baptiste, comptable, Lyon.

Dussud, Jean-Marie, entrepreneur, Nice, Alpes-Maritimes.

Dussy, employé, rue Sainte-Croix-de-la-Bretonnerie, 11, Paris.

Dutailly, Adolphe-Gustave, profess., député de la Haute-Marne.

Dutartre, Nevers, Nièvre.

Dutasta, professeur, maire de Toulon.

Dutaur, employé aux postes, Paris.

Du Temple, avocat, rue de la Clochette, 4, Cambrai, Nord.

Duter, Emile, professeur au Lycée Saint-Louis, maître de conférences à la Sorbonne.

Duthilleul, Edouard.

Dutboit, J.-B., arch.-stat., rue Nationale, 68, Toulon.

Dutour, H., propriétaire, maire de Saint-Sébastien, Gard.

Dutronchet, J., maître-menuisier, Enghien, Seine-et-Oise.

Dutruel, P., représ. de comm., rue Brûle-Maison, 55, Lille.

Duval, chef de bureau à la Tontine-Lafarge, rue de Rivoli, 9, Paris.

Duval, négociant en vins, rue Martel, 11, Paris.

Duval, propr., rue Mademoiselle, 17, Versailles, Seine-et-Oise.

Duval, cafetier, rue des Halles, 28, Tours.

Duval, menuisier-ébéniste, rue Péreix, Toulon.

Duval, négociant, aux Bonnes-Bruyères, Indre.

Duval, A., rentier, rue Geoffroy-Marie, 2, Paris.

Duval, Ch., négociant-filateur, chaussée Madeleine, Nantes.

Duval, E.-J.-B., pépiniériste, Grande-Rue, 109, Fontenay, Seine-Inférieure.

Duval, J.-C., ancien pharmacien, député de la Haute-Savoie.

Duvand, Adrien, journaliste, Lyon.

Duvaux, J.-Y.-A., professeur, député de Meurthe-et-Moselle.

Duve-Otto (de), Charles, pharmacien, rue Gioffredo, 7, Nice, Alpes-Maritimes.

Duverdyn, Félix, propriétaire, rue de la Barre, 50, Lille.

Duvergé, Ernest, Saint-Denis, île de la Réunion.

Duverger, naturaliste, Dax, Landes.

Duvernet, secrétaire général de préfecture.

Duverney, Camille, entrepreneur, Chambéry, Savoie.

Duvivier, entrep. de maçonnerie, avenue d'Enfer, 12 Paris.

Duvivier, N.-E., négociant, député de la Seine-Inférieure.

Duvoisin, md de couleurs, place de la Madeleine, 19, Paris.

Duwimaux, nég. en fleurs, rue du Faub.-St-Denis, 79, Paris.

Duzan, maître-tailleur du 3e escadron du train des équipages militaires, Vernon-sur-Seine, Eure.

Duzeraud, maçon, Vincennes, Seine.

Dyvrande, Pierre-Firmin, commerçant, Saint-Lô, Manche.

Dyvrande, Ernest, fils, étudiant en droit, Caen.

Dziedzic, maître de bal, limonadier, rue d'Aguesseau, 48, Boulogne, Seine.

E

Ebel, Louis, graveur, rue Taitbout, 30, Paris.
Eberlin, Jean-Henri, ébéniste, rue Moreau, 58, Paris.
Ebhart, journaliste, rue Vivienne, 53, Paris.
Ebling, tailleur, boul. Bonne-Nouvelle, Paris.
Ebstein, Henri, négociant, rue Arsène-Leloup, 1F, Nantes.
Ecarlat, Pierre-Jean, caporal d'infanterie, Paris.
Eckardt, mécanicien, r. de la Grange-aux-Belles, 12, Paris.
Edeline, herboriste, rue de Belleville, 65, Paris.
Egli, fabricant de moulure, rue de Charenton, 16, Paris.
Egrot, François-Alfred, md de mercerie, Charleville, Ardennes.
Ehr, caissier, place de la Trinité, 2, Paris.
Ehret, Victor, brasseur, Bar-le-Duc, Meuse.
Ehrmann, débitant de tabac, rue des Dames, 13, Paris.
Eiche, négociant, Saint-Pétersbourg, Russie.
Eisemberg, horloger, rue de Courcelles, 45, Paris.
Eisenbach, négociant, Berlin, Prusse.
Eissemann, Jean-Pierre, dessinat.-brodeur, r. Mandar, 12, Paris.
Elaudais, Charles, droguiste, Rennes.
Elias de Léon, négociant, Saint-Thomas, Antilles danoises.
Elin, Jean-Baptiste, cuisinier, Paris.
Eller, propriétaire, Mindin, Loire-Inférieure,
Ellis, homme de lettres, rue Chaptal, 11, Paris.
Elloy, B., aîné, Pantin, Seine.
Elloy, François, imp.-typog., rue de Sambre-et-Meuse, 28, Paris.
Eloy, Auguste-Pierre, journaliste, rue de l'Arsenal, 13, Toulon.
Eloi, Henri-Vincent, avocat, Caen.
Emdé, employé, rue du Croissant, 15, Paris.
Eme, marchand-tailleur, Dôle, Jura.
Emerat, négociant, Oran, Algérie.
Emeric, Bon, cafetier, au Pont-du-Los, Var.
Emerigon, Jean, pépiniériste, rue des Gants, 28, Bordeaux.
Emery, Chambéry, Savoie.
Emery, Joseph-Barthélemy, rue Richard-Lenoir, 7, Paris.
Emler, sous-commissaire de la marine, Saint-Louis, Sénégal.
Enard, Emile, teinturier, rue du Merle, 13, Toulon.
Enault, rue Thiers, 14, Saint-Dié, Vosges.
Enault, Auguste, négociant, rue Sainte-Luce, 15, Bordeaux.
Eneau, Pierre, vétérinaire, rue de Rochefort, 82, Royan, Charente-Inférieure.

Engelhardt, **Maurice**, avocat, conseiller municipal de Paris, conseiller général de la Seine, préfet.

Engelmann, tourn.-march. de bois, rue de Charonne, 37, Paris.

Engler, Vincent, agent général de la Compagnie du Chemin de fer Franco-Algérien, Oran, Algérie.

Enot, rue de la Paix, Paris.

Enstrabadès, étudiant en médecine, rue des Ecoles, 52, Paris.

Eparvier, horloger, Avignon, Vaucluse.

Ephantin, marchand-corroyeur, rue Saint-Joseph, 46, Lyon.

Eppeinstein, négociant, rue Albouy, 9, Paris.

Epron, docteur-médecin, rue d'Angoulême, 18, Paris.

Erambert, mécanicien, rue de la Mare, 12, Paris.

Erard, fabricant de pianos, Paris.

Erba, Charles, fumiste, rue de la Grange-aux-Belles, 13, Paris.

Erckmann, Emile, hommes de lettres, Paris.

Erhard, représentant de commerce, rue St-Honoré, 83, Paris.

Erich, comptable, avenue Victoria, 11, Paris.

Erlanger, Joseph, fab. de bronzes, r. Vieille-du-Temple, 121, Paris.

Ermeneux, serrurier, rue Mazarine, 26, Paris.

Ernest, Alfred, négociant, rue Haudaudine, Nantes.

Ernoult, fondeur d'or et d'argent, rue Beaubourg, 36, Paris.

Ernst, tapissier, rue Meslay, 52, Paris.

Ernult, Eugène-Pierre, rue Saint-Maur, 154, Paris.

Ersant-Lelièvre, L., cordonnier, r. du Marais, Pacy-sur-Eure, Eure.

Ertaud, Ernest, armateur, rue Jean-Jacques-Rousseau, Nantes.

Ervil-Lapice, négociant, Jacmel, Haïti.

Eshérard, Apt, Vaucluse.

Escande, Antoine, négociant en machines à coudre, rue Greneta, 3, Paris.

Escande, Antoine-Félix, fab. de châles, r. Montmartre, 95, Paris.

Escanyé, député, conseiller général des Pyrénées-Orientales.

Escaré, Charles, négociant en vins, Paris.

Escarguel, sénateur des Pyrénées-Orientales.

Escavailler, Bertrand, tanneur, Bergerac, Dordogne.

Escavez, François, aux Martignes, Bouches-du-Rhône.

Eschallier, hôtelier, rue de la Harpe, 18, Paris.

Eschard, Honoré, propriétaire, Roissy, Seine-et-Oise.

Escopat, Hippolyte, boulanger.

Eskedalh, Pierre, fabricant de pianos, passage Ste-Marie-du-Temple, 10, Paris.

Esmiol, Jean-Antoine, négociant, Lorient, Morbihan.

Esnauct, fabric. d'eau de javelle, r. du Bois, 11, Clichy, Seine.

Esnault, Rennes.

Esnault, fils, empl. à la *Petite France*, av. de Grammont, 32, Tours.

Esnault, Hippolyte, peintre sur porcelaine, Paris.

Esnault, Jean-Baptiste, dentiste, Toulon.

Esnault, **Pierre**, dentiste, Toulon.

Espaulx (d'), Ader, caissier de la Banque de la Guadeloupe, La Pointe-à-Pitre, Antilles françaises.

Espesel, employé de commerce, Carcassonne, Aude.

Espiau, Oscar, soldat musicien, au 4e régiment d'infanterie de marine, Toulon.

Espine, jardinier.

Espion-Coste, Charles, négociant, rue d'Arras, 3, Paris.

Espion, Emile, Nîmes.

Espitalié, marchand de tabac, Paris.

Espitalier, Joseph, receveur particulier des finances, Saint-Affrique, Aveyron.

Espitallié, Jean, maire, Souillac, Lot.

Espy, Pierre, conducteur de la voie au Chemin de fer du Midi, Millau, Aveyron.

Esquinance, négociant, Masseube, Gers.

Esquirou, propriétaire, Ladinhac, Haute-Vienne.

Essillard, Pierre, huissier, Caen.

Esteulle, Ernest, ingén. civil. r. Ruinart-de-Brimont, 44, Reims.

Estève, fab. d'anches d'orgues, rue Morand, 14, Paris.

Estève, Perpignan, Pyrénées-Orientales.

Estienne, Achille, employé à la recette générale, rue du Port-Marchand, 19, Toulon.

Estier, Nicolas, avocat, rue de la République, 29, Marseille.

Estignard, ingénieur, rue Blanche, 65, Paris.

Estoile (de l'), Blidah, Algérie.

Estribaud, fabricant de chaussures, Blois, Loir-et-Cher.

Esther, maître-tailleur, Ecully, Rhône.

Etiembre, imprimeur, quai Collard, 5, Nantes.

Etienne, marbrier, rue Saint-Nicolas, 11, Paris.

Etienne, métreur, boulevard de Vaugirard, 4, Paris.

Etienne, garde-mines, rue des Quatre-Eglises, 32, Nancy.

Etienne, Eugène, journaliste, inspecteur général des Chemins de fer de l'Etat, député d'Oran, sous-secrétaire d'Etat.

Etienne, Ferdinand, quincaillier, Valence, Drôme.

Etienne, Martial, teneur de livres, Valence, Drôme.

Etienne, Pierre, fils, négociant en vins, Caen.

Etiévant, Alfred, publiciste, Paris.

Etournaud, Joseph-Hector, négociant, Cognac, Charente.

Eude, représentant de commerce, rue de Rivoli, 84, Paris.

Eudel, étudiant en droit, rue des Ecoles, 46, Paris.

Eustratiades, étudiant en médecine, rue des Ecoles, 52, Paris.

Euzière, parfumeur, Bar-sur-Loup, Alpes-Maritimes.

Euzières, F.-V., avocat, r. Maccarain, 9, Nice, Alpes-Maritimes.

Even, march. de vins, r. de la Haie-Coq, 4, Aubervilliers, Seine.

Eveno, fondeur en fonte et en cuivre, rue Saint-Nicolas, Angers.

Everaert, rue de Colombes, 61, Courbevoie, Seine.

Extrémé, Jean, boucher, rue des Bonnetières, 17, Toulon.

Eybert, Gustave, négociant, Montélimar, Drôme.
Eygazier, Joseph, grav. sur bois, rue de Charonne, 152, Paris.
Eyguière-Debelleyme, pharmacien, rue de Vanves, 3, Paris.
Eykermans, J.-L., photographe, Saint-Denis, île de la Réunion.
Eymard, bottier, rue des Carmes, 6, Paris.
Eymerie, Alfred, négociant, Périgueux, Dordogne.
Eymond, Evariste, nég. en ling., r. de la Ch.-d'Antin, 47, Paris.
Eyraud, Ernest, ent. de charp., r. Théod.-Ducos, 32, Bordeaux.
Eyrich, commis-expéditeur, rue de Bondy, 3, Paris.
Eyrier, Jean-Antoine, s.-lieut. au 12e de ligne, au Mans, Sarthe.
Eyssalet, Jean-Jouanen, entrepreneur, Périgueux, Dordogne.

F

Fabaron, Simon, négociant en vins, av. Gambetta, Castillon-sur-Dordogne, Gironde.
Fabars, avoué près le Tribunal civil, Castelnaudary, Aude.
Fabart, géomètre, villa Ségur, av. de Ségur, 39, Paris.
Fabart, Félix, homme de lettres, Paris.
Fabien, directeur d'assurances, rue Condorcet, 66, Paris.
Fabien, homme de lettres, Paris.
Fabien, père, rue de Laval, 4, Paris.
Fabien, Alexandre, fils, employé, rue de Laval, 4, Paris.
Fabre, sous-préfet.
Fabre, rentier, rue Denfert-Rochereau, 64, Paris.
Fabre, chamoiseur, rue des Arènes, Agen, Lot-et-Garonne.
Fabre, trésorier-payeur général, Tulle, Corrèze.
Fabre, aux Cayes, Haïti.
Fabre, entrepreneur, Philippeville, Algérie.
Fabre, Alexandre, sergent au 15e de ligne, Soissons, Aisne.
Fabre, Auguste, Nîmes.
Fabre, Casimir, entrepreneur d'omnibus, maison Loupia, rue du Temple, Nice, Alpes-Maritimes.
Fabre, G., pharm., rue de la République, 25, Narbonne, Aude.
Fabre, Joseph, député de l'Aveyron.
Fabre, Jules, teneur de livres, route de Marseille, 89, au Pont-du-Los, Var.
Fabre, Justin, entrepreneur, Toulon.
Fabre, L., négociant, rue de l'Enfance, 27, Lyon.
Fabre, Louis, contre-maître, La Seyne, Var.
Fabre de Lagrange, professeur, Paris.

Fabron, négociant en vins, rue de Bercy, 13, Paris.
Fabry, rue du Pot-au-Lait, 7, Paris.
Faburel, voyageur, rue Lecourbe, 233, Paris.
Fabvre, Jean-Joseph, rentier, Coulommiers, Seine-et-Marne.
Fagegaltier, huissier, portail Matheron, 8, Avignon.
Fages, L., architecte de la ville, Narbonne, Aude.
Fagot, P., marchand de vins, chaussée du Maine, 3, Paris
Faie, dévideur de soie, rue Saint-Denis, 142, Paris.
Faintreny, E., fabr. de parapluies, rue des Dominicains, Nancy.
Faiveley, chapelier, Beaune, Côte-d'Or.
Faivre, chef des gardes, Tribunal de Commerce, Paris.
Faivre, constr. de grilles en fer, boul. Ménilmontant, 13, Paris.
Faivre, Charles, marchand de vins, rue Charlot, 47, Paris.
Faivre, Jean-Victor, marchand de vins, rue Bailly, 11, Paris.
Falck, scieur de bois à la méc., quai de Jemmapes, 228, Paris.
Falcout, charpentier, rue Lhay, Bourg-la-Reine, Seine.
Falcy, Jean-Constant, cuisinier, rue Berger, 10, Paris.
Falecker, Jean-Guillaume, ing., Saint-Louis, île de la Réunion.
Falgoux-Sicaire, lampiste, Périgueux. Dordogne.
Falguières, Emile, sellier, place des Vosges, Paris.
Falguières, J.-B., chef d'atelier, rue du Chevaleret, 28, Paris.
Falkenstein, Léopold, rue du Faubourg-Saint-Martin, 91, Paris
Famelart, négociant-pharmacien, rue des Lombards, 10, Paris.
Fanchon, Antoine, marchand de vins, rue Lecourbe, 119, Paris.
Fangier, Lyon.
Fanien, propriétaire, rue Lafayette, 58, Paris.
Fanolliet, Ernest, voyageur, rue Sainte-Anne, 35 bis, Neuilly-
    Plaisance, Seine-et-Oise.
Fanta, M., rue Halévy, 4, Paris.
Fanu (de), Venceslas, ingénieur civil, r. Le Chapelais, 10, Paris.
Fantoni, Giovani, mosaïste, rue de la Bûcherie, 19, Paris.
Fanu, Georges-Paulin, tabletier, rue Henri-Chevreau, 32, Paris.
Faradèche, Urbain, entrepreneur, rue du Cygne, 17, Tours.
Farchy, Philippe, employé, Paris.
Farcy, Eugène, officier de marine, député de la Seine.
Fardet, Jean-Paul, ferblantier, Bergerac, Dordogne.
Fargès, Jules, limonadier, Poitiers.
Farget, rue de Charenton, 207, Paris.
Fargis, Edouard-Lucien, négociant, Périgueux, Dordogne.
Fargues, rue Saint-Denis, 184, Paris.
Fargues, rep. de commerce, boul. Richard-Lenoir, 115, Paris.
Farine, Pierre, avocat, quai du Marché-Neuf, 6. Paris.
Farizier, commis-voyageur, rue de Seine, 38, Paris.
Farjas, secrétaire général de préfecture.
Farjas, A., agréé, avenue de Saint-Cloud, 31, Versailles.
Farmain de Sainte-Reine, propriétaire, rue Leroux, 5, Paris.
Farochon, rue des Trésoriers, 1, Châlons-sur-Marne.

Farot, Victor, adjoint au maire, Tulle, Corrèze.

Farques, adjoint au maire, Besançon.

Farrenc, Eugène, notaire, rue du Pont-Neuf, Nice, Alpes-Marit.

Farret, Etienne, distillateur, rue Tourventouse, Béziers, Hérault.

Farret, Louis, chaudronnier, rue Tourventouse, Béziers, Hérault.

Farreyre, François, limonadier, Nontron, Dordogne.

Farrouch, négociant, rue Gambetta, 3, Nancy.

Fasné, Félix, notaire, Baccarat, Meurthe-et-Moselle.

Fatalot, Firmin, Nîmes.

Fatalot, chef du bureau central du chemin de fer, avenue Feuchères, Nîmes.

Fauché, négociant, rue Molinier, Agen, Lot-et-Garonne.

Faucher, L.-J., fabricant de manches de parapluies, rue Saint-Denis, 304, Paris.

Fauchery, rue de Jarente, 3, Paris.

Faucheur, E.-F., entrepr. de menuiserie, r. Brisemiche, 1, Paris.

Faucheux, fab. d'engrais, rue d'Alger, Nantes, Loire-Inférieure.

Faucillon-Boucher, Eugène, agriculteur, Haute-Olive, Chinon, Indre-et-Loire.

Fauconnier, tourneur, Essonnes, Seine-et-Oise.

Faugère, Roch, fumiste, Bougival, Seine-et-Oise.

Faugeron, fabricant-miroitier, rue Beaubourg, 42, Paris.

Faugeron, rue des Pommiers, 6, Nogent-sur-Marne, Seine.

Fauh, négociant en glaces, rue du Dragon, 25, Paris.

Faulconnier (de), caissier, rue Saint-Côme, 9, Orléans.

Faule, Emile, marchand d'outils, rue de Saintonge, 31, Paris.

Faultrier.

Faummüller, capitaine en retraite, Arbois, Jura.

Faure, préfet.

Faure, boulevard de Montparnasse, 25, Paris.

Faure, gérant de propriété, Paris.

Faure, Lyon.

Faure, avoué, cours Romestang, 7, Vienne, Isère.

Faure, aîné, négociant, Philippeville, Algérie.

Faure, Emile, fils, tapissier, Bergerac, Dordogne.

Faure, Fernand, professeur de droit, député de la Gironde.

Faure, Jean, charpentier-marchand de vins, Paris.

Faure, Jean-Baptiste, capit. de navire, rue du Jour, Bordeaux.

Faure, Jules-François, négociant, Saint-Vallier, Drôme.

Faure, Léon, employé de commerce, Périgueux, Dordogne.

Faure, Maurice, journaliste, directeur du personnel du service pénitentiaire au ministère de l'Intérieur, député de la Drôme.

Faure, Pierre-Henri, cond. des ponts et ch., Périgueux, Dordogne.

Faure, Pierre-Hippolyte, pharmacien, conseiller général et député de la Marne.

Fauré, Amand, préfet.

Fauré, rue Saint-Martin, 196, Paris

Fauré, docteur-méd., cons. général, cours Julien, 2, Marseille.

Faurie, Antoine-Edouard, entrepreneur, rue d'Arès, 8, Bordeaux.

Faurie, Jean, fils aîné, négociant, Saint-Luobès, Gironde.

Faurie, Jean-Léopold, commis-négociant, rue Judaïque, 177, Bordeaux.

Faussmann, gantier, rue Eugénie, Levallois-Perret, Seine.

Fausuret, juge de paix, Philippeville, Algérie.

Fauve, ingénieur, rue de Turbigo, 28, Paris.

Fauvel, archit. de la ville, St-Germain-en-Laye, Seine-et-Oise.

Fauvel, Charles, mécanicien, rue d'Allemagne, 132, Paris.

Fauvet, négociant en vins, rue Neuve, 6, Maison-Blanche, Seine.

Fauvety, Charles, publiciste, conseiller municipal d'Asnières, propriétaire, avenue Pereire, 8, Asnières, Seine.

Fauvin, serrurier, rue des Batignolles, 30, Paris.

Faux, Alfred, fils, négociant, rue Ducau, 95, Bordeaux.

Faux, Félix, peintre en voitures, Brie-Comte-Robert, Seine-et-Marne.

Faux, Jean, aîné, négociant-entrepreneur, rue Traversière, 15, Bordeaux.

Fauzax, Jean-Louis, commandant de recrutement, Nancy.

Favalelli, préfet.

Favalelli, secrétaire général de la Préfecture de la Seine, directeur du personnel au ministère des Finances.

Favand, Auguste, chef de bataillon, député du Gard.

Favarel, employé aux contributions indirectes, Nevers, Nièvre.

Favart, rue de Lille, 34, Paris.

Faveau, Camille, menuisier, rue Gambetta, 98, Royan, Charente-Inférieure.

Favier, rentier, boulevard Poissonnière, 9, Paris.

Favier, contre-maître, La Ville-en-Bois, Loire-Inférieure.

Favot, limonadier, Bône, Algérie.

Favre, artiste lyrique.

Favre, rue de Lancry, 55, Paris.

Favre, Claude-Gabriel-Jules, avocat, publiciste, député, vice-président du gouvernement de la Défense nationale, ministre, sénateur, membre de l'Académie Française.

Favrel, marchand de vins, Paris.

Favret, rue de Sambre-et-Meuse, 26, Paris.

Favrot, E., voyageur, Parentrecy.

Fay, négociant, rue Petit-Saint-Jean, Marseille.

Fay, Paul-Emile, négociant, rue Sainte-Luce, 15, Bordeaux.

Fayard, juge au Tribunal civil, Beyrouth, Syrie.

Fayard, Albin, avocat, Valence, Drôme.

Fayard, Jean-Baptiste, cantinier au 26e régiment d'artillerie.

Fayard, avocat, propriét., conseiller général, rue Jonchères, 15, Valence, Drôme.

Fayen, rue de Penthièvre, 24, Paris.

Fayet, cap. d'ét.-maj., officier d'ord. du prés. de la République.
Fayet, chapelier, Vichy, Allier.
Fayet, Alexandre, capitaine au long-cours, Bordeaux.
Fayet, Georges, doct.-méd., rue Mercière, 5, St-Etienne, Loire.
Fayeulle, rue Brochant, 29, Paris
Fayou, coiffeur, Saint-Brieuc, Côtes-du-Nord.
Fazuilhe, sous-préfet.
Féau, Perpignan, Pyrénées-Orientales.
Féau, Paul, avocat, député de Seine-et-Oise.
Fédière, comptable, rue Saint-Maur, 250, Paris.
Fée, ancien avoué, rue du Helder, 13, Paris.
Feigl, Sommi, rue Jean-Jacques-Rousseau, 42, Paris.
Félène, Julien-Dominique, entrepren. de travaux pub., Belfort.
Félix, Emile-Louis, limonadier, Caen.
Félix, Léon, march. de vins en gros, au Perray, Seine-et-Oise.
Fell, caissier, rue Lafayette, 150, Paris.
Fellmann, voyageur de commerce, Nancy.
Fellmer, facteur de musique, Oran, Algérie.
Fellot, négociant, Angoulême.
Fels, limonadier, Paris.
Feltmans, Georges, employé, rue d'Angoulême, 48, Paris.
Feltmans, Jules, représ. de commerce, r. d'Angoulême, 48, Paris.
Fenaux, Alphonse, négoc. en grains et farines, Givet, Ardennes.
Fenoll, négociant, Oran, Algérie.
Fépoux, contrôleur des contributions directes.
Feral, Nevers, Nièvre,
Ferat, employé, Grande-Rue, 39, Charenton, Seine.
Feraud, Gustave, avocat, hôtel Paradis, quai du Midi, Nice,
    Alpes-Maritimes.
Féray, sénateur de Seine-et-Oise.
Féray, Léon, conseiller général de Seine-et-Oise.
Ferdeuil, Edouard, vice-président du Conseil de préfecture de
    Loir-et-Cher, sous-préfet, avocat à la Cour d'Appel de Paris.
Ferher, Pierre, négociant, boul. de La Villette, 244, Paris.
Ferlat, André, fab. de navettes, montée St-Sébastien, 10, Lyon.
Ferlus, Isidore, sous-lieutenant, Périgueux, Dordogne.
Fermé, licencié en droit, rue Saint-Etienne-du-Mont, Paris.
Fermond, Prosper, entrepr de menuiserie, r. Mazarine, 56, Paris.
Fernbach, Léon, produits chim., r. des Quatre-Eglises, 11, Nancy.
Fernoux, architecte, boulevard Voltaire, 16, Paris.
Féron, Eugène-Louis, dessinateur en dentelles, Caen.
Ferran, Lyon.
Ferran, Ambroise-Joachim, avocat, rue de Richelieu, 33, Paris.
Ferran, Ant., libraire, rue d'Antibes, 61, Cannes, Alpes-Marit.
Ferrand, instituteur, rue Saint-Ferdinand, 18, Paris.
Ferrand, rentier, rue Jean-Baptiste-Say, 7 bis, Lyon.
Ferrand, au 33e de ligne, Arras, Pas-de-Calais.

Ferrand, H.-Fr., négociant en vins, quai de la Râpée, 44, Paris.
Ferrand, Jean, maître d'hôtel, Saint-Vimart, Gironde.
Ferrand, Odon, boulanger, Mussidan, Dordogne.
Ferrando, Benoît, aux Martignes, Bouches-du-Rhône.
Ferrant, md de fromages, rue du Fg-St-Denis, 4, Paris.
Ferrari, homme de lettres, rue Lacroix, 36, Paris.
Ferrari, entr. de vitrerie, rue des Moines, 3, Paris.
Ferrat, Charles, comptable aux lits militaires, quartier Saint-
   Roch, Toulon.
Ferrat, J., pharmacien, place Saint-Jean, Toulon.
Ferré, sabotier, Longjumeau, Seine-et-Oise.
Ferré, Alfred, instituteur, rue de Bagnolet, 62, Paris.
Ferrel, maître d'hôtel, Terrasson, Dordogne.
Ferrer, propriétaire, rue d'Amsterdam, 51, Paris.
Ferrer, Léon, pharmacien, Perpignan, Pyrénées-Orientales.
Ferres, P.-A., négociant, rue de l'Arbre-Sec, 22, Paris.
Ferret, A., employé de chemin de fer, au Mans, Sarthe.
Ferret, Edouard, entrepreneur de travaux publics, rue Picard,
   La Bastide, Bordeaux.
Ferret, Napoléon-Emile, ancien négociant, employé au Crédit
   Foncier colonial, La Pointre-à-Pitre, Antilles françaises.
Ferret, P., photographe, rue Gioffredo, Nice, Alpes-Maritimes.
Ferreyra, entr. de construction, boul. de La Villette, 244, Paris.
Ferrier, conducteur, Chambéry, Savoie.
Ferrière (de), dessinateur, rue Lecomte, 3 bis, Paris.
Ferrière, entrepreneur de travaux publics, rue des Frères-Ra-
   vaux, 10, Arles, Bouches-du-Rhône.
Ferrière, cultivateur, Valanton, Seine-et-Oise.
Ferrière, Isidore, entrepreneur, Constantine, Algérie.
Ferrouillat, sénateur du Var.
Ferrouillat, fils, journaliste, conseiller général du Rhône.
Ferry, statuaire, Auch, Gers.
Ferry, teinturier, Pacy-sur-Eure, Eure.
Ferry, Albert, avocat, conseiller général et député des Vosges.
Ferry, Charles, député des Vosges.
Ferry, Emile, maire du IX° arrondissement de Paris.
Ferry, François-Camille-Jules, avocat, publiciste, député, mem-
   bre du gouvernement de la Défense nationale, préfet, con-
   seiller général et député des Vosges, ambassadeur, ministre.
Ferry, Jules, négociant, Paris.
Ferry, Louis, distillateur, Paris.
Fertoret, Lyon.
Ferveur, Jean-Joseph, briquetier, Mascara, Algérie.
Fessart, Simon, rentier, La Celle-Saint-Cloud, Seine-et-Oise.
Fesser, négociant, rue des Jeûneurs, 42, Paris.
Feugère, architecte, boulevard de Clichy, 74, Paris.
Feuillet, rue de Flandre, 16, Paris.

Feuilleux, treillageur, Paris.

Fèvre, rue des Dames, 7 et 9, Paris.

Février, médecin-major au 43ᵉ de ligne, Lille.

Feyret, Pierre, négociant, Bordeaux.

Fiasson, passementier, rue d'Allemagne, 3, Paris.

Fiaux, docteur-médecin, conseiller municipal de Paris, conseiller général de la Seine.

Fichet, voyageur de commerce.

Ficher, aux paquebots transatlantiques, Saint-Nazaire, Loire-Inf.

Fichet, propriétaire, La Roche-sur-Yon, Vendée.

Fichet, serrurier, rue de Ville-d'Avray, Sèvres, Seine-et-Oise.

Fieffé, cons. de préf., juge de paix, r. d'Orléans, 4, Nevers, Nièvre.

Fieuzal, médecin en chef de l'hospice des Quinze-Vingts, rue du Faubourg-Saint-Honoré, 93, Paris.

Fiévé, ouvrier peintre, rue de Da Villette, 6, Paris.

Fiévé, tapissier, rue du Calvaire, Nantes.

Fievet, imprimeur, Epernay, Marne.

Figaret, avocat, Agde, Hérault.

Filassier, architecte, boulevard de Magenta, 136, Paris.

Filippini, préfet, gouverneur de la Cochinchine.

Fillatrau, Gonzague, négociant, Bourg, Gironde.

Fillatreau, Jean, maître-voilier, quai de la Queyrie, Bordeaux.

Fillette, Louis, doreur sur bois, rue Amelot, 47, Paris.

Fillieux, propriétaire, Civrieux-d'Azergues, Rhône.

Fillion, employé à l'État civil, rue Vercingétorix, 37, Paris.

Fillion, Eugène, artiste dramatique, Caen.

Fillon, restaurateur, Grande-Rue, Bourg-la-Reine, Seine,

Fils, Arthur, agent d'affaires, La Charité, Nièvre.

Filsac, propriétaire, rue des Mirepoises, 15, Cahors, Lot.

Filsac, Edmond, empl. des contrib. indirectes, Cahors, Lot.

Finand, boucher, La Petite-Villette, Paris.

Finet, rue Blanche, 96, Paris.

Finet, ébéniste, rue des Acacias, 14, Paris.

Finet, Auguste, avoué, Chambéry, Savoie.

Finet, Jean-Bapt., avocat, Chambéry, Savoie.

Finot, horloger, rue St-Denis, 102, Paris.

Fiocre, entrep., passage des Jardins, 3, Paris.

Firancou, cond. des travaux du chemin de fer, Crest, Drôme.

Firbach, préfet.

Fischer, tailleur, rue St-Marc, 16, Paris.

Fischer, Ernest, négociant, Lyon.

Fisseau, Théop.-Florent, fab. de billards, Dreux, Eure-et-Loir.

Fiton, rentier, rue de Douai, 20, Paris.

Filz-James (comte de), enseigne de vaisseau, Toulon.

Fix, rue de Turbigo, 51, Paris.

Fix, Emile, commis au Laboratoire municipal, rue du Trou-à-Sable, 3, Paris.

Fizel, Eugène, avocat, Caen.

Flach, Emile, substitut, Nîmes.

Flachil, Georges, garde d'artillerie, St-Denis, île de la Réunion.

Flad, herboriste, rue Saint-Paul, 24, Paris.

Flamant, Eugène, md de beurre, rue de la Lingerie, 7, Paris.

Flamens, Pierre, avocat, maire de Castelsarrazin, conseiller général de Tarn-et-Garonne.

Flament, aux Petits-Ménages, Issy, Seine.

Flament, Louis, rue du Grenier-Saint-Lazare, 26, Paris.

Flamin, Pierre, fabricant d'aiguilles, Phlin, Meurthe-et-Mo. 'lle.

Flammang, glacier, rue Portalès, 16, Paris.

Flandrai, Ed.-J.-Constant, architecte, r. Georges-Sand, 59, Tours.

Flandreau, pâtissier, rue des Arches-Sèches, Nantes.

Flaury, rue Saint-Denis, 307, Paris.

Fléau, Alexandre-Denis, avocat, préfet, directeur de l'*Union Républicaine*, Evreux, Eure.

Fletscher, commis-négociant, rue Cadet, 42, Paris.

Fleuret, Adrien, architecte, avenue de Wagram, 41, Paris.

Fleuret, Théodore, serrurier, Pacy-sur-Eure, Eure.

Fleurot, commis-négociant, Valparaiso, Chili.

Fleury, rue du Dragon, 3, Paris.

Fleury, briquetier, rue des Tourelles, 20, Paris.

Fleury, cimentier, rue de Terre-Neuve, 40, Paris.

Fleury, architecte, avenue de la République, Château-Thierry, Aisne.

Fleury, inspecteur de la Colonie pénitentiaire, aux Douaires, près Gaillon, Eure.

Fleury, notaire, Avaray, Loir-et-Cher.

Fleury, Alfred, inspecteur de la 1re section pénitentiaire, place Bonne-Nouvelle, Rouen.

Fleury, Frédéric, épicier, Cognac, Charente.

Fleury, Léon, courtier en marchandises, rue d'Orléans, 76, au Havre.

Fleury, Nicolas-Évangéliste, Paris.

Fleury, Théodore, banquier, publiciste, député, sous-préfet.

Flévin, tisseur, rue de Nuits, 23, Lyon.

Flick, empl. à la Cᵉ Paris-Lyon-Médit., r. de Reuilly, 33, Paris.

Flick, brasseur, rue Gambey, 16, Paris.

Flint, négociant en draps, place de la Bourse, 36, Paris.

Flipo, Pierre, propriétaire, cons. munic. de Roubaix, Nord.

Flize, L.-A., chef de bataillon d'infanterie de marine.

Flogny, Vincent, md de vins, r. du Faub.-St-Martin, 83, Paris.

Floquet, dir. de l'Harmonie de Grenelle, r. Letellier, 16, Paris.

Floquet, Thomas-Charles, avocat, publiciste, député, préfet, président de la Chambre des Députés.

Florant, commissionnaire de roulage, Confolens, Charente.

Florens, Léon, négociant, Nîmes.

Florent-Lefebvre, député.

Floret, préfet.

Florin, Grande-Rue, 65, Argenteuil, Seine-et-Oise.

Floris, Alcipède, propriét., Sainte-Suzanne, île de la Réunion.

Floris, Alexandre, planteur, Mayotte, colonie française.

Flosse, J.-P.-V., chapelier, rue des Batignolles, 46, Paris

Flouet, opticien, rue Moreau, 22 *bis*, Paris.

Flouppal, Nevers, Nièvre.

Flourac, L., march.-taill., rue d'Alsace-Lorraine, 10, Toulouse.

Floury, cultivateur, Goincourt, Oise.

Fluchot, Nicolas, brigadier à la 10e compagnie d'ouvriers d'artillerie, Constantine, Algérie.

Foa, imprimeur, rue Neuve, Toulon.

Focken, Joseph, tailleur, rue Rameau, 13, Paris.

Fœrtner, facteur de pianos, rue Saint-Sébastien, 39, Paris.

Fogassi, passage Legendre, 6, Paris.

Foiche, employé, rue Mabillon, 8, Paris.

Foillard, employé, quai de Bercy, 22, Paris,

Foinard, surveillant de travaux, Vernon, Eure.

Foiry, marchand de vins en gros, Essonnes, Seine-et-Oise.

Foissey, mécanicien, rue Letort, cité du Hérisson, 9, Paris.

Foissey, voyageur de commerce, rue des Halles, 6, Paris.

Foisy, Joseph, employé au Chemin de fer d'Orléans, Bordeaux.

Foliguet, caissier de commerce, Paris.

Folléa, conseiller municipal, Saint-Laurent-lès-Mâcon, Saône-et-Loire.

Follet, négociant en vins, rue de Paris, 141, Pantin, Seine.

Follin, fondeur, rue de Valenciennes, 20, Paris.

Fonbelle, Georges, notaire, cons. gén. et député de la Dordogne.

Foncelle, tailleur, rue Sornin, Vichy, Allier.

Fonchier, Jacques, libraire, rue Gambetta, 45, Royan, Charente-Inférieure.

Fonlaine.

Fonreaud, Philippe, commis-négociant. Cognac, Charente.

Fontainas, Charles, avocat, rue de la Victoire, 10, Paris.

Fontaine, rue Saint-Martin, 226, Paris.

Fontaine, avocat, rue Notre-Dame-de-Lorette, 40, Paris.

Fontaine, employé, route d'Orléans, 62, Paris.

Fontaine, employé, rue Truffaut, 108, Paris.

Fontaine, propriétaire, boulevard Dubouchage, 35, Nice, Alpes-Maritimes.

Fontaine, Arthur-Stanislas, imprimeur, rue Compoise, 62, Saint-Denis, Seine.

Fontaine, Auguste, teinturier, rue Compoise, 62, St-Denis, Seine.

Fontaine, Jean-Baptiste, ancien avoué, Bayeux, Calvados.

Fontaine, Jean-Jacques, propriétaire, villa Fontaine, rue Chauvain, Nice, Alpes-Maritimes.

Fontaine, Jules, maçon, Vic-sur-Aisne, Aisne.
Fontaine, Octave, entrepr. de maçonnerie, Vic-sur-Aisne, Aisne.
Fontalirant, Eugène, Brives, Corrèze.
Fontana, ébéniste, Grasse, Alpes-Maritimes.
Fontanet, constructeur, boulevard de Grenelle, 62, Paris.
Fontany, employé de commerce, rue des Jardins, 35, Saint-Etienne, Loire.
Fontayral, docteur-médecin, Eymet, Dordogne.
Fontenille, boulevard Baille, 27, Marseille.
Fonteray, capitaine en retraite, Lyon.
Fonvielle (de), Arthur, publiciste, Paris.
Fonvielle (de), Ulric, publiciste, Paris.
Foos, César-Ernest, rentier, rue de l'Etoile, 16, Paris.
Fopiano, propriétaire et légiste, r. Saint-Ferréol, 11, Marseille.
Forcioli, sénateur de l'Algérie.
Forel, Paul, industriel, Rupt-sur-Moselle, Vosges.
Forest, avocat, conseiller municipal de Paris, conseiller général et député de la Seine.
Forest, père, chapelier, rue des Nonains-d'Hyères, 22, Paris.
Forest, fabricant de papiers, Chambéry, Savoie.
Forest, Jean-Alexandre, mécanicien au chemin de fer, rue d'Eupatoria, Tours.
Forge, Octave, au Bazar du voyage, Vichy, Allier.
Forges, négociant, Agen, Lot-et-Garonne.
Forget, voyageur, passage Doudeauville, 8, Paris.
Forget, ancien militaire, Hôtel des Invalides, Paris.
Forget, fils, employé, rue du Faub.-Poissonnière, 195, Paris.
Forgues, maître-armurier militaire, Caen.
Forja, Paul, serrurier, rue des Bons-Enfants, 2, Tours.
Formager, rue Michel-le-Comte, 21, Paris.
Forster, chef d'escadron, Paris.
Fort, boulevard Lannes, Paris.
Fort, au 25e de ligne.
Fort, Achille, entrepr. de maçonnerie, rue des Prêtres, 22, Paris.
Fortant, Jules, imprimeur-lithographe, Charleville, Ardennes.
Fortier, chef de train, rue Maître-Albert, 6, Paris.
Fortier, voyageur de commerce, rue de Ménilmontant, 86, Paris.
Fortier, Victor, chef de train, rue du Jour, Bordeaux.
Fortin, Paris.
Fortin, métreur, rue de Courcelles, 27, Levallois-Perret, Seine.
Fortin, homme de lettres, rue de Pologne, 131, Saint-Germain-en-Laye, Seine-et-Oise.
Fortin, Emile-Eugène, directeur de la Compagnie du Gaz, rue Dorée, Dreux, Eure-et-Loir.
Fortoul, F., garde d'artillerie, Batna, Algérie.
Fosré, brasseur, avenue d'Italie, 125, Paris.
Fossard, boucher, Montbéliard, Doubs.

Fosse, P., propriétaire, Maule, Seine-et-Oise.

Fossé, géomètre, rue d'Angoulême, 20, Paris.

Fosset, boulanger, rue de Ménilmontant, 34, Paris.

Fossey, employé, rue des Martys, 32, Paris.

Fosseyeux, E., employé, rue de Traverse, 25, Levallois-Perret, Seine.

Fosty, rue Charlot, 49, Paris.

Foubart, restaurateur, boulevard de Ménilmontant, 21, Paris.

Foubert, sénateur inamovible.

Foubert, Alfred, chef du secrétariat particulier du ministre de l'Intérieur.

Foubert, O., directeur des fonds au ministère de l'Intérieur, chef adjoint au cabinet du ministre de ce département, rue de Varennes, 44, Paris.

Foucart, Paris.

Foucaud, négociant, Angoulême.

Foucaud, Auguste, passementier, rue de Ponthieu, 7, Paris.

Foucault, rue de Richelieu, 27, Paris.

Foucault, rue du Vivier, 11, Puteaux, Seine.

Foucault, Louis-François, coiffeur, pl. de l'Eglise, 4, Ivry, Seine.

Fouché, rue du Faubourg-du-Temple, 129, Paris.

Fouché, notaire, Neuillat.

Fouché, Louis-Jules, entrepreneur de chaudronnerie, rue des Ecluses-Saint-Martin, 30, Paris.

Fouché, Pierre, ancien, comptable, rentier, hospice des Incurables, Ivry, Seine.

Foucher, négociant, rue Louis-le-Grand, 26, Paris.

Foucher, sellier, place de l'Eglise, Ivry, Seine.

Foucher, tonnelier, Athis-Mons, Seine-et-Oise.

Foucher, Cyrille-Victor, md de vins, r. de Constantine, 44, Paris.

Foucher, Ernest, avocat, Caen.

Foucher, Henri, horl., calle de la Planchada, Valparaiso, Chili.

Foucher de Careil, sénateur de Seine-et-Marne, ambassadeur en Autriche.

Fouchereau, négociant, La Roche-sur-Yon, Vendée.

Fouchet, appareilleur, rue du Champ-de-Mars, 1, Paris.

Fouchet, fabricant de bronzes, boul. du Temple, 30, Paris.

Foucheyrant, employé de chemin de fer.

Fouchy, négociant en vins, rue des Ecoles, 58, Paris.

Fouclet, Jules-Théophile, limonadier, rue de Turbigo, 87, Paris.

Foucque, Aimé, commerçant, Saint-Denis, Ile de la Réunion.

Fouet, négociant, rue Neuve-St-Merri, 38, Paris.

Fougeray, mécanicien, rue Portefoin, 14, Paris.

Fougner, Antonin, rue de l'Echiquier, 36, Paris.

Fougner-Bjorn, négociant, rue du Château-d'Eau, 34, Paris.

Fouilloux, propriétaire, St-Cyr-au-Mont-d'Or, Rhône.

Fouin, entrep. de démolitions, boulevard St-Michel, 139, Paris.

Foulhoux, Alfred-Marie, architecte, sous-dir. du serv. des trav. publics, sect. des bât. civils, Saïgon, Cochinchine française.

Foulon, bijoutier en nacre, rue Chapon, 31, Paris.

Foulon, marbrier, rue de Malte, 7, Paris.

Foulon, aux paquebots transatlantiques, Saint-Nazaire, Loire-Inférieure.

Foulon, Camille, voyageur de commerce, Mézières, Ardennes.

Foulon, Ch., nég., r. des Vieux-Quartiers, 22, Dunkerque, Nord.

Fouque, restaurateur, café du Commerce, Toulon.

Fouque, boucher, Oran, Algérie.

Fouque, nég., Oran, Algérie.

Fouque, employé, Ténès, Algérie.

Fouque, aîné, doct.-méd., rue Ste-Clotilde, 1, Nice, Alpes-Mar.

Fouque, Paul, avocat, rue Ste-Clotilde, 1, Nice, Alpes-Maritim.

Fouqueau, Alexis, arrimeur, rue Rose, 18, Bordeaux.

Fouquergne, voyageur, rue de Montholon, 13, Paris.

Fouques, ten. hôtel et pension de Londres, Menton, Alpes-Mar.

Fouquet, avenue des Ternes, 97, Paris.

Fouquet, couvreur, rue des Jardins-Saint-Paul, 29, Paris.

Fouquet, professeur de musique, rue de Vaugirard, 17, Paris.

Fouquet, tapissier, boulevard Richard-Lenoir, 1 et 3, Paris.

Fouquet, Ernest, maire de Neuilly-Plaisance, Seine-et-Oise.

Fouquin, Ecouen, Seine-et-Oise.

Four, Thomas, négociant, président du Tribunal de Commerce, rue de la Barrière, 2, Tulle, Corrèze.

Fouragnant, Constant, voyageur de commerce, au Mans, Sarthe.

Fourcade, Perpignan, Pyrénées-Orientales.

Fourcade, Albert, marchand-boucher, Bordeaux.

Fourcand, maire et présid. du Tribunal de Commerce de Bordeaux.

Fourcand, sénateur.

Fourès, représentant de commerce, Agen, Lot-et-Garonne.

Fouret, limonadier, Essonnes, Seine-et-Oise.

Fourgeaud, boulanger, Paris.

Fourgeaud, négociant, adjoint au maire, juge au Tribunal de Commerce, Bergerac, Dordogne.

Fourgeaud, Numa, négociant, Périgueux, Dordogne.

Fourgeron, A., marchand de chaussures, rue Compoise, 31, Saint-Denis, Seine.

Fourle, Octave, propriétaire, Grande-Rue, 28, Issy, Seine.

Fourmont, Léon, propriétaire, Cénon, Gironde.

Fourneau, Louis, aîné, maître-couvreur, Saint-Cyr-sur-Loire, Indre-et-Loire.

Fourneau, Prudent, jeune, ancien maître-couvreur, propriét., place du Palais, 5, Tours.

Fournel, substitut du procureur de la République, Dreux, Eure-et-Loir, et rue Berthollet, 24, Paris.

Fournet, marchand de chaussures, rue Saint-Antoine, 183, Paris.

Fournier, émailleur, rue Charlot, 31, Paris.

Fournier, fabricant de cols, cravates, rue de Chabrol, 3, Paris.

Fournier, limonadier, rue du Faubourg-Saint-Denis, 37, Paris.

Fournier, mécanicien, rue du Faubourg-St-Martin, 258, Paris.

Fournier, restaurateur, rue du Terrier, 66, Vincennes, Seine.

Fournier, tisseur, Petite-Rue-de-Cuire, 8, Lyon.

Fournier, fils, Petite-Rue-de-Cuire, 8, Lyon.

Fournier, menuisier, rue des Petits-Murs, Nantes.

Fournier, photographe, rue Roussane, Agen, Lot-et-Garonne.

Fournier, propriétaire, Boussagues, Hérault.

Fournier, négociant, Jacmel, Haïti.

Fournier, employé de commerce, rue Trézel, Bône, Algérie.

Fournier, Augustin, conduct. de trav., r. Lafayette, 13, Toulon.

Fournier, Gustave-Alexis, huissier, Grande-Rue, Belley, Ain.

Fournier, Henri, entrepreneur, rue de la Martinière, 7, Lyon.

Fournier, Jacques-Edouard, ouvrier d'artillerie de marine, caserne des Capucins, Toulon.

Fournier, Jean, négociant, rue du Jour, Bordeaux.

Fournier, Jean, ferblantier, rue Ste-Catherine, 278, Bordeaux.

Fournier, nég. en vins de Champagne, Epernay, Marne.

Fournier, L.-C., officier comptable en retraite, r. des Jacobins, Clermont-Ferrand.

Fournier, Octave-Auguste, docteur-médecin, adjoint au maire, Soissons, Aisne.

Fournier, Pierre, maître-bottier, Constantine, Algérie.

Fournier-Jouclet, Achille, capitaine au long cours, rue Ségalier, 17, Bordeaux.

Fourniguet, Saint-Lyé, Loiret.

Fourniol, Alexandre, négociant, Collobrières, Var.

Fourny-Boiron, propriétaire, Ay, Marne.

Fourot, député.

Fouroux, conseiller général, Toulon.

Fourré, marchand de vins, Paris.

Fourreau, négociant en vins, Epernay, Marne.

Fourrier, défenseur, Orléansville, Algérie.

Fourvel, Albert, voyag. de comm., pas. de l'Ariège, 14, Bordeaux.

Fousset, E.-E., conseiller général et député du Loiret.

Foussier, nég. en vins, boul. Beaumarchais, 70, Paris.

Foy, L.-E., 1er maître-mécanicien, sur le *Louis XIV*, Toulon.

Foyé, employé au Collège Rollin, rue Lhomond, Paris.

Foyot, rue d'Aboukir, 31, Paris.

Frachon, chemin de l'Oratoire, 39, Lyon.

Fraiche, Louis-Antoine, paveur, Constantine, Algérie.

Fraillery, V.-E., artiste-lithographe, rue Suger, 3, Paris.

Fraissinet, Adolphe, député, trésorier-payeur général.

Francal, comptable, boulevard Beaumarchais, 113, Paris.

France, tailleur, rue Saint-Martin, 107, Paris.

Franceschi, rentier, boulevard de Denain, 7, **Paris.**
Franceschi (de), Ch.-Michel, imprimeur, Constantine, Algérie.
Francfort, père, négociant, rue d'Aboukir, 128, Paris.
Francfort, fils, Alger, Algérie.
Francfort, Edm., nég., rue de Paradis-Poissonnière, 45, Paris.
Francfurter, passage Violet, Paris.
Franck, boulevard d'Enfer, 47, Paris.
Franck, march. de nouv., rue des Menus, 5, Boulogne, Seine.
Franck, Félix, chef de division à la Préfecture de la Seine, rue
   de Chartres, 33, Neuilly, Seine.
Franck, Jules, rentier, rue des Carmes, 27, Nancy.
Franck, Léon, march.-tailleur, rue des Dominicains, 2, Nancy.
Franck, René, courtier assermenté, rue Feydeau, 7, Paris.
Franco, pharmacien, place Pinuil, Nantes.
François, capitaine au 41e de ligne.
François, avenue de Malahoff, 119, Paris.
François, horloger, rue de Charenton, 111, Paris.
François, licencié en droit, rue Saint-Honoré, 370, Paris.
François, lieutenant d'artillerie, Vincennes, Seine.
François, fabricant de produits chimiques, avenue de Paris, 302,
   La Plaine-Saint-Denis, Seine.
François, commis-voyageur, rue Rouvières, 8, Marseille.
François, limon., tenant le buffet de la gare, Charleville, Ard.
François, brasseur, Mantes, Seine-et-Oise.
François, contre-maître, Pacy-sur-Eure, Eure.
François, Alphonse, tailleur, rue Saint-Antoine, 132, Paris.
François, Auguste, md de vins, rue de la Procession, 84, Paris.
François, Hector.
François, Oscar, commis-architecte, rue Bayard, 25, Paris.
Francolin, Gustave, publiciste, directeur de la *Réforme politique
   et littéraire* et de l'*Ecole nouvelle*, rue du Faubourg-Saint-De-
   nis, 174, Paris.
Franconie, Paul-Gustave, nég., journ., député de la Guyane.
Francoul, marin, rue Servian, 2, Marseille.
Frandin, Hippolyte, vice-consul, Hankéou, Chine.
Frandon, Ernest, avocat, Valence, Drôme.
Frangin, négociant, rue Saint-Augustin, Bône, Algérie.
Franken, entr. de serrurerie, rue de Grenelle, Paris.
Franklin, rue Condorcet, 47, Paris.
Frantzen, fabr. de fleurs, cour des Petites-Ecuries, 8, Paris.
Frapart, L.-V., jard., rue du Support, Enghien, Seine-et-Oise.
Frappier de Mont-Benoît, Félix, maire de Saint-Pierre, île de
   la Réunion.
Frasey-Descamps, Carolus, rue de Solferino, 163, Lille.
Frasez, René, peintre, rue Manuel, 14, Lille.
Fray, Ch., employé de banque, rue de Maubeuge, 20, Paris.
Frazez-Deschamps, Lille.

Frébault, **général, sénateur inamovible.**

Frébault, **Charles-Félix,** docteur-médecin, député de la Seine.

Frécault, md d'habits, rue Vieille-du-Temple, 74, Paris.

Frechon, prof. de musique, rue du Point-du-Jour, 1, Nancy.

Frecken, tailleur, rue des Vieux-Augustins, 13, Paris.

Frécourt, huissier-audiencier près le Tribunal civil de la Seine, boulevard de Magenta, 21, Paris.

Frediking, négociant, rue de l'Echiquier, 5, Paris.

Fredin, négociant, rue Le Regrattier, 10, Paris.

Frelàdre, A., entreposit., rue du Pont, 11, Trouville, Calvados.

Frelon, père, Rouen.

Frelon, fils.

Fremet, journalier, Longjumeau, Seine-et-Oise.

Frémont, A., préfet.

Frémont, Ch.-Fél., polissr d'acier, r. des Vinaigriers, 12, Paris.

Fremy, Arnould, homme de lettres, rue de la Ferme-des-Mathurins, 9, Paris.

Frerebeaux, Eug.-Aug., **compt.,** r. de la Briche, 26, St-Denis, Seine.

Fresne, préfet.

Fréson, architecte, avenue Trudaine, 35, Paris.

Fresquet (de), professr à la Faculté de Droit, Aix, B.-du-Rhône.

Frestel, Octave, Saint-Lô, Manche.

Fréville, conseiller général.

Freyberg, employé d'hôtel, rue Saint-Honoré, 223, Paris.

Frezouls, conducteur des ponts et chaussées, rue Neuve-Saint-Augustin, 11, Paris.

Fribourg, chef du personnel au ministère des Postes et Télégraphes, avenue La Motte-Piquet, 17, Paris.

Fribourg, bijoutier, rue Barbette, 0, Paris.

Friccro, **Paul,** march.-taill., r. Geoffredo, 60, Nice, Alpes-Marit.

Fricotelle, march.-boucher, r. St-Aspais, Melun, Seine-et-Marne.

Fricou, employé de commerce, rue de Trévise, 47, Paris.

Frilley, père, marchand de vins, Arc-lès-Gray, Haute-Saône.

Frilley, Albert-Jules, négociant, Caen.

Frilley, François, négociant, Arc-lès-Gray, Haute-Saône.

Friquet, commis principal au ministère des Finances, rue Chevreul, 8, Paris.

Friquet, rue de Lesdiguières, 7, Paris.

Frischment, rue de la Hache, 48, Nancy.

Fritsche, brasseur, faubourg Baunier, Orléans.

Fritz, commerçant en meubles, rue Mandar, 0, Paris.

Frize, Lyon.

Frizon, Ch., agriculteur, Vivry-le-Français, Meurthe-et-Moselle.

Froger, architecte, **Paris.**

Froger, capitaine au long-cours, Bordeaux.

Frogier de Ponlevoy, **Paul-Marie-Placide,** commandant du génie, conseiller général et député des Vosges.

Froidure, François, entrepreneur de maçonnerie, rue de Versailles, 17, Ville-d'Avray, Seine-et-Oise.

Froment, bijoutier, rue du Faubourg-Poissonnière, 35, Paris.

Froment, Alexandre, marchand de vins, rue Saint-Sébastien, 32, Paris.

Fromentin, Baptiste, modeleur, rue de Bercy, 41, Paris.

Fromont, fumiste, rue de Fréjus, 16, Cannes, Alpes-Maritimes.

Fromont, Armand, marchand de vins, route des Moulineaux 2, Issy, Seine.

Front, Hubert, notaire, suppléant de la justice de paix, Donzy, Nièvre.

Frontaine, Claude, huissier, Château-Chinon, Nièvre.

Fronteau, Hippolyte, fabricant de cuirs, Saint-Christophe, Indre-et-Loire.

Fronton, Georges, argenteur, rue Debelleyme, 37, Paris.

Fruhiensholtz, fab. de tonneaux, faub. St-Georges, 44, Nancy.

Frumy, Eugène, confiseur, Chambéry, Savoie.

Fruneau, avocat, rue du Cherche-Midi, 24, Paris.

Fulaine, empl. de forges, Pont-à-Mousson, Meurthe-et-Moselle.

Fulcher, Simonet, pl. de l'Eglise, 7, Port-Louis, île Maurice.

Fulde, Charles, sellier, rue Le Peletier, 6, Paris.

Funel, boulanger, place Puget, Toulon.

Funel de Clausane, Aloys, avocat, rue St-François-de-Paule, 9, Nice, Alpes-Maritimes.

Furjot, coiffeur, Paris.

Fursy, père, courtier, rue Feutrier, 13, Paris.

Furt, négociant, rue du Manège, 36, Bordeaux.

Fusil, Eugène, propriétaire, rue des Cordeliers, Tours.

Fuynel employé au télégraphe, Lille.

Fuzibet, md de vins, rue des Haies, 9, Paris.

Fuzier, Franç., maître-sellier à la Comp. des tramways, chemin de St-Just. 40, Marseille.

G

Gabeau, capitaine au long-cours, Angoulême.

Gabelle, rue Ste-Marie, Paris.

Gabarel, Louis, compt. de la maison Isaac Holden, Croix, Nord.

Gabi, Barthélemy, propriétaire, rue Neuve, Toulon.

Gaboriaud, Frédéric, maître de chai, Cognac, Charente.

Gaborit, pharmacien, Angoulême.

Gaborit, François, épicier, Charleville, Ardennes.
Gabriel, Prudent, propriétaire, Saint-Pierre, île de la Réunion.
Gabriel, Théodore, découp. en bois, rue de Charenton, 83, Paris.
Gabst, rue Saint-Jacques, 2, Nantes.
Gabut, notaire, au Martrat, Saône-et-Loire.
Gachar, Auguste, employé, rue du Faub.-St-Antoine, 74, Paris,
Gachet, Jacques, docteur-méd., r. du Faub.-St-Denis, 78, Paris.
Gachon, instituteur, rue du Commerce, 15, Lyon.
Gacoin, Pau, Basses-Pyrénées.
Gadaud, Antoine, docteur-médecin, maire de Périgueux, conseiller général et député de la Dordogne.
Gadblé, contre-maître, rue Hérold, 16, Paris.
Gadenne, rue Dézobry, 7, Saint-Denis, Seine.
Gadusso, Félix, commerçant en vins, Bône, Algérie.
Gadusso, Ferdinand, employé, Bône, Algérie.
Gaesler, Michel, brasseur, Beaune, Côte-d'Or.
Gaetthelmann, employé, rue d'Aboukir, 66, Paris.
Gaffré, négociant, rue Cadet, 5, Paris.
Gage, Louis, trésorier-payeur général du Gers, Auch.
Gaget, négociant, rue du Conservatoire, 9, Paris.
Gaget, rue du Garet, 10, Lyon.
Gagliardini, Pierre, peintre, rue de Seine, 36, Paris.
Gagna, Auguste, architecte, rue Saint-Denis, 135, Paris.
Gagna, Auguste, entrepreneur, Tournan, Seine-et-Marne.
Gagnadre, Ernest, rentier, rue du Faubourg-Lavaut, La Souterraine, Creuse.
Gagnant, Ferdinand, commis, St-Denis, île de la Réunion.
Gagné, marchand de vins, rue Pirouette, 8, Paris.
Gagnère, négociant-papetier, Chambéry, Savoie.
Gagnères, fabricant de vis, rue des Trois-Bornes, 19, Paris.
Gagneur, Wladimir, rentier, député du Jura.
Gagnier, Adrien, jeune, plombier, Vincennes, Seine.
Gahery, Alexandre-François, directeur des Messageries, Caen.
Gai, tailleur, boulevard Beaumarchais, 69, Paris.
Gaidon, rue d'Amboise, 10, Lyon.
Gaiffe, homme de lettres, rue du Bouloi, 24, Paris.
Gaiffray, Grande-Rue-Saint-Clair, 6, Lyon.
Gaillard, rue Bouland, 11, Paris.
Gaillard, artiste-peintre, rue Madame, 54, Paris.
Gaillard, entrep. de travaux publics, rue des Singes, 2, Paris.
Gaillard, cordonnier, rue des Carmes, 6, Paris.
Gaillard, serrurier, rue des Ecluses-Saint-Martin, 43, Paris.
Gaillard, employé de la Régie, Beaune, Côte-d'Or.
Gaillard, Charles, notaire, rue Mouchy, Périgueux, Dordogne.
Gaillard, Gilbert, député du Puy-de-Dôme.
Gaillard, Jules, avocat, député du Vaucluse.
Gaillard, J., conseiller général.

Gaillard, Philippe, peintre, rue Gambetta, 30, Royan, Char.-Inf.
Gaillard, Pierre, négociant, pl. de la Trinité, Narbonne, Aude.
Gaillarde, fils, Perpignan, Pyrénées-Orientales.
Gaillardon, Alexandre, fils, tailleur, Caen.
Gaillardon, Louis, marchand-tailleur, Caen.
Gailliot, hôtel garni, rue Champollion, 3, Paris.
Gailly, sénateur des Ardennes.
Gainé, herboriste, rue de Sambre-et-Meuse, 38, Paris.
Gaja, Pierre, fumiste, rue de Palestro, 17, Paris.
Gal, Léonce, négociant, Duras, Lot-et-Garonne.
Gal, Louis-Eugène, fondé de pouvoirs à la Trésorerie générale
    de la Lozère, Mende, Lozère.
Gala, Jules, commerçant, Saint-Denis, île de la Réunion.
Galand, artiste lyrique.
Galand, limonadier, rue Saint-Maur, 45, Paris.
Galausiau, employé de commerce, rue Elzévir, 14, Paris.
Galemon, P.-Phil., maître au cabotage, Meschers, Charente-Inf.
Galibert, père, négociant, conseiller municipal de Levallois-Per-
    ret, Seine, et propriétaire, rue Réaumur, 29, Paris.
Galibert, fils, négociant, rue Saint-Martin, 323, Paris.
Galibert, Osmin, ex-maréchal-des-logis au 1er lanciers.
Galichet, rue du Faubourg-Saint-Martin, 55, Paris.
Galichet, propriétaire, faubourg Saint-Jean, 104, Orléans.
Galiment, Jean-Zacharie, forgeron, rue Caffarelli, 18, Paris.
Galipaud, horloger, La Roche-sur-Yon, Vendée.
Galitzenstein, rue Berger, 3, Paris.
Galitzenstein, Henri, négociant, rue de Maubeuge, 96, Paris.
Galland, charcutier, Beaune, Côte-d'Or.
Galland, Edouard, négociant en vins, Bougival, Seine-et-Oise.
Galland, Louis, cordonnier, Bougligny, Seine-et-Marne.
Galland, Jean, menuisier, Bordeaux.
Galleron, Alfred, marin, L'Eguille, Charente-Inférieure.
Gallet, Emile, comptable, Bordeaux.
Gallet, Pierre, ex-syndic des pilotes, Royan, Charente-Inférieure.
Galley, caissier de commerce, rue du Départ, 9, Paris.
Gallian, Auguste, miroitier, rue Lafayette, 51, Toulon.
Gallois, Alexandre, tonnelier, boulevard de Reuilly, 23, Paris.
Gallot, Théophile, épicier, cultivateur, Querré, Maine-et-Loire.
Gally, Nevers, Nièvre.
Gally, Pierre, meunier, Oued-el-Hammam, pr. Mascara, Algérie.
Galmard, employé, rue des Batignolles, 23, Paris.
Galopen, maître de chai, rue Lagrange, Bordeaux.
Galopin, docteur-médecin, Paris.
Galopin, publiciste, avenue Parmentier, 47, Paris.
Galot, Léon, fabricant de brosses, rue du Commerce, 73, Tours.
Galschiot, rue des Petites-Ecuries, 31, Paris.
Galtié, Alexis, préfet.

Galtier, Auguste, avocat, préfet, député de l'Hérault.

Galtier, instituteur, Paris.

Galtier, rue de Vanves, 35, Vanves, Seine.

Galtier, Eugène, rentier, boul. de l'Ayrolles, Millau, Aveyron.

Gamain, Gustave, sergent-major, Périgueux, Dordogne.

Gambetta, Léon, avocat, député, membre du gouvernement de la Défense nationale, président de la Chambre des Députés, ministre.

Gambette, Dominique, maçon, Orange, Vaucluse.

Gambier, fabricant de fauteuils, rue du Faubourg-Saint-Antoine, 27, Paris.

Gambier, marchand de primeurs, rue St-Sébastien, 50, Paris.

Gambini, officier au 25e de ligne.

Gambini, Ernest, employé de commerce, publiciste, rue Florac, 1, Marseille.

Gambon, Charles-Ferdinand, avocat, juge suppléant au tribunal civil, député de la Nièvre, membre de la Commune.

Gamelcy, plâtrier, Auch, Gers.

Gamon, Jean, peintre en voitures, rue des Fourneaux, 23, Paris.

Ganault, Gaston-Alfred-Auguste, avocat, conseiller général et député de l'Aisne.

Gandin, Auguste, capitaine en retraite, Royan, Charente-Inf.

Gandonnier, carrossier, Périgueux, Dordogne.

Gandy, horloger, rue de Turenne, 64, Paris.

Gandy, Eugène-Célestin, employé de commerce, Caen.

Ganivet, Evariste, avocat, Cognac, Charente.

Ganne, rentier, rue des Vieux-Chemins, 3, Petit-Issy, Seine.

Ganne, Louis-André, conseiller général et dép. des Deux-Sèvres.

Ganné, Jules, négociant, Saint-Denis, île de la Réunion.

Ganote, Edouard, instituteur, Armentières, Nord.

Gansard, constructeur de navires, Antibes, Alpes-Maritimes.

Garaudé, propriétaire-rentier, rue de la Pelouse, 13, Neuilly-Plaisance, Seine-et-Oise.

Garbes, courtier maritime, Bône, Algérie.

Garbit, Lyon.

Garcia, Antonio, ex-artiste lyr. au théâtre des Italiens de Paris.

Garcin, rue de Joinville, 33, Paris.

Garcin, ingénieur civil, impasse Jarlet, rue des Bijoutiers, Saint-Maur-les-Fossés, Seine.

Garcin, Lyon.

Garcin, Eugène, homme de lettres, Paris.

Garde, négociant, rue de l'Abbaye, 4, Paris.

Garde, tanneur, Avignon.

Garde, François, propriétaire, rue du Château, 9, Issy, Seine.

Gardotte, agréé au Tribunal de Commerce, Sarlat, Dordogne.

Gardien, représentant la maison Hubert et Perrot, rue du Commerce, Tours.

Gardien, Edmond, directeur de l'*Indépendant de la Haute-Saône*, Lons-le-Saulnier. Jura.

Gardrat, Aristide, père, Lille.

Gardrat, Aristide, dentiste, rue de Ratisbonne, 8, Lille.

Garfou, Thomas-Joseph, fab. de scies, boul. Voltaire, 88, Paris.

Gariel, Marius-Henri, docteur-médecin, La Seyne, Var.

Garin, architecte, place des Terreaux, 3, Lyon.

Garin, Alfred, propriétaire, montée des Forges, Angers.

Garlandat, ingénieur civil, Cognac, Charente.

Garlon, agent général d'assurances sur la vie, Lyon.

Garnier, corroyeur, rue Marcadet, 68, Paris.

Garnier, impr. en papiers peints, r. de Charonne, 109, Paris.

Garnier, anc. nég., prop.-rent., bd des Batignolles, 82, Paris.

Garnier, méd.-vétér., rue de la Visitation-des-Dames-Sainte-Marie, 10, Paris.

Garnier, propr., rue du Château-d'Eau, 79, Paris.

Garnier, commis-nég., Grande-Rue, Gray, Haute-Saône.

Garnier, deuxième maître-armurier, pl. du Théâtre, Toulon.

Garnier, cons. municipal, rue du Cluzel, 30, Tours.

Garnier, rentier, Eroy, Aube.

Garnier, Alexandre, nég. Crest, Drôme.

Garnier, charron, rue du Figuier-St-Paul, 12, Paris.

Garnier, Désiré-Edouard, md de vins, rue de Lancry, 67, Paris.

Garnier, E., nég. en liquides, quai de la Fosse, Nantes.

Garnier, Léon, empl. de l'administr. des Beaux-Arts, propriét. rue de Bagnolet, 136, Paris.

Garnier, Octave, négociant, rue Briçonnet, 24, Tours.

Garnier, Zacharie, tailleur, Coulommiers, Seine-et-Marne.

Garnier-Lombard, Henri, négociant, rue Trajan, 26, Nîmes.

Garnier-Pagès, Louis-Ant., député, maire de Paris, ministre, membre du gouvernement de la Défense nationale.

Garnot, grainetier, rue de Fontenay, 54, Vincennes, Seine.

Garot, architecte, rue St-Jean, 2, Amiens.

Garran de Balzan, Ph., maire de Vaussiroux, conseiller génér., sénateur des Deux-Sèvres.

Garreau, capitaine de frégate,

Garreau, constructeur, Pacy-sur-Eure, Eure.

Garreau de Loubresse, arb. de commerce, r. Duquesne, 21, Alger.

Garretta, docteur-médecin, conseiller général de l'Aude.

Garric, négociant en vins, Colayrac, Lot-et-Garonne.

Garric, Etienne-Marcel, négociant, agent d'assurances, Béziers, Hérault.

Garric, Louis, maire de Castelnaudary et cons. gén. de l'Aude.

Garrier, boulevard Saint-Marcel, 74, Paris.

Garrier, limonadier, Soissons, Aisne.

Garrigat, sénateur de la Dordogne.

Garrisson, Agen, Lot-et-Garonne.

Garrisson, Gaston, avocat à la Cour d'Appel, boulevard Saint-Germain, 110, Paris.

Garrisson, Gustave, propriétaire, rue des Augustins, 19, Montauban, Tarn-et-Garonne.

Garrouste, marchand de vins en gros, Aurillac, Cantal.

Garry, Jean-Alfred, ingénieur, Charleville, Ardennes.

Garsau, représ. de commerce, r. Porteneuve, Agen, Lot-et-Gar.

Gary, négociant, Gaillac, Tarn.

Gary, aîné, Agen, Lot-et-Garonne.

Gary, Mart.-Eugène, chef de gare. Villeneuve-sur-Lot, Lot-et-Gar.

Gary, Mesmin, avocat, Gaillac, Tarn.

Garziano, capitaine de marine, Bône, Algérie.

Gas, Marius, négociant, Nîmes.

Gasconi, Alfred-Suffrein-Benjamin, avoc., député du Sénégal.

Gasguet, brasseur, Oran, Algérie.

Gasguy, Joseph-Gustave-Théodore, aide-commiss. sur l'*Aigle*, Toulon.

Gasne, Jean, entrepreneur de maçonnerie, rue de Dunkerque, 54, Paris.

Gasnier, père, graveur. impasse Saint-Bernard, 7, Paris.

Gasnier, fils, employé, impasse Saint-Bernard, 7. Paris.

Gasnier, formier, quai du Port-Maillard, Nantes.

Gaspard, Anatole-Auguste, employé. rue de Verneuil, 39, Paris,

Gasselin, employé, rue de Paris, 22, Petit-Ivry, Seine.

Gasset, tailleur, rue Montaigne, 16, Paris.

Gassie, Pierre, maître-gabarier, Sainte-Terre, Gironde.

Gassier, voyageur de commerce, avenue Charpentier, 14, Bois-Colombes, Seine.

Gassier, fils, avenue Charpentier, 14, Bois-Colombes, Seine,

Gassmann, Edouard, dessinat., rue des Trois-Frères, 23, Paris,

Gastal, frotteur, rue Saint-Sulpice, 1, Paris.

Gastellier, fabricant, conseiller général et député de Seine-et-Marne.

Gateuil, Gustave, négociant, place Saint-Martial, 6, Bordeaux.

Gatine, fabricant de produits chimiques, rue des Rosiers, 23, Paris.

Gatine, vannier, rue des Martyrs, 34, Paris.

Gatineau, avocat, député d'Eure-et-Loir.

Gatineau, Elie, rentier, rue du Casino, 38, Royan, Char.-Inf.

Gatineau-Dezamy, limonadier, Luçon. Vendée.

Gatto, Antonio, photographe, Brives, Corrèze.

Gaubert, rue de Chevreuse, 3, Paris.

Gaubet, J.-M., homme de lettres, rue Tiquetonne, 8, Paris.

Gaubert, P., men. en fauteuils, r. des Récollets, 99, Toulouse.

Gaucherand, Philippe, tanneur, Valence, Drôme.

Gauchet, père, employé, rue de Trévise, 28, Paris.

Gauchet, fils, étudiant, rue de Trévise, 28, Paris.

Gauchet, épicier en gros, rue Cousin, Clichy-la-Garenne, Seine.

Gauchin, employé, route de Versailles, 138, Boulogne, Seine.

Gaud, caissier du Crédit au travail, rue Baillet, 3, Paris.

Gaudibert, fabricant de fournitures militaires, rue Saint-Martin, 112, Paris.

Gaudin, Ferdinand, relieur, rue Cujas, 3, Paris.

Gaudin, Gabriel, négociant, Angoulême.

Gaudin, Henri, distillateur, Rochecorbon, Indre-et-Loire.

Gaudin, Pierre, négociant, rue Saint-Nicolas, 38, Nancy.

Gaudinat, fabricant de robinets, rue Daval, 9, Paris.

Gaudon, Paris.

Gaudot, Edmond, meunier, Lons-le-Saunier, Jura.

Gaudrion, cantinier aux ouvriers constructeurs, Vernon, Eure.

Gaudron, marchand de rouennerie, Epernay, Marne.

Gaudron, Alexandre, md de vins, Montlouis, Indre-et-Loire.

Gaudron-Chavion, Clisson, Loire-Inférieure.

Gaudry, rue Bichat, 46, Paris.

Gaudry, maître-charpentier, Aurillac, Cantal.

Gaudy, sénateur du Doubs.

Gauffriau, propriétaire, Clisson, Loire-Inférieure.

Gaugey, fleuriste, rue des Déchargeurs, Paris.

Gauguet, G., ébéniste, Bicêtre, Seine.

Gaulard, menuisier, rue des Poissonniers, 42, Paris.

Gaulard, chapelier, Dôle, Jura.

Gaulée, tonnelier, quai de Bercy, 36, Paris.

Gaulier, journaliste, député de la Seine.

Gau..., Adrien, propriétaire, Ambarès, Gironde.

Gaulin, sellier, rue de Cotte, 15, Paris.

Gaulion, Jules, chef de section à la Compagnie de Paris-Lyon-Méditerranée, Lons-le-Saunier, Jura

Gaulon, Auguste, fabricant de chaussures, rue Neuve-Saint-Augustin, 84, Paris.

Gaulpied, Jean, voyageur, place de Bretagne, Nantes.

Gault, Hipp., voyageur de commerce, Jugon, Côtes-du-Nord.

Gaultier, Ernest, directeur de théâtre, Tours.

Gaumain, horloger, Philippeville, Algérie.

Gaume, quincaillier, rue du Marché, Vichy, Allier.

Gaunet, Jean, fabricant de poterie, Vallauris, Alpes-Maritimes.

Gaunet, Marius, fab. de poterie, Vallauris, Alpes-Maritimes.

Gaussens, Jean, tailleur, Bordeaux.

Gaussorgues, conseiller général et député du Gard.

Gauthay, Alexandre-Louis-Pierre, graveur sur bijoux, rue des Amandiers, 41, Paris.

Gautheron, voyageur de commerce, Beaune, Côte-d'Or.

Gautherot, Pierre-Auguste, conducteur des mines, Marbache, Meurthe-et-Moselle.

Gauthier, rue de la Roquette, 53, Paris.

Gauthier, caissier, rue Saint-Maur, 110, Paris.
Gauthier, Lyon.
Gauthier, Perpignan, Pyrénées-Orientales.
Gauthier, chef de train, Dôle, Jura.
Gauthier, propriétaire, Dôle, Jura.
Gauthier, docteur-médecin, maire de Sigean, Aude.
Gauthier, Denis, faïencier, rue de La Chapelle, 29, Paris.
Gauthier, E., directeur d'usine, La Roche, Doubs.
Gauthier, Eugène-Victor, typographe, descente de la Caserne, 1.
  Nice, Alpes-Maritimes.
Gauthier, Michel, maître d'hôtel, Verneil-le-Chétif, Sarthe.
Gauthier, Sosthène, négociant, Beaumont-sur-Sarthe, Sarthe.
Gauthier-Busson, E.-G., négociant en vins, La Flèche, Sarthe.
Gautier, avenue de Clichy, 21, Paris.
Gautier, fabricant, rue Ternaux, 5, Paris.
Gautier, marchand de vins, rue Charlot, 1, Paris.
Gautier, voyageur de commerce, rue de Seine, 38, Paris.
Gautier, représentant de commerce, rue des Orfèvres, 5, Tours.
Gautier, cafetier, Abbeville, Somme.
Gautier, Ch., nég., rue des Febvres, 26, Montbéliard, Doubs.
Gautier-Lamotte, ancien avoué, banquier, avenue du Bel-
  Air, 58 bis, Paris.
Gautin, Antoine, menuisier, Vallauris, Alpes-Maritimes.
Gautreau, banquier, Niort, Deux-Sèvres.
Gautrin, rue Corbeau, 15, Paris.
Gautron, Auguste, ferblantier, Luynes, Indre-et-Loire.
Gautron, passementier, rue de la Caserne, 14, Tours.
Gautruche, Trappes, Seine-et-Oise.
Gauvin, limonadier, rue de Paris, 1, Vincennes, Seine.
Gauvin (de), adjudant au 4e rég. d'inf. de marine, en Guyane.
Gauvin, Louis, garde d'artillerie, Toulon.
Gavat, brasseur, place aux Veaux, Orléans.
Gaveau, marchand de vins, boulevard de Bercy, 44, Paris.
Gaveaux, J.-G., négociant, Saint-Denis, île de la Réunion.
Gaveaux, P.-L., négociant, Saint-Denis, île de la Réunion.
Gavelle, Pierre, Lille.
Gavory, architecte, rue Saint-Victor, 13, Paris.
Gavot, brass., conseiller municipal, rue du Héron, 18, Orléans.
Gay, rue Vieille-du-Temple, 23, Paris.
Gay, graveur et photographe, rue de Lyon, Lyon.
Gay, Félix, représ. de commerce, passage Brady, 58, Paris.
Gayet, Lyon.
Gayetana del Toro, Cadix, Espagne.
Gayette, Louis, propriétaire, rue Mouneyra, 71, Bordeaux.
Gayrand, peintre, Agen t-et-Garonne.
Gayraud, ex-cantinier aux biniers.
Gayraut, Antoine, négociant, route d'Espagne, Béziers, Hérault.

Gazan, V., distillateur-parfumeur, Vallauris, Alpes-Maritimes.
Gazeaux, Ernest, négociant, Dax, Landes.
Gazélus, tailleur, rue de Valois, 2, Paris.
Gazenget, marchand de cristaux, rue de la Goutte-d'Or, Paris.
Geai, tailleur, boulevard Beaumarchais, 69, Paris.
Geay-Laplante, négociant, Saujon, Charente-Inférieure.
Geffray, serrurier, Montgeron, Seine-et-Oise.
Geffrottin, march. de vins, rte de la Reine, 136, Boulogne, Seine.
Geffroy, Louis-Marie, voyageur, Grande-Rue, 36, Nantes.
Geisler, Franz-Wilh., horl., r. de la Chaussée-d'Antin, 64, Paris.
Geismer, limonadier, Oran, Algérie.
Gelhay, François, maître-tailleur au 1er bataillon d'infanterie
    de ligne, Mascara, Algérie.
Gelhaye, entrepreneur de maçonnerie, Paris.
Gelin, fils, employé, rue Nicolaï, 24, Paris.
Gelle, rue Etienne-Marcel, 44, Paris.
Gelle, Aristide, fabricant de bouchons, Cognac, Charente.
Gellion-Danglar, préfet.
Gelminger, négociant en vins, Mareuil-sur-Ay, Marne.
Gélot, négociant, rue Coquillière, 42, Paris.
Gelot, maître-mécanicien, Brest, Finistère.
Gély, Pierre-Jean, propriétaire, place du Commerce, 10, Paris.
Gemier, traiteur, rue Capot, Cuire.
Gémond, propriétaire-rentier, rue de Dunkerque, 69, Paris.
Gempp, Emile, négociant, Lunel, Hérault.
Gempp-Pernod, Charles, négociant, Lunel, Hérault.
Genard, Paris.
Gendot, employé, rue de Poissy, 2, Paris.
Gendre, L.-G., ingr des ponts et chaussées, Marmande, Lot-et-G.
Gendre, Louis, au 72e de ligne.
Gendron, employé, place Lévis, 7, Paris.
Gendron, Angoulême.
Gendronneau, ent. de menuiserie, rue de Fourcy, 12, Paris.
Geneste, Lyon.
Geneste, Guillaume, gérant de cercle, Bergerac, Dordogne.
Genestre, Jacques, propriétaire, Bergerac, Dordogne.
Génevoix, Charles-Edmond, pharm., r. des Martyrs, 8, Paris.
Gengoult, commerçant, rue des Petits-Carreaux, 30, Paris.
Génin, impasse du Moulin-Joly, 18, Paris.
Genin, entrepreneur, Saint-Roch, Haute-Savoie.
Génin, sous-lieutenant d'infanterie, en Afrique.
Génissieu, Ferdinand, Lille.
Genoël, René-Adolphe, marchand-tailleur, Caen.
Genot, A., coiffeur, rue de Chaillot, 23, Paris.
Genot, fabricant de chaussures, La Roche-sur-Yon, Vendée.
Genot, Achille, fabricant de chaussures, Luçon, Vendée.
Genot, Anatole, fabricant de chaussures, Fontenay, Seine.

Genot, Charles, menuisier, rue des Tilleuls, 28, Boulogne, Seine.
Genoud, employé, avenue de Clichy, 24, Paris.
Genouillac, Justin, voyageur en librairie, r. du Tesson, Bordeaux.
Genouille, préfet.
Gent, Alphonse, avocat, maire, préfet, député, sén. du Vaucluse.
Genta, employé, rue des Fossés-Saint-Victor, 13, Paris.
Gentil, secrétaire général de préfecture.
Gentil, Lyon.
Gentilz, propriétaire, Niort, Deux-Sèvres.
Genty, marchand de vins, rue de Rivoli, 40 *bis*, Paris.
Genty-Daubrun, Laurent, limonadier, Bléré, Indre-et-Loire.
Genu-Regiol, négociant, rue Kléber, Nantes.
Geoffroy, entrepreneur, rue de Verneuil, 56, Paris.
Geoffroy, propriétaire-rentier, rue du Helder, 17, Paris.
Geoffroy, couvreur, rue Mollien, 4, Boulogne, Seine.
Geoffroy, Émile, propriétaire, boulevard Haussmann, 17, Paris.
Geoffroy, Jules-Paul, publiciste, Lille.
Geoffroy, Louis, serrurier, rue de la Reynie, 3, Paris.
George, sénateur des Vosges.
George, commis de banque, rue des Teinturiers, 1, Beauvais.
George, employé au chemin de fer, Creil, Oise.
Georgé, Edouard, architecte, rue Clauzel, 22, Paris.
Georgeon, docteur-médecin, rue de Meaux, 18, Paris.
Georges, place Cambronne, 19, Paris.
Georges, avocat, Epinal, Vosges.
Georges, maître d'hôtel, rue Lalande, Agen, Lot-et-Garonne.
Georges, luthier, place d'Armes, Toulon.
Georges, Hubert, rentier, Neuville-sur-Moselle, Meurthe-et-Mos.
Georget, Jean, négociant, rue Saint-Martin, 19, Tours.
Georget, Jean-Baptiste, fab. de vernis, Chantenay, Loire-Inf.
Georgin, Jacques-François-Jean, commandant d'infanterie.
Géraldini, comm. en meubles, rue Saint-Martin, 259, Paris.
Gérard, rue de la Banque, Paris.
Gérard, bijoutier, rue de Palestro, 7, Paris.
Gérard, courtier, quai de Bercy, 27, Paris.
Gérard, entrepreneur de peinture, rue de Vaugirard, 119, impasse Béranger, 20, Paris.
Gérard, fabr. de papiers peints, rue Saint-Jacques, 57, Paris.
Gérard, négociant, rue Montorgueil, 55, Paris.
Gérard, propriétaire, rue de la Fontaine-au-Roi, 19, Paris.
Gérard, Neuilly, Seine.
Gérard, doct.-méd., rue Herbillon, 1, Châlons-sur-Marne.
Gérard, propriétaire, adjoint au maire, conseiller général, Tlemcem, Algérie.
Gérard, sous-officier, au Dam, Algérie.
Gérard, Suez, Egypte.
Gérard, Alcide, notaire, Châtel, Vosges.

Gérard, Ernest, docteur-médecin, maire de Beauvais, conseiller général de l'Oise.

Gérard, H., négociant en vins, rue Beautreillis, 10, Paris.

Gérard, Jules, comptable, rue de l'Arbre-Sec, 4, Paris.

Gérard, Marie-Achille, tonnelier, rue de Charenton, 69, Paris.

Gérard, P., entr. de menuiserie, rue de la Salpêtrière, Nancy.

Gérard, Théodore, négociant, rue d'Aboukir, 27, Paris.

Gérard, Victor-Elie, sous-chef de gare, Nancy.

Gérard-Delaplace, commerçant, aux Andelys, Eure.

Gérardin, employé, rue Brochant, 11, Paris.

Gérardin, J., fabr. de produits chim., rue Charles III, Nancy.

Géraudel, pharmacien, Sainte-Ménehould, Marne.

Gerber, ingénieur, boulevard Voltaire, 15, Paris.

Gerberon, contrôleur des contributions directes, Loches, Indre-et-Loire.

Gerderès, billardier, rue de la Fontaine-au-Roi, 47, Paris.

Gerdolle, receveur de l'enregistrement, des Domaines et du Timbre, Nouméa, Nouvelle-Calédonie.

Gerhard, employé, rue Cardinet, 10, Paris.

Gerlowski, capitaine retraité, Antibes, Alpes-Maritimes.

Germa, receveur-percepteur du IXe arrondissement de Paris.

Germain, blanchisseur, rue de la Fontaine, 12, Issy, Seine.

Germain, constructeur de navires, Bordeaux.

Germain, facteur à la poste, Athis-Mons, Seine-et-Oise.

Germain, maître des requêtes au Conseil d'Etat, directeur des Affaires d'Algérie au ministère de la Guerre, Cissey-Grossœuvre, Eure.

Germain, marchand de vins, Fourchambault, Nièvre.

Germain, Constant, av., cons. gén. et dép. de la Hte-Garonne.

Germain, Jules, représentant de commerce, Paris.

Germer-Baillière, libraire-éditeur, conseiller municipal de Paris, conseiller général de la Seine, directeur du *Bulletin officiel*, au Tonkin.

Germon, Louis, commissaire-adjoint de marine, Toulon.

Germond, Henri, premier maître-commis, Toulon.

Gerschel, négociant, rue Meslay, 22, Paris.

Gerschel, David, publiciste, rue de la Bourse, 4, Paris.

Gerson (de), rentier, rue du Cirque, 7, Paris.

Gervais, propriétaire, Cuffy, Cher.

Gervais, Emile, voyageur de commerce, Caen.

Gervaise, Antoine, entrepreneur de menuiserie, rue du Hautoir, 92, Bordeaux.

Gervaise, Jules-Amaury, agent d'affaires, Caen.

Gervaiseau, L.-Ch., propriétaire, au Mans, Sarthe.

Gervais-Robin, avocat, Cognac, Charente.

Gerville-Réache, Gaston-Marie-Théophile-Sidoine, avocat, député de la Guadeloupe.

Gery, François, père, charpentier, rue de la Roquette, 140, Paris.

Gesbert, marchand de tabacs, rue Coquillière, 44, Paris.

Geslin, Charles, commissaire d'émigration, Saint-Denis, Île de la Réunion.

Gestat, François, propriétaire, Sagonne, Cher.

Gewer, distillateur, à Charonne, Paris.

Gey, lieutenant de chasseurs, Port-St-Nicolas, Meurthe-et-Mos.

Geyler, Henri, ingénieur civil, rue de Calais, 26, Paris.

Gheux, march. de vins-traiteur, r. N.-D.-de-Nazareth, 24, Paris.

Ghilini, Marc-Aurèle, professeur au Lycée de Nice, Alpes-Marit.

Ghysel, Louis-Philippe, maître-bottier, Constantine, Algérie.

Giacomoni, percepteur en Corse.

Giard, Alfred, docteur ès-sciences, professeur à la Faculté des Sciences de Lille, député du Nord, professeur à l'École normale supérieure de Paris.

Giard, Etienne-Bertrand, Lille.

Gibert, cordonnier, rue du Colombier, 25, Tours.

Gibert, employé de commerce, Aurillac, Cantal.

Gibert, Ed.-C., négoc., rue Croix-des-Petits-Champs, 48, Paris.

Gibert, Louis, marchand de vins, rue de La Rochefoucauld, 20, Boulogne, Seine.

Gibert, Martial, sergent-major d'infanterie, Caen.

Gibert, Saturnin, aide-commiss. de marine, pl. d'Armes, Toulon.

Gibier, Paris.

Gibon, propriétaire, anc. entr. de trav. publ., rue Nau, 80, Marseille.

Giboni, Alph.-Const., ébéniste, rue de la Providence, 3, Paris.

Gibou, Hippolyte, rue Montmartre, 31, Paris.

Gibouin, aîné, confiseur, Confolens, Charente.

Gibouin, Emile, fils, confiseur, Confolens, Charente.

Gibouin, Guillaume, jeune, arquebusier, Confolens, Charente.

Giesen, commiss. en marchandises, rue d'Hauteville, 32, Paris.

Giesen, négociant, rue Saint-Augustin, 10, Paris.

Gigand, menuisier, rue Marcadet, 14, Paris.

Gigand, fils, menuisier, rue Marcadet, 14, Paris.

Gignan, Edmond, professeur au Lycée de Toulon.

Gignon, march. de literie, rue du Faub.-St-Martin, 60, Paris.

Gignoux, Joachim, Nîmes.

Giguet, conseiller général et député de l'Ain.

Gilbert, négociant en plumes, rue du Caire, 36, Paris.

Gilbert, avenue d'Italie, 140, Paris.

Gilbert, secrétaire général de préfecture.

Gilbert, comptable, Nancy.

Gilbert, bottier, rue de la Boucherie, Nantes.

Gilbert, André-Pierre, banquier, Blaye, Gironde.

Gilbert, André-Pierre-Armand-Pascal, député de la Gironde.

Gilbert, Jean-Dieudonné, comptable, rue Saint-Nicolas, Nancy.

Gilbert, Robert, dit Camille, négociant, rue de Saint-Mihiel, Bar-le-Duc, Meuse.

Gilbert, Simon, maître-charpentier, Vichy, Allier.

Gilbert-Boucher, sénateur de Seine-et-Oise.

Gilbert-Leguay, préfet, conseiller d'Etat, dép. du Puy-de-Dôme.

Gille, Eugène, négociant en vins, rue des Michottes, Nancy.

Gilles, restaurateur, rue Bouchardon, 19, Paris.

Gilles, rue du Vieux-Pont-de-Sèvres, 8, Billancourt, Seine.

Gilles, géomètre, rue Grenette, 26, Lyon.

Gillet, rue Dupetit-Thouars, 2, Paris.

Gillet, courtier assermenté, rue Malher, 15, Paris.

Gillet, étudiant, rue de Rambuteau, 23, Paris.

Gillet, fabricant de caoutchouc, impasse du Puits, 7, Paris.

Gillet, négociant, rue Vivienne, 42, Paris.

Gillet, Eugène, brasseur, Vrigne-aux-Bois, Ardennes.

Gillet, Gaston, tapissier, rue du Boucassin, 21, Tours.

Gillet, Pierre-Antoine-Gaspard-Marius, doct.-médec., Marseille.

Gillet, Victor, bourrelier, place du Palais, Tours.

Gillet-Trapet, tonnelier, Beaune, Côte-d'Or.

Gilliot, député.

Gillot, Lyon.

Gillot, commissaire de police, Beaune, Côte-d'Or.

Gillot, Alfred, ingénieur-mécanicien, rue de l'Assomption, 38, Paris.

Gilly, Edouard, négociant, au Cours, Nice, Alpes-Maritimes.

Gilly, Jules, banquier, Nice, Alpes-Maritimes.

Gilly, Maurice-Jules, agent-voyer, rue Picot, 36, Toulon.

Gilly, Numa, marchand de futailles, député du Gard.

Gilot, propriétaire, Caudéran, Gironde.

Gilot, père, plâtrier-stucateur, Bordeaux.

Gilot, fils, plâtrier-stucateur, Bordeaux.

Gilson, place Vendôme, 16, Paris.

Gindre, docteur-médecin, Pontarlier, Doubs.

Ginja Claude, passementier, rue Pradier, 22, Paris.

Ginovès, Louis-Jean-François, lim., Coulommiers, Seine-et-M.

Ginquené, Jules, officier des douanes, rue du Roi-Baco, Nantes.

Giordani, Jean-Baptiste, marchand-épicier, Mascara, Algérie.

Giral-Odilon, représentant des Mines de la Grand'Combe, place Grimaldi, 3, Nice, Alpes-Maritimes.

Girard, député.

Girard, rue de la Banque, 5, Paris.

Girard, commerçant, rue de Cléry, 92, Paris.

Girard, employé, quai des Grands-Augustins, 25, Paris.

Girard, employé, rue des Vinaigriers, 58, Paris.

Girard, entrepreneur de menuiserie, rue d'Aboukir, 91, Paris.

Girard, entrepreneur de peinture, rue de Bercy, 40, Paris.

Girard, entrepr. de peinture, r. Grégoire-de-Tours, 16, Paris.

Girard, négociant, rue de Turenne, 118, Paris.

Girard, Lyon.

Girard, propriétaire, Varennes, Haute-Marne.

Girard, propriétaire, rue de Poitiers, Saumur, Maine-et-Loire.

Girard, confiseur, Carpentras, Vaucluse.

Girard, bourrelier, place des Capucins, 20, Pertuis, Vaucluse.

Girard, lieutenant, au 2e corps disciplinaire des colonies.

Girard, propriétaire, La Calle, Algérie.

Girard, aîné, négociant, Flaviac, Ardèche.

Girard, Alphonse, rentier, rue Proudhon, 6, Besançon.

Girard, Antoine, scieur de long, rue de Vanves, 6, Issy, Seine.

Girard, E., préfet.

Girard, Félix, épicier, Cognac, Charente.

Girard, Gabriel, agent d'assurances, Orange, Vaucluse.

Girard, Henri, rue Milton, 14, Paris.

Girard, Hubert, négociant, Chorey, Côte-d'Or.

Girard, Jacques, négociant, Barbezieux, Charente.

Girard, Jean-César-Gilbert, employé de commerce, commissaire-priseur, Nevers, Nièvre.

Girard, Jules, caissier, rue du Bouloi, 17, Paris.

Girard, Louis, rue Lamartine, 24, Paris.

Girard, Louis, blanchisseur, rue du Bois, 4, Vanves, Seine.

Girard, Pierre, tailleur de pierres, rue de Maistre, 22, Paris.

Girard, Théophile, voyageur, Lyon.

Girardeau, Paul, marchand de vins, Bourgueil, Indre-et-Loire.

Girardi, commis-négociant, rue des Bois, 51, Paris.

Girard, député.

Girardin, négociant en bois, rue d'Allemagne, 35, Paris.

Girardin (de).

Girard-Molissan, Edouard, maître-fondeur-mécanicien, r. d'Autran, 41, Châtellerault, Vienne.

Girardot, charron, rue Pierre-Picart, 14, Paris.

Girardot, notaire, Clermont-Ferrand.

Girardot, Camille, r. du Grenier-St-Lazare, 13, Paris.

Girardy, prof. de théorie, rue Imbert-Colomès, 5, Lyon.

Girart, Albert, avocat, place des Jacobins, 0, Lyon.

Giraud, officier au 25e de ligne.

Giraud, md de vins, rue Ste-Anne, 32 bis, Paris.

Giraud, md-tailleur, rue Neuve-des-Petits-Champs, 62, Paris.

Giraud, cuisinier, Toulon.

Giraud, rentier, Grasse, Alpes-Maritimes.

Giraud, ancien notaire, maire de Pontcharra, Isère.

Giraud, Etienne-Henri, avocat, député des Deux-Sèvres.

Giraud, Jean-René-Léon, avoué, rue Notre-Dame, Bourg-en-Bresse, Ain.

Giraud, Pierre, négociant, Lavaur, Tarn.

Giraud-Cabasse, avocat, sous-préfet.

Giraudet, représ. de commerce, rue d'Hauteville, 10, Paris.

Girault, député, sénateur du Cher.

Girault, Eugène, propriétaire, rue de Bordeaux, Tours.

Girel, capitaine de marine, Bône, Algérie.

Girerd, Alexandre, négociant-graveur, Grande-Rue-de-la-Guillotière, 220, Lyon.

Girod, Charles, propriétaire, Lons-le-Saunier, Jura.

Girodet, député, conseiller général de la Loire.

Girodot, Lyon.

Giroire, Louis-Noël, chef de nuit à la gare, Saint-Pierre-des-Corps, Indre-et-Loire.

Giron, Charles, bourrelier, Albilly, Indre-et-Loire.

Giron, Jean, maître-maçon, Chissai, Loir-et-Cher.

Giron-Boudet, ferblantier, Vichy, Allier.

Girot, peintre, rue Rousselet, Paris.

Giroud, maître-tailleur, place des Squares, 4, Lyon.

Giroussé, Alexandre, stucateur, rue Guyot, 75, Paris.

Giroux, sabotier, avenue de Grammont, 76, Tours.

Girre, limonadier, pl. du Marché-au-Blé, Melun, Seine-et-Marne.

Giry, rue du Commerce, 139, Paris.

Giton, Albert, chef de bureau français, Londres, Angleterre.

Giton, Charles, comptable, boul. Botton, 14, Royan, Charente-Inf.

Givois, serrurier, rue Lucas, Vichy, Allier.

Givois, Claude, plâtrier, villa Beau-Rivage, Vichy, Allier.

Glaize, préfet.

Glaser, Emmanuel, journalier, rue Séveste, 8, Paris.

Glaser, Louis, limonadier, rue du Faub.-Montmartre, 10, Paris.

Glaser, M., rue Taranne, 10, Paris.

Glaurieux, Jean, boucher, Beaune, Côte-d'Or.

Gleiz, menuisier, Bordeaux.

Gleize, Charles, employé, Paris.

Glory, plombier, rue Saint-Placide, 51, Paris.

Glück, rue de Saint-Quentin, 4, Paris.

Goas, commis des postes, La Seyne, Var.

Gobert, chez M. Oury, négociant, Châlons-sur-Marne.

Gobet, architecte, rue Mollien, 11, Boulogne, Seine.

Gobin, maître-paveur, Melun, Seine-et-Marne.

Gobled, Alfred, ingénieur-chimiste, Croix, Nord.

Goblet, René, avocat, procureur général, député de la Somme, ministre.

Gobron, Gustave-Charles-Albert, avocat, conseiller général et député des Ardennes.

Goby, Emile, ancien directeur de théâtre, Caen.

Gochat, monteur en bronze, rue des Vinaigriers, 33, Paris.

Godar, Paul, rentier, rue des Balances, 31, Toulouse.

Godard, employé, rue de Turenne, 24, Paris.

Godard, cafetier, Beaune, Côte-d'Or.

Godard, perruquier, Savigny, Côte-d'Or.
Godard, H.-A., nég. en vins, rue Neuve-Coquenard, 15, Paris.
Godart, cuisinier chez M. Rothschild, rue Laffite, Paris.
Godé, employé, rue des Fontaines, 12, Sèvres, Seine-et-Oise.
Godeby, maître de bains, rue du Cardinal-Lemoine, 31, Paris.
Godefroy, doreur sur cuirs, rue Poissonnière, 15, Paris.
Godefroy, Antoine, serrurier, Orange, Vaucluse.
Godefroy, Edm., cap. en retr., rue Royale, 7, Nanterre, Seine.
Godefroy, Hippolyte, avenue de Paris, 173, St-Denis, Seine.
Godefroy, Jean-Baptiste, marchand de beurre, rue Nve, 1, Paris.
Godefroy, Jules, propriétaire, rue Saint-Maur, 79, Rouen.
Godelle, Louis-Alfred, maître d'hôtel, Sedan, Ardennes.
Godet, président de la Libre-Pensée, Charleville, Ardennes.
Godet, Épiphane, ferblantier, Louviers, Eure.
Godet, Hyacinthe, ferblantier, Gaillon, Eure.
Godfrin, rue des Martyrs, 74, Paris.
Godfrin, restaurateur, rue de Valois, 11, Paris.
Godfrin, boucher, Livry, Seine-et-Oise.
Godimus, rue des Trois-Bornes, 15, Paris.
Godin, père, rue Cadet, 16, Paris.
Godin, fils, doreur sur cuir, rue de Rambuteau, 34, Paris.
Godin, huissier, Montmorency, Seine-et-Oise.
Godin, inspecteur à la Cⁱᵉ du Chemin de fer d'Orléans, rue du
    Jardin-Public, 20, Bordeaux.
Godin, Charles, inspecteur des affaires coloniales, rue Sainte-
    Catherine, 150, Bordeaux.
Godissart, député.
Godon, vins en gros, rue du Vieux-Pont-de-Sèvres, 125, Billan-
    court, Seine.
Godot, cordonnier, rue Fessard, 26, Boulogne, Seine.
Godou, surveillant à la cartoucherie de Bourg-lès-Valence,
    Valence, Drôme.
Gœlot, courtier d'assurances, r. Saint-Denis, 140, Paris.
Gœlzer, négociant, rue Lafayette, 182, Paris.
Gœpfer, boucher, rue de Ménilmontant, 37, Paris.
Goéthals, J.-A., prof. de musique, r. de Cursol, 10, Bordeaux.
Goffre, J.-E., agent de change, calle 25 Mayo, 212, Montevideo,
    Uruguay.
Gogois, négociant, rue de Châlons, 30, Paris.
Goiffon, employé, Paris.
Goiffon, négociant, rue de Richelieu, 45, Paris.
Goineau, ex-lieut. au 1ᵉʳ voltigeurs de la garde.
Goirand, avoué, député des Deux-Sèvres.
Goirand, entrepreneur, en face du Jardin de la Ville, Toulon.
Goiset, J.-B., sous-lieutenant au 2ᵉ spahis, Mascara, Algérie.
Goislard, François, serrurier, fabricant de stores, rue Saint-
    Hilaire, 14, Paris

Goldschmidt, boulevard de Sébastopol, 10, Paris.

Goldschmidt, voyageur de commerce, place des Tanneurs, Strasbourg, Alsace.

Gollier, Paris.

Gombaud, chef de section au chemin de fer, Oran, Algérie.

Gombault, Alfred-Joseph, fils, Caen.

Gombault, Louis-Victor, bijoutier, Caen.

Gombault, Urbain, docteur-médecin, Caen.

Gombault, négociant, rue Alphonse-Ancellet, 8, Nogent-sur-Marne, Seine.

Gombert, secrétaire de la *Marseillaise*, Toulon.

Gompertz-Godichot, négociant, Baccarat, Meurthe-et-Moselle.

Gondouin, artiste-musicien, rue Daguerre, 42, Paris.

Gondrecourt, négociant en vins, Ay, Marne.

Gondret, négociant, cour des Miracles, 9, Paris.

Gongeard, employé, rue des Panoyaux, 138, Paris.

Gonnard, Claude, médecin homœopathe, rue de Berry, 33, Paris.

Gonnet, rue de l'Arcade, 25, Paris.

Gonnet, Auguste, teinturier, quai de Grenelle, 51, Paris.

Gonnod, Alexandre, employé, rue Lepic, 33, Paris.

Gontard, aux Martignes, Bouches-du-Rhône.

Gontard, Ernest, lapidaire, rue de la Jussienne, 9, Paris.

Gonthier, voyageur de commerce, Rouen.

Gonzalès, ferblantier, Oran, Algérie.

Gonzalès, Florentin, marchand de tabacs, Mascara, Algérie.

Gonzawa, voyageur, Paris.

Gorde, L.-J.-A., juge de paix, Belleville-sur-Saône, Rhône.

Gordes, agent d'assurances, place du Palais, 17, Avignon.

Goret, chef d'institution, Maisons-Alfort, Seine.

Gorge, Louis, négociant, Savigny, Côte-d'Or.

Goriot, P.-A., cultivateur, Deuil, Seine-et-Oise.

Gorisse, coiffeur, Mirande, Gers.

Goron, capitaine retraité, passage Russeil, Nantes.

Gorry, Jean-Pierre, menuisier, Bergerac, Dordogne.

Gorse, avenue de Saxe, 162, Lyon.

Gosmay, teinturier, Chambéry, Savoie.

Gosse (de), rue Vieille-du-Temple, 66, Paris.

Gosselin, Ch.-H., négociant, rue Montmartre, 123, Paris.

Gosset, joaillier-lapidaire, boulevard de Sébastopol, 98, Paris.

Gosset, Jacques, propriétaire, boulevard Diderot, 25, Paris.

Gost, Jules-Auguste, négociant, Caen.

Gottard, entrepreneur de charpente, Bièvre, Seine-et-Oise.

Gouache, Seudillon, Loiret.

Gouart, Léopold, adjudant sous-officier au 1er bataillon d'infanterie de ligne d'Afrique, Mascara, Algérie.

Gouault, marbrier, boulevard de Strasbourg, 25, Paris.

Gouault, huissier, rue d'Illiers, Orléans.

Goubeaux, avoué, Toul, Meurthe-et-Moselle.

Goublin, employé, Bône, Algérie.

Goudchaux, Edouard, ingénieur, conseiller municipal de Paris, conseiller général de la Seine.

Goudchaux, dit Schill, Jules, propriétaire, rue Montesquieu, Nancy.

Goudier, Claude, mécanicien, avenue de Choisy, 5, Paris.

Gouénot, architecte, Oran, Algérie.

Gouet, négociant, rue de la Roche, Vienne, Isère.

Goufflet, Jacques, fleuriste, Paris.

Gouffray, Abel, négociant en vins, Tours.

Gougeard, conseiller d'Etat, boulevard Suchet, 75, Paris.

Gougenheim, rue de la Pyramide, 10, Lyon.

Gougenheim, directeur du *Petit Nancéen*, r. de Sèvre, 15, Nancy.

Gouget, cartonnier, rue d'Aboukir, 78, Paris.

Gouget, rue de la Barre, 145, Vitry, Seine.

Gouget, ingén.-mécanic., rue Casimir-Delavigne, 13, au Havre.

Gouillon, Félix-Auguste, ingénieur-chimiste, rue de la Fontaine-Saint-Georges, 10, Paris.

Gouin, clerc de notaire, Angles, Vendée.

Gouineau, Alcide, marin, Royan, Charente-Inférieure.

Goujon, docteur-médecin, sénateur de l'Ain.

Goujon, agent-général du Phénix, Châteauroux, Indre.

Goujon, Théophile, avoué, Cognac, Charente.

Goulard, Paul-Jacques, manufacturier, conseiller municipal, juge au Tribunal de Commerce, rue de la Servie, 23, Nîmes.

Gouloumès, Etienne, entrepreneur de charpente, avenue de Paris, Bordeaux.

Gouloumès, Jean, médecin-vétérinaire, Gourdon, Lot.

Goumain-Cornille, avocat, boulevard St-Germain, 58, Paris.

Goumant, charron, rue des Bois, 110, Paris.

Gounot, architecte, rue de Trévise, 15, Paris.

Goupil, imprimeur-lithographe, rue de Montmorency, 5, Paris.

Goupil-Dumas, Montargis, Loiret.

Gourbeyre, confiseur-limonadier, Buenos-Ayres, République-Argentine.

Gourd, négociant, en orfèvrerie, rue de Turenne, 119, Paris.

Gourd, E., rue des Batignollaises, 5, Paris.

Gourdon, forgeron, Paris.

Gourdon, Jean, charp., Baignes-Sainte-Radegonde, Charente.

Gouré, tailleur, rue Neuve-des-Petits-Champs, 33, Paris.

Gouré, bateau-lavoir, quai Saint-Symphorien, 24, Tours.

Gouriaud, Jules-Antoine-Joseph, ancien entrepreneur, rentier, Tournan, Seine-et-Marne.

Gournay, juge de paix, rue de Clairmarais, Reims.

Gouron, Gustave, charcutier, rue Bénange, Bordeaux.

Gouron, Henri, maître-charpentier, Sainte-Terre, Gironde.

Gourriaud, Jean-Antoine-Joseph, entrepreneur de travaux, Tournan, Seine-et-Marne.

Goursat, Philippe, armurier, Brives, Corrèze.

Goussault, Adolphe, propriét, av. de Paris, 64, au Mans, Sarthe.

Goussault Edouard, propriétaire, Vibraye, Sarthe.

Goussot, employé à la Préfecture de la Seine, rue Lhomond, 50, Paris.

Gout, quai Saint-Antoine, 25, Lyon.

Goutant, Charles, architecte, Mézières, Arde

Goutthière, dit Vernolle, avoué, rue Ste-Cath   Nancy.

Gouvenot, représentant de comm., pass. Bar.   bis, Paris.

Gouvernal, voyageur de commerce, rue Saint-Jacques, Reims.

Gouverneur, Joseph, comptable, Charleville, Ardennes.

Goux, marchand de vins, rue Saint-Laurent, 6, Paris.

Govin, marchand-tailleur, rue Lafayette, Toulon.

Goy, Lyon.

Goy, Ernest, aux paquebots transatlantiques, Saint-Nazaire, Loire-inférieure.

Goy, François, capitaine au long-cours, St-Nazaire, Loire-infér.

Goy, Raphaël, menuisier, rue de la Dolve, 32, Tours.

Goyard, rue Charlot, 26, Paris.

Goyard, employé de la Banque, rue Mabillon, 16, Paris.

Goyard, md de vins, rue des St-Pères, 21, Paris.

Goyard, négociant, r. du Faub.-St-Martin, 171, Paris.

Goyffon, Pierre-Ant., lieutenant, Caen.

Goz, Félix, commerçant, St-Pierre, île de la Réunion.

Gozé, Fl., agent d'assurances, Montbéliard, Doubs.

Gozlan, Messaout, négociant, Constantine, Algérie.

Gozora, artiste lyrique, La Varenne-St-Maur, Seine.

Gradvohl, Marx, nég., rue de Montmorency, 5, Paris.

Graff, Georges, confis., r. de Besançon, 12, Montbéliard, Doubs.

Graillot, Cl., md de nouveautés, rue de Paris, St-Denis, Seine.

Grain, inspecteur en retraite de la Ce Paris-Lyon-Méditerrannée, administrateur de la Caisse d'épargne, rue Gabrielle, 15, Charenton, Seine.

Grammont (H. de), Montbéliard, Doubs.

Grandchamp, restaurateur, quai de Bercy, 9, Paris.

Grand, fab. de couleurs, rue de Belleville, 104, Paris.

Grand, commis-négociant, Salins, Jura.

Grand, Bruxelles, Belgique.

Grand, Jules, commis-négociant, Lunel, Hérault.

Grandelaude, limonadier, rue Petit, 26, Paris.

Grandemange, Jean-Nicolas, Paris.

Grandidier, employé de la Banque, rue de Parme, 11, Paris.

Grandidier, ingénieur, Châteauroux, Indre.

Grandjean, relieur, rue Saint-Placide, 35, Paris.

Grandjean, Narcisse-Eugène, courtier-gourmet, Paris.

Grandperrin, marchand de chaussures, rue Notre-Dame-de-Nazareth, 7, Paris.

Grandperrin, négociant, Champagnolle, Jura.

Grandval, professeur de pharmacie à l'Ecole de Médecine, rue Féry, 14, Reims.

Grandvigne, boulevard du Temple, 11, Paris.

Grandvilliers, Amédée, docteur-médecin, rue Masséna, 7, Nice, Alpes-Maritimes.

Granet, empl. de commerce, rue de la République, 51, Marseille.

Granet, Félix-Armand-Etienne, journaliste, préfet, directeur du personnel au ministère de l'Intérieur, député des Bouches-du-Rhône, ministre.

Grandgand, Adrien, négociant, Vinsobre, Drôme.

Grange, Benoît, Chambéry, Savoie.

Grangé, Elinor, commis-voyageur, rue des Limites, 62, Port-Louis, île Maurice.

Granges, Armand, négociant, place Saint-Michel, 8, Bordeaux.

Grangier, J.-G., entrepr. de serrur., rue du Pot-au-Lait, 4, Paris.

Grangloff, représ. de commerce, rue de Flandre, 51, Paris.

Grangon, Pierre, Valbourdin.

Granier, secrétaire de préfecture.

Granier, Jules, négociant en vins, Pézenas, Hérault.

Granier, Paul, professeur au Collège du Vigan, Gard.

Gragnon, facteur des postes, rue du Boulevard-Saint-Jean, Aix, Bouches-du-Rhône.

Gras, boulevard du Temple, 87, Paris.

Gras, Benezet, Nîmes.

Gras, Ferdinand, maître d'hôtel, Nice, Alpes-Maritimes.

Gras, Romain, mécanicien, Saint-Pierre, île de la Réunion.

Grassien, libraire, rue des Halles, 1, Tours.

Grasso, dentiste, rue Neuve, 7, Toulon.

Grasso, Jean-Pierre, meunier, Mornans, Drôme.

Grat, négociant, rue d'Hauteville, 94, Paris.

Grateau, Paul, négociant, Valence, Drôme.

Grateloup, entrepreneur de travaux publics, rue du Rempart-Saint-Etienne, 30, Toulouse.

Grathvohl, commissionnaire, rue de Parme, 11, Paris.

Gratiot, peintre, rue Bleue, 17, Paris.

Graubner, passementier, rue Beaubourg, 30, Paris.

Graux, Georges, cons. gén., rue Péronnet, 69, Neuilly, Seine.

Graux, Gustave, préfet,

Grave, avocat, Pamiers, Ariège.

Gravelle, Eugène, propriétaire, Nevers, Nièvre.

Gravenne, Ferdinand, brasseur, Toul, Meurthe-et-Moselle.

Graverol, Louis, négociant, St-Geniès-de-Malgoirès, Gard.

Gravet, rue Neuve-Saint-Augustin, 5, Paris.

Gravet, marchand de vins-liquoriste, Langres, Haute-Marne.

Gravey, Edmond, architecte, rue Monge, 117, Paris.

Gravier, préfet, trésorier général.

Gravier, receveur de l'enregistrement et des domaines, maire de Vagney, Vosges.

Gravier, boulanger, Lymay, Seine-et-Oise.

Gravier de Saulx, homme de lettres, boul. de Picpus, 50, Paris.

Gravinard, rue de Paris, 61, Charenton, Seine.

Gréard, membre de l'Institut, directeur au ministère de l'Instruction publique, vice-recteur de l'Académie de Paris.

Greffier, négociant, rue Saint-Bon, 3, Paris.

Grégersen, rue Lafayette, 56, Paris.

Grégersen, Andreas, négociant, rue Jouffroy, 38, Paris.

Grégoire, secrétaire général de préfecture.

Grégoire, lampiste, rue Vieille-du-Temple, 128, Paris.

Grégoire, ex-officier au 1er tirailleurs.

Grégoire, A., chef de bataillon d'infanterie de ligne.

Grégoire, J.-M., avocat, conseiller de préfecture, Foix, Ariège.

Grégori, Honoré, marchand de musique, place Charles-Albert, Nice, Alpes-Maritimes.

Gréhan, Charles, capitaine au long cours, au Havre.

Gréhan, Onésime, employé, rue Moreau, 9, Paris.

Greil, négociant, Brives, Corrèze.

Grelat, Jean-Baptiste, avoué, quai Duperré, La Rochelle, Charente-Inférieure.

Grelet, Jean, charpentier, Paris.

Grellet, mécanicien, Longjumeau, Seine-et-Oise.

Grelot, secrétaire général de préfecture.

Grelot, rue Saint-Jacques, 185, Paris.

Grenier, préfet.

Grenier, cité Trévise, 1, Paris.

Grenier, docteur-médecin, rue St-André-des-Arts, 70, Paris.

Grenier, A., ten. maison meublée, pl. de la Madeleine, 27, Paris.

Grenier, Charles, négociant, Cognac, Charente.

Greno, propriétaire, Landouzy-la-Ville, Aisne.

Grenoble, marchand-tailleur, rue Saint-Honoré, 161, Paris.

Greppo, Jean-Louis, tisseur, maire, député de la Seine.

Gresley, général, ministre, sénateur inamovible.

Grether, marchand de vins, rue de la Roquette, 180, Paris.

Grévin, L., rue de Morée, 8, Paris.

Grévy, marchand de vins, passage de Tivoli, 8, Paris.

Grévy, Albert, avocat, sénateur inamovible, gouverneur général de l'Algérie.

Grévy, Judith-Paul-François, dit Jules, avocat, député, président de la Chambre, président de la République.

Griffault, marchand de vins, boul. Rochechouart, 23, Paris.

Griffaut, boulevard de La Villette, 86, Paris.

Griffe, magistrat, sénateur de l'Hérault.

Griffe, rue de la Goutte-d'Or, 51 *bis*, Paris.

Grignon, courtier d'assurances, rue des Moines, 17, Paris.

Grignon, agent d'assurances, Toulon.

Grigny, contre-maître, Séraincourt, Seine-et-Oise.

Grillet, pharmacien, Clairvaux, Jura.

Grillot, Paris.

Grillot, rentier, Vernonnet, Eure.

Grillot, Eugène, représentant de commerce, Cette, Hérault.

Grimal, Paris.

Grimanelli, journaliste, préfet.

Grimard, pharm., rue de Montpensier, 1, Pau, Basses-Pyrénées.

Grimault, Joseph-Marie, négociant, Rennes.

Grimber, limonadier, Mantes, Seine-et-Oise.

Grimaux, employé, rue Beauregard, 27, Paris.

Grimeaux, A., correcteur d'imprimerie, rue de l'Ouest, 98, Paris.

Grimler, Emile.

Grimon, Saint-Thomas, Antilles danoises.

Grinand, ancien garde du génie, Chambéry, Savoie.

Grinand, aîné, Lyon.

Grinand, Jean-Baptiste, comptable, rue du Bon-Pasteur, 3, Lyon.

Grinfeld, au 72e de ligne.

Grinne, Edmond, propriétaire, Saint-Pierre, île de la Réunion.

Grisel, Jean-Baptiste, mécanicien, rue du Parc, 14, Fontenay, Seine-Inférieure.

Grisonnet, employé au Chemin de fer de ceinture, rue d'Allemagne, 145, Paris.

Grisval, Isidore, officier d'admin. en retraite, Givet, Ardennes.

Grivaud, marchand-tailleur, au Creusot, Saône-et-Loire.

Grivet, chaussée de l'Étang, 22, Saint-Mandé, Seine.

Grizard, menuisier, Petite-Rue-de-Cuire, 8, Lyon.

Grodet, Albert, rue de l'Estrapade, 15, Paris.

Grollier, inspecteur général des services administratifs au ministère de l'Intérieur, rue de Londres, 13, Paris.

Grombach, négociant en jouets, rue du Temple, 145, Paris.

Groppi, fumiste, au Havre.

Gros, sous-préfet.

Gros, négociant, rue du Château-d'Eau, 98, Paris.

Gros, mécanicien, rue de la Madeleine, 48, Lyon.

Gros, employé de mairie, place du Marché, 5, Tours.

Gros, propriétaire, rue de l'Archevêché, Vienne, Isère.

Gros, E., épicier, Montbéliard, Doubs.

Gros, Jean-Baptiste, Lyon.

Gros, Jules, rue des Feuillantines, 88, Paris.

Gros, Louis-Jules, journaliste, député du Doubs.

Grosbois, Marius-Ferdinand, chapelier, rue des Écluses-Saint-Martin, 45, Paris.

Grosdidier, maître de forges, Commercy, Meuse.

Grosjean, médecin-major, caserne des Célestins, Paris.

Grosjean, médecin au 43e de ligne, rue Beauharnais, 59, Lille.

Grosjean, conducteur des ponts et chaussées, Oran, Algérie.

Groskopf, F.-G.

Grosland, Lyon.

Gros-Long, Pierre, négociant, Châtillon-en-Drois, Drôme.

Grospierre, capitaine de cavalerie en retraite, rue Vilaine, 16, Evreux, Eure.

Gross, rue des Blancs-Manteaux, 32, Paris.

Grosse, aîné, entrepreneur, Chambéry, Savoie.

Grosset, propriétaire, au lieu de Chabanne, Creuse.

Grosset, Joseph, serrurier, rue Lécuyer, 7, Paris.

Grostephan, rue d'Alger, 12, Paris.

Grostephan, négociant, boulevard Montmartre, 1, Paris.

Groualle, Patrice, loueur de voitures, rue Blomet, 47, Paris.

Grouësy, limonadier, avenue de Neuilly, 168, Neuilly, Seine.

Groulaze, fabricant de fauteuils, r. des Filles-Dieu, 16, Paris.

Grout, Alphonse, négociant, quai Duguay-Trouin, Saint-Malo, Ille-et-Vilaine.

Gruby, docteur-médecin, rue Saint-Lazare, 45, Paris.

Gruel, bijoutier, rue de Palestro, Paris.

Gründel, fabricant d'articles de chasse et de voyage, rue Bouchardon, 15, Paris.

Grunner, Guillaume, menuisier, rue Benange, Bordeaux.

Grunweiser, maître-armurier, Lunéville, Meurthe-et-Moselle.

Gruzel, Auguste, négociant en vins, rue de Marseille, 20, Paris.

Grzegorzensky, conduct. de travaux, rue du Centre, 19, Paris.

Gubetta, rentier, Versailles.

Guborit, pharmacien, place du Pilori, Nantes.

Guectier, rue du Marché-Saint-Honoré, 4, Paris.

Guédard, Emile, mécanicien, Sancoins, Nièvre.

Guédard Gallicier, négociant en vins, Nevers, Nièvre.

Guedenay, Paris.

Guedenet, huissier, Varennes, Haute-Marne.

Guedras, md de vins en gros, ligne de Boulogne, Rue, Somme.

Guédy, Jacques, négociant, rue Du Guesclin, 78, Lyon.

Gréguant, Pierre, capitaine de navire.

Gueirard, Alfred, avenue de la Gare, Monaco.

Gueit-Dessus, doct.-médecin, maire du IVe arrondiss. de Paris.

Guelard, père, La Ferté-Saint-Aubin, Loiret.

Guelard, fils, La Ferté-Saint-Aubin, Loiret.

Guellier, Hippolyte, facteur de pianos, rue Saussure, 62, Paris.

Guénard, maréchal-des-logis de gendarmerie, Versailles.

Guenard, Adrien, géomètre, Constantine, Algérie.

Gueneau, fourrier au 9e de ligne, fort d'Ivry, Seine.

Guenot, Bonaventure, soldat au 3e régiment de chasseurs d'Afrique, Constantine, Algérie.

Guépin, docteur-médecin, professeur à l'Ecole de Médecine et ancien chirurgien de l'Hôtel-Dieu de Nantes, conseiller municipal, conseiller général de la Loire-Inférieure, préfet.

Guer, serrurier, rue Montgolfier, 19, Lyon.

Guerain, charron, rue des Acacias, 10, Paris.

Guérard, employé, rue du Faubourg-Saint-Jacques, 17, Paris.

Guérard, négociant, rue de Cléry, 76, Paris.

Guérard-Delaville, Jean-Baptiste, fab. de dentelles, Caen.

Guérard-Deslauriers, Charles, ingénieur civil, Caen.

Guerby, professeur de mathématiques, au Collège de Grasse, Alpes-Maritimes.

Guerchet, Clichy-la-Garenne, Seine.

Guérido, négociant, Oran, Algérie.

Guérin, rue de la Reynie, 5, Paris.

Guérin, gainier, cité Bouffers, 9, Paris.

Guérin, maître-charpentier, rue Servan, 40, Paris.

Guérin, maître de lavoir, rue des Martyrs, 11, Paris.

Guérin, parqueteur, rue Lemercier, 74, Paris.

Guérin, fils, parqueteur, rue des Batignolles, 18, Paris.

Guérin, entrepreneur, rue Champoiseau, Tours.

Guérin, gérant de la maison des 100,000 paletots, place Royale, Limoges.

Guérin, Alfred, miroitier, Bergerac, Dordogne.

Guérin, Antoine, marchand-épicier, Paris.

Guérin, Henri, Pierrefeu, Var.

Guérin, Henri, place du Onze-Septembre, Buenos-Ayres, République Argentine.

Guérin, Paul, Nîmes.

Guérin, P.-L., propriétaire, Poulieue.

Guérin, Pierre, fumiste, rue Municipale, 10, Mâcon.

Guérineau, Urbain, tonnelier, Tours.

Guerinet, employé, rue de la Victoire, 80, Paris.

Guérit, architecte, La Roche-sur-Yon, Vendée.

Guérive, Charles-Alexandre, maître-charpentier, Bléré, I. et-L.

Guérot, négociant en nouveautés, rue Croix-Nivert, 9, Paris.

Guéroult, rue Jules-Lecesne, au Havre.

Guerpin, Alexandre, meunier, Rosay, Seine-et-Oise.

Guerre, Lyon.

Guerre, Eugène-Henri, fils, employé, Nemours, Seine-et-Marne.

Guerre, Pierre-Eugène, père, employé, Nemours, Seine-et-M.

Guerrier, menuisier, rue Oberkampf, 35, Paris.

Guerry, ébéniste, rue de Charonne, 38, Paris.

Guétet, crémier, rue des Martyrs, 62, Paris.

Guétet, négociant, rue Richer, 5, Paris.

Guette, Louis, mécanicien, rue Hériard-Dubreuilh, 24, Bordeaux.

Gueury, retraité, Montcy-Saint-Pierre, Ardennes.

Guevin, Paul, charcutier, avenue de Saint-Ouen, 63, Paris.

Gueynard, Etienne, quincaillier, Bordeaux.

Gueyraud, Pierre, pépiniériste, boul. du Cauderans, Bordeaux.

Gueyterie (de la), Guillaume, négociant, Bordeaux.

Gugenheimer, négociant, rue Richer, 1, Paris.

Gugenhein, négociant, rue de Turenne, 132, Paris.

Guiard, entrepreneur de peinture, rue du Temple, 145, Paris.

Guiard, architecte, Chambéry, Savoie.

Guibal, marchand de vins, boul. de la Contrescarpe, 12, Paris.

Guibal, avoué, au Vigan, Gard.

Guibaudet, marchand de vins, rue de Sèvres, 97, Paris.

Guibert, coupeur d'habits, rue de Jessaint, 17, Paris.

Guibert, conseiller à la Cour d'appel de Montpellier.

Guibert, bourrelier, quai de Bourgogne, 46, Bordeaux.

Guibert, percepteur, La Garcilly, Loire-Inférieure.

Guibert, A.-W., architecte-ingénieur, Annonay, Ardèche.

Guibert, Eugène, bourrelier, rue Serre, Bordeaux.

Guibert, Lazare, charpentier, Nevers, Nièvre.

Guibourdanche, ent. de trav. pub., r. Monthel, Mende, Lozère.

Guichard, député de l'Yonne.

Guichard, arch., rue de La Chapelle, 39, Paris.

Guichard, fondeur en cuivre, rue Aumaire, 13, Paris.

Guichard, ex-sous-officier au 24e de ligne.

Guichard, route de Versailles, 150, Billancourt, Seine.

Guichard, pharmacien, Grande-Rue, 40, Boulogne, Seine.

Guichard, rue du Grand-Marché, 26, Tours.

Guichard, Antoine, négociant en vins, Bollène, Vaucluse.

Guichard, Pierre-Louis, ingénieur, conseiller municipal de Paris, conseiller général de la Seine.

Guichardon, charpentier, rue Saint-Dominique, 223, Paris.

Guicharnaud, Henri, md de vins, boul. de la Gare, 189, Paris.

Guichon, limonadier, Angoulême.

Guidon, Jean-Pierre, fabricant de visières, rue des Blancs-Manteaux, 29, Paris.

Guien, capitaine d'infanterie de marine, Saïgon, Cochinchine française.

Guiénot, employé au télégraphe, Dôle, Jura.

Guieu, propriétaire, Astaffort, Lot-et-Garonne.

Guiffray, Grande-Rue-Saint-Clair, 6, Lyon.

Guiffrey, Georges-Maurice, sénateur des Hautes-Alpes.

Guigard, rue du Faubourg-Poissonnière, 42, Paris.

Guignard, Jean, jeune, négoc., Sainte-Foy-la-Grande, Gironde.

Guignet, Victor, rue Gît-le-Cœur, 11, Paris.

Guigue, Lyon.

Guiguet, Henri, négociant, place de la Poissonnerie, Toulon.

Guiguet, Jean-Michel, md de vins, rue Croix-Nivert, 10, Paris.

Guihot, carrossier, rue Franklin, Nantes.

Guilbaud, capit. de navire, quai Duguay-Trouin, 13, Nantes.

Guilbaud, A., chez M. Labro, rue Crébillon, 20, Nantes.

Guilbaut, employé, rue de la Folie-Regnault, 44, Paris.

Guilbert, propriétaire, rue du Moulin-des-Prés, 23, Paris.

Guilbert, Louis-André, docteur-médecin, préfet.

Guilbert, chimiste à l'usine à gaz, au Pecq, Seine-et-Oise.

Guilhermier, Joseph, négociant, Valence, Drôme.

Guilini, conducteur des ponts-et-chaussées, Nyons, Drôme.

Guillabert, Paul, avocat, rue Roche, Toulon.

Guilland, marchand-tailleur, rue du Mail, 2, Lyon.

Guillard, tailleur de pierres, rue d'Asnières, 52, Levallois-Perret, Seine.

Guillasse, docteur-médecin, chirurgien de la marine, Papéeté, Océanie française.

Guillaud, entrepreneur de plomberie, rue du Rocher, 24, Paris.

Guillaume, pharmacien, boulevard Voltaire, 180, Paris.

Guillaume, tapissier, rue de la Grange-aux-Belles, 43, Paris.

Guillaume, Bordeaux.

Guillaume, négociant, Nancy.

Guillaume, Louis, négociant, Nice, Alpes-Maritimes.

Guillaume, Pierre-Eugène, employé, rue St-Merry, 35, Paris.

Guillaumet, employé, rue Mazet, 5, Paris.

Guillaumet, restaurateur, Moret, Seine-et-Marne.

Guillaumet, Octave, cuisinier, tenant le buffet de la gare de Nevers, Saincaize, Nièvre.

Guillaumin, père, menuisier, chaussée du Maine, 44, Paris.

Guillaumin, Claude, dessinateur, chaussée du Maine, 44, Paris.

Guillaumin, Pierre, cuisinier, chaussée du Maine, 44, Paris.

Guillaumou, cordonnier, député du Rhône.

Guille, Lyon.

Guillé, chef cuisinier, rue d'Anjou-Saint-Honoré, Paris.

Guillebaud, Pierre, ébéniste, Bergerac, Dordogne.

Guillebot, Emile, commis-négociant, Bordeaux.

Guillebout, Alphonse, rentier, rue Lafayette, 180, Paris.

Guillemain, Lyon.

Guillemé, pharmacien, La Roche-sur-Yon, Vendée.

Guillemin, négociant en nouveautés, r. St-Jacques, 186, Paris.

Guillemin, marchand de porcelaine, rue Centrale, 24, Lyon.

Guillemin-Billet, rentier, Charleville, Ardennes.

Guilleminot, Eugène, fabricant de produits chimiques, rue Choron, 6, Paris.

Guillemois, rue Lafayette, 195, Paris.

Guillemot, chapelier, Grande-Rue, 38, Boulogne, Seine.

Guillemot, Fiacre-Joseph, aplat. de cornes, r. Rébeval, 7, Paris.

Guillemot, Jules-François, commissaire central, rue de la Miséricorde, Toulon.

Guillemot, Lucien-Alexandre, docteur-médecin, conseiller général et député de Saône-et-Loire.

Guillemot, Pierre, ex.t. de maçonnerie, r. Lecourbe, 261, Paris.

Guillemy, Noël, rue d'Alverge, Tulle, Corrèze.

Guillet, horloger, rue Saint-Honoré, 314, Paris.

Guillermain, Lyon.

Guillermier, négociant, Valence, Drôme.

Guillery, Albert, tapissier, rue Vieille-du-Temple, 129, Paris.

Guillet, horloger, rue Saint-Honoré, 314, Paris.

Guillet, Jean-Pierre, marchand de vin, Bezons, Seine-et-Oise.

Guilliam, François, modeleur, rue Violet, 4, Paris.

Guillochon, fabricant de masques, rue Saint-Denis, 271, Paris.

Guillon, métreur-vérificateur, rue Richard-Lenoir, 37, Paris.

Guillon, père, rue de Fontenay, 46, au Grand-Montrouge, Seine.

Guillon, négociant, Dôle, Jura.

Guillon, Jean-Marie, négociant, aux Cayes, Haïti.

Guillot, rue Lesage, 23, Paris.

Guillot, épicier, boulevard de La Villette, 88, Paris.

Guillot, étudiant en médecine, Paris.

Guillot, négociant, rue Louis-Philippe, 57, au Havre.

Guillot, pharmacien, rue Lafayette, Toulon.

Guillot, maître de forges, rue d'Entraigues, 152, Tours.

Guillot, propriétaire, Asfeld, Ardennes.

Guillot, Jean, menuisier, rue Sainte-Colombe, 35, Bordeaux.

Guillot, Louis, avocat, député de l'Isère.

Guillot, L., chef de bur. à la mairie, r. de Nantes, 83, Rennes.

Guillot, Victor, blanchisseur, r. de Clamart, 4, Vanves, Seine.

Guilloton, arçonnier, passage Feuillet, 8, Paris.

Guillouet, courtier d'assurances, rue de Reuilly, 33, Paris.

Guilloux, Léon, libraire, Saint-Denis, Île de la Réunion.

Guilluy, rue du Curoir, 79, Roubaix, Nord.

Guilmain, limonadier, Pacy-sur-Eure, Eure.

Guilmard, Emile-Jean, photographe, Droux, Eure-et-Loir.

Guimbal, rue de la Félicité 4, Paris.

Guimbaud, J.-B.-Hippolyte, négociant, adjoint au maire de Poitiers, conseiller municipal, conseiller général de la Vienne.

Guimberteau, Emile, négociant, avenue de Paris, Bordeaux.

Guincêtre, Gaston-Edouard, maître d'hôtel, Saint-Maurice-les-Charençay, Orne.

Guindet, Ernest, maître d'hôtel au Lion d'Or, Saujon, Charente-Inférieure.

Guinebaud, Louis, march. de nouveautés, aux Sablons, Gironde.

Guinet, François, viticulteur, Lacrost, Saône-et-Loire.

Guinier, Paris.

Guinot, sénateur, d'Indre-et-Loire.

Guinouard, négociant en vins, Bordeaux.

Guion, produits chimiques, rue des Gravilliers, 50, Paris.

Guionnet, Auguste, marchand de blanc, Cognac, Charente.

Guiot, serrurier, La Roche-sur-Yon, Vendée.

Guiot, Charles, rue des Gravilliers, 70, Paris.

Guiot, Jean-Jacques, clerc de notaire, Caen.

Guiran, capitaine retraité, commissaire administratif des chemins de fer, rue Consolat, 156, Marseille.

Guirard, Matthieu, fab. de poterie, Vallauris, Alpes-Maritimes.

Guirard-Mayol, charron, Vallauris, Alpes-Maritimes.

Guiraud, courtier maritime, Bône, Algérie.

Guiraudel, Jean, menuisier en voitures, Bergerac, Dordogne.

Guiraudy, secrétaire de la mairie, Digne, Basses-Alpes.

Guirr, Frédéric, limonadier, Grande-Rue, 51, Issy, Seine.

Guiscrix, Bertrand, maître d'hôtel, rue Martignac, 6, Bordeaux.

Guitard, Ferréol, rue Labey, Villeneuve-s.-Lot, Lot-et-Garonne.

Guittard, conducteur de messageries, Aurillac, Cantal.

Guittard, Louis, teinturier, faubourg de la Cassine, 20, Sedan, Ardennes.

Guittlois, couvreur, rue du Faub.-St-Martin, 214, Paris.

Guizy, Léon, homme de lettres, Rouen.

Gunckelman, Ad.-Isidore, gainier, r. de Saintonge, 22, Paris.

Gustave, maréchal-ferrant, route de la Révolte, 71, Clichy-la-Garenne, Seine.

Gustave, Jean, avenue de Paris, 148, Saint-Denis, Seine.

Gustin, docteur-pharmacien, rue Drouot, 19, Paris.

Gutel, Victor-Alexandre, maître d'hôtel, Coulommiers, S.-et-M.

Gutman, Nathan, négociant, rue J.-J.-Rousseau, 64, Paris.

Guttin, bijoutier, rue de Provence, 4, Paris.

Guy, march. de confections, r. du Faub.-St-Martin, 148, Paris.

Guy, boulanger, faubourg Saint-Michel, Angers.

Guy, entrepreneur, Chambéry, Savoie.

Guy, Charles, empl. c, boulevard Saint-Martin, 43, Paris.

Guy, Pierre, rentier, route de Vienne, 124, Lyon.

Guy, Pierre-François, boulanger, La Flèche, Sarthe.

Guyard, boulanger, Paris.

Guyard, jurisconsulte, r. du Faubourg-Saint-Martin, 33, Paris.

Guyard, négociant en vins, rue de Tracy, 3, Paris.

Guyard, blanchisseur, rue de l'Abreuvoir, 3, Arcueil, Seine.

Guyard, meunier, Souppes, Seine-et-Oise.

Guyenet, négociant, Alexandrie, Egypte.

Guyot, Robert, marchand de vins, rue Rochechouart, 71, Paris.

Guyon, quai du Sud, 27, Mâcon.

Guyon, Pierre, restaurateur, rue des Bourets, Suresnes, Seine.

Guyonnet, Ant., entrepreneur, Bordeaux.

Guyot, rue de La Tour-d'Auvergne, 10, Paris.

Guyot, conducteur d'omnibus, rue de Belleville, 22, Paris.

Guyot, menuisier, rue Sainte-Anne, Orléans.

Guyot, Nevers, Nièvre.

Guyot, vérificateur des poids et mesures, Villeneuve-sur-Lot, Lot-et-Garonne.

Guyot, Jules, juge de paix, Etain, Meuse.
Guyot, Yves, publiciste, conseiller municipal de Paris, conseiller général et député de la Seine.
Guyot-Montpayroux, député de la Haute-Loire.
Guyotte, employé, rue du Temple, 17, Paris.
Guy-Rigault, Alfred, négociant en vins, rue des Cordeliers, Chalon-sur-Saône.
Guzman, Ferdinand, négociant, rue de la Bienfaisance, 29, Paris.
Guzman, Frédéric, artiste-peintre, r. de la Bienfaisance, 29, Paris.

H

Haag-Bastet, tapisserie et ébénisterie, meubles en tous genres, cours Morand, 35, Lyon.
Haas, voyageur, rue du Temple, 145, Paris.
Haassler, Joseph, tapissier, Saint-Denis, île de la Réunion.
Habich, employé, rue des Quatre-Fils, 14, Paris
Habillon, pharmacien, Pont-à-Mousson, Meurthe-et-Moselle.
Hachard, F.-J.-B., entrepr. de plomb., r. Quincampoix, 44, Paris.
Hacquard, ingénieur civil, Bône, Algérie.
Hacquart, ingénieur, rue Pichon, 7 bis, Nancy.
Hacquin, Désiré, employé, rue du Roule, 5, Paris.
Hadol, H., empl. de comm., r. du Faubourg-St-Denis, 186, Paris.
Hadot, entrepreneur de roulage, rue de Bercy, 28, Paris.
Haeusler, représ. de comm., r. St-Pierre-les-Dames, 5, Reims.
Haffner, Charles, mécanic. au chemin de fer, au Mans, Sarthe.
Haguenier, entrepreneur de peinture, Paris.
Haguette, Pierre-Isidore, entrep. de bâtim., Nouzon, Ardennes.
Haine, capitaine retraité, rue du Perche, 9, Paris.
Haine-Moreau, négociant en bois, Paris.
Hainque, limonadier, boulevard Denain, Paris.
Haize, grainetier, Saint-Pierre-de-Bailleul, Eure.
Halary, maître-maçon, Paris.
Halbique, Louis-André, pharmacien, rue Saint-Jean, Caen.
Halbique, Théodule, huissier, Balleroy, Calvados.
Hall, aîné, négociant, aux Cayes, Haïti.
Haller, Chrétien, directeur d'usine, Fumay, Ardennes.
Haller, Jacques, dentiste, rue d'Angleterre, 66, Lille.
Hallet, marchand de vins, rue Oberkampf, 69, Paris.
Hallo, Jules, chef d'atelier, rue Tiphaine, 4, Paris.
Hallu (de), négociant, rue des Écluses-Saint-Martin, 4, Paris.

Haltier, Etienne, architecte, Paris.

Hamaïde, Charles, entrepr., rue Neuve-des-Meuniers, 54, Lille.

Hamard, négociant, boulevard de Strasbourg, 76, Paris.

Hamel, boulanger, Athis-Mons, Seine-et-Oise.

Hamel, négociant, Saint-Pierre et Miquelon, Terre-Neuve.

Hamel, Ernest, journaliste, conseiller municipal de Paris, conseiller général de la Seine.

Hamel, Jules, rep. de commerce, r. Jacques-Lelieur, 18, Rouen.

Hamel, Victor, fabricant de corsets, Laigle, Orne.

Hamelin, négociant, Vert-en-Drouais, Eure-et-Loir.

Hamelin, Victor-Louis, voyageur de commerce, au Mans, Sarthe.

Hamerel, architecte, Paris.

Hamm, employé, rue Croix-des-Petits-Champs, 25, Paris.

Hammel, Charles-Frédéric, dir. de fabrique, Blingental, Alsace.

Hammerer, Jean-Baptiste, mécan., St-Pierre, Ile de la Réunion.

Hanet, md de tabac-liquoriste, boul. de Strasbourg, 58, Paris.

Hangard, fab. de ressorts de montres, r. Coquillière, 36, Paris.

Hanhart, Jules, négociant, Alexandrie, Egypte.

Hanier, épicier, rue de Lancry, 52, Paris.

Hannotin, Albert, architecte, rue Saint-André, 15, et rue Jacquemart-Giélée, 39, Lille.

Hanriot, rue Amelot, 64, Paris.

Hanriot, père, Paris.

Hansberger, rue Saint-Honoré, 133, Paris.

Hantz, négociant en vins, Montbéliard, Doubs.

Happillon, cabaretier, Sillery, Marne.

Haquette, artiste.

Harant, instituteur, conseiller municipal de Paris, conseiller général de la Seine.

Harchies, comptable, Condé, Nord.

Harcourt (d'), nég.-mercier, rue de l'Hôtel-de-Ville, 88, Paris.

Hardi, J., cuisinier, rue de l'Arcade, 46, Paris.

Hardoin, vétérinaire, rue de Courcelles, Levallois-Perret, Seine.

Hardon, ingénieur, inspecteur des arts et manufactures de l'État, avenue du Bois-de-Boulogne, 56, Paris.

Hardou, E., tailleur, rue de Paradis-Poissonnière, 1 bis, Paris.

Hardouin, march. de chevaux, rue de Courcelles, 51, Paris.

Hardet, père, couvreur, rue Bouret prolongée, 35, Paris.

Hardet, fils, couvreur, rue Bouret prolongée, 35, Paris.

Hardy, père, rue St-Firmin, 6, à Saint-Maurice, Lille.

Hardy, fils, empl. de comm., rue St-Firmin, à St-Maurice, Lille.

Hardy, maître d'hôtel, Corbeil, Seine-et-Oise.

Hardy, Jules, ancien négociant, représentant de commerce, rue du Cardinal-Gousset, 9, Reims.

Hardy, M.-E., employé, quai de la Ville, 46, Cette, Hérault.

Hardy Jourdan, voilier, quai de la Ville, 46, Cette, Hérault.

Hareau, Just, fils, propriétaire, Saint-Pierre, Ile de la Réunion.

Harivel, E., maître-tailleur au 17e d'art., Valence, Drôme.

Harlay, entr. de maçonn., rue Normande, 14, Vanves, Seine.

Harlet, brasseur, Noyon, Oise.

Harmange, François, rentier, rue des Prés, 5, Issy, Seine.

Harou, comptable, rue du Dragon, 22, Paris.

Harouard, Eugène, maître d'hôtel meublé, r. de Malte, 51, Paris.

Harquet, rue d'Anjou, 2, Paris.

Harrouard, Eugène, maréchal-ferrant, Monnaie, Indre-et-Loire.

Hartemstein, empl. au chemin de fer, r. du Commerce, 8, Paris.

Harty, Louis, ingénieur, Charleville, Ardennes.

Harvier, entrepreneur, Paris.

Hassan-Khan, secr. de la lég. de Perse, av. d'Antin, 29, Paris.

Haton, mécanicien, Dôle, Jura.

Hattat, Frédéric, négociant, conseiller municipal de Paris, conseiller général de la Seine.

Hattemer, fact. de pianos, r. de Paradis-Poissonnière, 54, Paris.

Hattenbach, employé, rue Commines, 12, Paris.

Hatton, Alexandre, sous-lieutenant à la 3e compagnie de remonte, Constantine, Algérie.

Haubruck, Henri, professeur de langues, place de la Madeleine, Béziers, Hérault.

Hauducœur, fermier, Combs-la-Ville, Seine-et-Marne.

Haumont, négociant en vins, Epernay, Marne.

Haupt. Ph., premier maître-mécanicien sur le *Canada*, Toulon.

Hauser, tourneur, rue du Faubourg-du-Temple, 34, Paris.

Hauser, tailleur, Oran, Algérie.

Hauss, Jean-Philippe, courtier en vins, quai de Bercy, 43, Paris.

Hauser, commis-voyageur, rue du Sentier, 32, Paris.

Haussmann, Jacques, chef de division au ministère de la Marine et des Colonies, rue Barye, 6, Paris.

Hautecloque, négociant, rue Notre-Dame-de-Nazareth, 24, Paris.

Hautefeuille, entrepreneur de peinture et marchand de papiers peints, Palaiseau, Seine-et-Oise.

Hautreux, docteur-médecin, Ancenis, Loire-Inférieure.

Hautrive, Jules, directeur d'assurances, rue de Puebla, 4, Lille.

Hauvette, Armand, huissier, comptable, Paris.

Havard, libraire-éditeur, boul. Saint-Germain, 175, Paris.

Havard, conseiller municipal, Vincennes, Seine.

Havey, Louis, boucher, Paris.

Havy, Pierre, cultivateur, Petit-Chatou, Seine-et-Oise.

Hayem, A., conseiller général.

Hayem, S., négociant, Lille.

Hayum, caissier, rue Saint-Martin, 155, Paris.

Hazard, officier-comptable en retr., rue Matelache, 3, Toulouse.

Hazard, marchand, rue Saint-Sauveur, 4, Tours.

Hazard, Auguste, rédacteur en chef de l'*Ami du Progrès*, rue Daubenton, 37, Roubaix, Nord.

Hazard, Henri, épicier, Paris.

Hazard, Jules, boulevard Papin, 2, Lille.

Hazard, négociant en vins, Ay, Marne.

Hazera, Edouard propriétaire, Bordeaux.

Hébé, Louis-Félix, serrurier, route Départementale, Saint-Cloud, Seine-et-Oise.

Hébert, rue Gay-Lussac, 58, Paris.

Hébert, métreur-vérificateur, rue de Douai, 4, Paris.

Hébert, sculpteur, rue du Cherche-Midi, 86, Paris.

Hébert, voyageur de commerce, boul. de Strasbourg, 61, Paris.

Hébrard, pharmacien, place Vendôme, 23, Paris.

Hébrard, coiffeur, r. de l'Hôtel-de-Ville, palais St-Pierre, 8, Lyon.

Hébrard, Adrien, journaliste, directeur du *Temps*, sénateur de la Haute-Garonne, Paris.

Hébrard, Jacques, sénateur de l'Inde française.

Hébrard, Louis, marchand-tailleur, pl. de la Comédie, Bordeaux.

Heckkmg, professeur de musique, rue Raugraff, 16, Nancy.

Hédiard, propriétaire, rue Chasselièvre, 31, Rouen.

Heillette, voyageur de commerce, rue de Trévise, 20, Paris.

Heilmanne, comptable, rue Michel-Lecomte, 22, Paris.

Heim, brasseur, Agen, Lot-et-Garonne.

Heimel, Charles, brigadier de gendarmerie, Paris.

Heinsberger.

Heintz, Emile, voyageur de commerce, Nancy.

Helds, relieur, rue Mignon, 7, Paris.

Héliade-Aadulesc, Jean, architecte, r. du Val-de-Grâce, 17, Paris.

Héligon, maire, Paris.

Héligon, Henri, distillateur, rue Saint-Merri, 5, Paris.

Héligon, Jean-Pierre, conservateur des Entrepôts de Bercy, quai de Bercy, 49, Paris.

Héligon, Joseph-Albert, ex-sous-officier au 19e bataillon de chasseurs à pied.

Hélion, avocat.

Helle, Nicolas, architecte-voyer, Mascara, Algérie.

Hellinger, Hermann, représentant de comm., Tourcoing, Nord.

Helmessen, Jean-Louis, négociant, Libourne, Gironde.

Hélouin, Victor-Adolphe-Ferdinand, restaurateur, rue de Strasbourg, 4, Paris.

Helziet, négociant, rue des Petites-Ecuries, 21, Paris.

Hémart, Adolphe, avenue des Champs-Elysées, 14, Paris.

Hémart, Emile, rue de l'Arc-de-Triomphe, 34, Paris.

Hemery, charcutier, rue de Castellane, Paris.

Hemet, marchand-colporteur, Houlbec, Eure.

Hendlé, avocat, préfet.

Hennelière, Chantilly, Oise.

Hennequin, employé de mairie, rue de Palestine, 2, Paris.

Hennequin, mécanicien, rue de la Glacière, 11, Paris.

Hennequin, Ch,, employé, rue des Cailloux, 14, Clichy-la-Garenne, Seine.

Henniart, layetier, rue Aumaire, 26, Paris.

Henocques, facteur au chemin de fer, Melun, Seine-et-Marne.

Henon, Charles, comptable, Charleville, Ardennes.

Henot, rue Allard, 18, Saint-Mandé, Seine.

Henri, employé, rue Cadet, 18, Paris.

Henri, négociant, rue des Dames, Paris.

Henri, négociant, Cherbourg, Manche.

Henri, Edme, marchand de vins en gros, rue de Montreuil, Vincennes, Seine.

Henricy, Casimir, homme de lettres, Paris.

Henriot, Lazare, caissier, Autun, Saône-et-Loire.

Henriquel, graveur sur cristaux, rue du Landy, 35, Clichy-la-Garenne, Seine.

Henry, préfet.

Henry, rue Portefoin, 11, Paris.

Henry, employé, quai du Marché-Neuf, 6, Paris.

Henry, ingénieur civil, rue Lacroix, 34, Paris.

Henry, corroyeur, Evreux, Eure.

Henry, Ant.-Th., employé, rue de Gentilly, 16, Paris.

Henry, Jules, doct.-méd., r. de l'Hôpital-Militaire, 38 bis, Lille.

Henseler, Jacques, arquebusier, av. de Saint-Ouen, 50, Paris.

Hentschel, négociant, Oran, Algérie.

Hepp, conseiller de préfecture.

Hérail, Louis, propriétaire, rue du Bel-Air, Béziers, Hérault.

Herait, Julien, fabric. de briques, aux Moulineaux, Issy, Seine.

Héral, maire de Blaye, conseiller général et député du Tarn.

Héral, bottier, rue Aga-Haman, 12, Constantinople, Turquie.

Hérard, marchand de vins, rue Martignac, 26, Paris.

Hérard, limonadier, au Port, Gray, Haute-Saône.

Hérault, Lyon.

Hérault, Alexandre, architecte, Ferrière, Seine-et-Marne.

Hérault, Casimir, négociant, passage Saint-Justin, 6, Levallois-Perret, Seine.

Herbeaud, entrepreneur, rue de Juillet, 45, Paris.

Herbeaumont, constr. de serres en fer, r. de Bagnolet, 91, Paris.

Herbecq, Etienne, propriétaire, Saint-Pierre, île de la Réunion.

Herbet, rue Scribe, 1, Paris.

Herbet, rentier, Gagny, Seine-et-Oise.

Herbette, Jules, préfet, conseiller d'Etat, ambass. en Allemagne.

Herbette, Louis, conseiller d'Etat, directeur de l'Administration pénitentiaire au ministère de l'Intérieur.

Herbeûn, Arthur, rue Haute-du-Château, Nantes.

Herbez, Lyon.

Herbier, Jules, négociant, Saint-Mihiel, Meuse.

Herbin, René, courtier de commerce, rue de Tournai, 39, Lille.

Hérédia (de), Stanislas, président de l'Association philotechnique, conseiller munipal de Paris, conseiller général et député de la Seine, ministre.

Herff, commerçant, rue Radziwil, 17, Paris.

Héricourt, maître-charron, rue Chaudron, 13, Paris.

Héringer, Joseph, ex-sergent-major au 75e de ligne.

Hérisson, peintre-décorateur, passage du Renard, Paris.

Hérisson, avocat, conseiller municipal de Paris, conseiller général et député de la Seine, ministre, conseiller à la Cour de Cassation.

Hérisson, Sylvestre, avoué, cons. gén. et député de la Nièvre.

Hérivaux, agent d'affaires, Saint-Jean-Saint-Germain, Indre-et-Loire.

Herlin, avoué, Dreux, Eure-et-Loir.

Herlin, Adolphe, Lille.

Hermann, limonadier, rue Cadet, 13, Paris.

Hermann, négociant, rue de l'Echiquier, 21, Paris.

Hermann, aux Ateliers généraux, Port-Saïd, Egypte.

Hermann, Elysée, marin, Saint-Pierre, île de la Réunion.

Hermann, Gustave-Guillaume, avocat, Périgueux, Dordogne.

Hermann, Louis, fabricant de chaussures, rue du Cygne, 7, Paris.

Hermantin, garde auxiliaire du génie, en retraite, agent-voyer, La Basse-Terre, Antilles françaises.

Hermitte, Ant., avocat à la Cour d'Appel, cours de Tourny, 66, Bordeaux.

Hernandez, André, docteur-médecin, Mahon, île Minorque.

Hérold, Conrad, marchand-tailleur, rue de Richelieu, 26, Paris.

Héron, Léon, serrurier, Cognac, Charente.

Herpin, cond. des ponts et chaussées, rue Fessart, 12, Paris.

Herpin, docteur-médecin, rue Pachot, 1, Livry, Seine-et-Oise.

Herreyres, Marcelin, marchand-papetier, Bordeaux.

Hersant, Lyon.

Hertache, pâtissier, passage Brady, 93, Paris.

Hertemann, bottier, rue Taranne, 6, Paris.

Hertemano, rue du Dragon, 24, Paris.

Hertement, chef de section, La Villetertre, Oise.

Herterich, ébéniste, rue Amelot, 56, Paris.

Hervau, premier maître-mécanicien, Toulon.

Hervé, avocat-défenseur, Oran Algérie.

Hervel, impasse Rodier, 6, Paris.

Hervieuf, marchand de bois, Pacy-sur-Eure, Eure.

Héry, plâtrier, rue de l'Hôtel-de-Ville, Nantes.

Hery, Louis, employé, rue des Deux-Ecus, 53, Paris.

Herzog, Lyon.

Hesse, aide-médecin, Toulon.

Hesse, E., négociant, rue d'Enghien, 30, Paris.

Heude, tailleur, rue Méhul, 2, Paris.

Heudebert, bandagiste, rue Saint-Maur, 116, Paris.
Heulle, entrepreneur de transports, Fresnes, Nord.
Heurel, Charles, comptable, Nice, Alpes-Maritimes.
Heurpé, avoué honoraire, administrateur de la Caisse d'Epargne, Epernay, Marne.
Heurtaux, Louis-Vital, limonadier, La Ferté-Macé, Orne.
Heurtebise, homme de lettres, rue du Pont-de-Lodi, 5, Paris.
Heurtebise, marchand de tabacs, rue St-Honoré, 146, Paris.
Heurtin, peintre, rue Racine, Nantes.
Heust-Duval, François-Paul, propriétaire, Caen.
Heuzard, Emile-Gabriel, négociant, Caen.
Heuzé, rue du Temple, 30, Paris.
Hèvre, député.
Heymann, Jules, commerçant, rue Amelot, 44, Paris.
Heymann, L., repr. de comm., rue de la Voie-Verte, 18, Paris.
Heynemann, r. Croix ou r. Neuve-des-Petits-Champs, 36, Paris.
Heyriès, Honoré-André, vérificateur des poids et mesures, rue de la Comédie, 21, Toulon.
Hiblot, négociant, Halles, Meuse.
Hibruit, rue Blomet, 92, Paris.
Hiélard, Charles-Jules, employé, rue Laffitte, 7, Paris.
Hiélard, Léon, fabricant de plumes, rue Vivienne, 27, Paris.
Hiélard, Louis, pianiste, rue Laffitte, 7, Paris.
Hienne, Valéry, commissionnaire, Roubaix, Nord.
Higelin, François, rue de Saulger, 19, Saint-Denis, Seine.
Hillairet, pharmacien, Angoulême.
Hillebrand, ingénieur, place d'Armes, 15, Saint-Denis, Seine.
Hilléraud, Félix, docteur-médecin, rue de la Forme, 4, La Rochelle, Charente-Inférieure.
Hillion, chapelier, rue Vieille-du-Temple, 36, Paris.
Hilsont, père, distillateur, Nogent-le-Roi, Eure-et-Loir.
Hilsont, fils, distillateur, Nogent-le-Roi, Eure-et-Loir.
Himet, architecte, rue Garreau, 7, Paris.
Himsteeds, fabricant de porte-monnaie, r. St-Maur, 162, Paris.
Hinfray, propriétaire, Gamilly-Vernon, Eure.
Hingray, Ferdinand, commis, Saint-Denis, île de la Réunion.
Hirch, Marc, tailleur, rue Notre-Dame-de-Nazareth, 27, Paris.
Hirchs, propriétaire, rue Saint-Anastase, 4, Paris.
Hiriart, secrétaire de la mairie d'Essonnes, Seine-et-Oise.
Hirlemann, Marseille,
Hirsch, rue Louis-le-Grand, 32, Paris.
Hirsch, Alexandre, glacier, rue de la Fontaine-au-Roi, 26, Paris.
Hirsch, Hermann, journaliste, rue de Rennes, 152, Paris.
Hirsch, Léon, négociant, rue Montorgueil, 63, Paris.
Hirsch, Michel.
Hirsch, Samuel, instituteur, Constantine, Algérie.
Hirschl, passage Jouffroy, 39, Paris.

Hirtz, négociant en toiles, rue Malher, 7, Paris.

Hirtz, Lucien, négociant, rue de Tournai, Lille.

Hitard, Adolphe, instituteur, rue Lamalgue, Toulon.

Hittier, rue des Filles-du-Calvaire, 13, Paris.

Hiverge, père, cordonnier, rue de la Montagne-Sainte-Geneviève, 4, Paris.

Hiverge, fils, cordonnier, rue de la Montagne-Sainte-Geneviève, 4, Paris.

Hiversence, Paul, marchand de bois.

Hivert, docteur-médecin, quai Saint-Vincent, 53, Lyon.

Hivert, représentant de commerce, place aux Fruits, Tours.

Hivet, rue Saint-Antoine, 33, Paris.

Hoarau-Duportail, adjoint au maire, St-Pierre, île de la Réunion.

Hochard, Ch., marchand de vins, rue d'Angoulême, 41, Paris.

Hochstein, employé, passage Saint-Michel, 1, Paris.

Hocquart, marchand de vins, boul de La Villette, 67, Paris.

Hocquart, Ernest, conducteur des ponts et chaussées, Bouage, Loire-Inférieure.

Hodiesne, père, photogr., rue de la Grande-Chaumière, 14, Paris.

Hodiesne, fils, photogr., rue de la Grande-Chaumière, 14, Paris.

Hoëly, Adolphe, sous-chef de dépôt, rue de Paris, 2, Tours.

Hoemelle, organiste, rue du Cirque, 21, Paris.

Hoffart, limonadier, rue de Strasbourg, 17, Paris.

Hoffmann, employé, rue Saint-Vincent-de-Paul, 23, Paris.

Hoffmann, médecin-dent., rue de la Chaussée-d'Antin, 22, Paris.

Hoffmann, Charles, plaqueur de voitures, av. Percier, 8, Paris.

Hoinville, march. tailleur, r. de l'Ecole-de-Médecine, 60, Paris.

Hoiret, arquebusier, rue Saint-Sauveur, Beauvais.

Holl, Léonard, employé, rue Blondel, 10, Paris.

Holley, quincaillier, Grande-Rue, 24, Issy, Seine.

Hollœndersky, boulevard Rayat, 2, Saint-Denis, Seine.

Holstaine, cons. de la Bibliothèque et du Musée, Valence, Drôme.

Holtzer, brigadier-bottier au train des équipages, Bône, Algérie.

Holzhauer, cap. au 1er escadron du train des équip. mil., Lille.

Holzinger, restaurateur, Montmorency, Seine-et-Oise.

Homé, propriétaire, rue du Kremlin, 9, Bicêtre, Seine.

Hommais, Constant-François, imprimeur, Caen.

Honel, Salomon, avocat à la Cour d'Appel, batonnier, rue de la Lyre, 12, Alger.

Honguer, employé au Chemin de fer de l'Est, rue de La Chapelle, 45, Paris.

Honnorat, propriétaire, rue Princesse, Lille.

Honnorat, entrepreneur de peinture, rue Neuve-Saint-Martin, 14, Marseille.

Honoré, Charles-Henri, ingénieur, Montevideo, Uruguay,

Hontaas, Pau, Basses-Pyrénées.

Hoquet, propriétaire, Saint-Nazaire, Loire-Inférieure.

Horcholle, Louis-Aimé, agent d'affaires, rue Lecourbe, Paris.

Horel, marchand de vins, rue Aumaire, 13, Paris.

Horne, Victor, employé au Secrétariat général du Grand Orient de France.

Horrie, entrepositaire, quai de Jemmapes, 302, Paris.

Horsée, propriétaire, Borin, Vendée.

Hortode, Armand-Simon, négociant, Port-Louis, Morbihan,

Hortode, Armand, propriétaire, Quimperlé, Finistère.

Hory, Lyon.

Hosch, épicier, rue Guénégaud, 27, Paris.

Hosselet, inspecteur des travaux de la Compagnie du gaz, avenue de Malakoff, 13, Paris.

Hossinger, au Tonkin.

Hoste, marchand de vins, rue des Rosiers, 8, Paris.

Hostein, Michel, tonnelier, Bordeaux.

Hoter, rue d'Alembert, 15, Paris.

Houareau, rue Dumoutier, 15, Aubervilliers, Seine.

Houchet, Alfred, architecte, rue Legendre, 107, Paris.

Houchet, Ch., comptable, rue de Sartine, 1, Paris.

Houchet, E., correcteur d'imprimerie, rue de Sartine, 1, Paris.

Houchot, md de futailles, r. de Rambouillet, 9, Paris.

Houchoux, Frédéric, premier maître timonier en retraite, rue de la Comédie, 21, Toulon.

Houdaille, maire d'Avallon, député de l'Yonne.

Houdard, au Havre.

Houdard, apprêteur, rue Duguay-Trouin, 12, Rouen.

Houdelot, Nancy.

Houdet, Hubert-Donatien, cultivateur, au Groschien, commune de Joxan.

Houdou, restaurateur, Oran, Algérie.

Houdouin, bijoutier, place de la Bastille, 7, Paris.

Houette, président de la Chambre de Commerce de Paris.

Houillon, fabricant de baudruche, rue Saint-Paul, 35, Paris.

Houin, rue Lafayette, 101, Paris.

Houppeaux, md de vins, r. du Faub.-St-Martin, 162, Paris.

Houreux, scieur à la mécan., pass. de la Forge-Royale, 23, Paris.

Hourie, rédacteur à la *Petite France*, Tours.

Hourlier, E.-J., emp. de ch. de fer, rue de la Hache, 59, Nancy.

Housay, agréé au Tribunal de Commerce, Versailles.

Houssé, Napoléon, cultivateur, Saulcier.

Houssé, Vincent, cultivateur, Longjumeau, Seine-et-Oise.

Houtelet, rentier, r. Fontenelle, 4, Ville-d'Avray, Seine-et-Oise.

Houvet, Alphonse, fruitier, rue des Dames, 5, Paris.

Houy, Louis-Alexandre, limonadier, place au Porcs, Nemours Seine-et-Marne,

Houyvet, premier président à la Cour d'Appel d'Alger.

Houzelot, docteur-médecin, Meaux, Seine-et-Marne.

Houziaux, négociant en cafés, rue de la Montagne-Sainte-Geneviève, 65, Paris.

Hovelacque, conseiller municipal de Paris, conseiller général de la Seine.

Hovius, Auguste-Jean, armateur, maire de St-Malo, conseiller général et député d'Ille-et-Vilaine.

Hoyau, Jean-Louis, tonnelier, marchand de vins, Maintenon.

Huard, marchand-tailleur, rue de Rivoli, 62, Paris.

Huard, Alexandre, rue de Miroménil, 8, Paris.

Huart, mécanicien, cité du Hérisson, 7, Paris.

Huart, Désiré, négociant, La Flèche, Sarthe.

Huart, Jules, imprimeur, rue du Roi-de-Sicile, 4, Paris.

Hubaud, restaurateur, rue de la République, 40, Toulon.

Hubbard, Gustave-Adolphe, avocat, député de Seine-et-Oise.

Hubert, charpentier, rue du Chemin-Vert, Boulogne, Seine.

Hubert, serrurier, rue Rubens, Nantes.

Hubert, cafetier, place Ducale, Charleville, Ardennes.

Hubert, meunier, Neufchâtel-sur-Aisne, Aisne.

Hubert, Alfred, propriétaire, rue Becquet, 5, Rueil, S.-et-O.

Hubert, Alphonse, charron, rue de Chabanais, 8, Paris.

Hubert, Esprit-Eugène, conseiller de préfecture, rédacteur en chef de la *Chaine d'Union*, rue du Pont-de-Lodi, 6, Paris.

Hubert, Charles, chef de section au Chemin de fer, Remiremont, Vosges.

Hubert, Martial, commerçant, Saint-Denis, île de la Réunion.

Hubert, Théodore, commis-banquier, Bordeaux.

Hubert, Williams, négociant en passementeries, boulevard de Sébastopol, 95, Paris.

Huberty, propriétaire, rue du Faubourg-du-Temple, 99, Paris.

Hubner, Édouard-Albert, anc. négociant, r. de Bondy, 52, Paris.

Hubout, comptable, rue Jacob, 38, Paris.

Huc, négociant, Oran, Algérie.

Huchard, aîné, menuisier, r. Nve-des-Carmes, Agen, Lot-et-Gar.

Huchard, jeune, coiffeur, rue Saint-Jean, Agen, Lot-et-Garonne.

Huchet, René-Antoine, Nemours, Seine-et-Marne.

Huck, tailleur, Paris.

Hude, négociant, rue Saint-Honoré, 330, Paris.

Hude, négociant, rue d'Alger, 6, Nantes.

Hude, Auguste, négociant en vins, maire d'Issy, conseiller d'arrondissement et député de la Seine.

Hue, négociant, rue Coquillière, 22, Paris.

Hue, inspecteur des écoles primaires, rue de Vesle, 203, Reims.

Hue, Louis, souffleur.

Huelle, Clair-Marie, médecin, Basse-Indre, Loire-Inférieure.

Huet, Grande-Rue, 13, Issy, Seine.

Huet, manufacturier, maire, Fécamp, Seine-Inférieure.

Huet, Alfred, maître d'hôtel, Mézières, Indre.

Huet, J.-B., employé, rue de Domrémy, 2, Paris.
Huet, Joseph, cafetier, au Mans, Sarthe.
Huët, Ulysse, propriétaire, rue des Tondeurs, 10, Nîmes, Gard.
Huette, capitaine au long cours, négociant, Nantes.
Huette, Félix, propriétaire, rue de la Fosse, 34, Nantes.
Huette, Gaston, rue Villez-Martin, 4, St-Nazaire, Loire-Infér.
Huette, Théophile, négociant, quai de la Fosse, 85, Nantes.
Hugard, boulevard de Magenta, 32, Paris.
Huggenberger, coiffeur, Troyes, Aube.
Hugno, Henri, commis, Saint-Denis, île de la Réunion.
Hugo, négociant, rue Vicq-d'Azir, 23, Paris.
Hugo, Victor.
Hugon, Louis, entrepreneur, rue de Sèze, 84, Lyon.
Hugonis, Louis, imprimeur, passage Verdeau, 19, Paris.
Hugonnet, chef de bureau à la Préfecture, Oran, Algérie.
Hugot, constructeur-mécanicien, rue Vicq-d'Azir, 23, Paris.
Hugot, père, carrossier-ferreur, Beaune, Côte-d'Or.
Hugot, fils, ferreur, Beaune, Côte-d'Or.
Hugues, Augustin, agent de change et courtier-juré, rue de
    l'Eglise, 75, Port-Louis, île Maurice.
Hugues, Charles, propriétaire, Vallauris, Alpes-Maritimes.
Hugues, Clovis-Hubert, journaliste, député des Bouches-du-
    Rhône.
Hugues, Jean-Joseph, parfumeur, Vallauris, Alpes-Maritimes.
Huguet, docteur-médecin, Paris.
Huguet, entrep. de travaux publics, ch. du Maine, 99, Paris.
Huguet, Adolphe, fils, employé, rue des Entrepreneurs, 57,
    Paris.
Huguet, Jules, lieutenant au 43ᵉ rég. d'inf., citadelle de Lille.
Huguet, Louis, licencié en droit, rue Monge, 38, Paris.
Huillard, commissionnaire en fruits, rue Berger, 27, Paris.
Huin, maître-bottier, Paris.
Huin, instituteur, Lille.
Humann, Paris.
Humbert, sénateur inamovible, ministre, vice-prés. du Sénat.
Humbert, juge de paix, Clermont, Meuse.
Humbert, Alexandre, clerc de notaire, Hirson, Aisne.
Humbert, Alphonse, journaliste, conseiller municipal de Paris,
    conseiller général de la Seine.
Humbert, André, dessinateur, rue Rochechouart, 21, Paris.
Humbert, Claude, Nîmes.
Humbert, Emile-Victor, rue de l'Ecole, 2, Rouen.
Humbert, F.-L., professeur, rue Truffaut, 114, Paris.
Humbert, Frédéric, avocat, député de Seine-et-Marne.
Humby, H.-I., maître d'hôtel, Caen.
Humillier, rue Julien-Lacroix, 30, Paris.
Hunt, employé, rue d'Aboukir, 26, Paris.

Huot, J., marchand de vins, rue Charlot, 4, Paris.

Huot, Louis-Lucien, négociant, rue Elzévir, 10, Paris.

Huppe, monteur en bronze, rue de Hanovre, 8, Paris.

Huppé, Jean-Théodore, employé, rue de la Fidélité, 7, Paris.

Hurard, Marius-Victor-Alexandre, avocat et journaliste, député de la Martinique.

Hurard, rue Pesset, Saint-Pierre, Martinique.

Hureau, rue La Condamine, 34, Paris.

Hureau, aubergiste, Melun, Seine-et-Marne.

Hurel, négociant, rue Ganneron, 7, Paris.

Hurel, professeur, rue Monsieur-le-Prince, 20, Paris.

Huret, employé, avenue des Champs-Elysées, 24, Paris.

Huret, Ed.. négoc. en chaussures, r. de Penthièvre, 37, Paris.

Huret, Jean-Baptiste, commis, Saint-Denis, île de la Réunion.

Huriau, commis-négociant, boul. Richard-Lenoir, 132, Paris.

Huriot, chef de cabinet au ministère de l'Intérieur.

Huriot, directeur de l'Asile national des Sourdes-Muettes, rue Saint-Cernin, Bordeaux.

Huriot, François, relieur, rue Notre-Dame, Nancy.

Huron, peintre, rue Saint-Louis-en-l'Ile, Paris.

Huron, piqueur, Philippeville, Algérie.

Husson, rue Bréa, 22, Paris.

Husson, agent d'assurances, rue de Navarin, 23, Paris.

Husson, fils, photographe, rue du Buisson-St-Louis, 23, Paris.

Husson, père, miroitier, rue du Buisson-St-Louis, 23, Paris.

Husson, Louis, fabricant de clous, conseiller municipal, Charleville, Ardennes.

Hustin, négociant, quai Lamblardie, 22, au Havre.

Hutinet, J.-B., employé, rue des Vinaigriers, 21, Paris.

Huttier, peintre, rue Delambre, 5, Paris.

Huvier, Laon, Aisne.

Huyard, Henri, rentier, Saint-Denis, île de la Réunion.

Huyart, tonnelier, passage Brady, 4, Paris.

Hyra, dit Hary.

Hytier, propriétaire, adjoint au maire, Fismes, Marne.

Hyvert, négociant en vins, boulevard Saint-Germain, 11, Paris.

Hyvert, Lyon.

Ibos, receveur de rentes, rue du Bac, 36, Paris.

Icard, directeur du *Petit Provençal*, Marseille.

Icery, Jules, agent d'affaires, rue du Rempart, 26, Port-Louis, île Maurice.

Ichard, propriétaire, Bernac, Tarn.

Igier, François, chef de train principal au Chemin de fer du Midi, rue de la Manutention, Béziers, Hérault.

Imbard, Léopold, marchand-tailleur, Orange, Vaucluse.

Imbert, rue Greneta, 17, Paris.

Imbert, rue d'Hauteville, 94, Paris.

Imbert, Lyon.

Imbert, Agamemnon, député de la Loire.

Imbert, J., commis de direct., rue de Siam, 61, Brest, Finistère.

Imbert, Léopold, propriétaire, maison Cléricy, rue Chauvain, Nice, Alpes-Maritimes.

Imbert, Pierre, mécanicien principal, Toulon.

Immerwahr, E., rue de l'Echiquier, 40, Paris.

Ingelrest, jardinier en chef du Jardin botanique, rue des Champs, Nancy.

Ipsen, chez M. Galschiot, rue des Petites-Écuries, 31, Paris.

Iribe, rue Alfred-Stevens, 2, Paris.

Isaac, sénateur de la Guadeloupe.

Isambert, serrurier, boulevard Diderot, 91, Paris.

Isarn, Simon, infirmier militaire, Constantine, Algérie.

Isemburg, marchand-tailleur, rue de la Victoire, 33, Paris.

Ismaël ould Kaddi, Mohamed, agha des Achem-Cheraza, en Algérie.

Isnard, Hippolyte, maître de bains, Crest, Drôme.

Isnard, Noël, imprimeur sur étoffes, rue Compoise, 62, Saint-Denis, Seine.

Isoard, Marius, docteur-médecin, rue d'Aubagne, 104, Marseille.

Israël, Arthur, négociant en laines, Roubaix, Nord.

Issalis, marchand de vins, rue Greneta, 61, Paris.

Issartier, Henri, sénateur de la Gironde.

Issartier, Raoul, docteur-médecin, Monségur, Gironde.

Isselin, traiteur, rue du Retrait, 36, Paris.

Isselin, Charles, employé aux Halles, syndic, rue du Retrait, 36 bis, Paris.

Isselin, François, aîné, marchand de vins, rue des Plantes, 7 et 9, Paris.

Iung, rue Ferrandière, 42, Lyon.

Iverlet, Prosper-Auguste-Martin, négociant, cité Henri, Paris.

Ivon, peintre, rue du Landy, Clichy-la-Garenne, Seine.

Izar, Lyon.

Izembart, menuisier, Beaune, Côte-d'Or.

Izembart, Pierre-Irénée, père, maître-menuisier, place au Beurre, 8, Beaune, Côte-d'Or.

Izoard, Jean-César, serrurier, au Mans, Sarthe.

J

Jabloschkoff, ingénieur-électricien, **rue Parmentier, 20, Neuilly**-sur-Seine, Seine.

Jabœuf, Marcel, employé de commerce, teinturier, syndic, place Saint-Clair, 2, Lyon.

Jabouille, préfet.

Jaclard, étudiant en droit, rue Casimir-Delavigne, 5, Paris.

Jacob, employé des ponts et chaussées, **rue de Paris, 117, Paris.**

Jacob, fabricant de machines à coudre, **rue St-Martin, 314, Paris.**

Jacob, marchand de vins, rue de Reuilly, 44, Paris.

Jacob, négociant, rue des Gravilliers, 24, Paris.

Jacob, négociant en toiles, rue des Lions-Saint-Paul, 16, Paris.

Jacob, propriétaire, Givonne, Ardennes.

Jacob, huissier, Marciac, Gers.

Jacob, Fernand, antiquaire, Bordeaux.

Jacob, Jules, représent. de com., rue de Rambuteau, 56, Paris.

Jacobi, rue de la Clef, 4, Paris.

Jacobson, secrétaire de MM. Jaluzot et Joumaleski, rue de l'Echiquier, 12, Paris.

Jacommet, Léon, distillateur, Valence, Drôme.

Jacona, Antoine, commissionnaire, Marseille.

Jacopin, représentant de commerce, Sézanne, Marne.

Jacot, Jules-Alfred, artiste dramatique, Paris.

Jacquelin, confiseur, rue Saint-Martin, 90, Paris.

Jacquelin, relieur, rue d'Angoulême, 70, Paris.

Jacquemard, inspecteur des écoles, rue Monge, 27, Paris.

Jacquemart, Eugène-Alfred, professeur, député des Ardennes.

Jacquemin, fondeur en caract., r. de la Tombe-Issoire, 2, Paris.

Jacquemin, boucher, rue de Verneuil, 40, Paris.

Jacquemin, mécanicien, Paris.

Jacquemin, facteur de porcelaines, Fontainebleau, Seine-et-M.

Jacquemin, Jules, négociant en horlogerie, Morez, Jura.

Jacquemod, employé, rue Poissonnière, 10, Paris.

Jacquery, chapelier, rue du Faubourg-de-Tournai, 63, Lille.

Jacques, sénateur de l'Algérie.

Jacques, syndic des forts, carrefour de l'Odéon, 8, Paris.

Jacques, Édouard, négociant, conseiller municipal de **Paris,** conseiller général de la Seine.

Jacques, Stanislas-Casimir, rue des Pommets, 3, Toulon.

Jacquesson, négociant en vins, rue Gozlin, 22, Paris.

Jacquesson, **Victor-Auguste**, directeur de la brasserie Becker, rue Esquermoise, 9, Lille.

Jacquet, Athanase, propriétaire, rue Champlain, 2, Paris.

Jacquet, fab. et march. de faïence, r. de Bourgogne, Orléans.

Jacquet, Louis-Victor, rentier, premier adjoint au maire, conseiller d'arrondissement, Bar-le-Duc, Meuse.

Jacquetan, P., avenue de Bry, 161, Nogent-sur-Marne, Seine.

Jacquier, Louis, employé aux Chemins de fer Paris-Lyon-Méditerranée, député du Rhône.

Jacquier, Nicolas, maréchal-ferrant, Sauzet, Drôme.

Jacquin, sculpteur, rue de la Fontaine, 5, Paris.

Jacquin, négociant en vins, rue de Paris, 34, Boulogne, Seine.

Jacquot, Albert, luthier, rue Gambetta, 19, Nancy.

Jacquot, Charles, luthier, rue Gambetta, 19, Nancy.

Jacquot, François, limonadier, Dôle, Jura.

Jacquot, **Joseph**, artiste-musicien, Malreville-lès-Nancy, Meurthe-et-Moselle.

Jacqz, représentant de commerce, rue Bossuet, 16, Paris.

Jactel, Jules, inspecteur d'assurances, rue de Lille, 57, Paris.

Jaffé, négociant, rue Notre-Dame-des-Victoires, 9, Paris.

Jahan, horloger, rue des Halles, Tours.

Jahr, docteur-médecin, passage Saulnier, 17, Paris.

Jaibert, ferblantier. Auch, Gers.

Jaignot, tabletier, Paris.

Jallade-Bailly, Henri, nég. en tissus, r. de Talleyrand, 16, Reims.

Jallageas, Jean-Marcel, négoc., rue de Paris, 39, Angoulême.

Jaillot, sous-lieutenant au train, Vernon, Eure.

Jaillot, employé, rue de Pontoise, Montmorency, Seine-et-Oise.

Jailloux, rue Fontaine, 17, Paris.

Jaime, Alfred, peintre, rue Bénange, Bordeaux.

Jalabert, négociant, place Lafayette, Paris.

Jaladon, épicier, rue Laurencin, 12, Lyon.

Jallia, André, employé, dans la Lozère.

Jamais, Emile, avocat, député du Gard.

Jamard, distillateur, rue Charlot, 7, Paris.

Jamaux, Edouard, négociant, rue St-André-des-Arts, 27, Paris.

Jambois, ancien chef de division à la Préfecture, rue Lamouroux, Agen, Lot-et-Garonne.

James, garçon de recettes, rue Saint-Maur, 65, **Paris.**

Jamet, Adolphe, tuilier, La Fosse-Louvrière, Eure-et-Loir.

Jamet, Pierre, entrepr. de gaz, r. Porte-Dijeaux, 87, Bordeaux.

Jamet, Théodore, mécanicien, La Ferté-Macé, Orne.

Jametel, Gustave-Louis, avocat-agréé au Tribunal de Commerce de Paris, conseiller général et député de la Somme.

Jaminet, Jacques-Théophile, instituteur, Lançon, Ardennes.

Jammet, L., architecte, Grande-Rue, 17, Saint-Mandé, Seine.

Jampy, **Adolphe**, marchand de comestibles, Arcachon, Gironde.

Jandet, fabricant d'escaliers, rue Roussin, 85, Paris.

Janeau, Edouard, papetier, quai d'Orléans, Nantes.

Janin, artiste, rue du Four, 19, Paris.

Janin, H., conseiller d'arrondissement, Paris.

Janin, J.-B., aubergiste, rue de l'Hôpital, Tournus, Saône-et-L.

Janke, employé, place de la République, 16, Paris.

Janneau, fab. de plumes, rue Saint-Martin, 246, Paris.

Janneau, Jules, rue Jean-Robert, 19, Paris.

Jannier, caissier de banque, rue de la Verrerie, Dijon.

Jannin, Athanase, caissier, avenue d'Orléans, 140, Paris.

Jannon, rue de la Montagne-Sainte-Geneviève, 13, Paris.

Janot, rue François-Miron, 22, Paris.

Janson, Auguste, entrepreneur de travaux publics, quai de la Bordigue, 3 bis, Cette, Hérault.

Janvier, A., receveur spécial en retraite, rue d'Aguesseau, 174, Boulogne, Seine.

Janvier, Léon, commissionnaire-nég., r. du Temple, 18, Paris.

Janvrot, employé des contributions indirectes, Paris.

Janzé (de), député des Côtes-du-Nord.

Jardé, Victor, pharmacien, cons. municipal, Corbigny, Nièvre.

Jardillier, Nicolas, coiffeur, Nevers, Nièvre.

Jardin, F., confectionneur, rue de Rambuteau, 21, Paris.

Jardin, Jules-Charles-Ernest, marchand de dentelles, Caen.

Jargeat, Etienne, maître d'hôtel, La Voulte, Ardèche.

Jarlot, Jules, chef de culture, route de Paris, Charenton, Seine.

Jarrige, carrossier, rue de Douai, 60, Paris.

Jarry (de), fabricant de toiles vernies pour chapeliers, rue du Temple, 71, Paris.

Jasseron, docteur-médecin, place Kléber, Oran, Algérie.

Jaubert, S., comptable, rue de Bezons, 3, Courbevoie, Seine.

Jaubert de Passa, Edmond, avocat, Perpignan.

Jaubertie, négociant, Brives, Corrèze.

Jaulin, Pierre-Alphonse, docteur-médecin, Levroux, Indre.

Jaume, E., négociant, Nice, Alpes-Maritimes.

Jaume, Louis, négociant, Nice, Alpes-Maritimes.

Jaume, Louis, propriétaire, Perpignan.

Jaunet, E., courtier en vins, quai de la Râpée, 18, Paris.

Jauréguiberry, négociant, rue du Dix-Huit-Juillet, 49, Montevideo, Uruguay.

Javal, sous-préfet.

Javal, Emile, docteur-médecin, député de l'Yonne.

Javanelle, A.-A., fabricant de chapeaux, rue Ste-Foye, 26, Paris.

Javel, rue du Faubourg-du-Temple, 62, Paris.

Javelle, Chalon-sur-Saône.

Jay, S., fabricant de gants, rue des Petites-Ecuries, 55, Paris.

Jayez, propriétaire, Auch, Gers.

Jean, Charles, employé, rue Ramey, 21, Paris.

Jean, Eugène, employé, avenue de l'Alma, 3, Paris.

Jean, Eug.-Casimir, sergent au 83e de ligne, Constantine, Algérie.

Jean, Joseph, manufacturier, sous-préfet, conseiller municipal d'Albi, conseiller général, rédacteur en chef de l'*Union Républicaine du Tarn*.

Jean-Louis, Abel, marchand de vins, rue Corbineau, 3, Paris.

Jeanmari, mécanicien, Philippeville, Algérie.

Jeanne, Pierre-Edouard, propriétaire, rue Basse, 41, Caen.

Jeanneau, voyageur de commerce.

Jeannet, Baptistin, premier maître-mécanicien, Toulon.

Jeannin, employé, rue des Messageries, 14, Paris.

Jeannin, employé, rue de Saint-Cloud, Billancourt, Seine.

Jeannin, aîné, ingénieur, Arlay, Jura.

Jeannin, François-Delphin, propriétaire, Foncine-le-Haut, Jura.

Jeannin, Louis, homme de lettres, Paris

Jeannolle, négociant, Oran, Algérie.

Jeannotin, négociant, rue Taitbout, 48, Paris.

Jeanson, inspecteur général des services administratifs au ministère de l'Intérieur, quai de Billy, 10, Paris.

Jeanteaud, rue du Temple, 135, Paris.

Jean-Turgis, Constant, rentier, Caen.

Jeanvrot, Victor, cons. à la Cour d'appel, r. Rabelais, Angers.

Jeaux, négociant, Lons-le-Saunier, Jura.

Jégou, Yves-Célestin, capitaine au long-cours, Saint-Denis, île de la Réunion.

Jehan, Henri, artiste dramatique, administrateur de théâtre, rue des Acacias, 43, Paris.

Jemain, Jean-Jacques, nég., rue Fondaudège, 14, Bordeaux.

Jénart, L., mécanicien, fabr. d'huiles, r. St-Amboise, 15, Paris.

Jenty, député de la Vendée.

Jeoffroy, Tournan, Seine-et-Marne.

Jérôme, Jules, employé, boulevard Beaumarchais, 27, Paris.

Jezierski, publiciste, rue Saint-Honoré, 217, Paris.

Joanne-Madeleine, rédacteur en chef du *Patriote*, conseiller municipal d'Angers.

Jobard, sénateur de la Haute-Saône.

Jobard, Claude-A., rentier, rue Fessard, 15, Boulogne, Seine.

Jobbé-Duval, Félix, artiste-peintre, conseiller municipal de Paris, conseiller général de la Seine.

Jobert, père, ancien négociant, rue St-Martin, 104, Paris.

Jobert, fils, rue Saint-Martin, 104, Paris.

Jobert, docteur-médecin, rue des Ecoles, 56, Paris.

Jobert, Clément, professeur à la Faculté des Sciences, conseiller municipal, rue Brulard, 11, Dijon.

Joblot, rentier, Paris.

Jochum, avenue des Princes, 64, Boulogne, Seine.

Jodry, P., sous-chef de gare, Vougeaucourt, Doubs.

Joigneau, Léon-Paul, négociant, Caen.

Joigneaux, Pierre, journaliste, député de la Côte-d'Or.

Joignot, directeur des carrières de marbre, L'Isser, département d'Oran, Algérie.

Joillot, maréchal-ferrant, Beaune, Côte-d'Or.

Joliet, G., sous-préfet.

Jolinon, père, quai des Frères, Saintes, Charente-Inférieure

Jolivel, chef-comptable, rue du Port, Nantes.

Jolivet, serrurier, rue de l'Etoile, 12, Paris.

Jollier, tailleur, carrefour de l'Odéon, 12, Paris.

Jolliot, architecte, boulevard de Charonne, 71, Paris.

Joly, entrepreneur, rue Blomet, 66, Paris.

Joly, menuisier en voitures, rue Lauriston, 61, Paris.

Joly, père, marchand de bois des îles, r. de Charonne, 26, Paris.

Joly, fils, marchand de bois des îles, r. de Charonne, 26, Paris.

Joly, négociant, Bordeaux.

Joly, Achille, chef de station, Epinay, Seine-et-Oise.

Joly, Albert-Henri, avocat, conseiller municipal de Versailles, député de Seine-et-Oise.

Joly, Arnaud, négociant-minotier, Taillecavat, Gironde.

Joly, Auguste-Louis, directeur d'usine, Charleville, Ardennes.

Joly, Charles, serrurier, rue des Messageries, 8, Paris.

Joly, Charles, architecte, inspecteur des palais nationaux, rue de l'Hôpital, 30, Rambouillet, Seine-et-Oise.

Joly, Emmanuel, marchand de vins, rue Saint-Merry, 13, Paris.

Joly, Fabien-Alexandre, employé aux contributions indirectes, Moulins-Engilbert, Nièvre.

Joly, Hipp.-Bernard, entrepreneur de monuments funèbres, avenue du Cimetière-du-Nord, 12, Paris.

Joly, Joseph, vannier, passage Tocanier, 5, Paris.

Joly, Jules, architecte, rue Crozatier, 33, Paris.

Joly, Jules, ancien brasseur, rentier et conseiller municipal, cours d'Orléans, 46, Charleville, Ardennes.

Joly de Marval, aîné, propriétaire, rue du Luxembourg, 42, Paris.

Joly de Marval, jeune, propriétaire, rue du Luxembourg, 44, Paris.

Jonas, docteur en droit, stras Victoria, Berlin, Allemagne.

Jonhson, commissionnaire, rue de Braque, 6, Paris.

Jonneau, Roger, maître-plâtrier, rue Notre-Dame, 27, Bordeaux.

Jonte, ingénieur, boulevard de Grenelle, 219 ter, Paris.

Jordan, entrepreneur de peinture, rue de l'Aqueduc, 5, Paris.

Jorel, voyageur de commerce, place du Marché, 17, Montmorency, Seine-et-Oise.

Joret, Gustave, fabricant d'engrais et de produits chimiques, place des Vosges, 11, Paris.

Joséfowicz, ingénieur, boulevard Poissonnière, 30, Paris.

Josefowicz, hommes de lettres, Paris.

Joseph, Edouard, brasseur, conseiller municipal, Charleville, Ardennes.

Joseph, Eugène, au 1er régiment du génie, Constantine, Algérie.

Josephson, rue du Château-d'Eau, 14, Paris.

Josephson, étudiant en médecine, rue des Ecoles, 46, Paris.

Josias, docteur-médecin, rue de Paris, 37, Charenton, Seine.

Joss, Laurent, empl. de commerce, r. de Strasbourg, 152, Nancy.

Josse, fab. de papiers peints, rue de Charonne, 163, Paris.

Josselin, entrepreneur de charpente, Nort, Loire-Inférieure.

Josserand, employé, rue Bichat, 67, Paris.

Josserand, Pierre, réd. en chef de la *Dépêche*, Chalon-sur-Saône.

Josset, Ernest, nég. en vins, rue de la Madeleine, 7, Beauvais.

Jossier, sous-préfet.

Jost, horloger, rue du Temple, 77, Paris.

Jost, Frédéric, limonadr, taverne alsacienne, Sedan, Ardennes.

Jouane, à la Compagnie du canal de Suez, Port-Saïd, Egypte.

Jouannin, graveur sur camées, r. N.-D.-de-Nazareth, 43, Paris.

Jouanin, café lyonnais, rue du Pont, près la place de l'Hôpital, Vichy, Allier.

Jouannet, Toulouse.

Jouard, jeune, employé au télégraphe, impasse du Mont-Tonnerre, 15, Paris.

Jouaust, avocat, rue d'Orléans, 3, Rennes.

Joubard, Edouard, marchand de bois, au Mans, Sarthe.

Joubert, employé de commerce, rue Lafayette, 80, Paris.

Joubert, négociant, rue de Turenne, 62, Paris.

Joubert, Lyon.

Joubert, aux Martignes, Bouches-du-Rhône.

Joubert, Célest., entr. de charp., r. Jean-Paul-Allaux, Bordeaux.

Joubert, Jean-Louis, marchand-tailleur, Crest, Drôme.

Joubert, T., voyageur, rue du Moulin, Nantes.

Jouby, route de Versailles, 140, Paris.

Jouchaix, entr. de bâtiments, pl. du Bourg, Gray, Haute-Saône.

Joucla-Peleux, journaliste, préfet.

Joucla, Jean-Jacques, capitaine d'artillerie, en retraite, rue Jeanne-d'Albret, 6, Tarbes, Hautes-Pyrénées.

Jouglas, rentier, rue La Condamine, 2, Paris.

Jouet, P., cours Doriard, chaussée Madeleine, Nantes.

Jouffroy, pianiste.

Jougleux, marchand de crin, rue de Paris, 97, Clichy, Seine.

Jouin, Lucien-Vict.-Ferd., march. de dentelles, Caen, Calvados.

Jouines, confiseur, rue de Beaujolais, 10, Paris.

Jouis, Jean-Marie, propriétaire, rue Saint-Nicolas, 7, Nantes.

Joulia, Ch., chef d'inst., r. Benauge, 60, La Bastide, Bordeaux.

Joulin, Toulouse.

Jounieaux, marbrier, rue Duperré, 3, Paris.

Jourdain, propriétaire, aux Aydes, Loiret.

Jourdain, serrurier, rue Royale, 23, Saint-Cloud, Seine-et-Oise.

Jourdain, Auguste, tailleur, rue de l'Hôtel-de-Ville, 1, Tourcoing, Nord.

Jourdan, rue de la Clef, 24, Paris.

Jourdan, père, avenue de Clichy, 51, Paris.

Jourdan, pharmacien, Monségur, Gironde.

Jourdan, Amédée, marchand de café, rue de la Plaine, 3, Paris.

Jourdan, Pierre, fabric. de poterie, Vallauris, Alpes-Maritimes.

Jourde, journaliste, directeur du *Siècle*, conseiller général des Bouches-du-Rhône.

Jourde, Alphonse, entrepren., Brie-Comte-Robert, S.-et-Marne.

Jourde, A., empl. de commerce, rue de Labirat, 20, Bordeaux.

Jourde, François, étudiant, rue de Buci, 32, Paris.

Jourdoin, liquoriste, rue de Bourgogne, Orléans.

Journault, député de Seine-et-Oise, sous-gouvern. de l'Algérie.

Journault, artiste-peintre, rue de Clichy, 74, Paris.

Journée, conduct. des ponts et chaussées, rue des Ecuyers, 5, Saint-Germain-en-Laye, Seine-et-Oise.

Journet, rue Daru, 3, Paris.

Jourquet de Lasalle (de), m. de tabacs, boul. Voltaire, 5, Paris.

Jourtau, Jules, chef de section au canal de la Siagne, Cannes, Alpes-Maritimes.

Jouslain, consul à Batavia, Indes-Orientales.

Joussand, tailleur de pierres, rue Perceval, 18, Paris.

Jousse, Marin, négociant, au Mans, Sarthe.

Jousseaume, secrétaire à la mairie, La Chapelle-Basse-Mer, Seine-Inférieure.

Jousserandot, Louis, préfet, professeur à l'Université de Genève, rue Pierre-Fatio, 15, Genève, Suisse.

Jousset, marchand de vins, rue Voltaire, 17, Ivry, Seine.

Jouve, père, brossier, Paris.

Jouve, fils, brossier, Paris.

Jouve, B., rue Montmartre, 111, Paris.

Jouveau-Dubreuil, Brest, Finistère.

Jouvencel (de), Paul, avocat, publiciste, dép. de Seine-et-Oise.

Jouvet, conducteur de travaux au chemin de fer, Verdun, Meuse.

Jovet, ferblantier, rue Sainte-Jeanne, 34, Lyon.

Joyaux, avoué, Poitiers.

Joye, maire, Charleville, Ardennes.

Joys, marchand de matériaux, Saint-Nazaire, Loire-Inférieure.

Jozeau, F., rentier, quai de Penthièvre, 5, Nantes.

Jozereau, marchand de vins, rue Dombasle, 20, Paris.

Jubault, menuisier, rue Durantin prolongée, 12, Paris.

Juber, boulevard de Ménilmontant, 58, Paris.

Jublin, ingénieur civil, boul. Malesherbes, 85, Paris.

Jude, Gustave, négociant, Bordeaux.

Juge, rue de Rivoli, 22, Paris.

Juge, directeur de l'hospice de Saint-Mandé, Seine.

Jugy, Casimir, conseiller d'arrondissement et adjoint au maire, rue Nationale, 13, Villefranche-sur-Saône, Rhône.

Juhel, rue de Montmorency, 18, Paris.

Juhel, Auguste-Jean, négociant, Caen.

Juhel, Félix-Auguste, cultivateur, La Ferté-Saint-Samson, Seine-Inférieure.

Juignet, comptable, av. de la République, 14, Vincennes, Seine.

Juile, chaudronnier, Vichy, Allier.

Juillet, Lyon.

Juillet-Saint-Léger, secrétaire général de préfecture.

Juin, conseiller de préfecture.

Julien, march. de nouv., rue Notre-Dame-de-Nazareth, 41, Paris.

Julien, négociant, rue de Bondy, 32, Paris.

Julien, artiste peintre, Saint-Mandé, Seine.

Julien, officier d'administration, route de Grenoble, 13, Lyon.

Julien, propriétaire, Caen.

Julien, ancien bijoutier, rentier, rue de Foy, 4, St-Etienne, Loire.

Julien, serrurier, Philippeville, Algérie.

Julien, Alexandre, distillateur, Carrières-Charenton, Seine.

Julien, Fernand, officier d'administration, place Sainte-Catherine, 13, Lille.

Julien, J., représentant et voyageur de commerce, secrétaire du Denier des Ecoles laïques, rue des Stations, 143, Lille.

Julien, Jean-Baptiste, restaurateur, Joinville-le-Pont, Seine.

Julienne, commis-négociant, place des Jacobins, Nantes.

Jullemier, Alexandre, négoc. en grains, rue de la Rochette, 20, Melun, Seine-et-Marne.

Jullia, marchand-bottier, rue du Pin, 16, Agen, Lot-et-Garonne.

Jullien, employé, rue des Capucins, 2, Lyon, Rhône.

Jullien, négociant, au Caire, Egypte.

Jullien, E., avocat, cons. général et député de Loir-et-Cher.

Jullien, Jules, épicier, rue des Stations, 143, Lille.

Jullien, Louis, tonnelier, Die, Drôme.

Jullou, Ovide, négociant, Burie, Charente-Inférieure.

Jully, chapelier, Angoulême.

Jumelin, négociant, place Saint-Ferréol, 10, Marseille.

Jung, officier retraité, rue Cler, 34, Paris.

Jung, représentant de commerce, rue de Paris, 37, Lyon.

Jung, propriétaire, grange des Carmes, Gray, Haute-Saône.

Junier, Paris.

Jurkowski, employé à la Compagnie d'Orléans, Aurillac, Cantal.

Jurkowski, Charles-Florian, employé, Périgueux, Dordogne.

Jury, chef d'escadron d'artillerie.

Jury, adjoint au maire, Vichy, Allier.

Jus, François-Gaspard, tailleur, rue Saint-Séverin, 7, Paris.

Just, architecte, avenue d'Italie, 87, Paris.
Just-Hoareau, prop.-cultiv., Saint-Pierre, île de la Réunion.
Justy, rue d'Aguessau, 31, Paris.
Juvet, Adolphe, imprimeur, cour des Miracles, 9, Paris.

K

Kabsch, rue Saint-Georges, 52, Paris.
Kaëplain, Charles-Eugène-Rodolphe, homme de lettres, Caen.
Kaeppelin, propriétaire, conseiller municipal, rue du Milieu, 14, Caen.
Kaesser, horloger, rue de Rivoli, 62, Paris.
Kagenhuber, Jos, rue Lebouteux, 14, Paris.
Kahlin, La Valdière, Garches, Seine-et-Oise.
Kahn, secrétaire général de préfecture.
Kahn, négociant en grains, rue Saint-Dizier, 142, Nancy.
Kahn, Marx, négociant en horlogerie, rue de Rivoli, 54, Paris.
Kahn, Paul, négociant, rue du Mail, 20, Paris.
Kaiser, bottier, rue de Cléry, 56, Paris.
Kaiser, Georges, courtier, avenue Trudaine, 14, Paris.
Kaiser, Maurice, négociant, rue de Bondy, 66, Paris.
Kalisch, nég.-com., cour des Petites-Ecuries, 20, Paris.
Kampf, chapelier, rue Sainte-Croix-de-la-Bretonnerie, 11, Paris.
Kauffmann, comptable, parc de Bercy, Charenton, Seine.
Kautz, intéressé de commerce de la maison Irroy (vins de Champagne), rue de la Justice, 7, Reims.
Kayl, François, employé, rue Vivienne, 17, Paris.
Kayser, doct.-médecin, r. d'Austerlitz, 1, Philippeville, Algérie.
Keck, tailleur, Valence, Drôme.
Keller, bijoutier, rue Saint-Martin, 222, Paris.
Keller, fabricant de rouge, rue du Chaume, 10 Paris.
Kéraval, docteur-médecin, colonie de Vaucluse, par Saint-Michel-sur-Orge, Seine-et-Oise.
Kervella, artificier, île Saint-Symphorien, Tours.
Kesler, conducteur des ponts et chaussées, Bar-le-Duc, Meuse.
Khan, Aaron, boulevard Haussmann, 30. Paris.
Kibles, ébéniste, rue de Charonne, 39, Paris.
Kieffer, Edouard-Jean, employé, rue des Deux-Ecus, 30, Paris.
Kinable, Charles, fondeur en cuivre, adjoint au maire, Charleville, Ardennes.
Kingsbury, mécanicien, rue Cadet, 42, Paris.

Kintzinger, dentiste rue Vivienne, 53, Paris.

Kisch, commissionnaire, rue du Faub.-Poissonnière, 71, Paris.

Klein, A., courtier, rue Saint-Lazare, 51, Paris.

Klein, Edouard, négociant, rue de Turbigo, 58, Paris.

Klein, Jean-Georges-Justin, chef de station au chemin de fer, Sarrebourg, Lorraine.

Kleinmann, Edouard, graveur-lapidaire, rue Feutrier, 13, Paris.

Klipffell, Fréd., négoc., rue de la Promenade, Béziers, Hérault.

Kloze, professeur au Conservatoire de musique, Versailles.

Knapp, négociant, Dôle, Jura.

Kneip, rue du Faubourg-du-Temple, 137, Paris.

Knell, Victor-Alphonse, négociant, Caen.

Knipping, intéressé de commerce de la maison de tissus Colas, rue Boulard, Reims.

Knoblock, cuisinier, Paris.

Knoëpfeld, rue de Sartrouville, 8, Argenteuil, Seine-et-Oise.

Knust, fabricant de pianos, rue Ramey, 8, Paris.

Koch, employé, rue de Chabrol, 40, Paris.

Kœchlin-Schwartz, maire du VIIIe arrondissement de Paris.

Kœhler, articles de voyage, r. Royale, 22, Meudon, Seine-et-Oise.

Koëhler, Otto, rue du Temple, 77, Paris.

Kœnen, Jacques, négociant, rue Portefoin, 5, Paris.

Kœnig, voyageur de commerce, rue Saint-Martin, 75, Paris.

Kœnig, Augustin, brasseur, Nogent-sur-Marne, Seine.

Kœnig, Eugène, négociant, Hanoï, Tonkin.

Kœstler, J., adjoint au maire du VIIIe arrondiss. de Paris.

Kohler, Frédéric, prof. de musique, r. de la Pépinière, Nancy.

Kohn, rue Saint-Honoré, 189, Paris.

Kolisch, courtier à la Bourse, rue du Roi-de-Sicile, 58, Paris.

Kollupaylo (de), rentier, rue Brey, 11, Paris.

Kommes, facteur aux Halles, rue Jacob, 7, Paris.

Konawki, publiciste, Joinville-le-Pont, Seine.

Konnerac, ébéniste, rue Oberkampf, 69, Paris.

Koppe, rue Duvivier, 5, Issy, Seine.

Kopoelaar, fabricant d'albums, rue Chapon, 18, Paris.

Kornmann, dessinateur, rue Poissonnière, 29, Paris.

Kortz, Emile, ancien négociant, rentier, Jarnac, Charente.

Koubly, Jacques-Hippolyte, Bordeaux.

Kraff, Charles, employé de commerce, rue de Metz, 57, Nancy.

Kraffe, Charles, artiste-musicien, rue Stanislas, Nancy.

Kramer, rue Moret, 2, Paris.

Kramer, Franki, négociant, maire, conseiller général, Annonay, Ardèche.

Krantz, Jean-Baptiste-Célestin, ingénieur de l'Etat, commissaire général de l'Exposition de 1878, sénateur inamovible.

Kratocville, P.-Ferd., carrossier, Champeaux, Seine-et-Marne.

Kratzeiten, ferreur, boulevard des Batignolles, 96, Paris.

Krautheimer, Joseph-Philippe, marchand de vins, boulevard Rochechouart, 26, Paris.

Kreitz, dit Marck, Emile, artiste dramat., pl. Stanislas, Nancy.

Kremmer, Louis-Théodore, cordon., rue St-Honoré, 113, Paris.

Kreuscher, dessinateur, rue des Jeûneurs, 31, Paris.

Krieg, Edouard, négociant, cité Trévise, 12, Paris.

Kriegel, Jean-Thiébault, carton., rue Simon-le-Franc, 13, Paris.

Kriegsmann, Otto, photographe, rue Notre-Dame, 58, Lille.

Krishaber, docteur-médecin, rue de Montholon, 6, Paris.

Krisnaker, Louis, limonadier, rue du Temple, 10, Paris.

Kron, fabricant de limes, rue Saint-Jean, Nancy.

Krong, négociant, rue de Saurupt, 3, Nancy.

Kube, employé au télégraphe, Leipzig, Saxe.

Kubler, Gustave, négociant, Altkirch, Alsace-Lorraine.

Kübler, Jacques, ingénieur-opt., passage du Saumon, 32, Paris.

Kühn, commission. de commerce, rue d'Enghien, 11, Paris.

Kuhn, Théodore, fact. de pianos, passage St-Sébastien, Paris.

Kulhmann, courtier maritime, Oran, Algérie.

Kulmlé, marchand-tailleur, rue Villedo, 10, Paris.

Kunemann, Eugène, avocat, rue Saint-Florentin, 13, Paris.

Kunemann, J., conseiller à la Cour d'Alger.

Kuntz, voyag. de commerce, rue des Quatre-Eglises, 5, Nancy.

Kunz, représentant de commerce, r. St-Martin, 19, Paris.

Kusnieck, Charles, professeur de musique, r. Stanislas, Nancy.

Kusnieck, F.-J., professeur de musique, rue Stanislas, Nancy.

Kutt, facteur de pianos, rue de Flandre, 99, Paris.

Kuwzeski, Ismaïlia, Egypte.

L

Labadie, Jean, maître d'hôtel (hôtel du Nord), conseiller municipal, Castres, Tarn.

Labadié, député des Bouches-du-Rhône.

Labadié, comptable, rue de Fleurus, 2, Paris.

Laballe, Victor, peintre en lettres, r. Montmartre, 93, Paris.

Labalut, marchand-drapier, Mouleydier, Dordogne.

Labarre, géomètre, Fontainebleau, Seine-et-Marne.

Labarry, Bordeaux,

Labarthe, chauffeur de chemin de fer, Aurillac, Cantal.

Labarussias, boulevard de Port-Royal, 92, Paris.

Labassée-Parent, comptable, rue Petit-Roland, Reims.

La Bastida, traducteur-interprète-juré, rue de Berri, 45, Paris.
Labat, Jean, négociant, Bordeaux.
Labat, propriétaire, Oran, Algérie.
Labaume (de), Camille, à la Manutention civile, Nîmes.
Lablaye, fabricant d'instruments de musique, Paris.
Labbé, rue des Archives, 6, Paris.
Labbé, négociant, rue de Condé, 49, Clermont, Oise.
Labbé, Henri, comptable, Bordeaux.
Labbé, Jules, publiciste, Paris.
Labelle, Jean, distillateur, rue du Faubourg-Arnaud-Bernard, 53, Toulouse.
Labelle, Paulin, rentier, Beaune, Côte-d'Or.
Laberte, limonadier, Mirecourt, Vosges.
Labesse, maître-peintre, rue Gozlin, 15, Paris.
Labesse, aîné, entrepreneur de maçonnerie, rue de la Voie-Verte, Paris.
Labeyrie, Pillon, Meuse.
Labiche, Jules, sénateur de la Manche.
Labie.
Labis, Henri, cafetier, rue du Faubourg-de-Tournai, 1, Lille.
Labitte, propriétaire, cons. gén. et député de la Somme.
Labonne, professeur de sténographie, rue du Cardinal-Lemoine, 14, Paris.
Laborde, avocat, Paris.
Laborde, chef des travaux physiologiques à la Faculté de Médecine de Paris.
Laborde, Saint-Pierre, Martinique.
Laborde, Joseph-Sylla, commissaire de surveillance administrative des chemins de fer, à la gare d'Auch, Gers.
Labordère, Jean-Marie-Arthur, major d'inf., député de la Seine.
Laborderie, directeur d'assurances, rue Nationale, 212, Lille.
Laboric, Jean, entrepreneur de serrurerie, rue des Palanques, 62, Bordeaux.
Labordery, négociant en métaux, boulevard Beaumarchais, 71, Paris.
Laboret, François, marchand de vins, Paris.
Laborie, commissaire-priseur, Aurillac, Cantal.
Laborie, Auguste, chapelier, Londres, Angleterre.
Labossière, François, négociant, aux Cayes, Haïti.
Labouchède, Jean, commis-négoc., r. du Cancera, 22, Bordeaux.
Labouré, aîné, employé, rue Saint-Martin, 204, Paris.
Laboureau, fabricant de toile métallique, Lacouronne, Charente.
Laboureix, Alfred, contre-maître, Petite-Rue-St-Lazare, Tours.
Labourie, Armand-Henri, négoc., r. Fondaudège, 16, Bordeaux.
Labrande, Célestin, menuisier, Confolens, Charente.
Labre, rentier, rue des Rosiers, 78, Saint-Ouen, Seine.
Labrit, caserne du Prince-Eugène, Paris.

Labro, Edouard, rue Crébillon, 10, Nantes.

Labro, François, maître-bottier, au 17e d'artill., Valence, Drôme.

Labrosse, architecte-voyer, rue Jeannin, Autun, Saône-et-Loire.

Labrousse, avoué près le Tribunal de 1re instance, Bergerac, Dordogne.

Labrousse, Léon, docteur-médecin, conseiller général et député de la Corrèze.

Labrousse, Pierre, employé de comm., Bois-Colombes, Seine.

Labrousse de Beauregard, doct.-méd., St-Rabier, Dordogne.

Labully, Pierre, médecin-vétérinaire, chef du service sanitaire et des épizooties, rue des Jardins, 6, Saint-Etienne, Loire.

Labusquière, avenue des Gobelins, 20, Paris.

Labussière, Alphonse, avocat, député de l'Allier.

Labuzan, Raymond, entrepreneur de serrurerie, route de Toulouse, 56, Bordeaux.

Labuze, député de la Haute-Vienne, sous-secrétaire d'Etat, trésorier-payeur-général des Bouches-du-Rhône.

Lacambre, A., nég , cons. munic., rue David, 36, Reims.

Lacaque, Edouard, maître d'hôtel, Valparaiso, Chili.

Lacarrère, Dominique, chef de cuisine, chemin du Taudin, 6, Cauderan, Gironde.

Lacarrière, Jean, propriétaire, rue des Allamandiers, 1, Bordeaux.

Lacau, rentier, rue des Anglaises, Orléans.

Lacave, marbrier, rue de la Roquette, 158, Paris.

Lacaze, négociant en futailles, Bordeaux.

Lacaze, Jean, artificier, rue Nauville, 50, Bordeaux.

Lachambeaudie, Pierre, fabuliste.

Lachanal, fabricant de fleurs, rue N.-D.-de-Nazareth, 59, Paris.

Lachanaud, J., négociant, rue Sainte-Catherine, 201, Bordeaux.

La Chassaigne, Thomas, employé, Bessèges, Gard.

Lachat, Claude, employé, rue Greneta, 17, Paris.

Lachaud, peintre-plâtrier, rue du Mail, 33, Lyon.

Lachet, Antoine, charpentier, Paris.

Lachize, Lyon.

Lacointe, Alfred-Edmond, caissier, r. Armand-Carrel, 29, Rouen.

Lacombe, layetier, Paris.

Lacombe, boulevard Montparnasse, 45, Paris.

Lacombe, Louis-Horace, photographe, Caen.

Laconche, Pierre-Gustave, entrepren., r. Milhers, 89, Bordeaux.

Lacoste, pharmacien, rue du Pont-de-Garonne, Agen, Lot-et-Gar.

Lacoste, Albert, comptable, route de Bayonne, 36, Bordeaux.

Lacoste, Jean, tailleur, place Châteauneuf, 22, Tours.

Lacoste, Louis, horloger, Grande-Rue, 18, Cette, Hérault.

Lacoste, Pierre, négociant, Brives, Corrèze.

Lacôte, Auguste, docteur-médecin, conseiller général et député de la Creuse.

Lacour, comptable, rue Molière, 3, Lyon.

Lacour, Gabriel, juge au Tribunal civil, Cognac, Charente.
Lacour, Léon, professeur, Paris.
Lacouture, Grande-Rue, 31, Boulogne, Seine.
Lacouture, Jean, facteur de pianos, Bordeaux.
Lacqua, encadreur, rue des Bonnetières, Toulon.
Lacquement, instituteur, Roubaix, Nord.
Lacquement, D., directeur du Mont-de-Piété, conseiller muni-
    cipal de Roubaix, Nord.
Lacretelle (de), Henri, journaliste, député de Saône-et-Loire.
Lacroix, rue de l'Entrepôt, 26, Paris.
Lacroix, boulevard de Charonne, 132, Paris.
Lacroix, architecte, rue de Courcelles, 130, Paris.
Lacroix, employé de commerce, cité de La Chapelle, 3, Paris.
Lacroix, employé, rue de Châlons, 16, Paris.
Lacroix, étudiant en médecine, cours de Vincennes, 2, Paris.
Lacroix, maçon, rue du Chemin-Vert, 48, Paris.
Lacroix, négociant, rue Saint-Etienne, Agen, Lot-et-Garonne.
Lacroix (de), Camille, lieutenant de vaisseau, Toulon.
Lacroix, Jules, entrep. de maçonnerie, Mauperthuis, S.-et-M.
Lacroix, Louis, jardinier, Bollène, Vaucluse.
Lacroix, Sigismond, journaliste, conseiller municipal de Paris,
    conseiller général et député de la Seine.
Lacrousille (de), Ernest, avocat, Périgueux, Dordogne.
Lacube, Sylvain, industriel, av. de la Gare, Tarbes, Htes-Pyrén.
Ladef, Adolphe, négociant, rue Neuve, 4, Saint-Etienne, Loire.
Lades-Gout, sénateur de l'Aude.
Ladevèze, François, tailleur, rue J.-J.-Rousseau, 56, Paris.
Ladouce, meunier, Montigny-Vernon, Eure.
Ladrey, photographe, passage des Princes, Paris.
Ladurantie, E., menuisier, Etauliers, Gironde.
Læhkar, Joseph, représent. de commerce, Constantine, Algérie.
Lafuge, propriétaire, rue Montmartre, 31 bis, Paris.
Lafan, Nevers, Nièvre.
Lafarge, Pierre, propriétaire.
Lafargue, rue du Buisson-Saint-Louis, 24, Paris.
Lafargue, étudiant en médecine, cours de Vincennes, 2, Paris.
Lafargue, Ed., fab. de chapeaux, r. de Montbadon, 49, Bordeaux.
Lafargue, Jean, capitaine en retraite, rue Proust, 3, Angers.
Lafaure, père, agent d'affaires, rue de Bondy, 52, Paris.
Lafaure, fils, agent d'affaires, rue de Bondy, 52, Paris.
Lafay, typographe, rue de l'Ouest, 28, Paris.
Lafaye, employé, rue Ménessier, Paris.
Lafayette (de), Edmond, sénateur de la Haute-Loire.
Lafayette (de), Oscar, sénateur inamovible.
Laferrière, capitaine au 1er tirailleurs.
Laferrière, Edouard-Louis, directeur des Cultes, vice-président
    du Conseil d'Etat, président de la section du Contentieux.

Lafêteur, professeur de mathématiques au Lycée de Charleville, Ardennes.

Lafeu, Matthieu, maître-cordonnier au 83e de ligne, Nîmes.

Laffargue, entrepreneur de charpente, r. Croix-Nivert, 3, Paris.

Laffetay, Adolphe-Amable, négociant, r. Neuve-St-Jean, 35, Caen.

Laffillé, fils, peintre, rue de Nardine, 23, Amiens.

Laffineur, Frédéric-Eugène, publiciste, av. de Marigny, 25, Paris.

Laffite, propriétaire, rue Fontaine-Saint-Georges, 41, Paris.

Laffitte, employé de mairie, Paris.

Laffitte, A., entrepreneur de menuiserie, rue de Candale, 15, Bordeaux.

Laffitte de la Joannenque, député de Lot-et-Garonne.

Laffon, secrétaire général de préfecture.

Laffon, homme de lettres, rue Taitbout, 72, Paris.

Laffon, J., directeur de l'Indépendant des Pyrénées-Orientales, conseiller municipal de Perpignan.

Laffont, banquier, Saint-Girons, Ariège,

La Flize, G.-Ch.-Camille, avocat, rue des Quatre-Eglises, Nancy.

Lafon, boulevard Voltaire, 38, Paris.

Lafon, pilote-major, au Boucau, Basses-Pyrénées.

Lafon, Emile-Jean-Baptiste, employé, pl. des Vosges, 19, Paris.

Lafond, charron, passage des Poissonniers, 15, Paris.

Lafond, négociant, rue du Faubourg-Saint-Martin, 87, Paris.

Lafond, négociant, rue des Augustins, 23, Rouen.

Lafond, propriétaire, Roche-Corail.

Lafont, rue d'Anjou, 8, Paris.

Lafont, propriétaire, Lambessa, Algérie.

Lafont, Antoine, agent-voyer et architecte, rue du Phénix, Roanne, Loire.

Lafont (de), Ernest-André-Louis, lieut. d'infanterie, Caen.

Lafont, Jean, journaliste, conseiller municipal de Paris, conseiller général et député de la Seine.

Lafontaine, aîné, propriétaire, Nogent-sur-Marne, Seine.

Lafontaine, Jules, limonadier, rue de Bondy, 26, Paris.

Laforest, Xavier, inspecteur des tramways, rue Beauwart, Roubaix, Nord.

La Forge (de), Anatole, journaliste, préfet, député de la Seine, vice-président de la Chambre des Députés.

Laforge, propriétaire, Paris.

Laforgue (de), négociant, boulevard de Magenta, 105, Paris.

Lafosse, rue Marcadet, 136, Paris.

Lafourcade, lieutenant, Oran, Algérie.

Lafue, Armand, propriétaire, rue La Boëtie, 6, Bordeaux.

Lagache, Gustave, représentant de fabriques, rue Saint-Vincent-de-Paul, 4, Paris.

Lagache, Gustave, directeur de l'usine de la Fontaine-Ronde, Cesson, Seine-et-Marne.

Lagache-Saint-Jest, avocat, sous-préfet, conseiller général du Pas-de-Calais.

Lagahuzeri, employé au Trésor, Saint-Louis, Sénégal.

Lagarde, charron, rue Sainte-Marguerite, Pantin, Seine.

Lagarde, conducteur de la voie ferrée, Castelnaudary, Aude.

Lagarde, employé, Chambéry, Savoie.

Lagarde, A., préfet.

Lagarde, Alphonse, docteur-médecin, St-Sulpice, Dordogne.

Lagarde, Jean, fabricant et négociant en poterie, route de Chalon, Tournus, Saône-et-Loire.

Lagarde, Jean-Baptiste, propr., rue St-Jean-du-Var, 77, Toulon.

Lagarde, P., conseiller général.

Lagarrigue, Lyon.

Lagarrigue, propriétaire, Trelissac, Dordogne.

Lagarrigue, Fernand, consul, rue Gioffredo, 54, Nice, Alpes-M.

Lagelé, propr., rue du Presbytère, Melun, Seine-et-Marne.

Lagorce, Pierre, appareilleur, rue de l'Ouest, 7, Paris.

Lagorce-Lavergne, greffier, Périgueux, Dordogne.

Lagorio, en Italie.

Lagorio, Jean-B., mouleur, rue de la Barouillère, 2, Paris.

Lagrange, entrepreneur, rue Sainte-Anne, 58, Paris.

Lagrange, Alexandre, bourrelier, Valence, Drôme.

Lagrange, Anatole, notaire, au Lude, Sarthe.

Lagrange, Fernand, avocat, Périgueux, Dordogne.

Lagrange, François-Auguste, cafetier, rue de Clichy, 61, Paris.

Lagrange, Léon, notaire, Périgueux, Dordogne.

Lagrange, M.-V.-A., principal clerc de notaire, au Lude, Sarthe.

Lagrange, Victor, journaliste, député du Rhône.

Lagrange de Langre, préfet.

Lagriffe, Clément, photographe, rue St-Honoré, 203. Paris.

Lagrive, doreur sur bois, rue Vieille-du-Temple, 115, Paris.

Laguerre, Georges-Jean-Henri, avocat, député du Vaucluse.

Lahille, Bernard, brocanteur, rue Charlot, 53, Paris.

Lahiteau, Jean, charpentier, Constantine, Algérie.

Lahure, F.-H., employé, rue du Faub.-Saint-Martin, 249, Paris.

Laidet, Aimé, bijoutier, rue d'Orléans, Nantes.

Laigneau, Roger-Ed., boulanger, rue Nationale, 61, Rambouillet, Seine-et-Oise.

Laignier, représentant d'une maison d'objets religieux, rue de Rivoli. 46, Paris.

Laigre, Emile, maître d'hôtel, Sillé-le-Guillaume, Sarthe.

Lainé, capitaine au long-cours, rue du Bourgage, 7, au Havre.

Lainé, marchand-tailleur, calle Piedad, 200, Buenos-Ayres, République-Argentine.

Lainé, Alexandre, cartonnier, rue du Maure, 10, Paris.

Lainé, Louis-Auguste, marchand de grains, rue de Bercy, 102, Paris.

Laîné, René-Eugène, fabricant de brouettes, maire de Villers-Semeuse Ardennes.

Lainé, Théodore, épicier-grainetier, Neauphle-le-Château, Seine-et-Oise.

Lair, avocat, Saint-Jean-d'Angely, Charente-Inférieure.

Lair, Léon, march. de vins-restaurat., b. de l'Hôpital, 12, Paris.

Lair, Pierre-Edmond-Victor, marchand de vins, Caen.

Laisant, Charles-An , officier, journaliste, député de la Seine.

Laisné, tapissier, rue Lepic, 21, Paris.

Laissac, chef de contentieux, place de Roubaix, Paris.

Lajeunesse, agent d'assurances, rue des Carmes, 27, Nancy.

Lalance, ingénieur, rue de Vaugirard, 14, Paris.

Lalande, marchand de cafés, rue Pastourel, 2, Paris.

Lalande, marchand de meubles, rue de Charenton, 57, Paris.

Lalande, propriétaire, Thiais, Seine.

Lalande, négociant, place de Bourgogne, 11, Bordeaux.

Lalande, Gabriel, avocat, adj au maire, Périgueux, Dordogne.

Lalanne, commissaire-priseur, rue de l'Echiquier, 20, Paris.

Lalanne, négociant, rue de la Collégiale, 5, Paris.

Lalanne, Jean, comptable, Bordeaux.

Lalanne, Louis, docteur-médecin, La Teste-de-Buch, Gironde.

Laligand, tonnelier, rue de Jussieu, 31, Paris.

Laligand, employé, rue de Jussieu, 31, Paris.

Lallée-Pauvelot, meunier, Grandchamp, Ardennes.

Lallemand, général de division.

Lallemand, rédacteur en chef de l'*Avenir de la Vienne*.

Lallemand, banquier, place de la Bourse, 15, Paris.

Lallemand, conducteur de travaux, boulev. de Montrouge, 45, Paris.

Lallemand, cordonnier, rue de Bezons, Courbevoie, Seine.

Lallemand, au Vésinet, Seine-et-Oise.

Lallemant, comptable, rue Saint-Julien, 17, Nancy.

Lallement, maître de forges, Fronville, Haute-Marne.

Lallier, représentant de commerce, rue Commines, 13, Paris.

Lalliot, Jules-François, professeur au Lycée de Périgueux, Dordogne.

Lalmand, sergent aux ouvriers constructeurs, Vernon, Eure.

Laloge, boulevard Richard-Lenoir, 134, Paris.

Laloi, représentant de commerce, rue des Fossés-St-Marcel, 7, Paris.

Lalou, journaliste.

Lalue, Louis, serrurier, Brives, Corrèze.

Lalung, Auguste, Saint-Pierre, Martinique.

Lalung-Bonnaire, chef de bureau à la Préfecture de la Seine, rue de Sartine, 3, Paris.

Lalyman, couvreur, rue Neuve-des-Carmes, Agen, Lot-et-Gar.

Lamaille, Ed.-H., instituteur communal, Monteville, S.-et-Oise.

Lamarche, clerc de syndic, rue Lafaye e, 119, Paris.

Lamarre, Étienne, propriétaire, Grande-Rue, 48. Issy, Seine.

Lamarque, marchand de futailles, rue de Bercy, 173, Paris.

Lamarque, Foix, Ariège.

Lamarque, Lucien, avocat, sous-préfet.

Lamarre, pharmacien, place Pinuil, Nantes.

Lamartre, Grenade-sur-Garonne, Garonne.

Lambert, employé, rue du Faubourg-du-Temple, 46, Paris.

Lambert, gérant de bains, boulevard du Temple, 13, Paris.

Lambert, papetier, rue des Martyrs, 23, Paris.

Lambert, jeune, entrep. de serrurerie, pass. Chausson, 4, Paris.

Lambert, lithographe, Nogent-sur-Marne, Seine.

Lambert, marchand de vins, Nogent-sur-Marne, Seine.

Lambert, avocat, La Roche-sur-Yon, Vendée.

Lambert, juge au Tribunal civil, Chaumont, Haute-Marne.

Lambert, agent-voyer en retr. , Melun, Seine-et-Marne.

Lambert, négociant, rue de Sia , 65, Brest, Finistère.

Lambert, menuisier, Cognac, Charente.

Lambert, rentier, conseiller municipal et conseiller d'arrondissement, rue du Pont, 2, Corbeil, Seine-et-Oise.

Lambert, propriétaire, Grandchamp, Ardennes.

Lambert, employé, Bône, Algérie.

Lambert, ingénieur civil, Beyrouth, Syrie.

Lambert, ing. en chef des poudres, rue Washington, 28, Paris.

Lambert, A., secrétaire général de préfecture.

Lambert, Albert, rue du Terrier, 45, Vincennes, Seine.

Lambert, Antoine, architecte, Périgueux, Dordogne.

Lambert, Ch., Grande-rue-Saint-Cosme, 28, Chalon-sur-Saône.

Lambert, Charles, filateur, Signy-l'Abbaye, Ardennes.

Lambert, E.-G., clerc de not. boul. du Levant, Nanterre, Seine.

Lambert, Jean-Baptiste-Aimé, tapissier, rue Neuve, 13, Toulon.

Lambert, Joseph-Désiré, boulanger, Dreux, Eure-et-Loir.

Lambert, Victor, docteur-médecin, Paris.

Lambert-Buthenier, hôtel du Lion d'Or, Vichy, Allier.

Lambur, garçon boulanger, Essonnes, Seine-et-Oise.

Lameaud, rentier, rue de la Corderie, 18, Angoulême.

Lamer, Robert-Georges, rentier, Caen.

Lamiral, restaurateur, boulevard de Ménilmontant, Paris.

Lamon, Th., commis-nég., rue Ste-Catherine, 203, Bordeaux.

La Monta, docteur-médecin, Mostaganem, Algérie.

Lamorlette, march. de vins, r. du Faub.-St-Antoine, 253, Paris.

Lamothe, notaire, conseiller municipal de Condom, conseiller d'arrondissement du Gers.

Lamothe, Jacques, maître-sellier, Constantine, Algérie.

Lamothe-Prévale, Gabriel-Guillaume, avocat, conseiller général et député de la Dordogne.

Lamotte, négociant, Livron, Drôme.

Lamotte, **Auguste, maître d'hôtel**, Valence, Drôme.

Lamour, mécanicien, rue des Trois-Bornes, 19, Paris.

Lamouret, rue Vitruve, 3, Paris

Lamourette, rue d'Hauteville, 21, Paris.

Lamoureux, tapissier, rue de Ponthieu, 7, Paris.

Lamoureux, **Jean-Baptiste**, père, avocat, Caen.

Lamoureux, **Louis-Eugène**, fils, avocat, Caen.

Lamouroux, docteur-médecin, conseiller municipal de Paris, conseiller général de la Seine.

Lamouroux, négociant, rue de Cléry, 77, Paris.

Lamouroux, **Emile**, propriétaire, conseiller municipal, rue du Rempart-Saint-Étienne, 3, Toulouse.

Lamperière, **J.-B.**, monteur-mécanicien, Clermont-Ferrand.

Lams, **Louis**, ingénieur civil, rue Masséna, 3, Lille.

Lamur, négociant, Oran, Algérie.

Lamy, boulanger, rue de Bercy, Paris.

Lamy, entrepreneur, boulevard Pereire, 231, Paris.

Lamy, sellier, place de Rihours, Lille.

Lamy, employé des finances, Gray, Haute-Saône.

Lamy, **Charles-Edmond**, avoué, maire de Rocroi, Ardennes.

Lamy, **Jules, horloger**, Morez, Jura.

Lamy, **Léon**, entrepreneur de monuments funéraires, boulevard de Clichy, 92, Paris.

Lana, **Ch.**, march. de porcelaine, r. des Bons-Frères, Toulon.

Lanbry, **Jean**, boucher.

Lancard, lieutenant de recrutement, Lisieux, Calvados.

Lance, **Louis**, négociant, rue Monge, 81, Paris.

Lancien, **Eugène.**

Lançon, propriétaire, Lons-le-Saunier, **Jura.**

Lançon, employé, Yerres, Seine-et-Oise.

Landard, **Bordeaux.**

Landaré, **Georges**, voy. de comm., rue Beaurepaire, 25, Paris.

Landart, entr. de plomberie, rue Grégoire-de-Tours, 17, Paris.

Landau, bijoutier, rue Notre-Dame-de-Nazareth, 60, Paris.

Landeck, bijoutier, rue Coquillière, 31, Paris,

Landelle, **Jean-Pierre**, caporal-cordonnier au 83e de ligne, Constantine, Algérie.

Landeville, **Pierre-Nicolas**, boulevard du Temple, 30, Paris.

Landois, marchand de vin, quai de la Tournelle, 65, Paris.

Landouzy, ancien intéressé de la maison Sichard, rue de Trianon, 20, **Reims.**

Landre, Paris.

Landréa, **Emile, limonadier**, Nangis, Seine-et-Marne.

Landrin, **A., homme de lettres**, rue des Feuillantines, 72, Paris.

Lanessan (de), **J.-L.**, professeur, député de la Seine.

Lang, employé, Sarreguemines, Lorraine.

Lang, **Etienne, fabricant de chaussures**, r. St-Martin, 84, Paris,

Langard, François-Nicolas. tail!., r. du Pont-aux-Choux, 4, Paris.
Lange, boulevard Voltaire, 165, Paris.
Lange, Henri, architecte, rue de la Roquette, 2, Paris.
Langellé, épicier, rue du Buisson-Saint-Louis. 24, Paris.
Langeron, François, carrossier, cité de l'Etoile, 12, Paris.
Langin, aîné, tailleur de pierres, rue Saint-Benoît, 26, Paris.
Langlade, sous-préfet.
Langlais, Jacques, rentier, quai de la Fosse, 66, Nantes.
Langlaude, lampiste, Bône, Algérie.
Langle, négociant, rue des Quatre-Chemins, 2, Limoges.
Langle, Jean, employé des contributions, r. Kiéser, 3, Bordeaux.
Langlet, Charles, entrepreneur de peinture, Grande-Rue, Nemours, Seine-et-Marne.
Langlet, Claude, mécanicien principal, Toulon.
Langlet, Théodore, chef de gare, Nemours, Seine-et-Marne.
Langlois, député de Seine-et-Oise, receveur des finances.
Langlois, officier au 1er tirailleurs.
Langlois, boulevard de La Chapelle, 104, Paris.
Langlois, négociant, rue Saint-Martin, 127, Paris.
Langlois, rentier, boulevard du Temple, 17, Paris.
Langlois, représentant de commerce, rue d'Hauteville, 21, Paris.
Langlois, maître-peintre, r. de Fontenay, 29, Vincennes, Seine.
Langlois, receveur municipal, rue du Harlay, Compiègne, Oise.
Langlois, voyageur de commerce, Flers, Orne.
Langlois, scierie à vapeur, Pacy-sur-Eure, Eure.
Langlois, Edouard, peintre en bât., rue Jeanne-d'Arc, 10, Lille.
Langlois, Léopold, caissier, rue Saint-Dominique, 8, Paris.
Langonnet, fabrib. de cart., rue des Petits-Carreaux, 43, Paris.
Langsdorff (de), préfet.
Languillaire, chef de section au chemin de fer, Crest, Drôme.
Languillaume, Loudun, Vienne.
Laniot, maroquinier, rue Pascal, 40, Paris.
Lanjuinais (de), rue de Caumartin, 58, Paris.
Lanlagnet. Victor, plâtrier, Loriol, Drôme.
Lannefranque (de), Bordeaux.
Lannelongue, O.-M., chirurgien des hôpitaux, professeur à la Faculté de Médecine de Paris.
Lannes de Montebello, capit. au 3e rég. de tirailleurs indigènes.
Lannois, contre-maître ébéniste, passage de l'Asile-Popincourt, 4, Paris.
Lano, tailleur, rue Nicolas-Laugier, Toulon.
Lansade, Pierre, sabotier, Fargon, Gironde.
Lanthéaume, Louis, professeur, Valence, Drôme.
Lantin, lieutenant à la garde républicaine, Paris.
Lantiome, Jules, avocat, rue Noël, 3, Reims.
Lantoine, Alphonse-Joseph, entrepreneur de serrurerie, Aubervilliers, Seine.

Lantoni, commis, **Grasse, Alpes-Maritimes.**

Lanusse, **Charles,** ancien négociant, rentier, rue du Temple, 13, Bordeaux.

Lanza, chef de travaux, **Philippeville, Algérie.**

Laon, négociant, rue Saint-Côme, 2, Agen, Lot-et-Garonne.

Lapallu, négociant, rue Montmartre, 140, Paris.

Lapart, Pont-de-Gévus, Sarthe.

Laperlier, emballeur, rue de Chabrol, 15, Paris.

Laperrine, négociant, Vernon, Eure.

Lapeyre, **Antoine,** horloger, Bergerac, Dordogne.

Lapeyre, **Henri,** mécanicien, rue des Chantiers, 31, Royan, Charente-Inférieure.

Lapeyre, **Pierre-Paul,** boulanger, Bergerac, Dordogne.

Lapeyrie (de), avocat, rue du Vieux-Raisin, 20, Toulouse, Haute-Garonne.

Lapeyruque, **Henri-Edouard,** ancien conducteur des ponts et chaussées, rentier, Evreux, Eure.

Lapierre, **Adolphe-Michel,** tapissier, rue Saint-Lazare, 7, Paris.

Lapierre, **Paul,** négociant, Defansa, 739, Buenos-Ayres, République **Argentine.**

Laplace, **Claude-Marie,** tonnelier, hospice Brézin, Ville-d'Avray, Seine-et-Oise.

Laplanche, tailleur de pierres, rue Boutarel, 8, Paris.

Laplanche, employé de la maison Dubé et Lenoble, rue des Templiers, Reims.

Laplanche, Jacques-François, peintre-vit., r. Daubenton, 28. Paris.

Laplanche, Jean, nég. en vins, pl. St-Sauveur, Béziers, Hérault.

Laplanche, Saint-Ange, architecte, rue Legendre, 36, Paris.

Laplante, rue de la Fusterie, 25, Perpignan, Pyrénées-Orientales.

La Plaza (de), Richard, rue Gracia, Mahon, île Minorque.

Lapolle, marchand de vins-traiteur, Enghien, Seine-et-Oise.

Laporte, propriétaire-rentier, Séméac, Hautes-Pyrénées.

Laporte, chef de la comptabilité du Trésor public, La Basse-Terre, Antilles françaises.

Laporte, **A.,** Aulnay-de-Saintonge, Charente-Inférieure.

Laporte, **Adolphe,** employé, Valence, Drôme.

Laporte, **Gaston-Henri,** journaliste, député de la Nièvre.

Laporte, **Joseph,** premier maître-mécanicien, Toulon.

Laporte, **Joseph-Antoine,** boucher, calle San-Antonio, Barcelone, **Espagne.**

La Porte (de), **Jean-Roger-Amédée,** avocat, auditeur au **Conseil** d'Etat, sous-secrétaire d'Etat, député des Deux-Sèvres.

Lapouble, **Marcel,** marchand-tailleur, Bordeaux.

Lapouse, entrepreneur, Bordeaux.

Laprevotte, employé, rue Monge, 98, Paris.

Laquens, **Emile,** traiteur, rue de Vanves, Vanves, Seine.

Larat, docteur-médecin, place de la Madeleine, 7, **Paris.**

Larbi-ben-Taieb, curateur aux Successions arabes, Bône, Algérie.
Larcher, Achille, employé, Paris.
Larcher, Emile, layetier, rue de Trévise, 27, Paris.
Larcher, J.-B., ancien imprimeur-libraire, au Creusot, Saône-et-Loire.
Larcher, Léon, restaurateur, boulevard de Denain, 5, Paris.
Larcher, Philibert-Sévère, clerc de notaire, Lagny, Oise.
Larco, négociant, rue d'Hauteville, 66, Paris.
Lardé. marchand de vins, rue de Lille, 59, Paris.
Lardenay, N.-C., march. de papiers peints, r. Stanislas, Nancy.
Lardin, entrepreneur de maçonnerie, Combault, Seine-et-Marne.
Laresche, fabricant de cartonnage, rue Aumaire, 29, Paris.
Larfouilleau, propriétaire, rue Tombe-Loly, 2, Bordeaux.
Large, Pierre, rue de Thiard, Chalon-sur-Saône.
Largeteau, Hector, avocat, rue des Facultés, 33, Bordeaux.
Largeteau, Jean, capitaine au long-cours, Gauriac, Gironde.
Largeteau, Théodore, négociant, Gauriac, Gironde.
Larguié, Joseph-Marie, sergent de la 9e section d'infirmerie, Constantine, Algérie.
Larminach, menuisier, rue Haute, 9, St-Cloud, Seine-et-Oise.
Larmann, restaurateur, rue de la Grange-Batelière, 19, Paris.
Laroche, propriétaire, Limoges.
Laroche, payeur au chemin de fer, Dreux, Eure-et-Loir.
Laroche (de), propriétaire, Estillac, Lot-et-Garonne.
Laroche-Boulanger, rue de Charenton, 11, Paris.
Laroche-Monnin, papetier, place du Palais-de-Justice, Reims.
Larochette, dessinateur, rue de l'Université, 71, Paris.
Larocque, Jean-Baptiste, publiciste, r. de Solférino, 182, Lille.
Laroque, Edouard, entrepreneur de peinture, conseiller municipal, rue de la Bourse, 12, Bordeaux,
Laroque, Urbain, propriétaire, Saint-Georges, Charente.
Laroze, Jean-Baptiste-Louis-Alfred, avocat, sous-secrétaire d'Etat, député de la Gironde.
Laroze, Léon-Marie-Jacques-Joseph, viticulteur, vice-président du Comice agricole, député de la Gironde.
Larraud, maçon, cité Joly, 9, r. du Chemin-Vert, 121, Paris.
Larraut, Brest, Finistère.
Larrégieux, Vincent, architecte, rue du Loup, 19, Bordeaux.
Larribeau, fabricant de chaussures, Fleurance, Gers.
Larrière, employé des contrib. indir., rue de Solférino, Lille.
Larrivé, Lyon.
Larsonnier, rue Grillet, 20, Lyon.
Larthe, tonnelier, rue d'Orléans, 9, Paris.
Lartigue, Louis-Jules, maire de Givet et cons. gén. des Ardennes.
Laruelle, négociant, faubourg Stanislas, Nancy.
Laruelle, Stanislas, chef de comptabilité, rue du Faubourg-Saint-Honoré, 108, Paris.

Lasbaysses, Jean-Marie-Joseph-Jules, avocat, député de l'Ariège.
La Serve, sénateur de la Réunion.
Lasker, Max, commis, Londres.
Lasne, propriétaire, Saint-Germain-en-Laye, Seine-et-Oise.
Lasne, J.-A., propriétaire, imp. des Chevau-Légers, 2, Versailles.
Lassalle, Auguste, architecte, r. Grimaldi, 1, Nice, Alpes-Marit.
Lassau, maréchal-ferrant, quai Vanoise, Gray, Haute-Saône.
Lassauce, Barthélemy, négociant, rue Poissonnière, 13, Paris.
Lassègue, rue du Trésor, 4, Paris.
Lasserre, conseiller général et député de Tarn-et-Garonne.
Lasserre, avocat, procureur général à Toulouse.
Lasserre, limonadier, Auch, Gers.
Lasseur, employé, rue de Grenelle, 53, Paris.
Lassimonne, artiste-peintre, rue de Lancry, 22, Paris.
Lassuze, négociant, Angoulême.
Lastowieck, employé, passage du Commerce, Paris.
Latapy, Jules, lieutenant de vaisseau, Claret, Hérault.
Lataud, rentier, Tournus, Saône-et-Loire.
Laterrade, homme de lettres, professeur de littérature, d'histoire et de botanique, maire de Talence, conseiller général de la Gironde.
Laterrade, Maxime, contrôleur-adjoint des douanes, conseiller municipal, rue Desfourniel, 21, Bordeaux.
Latinville, Ernest, propriétaire, rue Prony, 77, Paris.
Latomberie, Jean, propriétaire, Saint-Georges, Charente.
Latouche, propriétaire, employé du gouvernement, Port-Louis, île Maurice,
Latour, route de Fontainebleau, 132, Gentilly, Seine.
Latour, tailleur, Agen, Lot-et-Garonne.
Latour, Alfred-Prosper, capitaine des sapeurs-pompiers, Charleville, Ardennes.
Latour, Raymond, limonadier, taverne alsacienne, Charleville, Ardennes.
Latreille-Ladoux, Némorin, propriétaire, Périgueux, Dordogne.
Latruffe, architecte-vérificateur, rue Nicolas-Flamel, 5, Paris.
Lattry, Georges, docteur-médecin, Smyrne, Turquie d'Asie.
Latulype, rentier, Paris,
Laubenheimer, rue d'Aboukir, 28, Paris.
Laubry, Prosper, carrossier, Périgueux, Dordogne.
Lauenstorfer, impasse Saint-Sébastien, 18, Paris.
Laufer, fabricant d'engrais, Aubervilliers, Seine, et rue Lafayette, 137, Paris.
Laug, rue du Rocher, 42, Paris.
Laugée, Homère-François, quincaillier, Charleville, Ardennes.
Laugier, docteur-médecin, rue des Dominicaines, 3, Marseille.
Laugier, Louis, médecin-vétérinaire, Orange, Vaucluse.
Laugier, Paul, médecin-vétérinaire, Orange, Vaucluse.

Laugier, Matthieu, préfe:.

Laumond, négociant, Brives, Corrèze.

Laumonnier, rue Saint-Martin, 345, Paris.

Launay, employé, route de Romainville, 34, Bagnolet, Seine.

Launay, tapissier, rue Saint-Clément, 102, Nantes.

Launay, Pierre, représentant de commerce, au Châlet, île Saint-Symphorien, Tours.

Launay, percepteur, rue Saint-Martin, 3, Avallon, Yonne.

Laur, docteur en philosophie, Heidelberg, grand duché de Bade.

Laur, Francis, ingénieur, député de la Loire.

Laurain, fabricant de pavés, Champeneil.

Laurans, Lyon.

Laure, lieutenant de vaisseau, Toulon.

Laure, Pierre, négociant, rue des Marchands, Toulon.

Laureau, rentier, rue de Rambuteau, 61, Paris.

Laurençon, Léon-André-Hippolyte, avocat, conseiller général et député des Hautes-Alpes.

Laurency-Bouygnes, Jean, tailleur, rue Beauregard, 37, Paris.

Laurendeau, horloger-mécanicien, rue Rolland, 16, Bordeaux.

Laurandeau, Th., représ. de comm., rue Blanchereau, 7, Tours.

Laurens, préfet.

Laurens, avocat consultant, rue Montmartre, 167, Paris.

Laurens, placeur, rue de Paradis-Poissonnière, 10, Paris.

Laurens, entrepr. de trav. publ., rue des Soupirs, 7, Toulouse.

Laurens, Cyrille, négociant.

Laurens, Victor, horloger, Périgueux, Dordogne.

Laurent, boulanger, rue de Meaux, 4, Paris.

Laurent, employé, rue du Temple, 187, Paris.

Laurent, négociant en fer, boulevard Richard-Lenoir, 82, Paris.

Laurent, rue Saint-Denis, 8, Bondy, Seine.

Laurent, commis en vins, Douzy, Ardennes.

Laurent, fabricant de chaux, Thun-Meulan, Seine-et-Oise.

Laurent, garde-magasin, comptable, Bône, Algérie.

Laurent, Célestin, jeune, chef de comptabilité au chemin de fer, rue Notre-Dame-de-Lorette, 7, Paris.

Laurent, Charles, journaliste.

Laurent, Charles, ancien libraire-relieur, propriétaire, rue des Marchands, Toulon.

Laurent, Claude, empl. de comm., faub. Ste-Catherine, 19, Nancy.

Laurent, Ferdinand, maître-menuisier, r. Jean-Lantier, 17, Paris.

Laurent, Guillaume, dir. du Splendide-Hôtel, Nice, Alpes-Marit.

Laurent, Henri, capitaine au long-cours, Bordeaux.

Laurent, Jules, représentant de comm., r. de Turenne, 62, Paris.

Laurent, Léon, voyageur de commerce, rue Meslay, 48, Paris.

Laurent, Napoléon, receveur de l'hospice, rue de la Grande-Fontaine, 10, Saint-Germain-en-Laye, Seine-et-Oise.

Laurent, Pierre-Jules, lieutenant de cavalerie, Caen.

Laurent, Victor, licencié en droit, Paris.

Laurent-Cély, Arthur, représ. de forges, r. de Provence, 69, Paris.

Laurent-Moniet, imprimeur, au Puy, Haute-Loire, et boulevard Saint-Louis, Lyon.

Laurent-Pichat, journaliste, sénateur inamovible.

Lauriez, rue de la Bourse, 7, Paris.

Laussinot, André, entr., route de Bédarieux, Béziers, Hérault.

Laussinot, Joseph, employé, rue de la Gare, Béziers, Hérault.

Laussot, bottier, rue Sainte-Anne, 46, Paris.

Laussot, Eugène, nég. en vins, r. des Ecuries-d'Artois, 67, Paris.

Laut, Achille-Charles, mécanicien, Calais, Pas-de-Calais.

Lautard, négociant, Lyon.

Lauth, Charles, chimiste, conseiller municipal de Paris, conseiller général de la Seine, administrateur de la Manufacture nationale de Sèvres.

Lautier, Joseph, maître-plâtrier, rue Truguet, 8, Toulon.

Lautré, Eugène, march. de pianos, r. d'Als.-Lorr., 17, Toulouse.

Lautrec, marchand-tailleur, place du Sig, Mostaganem, Algérie.

Lautru, Emile, négociant, Conlie, Sarthe.

Lauvergne, boulanger, rue du Faubourg-Saint-Martin, 5, Paris.

Lauvillard, F., ferblantier, Montbéliard, Doubs.

Laval, voyageur de commerce, r. N.-D.-de-Nazareth, 82, Paris.

Laval, Etienne, voyageur de commerce, Périgueux, Dordogne.

Lavalette, entrepr. de maçonn., r. Neuve-des-Boulets, 11, Paris.

Lavandier, négociant, rue Salomon-de-Caus, 4, Paris.

Lavandier, négociant, juge au Tribunal de Commerce, rue des Chaussetiers, 1, Clermont-Ferrand.

Lavareilles, place Saint-Michel, Lyon.

Lavau, Victor-Henri, nég., La Basse-Terre, Antilles françaises.

Lavaud, rue du Cherche-Midi, 21, Paris.

Lavaud, Bernard, négociant, Périgueux, Dordogne.

Lavault, menuisier, rue Saint-Georges, 24, Paris.

Lavaux, maître-maçon, Bougigny, Seine-et-Marne.

Lavavé, Jean-Baptiste, avoué, Périgueux, Dordogne.

Lavaysse, propriétaire, Gaubert, Dordogne.

Lavedeau, clerc de notaire, Agen, Lot-et-Garonne.

Laveis, avocat, rue de La Villette, 50, Paris.

Lavenant, cultivateur, Ganilly.

Levenas, fabricant de boîtes, rue des Gravilliers, 24, Paris.

Lavergne, serrurier, Agen, Lot-et-Garonne.

Lavergne, Bernard-Martial-Barthélemy, docteur-médecin et journaliste, député du Tarn.

Lavergne, Ed., rédacteur de la *Revista Masonica del Peru* (*Revue maçonnique du Pérou*).

Lavergne, François, publiciste, Paris.

Lavergne, Modeste, place aux Herbes, 7, Carcassonne, Aude.

Laverne, Pierre, menuisier, Ponny-Mézangy, Allier.

Laverrière, agronome, rue du Château, 12, Paris.
Lavertujon, imprimeur, Bordeaux.
Lavertujon (de), André, journaliste, sénateur de la Gironde.
Laveur, négociant, rue de Rivoli, 4, Paris.
Lavialle, Adrien, marchand de grains, Bergerac, Dordogne.
Lavic, Pierre, minotier, Constantine, Algérie.
Lavieille, député de la Manche, consul général à Panama.
Lavigne, Lyon.
Lavigne, quincaillier, rue des Grands-Fossés, 111, Tarbes, Hautes-Pyrénées.
Lavigne, cordonnier, Dammartin, Haute-Marne.
Laville, conducteur, Villeblevin, Yonne.
Laville, G.-A., employé, rue de la Pépinière, Nancy.
Lavis, chef cantonnier, rue de Sablonville, 56, Neuilly, Seine.
Lavisgne, sous-officier, employé à l'intendance, Paris.
Lavit, marchand de bois, Libourne, Gironde.
Lavocat, Lucien-Alexis, brasseur, Vireux, Ardennes.
Lavoye, propriétaire, rue d'Ennery, 9, Pontoise, Seine-et-Oise.
Law, Louis, chef de gare, Loches, Indre-et-Loire.
Laya, Alix, avocat, rue Neuve-des-Petits-Champs, 73, Paris.
Layet, Pierre, surveillant général de la marine, Toulon.
Lazard, banquier, rue Cadet, 26, Paris.
Lazare, Charles, avoué, Toul, Meurthe-et-Moselle.
Lazare, Emmanuel, négociant, Paris.
Lazès, artiste lyrique, r. du Faub.-Poissonnière, 164, Paris.
Leaune, Jean, commerçant, Orange, Vaucluse.
Lebaillif, passage Stanislas, 17, Paris.
Lebaillif, entrepreneur de maçonn., b. de Magenta, 106, Paris.
Leballeur-Villiers, photographe, rue des Rosiers, 26, Paris.
Le Barazer, avocat à la Cour d'Appel, r. de Rivoli, 16, Paris.
Lebaron, imprimeur-lithographe, rue Chanoinesse, 14, Paris.
Lebaron, Joseph-Aimé, md de vins, rue Serpente, 26, Paris.
Lebart, rentier, rue Duvivier, 11, Paris.
Le Batteux, Jules, Roye, Somme.
Lebau, Paris.
Lebaudy, Gustave, député et conseiller général de Seine-et-Oise.
Lebeau, ancien notaire, Anglure, Marne.
Lebeau, Edouard, comptable à l'Est-Algérien, conseiller municipal, rue Nationale, 19, Constantine, Algérie.
Lebeau, Parfait, blanchisseur, rue d'Aguesseau, 143, Paris.
Lebeault, entrepreneur, Beaune, Côte-d'Or.
Le Behot, Léon, pharmacien, Caen.
Lebel, Em.-Alp., contre-maître, rue des Moines, 58, Paris.
Lebel, Paul, voyageur de commerce, av. Daumesnil, 26, Paris.
Lebert, V., propr., rue Nuyon, La Bastide, Bordeaux.
Lebesgue, limonadier, rue de Rambuteau, 108, Paris.
Lebesgues, march. de sacs de voyage, r. Montorgueil, 28, Paris.

Lebey, Alix.

Le Biham, Félix, brigadier de la remonte, Caen.

Le Blanc, ingénieur civil, rue Sainte-Appoline, 2, Paris.

Le Blanc, place Pereire, 5, Paris.

Leblanc, cordonnier, concierge de loge maçonnique, rue de Jérusalem, 11, Tours.

Leblanc, Charles-Emile, quincaillier, Caen.

Leblanc, Léon, propriétaire, Woël, Meuse.

Lebleu, épicier, place du Marché, Tours.

Le Blond, employé de commerce, rue de Verneuil, 6, Paris.

Le Blond, place du Marché, Cayenne, Guyane française.

Leblond, blanchisseur, rue Noblet, 10, Rueil, Seine-et-Oise.

Leblond, entrepreneur de maçonnerie, Saint-Brice, Orne.

Leblond, Alphonse, entrepr. de couverture, rue Catulienne, 80, Saint-Denis, Seine.

Leblond, Désiré-Médéric, avocat, procureur de la République, sénateur de la Marne.

Lebœuf, ancien pharmacien, employé à la Petite Bourse, Reims.

Lebœuf, limonadier, rue Saint-Etienne, Melun, Seine-et-Marne.

Lebœuf, cultivateur, Châteaubleau, Seine-et-Marne.

Lebœuf, Adolphe-François, voyageur de commerce, Caen.

Lebœuf, Louis-Eugène, maréchal-ferrant, Châteaubleau, Seine-et-Marne.

Lebon, imprimeur-lithographe, propriétaire, rue des Fossés-Saint-Victor, 5, Paris.

Lebon, imprimeur-libraire, rue du Cardinal-Lemoine, 4, Paris.

Lebon, Emile, directeur d'usine à gaz, propriétaire, conseiller municipal, Neuville-lès-Dieppe, Seine-Inférieure.

Lebon, Eugène, ingénieur, conseiller général

Le Borgne, Ernest, agronome, propriétaire, Ablemont-Bacqueville, Seine-Inférieure.

Le Borgne, Ernest-Charles, rentier, rue Gaston-de-Saint-Paul, 6, Paris.

Leborne, Edouard-Pierre-François, fabricant de ressorts d'horlogerie, rue Saint-Honoré, 152, Paris.

Leboucher, arbitre de commerce, boulevard de Bonne-Nouvelle, 10, Paris.

Lebourcq, Désiré-Napoléon, entrepreneur de travaux de ciment, rue de l'Arsenal, 1, Paris.

Lebourcq, fils.

Leboulanger, ferblantier, Pacy-sur-Eure, Eure.

Lebourg, Louis-Arsène, avocat, Caen.

Lebourgeois, chef de bureau au ministère de l'Instruction publique, avenue de l'Observatoire, 41, Paris.

Lebourgeois, chemisier, rue de l'Arbre-Sec, 22, Paris.

Lebourgois, comptable, rue du Moulin-des-Prés, 7, Paris.

Lebourgeois, comptable, rue de Bondy, 26, Paris.

Lebrasseur, messager, Pacy-sur-Eure, Eure.

Lebref, négociant en épiceries, Paris.

Lebrethon, Alexandre, marchand de vins, Caen.

Lebreton, entrep. de couverture, rue de Vaugirard, Paris.

Lebreton, Alphonse, conducteur des ponts et chaussées, Sablé, Sarthe.

Lebreton, Auguste, maître d'hôtel, Arnage, Sarthe.

Lebreton, Charles, marchand de vins, Caen.

Lebreton, Jean, aîné, pâtissier, rue des Martyrs, 60, Paris.

Lebreton, Jules, jeune, emp. de commerce, r. de Cléry, 26, Paris.

Lebrun, employé, passage des Thermopyles, 61, Paris.

Lebrun, imprimeur, rue de Grenelle, 122, Paris.

Lebrun, relieur, boulevard de Ménilmontant, 42, Paris.

Lebrun, tôlier, rue de la Grange-aux-Belles, 23, Paris.

Lebrun, architecte, Azerailles, Meurthe-et-Moselle.

Lebrun, Joseph-Félix, architecte, Lunéville, Meurthe-et-Moselle.

Lebugle, Edouard-Théodore, négociant, rue Keller, 17, Paris.

Lecanu, commis-voyageur, rue des Canettes, 10, Paris.

Le Carlier de Veslud.

Lecas, coiffeur, rue de la Chaussée-d'Antin, 27 bis, Paris.

Lecertisseur, adjoint au maire, Saint-Quentin, Aisne.

Lecertisseur, Joseph-Magloire, propriétaire, adjoint au maire, La Fère, Aisne.

Lechanteur, propriétaire, rue Léonie, 23, Paris.

Léchaud, Ludovic, caissier, rue de Grammont, 16, Paris.

Lechêne, Eugène, menuisier-mécanicien, rue d'Orléans, 15 et 17, Elbeuf, Seine-Inférieure.

Lecheppy, Pierre-Philippe, voyageur de commerce, rue de la Grande-Truanderie, 43, Paris.

Le Cherbonnier, Alexandre, propriét., maire d'Issoudun, Indre.

Lecherbonnier, Auguste, avocat, député de la Corrèze.

Lechevalier, rentier, rue de Bondy, 44, Paris.

Le Chevalier, Georges, avocat à la Cour d'Appel, préfet.

Lechevallier, Victor-Joseph, négociant, Caen.

Lechlecter, ébéniste, rue Saint-Maur, 75, Paris.

Lecieux, propriétaire, Soisy-sur-Etiolles, Seine-et-Oise.

Leck, cordonnier, rue Nollet, 31, Paris.

Leclaire, rue Greneta, 61, Paris.

Leclaire, Antoine, jardinier, rue de Belleville, 37, Paris.

Lecler, Joseph, fleuriste, passage des Petites-Ecuries, 18, Paris.

Leclerc, rue Neuve-Saint-Augustin, 25, Paris.

Leclerc, marchand de vins, aux Ternes, Paris.

Leclerc, maréchal-ferrant, aux Ternes, Paris.

Leclerc, Pierre, négociant, rue d'Aboukir, 5, Paris.

Leclerc, Lyon.

Leclerc, juge de paix, Haroué, Meurthe-et-Moselle.

Leclerc, voyageur, Chalonnes, Maine-et-Loire.

Leclerc, François-Alexis, négociant, Touquin, Seine-et-Marne.

Leclerc, Léopold-Arthur, commis, St-Denis, Île de la Réunion.

Leclerc, Victor, bijoutier, boulevard Voltaire, 34, Paris.

Leclère, courtier en vins, quai de Bercy, 24, Paris.

Leclère, grainetier, avenue Saint-Charles, Paris.

Leclère, propriétaire, Périgueux, Dordogne.

Leclère, notaire, juge de paix de Bourgogne, Vitry-lès-Reims, Marne.

Leclère, Ernest, architecte, cons. municip., r. Boulard, 22, Reims.

Leclercq, de la maison Leclercq, Bonnafous et Cᵉ, fonderie de fer, Revin, Ardennes.

Leclercq, Antoine-Joseph, ébéniste, place de Beauvais, 2, Montmorency, Seine-et-Oise.

Lecœur, rue Béliard, 65, Paris.

Lecointe, voyageur, rue de la Filature, 54, Amiens.

Lecomte, rentier, rue du Midi, 19, Vincennes, Seine.

Lecomte, aux Petits-Ménages, Issy, Seine.

Lecomte, rue de Paris, 16, au Petit-Ivry, Seine.

Lecomte, comm.-nég., rue de St-Cloud, 2, Sèvres, Seine-et-Oise.

Le Comte, Charles, député.

Lecomte, Fortuné, carrossier, Saint-Denis, île de la Réunion.

Lecomte, Ulysse, négociant en vins, Paris.

Leconniat, capitaine au long-cours, Bordeaux.

Leconte, Alfred, député de l'Indre.

Leconte, Joseph, entrepreneur, St-Christophe, Indre-et-Loire.

Leconte, Julien, rentier, Montbéliard, Doubs.

Lecoq, Charles, ancien négoc., place Drouet-d'Erlon, 8, Reims.

Lecoq, Ferdinand, lampiste, rue J.-J.-Rousseau, 5, Nantes.

Lecoq, Gustave, voyageur, quai de la Fosse, 24, Nantes.

Lecoq de Boisbaudran, avocat, rue du Pont-de-Lodi, 6, Paris.

Lecorsu, Jean-Pierre, négociant, rue Sauval, 9, Paris.

Lécot, Alexandre, charcutier, Nevers, Nièvre.

Lecour, rue Damesme, 42, Paris.

Lecourt, rue des Entrepreneurs, 75, Paris.

Le Coustellier, Cyprien, voyageur de commerce, rue Vieille-du-Temple, 64, Paris.

Lecouteur, Edward, agent de la Compagnie South Western, Saint-Malo, Ille-et-Vilaine.

Lecoutour, René, fils, Saint-Denis, île de la Réunion.

Lecouvreur, entrepreneur, rue Aguado, 4, Gennevilliers, Seine.

Lecouvreur, négociant, Beaune, Côte-d'Or.

Lécrivain, Charles, employé, rue Blomet, 73, Paris.

Lecroq, négociant, boulevard Montmartre, Paris.

Lécu, Alexandre, pensionné, r. Fuzillau, 84, Levall.-Perret, Seine.

Lecucq, maréchal des logis, Meaux, Seine-et-Marne.

Lécuyer, constructeur, Pacy-sur-Eure, Eure.

Lécuyer, propriétaire, Hardencourt, Eure.

Lecuyer, Isidore-Armand-Philippe, limonadier, Châteauneuf-en-Thimerais, Eure-et-Loir.

Lécuyer, N., courtier-gourmet, r. des Filles-du-Calvaire, 8, Paris.

Ledez, rentier, rue de la Maladrerie, Boulogne, Seine.

Ledoux, Saint-Cloud, Seine-et-Oise.

Ledoux, Léon, route de Paris, 116, Sannois, Seine-et-Oise.

Ledoux, Michel-Louis, négociant, boulevard du Temple, 12, Paris.

Ledoyen, cultivateur, Saint-Marcel, Eure.

Le Dru, Alfred, commissionnaire en fruits, **rue de la Lingerie, 4, Paris.**

Leduc, rue de Mézières, 13, Bagnolet, Seine.

Lefant-Doumbios, H., marchand d'antiquités et de curiosités, boulevard Haussmann, 86, Paris.

Lefavrais, Pierre, marchand de vins en gros, Grande-Rue, 28, Issy, Seine.

Lefebvre, rue de La Chapelle, 178, Paris.

Lefebvre, entrepreneur de peinture, rue Popincourt, 35, Paris.

Lefebvre, imprimeur, passage du Caire, 87 et 89, Paris.

Lefebvre, mécanicien, boulevard Beaumarchais, 113, Paris.

Lefebvre, vérificateur, rue de la Lune, 27, Paris.

Lefebvre, boulevard de l'Ouest, Boulogne, Seine.

Lefebvre, architecte, rue de l'Arquebuse, 8, Avallon, Yonne.

Lefebvre, Alfred, limonadier, Rouen, Seine-Inférieure.

Lefebvre, Auguste, entrepreneur, Coye-la-Luzarche, Oise.

Lefebvre, Charles, instituteur, faub. de Valenciennes, 1. Lille.

Lefebvre, Charles-Auguste, maire d'Avon, administrateur du bureau *Veritas*, à Paris, député de Seine-et-Marne.

Lefebvre, Charles-Louis, étudiant en droit, Caen.

Lefebvre, Désiré, rentier, Vernon, Eure.

Lefebvre, Eugène, maître-bottier, Grande-Rue-du-Pollet, 140, Dieppe, Seine-Inférieure.

Lefebvre, Frédéric, employé, rue de Paradis-Poissonnière, 41, Paris.

Lefebvre, Germain-Ferdinand, principal clerc d'avoué, Caen.

Lefebvre, Louis, maître-peintre, rue des Tanneurs, 48, Lille.

Lefèvre, rue Debelleyme, 29, Paris.

Lefèvre, rue des Cascades, 79, Paris.

Lefèvre, fabricant de bijoux, rue des Archives, 1, Paris.

Lefèvre, négociant, rue du Rocher, 66, Paris.

Lefèvre, serrurier, juge suppléant au Tribunal de Commerce, rue Etienne-Pallu, Tours.

Lefèvre, impasse Sanitas, Tours.

Lefèvre, agent de commerce, rue Baunier, Orléans.

Lefèvre, cultivateur, Juvigny, Marne.

Lefèvre, notaire, Dormans, Marne.

Lefèvre, voyageur de commerce, Bar-le-Duc, Meuse.

Lefèvre, Alexandre, conseiller général de la Seine.

Lefèvre, Antoine, mécanicien, place d'Armes, 3, St-Denis, Seine.

Lefèvre, Casimir, avoué, Bayeux, Calvados.

Lefèvre, Charles-Louis, md-tailleur, boul. Haussmann, 36, Paris.

Lefèvre, Edouard, marchand de bois, porte de Paris, Saint-Denis, Seine.

Lefèvre, Ernest, journaliste, député de la Seine, vice-président de la Chambre des Députés.

Lefèvre, Eugène, père, rentier, Grande-Rue-du-Pollet, Dieppe, Seine-Inférieure.

Lefèvre, J.-Elisée, entrepreneur de serrurerie, rue du Serpolet, 11, Bordeaux.

Lefèvre, Jean, inspect. d'agriculture, Fontaine-Yot, S.-et-M.

Lefèvre, Joseph, négociant, Saint-Denis, île de la Réunion.

Lefèvre, Jules-Auguste, maître charpentier, Caen.

Lefèvre, Léonard, rentier, Valence, Drôme

Lefèvre, Pascal-Auguste, marchand de vins-restaurateur, rue de l'Hôtel-de-Ville, 1, Dieppe, Seine-Inférieure.

Lefèvre-Cherny, négociant en vins, Cumières, Marne.

Lefèvre-Levêque, Jules, tonnelier, Luynes, Indre-et-Loire.

Lefièvre, Auguste, opticien, rue de la Fosse, 48, Nantes.

Lefièvre, Henri. négociant, rue du Moulin, 6, Nantes.

Lefol, marchand de bois, rue de l'Eglise, 3, Paris.

Lefort, commis-voyageur, rue de Mulhouse, 4, Paris.

Lefort, entrepreneur de maçonnerie, rue Pajol, 56, Paris.

Lefort, Cambrai, Nord.

Lefort, négociant, Blamy, Seine-Inférieure.

Lefort, Emile-Gabriel, restaurateur, café du Commerce, place Ducale, Charleville, Ardennes.

Lefort, Léon, docteur-médecin, rue de l'Université, 2, Paris.

Lefort, N., tailleur, Veritz, Indre-et-Loire.

Lefournier, secrétaire général de préfecture.

Lefoye, Jean-Charles-Emile, commerçant, Caen.

Lefranc, voyageur de commerce, rue de Turenne, 49, Paris.

Lefranc, Mussidan, Dordogne.

Lefranc, place du Grand-Marché, Montrichard, Loir-et-Cher.

Lefranc, Charles, marchand-tailleur, Nîmes.

Lefranc, Charles, Constantine, Algérie.

Lefrançais, L.-Auguste, rue de Bercy, 30, Paris.

Lefrançois, mécanicien, boul. de Ménilmontant, 73, Paris.

Lefrançois, limonadier, rue des Deux-Ponts, 36, Pantin, Seine.

Lefrançois, sellier, Vernon, Eure.

Lefrançois, Charles, étudiant en droit, Caen.

Legal, rue de Brancas, 21, Nantes.

Le Gall, Eugène, publiciste, Paris.

Legall, Hippolyte, md de vins en gros, au Faouët, Morbihan.

Legat, facteur de la poste, Essonnes, Seine et-Oise.

Legeay, employé, rue de l'Arbre-Sec, 43, Paris.

Legeay, **Réné-Désiré**, propriétaire, rue du Bois, 50, Le-
vallois-Perret, Seine.
Legeley, rentier, rue de Flandre, 32, Paris.
Legendre, rue Maurice-Mayer, Paris.
Legendre, restaurateur, rue Pierre-Lescot, 12, **Paris.**
Legendre, mécanicien, Bordeaux.
Legendre, fabricant de chaussures, Nantes.
Legendre, meulier, Houlbec-Cocherel, Eure.
Legendre, Charles, jardinier, rue de la Pompe, 48, Paris.
Legendre, Nicolas, mécanicien, rue de Flandre, 187, Paris.
Legentil, rue Oberkampf, 143, **Paris.**
Léger, rue d'Orléans-Saint-Honoré, 12, Paris.
Léger, distillateur, rue du Faubourg-du-Temple, 37, Paris.
Léger, employé au ministère de la Guerre, rue Fabert,
22, Paris.
Léger, négociant, rue Saint-Martin, 133, Paris.
Léger, sellier-carrossier, rue du Cherche-Midi, 36, Paris.
Léger, receveur de l'octroi, rue de la Zone, 2, Charen-
ton, Seine.
Léger, sellier, rue Philippe-de-Girard, 86, **Paris.**
Léger, fils, charron, Thoiry, Seine-et-Oise.
Léger, brigadier d'octroi, rue de Lariche, 50, Tours.
Léger, contre-maître de l'usine à gaz, Melun, Seine-et-Marne.
Léger, Baptiste-Prosper, propriétaire, Romainville, Seine.
Léger, Eugène, docteur-médecin, rue des Blancs-Manteaux,
19, Paris.
Léger, Hippolyte-Florentin, charcutier, au Tremblay-le-Vi-
comte, Eure-et-Loir.
Léger, Louis-Auguste, employé, rue de Bagnolet, 20, Paris.
Léger, Louis-Hippolyte, maçon, au Tremblay-le-Vicomte,
Eure-et-Loir.
Léger-Bersœur, ancien rédacteur en chef du *Messager du Nord*,
rédacteur à la *Tribune de l'Aisne*.
Légeron, négociant, Bordeaux.
Léger-Pomel, avenue Parmentier, 124, Paris.
Legorgeu, rue Rébeval, 1, Paris.
Legorju, chef de comptabilité, rue d'Allemagne, Paris,
Legorju, Charles, employé, rue de Belleville, 169, Paris.
Legouez, ingénieur des ponts et chaussées, rue des Mission-
naires, 3, Versailles.
Legouge, marchand de vins en gros, Nogent-sur-Marne, Seine.
Legout, Ferdinand, employé, passage Feuillet, 3, **Paris.**
Legoux, Hippolyte, propriétaire, Verneuil, Eure.
Legoux, Victor, propriétaire, Brezolles, Eure-et-Loir.
Legrain, directeur d'assurances maritim., r. Bergère, 11, Paris.
Legrain, entrepren. de menuiserie, Saint-Vrain, Seine-et-Oise.
Legrand, brossier, rue des Gravilliers, 86, Paris.

Legrand, garçon de bureau à la mairie du II⁰ arrondissement, rue Sainte-Marthe, 18, Paris.

Legrand, marchand de vins, route d'Asnières, 2, Levallois-Perret, Seine.

Legrand, négociant, boulevard Richard-Lenoir, 102, Paris.

Legrand, Gabriel, peintre en statues religieuses, rue de la Fontaine-au-Roi, 28, Paris.

Legrand, rôtisseur, rue Aubry-le-Boucher, 21, Paris.

Legrand, tourneur en cuivre, rue des Gravilliers, 67, Paris.

Legrand, boulanger, chaussée Madeleine, Nantes.

Legrand, boulanger, Angoulême.

Legrand, Pau, Basses-Pyrénées.

Legrand, agent-voyer du département, Nevers, Nièvre.

Legrand, Auguste-Edouard, entrepreneur de menuiserie, rue Notre-Dame-de-Nazareth, 13, Paris.

Legrand, Félix, voyageur de commerce, Paris.

Legrand, Hubert-Joseph, menuisier, à Plaisance, Paris.

Legrand, Paul, artiste dramatique, Bordeaux.

Legrand, Pierre, député du Nord.

Legrand, Pierre-Jean, marchand-tailleur, r. Toullier, 7, Paris.

Legrand-Clairet, marbrier, faubourg Gaillon, Beauvais.

Le Grand-La-Rivière, employé, boul. de La Villette, 204, Paris.

Legras, ferblantier, Beaune, Côte-d'Or.

Legras, avenue de Paris, 68, Saint-Denis, Seine.

Legraverant, Jean, employé, rue de Strasbourg, 9, Paris.

Legris, menuisier, rue Saint-Maur, 214, Paris.

Legros, rue de la Hallebarde, 1, Tours.

Legroux, pharmacien, Loos, Nord.

Leguay, ancien notaire, Hermonville, Marne.

Leguay, maître d'hôtel, place du Palais, Tours.

Le Guay, père, propriétaire, rue Châteaubriand, 15, Nantes.

Le Guay, fils, fab. de billards, rue Châteaubriand, 15, Nantes.

Le Guay, H., fabricant de billards, rue de Suffren, Nantes.

Legueux, J.-C., marbrier, av. du Cimetière-du-Nord, 2, Paris.

Lehallé, quai de Passy, 24, Paris.

Lehec, limonadier, Vernon, Eure.

Lehello, Julien, charron, rue de Chaillot, 30, Paris.

Le Hénanfe, maçon, rue de l'Arbalète, 15, Tours.

Leheurteur, propriétaire, Agen, Lot-et-Garonne.

Lehmann, comptable, rue Saint-Martin, 295, Paris.

Lehmann, Alb., pension Millet, rue St-Etienne, Nice, Alpes-Marit.

Lehoux, Jules, employé de commerce, au Mans, Sarthe.

Leilé, limonadier, rue Cadet, 13, Paris.

Lejeune, cuisinier, rue d'Anjou, 42, Paris.

Lejeune, G., attaché au ministère de la Marine, boulevard de Vaugirard, 163, Paris.

Lejeune, Paul, négociant en houblon, Grande-Rue, Nancy.

Lelard, Alfred, négociant, Alençon, Orne.
Lelarge, chef d'institution, impasse Royer-Collard, 6, Paris.
Leleu, artiste-sculpteur, rue de Maistre, 68, Paris.
Leleu, rentier, boulevard de Gournay, Gournay, Seine-Infér.
Leleu, Edouard, négoc. en verrerie, b. de la Liberté, 114, Lille.
Le Leucq, Jean-Louis, chef d'atelier au Chemin de fer de l'Est,
    Rethel, Ardennes.
Le Leurch, capitaine au 74ᵉ de ligne, Paris.
Lelièvre, docteur-médecin, conseiller général et député d'Ille-
    et-Vilaine.
Lelièvre, fabricant d'articles de bureau, rue Charlot, 4, Paris.
Lelièvre, professeur d'escrime, Angoulême.
Lelièvre, Adolphe-Achille, député, président du Conseil général
    du Jura.
Lelièvre, César, ancien professeur de rhétorique, rentier, rue
    Nationale, 174, Boulogne-sur-Mer, Pas-de-Calais.
Lelièvre, Frédéric, propriétaire, St-Pierre, Ile de la Réunion.
Lelong, Ch., agent de publicité, r. des Saints-Pères, 47, Paris.
Lelorieux, Victor, av. de la Grande-Armée, 22, Paris.
Lelorrain, marchand de vins, commandant du bataillon sco-
    laire, conseiller municipal, Charleville, Ardennes.
Leloup, négociant, rue de Montreuil, 13, Paris.
Leloup, rentier, Lahoussaye.
Leloup, Edmond, entrep. de peinture, rue Royale, 51, Lille.
Leloup, François-Philippe, architecte, Tahonnaze.
Leloutre, Louis, mécanicien, maison Gevelot, aux Moulineaux,
    Issy, Seine.
Lemagnen, loueur de voitures, av. de Paris, 83, St-Denis, Seine.
Le Magnen, capitaine au long-cours, Cherbourg, Manche.
Lemaire, rue Sainte-Anne, 63, Paris.
Lemaire, architecte, rue Amelot, 104, Paris.
Lemaire, employé de commerce, rue Toullier, 5, Paris.
Lemaire, route d'Asnières, 21, Levallois-Perret, Seine.
Lemaire, voyageur de commerce, rue Jean-sans-Peur, 37, Lille.
Lemaire, Achille, entrepreneur de travaux publics, Auteuil, Oise.
Lemaire, Edouard, inspecteur des Greffes de la réforme des tri-
    bunaux, Alexandrie, Egypte.
Lemaire, Joseph, rue d'Aboukir, 87, Paris.
Lemaire, Oscar, nég.-courtier, boul. de la Liberté, 71, Lille.
Lemaire, Victor, ancien entrepreneur, propriétaire, avenue de
    Suffren, 166, Paris.
Lemaistre, serrurier, Grande-Rue, Bourg-la-Reine, Seine.
Lemaitre, homme de lettres, Paris.
Lemaitre, limonadier, rue Saint-Maur, Aubervilliers, Seine.
Lemaitre, mécanicien, avenue de Paris, 161, St-Denis, Seine.
Lemaitre, Alp., serg., infirm.-maj., Hôtel des Invalides, Paris.
Lemaitre, Arsène-Emile, rep. de comm., Charleville, Ardennes.

Lemattre, Emmanuel, négociant en vins, Ay, Marne.
Le Marchand, constructeur de navires, au Havre.
Lemarchand, filateur, Hom-Heudreville.
Lemarchand, Stanislas, négociant, Lisieux, Calvados.
Lemarignier, agent général de la Société pour l'Instruction élémentaire, gérant du *Journal d'Education populaire*, rue Hautefeuille, 1 bis, Paris.
Lemasson, fabricant d'horlogerie, rue Commines 8, Paris.
Lemasson, libraire, passage du Havre, 5 et 7, Paris.
Lemasson, Adolphe-Hyacinthe, commis-voyageur, Caen.
Lemaur, rentier, Chevreuse, Seine-et-Oise.
Lemay, Jean-Baptiste, menuisier, Chatou, Seine-et-Oise.
Le Mée, négociant, Haï-Phong, Cochinchine.
Lemembre, Edme, chapelier, rue Saint-Merri, 9, Paris.
Lemenu, Charles, voyageur de commerce, au Mans, Sarthe.
Lemercier, bijoutier, rue Beaubourg, 38, Paris.
Lemercier, fabricant de cartonnage, rue Chapon, 21, Paris.
Lemerle, Alexandre, cap. de marine, r. Chaulieu, 1 bis, Toulon.
Lemesle, entrepreneur, Tournan, Seine-et-Marne.
Lemesle, J.-B., employé, rue de Flandre, 41, Paris.
Lemesle, P., négociant, près du canal Chantenay, près Nantes.
Lemeunier, Edouard, fab. de fleurs, r. de l'Echiquier, 5, Paris.
Lemeunier, marchand de vins, boulev. de Belleville, 23, Paris.
Lemoigne, propriétaire, r. des Corderies, 9, Cherbourg, Manche.
Lemoine, Auguste, avocat, rue Notre-Dame, 32, Nancy.
Lemoine, Désiré-Dominique, scieur de long, Saint-Denis-de-Moronval.
Lemoine, Henri-Jules, ancien huissier, avenue Thiers, Vernon-sur-Seine, Eure.
Lemoine, Joseph, chef de bureau, rue des Carmes, 23, Nancy.
Lemoine, Paul, docteur-médecin, Château-Chinon, Nièvre.
Lemonnier, employé, villa St-Michel, av. de St-Ouen, 25, Paris.
Lemonnier, entrepreneur, rue de Longchamps, 6, Paris.
Lemonnier, orfèvre, passage de l'Ancre, 1, Paris.
Lemonnier, Hippolyte, marchand tailleur, Caen.
Lemonon, march. de lampes et de bronzes, r. Vivienne, 2 bis, Paris.
Lemonon, Lyon.
Lemoulant, boulanger, rue de Belleville, 102, Paris.
Lemouton, J.-B.-Désiré, distillateur, r. du Petit-Musc, 26, Paris.
Lemoux, père, rentier, rue Lécluse, 2, Paris.
Lenain, employé, avenue Trudaine, 31, Paris.
Le Née, rue Balagny, 52, Paris.
Lener, Oscar, négociant, rue de Paradis-Poissonnière, 6, Paris.
Leneru, propriétaire de lavoir, au Pont-Royal, Paris.
Leneveu, agent général d'assurances, rue Feydeau, 18, Paris.
Lenfant, architecte, rue de l'Ecole-de-Médecine, 2, Paris.
Lenfant, Toulouse.

Lenglé, préfet, député de la Haute-Garonne.

Lenglet, rue de Ponthieu, 17, Paris.

Lenglet, avocat, r. des Murs-St-Waast, 27, Arras, Pas-de-Calais.

Leniept, avocat, Lons-le-Saulnier, Jura.

Leniept, employé au chemin de fer, Gray, Haute-Saône.

Lenoble, ébéniste à façon, rue Schomer, 24, Paris.

Lenoir, négociant, rue de la Grange-aux-Belles, 39, Paris.

Lenoir, fabricant de chaussures, Louviers, Eure.

Lenoir, Alfred-Hippolyte, capitaine d'infanterie de marine, Cherbourg.

Lenormand, officier de marine.

Lenormand, Alexandre, employé, Caen.

Le Normand, Amable, treillageur, rue de l'Assomption, 46, Paris.

Lenouvel, au Havre.

Lentzsch, tailleur, rue du Faubourg-Montmartre, 42, Paris.

Lenvrelle, limonadier, Rueil, Seine-et-Oise.

Léon, employé, rue du Faubourg-Saint-Denis, 11, Paris.

Léon, Lyon.

Léon, photographe, près du pavillon Sévigné, Vichy, Allier.

Léon, Alexandre, membre du Conseil supérieur du Commerce, cours du Chapeau-Rouge, 11, Bordeaux.

Léon, Edouard, marchand-drapier, rue Gambetta, Royan, Charente-Inférieure.

Léonard, rue Laffitte, 1, Paris.

Léothaud, marchand de vins, quai de la Cité, Paris.

Léoude, Saint-Jean, cours Morand, 12, Lyon.

Léoutre-Figuet, direct. de l'usine à gaz, La Tour-du-Pin, Isère.

Lepage, Jacques-Eugène, cordonnier, au Tremblay-le-Vicomte, Eure-et-Loir.

Lepailleur, Brézin, Isère.

Lepais, Jean-Pierre, limonadier, Dreux, Eure-et-Loir.

Lepareux, Victor, commissionnaire, r. Quincampoix, 96, Paris.

Lepelletier, maître d'hôtel, Confolens, Charente.

Lepelletier, Edmond, publiciste, rue Bergère, 19, Paris.

Lepercq-Saint-Léger, négociant-commissionnaire, rue d'Inkermann, 43, Lille.

Leperdrieux, Jules, mécanicien, Coubert, Seine-et-Marne.

Lepère, député de l'Yonne, ministre.

Lepervenche-Louvigny, propriétaire, Rivière-du-Mât, île de la Réunion.

Lepesteur, François, rentier, boulevard Voltaire, 221, Paris.

Lepetit, Victor, distill., r. Eugénie, 30, Levallois-Perret, Seine.

Lepetit, Victor-François, coutelier, Caen.

Lepilleur, docteur-médecin, rue Escudier, 57, Boulogne, Seine.

Lépine (de), rue des Dames, Paris.

Lépine, préfet.

Lépine, Louis-Léon, garde du génie, Pondichéry, Inde franc.

Le Plé, conseiller munic. de Paris, conseiller gén. de la Seine.

Le Plé, docteur-médecin, président du Conseil d'arrondissement, rue Thiers, 38, Rouen.

Le Pointe, menuisier, Grande-Rue, Sèvres, Seine-et-Oise.

Lepoire, voyageur de commerce, Saint-Avols.

Leporché, député.

Lepouzé, député de l'Eure.

Lepouzé, march. de nouv., rue Grande, Pacy-sur-Eure, Eure.

Lepouzé, Alexandre, coiffeur, Dreux, Eure-et-Loir.

Lepouzé, Edouard, coiffeur, Dreux, Eure-et-Loir.

Leprince, commerçant, rue du Faubourg-St-Martin, 61, Paris.

Leprince, Ernest, représentant de commerce, rue Neuve-de-Roubaix, Tourcoing, Nord.

Leprince, Henri-Célestin, négociant, Colmar, Alsace.

Le Proust des Ageux, imprimeur-libraire, directeur-gérant du *Courrier de Tlemcem*, conseiller municipal et conseiller général, Tlemcem, Algérie.

Lequatre, commissionnaire en marchandises, propriét., conseiller municipal, rue Bezout, Nemours, Seine-et-Marne.

Lequesne, Léopold-Jean-Baptiste, ancien principal clerc de notaire, avenue des Ternes, 108, Paris.

Lequien, employé, rue la Harpe, 46, Paris.

Lequippé, tourneur, boulevard de La Chapelle, 54, Paris.

Lerable, Benjamin, limonadier, Crest, Drôme.

Lerat, avoué, rue de Chabanais, 4, Paris.

Lerat, comptable, rue de Mazagran, 14, Paris.

Leray, Jules, propriétaire, rue Saint-Jacques, 8, Nantes.

Leray, Pierre, fabricant de balances, rue Saint-Sabin, 42, Paris.

Lerchenthal, négociant, rue de Montmorency, 16, Paris.

Leredu, Raymond, rue Coëffert, au Mans, Sarthe.

Le Renard, négociant, La Roche-sur-Yon, Vendée.

Le Renaud, négociant, La Roche-sur-Yon, Vendée.

Lerible, limonadier-marchand de vins, place Guilleminot, Paris.

Leriche, J., docteur-médecin, rue Boutarel, 10, Paris.

Léris-Lhermitte, propriétaire, Grande-Rue-de-Lestang, 29, Marmande, Lot-et-Garonne.

Lermina, Jules, homme de lettres, boul. Poissonnière, 14, Paris.

Lerousseau, passage St-Louis-du-Temple, 5, Paris.

Leroux, secrétaire général de préfecture.

Leroux, employé, rue Montessuy, 26, Paris.

Leroux, empl. de comm., rue du Parc-Royal, 9, Paris.

Leroux, rentier, rue de Laval, 15, Paris.

Leroux, cordonnier, rue de Sébastopol, 50, Tours.

Leroux, photographe, place Puget, Toulon.

Leroux, propriétaire, Montfrenois, Aisne.

Leroux, Ch., propriétaire, Langrune-sur-Mer, Calvados.

Leroux, J.-A.-L., négociant-banquier, Saint-André, Eure.

Leroux, Pierre, dentiste, quartier des Routes, Toulon.

Lerouxel, rue du Four, 9, Paris.

Le Roy, facteur aux Halles, rue de Rambuteau, 110, Paris.

Leroy, lieutenant au 2e chasseurs.

Leroy, rue Poissonnière, 12, Paris.

Leroy, courtier, quai de Bercy, 15, Paris.

Leroy, crémier, rue Notre-Dame-de-Nazareth, 33, Paris.

Leroy, fabricant de lingerie, Paris.

Leroy, homme de lettres, rue Saint-Bernard, 12, Paris.

Leroy, marchand de vins-traiteur, quai de la Gare, 74, Paris.

Leroy, fab. de graisse, rue Eugénie, 7, Levallois-Perret, Seine.

Leroy, fabricant de peignes, Nantes.

Leroy, arquebusier, rue des Carmes, 12, Carcassonne, Aude.

Leroy, négociant en vins rouges, Villers-Franqueux, Marne.

Leroy, Albert, rue Saint-André-des-Arts, 40, Paris.

Leroy, Albert, sous-officier au 6e dragons, Evreux, Eure.

Leroy, Eugène, à l'Ecole supérieure de guerre, Paris.

Leroy, Gabriel, à l'usine de la Nation, aux Andelys, Eure.

Leroy, Georges, au Japon.

Leroy, Henri-Désiré-Armand, entrepreneur de transports par eau, adjoint au maire, rue Denfert-Rochereau, 5, Saint-Denis, Seine.

Leroy, Louis, rue Fresnel, 31, Paris.

Leroy, Louis, limonadier, rue des Ponts, 16, Nancy.

Leroy, Marcel-Louis-Victor, représentant de commerce, rue Saint-Dizier, Nancy.

Leroy, Sosthène, négociant, avenue des Gobelins, 14, Paris.

Le Royer, Elie, avocat, procureur de la République, sénateur inamovible, ministre, président du Sénat.

Lesage, employé de commerce, rue de la Perle, 14, Paris.

Lesage, employé d'octroi, rue des Boulangers, 24, Paris.

Lesage, rue de Vanves, 14, Vanves, Seine.

Lesage, tonnelier, Loches, Indre-et-Loire.

Lesage, Louis, mécanic., route des Gardes, 17, Bellevue, Seine-et-O.

Lesaint, distillateur, Paris.

Lesaint, voyageur de comm., avenue de Châtillon, 13, Paris.

Lescours, voyageur de commerce, rue des Carmes, 17, Nantes.

Lescure, Albert, pharm., pl. de la Croix, 2, Lormont, Gironde.

Lesénéchal, peintre-décorateur, r. du Faub.-St-Denis, 57, Paris.

Le Sénéchal, Jean-Marie, négociant, rue Meslier, Nantes.

Lesguillier, Jules, ingénieur des ponts et chaussées, sous-secrétaire d'Etat, député de l'Aisne.

Lesidaner, rue Saint-Jean, Dunkerque, Nord.

Le Siner, Louis-Marie, docteur-médecin, conseiller général, maire, Saint-Denis, île de la Réunion.

Lesnes, Aimé, instituteur, rue du Faub.-de-Tournai, 80, Lille.

Lesnier, conseiller général de la Gironde.

Lesomptier, empl. aux Deux-Nations, boul. de la Liberté, Lille.

Lesoudier, employé, Paris.

Lesours, René, maître-charpentier, au Mans, Sarthe.

Lespagnol, tailleur, rue Dejean, 7, Paris.

Lespanier, march. de fourrages, av. de Neuilly, 177, Neuilly, Seine.

Lespiau, Perpignan, Pyrénées-Orientales.

Lespicau, Camille, capitaine, Périgueux, Dordogne.

Lespilette, Camille, rue Masséna, 70, Lille.

Lespinasse, Paris. •

Lespinasse, Arnaud, fils, fondeur en métaux, rue des Augustins, 22, Bordeaux.

Lespinasse, Henri, corroyeur, Bergerac, Dordogne.

Lespinats, fabricant de chapellerie, Aurillac, Cantal.

Lespinats, Frédéric, capitaine d'artillerie, Mascara, Algérie.

Lespine, Stanislas, taill. de pierres, r. des Genêts, 1, Bordeaux.

Lespinois, voyageur, rue de la Pyramide, 12, Lyon.

Lesseps (de), Ferdinand, ingénieur, académicien

Lesseps (de), Jules.

Lessigne, Eugène, rentier, rue Jeanne-d'Arc, 19, Nancy.

Lessinger, négociant, rue Houdon, 4, Paris.

Lestaubière (de), préfet.

Lesueur, charron, Foucarmont, Seine-Inférieure.

Lesueur, limonadier, Pacy-sur-Eure, Eure.

Lesueur, Jules, négociant, rue Saint-Eloi, 39, Rouen.

Lesur, représentant de commerce, rue Quincampoix, 31, Paris.

Lesur, Léon-Paul, négociant en carrosserie, Caen.

Letac, Arthur-Désiré, caissier, passage Colbert, 16, Paris.

Letarouilly, Auguste-Marie, rentier, Caen.

Letellier, capitaine au long-cours.

Letellier, marchand de bois d'industrie, boul. Diderot, 54, Paris.

Letellier, avocat, député d'Alger.

Letellier, Victor, employé, Caen.

Letertre, direct. d'école, rue du Faub.-St-Honoré, 5, Paris.

Letertre, Jean, maître-serrurier, Pocé, Indre-et-Loire.

Letesse, caporal-cordonnier au 20e de ligne, Bône, Algérie.

Letessier, représentant de commerce, r. des Rosiers, 24, Paris.

Leteurtre, instituteur, rue des Archives, 18, Paris.

Lethwaithe, père, directeur de la maison Isaac Holden, rue des Moissons, Reims.

Lethwaithe, fils, employé à la maison Isaac Holden, rue des Moissons, Reims.

Letort, jeune, fondeur, rue Bias, Nantes.

Letourneur, rue du Faubourg-Saint-Martin, 66, Paris.

Letourneur, fabricant, rue Saint-Denis, 376, Paris.

Letrange-Marchot, propriétaire, Montay-St-Pierre, Ardennes.

Létrevisse, Nevers, Nièvre.

Leturquis, Louis-Marie, Paris.

Leuillet, avenue d'Orléans, 20, Paris.

Leuillier, boul. du Champ-Connet, Argenteuil, Seine-et-Oise.

Leullier, rue de l'Entrepôt, 26, Paris.

Levacher, Jean, employé d'octroi, rue de Marseille, 31, Lille.

Levaillant, Isaïe, rédacteur en chef de la *République de Nevers*, préfet, directeur de la Sûreté générale et des polices secrètes dépendant du ministère de l'Intérieur.

Levald, charron, rue Saint-André, 4, Nantes.

Levasseur, sculpteur, Paris.

Levasseur, voyageur de commerce, rue des Telliers, 16, Reims.

Levavasseur, député de l'Oise.

Levavasseur, receveur de l'enregist., Montmorency, Seine-et-Oise.

Levayer, couvreur, rue de Paris, 139, Boulogne, Seine.

Leveau, rue Geoffroy-Marie, 10, Paris.

Leveau, passage des Jardins, 5, Paris.

Levedan, Jean-Louis, maréchal-ferrant, Constantine, Algérie.

Leveillé, pharmacien, Challans, Vendée.

Leveillé, Jean-Prosper, inspecteur général de la Caisse paternelle, boulevard de Magenta, 186, Paris.

Level, Emile, ingénieur, conseiller municipal de Paris, conseiller général de la Seine, président de la Société des Chemins de fer de Picardie.

Level, Georges, chef du contentieux aux Chem. de fer de l'Etat.

Leven, Narcisse, avocat, conseiller municipal de Paris, conseiller général de la Seine.

Leven, Stanislas, conseiller général de la Seine.

Lévêque, conseiller général de la Seine.

Lévêque, employé, rue du Moulin-des-Prés, 83, Paris.

Lévêque, Frédéric-Henri, avocat, procureur de la République, conseiller général et député de la Côte-d'Or, sous-directeur du Crédit Foncier.

Levergeois, Ernest, agent d'affaires, Vire, Calvados.

Levesquot, Samuel, négociant, Saintes, Charente-Inférieure.

Lovié, Ad., artiste-lithographe, rue Taranne, 9, Paris.

Lévi-Lion, avocat, rue d'Amsterdam, 46, Paris.

Levillain, entr. de maçonn., r. du Terrier, 25, Vincennes, Seine.

Levillain, fils, entrepreneur, rue Denfert-Rochereau, 54, Paris.

Levillain, Alexandre, gérant de propriétés, rue Denfert-Rochereau, 54, Paris.

Levillain, Gustave, commissaire-priseur, rue du Faubourg-Montmartre, 64, Paris.

Levolle, rentier, rue du Marché-Saint-Honoré, 30, Paris.

Levraud, docteur-médecin, conseiller municipal de Paris, conseiller général de la Seine.

Levraud, restaurateur, place de la Bourse, 23, Nantes.

Levray, Henri, représentant de commerce, conseiller municipal, Lille.

Lévy, rue de la Michodière, 18, Paris.
Lévy, rue Montorgueil, Paris.
Lévy, bijoutier, boulevard Saint-Martin, 63, Paris.
Lévy, employé, rue Saint-Sébastien, 22, Paris.
Lévy, négociant, rue d'Aboukir, 103, Paris.
Lévy, négociant, rue Lafayette, 70, Paris.
Lévy, négociant, rue Croix-des-Petits-Champs, 9, Paris.
Lévy, négociant, rue de la Douane, 15, Paris.
Lévy, marchand-tailleur, rue Sainte-Hélène, 23, Lyon.
Lévy, magasin de solde, place Henri IV, 8, Lyon.
Lévy, négociant, place de l'Ecluse, Nantes.
Lévy, Aaron, march.-tail., boul. de la Croix-Rousse, 155, Lyon.
Lévy, Alfred-Bernard, marchand de chevaux, avenue de la Grande-Armée, 25, Paris.
Lévy, Armand, rue Mouffetard, 82, Paris.
Lévy, Edouard, marchand-tailleur, Nantes.
Lévy, Emile, tailleur, rue de la Fosse, 10, Nantes.
Lévy, Eugène, rue Meslay, 22, Paris.
Lévy, Henri, fabricant de bronzes, rue de Turenne, 85, Paris.
Lévy, Jacob, négociant, Saint-Michel.
Lévy, Joseph, empl. de comm., rue Dieu-Lumière, 27, Reims.
Lévy, Jules, rue de la Bourse, 7, Paris.
Lévy, Jules-Bernard, marchand de chevaux, avenue de la Grande-Armée, 25, Paris.
Lévy, Léopold, rue Tabareau, 6, Lyon.
Lévy, Louis, négociant, rue Coquillière, 25, Paris.
Lévy, Lucien, négociant, rue de l'Entrepôt, 24, Paris.
Lévy, Lucien, employé de banque, rue Saint-Georges, 5, Nancy.
Lévy, Maurice, négociant, rue de la Victoire, 31, Paris.
Lévy, Paul, négociant en vins, rue Saint-Julien, 13, Nancy.
Lévy, Salomon, négociant, rue Saint-Denis, 374, Paris.
Lévy, Sylvain, employé, rue de la Victoire, 31, Paris.
Lévy, Théodore, fab. de bronzes, rue de Turenne, 85, Paris.
Lévy-Cerf, Mayer, négociant, rue Pierre-Levée, 11, Paris.
Lévy-Chazel, fab. de chemises, rue des Marais, 48, Paris.
Lévy-Kiffa, avenue d'Italie, 55, Paris.
Lévy-Wolff, rue du Cloître-Saint-Merry, 20, Paris.
Lex, Prosper-Christophle-Théodore, propriétaire, 71, rue Fazillau, Levallois-Perret, Seine.
Leybach, marchand-tailleur, Epinal, Vosges.
Leydet, Victor, négociant, député des Bouches-du-Rhône.
Leygues, Jean-Claude-Georges, avocat et journaliste, député de Lot-et-Garonne.
Leymarie, restaurateur, rue de la Sellerie, 14, Tours.
Leymarie, Edouard, avoué, Périgueux, Dordogne.
Lezeret de Lamaurinie, avocat, propriétaire, rue Monsieur-le-Prince, 60, Paris.

Lezian, Jean-Marie, contrôleur des contributions directes, Montargis, Loiret

Lhabitant, propriétaire, cité Félix, 8, Paris.

Lhéritier, artiste-peintre, rue de Grenelle, 148, Paris.

Lhermitte, négociant, rue aux Ours, 40 bis, Rouen.

L'Hernault, Jules, voyageur de commerce, Valence, Drôme.

Lhérisson, mécanicien, Grasse, Alpes-Maritimes.

L'Homme, gainier, rue des Gravilliers, 65, Paris.

Lhomme, restaurateur, rue Cadet, 7, Paris.

Lhomme, adjoint du génie, Toulon.

Lhomme, Louis-François, négociant, rue de l'Ouest, 32, Paris.

L'Hommeau, H.

Lhôpital, sous-chef de section au Chemin de fer de Paris-Lyon-Méditerranée, Ballancourt, Seine-et-Oise.

Lhoste, Charles, cartonnier, rue des Vinaigriers, 36, Paris.

Lhoste, François-Félix, rentier, rue de la Municipalité, Paris.

Lhote, limonadier, rue de Courcelles, 52, Paris.

Lhote, tailleur, Oran, Algérie.

Lhote, Alphonse, architecte des bâtiments civils, premier adjoint au Conseil municipal, rue du 61e-de-Ligne, 19, Philippeville, Algérie.

Lhotel, serrurier, Grande-Rue, 64, Prés-Saint-Gervais, Seine.

Lhuillier, piqueur, rue de Londres, 49, Paris.

Lhuillier, Florent, maréchal-ferrant, Orbigny, Indre-et-Loire.

Liabastre, employé, boulevard Montmartre, 8, Paris.

Liaudy, banquier, La Rochelle, Charente-Inférieure.

Liautaud, Jules, garde d'artillerie, Toulon.

Libault, rue Saint-Martin, 88, Paris.

Libérac, employé, Chambéry, Savoie.

Liébart, Charles, tapissier, rue de l'Hôpital-Militaire, 25, Lille.

Liébault, Théophile, chef mécanicien, faubourg Saint-Georges, Nancy, Meurthe-et-Moselle.

Lielland, tailleur, Paris.

Liénard, constructeur-mécanicien, rue Vicq-d'Azir, 23, Paris.

Liénard, Auguste, fabricant de produits chimiques, rue Maublanc, 13, Paris.

Liénard, négociant, Lille.

Liénart, Louis-Théodore, ingénieur-civil, Mortcerf, S.-et-Marne.

Liesorgues, maître-d'hôtel, Aurillac, Cantal.

Lieutier, Gustave, capitaine de port, Royan, Char.-Inférieure.

Liévin, marchand de bois, route d'Asnières, 83, Levallois-Perret, Seine.

Lièvre, marchand de nouveautés, Grande-Rue, 117, Boulogne, Seine.

Lièvre, sous-lieutenant, Philippeville, Algérie.

Lièvre-Dreyfus, Auguste, marchand de bois, r. St-Jean, Nancy.

Ligeard, Henri, maître-taill. de pierres, rue Truguet, 6, Toulon.

Ligneau, négociant, quai de Bercy, 36, Paris.

Ligneras, rue de la Collégiale, 15, Paris.

Ligneras, François, charpentier, Maringues, Puy-de-Dôme.

Ligneul, Paul, père, nég., av. Thiers, 46, au Mans, Sarthe.

Lignier, Octave, préparateur à la Faculté des Sciences, rue de la Louvière, 90, Lille.

Lignon, négociant, rue Saint-Venuste, Agde, Hérault.

Ligny, graveur, rue des Petits-Carreaux, 17, Paris.

Ligona, confiseur, Montargis, Loiret.

Ligour, Grande-Rue-de-la-Croix-Rousse, Lyon.

Lille, quai de la Tournelle, 27, Paris.

Lilliers (de), Georges, homme de lettres, r. de Laval, 19, Paris.

Lilman, Oscar-Armand, limonadier, Caen.

Limat, employé de commerce, rue Saint-Fiacre, 9, Paris.

Limet, industriel, maire, Cosne, Nièvre.

Limon, Benjamin, chef de bureau, Maréville, Meurthe-et-Mos.

Limonaire, fact. de pianos, r. Neuve-des-Petits-Champs, 20, Paris.

Limosin, représentant de comm., rue de Belleville, 42, Paris.

Limosin, limonadier, rue St-Etienne, Melun, Seine-et-Marne.

Limousain, pharmacien, rue Ricard, Niort, Deux-Sèvres.

Lincé, Jean, machiniste, Périgueux, Dordogne.

Lincelle, artiste, rue du Château-d'Eau, 30, Paris.

Lindberg, courtier, rue de la Chaussée-d'Antin, 35, Paris.

Linden, Toussaint, marchand de vins-restaurateur, avenue de Paris, 163, Saint-Denis, Seine.

Lindimann, tailleur, rue des Moineaux, 14, Paris.

Linion, B.-D., chef de bureau, Mareville.

Lion, Anatole, conducteur des ponts-et-chaussées, rue Montmartre, 167, Paris.

Lions, Jean-Antoine, boulanger, Vallauris, Alpes-Maritimes.

Liot, Etienne-Louis, prop., rue Colas, 1, Billancourt, Seine.

Liouville, député de la Meuse.

Lipmann, rue Centrale, 28, Lyon.

Lippemann, Jules, rue de La Rochefoucauld, 16, Paris.

Lips, tabletier, rue Saint-Denis, 307, Paris.

Lireux, Paris.

Lisambard, avenue Victor-Hugo, 100, Paris.

Lisbonne, Eugène, avocat, député, président du Conseil général de l'Hérault.

Lisbonne, Emile, ancien dir. des Constructions navales, Paris.

Lissot, Jules-Gustave, négociant, Caen.

Littré, homme de lettres, sénateur, membre de l'Académie Française.

Livet, boulanger, près de l'église St-Pierre, Nevers, Nièvre.

Livran, Elie, tonnelier, rue du Jour, Bordeaux.

Lizabeau, Auguste, représentant de commerce, quai de Jemmapes, 16, Paris.

Llabour, Jean, négoc., rue de l'Union, 10, Barcelone, Espagne.
Llado, Jean, nég., r. des Numides, 4 *bis*, Phillippeville, Algérie.
Llayd, ingénieur, rue des Entrepreneurs, 92, Paris.
Lloyd, Barthélemy, ingénieur, Fives-Lille, Nord.
Lloyd, Joseph-Henri, Lower Gardiner Street, 7, Dublin, Irlande.
Lobaux, rue des Halles, Paris.
Lobé, rentier, La Ville du-Bois, Seine-et-Oise.
Lobot de la Barre, chef de gare, Pontarlier, Doubs.
Lobrani, économe à l'Asile de Villejuif, Seine.
Lochard, fabricant de tissus, rue de l'Echelle, 2, Nantes.
Loche, employé de commerce, rue Lamartine, 9, Paris.
Loche, négociant en vins, rue des Moissons, 12, Reims.
Lockroy, Edouard, — de son vrai nom : Simon, Edouard, —
    journaliste, député de la Seine, ministre.
Locquin, Edmond-Victor, avocat, Nevers, Nièvre.
Loddé, herboriste, Vernon-sur-Seine, Eure.
Loddé, Isidore, négociant, r. de Paris, 137, Saint-Denis, Seine.
Lods, négociant, rue Oberkampf, 99, Paris.
Lods, H., horloger, Montbéliard, Doubs.
Lœuillet, graveur-typographe, rue du Jardinet, 11, Paris.
Lœwenthal, boulevard de Strasbourg, 11, Paris.
Logeat, avenue du Grand-Chêne, au Parc-Saint-Maur, Seine.
Logette, négociant en vins, Ay, Marne.
Loichemolle, marbrier, Paris.
Loidreau, Louis-François, machiniste au chemin de fer, rue
    Saint-Etienne, 72, Tours.
Loillier, Charles, chef de bureau, rue Doudeauville, 62, Paris.
Loiseau, docteur-médecin, rue Pernelle, 12, Paris.
Loiseau, rue du Déversoir, 28, St-Maur-les-Fossés, Seine.
Loiseau, chaussures, rue du Change, 5, Tours.
Loiseau, ex-directeur de l'*Indépendant Rémois*, employé de rou-
    lage, Boulogne-sur-Mer, Pas-de-Calais.
Loisel, avenue Lacuée, 6, Paris.
Loisel, tailleur, Vernon, Eure.
Loisel, Auguste, cafetier, Caen.
Loisel, Jules, fils, Caen.
Loisel, Xavier, caissier de banque, Pacy-sur-Eure, Eure.
Loiselet, Lyon.
Loison, fils, chapelier, Melun, Seine-et-Marne.
Loizeau, peintre, aux Sables-d'Olonne, Vendée.
Loizeau, Louis, capit. de navire, Loix, Ile de Ré, Char.-Infér.
Loizillon, lieutenant-colonel d'état-major en retraite, avenue
    La Motte-Piquet, Paris.
Lombard, Lyon.
Lombard, Charles, propriétaire, Morroy, Meuse.
Lombard, Emile, étudiant, rue d'Assas, 122, Paris.
Lombard, Jean-Joseph, négociant, Ribérac, Dordogne.

Lombard, Joseph, huissier, Pont-à-Mousson, Meurthe-et-Mos.

Lombard, Louis, docteur-médecin, Terrasson, Dordogne.

Lombard, Louis-Félix, avocat, conseiller général et député de l'Isère.

Lompré, Paul-Clément, fabricant de corsets, Caen.

Loncelles (de), Hilaire, adjud. au 13e de ligne, Valence, Drôme.

Londechal. voyageur de commerce, r. St-Antoine, 110 bis, Paris.

Longaud, François-Marie-Michel, professeur de philosophie au Collège de Brive, Corrèze.

Longchamp, rue Vivienne, 23, Paris.

Lonchampt, père, inspecteur principal à la Compagnie d'Orléans, rue du Pont-Louis-Philippe, 6, Paris.

Longoz, avoué, Chambéry, Savoie.

Longoz, géomètre, Chambéry, Savoie.

Longprée, falenc., Gde-Rue-de-la-Reine, Bourg-la-Reine, Seine.

Longuet, homme de lettres, rue Hautefeuille, 26, Paris.

Lonquély, aîné, armateur, Boulogne-sur-Mer, Pas-de-Calai-.

Longueville, Charles, marchand de fer, Valence. Drôme.

Loods, Médard, propriétaire, rue du Vivier, 2, Puteaux, Seine.

Looness, Julien, greffier, Trélon, Nord.

Loos, Joseph, maître-bottier d'artillerie de marine, Toulon.

Lopin, Arsène, représ. de comm., rue d'Aboukir, 68, Paris.

Lora, négociant, Oran, Algérie.

Lorain, rue de l'Odéon, 14, Paris.

Loranchet, Jean, dit Félix, docteur-médecin, conseiller général et député de Saône-et-Loire.

Lorange, Louis-Gustave, marchand forain, Lille.

Loreau. jardinier, Soisy-sous-Etiolles, Seine-et-Oise.

Loret, Ernest, Argenteuil, Seine-et-Oise.

Lorhmann, H.-F.-A., commis-négociant, quai des Chartrons, 64, Bordeaux.

Loriaux, négociant, Valenciennes, Nord.

Lorimey, Ferdinand, propriétaire, rue Saint-Didier, 28, Paris.

Lorimier marchand de vins, rue Pajol, 14, Paris.

Loriney, limonadier, quai de la Mégisserie, 2, Paris.

Loriot, Pierre, marchand de vin, Nanteau-s -Lunain, Seine-et-M.

Lorioux, pâtissier, place du Marché, Tours.

Lorique, march. de vins, rue du Faubourg-Saint-Denis, Paris.

Lorne.

Loro, docteur-médecin, La Seyne, Var.

Loron, avenue d'Argenteuil, 20, Asnières, Seine.

Lorond, Alexandre, représentant de commerce, rue des Charrettes, 146, Rouen.

Lorouet, Alfred, peintre, rue Marchand-Duplessis, Tours.

Lorsa, confiseur, rue Neuve-des-Petits-Champs, 1, Paris.

Lorut, serrurier, près l'école des Frères, Vichy, Allier.

Losage, voyageur, Orléans.

Lostanges (de), ancien commandant de cavalerie, propriétaire, rue du Regard, 7, Paris.

Lostat, comptable, rue de la Boulangerie, 12, St-Denis, Seine.

Lotarche, employé, rue de Sablonville, 56, Courbevoie, Seine.

Loth, Ed., marchand de grains, Maubert-Fontaine, Ardennes.

Loth, J.-T., Edimbourg, Écosse.

Lotte, rue de Turbigo, 12, Paris.

Lotz, marchand-tailleur, Bône, Algérie.

Loubatières, père, négociant, rue Labat, 21, Paris.

Loubatières, fils, rue Labat, Paris.

Loubatières, G.-M., négociant en vins, rue de la Croix-de-Séguey, 152, Bordeaux.

Loubet, liquoriste, rue Dauphine, 30, Bordeaux.

Loucelles (de), capitaine au 114e de ligne.

Louchard, jardinier, aux Plessis, près Sceaux, Seine.

Louchard, E., appareilleur, rue d'Allemagne, 123, Paris.

Loudet, Jules, coiffeur, rue du Canon, Toulon.

Loudin, médecin-vétérinaire, rue de Bourgogne, Melun, Seine-et-Marne.

Louette, limonadier, route de Paris, 24, Vincennes, Seine.

Louis, marchand de vins, rue de Popincourt, 81, Paris.

Louis, Camille, marchand de bois, Verdun, Meuse.

Louise, Paul, délégué cantonal, Sedan, Ardennes.

Loup, Aristide, ancien avoué, négociant, juge au Tribunal de Commerce, Castres, Tarn.

Loupias, Philippe, relieur.

Loupy, Albert, négociant, Saint-Denis, île de la Réunion.

Loupy, Henri, propriétaire, Saint-André, île de la Réunion.

Loupy, Pierre, docteur-médecin, St-Nazaire, Loire-Inférieure.

Lourmand, propriétaire, Saint-Jean-Leblanc, Loiret.

Loussert, négociant, Aurillac, Cantal.

Loutrel, inspecteur d'assurances à l'Union nationale, Lille.

Louveau, professeur d'histoire naturelle à l'Ecole de Médecine, boulevard Sévigné, 35, Rennes.

Louveau, ancien pharm., propriétaire, rue de Châlais, 2, Rennes.

Louvel, entrepreneur, rue de Paris, 109, Clichy, Seine.

Louvel, fils, docteur-médecin, Saint-Denis, Seine.

Louvel, Paul, négociant, Valparaiso, Chili.

Louvet, cordonnier, rue Bretonneau, 29, Tours.

Louvet, tanneur, Petite-Rue-de-la-Frette, Beauvais.

Louvet, ancien magistrat, Vernon, Eure.

Louvet, Louis, rentier, rue de Bellevue, Montmorency, Seine-et-O.

Lovedan, marchand de machines, Toulon.

Lowenthal, passage du Grand-Cerf, 3, Paris.

Loyasse, mécanicien de l'Etat, rue Abraham, 8, Tours.

Loyer, négociant, rue La Bruyère, 16, Paris.

Loyer, Louis-Antoine, mar.-ferrant, r. de Paris, Chambly, Oise.

Lozet, cafetier, rue de **Provence, 67, Paris.**

Lubis, géomètre, rue du Barry, Auch, Gers.

Lubke, ébéniste, avenue de la Roquette, 12, Paris.

Luc, Ferdinand, capitaine, Bordeaux.

Lucas, principal clerc d'huissier, rue Saint-Martin, 88, Paris.

Lucas, jardinier-prop., r. du Petit-Chemin, 35, Sceaux, Seine.

Lucas, serrurier, Guemené-Paimfo, Loire-Inférieure.

Lucas, Joseph, receveur-buraliste, Lafosse, Gironde.

Lucas, Louis-Emile, ancien peintre-décorateur, rentier, rue du Sacre, 9, Rouen.

Lucasseau, **Paris**

Lucat, entrepeneur, Saint-Jean-Poutgé, Gers.

Lucca, Joseph, commis de marine, Toulon.

Luce, Paul, banquier, Grasse, Alpes-Maritimes.

Lucet, Antoine-Eugène, La Courneuve, Seine.

Lucet, Antonin-Eugène, directeur de l'institution libre, rue Dézobry, 7, Saint-Denis, Seine.

Lucien, débitant de tabac, Grande-Place, Beauvais.

Luck, Frédéric, profess. au Collége Chaptal, r. Blanche, 19, Paris.

Ludwig, Frédéric, ébéniste, rue Saint-Sabin, 12, Paris.

Luer, Georges-Wilhem-Amatus, fabricant d'instruments de chirurgie, rue de l'Ecole-de-Médecine, 19, Paris.

Lugagne, docteur-médecin, rue Sermin, Vichy, Allier,

Lugand, Joseph-Eugène, employé, Dreux, Eure-et-Loir.

Luling, fils, vins de Champagne, boulevard Lundy, Reims.

Lumant, doreur sur bois, rue de Lesdiguières, 7, Paris.

Lumière, photographe, rue de la Barre, 15, Lyon.

Luneau, Hippolyte, propriétaire, rue Foulerie, Issoudun, Indre.

Lunel, négociant en vins, rue Chaligny, Paris.

Luquet, horloger, Tournus, Saône-et-Loire.

Luquet, Eugène, secrétaire à la mairie, Meudon, Seine-et-Oise.

Luraud, fabricant, rue des Poissonniers, 16, Paris.

Lure, rentier, Grasse, Alpes-Maritimes.

Luria, Abraham, commissionnaire, pass. Saulnier, 7, Paris.

Lur-Saluces (comte de), Henri, sénateur de la Gironde.

Lussan, Bernard, marchand-taill., rue de Richelieu, 21, Paris.

Lusser, avoué, Aurillac, Cantal.

Lustrat, tailleur, Colmar, Alsace.

Lustrou, pharmacien, Montélimar, Drôme.

Lutand, courtier, quai de Bercy, 27, Paris.

Lutz, entrepreneur de menuiserie, rue des Barres, 7, Paris.

Lutzv, boucher, Saint-Gratien, Seine-et-Oise.

Luville, **Lyon.**

Lux, teneur de livres, Dôle, Jura.

Luxembourg, Charles, officier en retr., Toul, Meurthe-et-Moselle.

Luzarche, homme de lettres, rue Hautefeuille, 26, Paris.

Luzoir, professeur, **Nancy.**

Lyon, Gentil, marchand-tailleur, place de l'Hôtel-de-Ville, Narbonne, Aude.

Lyon-Allemand, essayeur près la Monnaie, conseiller municipal de Paris, conseiller général de la Seine.

Lyonnais, André, employé comptable d'usine, député de la Seine-Inférieure.

Lyonnet, Joseph, propriétaire, rue de la Procession, 2, Saint-Ouen, Seine.

Lyrot (de), percepteur, Montmorency, Seine-et-Oise.

M

Maandag, Salomon, lapidaire, rue Oberkampf, 156, Paris.

Mabille, P.-A., rue Colbert, 53, Tours.

Mabilleau, Souillac, Lot.

Mabilleau, Toulouse.

Mabit, François, négociant, rue des Bons-Français, Nantes.

Mac-Auliffe, Jean-Marie, docteur-médecin, Saint-Denis, île de Réunion.

Mac-Carty, Paul, dessinateur, Grande-Rue, 63, Nantes.

Mac-Encry, professeur d'anglais, rue de Babylone, 66, Paris.

Mac-Geagh, Thomas, négociant, boulevard d'Italie, 9, Lille.

Macé, serrurier, rue de Lyon, 53, Paris.

Macé, Jean, publiciste, président de la Ligue de l'Enseignement, sénateur inamovible.

Macé, Valery-Toussaint, sous-officier retraité, horloger, Paris.

Macheny, cadet, négociant, Périgueux, Dordogne.

Macheny, Sylvain, négociant, Périgueux, Dordogne.

Machon, Jules, entrepren. de transports, route d'Ivry, 174, Paris.

Machon, Rémy, ancien md de vins, rue de Braque, 12, Paris.

Machuraux, tapissier, rue Lemercier, 27, Paris.

Macrez, docteur-médecin, rue du Milieu, 79, Montreuil-sous-Bois, Seine.

Macrez, Edmond, notaire, Verdes, Loir-et-Cher.

Macrez, Edmond-Symphorien, propr., La Loupe, Eure-et-Loir.

Madarat, rue Durantin, 14, Paris.

Madier de Montjau, Noël-François-Alfred, avocat, conseiller général et député de la Drôme, questeur de la Chambre des Députés.

Madure, Emmanuel, menuisier en voitures, Cognac, Charente.

Madurel, Firmin-Louis, rue Montmartre, 152, Paris.

Maes, fabricant de lampes, rue Molay, 4, Paris.

Maffre, conseiller général de l'Hérault.

Maffren, Charles, agent des ponts et chaussées, Toulon.

Magand, mécanicien, rue du Faubourg-Saint-Martin, 258, Paris.

Magat, rue Thévenot, 26, Paris.

Magdenel, bottier, Epernay, Marne.

Mage, négociant, rue Neuve, 11, Clermont-Ferrand.

Magé, négociant, Saint-Denis, île de la Réunion.

Maggiore, directeur de l'usine à gaz, Bône, Algérie,

Magin, Philogène, comptable, Verdun, Meuse.

Magisson, menuisier en voitures, rue Sedaine, 53, Paris.

Magisson, Jean, propriétaire, restaurateur, boulevard de Vau-girard, 165, Paris.

Maglione, avocat, maire de Marseille, conseiller général des Bouches-du-Rhône.

Magloire, Mondésir, greffier en chef du Tribunal civil, conseiller général de la Guadeloupe, La Pointe-à-Pitre, Antilles françaises.

Magnac, Frédéric, entrepreneur.

Magnan, chef de bur., pass. de l'Elysée-des-Beaux-Arts, 6, Paris.

Magne, agrégé de l'Université, professeur de rhétorique au Lycée de Périgueux, Dordogne.

Magne de la Croix, commissionnaire, rue Vivienne, 51, Paris.

Magnen, bijoutier, rue de Montreuil, 44, Pantin, Seine.

Magnien, rue des Tournelles, 7, Paris.

Magnien, Alexandre, capitaine en retraite, Poligny, Jura.

Magnien, Gabriel-Adolphe, avoué, commandant d'irréguliers et président de la Cour martiale à l'armée des Voges, conseiller général et député de Saône-et-Loire.

Magnier, avenue de Ségur, 71, Paris.

Magnier, rentier, rue Madame, 27, Paris.

Magniez, conseiller général et sénateur de la Somme.

Magnin, Eugène-Louis, empl. aux lignes télégraphiques, Paris.

Magnin, Pierre-Joseph, maître de forges, sénateur inamovible, vice-président du Sénat, président du Conseil général de la Côte-d'Or, gouverneur de la Banque de France, ministre.

Magny, J.-L.-Ad., plombier, rue de l'Eglise, Neuilly, Seine.

Magot, Edouard, Eaubonne, Seine-et-Oise.

Magrin, Chéry, fabric. de tabac, Saint-Denis, île de la Réunion

Magu, architecte, avenue du Chemin-de-Fer, 11 bis, au Raincy, Seine-et-Oise.

Mahaut, employé de commerce, quai de l'Ile, Roanne, Loire.

Mahé, anc. insp. au marché St-Martin, cité des Rigoles, 5, Paris

Mahé, marchand, Bluin, Seine-Inférieure.

Mahias, préfet.

Mahias, Jules, homme de lettres, rue de Billancourt, 7, Boulogne, Seine.

Mahieu, manufact., maire d'Armentières, cons. gén. du Nord.

Maho, éditeur de musique, rue du Faub.-St Honoré, 25, Paris.

Mahou L., agent de change, rue de la Victoire, 62, Paris.

Mahy (de) François-Césaire, docteur-médecin, député de la Réunion, questeur de la Chambres des Députés, ministre.

Maichain, Joseph, maire de Niort, inspecteur général du service des Enfants-Assistés, à la Préfecture de la Seine, rue Claude-Bernard, 82, Paris.

Maignan, employé, rue du Grand-Prieuré, Paris.

Maignon, Hippolyte, employé, au Mans, Sarthe.

Maigne, Jules, député de la Haute-Loire.

Maignes, négociant, rue du Ruisseau-des-Carmes, Nantes.

Maigret, limonadier, rue des Filles-Saint-Thomas, 9, Paris.

Maigret, horloger, rue de l'Eglise, 1, Boulogne, Seine.

Mailfait, instituteur, Chagny, Ardennes.

Mailfer, Alexandre, négociant, rue du Mail, 5, Paris.

Mailhos, Clément, limonadier, Bordeaux.

Maillard, limonadier, rue de Ponthieu, 23, Paris.

Maillard, marchand de vins, rue Jacob, 3, Paris.

Maillard, négociant, rue des Jeûneurs, Paris.

Maillard, tapissier, rue du Faubourg-Saint-Antoine, 7, Paris.

Maillard, au Havre.

Maillard, architecte, rue Asmali-Medjid, 44, Constantinople, Turquie.

Maillard, Jacques, cond. de travaux, r. du Gazomètre, 5, Tours.

Maillard, Pierre-Guillaume, avocat, conseiller municipal de Paris, conseiller général et député de la Seine.

Maille, peintre en décors, Corbeil, Seine-et-Oise.

Maillé, sur le Cours, Pertuis, Vaucluse.

Mailler, trésorier de la Caisse d'épargne, rue de la Halle, 4, Vienne, Isère.

Maillet, docteur-médecin, rue d'Orisson, Dreux, Eure-et-Loir.

Maillet, Alphonse, propriétaire, Châtillon-sur-Indre, Indre.

Maillet, Ch., empl. au chemin de fer, rue d'Amsterdam, 3, Paris.

Maillet, André-Eugène, rentier, Paris.

Maillet, P.-Th.-A., employé, rue de Vaugirard, 33, Paris.

Mailley, comptable, rue Meslay, 28, Paris.

Mailley, procureur de la République près le Tribunal civil de Lons-le-Saunier, Jura.

Maillier, Nicolas-Victor, docteur-médecin, Dreux, Eure-et-Loir.

Maillot, sous-préfet.

Maillot, négociant, boulevard de Sébastopol, 107, Paris.

Maillot, traiteur, rue de la Cuille, 1, Lyon.

Maillot, coiffeur, place du Marché, Nancy.

Maillotte, forgeron, Bordeaux.

Mainard, J., pharmacien, rue du Canon, 10, Toulon.

Maindeau ou Morisseau, négociant, rue Marceau, Tours.

Mainguet, Henri, minotier, Clisson, Loire-Inférieure.
Mainouy, rue du Faubourg-Saint-Martin, 296, Paris.
Maire, à Montmartre, Paris.
Maire, boucher, rue Duroc, 24, Paris.
Maire, négociant, rue de Chabanais, 4, Paris.
Maire, comptable, rue Malcouverte, Gray, Haute-Saône.
Maire, Charles, négociant en fer, Tours, Indre-et-Loire.
Maire, Jean-Baptiste, propriétaire, Baccarat, Meurthe-et-Moselle.
Mairot, employé, quai Voltaire, 9, Paris.
Maisch, limonadier, rue Croix-des-Petits-Champ 11, Paris.
Maisonneuve, Raymond, tailleur, Malicar.
Maisonobe, conservateur des hypothèques, Thiers, Oise.
Maisse, Auguste, négociant, rue des Marchands, Toulon.
Maître, médecin, rue Colbert, 9, Reims.
Maître, entrepreneur de travaux publics, rue de la Préfecture, Oran, Algérie.
Maître-Ridard, négociant, Beaune, Côte-d'Or.
Majory, Louis, chef de bataillon en retraite, rue de Paris, 63, Vincennes, Seine.
Malapert, pharmacien de 1re classe, professeur de pharmacie à l'Ecole de Poitiers, rue Saint-François, 54, Poitiers,
Malard, artiste dramatique, boulevard du Temple, 48, Paris.
Malard, sculpteur, rue Fondary, 21, Paris.
Malaroche, Elie, employé, Périgueux, Dordogne.
Malateste, Paul, banquier, rue Casseneuil, Villeneuve-sur-Lot, Lot-et-Garonne.
Malaval, Joseph, menuisier, Mascara, Algérie.
Malebranche, négociant, aux Cayes, Haïti.
Malecage-Sainte-Croix, commis, St-Denis, île de la Réunion.
Malens, député de la Drôme, premier président de la Cour d'appel de Grenoble, Isère.
Malens, Jules, avocat, Valence, Drôme.
Malerme, mécanic., r. de La Rochefoucauld, 67, Boulogne, Seine.
Malet, lieutenant du train.
Malet, François, premier maître-mécanic. de la marine, Toulon.
Malet, ancien notaire, propriétaire, Cambrai, Nord.
Malézieux, conseiller général et sénateur de l'Aisne.
Malfason, Edmond, avoué, Sancerre, Cher.
Malifaux, Léon, marchand de bois, La Charité, Nièvre.
Malin, employé, rue Michel-le-Comte, 7, Paris.
Malinowski, Nicolas, ancien officier, réfugié polonais, Caen.
Malissen, capitaine au long-cours, Caen.
Mallard, propriétaire, rue de la Pépinière, 42, Paris.
Mallard, Eugène, rentier, rue Mollien, 8, Boulogne, Seine.
Mallein, Gustave, restaurateur, Saint-Denis, île de la Réunion.
Mallet, tenant brasserie, rue du Faubourg-Montmartre, 4, Paris.
Mallet, représentant de commerce, rue Labie, 6, Paris.

Mallet, entrepreneur, quai de Versailles, Nantes.

Mallet, Jules, étudiant, Graulhet, Tarn.

Mallet, Louis, marchand de vins, rue du Four. 3, Paris.

Mallet, Louis, limonadier, Tournan, Seine-et-Marne.

Mallèvre, Jean-Baptiste, négociant en primeurs, rue Neuve-des-Petits-Champs, 13, Paris.

Mallol, dit Segundo, gymnasiarque.

Malnory, Augustin, chapelier, cours Lafayette, 85, Toulon.

Malo, métreur, rue du Départ, 9, Paris.

Malric, député, conseiller général de l'Aude.

Malvesin, ancien chef d'institution, place du Havre, Paris.

Mamelle, chef de bureau au ministère de l'Agriculture.

Manaho, ferblantier, Grande-Rue-du-Cuire, 5, Lyon.

Manan, pharmacien, Bordeaux.

Manassé, commissionnaire en marchandises, rue du Château-d'Eau, 54, Paris.

Manau, commis-négoc., rue de Rochefort, Cognac, Charente.

Manaud, Eugène, négoc., quai des Chartrons, 4, Bordeaux.

Manceau, Désiré, employé, rue Montmartre, 60, Paris.

Mancel, Jean-Baptiste-Etienne, maître-menuisier, 94, rue de Paris, Saint-Denis, Seine.

Mandeaush, tailleur, rue de la Michodière, 20, Paris.

Mandon, docteur-médecin, Limoges.

Mandot, Gaspard, employé, rue Davy, 4 bis, Paris.

Manès, employé de commerce, Philippeville, Algérie.

Manet, rue de Compiègne, 2, Paris.

Mangé, architecte, Annecy, Haute-Savoie.

Mangé, Edouard-Etienne-Baptiste, bandagiste, rue du Faubourg-Saint-Martin, 184, Paris.

Mangeant, compositeur de musique.

Mangeon, rentier, rue Saint-Martin, 322, Paris.

Manger, rue du Faubourg-Saint-Denis, 192, Paris.

Mangin, rentier, rue Mathis, 8, Paris.

Mangin, négociant en vins et spiritueux, rue de Charenton, 321, Paris.

Mangin, représentant de commerce, Charleville, Ardennes.

Mangin, Charles-Evariste, pharmacien, Baccarat, Meurthe-et-Moselle.

Manhès, bijoutier, rue Saint-Martin, 325, Paris.

Manier, publiciste, conseiller municipal de Paris, conseiller général de la Seine.

Manin, Pierre, maître-tailleur, rue Béranger, 16, Paris.

Manitoux, avocat.

Manivet, propriétaire, rue Colombe, 18, Avignon.

Manjotin, Paul, fabricant d'huile, quai d'Alfort, 11, Maisons-Alfort, Seine.

Mannevy, maître-tailleur, Laigle, Orne.

Manoël, tailleur, rue Feydeau, 7, Paris.

Manoel, médecin de marine, Toulon.

Manoury, propriét., rue d'Aguesseau, 44, Boulogne, Seine.

Manseville, Charles, march. de vins, quai de Grenelle, 57, Paris.

Manson, Edouard, quai Barbin, Nantes.

Mansuy, Oscar, métreur, rue de Vaugirard, 172, Paris.

Mantelet, fabricant de meubles, rue des Récollets, 27, Paris.

Mantion, Jules, architecte, adjoint au maire, rue des Hautes-Eaux, 23, Bougival, Seine-et-Oise.

Manu, Franç.-Julien, maître-blanch., r. de la Rosière, 10, Paris.

Manu, Michel-Etienne, père, rentier, Pontchartrain, Seine-et-O.

Maquin, Eugène, cultivateur, Vanvillé, Seine-et-Marne.

Marais, négociant, place de Strasbourg, 1, Bône, Algérie.

Marais, Auguste, secrétaire général de la Société pour l'Instruction élémentaire, Paris.

Marais, Louis-Jean-Charlemagne, empl., r. Condorcet, 3, Paris.

Marandat, docteur-médecin, Les Maisons-Blanches.

Marant, rue Benjamin-Delessert, 6, Paris.

Maratray, Nevers, Nièvre.

Maraud, restaurateur-march. de vins, Guignes, Seine-et-Marne.

Maraval, fabricant de chapellerie, Albi, Tarn.

Marabouty, négociant, Lubersac, Corrèze.

Marc, Joseph, cultivateur, Dombasle-sur-Seille.

Marc, Lévy, Lyon.

Marcadet, commerçant, rue Saint-Denis, 257, Paris.

Marcault, restaurateur, Chatou, Seine-et-Oise.

Marceau, entrepreneur de maçonnerie, rue des Carrières, Vincennes, Seine.

Marceaux, soldat à l'Intendance, Vincennes, Seine.

Marcel, Ch., prof., attaché au minist. de l'Instruction publique.

Marcère (Deshayes de), Emile-Louis-Gustave, avocat et journaliste, procureur impérial, conseiller à la Cour d'Appel de Douai, sénateur inamovible, ministre.

March, rentier, Vernon, Eure.

Marchadier, md de vins, rue de la Grange-aux-Belles, 35, Paris.

Marchal, commerçant, rue Bonaparte, 6, Paris.

Marchal, négociant en vins, rue de la Nation, 8, Asnières, Seine.

Marchal, entrepreneur de serrurerie, Toul, Meurthe-et-Moselle.

Marchal, Eugène, docteur-médecin, rue St-Michel, 23, Nancy.

Marchal, Just-Charles, négociant, rue d'Aboukir, 21, Paris.

Marchal, Léon, notaire, Charmes, Vosges.

Marchal, Paul, employé, rue de Vaugirard, 36, Paris.

Marchal, Paul-Emile, employé de commerce, Grande-Rue, 2, Asnières, Seine.

Marchand, ex-tailleur au 8e hussards.

Marchand, fabr. d'horlogerie, avenue Parmentier, 99, Paris.

Marchand, marchand de curiosités, rue de Provence, 49, Paris.

Marchand, rentier, boulevard Voltaire, Paris.
Marchand, rentier, rue Morand, 8, Paris.
Marchand, march. de vins-traiteur, rue de Caumartin, 22, Paris.
Marchand, rue Gigant, 17, Nantes.
Marchand, rue de la Boucherie, 14, Nantes.
Marchand, commis-négociant, Angoulême.
Marchand, notaire, Chambéry, Savoie.
Marchand, loueur de voitures, Mantes, Seine-et-Oise.
Marchand, vérificateur en bât., Montmorency, Seine-et-Oise.
Marchand, entrepreneur, Vernon, Eure.
Marchand, clerc de notaire, Songeon, Oise.
Marchand, représentant de commerce, Flers, Orne.
Marchand, A., négociant, rue des Jeûneurs, 1, Paris.
Marchand, Gabriel, négociant, Cognac, Charente.
Marchand, J., typographe, descente de la Caserne, 1, Nice, Alpes-Maritimes.
Marchand, Joseph-Emmanuel, capitaine d'infanterie de ligne, 1er bataillon d'Afrique, Mascara, Algérie.
Marchand, Louis, entrepreneur de travaux publics, Mortcerf, Seine-et-Marne.
Marchaut, Charles, officier-mécanicien aux Messageries maritimes, rue de Barennes, 43, Bordeaux.
Marche, marchand forain, rue des Bernardins, 6, Paris.
Marchessaux, Léger, ingénieur-directeur du gaz, au Cours, 5, Nice, Alpes-Maritimes.
Marchèze, J.-B., limon.-restaurateur, rue Royale, 106, Toulon.
Marchois, employé, rue Geoffroy-Saint-Hilaire, Paris.
Marchond, tambour-major, caserne du Louvre, Paris.
Marchou, employé, rue des Francs-Bourgeois, 14, Paris.
Marchou, Lorient, Morbihan.
Marcillet, négociant en vins, rue de Flandre, 40, Paris.
Marcia, Lyon.
Marcombe, employé de chemin de fer, Angoulême.
Marconi, P., restaurateur, rue du Terrier, 8, Vincennes, Seine.
Marconis, peintre sur porcelaine, rue de l'Orillon, 42, Paris.
Marconnet, employé, La Feschotte.
Marcou, rue Jeoffroy, 4, Lyon.
Marcou, Jacques-Hilaire-Théophile, avocat, conseiller général et sénateur de l'Aude.
Marcq, instituteur, aux Prés-Saint-Gervais, Seine.
Marcus, marchand-tailleur, r. des Francs-Bourgeois, 53, Paris.
Marcy, ébéniste, rue Jean-Bologne, 6, Paris.
Marc (de la), François, propr., allées d'Orléans, 24, Bordeaux.
Maré, filateur, Mouzon, Ardennes.
Maré, Charles, ferblantier, quai de la Fosse, 98, Nantes.
Maréchal, ex-sous-lieutenant au 3e grenadiers de la garde.
Maréchal, employé, rue Saint-Ambroise, 15, Paris.

Maréchal, fabricant de toiles cirées, rue de Reuilly, 32, Paris.

Maréchal, négociant en meubles, rue de la Roquette, 53, Paris.

Maréchal, rentier, passage Pecquet, 2, Paris.

Maréchal, père, coiffeur, rue Lecourbe, 13, Paris.

Maréchal, chimiste, rue Morisot, 22, Levallois-Perret, Seine.

Maréchal, avenue du Perreux, 99, Nogent-sur-Marne, Seine.

Maréchal, adjudant au 91ᵉ de ligne, Charleville, Ardennes.

Maréchal, serrurier, Salins, Jura.

Maréchal, Augustin.

Marchal, Eugène, docteur-médecin, rue Saint-Michel, Nancy.

Maréchal, J.-J., contre-maître, boul. de La Chapelle, 14, Paris.

Maréchal, Raymond, place de la Grennette, St-Étienne, Loire.

Maret, rue de Clichy, 54, Paris.

Maret, Henri, journaliste, conseiller municipal de Paris, conseiller général de la Seine, député du Cher.

Maret, Jules, restaurateur, rue du Grenier-St-Lazare, 34, Paris.

Marette, cultivateur, la Roche-Belle-Hussore, Indre.

Margaine, Henri-Camille, capitaine d'infanterie, conseiller général et député de la Marne, questeur de la Chambre des Députés.

Margaine, François, fabricant d'horlogerie, rue Béranger, 22, Paris.

Margat, propriétaire, Montevideo, Uruguay.

Margoët, propriétaire, Fleurance, Gers.

Margoët, étudiant, Fleurance, Gers.

Margotin, Alexandre, ancien manufacturier, juge au Tribunal de Commerce, boulevard Cérès, 5, Reims.

Margue, Léon, avocat, député et conseiller général de Saône-et-Loire, sous-secrétaire d'Etat.

Marguerite, propriétaire, rue du Pont, 6, Neuilly, Seine.

Margueritat, sellier, Bluin, Seine-Inférieure.

Marguet, Noël, propr., boulevard Voltaire, 36, Paris.

Mariage, Edmond, négociant en toiles, conseiller municipal, conseiller général du Nord, parvis Saint-Maurice, 1, Lille.

Mariani, Jean-Baptiste-Louis, représ. de commerce, Alger.

Mariavalle, Clodomir, rue du Figuier-Saint-Paul, 5, Paris.

Maricot, rue Louvois, 12, Paris.

Maricot, Edouard, propriétaire, rue de la Châtaigneraie, 3, Montmorency, Seine-et-Oise.

Maridet, ancien chapelier, Vichy, Allier.

Maridonneau, libraire, rue de Paris, 12, Vincennes, Seine.

Marie, architecte, avenue Daumesnil, 174, Paris.

Marie, statuaire, rue Saint-Sébastien, 30, Paris.

Marie, entrepreneur de menuiserie, aux Mureaux, Seine-et-Oise.

Marie, Ernest, agréé, Caen.

Marienne, A., inspecteur d'assurances, rue Lafayette, 155, Paris.

Mariez, agent-voyer, Varennes, Haute-Saône.

Marilly, Etienne, blanchisseur, r. de Clamart, 8, Vanves, Seine.

Marin, concierge, Essonnes, Seine-et-Oise.

Marin, marinier, Saint-Mamès, Seine-et-Marne.

Marin, receveur municipal, Batna, Algérie.

Marin, Emile, peintre en bâtiments, Valence, Drôme.

Marin, Joseph, comptable, rue de Vaugirard, Paris.

Mariny, Alfred, receveur des contributions indirectes, place Gambetta, Salon, Bouches-du-Rhône.

Marion, marchand-chapelier, rue Bodin, 13, Lyon.

Marion, officier-comptable retraité, directeur d'assurances, cours Saint-Antoine, 19, Agen, Lot-et-Garonne.

Marion, Faverges, Isère.

Marion, Joseph-Edouard, avocat, agent de change, conseiller général et sénateur de l'Isère.

Mariotte, Ulysse, négociant, rue des Jeûneurs, 32, Paris.

Maris, Bonaventure, voyageur de comm., rue Blondel, 13, Paris.

Maris, filateur, Nonancourt, Eure.

Maritain, avocat, rue de Caumartin, 11, Paris.

Marix, négociant, rue de la Victoire, 20, Paris.

Marlier, secrétaire de l'Association des transports, rue de la Chaussée-d'Antin, 23, Paris.

Marlier, Jean-Nic.-Aug., officier-comptable, Périgueux, Dordogne.

Marlot, cafetier, Moslins, Marne.

Marmet, quai Saint-Clair, Lyon.

Marmet, Louis, marchand de bois, Dôle, Jura.

Marmey, Jules, filateur, Charmes, Drôme.

Marmo, licencié en droit, rue de la Grange-Batelière, 12, Paris.

Marmonier, Henri, avocat, chef de cabinet au ministère de la Justice, secrétaire particulier du président de la Chambre des Députés, député du Rhône.

Marmorat, marchand de comestibles, rue Coquillière, 6, Paris.

Marmottan, docteur-médecin, conseiller municipal de Paris, conseiller général et député de la Seine, maire du XVIe arrondissement de Paris.

Marmy, Lyon.

Marnier, propriétaire, rue des Hauts-Pavés, 40, Nantes.

Marnier, colonel d'état-major en retraite, Montmorency, Seine-et-Oise.

Marnota, Marius, pharmacien, rue Lafayette, Toulon.

Marois, Gabriel, employé, rue Bernard-Palissy, 11, Paris.

Marolée, serrurier, rue du Cirque, 9, Paris.

Marot, avocat, Confolens, Charente.

Marot, Léon, avocat à la Cour d'Appel, Paris.

Marque, marchand de parapluies, rue Saint-Georges, 29, Paris.

Marquet, entr. de fumisterie, rue Saint-Lazare, 18, Paris.

Marquet, négociant, Alexandrie, Egypte.

Marquet, Alphonse, négociant, rue du Caire, 53, Paris.

Marquet, **Joseph, sergent-major, Périgueux, Dordogne.**
Marquet, **Jules, notaire, Périgueux, Dordogne.**
Marquette, **Michel, confiseur, rue Ste-Catherine, 140, Bordeaux.**
Marquino, **entrepreneur, Montbéliard, Doubs.**
Marquis, **grainetier, aux Batignolles, Paris.**
Marquis, **Auguste, employé des contributions, Nancy.**
Marquis, **Auguste, maître-couvreur, au Lude, Sarthe.**
Marquiset, **Jean-Gaston, substitut sous l'Empire, conseiller**
général et député de la Haute-Saône.
Marraud, **président des agréés près le Tribunal de Commerce,**
rue Rossini, 2, Paris.
Marrelof, **rentier, Ribiers, Hautes-Alpes.**
Marret, **à l'hôtel de l'Univers, Vichy, Allier.**
Marrot, **Jean, avocat, préfet, cons. gén. de la Charente.**
Marrot, **Paul, publiciste, rue Ménessier, 6, Paris.**
Marsac, **professeur, avenue d'Antin, 39, Paris.**
Marsan, **maître d'hôtel, Lyon.**
Marsat, **entrepreneur de maçonnerie, cité Joly, 9, Paris.**
Marsillon, **Charles, ingénieur de la Compagnie des tramways-**
nord, conseiller municipal, rue d'Isly, 74, Lille.
Marsollier, **cartonnier, rue Saint-Sauveur, 37, Paris.**
Marsot, **mécanicien du chemin de fer, Dôle, Jura.**
Marsoulan, **Henri-Thomas, fabricant de papiers peints, conseil-**
ler municipal de Paris, conseiller général de la Seine.
Marteau, **Am., rédact. en chef du *Journal du Havre*, au Havre.**
Martel, **Lyon.**
Martel, **Antoine, négociant, Alais, Gard.**
Martel, **Charles, banquier, Baccarat, Meurthe-et-Moselle.**
Martel, **Edouard-F., teint,, rue du Faub.-Montmartre, 33, Paris.**
Martelet, **rue des Pyrénées, 135, Paris.**
Martignon, **François, propriétaire, Nevers, Nièvre.**
Martin, **colonel, conseiller municipal de Paris, conseiller géné-**
ral de la Seine.
Martin, **lieutenant au 10e de ligne.**
Martin, **rue de Flandre, 45, Paris.**
Martin, **garde du génie, route de la Révolte, poste 7, Paris.**
Martin, **mécanicien, rue des Trois-Couronnes, 42, Paris.**
Martin, **négociant, boulevard Richard-Lenoir, 36, Paris.**
Martin, **père, fabricant de terre cuite, r. Ne-St-Médard, 7, Paris.**
Martin, **fils, fabricant de terre cuite, r. Ne-St-Médard, 7, Paris.**
Martin, **père, charpentier, av. de la Reine, 96, Boulogne, Seine.**
Martin, **fils, charpentier, rue de l'Arc-de-Triomphe, 52, Paris.**
Martin, **comptable, Grande-Rue, 44, aux Prés-St-Gervais, Seine.**
Martin, **avocat, Toulouse.**
Martin, **propriétaire, rue des Frères, Aurillac, Cantal.**
Martin, **rentier, rue de l'Echelle-St-Médard, 8, Soissons, Aisne.**
Martin, **huissier, Roanne, Loire.**

Martin, pasteur protestant, sous-directeur de la Colonie agricole, Sainte-Foy-la-Grande, Gironde.

Martin, Adolphe, employé, rue Marie-Antoinette, 1, Paris.

Martin, Adolphe, libraire, rue Saint-André, 17, Lille.

Martin, Alfred, épicier, rue de Passy, 47, Paris.

Martin, Antide, notaire, conseiller municipal de Paris, conseiller général de la Seine.

Martin, Clément, droguiste, Toulon.

Martin, Edouard, minotier, Georges, Loire-Inférieure.

Martin, Emile, gazier, rue Léon-Gambetta, 16, Lille.

Martin, Emile, instituteur, Loos, Nord.

Martin, F., messager, Dampierre-les-Bois.

Martin, Firmin, propriétaire, Agde, Hérault.

Martin, François, rentier, rue d'Allemagne, Paris.

Martin, François, plombier, rue des Huissiers, 3, Neuilly, Seine.

Martin, François-Clément, propriét., rue Marcadet, 80, Paris

Martin, François, avoué honoraire, juge au Tribunal civil, propriétaire, maire de Mâcon, conseill. génér. de Saône-et-Loire.

Martin, Gaston, voyageur, Nîmes.

Martin, Georges, conseiller municipal de Paris, conseiller général et sénateur de la Seine.

Martin, Hector, adjoint au maire du XIVe arrondissement de Paris.

Martin, Henri, historien, sénateur.

Martin, Jacques-C., père, restaurateur, rue Dauphine, 16, Paris.

Martin, Jean, propriétaire, Ponthoux, Jura.

Martin, Jean-Arnaud, employé, rue de l'Entrepôt, 20, Paris.

Martin, J.-C., négociant-entreposit., quai de la Gare, 34, Paris.

Martin, Jules, ingénieur en chef des Chemins de fer de l'État, boulevard Pereire, 126, Paris.

Martin, Jules, maître de lavoir, rue des Trois-Frères, 44, Paris.

Martin, Jules, négociant, rue du Pont-Mouja, 35, Nancy.

Martin, Jules-Louis-Philippe, fils, libraire, rue Séguier, 18, Paris.

Martin, L.-A., homme de lettres, Paris.

Martin, Lazare, marchand de vins, rue des Feuillantines, 111, Paris.

Martin, Louis, corroyeur, route Stratégique, 3, Ivry, Seine.

Martin, Louis, tailleur, rue Esquermoise, 120, Lille.

Martin, Louis, horloger, Crest, Drôme.

Martin, Louis, inspecteur des bâtiments civils, Constantine, Algérie.

Martin, Matthieu, tailleur d'habits, rue de l'Ancienne-Comédie, 21, Paris.

Martin, Michel-Alfred, banquier, Grande-Rue, 14, Belley, Ain.

Martin, Nicolas, cordonnier, rue d'Anjou, 78, Paris.

Martin, Philibert, md de vins, r. des Feuillantines, 111, Paris.

Martin, Pierre-Eugène, cuissier, avenue d'Orléans, 19, Paris.

Martin-Feuillée, Félix, avocat, conseiller général et député d'Ille-et-Vilaine, ministre.

Martin-Fontbel, docteur-médecin, St-André, île de la Réunion.

Martin-Landelle, maire du XVIIIe arrondissement de Paris.

Martin-Planson, François, propriét., r. des Acacias, 4 bis, Paris.

Martinan, Nevers, Nièvre.

Martineau, rue de la Roquette, 133, Paris.

Martineau, chaudronnier, p. du Commerce-St-André, 4, Paris.

Martineau, négociant, rue d'Aboukir, 3, Paris.

Martineau, tailleur, rue Saint-Antoine, 143, Paris.

Martineau, rue du Palais, 22, Saintes, Charente-Inférieure.

Martinenq, maître-principal, à la Pavillonnerie, Toulon.

Martinet, A., sous-préfet, secrétaire général de préfecture.

Martinet, Armand, fabricant de chaussures, place d'Orléans, 10, Châteauroux, Indre.

Martinie, sous-intendant à l'Ecole militaire, Paris.

Martinot, commiss. de roulage, Charleville, Ardennes.

Martinot, Jean, briquetier, Constantine, Algérie.

Martres, Joseph, rentier, rue de Bayonne, 133, Bordeaux.

Marturel, propriétaire, Charleville, Ardennes.

Marty, Ernest, clerc de notaire, Graulhet, Tarn.

Marty, Jean, avocat, député de l'Aude.

Marty, Jean, menuisier.

Marty, Simon, architecte, entrepreneur de travaux publics, Castelnaudary, Aude.

Marty-Brunet, ingénieur civil, rue Saint-Honoré, 73, Paris.

Marulaz, capitaine au 73e de ligne.

Marville, machiniste à l'Opéra.

Marx, A., marchand de chevaux, avenue Matignon, 5, Paris.

Marx, Georges, marchand-tailleur, conseiller municipal, directeur de la Caisse d'épargne, place de l'Hôtel-de-Ville, 2, Saint-Etienne, Loire.

Marx, J., md. de nouveautés, rue du Fg-du-Temple, 52, Paris.

Mary, comptable, rue Louis-Blanc, 7, Paris.

Mary, négociant, rue Scribe, 6, Paris.

Mary, entrepreneur, Oran, Algérie.

Marzet, Sylvain, épicier, rue de Vaugirard, Paris.

Mas, tailleur, Lille.

Mas, Etienne, négociant en vins, propriétaire, Cornilhac-du-Plat-Pays, Aude.

Mascureaux, bijoutier, rue de Breteuil, 6, Paris.

Massa, conseiller municipal, Tlemcen, Algérie.

Massacry, François, propriétaire, Ballan, Indre-et-Loire.

Massaloup, médecin-major de première classe aux hôpitaux militaires, Constantine, Algérie.

Massart-Weit, négociant, rue de la Trésorie, 28, Bordeaux.

Massut, préfet.

Masse, menuisier, rue Couesneau, 5, Paris.

Masse, garde du génie, Batna, Algérie.

Masse, Léon, avoué près le Tribunal de 1re instance de la Seine, suppléant au juge de paix du IIe arrondissement de Paris, cons. mun., conseiller général de la Seine.

Massé, rue du Faubourg-Saint-Martin, 33, Paris.

Massé, Alfred-Nestor, propriétaire, à Pougues-les-Eaux, sénateur de la Nièvre.

Massé, Elie, entrepreneur de bâtisses, Ambarès, Gironde.

Massé, Henri, coiffeur, rue Paulin, 3, Bordeaux.

Massé, Louis-Victor, entrepreneur, Nangis, Seine-et-Marne.

Massenat, manufacturier, Brives, Corrèze.

Masseron, F., 2a, calle de l'Independencia, 7, Mexico, Mexique.

Massicault, préfet.

Massicault, Justin, journaliste, directeur de la Presse au ministère de l'Intérieur, préfet, résident général en Tunisie.

Massillon-Lauture, négociant, Jacmel, Haïti.

Massis, représentant de commerce, r. de Marseille, 1, Paris.

Massol, homme de lettres, conseiller municipal de Paris, conseiller général de la Seine.

Masson, contre-maître, Belleville, Paris.

Masson, libraire-éditeur, rue de l'Ecole-de-Médecine, Paris.

Masson, mécanicien, rue Réaumur, 28, Paris.

Masson, négociant, avenue Lacuée, 7, Paris.

Masson, rentier, rue du Landy, Clichy-la-Garenne, Seine.

Masson, Ch., rue de l'Observance, Montmorency, Seine-et-Oise.

Masson, Ferdinand, entrep., Saint-Denis, île de la Réunion.

Massonet, quai de Bercy, 20, Paris.

Massonet-Ducloselle, représ. de commerce, q. d'Orsay, Paris.

Massonnière, Léopold, négociant, rue Nuyens, 12, La Bastide, Bordeaux.

Massonnière, Ph., maît.-menuis., r. Arnaud-Miqueu, 45, Bordeaux.

Massot, place aux Herbes, 3, Grenoble, Isère.

Massot, Adrien-Louis, propriétaire, Dampierre-sur-Avre, Eure-et-Loir.

Massul, étudiant en médecine, rue Saint-Jacques, 70, Paris.

Massy, Arsène, bijoutier, La Ferté-Macé, Orne.

Masurel, Ed., professeur de musique, rue Jeanne-d'Arc, 8, Lille.

Matelin, Pierre-Michel, propriétaire, Paris.

Matenas, Jules, agent d'assurances, rue Muller, 17, Paris.

Mathé, Henri, conseiller municipal de Paris, conseiller général et député de la Seine.

Mathé, Félix-Pierre, propriétaire, député de l'Allier.

Mathé, négociant, Niort, Deux-Sèvres.

Mathel.

Mathelon, Alexandre-Martial, limonadier, Bordeaux.

Mathelon, Jean, limonadier, rue Condillac, 15, Bordeaux.

Mathelon, Louis-Alexandre, liquoriste, Bordeaux.
Matheron, Barthélemy, mercier, rue Neuve, Toulon.
Mathey, négociant, rue Beautreillis, 23, Paris.
Mathey, peintre, boulevard de Belleville, 52, Paris.
Mathias, père, rue des Petits-Carreaux, 12, Paris.
Mathias, Gustave, négociant, rue Lafayette, 94, Paris.
Mathias, Jules-François, fab. de chap., r. de Châlons, 22, Paris.
Mathieu, bijoutier, boulevard de La Villette, 2, Paris.
Mathieu, fab. de fleurs fines, rue de l'Echiquier, 18, Paris.
Mathieu, marchand de vins, rue Volta, 8, Paris.
Mathieu, négociant, Oran, Algérie.
Mathieu, André-Bernard, commissionnaire de roulage, rue Contrescarpe, Gaillac, Tarn.
Mathieu, Barthélemy, tailleur, r. des Vieilles-Haudriettes, 3, Paris.
Mathieu, Bern., négoc., r. des Gravilliers, 24, cour de Rome, Paris.
Mathieu, Charles, ingénieur civil, rue Nicolas-Leblanc, 3, Lille.
Mathieu, Floréal, pharmacien, maire, pl. Kléber, Oran, Algérie.
Mathieu-Bonnet, tailleur, Bordeaux.
Mathiron, marchand de futailles, boul. St-Germain, 1, Paris.
Mathis, limonadier, rue Pierre-Lescot, 4, Paris.
Mathis de Malbreuille, directeur d'assurances, Saverne, Alsace.
Mathouillet, cordonnier, Beaune, Côte-d'Or.
Mathoux, Lyon.
Mathys, entrepreneur de pompes funèbres, route de la Reine, Boulogne, Seine.
Mati.
Matifas, employé, impasse Dubois, rue du Pressoir, 22, Paris.
Matignon, secrétaire général de préfecture.
Matignon, négociant, Angoulême.
Matignon, Jules, propriétaire, rue Cadet, 18, Paris.
Matrod, chapelier, boulevard du Palais, 13, Paris.
Matrot, monteur de hauts-fourneaux, r. de la Roquette, 47, Paris.
Mattei, Antoine, lieutenant au 3e régiment de tirailleurs, Constantine, Algérie.
Matthieu, François, négociant, Londres, Angleterre.
Maubrac, Edmond, négociant, Valparaiso, Chili.
Mauchassat, boulevard de Vaugirard, 32, Paris.
Mauclaire, avocat, rue des Ecoles, 40, Paris.
Mauclaire, rue Montmartre, 18, Paris.
Maucourt, officier de paix, rue des Beaux-Arts, 12, Paris.
Maucourt, notaire, Nantes.
Maucourt, notaire, Vigneux, Loire-Inférieure.
Maudelonde, J.-H., horloger, rue de Trévise, 8, Paris.
Mauduit, Ferdinand, voyageur de commerce, Caen.
Mauduit, négociant, Brie-Comte-Robert, Seine-et-Marne.
Maugé, employé à l'Assistance publique, rue de l'Eglise, 30, Neuilly, Seine.

Maugein, maître-couvreur, rue de l'Eglise, 16, Vincennes, Seine.

Mauger, Alfred, négociant porcelainier, route de la Barre, 61, Enghien. Seine-et-Oise.

Maugin, négociant, rue Simart, 3, Paris.

Maugin, négociant, boulevard Voltaire, 8, Paris.

Maugras, électricien, rue du Petit-Four. 18, Reims.

Maugras, Auguste, rue de Clisson, 4, Nantes.

Mauguin, député, sénateur de l'Algérie.

Maujean, Antoine, inspecteur des Petites-Voitures, rue de Bagneux, 6, Paris.

Mauléus-Douyon, négociant, aux Cayes, Haïti.

Mauller, négoc. en salaisons, avenue d'Italie, 143, Paris.

Maulois, Paris.

Maunier, rue de la Garenne, 9, Courbevoie, Seine.

Maunoury, photographe, rue des Saints-Pères. 13, Paris.

Maunoury, Jacques Hippolyte-Pol, avocat, secrétaire général de préfecture, conseiller général et député d'Eure-et-Loir.

Maupas, négociant, Valparaiso, Chili.

Maupin, marchand de bois, Fayl-Billot, Haute-Saône.

Mauprivez, négociant, r. Ste-Croix-de-la-Bretonnerie, 52, Paris.

Maurain, Armand, négociant, juge au Tribunal de Commerce, conseiller municipal, Cognac, Charente.

Maurain, Raoul, avenue Bosquet, 43, Paris.

Maurel, voyageur, rue Montaigne, 23, Paris.

Maurel, rentier, rue de La Chapelle, 21, Paris.

Maurel, Antoine, nég., r. des Trois-Chandelles, 2 à 10, Bordeaux.

Maurel, Baptistin-Auguste, avocat, sous-préfet, député du Var.

Maurel, François, employé de commerce, r. Soufflot, 16, Paris.

Maurel, Jacques, plâtrier, rue Durand, 20, Bordeaux.

Mauren, Michel, charcutier, r, du Casino, 19, Royan, Char.-Inf.

Mauret, pharmacien, Aurillac. Cantal.

Mauret, fils, élève en pharmacie, Paris.

Maurice, architecte, rue Nollet, 73, Paris.

Maurice, Charles, capitaine au long-cours, Bordeaux.

Mauriceau, contr. des contributions, rue d'Hauteville, 13, Paris.

Mauriceau, négociant, Grande-Rue, 42, Asnières, Seine.

Mauries, Alexandre, employé de commerce.

Mauriez, Hilaire, marchand-tailleur.

Maurin, papetier, rue Notre-Dame-de-Nazareth, 39, Paris.

Maurin, Adolphe, directeur d'usine, Orange, Vaucluse.

Maurin, Emile, voyageur, Nîmes.

Maurin, François-Marius, aide-médecin de la marine, rue Merle, 2, Toulon.

Maurin, Raoul, avenue Bosquet, 43, Paris.

Maurin, Vincent, négociant, cours Lafayette, 77, Toulon.

Maury, négociant, Paris.

Maury, photographe, rue de l'Arsenal, 9, Angoulême.

Maury, instituteur, quartier Saint-Étienne, Villeneuve-sur-Lot, Lot-et-Garonne.

Maxant, Louis-Charles, horloger, rue Debelleyme, 14, Paris.

Maximin, Xavier, Nîmes.

May, Élie, rue Béranger, 17, Paris.

Mayaud, peintre en bâtiments, Essonnes, Seine-et-Oise.

Mayer, cafetier, rue Blondel, 13, Paris.

Mayer, limonadier, boulevard de La Chapelle, 50, Paris.

Mayer, marchand de nouveautés, rue d'Allemagne, 85, Paris.

Mayer, serrurier-mécan., rue du Faub.-Saint-Antoine, Paris.

Mayer, tapissier, rue de Tivoli, 22, Paris.

Mayer, coiffeur, boulevard de la Croix-Rousse, Lyon.

Mayer, Alfred, négociant, r. de Paradis-Poissonnière, 12, Paris.

Mayer, Alf.-Th., marchand-tailleur, avenue Victoria, 1, Paris.

Mayer, Ernest, négociant, rue Martel, 12, Paris.

Mayer, Eugène, directeur de la *Lanterne*, Paris.

Mayer, Frédéric, ancien photographe de l'Empereur, rentier, rue de Mantes, 40, Saint-Germain-en-Laye, Seine-et-Oise.

Mayer, Gabriel, entrepreneur de menuiserie, rue au Pain, 27, Saint-Germain-en-Laye, Seine-et-Oise.

Mayer, Gustave, industriel, conseiller municipal de Paris, conseiller général de la Seine.

Mayer, Sigismond, Paris.

Mayer-Brag, marchand de literie, rue de Rambuteau, 16, Paris.

Mayer van Enden, lapidaire, boulevard Voltaire, 71, Paris.

Mayère, Nice, Alpes-Maritimes.

Mayeul, Barnabé, chimiste, Lyon.

Mayeux, employé, rue du Chemin-Vert, 78. Paris.

Mayjuron, avocat, Brives, Corrèze.

Maynard, A, expert-comptable, cons. munic., r. Neuve, 11, Lyon.

Mayor, E., négociant, Lyon.

Mayoussier, Pierre-Sylvestre, entrepreneur de serrurerie, Paris.

Mazade, Henri, docteur-médecin, inspecteur du service des Enfants-Assistés de la Gironde, r. Pessac, 209 *bis*, Bordeaux.

Mazaé-Azéma, docteur-médecin, St-Denis, île de la Réunion.

Mazaroz, P., fabricant de meubles, auteur de divers ouvrages d'économie sociale, boulevard Richard-Lenoir, 94, Paris.

Mazaux, charpentier, rue Mabillon, 10, Paris.

Maze, constructeur-mécanicien, rue de La Chapelle, 67, Paris.

Maze, corroyeur, au Havre.

Maze, Hippolyte, député, professeur au Lycée de Versailles.

Mazeau, sénateur de la Côte-d'Or, ministre.

Mazeau, marchand de cuirs, rue du Levant, 10, Vincennes, Seine.

Mazeau, notaire, Mensignac, Dordogne.

Mazeau, Adolphe, arquebusier, Périgueux, Dordogne.

Mazeaux, chef d'atelier, rue de la Santé, 1, Paris.

Mazel, Emile, propriétaire, rue Nationale, Cette, Hérault.

Mazeran, négociant, Cirey-sur-Vezouze, Meurthe-et-Moselle.

Mazet, applicateur du ciment, place Tabareau, 3, Lyon.

Mazet, Jean-Pierre, propriétaire, maison Mazet, Toulon.

Mazières, Adolphe, négociant, Bergerac, Dordogne.

Mazières, Jean, négociant, Thevais.

Mazouillé, marchand de vins en gros, rue Saint-Ambroise, Melun, Seine-et-Marne.

Mazure, employé de commerce, boul. des Italiens, 27, Paris.

Mazure, père, peintre, rue Vieille-du-Temple, 16, Paris.

Mazure, fils, employé, rue Vieille-du-Temple, Paris.

Mazurkiewicz, brasseur, Bône, Algérie.

Mazzioli, mozaïste, rue Saint-Dominique, 170, Paris.

Méau, Ferdinand, représentant de commerce, Pavie, Gers.

Méchin, Vichy, Allier.

Médard, huissier, Oran, Algérie.

Médecin, maire de Menton, Alpes-Maritimes.

Medina-Depas, négociant, aux Cayes, Haïti.

Médioni-Hatin, commis-négociant, Constantine, Algérie.

Médoux, François, entrepreneur, place Velpeau, Tours.

Mégie, Numa, négociant, Jacmel, Haïti.

Meguin, F.-L., teinturier, Hérimoncourt, Doubs.

Méhaut, ancien propriétaire du café Saint-Denis, rue Buirette, 38, Reims.

Mehemmed-Bey, rue Singer, 43, Paris.

Meiffren, Denis, cordonnier, Toulon.

Meige, cité de La Chapelle, 10, Paris.

Meige, .-E., boulevard de Strasbourg, 16, Boulogne, Seine.

Meignié, Achille, contrôleur principal des contributions directes, rue Serroux, 15, Tarare, Rhône.

Meignien, bourrelier, Sourdun, Seine-et-Marne.

Meillaud, papetier, chez M. Lefebvre, r. de la Fosse, 30, Nantes.

Meillon, négociant, Alexandrie, Egypte.

Meinal, rue du Temple, 78, Paris.

Meintreau, vannier, Vaugirard, Paris.

Meiriniac, rue Saint-Denis, 257, Paris.

Mélandri, homme de lettres et photographe, r. Clauzel, 19, Paris.

Melchior, contre-maître, rue de la Procession, 19, Clichy, Seine.

Melcion, comptable, rue de la Hache, 54, Nancy.

Melcour-Poux, négociant, Jacmel, Haïti.

Mélinand, rue Tolozan, 2, Lyon.

Meline, Denis, serrurier, rue Lévis, 67, Paris.

Méline, Jules-Félix, avocat, cons. général et député des Vosges, ministre, fondateur de l'ordre du Mérite Agricole.

Mélinette, René, homme de lettres, rue Bourdignon, 04, Saint-Maur-les-Fossés, Seine.

Melleni, fumiste, rue d'Hauteville, 30, Paris.

Melleret, Jacques, propriétaire, en Algérie.

Mellinet, général de division, commandant supérieur des gardes nationales de la Seine, membre du Conseil supérieur de l'enseignement secondaire, sénateur.

Melmoux, mécanicien, rue Perceval, 14, Paris.

Méloche, employé de commerce, rue Pavée-au-Marais, 13, Paris.

Melon, mécanicien, avenue de Grammont, 28, Tours.

Melon, Victor, commiss. de roulage, r. de l'Annonciade, 14, Lyon.

Melotte, rue Notre-Dame-de-Nazareth, 13, Paris

Memain, boulanger, Grande-Rue, Bourg-la-Reine, Seine.

Ména, peintre-verrier, rue de Mogador, 12, Paris.

Ménagé, chaudronnier, rue Charles III, Nancy.

Ménager, fabricant de chaussures, rue des Fontaines, 9, Paris.

Ménager, graveur, rue du Vert-Bois, 19, Paris.

Ménager, Nevers, Nièvre.

Ménager, Antoine, employé, c. St-Philippe-du-Roule, 6, Paris.

Ménager, Ch.-J., tailleur d'habits, rue Xaintrailles, 22, Orléans.

Menant, caissier, boulevard de Clichy, 6, Paris.

Ménard, à l'Hôtel-Dieu, Paris.

Ménard, marchand de vins, rue de La Chapelle, 122, Paris.

Ménard, rue Juiverie, 20, Chambéry, Savoie.

Ménard, Alexandre, propriétaire, maire, conseiller d'arrondissement, Ménerval, Seine Inférieure.

Ménard, Aristide, liquoriste, Bordeaux.

Ménard, Auguste-Alexandre, nég., rue des Jeûneurs, 6, Paris.

Ménard, Etienne, peintre, rue de Bordeaux, 17, Tours.

Ménard, Ludovic, commis-négociant, rue Ménou, Nantes.

Ménard, Paul, couvreur, Châteaurenault, Indre-et-Loire.

Ménard-Dorian, Paul-Fr.-Marie-Antoine, député de l'Hérault.

Menauge, rue du Faubourg-du-Temple, 29, Paris.

Menault, agent d'assurances, cours de Vincennes, 5, Paris.

Menc, maire de Chênerilles, Basses-Alpes.

Menc, Fél., comm. de police, Castelsarrazin, Tarn-et-Garonne.

Mendel, commissionn. en librairie, b. Beaumarchais, 45, Paris.

Mendel, père, imprim. lithographe, r. Ste-Marguerite, 8, Reims.

Mendel, fils, employé de commerce, r. Ste-Marguerite, 8, Reims.

Mendelsohn, dentiste, rue Hugerie, 20, Bordeaux.

Mendes, Abraham, négociant, rue Frère, 58, Bordeaux.

Mendès, rue de Castellane, 14, Paris.

Mendès da Costa, comptable, rue Saint-Placide, 30, Paris.

Menen, Constant, négociant, propriétaire, conseiller municipal, rue des Minimes, Tours.

Menereau, fondeur, rue Haute-du-Trépied, 3, Nantes.

Méneret, mécanicien, Oran, Algérie.

Menessier, Jules, employé, rue Mandar, 14, Paris.

Ménestrier, rue de Clery, Paris.

Ménestrier, marbrier, Philippeville, Algérie.

Ménétret, Louis-Léon, élève d'administration, Rennes.
Ménétrier, limonadier, pl. Saint-Jean, Melun, Seine-et-Marne.
Mengarduque, préfet.
Mengat, employé de chemin de fer, Aurillac, Cantal.
Mangelle, Etienne, fab. de becs de gaz modérateurs, Marseille.
Menguin, T., entrepr. de serrurerie, rue Maubec, 20, Bordeaux.
Ménorval (de), instituteur, conseiller municipal de Paris, conseiller général de la Seine.
Menotti, docteur-médecin, Bône, Algérie.
Menou, mercier, rue Jeanne-d'Arc, Orléans.
Ménoyer, Frédéric, propriétaire, Sarré, Cher.
Mention, propriétaire, rue de Dunkerque, 89, Paris.
Mention, directeur d'assurances, rue de Rivoli, 96, Paris.
Mention, juge de paix, Argenteuil, Seine-et-Oise.
Mention, commissaire-priseur, Condé, Nord.
Mention, Désiré, homme de lettres, rue de Rivoli, 64, Paris.
Mention, Jules, notaire, Condé, Nord.
Menu, rue Lafayette, 60, Paris.
Menu, avenue Quihem, 31, Saint-Mandé, Seine.
Menu, E., voyag. de comm., r Eugène, 1, Château-Gaillard, Ain.
Menu, Louis, rue de Tracy, 13, Paris.
Menut, Henri, nég., pl. de la Fontaine, 1, Cherbourg, Manche.
Merano, Etienne, Nice, Alpes-Maritimes.
Méras, Léon, rue du Faubourg-Saint-Honoré, 190, Paris.
Merat, employé, avenue Sainte-Reine, 16, Nantes.
Mercadier, receveur des finances, Castres, Tarn.
Mercadier, Jean, propriétaire, adjoint au maire, rue Petite-la-Réale, 11, Perpignan, Pyrénées-Orientales.
Mercery, J.-L., jeune, fab. de bronzes, r. de Thorigny, 18, Paris.
Merchier, Louis, instituteur, Calais, Pas-de-Calais.
Mercier, appareilleur, rue des Jardins-St-Paul, 10, Paris.
Mercier, rentier, rue du Faubourg-St-Martin, 48, Paris.
Mercier, boulanger, route de Versailles, 144, Paris.
Mercier, négociant en vins, Grand'Rue, 14, aux Prés-Saint-Saint-Gervais, Seine.
Mercier, docteur-médecin, rue Tramassac, 34, Lyon.
Mercier, employé au chemin de fer, Lyon.
Mercier, huissier, rue Royale, 8, Lyon.
Mercier, pharmacien, Nantes.
Mercier, entrepreneur, Verdun, Meuse.
Mercier, ex-pharmacien, Vichy, Allier.
Mercier, Chasse, près Givors, Rhône.
Mercier, Antoine, maître d'hôtel, Saint-Hippolyte, Doubs.
Mercier, Charles, quincaillier, Mascara, Algérie.
Mercier, Emile, notaire, Confolens, Charente.
Mercier, E., propr., rue du Levant, 10, Vincennes, Seine.
Mercier, Joseph-Alfred, maître-cordonnier au 72e de ligne.

Mercier, Louis, essayeur du commerce, r. Tiquetone, 62, Paris.
Mercier, Louis, employé de commerce, rue de Valmy, 1, Lille.
Mercier, Louis-Adolphe, boulanger, Paris.
Mercier, Louis-Charles, employé, rue de la Perle, 14, Paris.
Mercier, Pierre-Frédéric, mécanicien, Lisieux, Calvados.
Méré, employé, rue du Faubourg-Poissonnière, 167, Paris.
Mérel, Louis-Séverin, entrepreneur de menuiserie, rue de la Barouillère, 13, Paris.
Merenzot, horloger, Epernay, Marne.
Méribois, Louis, entrepreneur de menuiserie, place Foire-le-Roi, 19, Tours.
Méric, colonel en retraite, percepteur, Lyon.
Mériel, Paul, directeur du Conservatoire de musique, Toulouse.
Mérignac, fils, rue Mailly, Port-Vendres, Pyrénées-Orientales.
Mérillon, Daniel, avocat, président de l'Union des Sociétés de gymnastique de France, conseiller général et député de la Gironde.
Merle, Alexis-Henri, fact. au chem. de fer, r. Buffon, 73, Paris.
Merle, E.-Gustave, march., quai des Chartrons, 110, Bordeaux.
Merle, Maurice, propriétaire, Constantine, Algérie.
Merle-Fleury, capitaine au long-cours, Bône, Algérie.
Merlin, Charles, sénateur du Nord.
Merlin, Charles-Emile, employé, quai d'Ivry, 15, Ivry, Seine.
Merlin, Cyprien, doct.-méd., Grande-Rue, Gray, Haute-Saône.
Merly, fumiste, rue Saint-Sabin, 17, Paris.
Mermet, représentant de commerce, rue Thomassin, 7, Lyon.
Mermet, marchand de fer, Chambéry, Savoie.
Mermet, André, propriétaire-rentier, Mostaganem, Algérie.
Mermet, François, sergent-major, Périgueux, Dordogne.
Mermier, économe au Collège de Valence, Drôme.
Mermod, père, bijoutier, Oran, Algérie.
Mermod, fils, Oran, Algérie.
Mermon, Lyon.
Mérot, Léopold-Théodule-Auguste, docteur en droit, Caen.
Mertz, Paris.
Mertz, artiste-peintre, rue de Courcelles, 25, Levallois-Perret, Seine.
Mertz, Adolphe, rentier, Brives, Corrèze.
Méry, Pierre-Napoléon, officier d'infanterie, Caen.
Mesango, Paris.
Mesange de Saint-André, conseiller de préfecture.
Mesnard de Mondétour, artiste-peintre, rue Pergolèse, 48, Paris.
Mesnil, Hippolyte-Amédée, ancien avoué, Caen.
Mesnil (du), Octave, médecin de l'Asile de Vincennes, rue du Cardinal-Lemoine, 4, Paris.
Meson, brocheur, Paris.
Mess, à la citadelle de Lille.

Messager, Eugène, plâtrier, Quincy-Ségy, Seine-et-Marne.

Messaz, maître-charpentier, Aurillac, Cantal.

Messéant, cultivat., section du Paradis, Lestrem, Pas-de-Calais.

Messéant, fils.

Messier, Louis, chapelier, Crest, Drôme.

Messner, rue de Marseille, 15, Paris.

Mestre, docteur-médecin, Bône, Algérie.

Mestreau, député, conseiller général et sénateur de la Charente-Inférieure.

Mestres, Auguste, chef comptable du Chemin de fer et du Port de la Réunion, Saint-Denis, île de la Réunion.

Mesureur, Gustave, dessinateur industriel, conseiller municipal de Paris, conseiller général et député de la Seine.

Métaux, Edouard, lampiste, Périgueux, Dordogne.

Métayer, meunier, Pacy-sur-Eure, Eure.

Métayer, Alphonse, marchand de chaussures, place des Portes-de-Fer, 4, Tours.

Metiveau, plâtrier, Petite-Rue-de-la-Bourse, 1. Nantes.

Métra, Olivier, compositeur de musique, chef d'orchestre, rue de Berlin, 4, Paris.

Métral, rue Saint-Claude, 5, Paris.

Mettetal, Charles, fabricant de limes, Pont-de-Roide, Doubs.

Mettetal, P.-F., boulanger, Hérimoncourt, Doubs.

Mettrier, docteur-médecin, Ranevonnière, Haute-Saône.

Metzinger, père, directeur d'assurances, rue du Mont-Saint-Bernard, 12, Nantes.

Metzinger, fils, Nantes.

Metzinger, Eugène, pharmacien, Savernay, Loire-Inférieure.

Meugnier, Pierre-Charles, rentier, rue des Pigeons, Limay, Seine-et-Oise.

Meulien, Achille, marchand de voitures et conseiller municipal, place Chaméaux, Nevers, Nièvre.

Meunier, maître-bottier au 15e d'artillerie, Douai, Nord.

Meunier, maire de Fontainebleau, Seine-et-Marne.

Meunier, carrier, av. de l'Eglise, 73, au Gd-Montrouge, Seine.

Meunier, maréchal-ferrant, Veigné, Indre-et-Loire.

Meunier, Antoine, ex-maître d'armes, rue Fabert, 22, Paris.

Meunier, Armand, fab. de briques, r. de l'Abbé-Groult, 141, Paris.

Meunier. Armand, entrepreneur de sciage de pierres tendres, rue des Fourneaux, 5, Paris.

Meunier, Cyrille, professeur, Charleville, Ardennes.

Meunier, Emile, rue Coquillière, 39, Paris.

Meunier, François-Jules-Hardoin, entrepreneur de travaux publics, Châteauneuf-en-Thimerais, Eure-et-Loir.

Meunier, Jacques, quinc., Saint-Jean-d'Angely, Charente-Infér.

Meunier, Louis-Théodore, taill., Gde-Rue, 49, Boulogne, Seine.

Meunier, Lucien-Victor, publiciste.

Meuré, cocher, rue Marqfroy, 5, Paris.

Meurget, rue Thévenot, 5, Paris.

Meurice, orfèvre, Paris.

Meurice, rue de la Préfecture, Laon, Aisne.

Meurice, Paul, homme de lettres, Paris.

Meurillon, peintre en bâtiments, route du Département, Saint-Cloud, Seine-et-Oise.

Meuriot, entrepreneur de travaux publics, propriétaire, adjoint au maire, boulevard de Malakoff, Oran, Algérie.

Meurs, verrier, verrerie Marchand, gare de Saint-Ouen, Paris.

Meyer, bijoutier, Paris.

Meyer, comptable, rue d'Aboukir, 124, Paris.

Meyer, père, marchand, quai de Bacalan, 30, Bordeaux.

Meyer, Édouard, docteur-méd., boul. de la Madeleine, 17, Paris.

Meyer, Fidèle, encadreur, rue du Temple, 107, Paris.

Meyer, Henri, fils, commis-nég., quai de Bacalan, 30, Bordeaux.

Meyer, J.-A., bottier, rue Volta, 8, Paris.

Meyer, Louis, professeur en retraite, place Rihours, 18, Lille.

Meyer, Marx, rue d'Enghien, 22, Paris.

Meyer, Théodore, marchand de chaussures, Périgueux, Dordogne.

Meyerheiné, rue de la Jussienne, 9, Paris

Meyet, entrepreneur, Condessiat, Ain.

Meynard, Marcellin, Nîmes.

Meynard, Pierre, propriétaire, Bordeaux.

Meyniel, Charles-Louis, avocat, juge suppléant au Tribunal civil, directeur de la Caisse d'épargne, premier adjoint au maire, rue Bayle-de-Seyches, Marmande, Lot-et-Garonne.

Meyret, ex-capitaine au 1er voltigeurs.

Meyrieu, Pierre, maître d'hôtel, rue des Balances, 66, Toulouse.

Meyssonnier ancien tambour-major, Toulon.

Mezard, charp., chez M. Marcelin, rue de Marseille, 36, Paris.

Mézières, Amédée, peintre, Hyères, Var.

Mezin, Henri, négociant, boulevard Saint-Denis, 8, Paris.

Mialaret, A., boulevard de Belleville, 9, Paris.

Mialaret, Hippolyte, voyageur de commerce, Valence, Drôme.

Mialaret, Tancrède, employé principal, Valence, Drôme.

Mical, Auguste, brasseur, Bône, Algérie.

Mical, Gaston, employé, Bône, Algérie.

Micault, fabricant de gutta-percha, rue du Faubourg-Saint-Martin, 78, Paris.

Michael, agent-voyer, rue du Landy, 14, Saint-Ouen, Seine.

Michalet, fabric. de meubles, r. du Faub.-St-Antoine, 33, Paris.

Michallot, Joseph, maître-cordonnier, à la citadelle de Lille.

Michallet, épicier, Écully, Rhône.

Michard, fabr. de passem., rue des Petits-Carreaux, 14, Paris.

Michard, négociant, rue de Cléry, 25, Paris.

Michard, E.-A., marbrier, rue St-Rémy, 12, St-Denis, Seine.

Michard, Octave, Saint-Jean-de-Maurienne, Savoie.

Michau, entrepreneur de bâtiments, Chamarande, S.-et-O.

Michaud, menuisier, rue François-Miron, 30, Paris.

Michaud, Antoine-Aimé, gradué en droit, agréé au Tribunal de Commerce, place des Jacobins, 9, Lyon.

Michaut, négociant, rue Volta, Paris.

Michaut, Hubert, limonadier, rue Pigalle, 66, Paris.

Michaux, employé, passage Florence, 29, Paris.

Michaux, employé, rue de Gallois, 1, Paris.

Michaux, J., fils, employé, boulevard St-Martin, 18, Paris.

Michaux, Z., père, limonadier, boulevard St-Martin, Paris.

Michel, coiffeur, rue Saint-Honoré, 94, Paris.

Michel, marchand de vins, rue du Mail, 2, Paris.

Michel, voyag. de comm., rue des Petits-Carreaux, 13, Paris.

Michel, entrepreneur de peinture, Grande-Rue, 30, Saint-Mandé, Seine.

Michel, Lyon.

Michel, marchand-tailleur, rue du Canon, Toulon.

Michel, libraire, Agen, Lot-et-Garonne.

Michel, sous-chef de bureau à la Direction de l'Intérieur, La Basse-Terre, Antilles françaises.

Michel, employé, rue des Tanneurs, 10, Mulhouse, Alsace.

Michel, Adrien, pâtissier, r de l'Eglise, 3, St-Cloud, S.-et-Oise.

Michel, Alexandre, pharmacien, Saint-Pierre, Ile de la Réunion.

Michel, Alexis-Emile, médecin de première classe de la marine, Cayenne, Guyane française.

Michel, Alfred, représ. de commerce, député du Vaucluse.

Michel, Antoine-Clément, cultivateur, au Tremblay-le-Vicomte, Eure-et-Loir.

Michel, Casimir, peintre, Bollène, Vaucluse.

Michel, Charles-Casimir, rue de Billancourt, 9, Boulogne, Seine.

Michel, Charles-Jacob, marchand-tailleur, rue Sainte-Catherine, 164, Bordeaux.

Michel, Emile, secrétaire du consul d'Italie, rue de Boulogne, 3, Lille.

Michel, François, commis-banquier, Valence, Drôme.

Michel, Henri, chimiste-essayeur de commerce, passage de la Réunion, 7, Paris.

Michel, Henri, employé au Chemin de fer d'Orléans, Bordeaux.

Michel, Henri, employé de commerce à la maison Colas, rue Buirette, 6, Reims.

Michel, Jules, contr. des douanes, rue de Maubeuge, 46, Paris.

Michel, Louis, préfet.

Michel, Nicolas, liquoriste, rue de la Pomme-de-Pin, Toulon.

Michel, Nicolas, boulanger, Toulon.

Michel, Pierre-Stanislas, march. de vin, cours Lafayette, Toulon.

Michel, Sextius, maire du XVe arrondissement de Paris.

Michelet, Joseph, employé, Périgueux, Dordogne.

Michelet, Victor, comm.-négoc., q. de la Maison-Rouge, Nantes.

Michelin, Henri-Joseph, avocat et journaliste, conseiller municipal de Paris, conseiller général et député de la Seine.

Michelletti, Lyon.

Michelli, Stanislas-Désiré, fils, peintre, Caen.

Michin, négociant en cafés, rue de Sèvres, 52, Paris.

Michin, négociant en rubans, pass. des Petites-Ecuries, 22, Paris.

Michon, Paris.

Michouilly, marchand de bois, quai Marin, Gray, Haute-Saône.

Micoud-Desmarais, mécanicien au chemin de fer, rue de Paris, Nogent-sur-Marne, Seine.

Midas, Lucien, ferblantier, r. de la Plage, 6, Royan, Char.-Inf.

Midole-Monnet, maître d'hôtel, Morez, Jura.

Midroit, Antoine, négociant en vins, conseiller d'arrondissement, Belleville-sur-Saône, Rhône.

Miédan, pharmacien, rue de Maubeuge, 12, Paris.

Miege, fruitier, rue Saint-Martin, 246, Paris.

Miégeville, Emile, directeur d'assurances, place de la République, 12, Lille.

Miégeville, Pierre, maître-cordonnier au 59ᵉ de ligne, Toulon.

Miels, boulanger, rue de Charenton, 73, Paris.

Miette, ancien maître d'hôtel, rentier, Chateauroux, Indre.

Mieulle (de), ingénieur, quai de la Fosse, 66, Nantes.

Migaire, Jean-Bapt., entrepr. de maçonnerie, r. Rouelle, 6, Paris.

Migaux, marchand de vins, rue Saint-Séverin, Paris.

Miget, Henri, commissionnaire-négociant, Salins, Jura.

Mignard, entrepreneur de peinture, rue Duphot, 21, Paris.

Migneron, conseiller général du Loiret, Château-Neuf-sur-Loir, Loiret.

Mignon, François, buraliste, quai de Queyrie, Bordeaux.

Mignot, côte Saint-Sébastien, 20, Lyon.

Mignot, menuisier, rue Saint-Pierre-des-Corps, Tours.

Mignotte, chef de gare, Coulommiers, Seine-et-Marne.

Migret, tailleur de pierres, quai Bourbon, 25, Paris.

Miguet, bijoutier, rue Meslay, 2, Paris.

Milcent, comptable, Paris.

Milet, Camille, greffier, Périgueux, Dordogne.

Milh, négociant, rue Voltaire, Nantes.

Milhas, Victor, corroyeur, rue Saint-Sauveur, 22, Paris.

Milhaud, fabricant de chapeaux, Marseille.

Milhaud, négociant, Aix, Bouches-du-Rhône.

Milhaud, Perpignan, Pyrénées-Orientales.

Millet-Fontarabe, docteur-médecin, sénateur de la Réunion.

Milhy, Louis-Jules, brossier, chemin de la Gare, 10, Saint-Denis, Seine.

Millat, rentier, rue des Carrières, 7, Paris.

Millaud, Edouard, sénateur du Rhône, ministre.

Mille, restaurateur, rue du Juge-de-Paix, 23, Lyon.

Mille, quincaillier, Vieux-Palais, Toulon, Var.

Millepied, marchand-tailleur, rue de Richelieu, 102, Paris.

Miller, employé, à l'usine à gaz, Angoulême.

Millerand, Alexandre, avocat, député de la Seine.

Milleriot, Paul, marchand de bouchons, rue Lepeu, 24, Paris.

Millet, bijoutier, rue de Saintonge, 26, Paris.

Millet, négociant, rue de Richelieu, 92, Paris.

Millet, Auguste, limonadier, Grande-Rue, 40, Boulogne, Seine.

Millet, Numa, Capelle, Nord.

Millet, Toussaint, propriétaire, Pialène.

Millet-Lacombe, docteur-méd. rue de Nîmes, 18, Vichy, Allier.

Millet-Lacombe, Ferdinand-Léonard, avoc., Périgueux, Dordogne.

Millet-Saint-Pierre, dit de Saint-Pierre, route d'Argenteuil, 3, Sannois, Seine-et-Oise.

Millevoye, rentier, rue du Faubourg-du-Temple, 108, Paris.

Milliard, rue Marcadet, 175, Paris.

Millier, Alexandre, propriétaire, St-Denis, île de la Réunion.

Million, avocat, conseiller général et député du Rhône.

Million, Ferdinand, négociant, Albertville, Savoie.

Milliot, chauffeur-mécanicien, rue Saint-Jacques, 22, Paris.

Millochau, négociant en vins, rue de Rivoli, 82, Paris.

Millois, père, chapelier, Conlie, Sarthe.

Millot, courtier, rue de la Victoire, 88, Paris.

Millot, rentier, rue du Faubourg-du-Temple. 65, Paris.

Milly (de), Joseph-Auguste, fabricant de galoches, rue Montorgueil, 21, Paris.

Milsan, Vital-Antoine-Ludovic, constructeur-mécanicien, adjoint au maire, rue Centrale, 3, 'le Lacroix, Rouen.

Minard, tâcheron, Paris.

Minart, Arthur, artiste lyrique, rue Richebourg, 13, Rouen.

Mingaud, place du Busca, 5, Toulouse.

Mingaud, ingénieur, Bois-Colombes, Seine.

Mingaud, Paul, ingénieur. Paris.

Mingeaud, secrétaire de police, canton-ouest, Toulon.

Minier, rue de la Tranchée, 84, Tours.

Minot, comptable, rue de Montreuil, 20, Vincennes. Seine.

Minot, Nicolas, entrepreneur, Sombernon, Côte-d'Or.

Minville, Bordeaux.

Miny, Frédéric, rentier, Saint-Pierre-des-Corps, Indre-et-Loire.

Miolane, Antoine, traiteur, rue du Bourg-Tibourg, 6, Paris.

Miot, chamoiseur, Troyes, Aube.

Miot, Jules-Bernard, entrepreneur, rue Bénauge, Bordeaux.

Miou, Camille, mécanicien, rue Malar, 46, Paris.

Mique, père, employé, rue du Cours, 1, Billancourt, Seine.

Mique, fils, r. du Vieux-Pont-de-Sèvres, 121, Billancourt, Seine.

Miquel, Guillaume, premier maître-mécan., r. Neuve, 1, Toulon.
Miquet, aux Batignolles, Paris.
Miraben, J.-Aristide, avocat, Saintes, Charente-Inférieure.
Miral, Pierre, plâtrier, rue du Château-Payan, 28, Marseille.
Mirallet, battandier, rue de Belfort, 3, Lyon.
Mirambeau, Michel, tonnelier, rue Sainte-Croix, 3, Bordeaux.
Mirault, gantier, rue Oberkampf, 11, Paris.
Mirault, Julien-François, marchand-épicier, rue Violet, 6, Paris.
Mire, docteur-médecin, rue de Ménilmontant, 52, Paris.
Mironde, fabricant de dégras, rue de Flandre, 107, Paris.
Mirot, restaurateur, cours Marigny, Vincennes, Seine.
Miroy, Modeste, maire, La Sabotterie, Ardennes.
Miroy, Octave, négociant en grains, La Sabotterie, Ardennes.
Mirpied, rue Vézelay, 6, Paris.
Mirza, Abbas, étud. en médecine, r. du Montparnasse, 41, Paris.
Mirza, Abdullah, interprète de la légation de Perse, avenue
    d'Antin, 3, Paris.
Mirza, Nisam, élève-ingr des mines, boul. St-Michel, 41, Paris.
Miscopein, boucher, rue Lauriston, 76, Paris.
Miserey, maçon, Pacy-sur-Eure Eure.
Misme, Pascal, Lyon.
Missonnier, fabr. d'enseignes, rue du Vert-Bois, 43, Paris.
Mitenchey, Antoine, entrepreneur de charpente, rue des Prés, 15,
    Issy, Seine.
Mitrecey, étameur, rue des Trois-Couronnes, 43, Paris.
Mitrecey, fils, bijoutier, rue Ramponneau, 12, Paris.
Mittelhauser, comm. spécial à la gare, rue Petit-Roland, Reims.
Mivert, Albert, rentier, boulevard Pereire, 102, Paris.——
Moch, négociant, rue Saint-Sauveur, 50, Paris.
Moch, médecin-dentiste, rue d'Alger, 8, Amiens.
Mocquet-Lacoudray, propriétaire, Saint-Même, Charente.
Moëch, Jean, rentier, rue Saint-Honoré, 58, Paris.
Morel, employé de commerce, boul. des Capucines, 6, Paris.
Mogin, ouvrier tapissier, avenue de Clichy, 3, Paris.
Mohley, E., forgeron, rue de la Briche, Saint-Denis, Seine.
Mohs, Louis, coffres-forts, rue de Clairmarais, Reims.
Moigneaux, négociant en vins de Champagne, Dizy, Marne.
Moine, Eugène, employé, rue d'Enghien, 16, Paris.
Moinet, docteur-médecin, Rochefort, Charente-Inférieure.
Moinet, tenant l'hôtel des Deux-Mondes, Vichy, Allier.
Moinet, J.-Ch., doct.-méd., cours de l'Intendance, 55, Bordeaux.
Moinet-Trapet, charpentier, Savigny, Côte-d'Or.
Moingeard, rue Guillaume, 2, Dijon.
Moissy, marchand de vins, rue Balagny, Paris.
Moitié de Coulommiers, arch., pl. St-André-des-Arts, 22, Paris.
Molard, propriétaire, place de Miremont, 18, Vienne, Isère.
Molard, Jules, négociant, Crest, Drôme.

Molé, Charles, chef de musique au 28e de ligne, Nice, Alpes-M.

Molès, serrurier, Auch, Gers.

Molezun, cordonnier, Auch, Gers.

Molinard, négociant, Haï-Phong, Cochinchine.

Molinié, employé de comm., rue Ste-Catherine, 274, Bordeaux.

Molinié, Perpignan, Pyrénées-Orientales.

Molinier, Étienne, capitaine d'armes, Toulon.

Molinoz, fabricant de peignes, rue Saint-Martin, 323, Paris.

Moll, maître-tailleur au 9e d'artillerie.

Mollard, entrepreneur, Chambéry, Savoie.

Mollat, licencié en droit, rue Saint-Sauveur, 50, Paris.

Moller, ingénieur, rue Voltaire, 7, Nantes.

Mollet-Perrotat, cordonnier, La Charité, Nièvre.

Mollex, négociant, rue de Provence, 9, Paris.

Mollex, Louis, directeur de contentieux, r. de Crussol, 8, Paris.

Mollière, fabricant de soieries, rue d'Austerlitz, 11, Lyon.

Molteni, ingénieur-constructeur d'instruments de précision, rue du Château-d'Eau, 62, Paris.

Monal, Jean-Louis, pharmacien, rue des Dominicains, 8, Nancy.

Monash, négociant, Paris.

Monate, entrepreneur de maçonnerie, rue Saint-Etienne, Melun, Seine-et-Marne.

Monceau, Robert, négociant, Nevers, Nièvre.

Monceaux, Victor-Eugène, docteur-médecin, rue Charner et boulevard Bonnard, Saïgon, Cochinchine française.

Monchy (de), Alexand., avoué hon., r. des Remparts, 52, Bordeaux.

Mondenard, Adolphe, journaliste, cours de la Plateforme, Agen, Lot-et-Garonne.

Mondo, rue d'Angoulême, 43, Paris.

Mondolini, négociant, rue Saint-Denis, 277, Paris.

Mondon, Charles, chapelier, Châtellerault, Vienne.

Mondon, J.-Auguste, négociant, Vertheuil, Gironde.

Mondone, rue des Chapeliers, 14, Aix, Bouches-du-Rhône.

Mondoux, épicier, Cholet, Maine-et-Loire.

Monereau, nég. en vins, r. de l'Hôt.-de-Ville, Meulan, Seine-et-O.

Monet, brocheur, rue d'Assas, 8, Paris.

Monet, cafetier, rue de Belfort, 47, Lyon.

Monet, Jean-Baptiste, propriétaire, Bourdeaux, Drôme.

Moneyron, chapelier, rue Sainte-Hélène, 26, Lyon.

Monfrey, teinturier, chaussée de la Muette, 41, Paris.

Monge, menuisier, b. de Créteil, 174, St-Maur-les-Fossés, Seine.

Monget, sergent-major au 45e de ligne, Chambéry, Savoie.

Mongin, marchand aux ventes, rue Saint-Lazare, 4, Paris.

Mongin, représentant de commerce, rue Cail, 10, Paris.

Mongne, négociant, rue Lafayette, 48, Paris.

Mongrédien, coiffeur, rue des Dames, 16, Paris.

Monié, négociant, Agen, Lot-et-Garonne.

Monier, député, maire d'Orange, Vaucluse.
Monier, préfet.
Monier, rue aux Crottes, Marseille.
Monier, restaurateur, place de l'Intendance, Toulon.
Monière, fils, architecte-vérificateur, Paris.
Monin, boulevard Beaumarchais, 52, Paris.
Monin, Lyon.
Monin, Gaspard, ferblantier, aux Quatre-Chemins, Voiron, Isère.
Monin, Gustave, fabricant de chaussures, La Charité, Nièvre.
Monin, Louis-Etienne, cult., maire, Emerainville, Seine-et-M.
Monis, Ernest, avocat, député de la Gironde.
Monmarson, Louis, banquier, Périgueux, Dordogne.
Monmignon, employé, rue Saint-Merry, 26, Paris.
Monnereau, négociant, rue Richer, 47, Paris.
Monnereau, avoué, Saint-Girons, Ariège.
Monneret, Jérémie, commiss., rue du Pré, 48, St-Claude, Jura.
Monneron, fabr. de chapeaux, rue Sainte-Hélène, Lyon.
Monnet, négociant, rue des Dames, 58, Paris.
Monney, marbrier, rue de Charonne, 37, Paris.
Monniaud, employé, rue Bellefond, 27, Paris.
Monnier, maréchal-ferrant, Loriol, Drôme.
Monnier, boulanger, rue de l'Artillerie, St-Nazaire, Loire-Inf.
Monnier, Alfred, négociant, quai Moncousu, 22, Nantes.
Monnier, B., employé au télégraphe, Lons-le-Saunier, Jura.
Monnier-Pouthot, manufacturier, rue du Rois-de-Suède, 4, Su-
    resnes, Seine.
Monnot, Nevers, Nièvre.
Monod, préfet.
Monod, conseiller à la Cour de Cassation.
Monod, ébéniste, rue Jacquard, 26, Lyon.
Monot, Lyon.
Monptit, Jules-Arsène, maître-menuisier, Paris.
Mons, Elie, imprimeur, rue Arnaud-Miqueu, 3, Bordeaux.
Monsang, marchand-laitier, Paris.
Monsarlot, Rouen, Seine-Inférieure.
Montagne, Louis, négociant, boul. de Bonne-Nouvelle, 1, Paris.
Montagnié, rue Caraman, La Calle, Algérie.
Montagu, rue de l'Université, 103, Paris.
Montalan, avocat, rue de Lyon, 58, Lyon.
Montaland, rue de Paradis-Poissonnière, 24, Paris.
Montamat, François, commis des contributions indirectes,
    maison Deneits, quai Roquelaure, Auch, Gers.
Montané, député.
Montanet, Ph., rentier, cours d'Herbouville, 15, Lyon.
Montanier, J.-J., docteur-médecin, rue Saint-Honoré, 83, Paris.
Montassier, Jean, entrepreneur de travaux publics, rue Saint-
    Bruno, 7, Bordeaux.

Montaubéry, Tarbes, Hautes-Pyrénées.

Montchartre, opticien, rue Aumaire, 10, Paris.

Monteaux, Adelson, propr., rue N.-D.-de-Lorette, 10, Paris.

Montebello (comte de), G., min. plénipotentiaire en Belgique.

Montégout, Victor, employé à la Compagnie d'Orléans, Périgueux, Dordogne.

Monteigner, Jean-François, employé aux Hall   Mondétour, 8, Paris.

Monteil avocat, Caen.

Monteil Edgar, journaliste, conseiller municipal de Paris, conseiller général de la Seine.

Monteillet, capitaine en retraite, Montélimar, Drôme.

Monteils, docteur-médecin, Florac, Lozère.

Monteils, propriétaire, rue Palissy, Agen, Lot-et-Garonne.

Montel, rue de Bondy, 26, Paris.

Montel, Gille, propriétaire, marchand de musique, rue de Nîmes, Vichy, Allier.

Monternier, Lyon.

Montesquiou (comte de), propriétaire, rue Dupuytren, 9, Paris.

Montet, Emile, Nîmes.

Montet, Joannès, Villefranche, Rhône.

Montgohert, Jules-Firmin-François, artiste, Caen.

Monti, marchand d'ivoire, rue Bichat, 33, Paris.

Monticone, Désiré, cafetier, Royan, Charente-Inférieure.

Montjardet, négociant, rue Pajou, 48, Paris.

Montonier, préfet.

Montpillard, boulevard Arago, 1, Paris.

Monvoisin, repr. de commerce, boul. de Neuilly, Neuilly, Seine.

Moquet, garde principal du génie, attaché au ministère de la Guerre, avenue de Saxe, 12, Paris.

Morain, François, négociant, Chalon-sur-Saône.

Moraine, rue Saint-Denis, 192, Paris.

Morand, mécanicien, Paris.

Morand, rue Aubert, 1, Saint-Denis, Seine.

Morand, rebouteur, rue Saint-Sauveur, 49, Tours.

Morand, négociant, Billy, Allier.

Morard, voyageur, rue de Bourgogne, Orléans.

Moras employé de commerce, rue Saint-Sauveur, 14, Paris.

Morateur, boulanger, rue Delaborde, 44, Paris.

Morateur, Jean, propriétaire, Saint-Cyr-au-Mont-d'Or, Rhône.

Moratille, Jean, commis-négociant, Cognac, Charente.

Moreau, bijoutier, rue du Temple, 138, Paris.

Moreau, chef de bureau au ministère des Travaux publics, rue Boileau, 39, Paris.

Moreau, épicier, rue Notre-Dame-des-Victoires, 9, Paris.

Moreau, modeleur, rue de la Butte-Chaumont, 26, Paris.

Moreau, père, opticien, rue des Filles-du-Calvaire, 10, Paris.

Moreau, rue de la Gaîté, 5, Nogent-sur-Marne, Seine.

Moreau, ouvrier papetier, rue de la Longue-Echelle, Tours.

Moreau, ingénieur, conseiller municipal de Roubaix, conseiller général du Nord, Roubaix.

Moreau, limonadier, Laigle, Orne.

Moreau, Achille, entrepreneur, Saint-Denis, île de la Réunion.

Moreau, Alfred, Tizi-Ouzou, Algérie.

Moreau, Charles, emballeur, rue du Temple, 100, Paris.

Moreau, Emile, rue Notre-Dame, 45, Roubaix, Nord.

Moreau, Emile, Bois-le-Roi, Seine-et-Marne.

Moreau, Eugène, avocat, maire, place du Théâtre, 12, La Roche-sur-Yon, Vendée.

Moreau, François, marchand de vins, quai Moncousu, Nantes.

Moreau, Gaspard, négociant, Constantine, Algérie.

Moreau, Jean-François, propriétaire, rue Guimenard, 8, Saint-Denis, Seine.

Moreau, Paul, tourneur en faïence, Langeais, Indre-et-Loire.

Moreau, Pierre, négociant, Baignes-Ste-Radegonde, Charente.

Moreau, Victor, négociant, Lacouronne, Charente.

Moreau-Barbou, mécanicien, Entrains, Nièvre.

Moreau-Massin, négociant, Beaune, Côte-d'Or.

Moreaux, voyageur, rue du Marais, Nantes.

Moreaux, propriétaire, ancien maire de Saint-Denis, Seine, rue d'Argenteuil, 3, Sannois, Seine-et-Oise.

Morel, rue de La Rochefoucault, 51, Paris.

Morel, rue de Bretagne, 54, Paris.

Morel, rue Rollin, 19, Paris.

Morel, employé de commerce, boulevard St-Jacques, 12, Paris.

Morel, employé, rue de Sèvres, 82, Paris.

Morel, épicier, rue de Vaugirard, Paris.

Morel, layetier-emballeur, rue des Messageries, 7, Paris.

Morel, peintre de stores transparents, rue des Ecluses-Saint-Martin, 4, Paris.

Morel, teinturier-dégraisseur, rue de Tracy, 14, Paris.

Morel, peintre en lettres, Grande-Rue, 77, Boulogne, Seine,

Morel, gravatier, rue du Vieux-Chemin-de-Montmartre, 2, Saint-Ouen, Seine.

Morel, rue Aguado, 10, Gennevilliers, Seine.

Morel, Bureau de la Garantie, Besançon.

Morel, maître-armurier au 132e de ligne, Reims.

Morel, peigneur de lin, rue Daubenton, Roubaix, Nord.

Morel, déposit. d'eaux minérales, Grande-Rue, 3, Vienne, Isère.

Morel, peintre, Coulommiers, Seine-et-Marne.

Morel, Cyprien, Paris.

Morel, François, opticien, rue du Japon, 30, Paris.

Morel, Jean-Baptiste, plombier, route Départementale, 5, Saint-Cloud, Seine-et-Oise.

Morel, Joseph, employé, au Lycée de Vanves, Seine.
Morel, Joseph, march. de vins en gros, Pierrefond-l.-Bains, Oise.
Morel, Jules-Désiré, Lille.
Morel, Numa, peintre-décorateur, boulev. du Temple, 35, Paris.
Morel, Théophile, représentant de commerce, Dôle, Jura.
Morenas, Lyon.
Moréon, bottier, Valence, Drôme.
Moret, à Montmartre, Paris.
Moreteaud, J., entrepreneur du génie, Porquerolles, Var.
Moriceau, marchand de nouveautés à Asnières, Seine, et
    employé, rue Saint-Martin, 146, Paris.
Moriceau, G., restaurateur, place du Mathey, Orléans.
Morin, fab. de plumes, rue du Quatre-Septembre, 2, Paris.
Morin, chimiste, boulevard de l'Hôpital, 4, Paris.
Morin, comptable, rue du Pont-Neuf, 7, Paris.
Morin, limonadier, boulevard Bourdon, 17, Paris.
Morin, charpentier, rue de Lariche, 94, Tours.
Morin, capitaine d'infanterie en retraite, faubourg de Lorient,
    19, Kerentrech, Morbihan.
Morin, A., propriétaire, rue de Bellechasse, 50, Paris.
Morin, Charles, rue de la Fontaine-au-Roi, 32, Paris.
Morin, Delisse, pâtissier et homme de lettres, rue St-Pierre, 2,
    Royan, Charente-Inférieure.
Morin, Eugène-Marie, chimiste, essayeur du commerce, rue de
    Montmorency, 15, Paris.
Morin, F., essayeur du comm., rue Michel-le-Comte, 31, Paris.
Morin, Joseph, principal clerc de notaire, Guignes-Rabutin,
    Seine-et-Marne.
Morin, Paul, sénateur.
Morin, Pierre, menuisier, rue Lafayette, 243, Paris.
Morin, Saturnin, conseiller municipal de Paris, conseiller gé-
    néral de la Seine.
Morin-Bontems, négociant, Bonnétable, Sarthe.
Morineau, Nevers, Nièvre.
Morino, Edouard, colonel au 7e de ligne.
Morisot, Eugène, docteur-médecin, Independencia, 97, Valpa-
    raiso, Chili.
Morisseau, Jules, contre-maître serrurier, rue des Pommiers, 37,
    Bordeaux.
Morizot, représentant de commerce, r. des Jeûneurs, 10, Paris.
Morizot, Chambéry, Savoie.
Morlé, Auguste-Hippolyte, avoué, Nevers, Nièvre.
Mornier, Claude, tailleur, rue de Cléry, 32, Paris.
Morpurgo, Joseph, négociant, rue Saint-Jacques, 76, Marseille.
Morrey-Meugnot, sellier, rue de la Charbonnière, 5, Paris.
Morsent, limonadier, aux Andelys, Eure.
Morteau, aiguilleur au chemin de fer, Dôle, Jura.

Mortillet (de), G., maire de Saint-Germain-en-Laye, conservateur du Musée gallo-romain, député de Seine-et-Oise.

Mory, cordonnier, Villemaison-sur-Orge.

Moslard, voyageur de commerce, rue Saint-Martin, 196, Paris.

Mosny, négoc. en vins, rue de la Vannerie, 3, Melun, S.-et-M.

Mosny, Louis-Désiré, principal clerc de notaire, Coulommiers, Seine-et-Marne.

Mossan, Lucien, négociant, Valence, Drôme.

Mossé, négociant, cours Belzunce, 11, Marseille.

Mossé, David, propriétaire, Orange, Vaucluse.

Mossière, arbitre de commerce, agent voyer, rue Juiverie 10, Chambéry, Savoie.

Motard, typographe, rue de Clignancourt, 13, Paris.

Moté, Paul, tourneur, La Ferté-Bernard, Sarthe.

Motheau, propriét., conseiller mun., La Roche-sur-Yon, Vendée.

Motheau, Niort, Deux-Sèvres.

Mothereau, Louis-Arm., comptable, r. du Chevaleret, 28, Paris.

Mouchet, ingénieur civil, Chaumont, Haute-Marne.

Mouchette, Didier, entrepreneur, Périgueux, Dordogne.

Mouchot, cafetier-restaurateur, Charleville, Ardennes.

Moucot, Alphonse, négociant en papiers peints, rue des Jacobins, 10 et 12, Caen.

Mougin, marchand de couleurs, Paris.

Mougin, avocat, Grasse, Alpes-Maritimes.

Mougin, imprimeur, Remiremont, Vosges.

Mouginot, ébéniste, rue de Charenton, 48, Paris.

Mougnon, fils, rue des Vertus, 19, Paris.

Mouillard, Léon, élève en pharmacie, Caen.

Mouillien, Parthenay, Deux-Sèvres.

Mouillot, père, contre-maître, rue Oberkampf, 122, Paris.

Mouillot, fils, employé, rue, Oberkampf, 122, Paris.

Moulin, comptable, rue Roussin, 70, Paris.

Moulin, rue des Carmes, Orléans.

Moulin, peintre, Gournay, Seine-Inférieure.

Moulin, marchand de bois, Marnay, Aube.

Moulin, Pierre-Michel, chaudronnier, rue du Vieux-Chemin-de-Couéron, Nantes.

Moulin-Juffoy, fabricant de meubles, Mamers, Sarthe.

Moulin-Neuf, Eugène, comptable, Nantes.

Moulins, A., maître de chai, rue St-Jacques, Béziers, Hérault.

Moulins, Prosper-Michel, rue Saint-Dizier, Nancy.

Moullon, Sylvestre, négociant, Cognac, Charente.

Moulnier, Théodore, trésorier-payeur général à Tulle, Corrèze, puis percepteur des contributions directes à Bordeaux.

Mouly, ébéniste, rue du Clos-Suiphon, 13, Lyon.

Mouly, Jean, employé, rue de l'Echiquier, 4, Paris.

Mounier, bourrelier, rue du Rivage, Nevers, Nièvre.

Mounier, J., négociant, rue du Commerce, 12, Nevers, Nièvre.
Mouquot, rue de la Cour-des-Noues, 6, Paris.
Mourain, Alexandre, propriétaire, Bourgneuf, Seine-Inférieure.
Moureau, estampeur, rue des Gravilliers, 21, Paris.
Mourey, Charles, voyageur de commerce, Dôle, Jura.
Mourey, Etienne, chef-armurier, rue Saint-Louis, 5, Toulon.
Mourgues, Didier, graveur sur pierres, rue Poinsot, 9, Paris.
Mourguez, boucher, Philippeville, Algérie.
Mourichon, rue de Rennes, 126, Paris.
Mourier, fabricant de cols et cravates, rue du Faubourg-
   Montmartre, 80, Paris.
Mourquin, Joseph, couvreur, rue de la Boucherie, Nancy.
Mourret, Auguste, propriétaire, Soisy-sous-Etioles, S.-et-Oise.
Mourud, rue des Carmes, Orléans.
Moury-Bey, rue Singer, 13, Paris.
Moussard, Paris.
Mousse, passage Tivoli, 11, Paris.
Mousseaux, Denis-Eugène, maire, Maslins.
Mousseron, fabricant d'appareils de chauffage, rue Saint-
   Gilles, 17, Paris.
Mousset, Lyon.
Mousson, lampiste, Oran, Algérie.
Mousson, Aristide, lampiste, Mascara, Algérie.
Moussu, Louis, médecin-dentiste, Brives, Corrèze.
Moussy, négociant en grains, rue de Charenton, 8, Paris.
Mousty, Victor-Joseph, fabricant de nécessaires, rue de la Ver-
   rerie, 56, Paris.
Moutard, propriétaire, Paris.
Moutard, propriét., au château de la Gravette, Eymet, Dordogne.
Mouton, propriétaire, Cambrai, Nord.
Mouton, négociant, Grasse, Alpes-Maritimes.
Mouton, G., doct.-médecin, r. du Faub.-St-Antoine, 119, Paris.
Mouton, Louis-Isidore, négociant en vins, Soissons, Aisne.
Moutte, négociant, Oran, Algérie.
Moutte, Charles-Emile, journaliste, conseiller général du Var.
Moutton, Lyon.
Mouvet, Charles, rue du Four, 15, Paris.
Mouzon, garde du génie, Vincennes, Seine.
Moyencourt (de), architecte, rue Duperré, 12 bis, Paris.
Moyne, sous-préfet.
Moyse, Alexandre, march. de chevaux, rue de Berry, 16, Paris.
Moyse, Louis-Alfred, lieutenant de vaisseau, Toulon.
Moyse, Pierre, sculpteur, avenue de Saxe, 15, Paris.
Muchsy, employé au Crédit lyonnais, rue Adamoli, 2, Lyon.
Muguet, Lyon.
Muhlberg, rue de Montmorency, 34, Paris.
Muler, comptable, rue de Clignancourt, 71, Paris.

Mulleman, Auguste, tôlier, rue de La Chapelle, 45, Paris.
Müller, commis, rue des Petites-Ecuries, 57, Paris.
Muller, employé d'hôtel, rue de Rivoli, 228, Paris.
Müller, marchand-tailleur, r. de la Chaussée-d'Antin, 41, Paris.
Muller, docteur-médecin, rue de Rocroi, 1, Paris.
Muller, Lyon.
Muller, direct. de la Compagnie des tramways, r. Vauban, 2, Lille.
Muller, contrôleur principal des Messageries du Midi et du Commerce, Toulouse.
Müller, Ernest, rue de la Jussienne, 6, Paris.
Muller, Charles, marchand de courroies, articles d'usines, Charleville, Ardennes.
Muller, Jean, entrepreneur, Valence, Drôme.
Muller, Christian, Nice, Alpes-Maritimes.
Muller, Edouard, rentier, rue de l'Orangerie, 28, Versailles.
Muller, Georges, courtier en laines, rue de Chativesle, Reims.
Muller, L., rue Mouffetard, 76, Paris.
Muller, N., chef de gare, Longwy, Meurthe-et-Moselle.
Mulot, tailleur, rue Joubert, 5, Paris.
Mulot, huissier près le Tribunal civil de 1re instance, rue Saint-Vivien, 67, Rouen.
Muneret, garde forestier, Batna, Algérie.
Munetrez, Antoine, propriétaire, rue Saint-Nicolas, 16, Nancy.
Munich, J.-B.-Amand, ancien brasseur, rentier, Malleville-lès-Nancy, Meurthe-et-Moselle.
Munier, architecte, quai de Jemmapes, 174, Paris.
Munier, rentier, rue du Faubourg-du-Temple, 24, Paris.
Munier, boulevard de Strasbourg, 116, Boulogne, Seine.
Munier, rue Fessart, Boulogne, Seine.
Munzer, François, négociant, rue Fénelon, 7, Paris.
Murac, Pierre, boulanger, rue Fondaudège, 201, Bordeaux.
Murat, architecte, avenue de Saint-Mandé, 86, Paris.
Murat, charron, rue Lauriston, Paris.
Murat (de), entrepr. de maç., b. du Montparnasse, 157, Paris.
Murat, ouvrier lampiste, place Châteauneuf, Tours.
Murat, André, mécanicien, rue de Sambre-et-Meuse, 28, Paris.
Murat, François, fabricant de bijoux, conseiller municipal de Paris, conseiller général de la Seine.
Murat, Jules, vernisseur de la Mare, 53, Paris.
Muret, Lyon.
Muscat, Henri, négociant, rue Bancasse, Avignon.
Musler, Hugo, brasseur, rue du Jour, Bordeaux.
Musset, typographe, rue Jean-Jacques-Rousseau, 80, Paris.
Mussy, Lyon.
Mustapha-Calda, caïd, Renehla, Algérie.
Mutin, charpentier, rue des Aubépines, 25 bis, Colombes, Seine.
Muxart, employé, rue de la Prévoyance, 14, Vincennes, Seine.

Muzard, propriétaire, rue Saint-Maur, 89, Paris.
Muzzarelli, ancien officier du génie, ingénieur, cours de Vincennes, 17, Saint-Mandé, Seine.

N

Nabonne, Ludger, secrét. d'ambassade, r. St-Honoré, 408, Paris.
Nachon, Chalon-sur-Saône.
Nadaud, docteur-médecin, Ruffec, Charente.
Nadaud, F.-Henri, insp. des cimetières, r. Sullivan, 13, Bordeaux.
Nadaud, Martin, ouvrier maçon, préfet, député de la Creuse, questeur de la Chambre des Députés.
Nagiel, commis, Bordeaux.
Nagle, directeur-adjoint de la Compagnie du gaz, Port-Louis, île Maurice.
Naillot, cafetier-restaurateur, rue de la Caille, 1, Lyon.
Najean, avocat, Neufchâteau, Vosges.
Nal, Stanislas, propriétaire, Luc-en-Divis, Drôme.
Nalbert, sculpteur, Angoulême.
Nano, Christian, sous-préfet.
Nano, Georges, ingénieur des ponts et chaussées, rue d'Arcole, 15, au Mans, Sarthe.
Nantet, tourneur, rue de l'Echiquier, 7, Paris.
Naquet, Alfred, professeur, député et sénateur du Vaucluse.
Naquet, Gustave, journaliste, préfet.
Narbonne, aîné, teinturier, c. du Canal, Agen, Lot-et-Garonne.
Nardi, Aug., fab. de chapeaux de paille, pl. St-Pierre, 2, Toulon.
Nardin, Paul, cafetier, Remiremont, Vosges.
Nardon, peintre-plâtrier, Gde-Rue-de-la-Croix-Rousse, 50, Lyon.
Nathan, appareilleur-gazier, rue du Temple, 189, Paris.
Nathan, Isidore, négociant, rue des Carmes, 40, Nancy.
Nathan-Cerf, Lyon.
Natter, Charles-Céleste, rue du Rocher, 54, Paris.
Natuel, maçon, rue de Marseille, 15, Paris.
Naudain, Antoine, charron-forgeron, r. d'Hautpoul, 19 bis, Paris.
Naudet, boulanger, Grande-Rue, Nemours, Seine-et-Marne.
Naudet, maître d'hôtel, Loches, Indre-et-Loire.
Naudin, artiste, rue de la Pépinière, 61, Paris.
Naudin, propriétaire, rue Saint-Martin, 8, Paris.
Naudin, cordonnier, rue Lecomte, 13, Sèvres, Seine-et-Oise.
Naudin, Laurent, fab. de pianos, pl. de l'Intendance, 1, Toulon.

Naulet, tailleur, rue du Jour, 13, Paris.

Naupot, Alexandre-Legrand, artiste lyrique, Bordeaux.

Nausot, employé, rue des Lions-Saint-Paul, 4, Paris.

Nauzais, avocat, rue des Ecoles, 50, Paris.

Navardet, rue des Singes, 7, Paris.

Navarre, docteur-médecin, conseiller municipal de Paris, conseiller général de la Seine.

Navarre, marchand de vins, rue de Montmorency, 6, Paris.

Navelle, J.-H., entrepr. de plâtrerie, Charleville, Ardennes.

Neau, Jean-Pierre, fabricant, rue des Gravilliers, 29, Paris.

Nebout, maire de Lachapelle, Lot-et-Garonne.

Nedonchelle, propriétaire, boulevard Barbès, 20, Paris.

Née, Nevers, Nièvre.

Neeger, rue Halévy, 2, Paris.

Neel, officier supérieur en retraite, rue Corbeau, 17, Paris.

Nefftzer, homme de lettres, Paris.

Nègre, confiseur, Grasse, Alpes-Maritimes.

Nègre, Louis-Nicolas-Barthélemy, entrepreneur de transports, rue Compoise, Saint-Denis, Seine.

Nègre, Théophile, directeur d'assurances, Bordeaux.

Neil, charpentier, St-Cyr-au-Mont-d'Or, Rhône.

Neillier, fils, employé, rue des Vosges, 7, Paris.

Nélaton, entr. des Montrougiennes, av. de Châtillon, 113, Paris.

Néoclès, rue d'Assas, 42, Paris.

Nérat de Lesguisé, off. comptable en retraite, Ténès, Algérie.

Nérot, avocat, rue de la Ferme-des-Mathurins, 28, Paris.

Nesme, marchand de vins en gros, porte de Belleville, Gleizé, Rhône.

Nessler, Alger.

Netter, négociant, rue Pierre-Lescot, 5, Paris.

Netter, Félix, nég. en eaux gazeuses, rue des Elus, 16, Reims.

Neu, Justin, négociant, boulevard de Bonne-Nouvelle, 31, Paris.

Neu, Maurice, négociant, boulev. de Bonne-Nouvelle, 31, Paris.

Neumann, passage Jouffroy, 34, Paris.

Neumarck, Lucien, empl. de commerce, rue d'Aboukir, Paris.

Neumarck, Maurice, ancien tailleur, Paris.

Neumark, Maurice, négociant, président du Conseil des prud'hommes, conseiller municipal, rue de Talleyrand, 2, Reims.

Neustift, commis, cour des Petites-Ecuries, 18, Paris.

Neuvy, Constant, ancien négociant, rentier, quai Saint-Pierre-des-Corps, Tours.

Neveu, tapissier, rue Vaneau, 22, Paris.

Neveu, vérificateur spéc. en fumisterie, rue Mabillon, 18, Paris.

Neveu, Adrien, maréchal-ferrant, Dampierre-sur-Avre, E.-et-L.

Neveu, Jacques, rue de Paris, Saint Denis, Sein..

Neveux, employé, rue de Rambuteau, 84, Paris.

Neveux, menuisier en voitures, rue Neuve-du-Maine, Paris.

Newton, Philippe-Louis, Saint-Denis, île de la Réunion.
Neymark, employé, rue du Chaume, 11, Paris.
Nicaise, docteur-médecin, boulevard Saint-Germain, 74, Paris.
Nicaise, entrepreneur de maçonnerie, Palaiseau, Seine-et-Oise.
Nicaise, greffier de la justice de paix, La Ferté-Alais, Seine-et-O.
Nicaise, Auguste-Paul, voyag. de comm., r. des Dames, 4, Paris.
Nicaise, Nicolas-Alphonse, cap. au 2e spahis, Mascara, Algérie.
Nicaisse, march. de vins-restaurateur, r. des Champs, 43, Paris.
Nicaut, bijoutier, rue Greneta, 5, Paris.
Nico, Movilla, rue Laffitte, 42, Paris.
Nicolaï, Henri, professeur de musique, r St-Thiébault, Nancy.
Nicolas, ruc de Caumartin, 2, Paris.
Nicolas, employé, rue de Lesdiguières, 7, Paris.
Nicolas, employé, rue Ramey, 21, Paris.
Nicolas, limonadier, boulevard de Sébastopol, 121, Paris.
Nicolas, Lyon.
Nicolas, secrétaire à la mairie de Caluire, Rhône.
Nicolas, André, propriétaire, Orange, Vaucluse.
Nicolas, Auguste, Grande-Rue, 103, Bessèges, Gard.
Nicolas, Célestin, instituteur, Crupies, Drôme.
Nicolas, Jean, négociant, Lurcy-Lévy, Allier.
Nicolas, Jules, restaurateur, rue Saint-Martin, 94, Paris.
Nicolau, Grande-Rue-la-Réal, Perpignan, Pyrénées-Orientales.
Nicolau, Joseph, négoc., r. du Grand-Chemin, 33, Cette, Hérault.
Nicole, administrateur des Chambres Syndicales, boulevard du
   Palais, 11, Paris.
Nicole, tapissier, rue de Charonne, 5, Paris.
Nicole, rue de l'Alma, 23, au Havre.
Nicole, Gustave-Eugène, directeur du *Mémorial Cauchois*, rue
   des Prés, Fécamp, Seine-Inférieure.
Nicolet, sous-préfet.
Nicolet, rentier, ancien major de la Confédération Suisse, rue
   Julien-Lacroix, 103, Paris.
Nicolet, capit. commandant le dépôt des haras, Bône, Algérie.
Nicolini, César-Vincent, commis aux écrit., r. Neuve, 8, Toulon.
Nicolini, Clément-Honoré, capitaine au cabotage, rue de la
   Pomme-de-Pin, 60, Toulon.
Nicolle, march. de vins, restaurat., rue de Turenne, 113, Paris.
Nicolle, marc. de comest., boulevard de la Gare, 3, Ivry, Seine.
Nicolle, Jean-Jacques, capitaine de navire, Caen.
Nicolle, Louis, rédacteur en chef de la *Vigie de Dieppe*, rue des
   Tribunaux, 7, Dieppe, Seine-Inférieure.
Nicot, rue de Beaune, Chagny, Saône-et-Loire.
Nicoullaud, avocat, Alexandrie, Égypte.
Nicourt, Eugène-Adrien, cultivateur, Crécy-Couvé, Eure-et-Loir.
Nida, employé d'hôtel, ue de Rivoli, 228, Paris.
Nidard, docteur-médecin, Sainte-Menehould, Marne.

Niémers, J.-Charles, bijoutier, rue de Montmorency, 25, Paris.

Nier, rue du Four-des-Filles, 3, Nîmes.

Niggli, rue Baunier, Orléans.

Nigon, imprimeur, rue de la Poulaillerie, 2, Lyon.

Nigon, fils, Lyon.

Nils, Jean, cordonnier, passage Brady, 3, Paris.

Ninet, Eugène, Société des déchets, r. de Venise, 27, Reims.

Ninet, Léon-Adeline, rentier, Mascara, Algérie.

Ninet-Pertenne, négociant en déchets, boulev. Cérès, Reims.

Ninvil-Duliepre, négociant, Jacmel, Haïti.

Niquet, rue de la Procession, 1, Boulogne, Seine.

Nivelle, fabricant de chaussures, rue de l'Aqueduc, 54, Paris.

Nivelle, Eugène, employé de commerce, Paris.

Nivelle, Jules, marchand de chauss., r. de Turbigo, 14, Paris.

Nivert, mécanicien, rue des Enfants-Rouges, 7, Paris.

Nivet, pharmacien, rue Saint-Charles, 3, Paris.

Nivet, Xavier, étudiant en médecine, boulevard Saint-Michel, 36, Paris.

Nivière, rentier, rue Saint-Lazare, 101 *bis*, Paris.

Nivois, fabricant, rue Aumaire, 43, Paris.

Nivoley, employé, rue Félix, 38, Levallois-Perret, Seine.

Nizard, banquier, Montmorency, Seine-et-Oise.

Nizard, Ernest, marchand de vins, rue Coquillière, 26, Paris.

Noble, Lyon.

Noblet, entrep. de peinture, rue du Bourg-Tibourg, 13, Paris.

Norblin, Aimable-Emile, rentier, Moncteau, Yonne.

Noblot, Henri, négociant, Bordeaux.

Noblot, Théophile, marchand de gants, conseiller général et député de Meurthe-et-Moselle.

Noché, couvreur, rue de Montholon, Paris.

Nocher, fruitier, rue Richard-Lenoir, 4, Paris.

Nodon, horloger, rue Saint-Maur, 53, Paris.

Nodot, commis-voyageur en chapellerie, pl. Rouville, 1, Lyon.

Noé, Léonce, chemisier, cour de l'Intendance, 7, Bordeaux.

Noël, rue des Deux-Ecus, 25, Paris.

Noël, fab. de couverts en étain, r. de la Roquette, 25, Paris.

Noël, piqueur, rue de Ponthieu, 21, Paris.

Noël, rentier, rue de la Folie-Méricourt, 90, Paris.

Noël, représentant de commerce, rue d'Abbeville, 3, Paris.

Noël, rue Dumoutier, 21, Aubervilliers, Seine.

Noël, liquoriste, rue de la Pyramide, 12, Lyon.

Noël, dentiste, place des Dames, Nancy.

Noël, docteur-médecin, Noyers-Saint-Martin, Oise.

Noël, notaire, Varudel, Loire-Inférieure.

Noël, agent d'assurances, Batna, Algérie.

Noël, Adonis, couvreur, Grande-Rue, 30, Saint-Mandé, Seine.

Noël, Ch.-Prosper, avocat, av. du Palais, St-Cloud, Seine-et-Oise.

Noël, Henri, capitaine retraité, rue du Quartier-de-Cavalerie, 71, au Mans, Sarthe.

Noël, Xavier, couvreur, Grande-Rue, 30, Saint-Mandé, Seine.

Noël, dit Winderling, dentiste, rue Stanislas, Nancy.

Nogaret, avocat, rue Bourdaloue, 3, Paris.

Nogier, bijoutier, rue Saint-Sébastien, 50, Paris.

Nogué, greffier du Trib. de simple pol., Perpignan, Pyrén.-Orient

Noguères, Noël, mécanicien, La Seyne, Var.

Noirbenne, négociant, Boulogne-sur-Mer, Pas-de-Calais.

Noirfalise, menuisier, rue du Faubourg-Saint-Denis, 17, Paris.

Noirot, Alphonse-Xavier, avocat, conseiller général et député de la Haute-Saône, sous-secrétaire d'Etat.

Noirot, Pierre-Alfred, rue Saint-Honoré, 151, Paris.

Noizelet, Ernest, tourneur en cuivre, rue du Foin, 6, Paris.

Noizette, typographe, rue du Faubourg-Saint-Martin, 99, Paris.

Nolane, lithographe, r. Rifle-Rafle, 11, Aix, Bouches-du-Rhône.

Nolent, Eugène, négociant en rouennerie, Charleville, Ardennes.

Nollant, carrossier, boulevard Gouvion-Saint-Cyr, 54, Paris.

Nollot, Paul-Hippolyte, employé, rue des Tournelles, 3, Paris.

Nolot, Lyon.

Nomdedeu, Perpignan, Pyrénées-Orientales.

Noppe, Alfred-Louis, caissier, rue de Fourcy, 16, Paris.

Noral, employé de commerce, rue Ramey, 9, Paris.

Norin, entrepreneur, Paris.

Normand, Julien, plombier, rue des Filles-Dieu, 27, Paris.

Normand, Stanislas, négociant, quai des Constructions, Nantes.

Normandie, Pierre-Adrien, officier d'infanterie, Caen.

North, employé, quai de Valmy, 165, Paris.

Nospelt, Charles, maître-sellier de la remonte, Caen.

Notelle, publiciste, Paris.

Noualhier, propriétaire, Limoges.

Nouette-Delorme, Charles, conseiller général.

Nouguès, négociant en rouennerie, rue Saint-Etienne, Agen, Lot-et-Garonne.

Nouguès, Raymond, charp., rue des Enbans, Agen, Lot-et-Gar.

Noubaud, propriétaire, Limoges.

Nourrac, Toulouse.

Nouricel, Emile, cartonnier, rue d'Aboukir, 43, Paris.

Noury, rue de Crussol, 4, Paris.

Nouveau-Besnard, propriétaire, rue de Boisdenier, Tours.

Nouvel, Edmond, employé laitier, Paris.

Nouvelle, Georges.

Nouvellement, entrepreneur, Chambéry, Savoie.

Nouvion, Jules-Paulin, instituteur, Bay, Ardennes.

Novel, Pierre, parfumeur, rue de l'Odéon, 20, Paris.

Novoleski, march. de lunettes, promenade du Port, Angoulême.

Noyant, boutonnier, à Lariche-Extra, Tours.

Nuel, instituteur, cours Lafayette, 130, Lyon.
Nugue, M., miroitier, Vieux-Chemin-de-Rome, 76, Marseille.
Nugues, rentier, Grenoble, Isère.
Nugues-Durand d'Auxy, Alfred, propriétaire, Coublevie, Isère, et rue Soufflot, 20, Paris.
Nys, Florimond, inspecteur des tramways, sentier des Hautes-Voies, Wattrolos, Nord.

O

Oberté, Paul, commis-nég., rue Cassini, 18, Nice, Alpes-Marit.
Ode, docteur-médecin, rue Duleau, Arles, Bouches-du-Rhône.
Odin, limonadier, rue des Gravilliers, 26, Paris.
Odin, mécanicien, rue Sébastien-Gryphe, 132, Lyon.
Odobey, cadet, négociant en horlogerie, Morez, Jura.
Odoin, rue Rochechouart, 58, Paris.
Offenbach, Jos., commis, rue du Louvre, 17, Paris.
Offermann, Léopold, ingén.-mécan., avenue Parmentier, Paris.
Officier, Edimbourg, Ecosse.
Offrey, employé, rue Sophie-Germain, 14, Paris.
Oger, Edouard, voyageur de commerce, Périgueux, Dordogne.
Ohleyer, fabricant de voitures rue Saint-Honoré, 217, Paris.
Olive, rue de Viarmes, 16, Paris.
Olive, négociant, rue Bleue, 3, Paris.
Olive, Jacques, peintre, rue Nicolas-Laugier, Toulon.
Olivier, agent d'affaires, impasse Grandière, Tours.
Olivier, zingueur, Palaiseau, Seine-et-Oise.
Olivier, propriétaire, Oran, Algérie.
Olivier, Benoît, aux Martignes, Bouches-du-Rhône.
Olivier, Guillaume, entrep. de couverture, rue de Belleville, 119, Bordeaux.
Olivier, Joseph, teinturier, rue Saint-Genès, 20, Bordeaux.
Olivier, Pascal, limonadier, rue de Grenelle, 157, Paris.
Olivier, dit Segundo, gymnas., boul. de Strasbourg, 74, Paris.
Ollivier, agent-voyer, rue du Marché, 8, Nantes.
Ollivier, route de Paris, 27, Vincennes, Seine.
Ollivier, avocat, Loriol, Drôme.
Ollivier, Auguste, notaire, Félines, Drôme.
Ollivier, juge-président, Karikal, Indes françaises.
Ollendorff, Paul, chef du bureau des musées et expositions, au ministère, direction des Beaux-Arts.

Onaud, lithographe, rue des Hauts-Pavés, 20, Nantes.
Onillon, bijoutier, rue des Fontaines, 10, Paris.
Onillon, Mathurin, rentier, boulevard Saint-Michel, 26, Paris.
Onimus, docteur-médecin, rue Lafayette, 90, Paris.
Oppeneau, Claude, tonnelier, rue de La Chapelle, 47, Paris.
Oppert, professeur, rue de Grenelle, Paris.
Opportun, F., marchand-tailleur, rue de Rivoli, 49, Paris.
Opportun, H., employé au Chemin de fer du Nord, rue de Beaune, 12, Paris.
Orange, maréchal-ferrant, rue du Pont-aux-Choux, 8, Paris.
Orban, teintur., chez M. Bourdier, r. Vieille-du-Temple, 42, Paris.
Orcel, rentier.
Orchampt, Paul, dit Gustave, entrepreneur, rue Neuve-des-Meuniers, 54, Lille.
Orcibal, Eugène, employé, Villefort, Lozère.
Ordéga, Casimir, négociant, maire de Mussidan, Dordogne.
Ordinaire, Dionys, professeur, journaliste, député du Doubs.
Ordioni, Toussaint, sous-lieutenant à la garde républic., Paris.
Ordonneau, menuisier, au Poiré, Vendée.
Orême, chapelier, Beaune, Côte-d'Or.
Oriol, Hubert, entrepreneur de vidanges, Vincennes, Seine.
Orlanducci, Charles, sergent-major, Périgueux, Dordogne.
Orlhac, entrepreneur de transports, rue de l'Essai, 3, Paris.
Orly, A., négociant, rue de l'Hôtel-de-Ville, Nantes.
Ormesson (comte d'), préfet.
Ormières, docteur-médecin, rue Bergère, 19, Paris.
Ornières, Louis-Auguste, docteur-médecin, Saint-Denis, île de la Réunion.
Orré, F., négociant, boulevard Delorme, 14, Nantes.
Orré, Félix, propriétaire, Saint-Pierre, île de la Réunion.
Orsaud, Joseph-Etienne, employé, Constantine, Algérie.
Orseau, entrepreneur, Boin, Vendée.
Orsec, propriétaire, Boin, Vendée.
Orsel, employé au port, Philippeville, Algérie.
Orsoni, garde-caisse à la poste aux lettres, Bône, Algérie.
Orligé, Jean, capitaine au long-cours, Bordeaux.
Ortion, propriétaire, rue Châteaubriand, 17, Nantes.
Ory, imprimeur, chaussée du Maine, 172, Paris.
Oscar, avenue Montaigne, 99, Paris.
Osché, cimentier, rue Florian, 26, Paris.
Osmoy (comte d'), Charles-François-Romain, préfet, conseiller général et sénateur de l'Eure.
Oss, tailleur, rue de Surtine, 6, Paris.
Osselin, père, Paris.
Osselin, fils, rue du Faubourg-du-Temple, 124, Paris.
Oster, fab. de meubles, r. des Immeubles-Industriels, 1, Paris.
Ostermann, Laurent-Auguste, pât.-conf., Charleville, Ardennes.

Oudet, conseiller général et sénateur du Doubs.

Oudet, François, propriétaire, Châtel-Blanc, Doubs.

Oudinot, avenue des Batignolles, 77, Saint-Ouen, Seine.

Ougier, comptable, boulevard Voltaire, 144, Paris.

Oulon, directeur de bureau de placement, r. de la Roquette, 4, Paris.

Oulry-Godchaux, négociant, av. de Neuilly, 104, Neuilly, Seine.

Ournac, Camille, négociant, rue des Abeilles, 4, Toulouse.

Ouster, doreur sur métaux, rue Caroline, 5, Paris.

Oustry, préfet, conseiller d'Etat,

Outhier, Gustave, capitaine au 3e bataillon de chasseurs à pied, Boulogne-sur-Mer, Pas-de-Calais.

Ouvrard, Eugène, marchand de bois, rue Crucy, Nantes.

Ouvrard, Frédéric, marchand de bois, rue Crucy, Nantes.

Ouvrier-Bonnaz, crieur aux ventes, avenue du Chemin-de-Fer, Epinay, Seine.

Oven, Henry, comptable, Toulon.

Ovion, docteur-médecin, Boulogne-sur-Mer, Pas-de-Calais.

Ozanne, employé, boulevard de Clichy, 20, Paris.

Ozanne, Abel-Henri, propriétaire, Caen.

Ozanne, Hyppolyte-Adrien, commerçant, Caen.

Ozenne, rue Gozlin, 16, Paris.

P

Pacaud, peintre, Cusset, Allier.

Pacaud, Paul, maître d'hôtel, Valence, Drôme.

Paccard, avenue de Saxe, 79, Lyon.

Pacifique, maître de gymnase, Tours.

Pacot, aîné, Orléansville, Algérie.

Pacra, artiste lyrique.

Pacteau, rue de l'Hospitalité, 16, Tours.

Padovani, Paul-Joseph, sous-officier au 1er bataillon d'infanterie légère d'Afrique, Mascara, Algérie.

Page, artiste chorégraphique, Paris.

Page, passementier, rue Quincampoix, 80, Paris.

Pagé, Florent, conducteur de travaux, Sarlat, Dordogne.

Pageot, fabricant de vernis, rue Saint-Nicolas, 20, Paris.

Pageot, fondeur, rue d'Aubuton, Nantes.

Pagès, professeur de littérature et de langue française, rue Duguay-Trouin, 3, Paris.

Pagès, Alais, Gard.

Paget-Lupicin, homme de lettres, rue Racine, 12, Paris.

Pagny, Armand-Henri, commis-négociant, Caen.

Pagny, Félix, restaurateur, Caen.

Paillard, mécanicien, rue des Trois-Bornes, 19, Paris.

Paillard, peintre, rue de Montholon, 5, Paris.

Paillery, propriétaire, Philippeville, Algérie.

Paillet, Pierre-Victor, hôtel St-Joseph, r. de la Serpe, 9, Tours.

Pailliet, Théophile, jurisconsulte, rue Papillon, 4, Paris.

Paillot, négoc.-émailleur, cité Riverin, 5, r. de Bondy, 74, Paris.

Pain, fabricant de plumes, rue Sainte-Apolline, 9, Paris.

Pain, tailleur de pierres, rue Malar, 29, Paris.

Pain, Olivier, journaliste.

Pain-Fleury, Louis-Franç.-Félix, march. de passementerie, Caen.

Painchard, Angel-Paul, trésorier de la marine, Caen.

Pairault, Ernest-Albert, Saint-Pierre, Martinique.

Paire, rue des Panoyaux, Paris.

Pajot, François-Christophe, vétérinaire, député du Cher.

Palanque, Franç., employé, chemin de la Gare, Béziers, Hérault.

Palermi, artiste, rue d'Antin, 12, Paris.

Palinski, fab. de moules à cigarettes, rue du Dragon, 22, Paris.

Palissier, Léopold, ostréiculteur, Fouilloux, Charente-Infér.

Palisson, Nevers, Nièvre.

Pallade, entrepreneur de maçonnerie, av. Daumesnil, 54, Paris.

Palladre, Louis, préposé en chef à l'octroi, Libourne, Gironde.

Pallain, directeur au ministère des Finances, directeur général des Douanes, conseiller d'État, Paris.

Paller, Auguste, employé de commerce, Nancy.

Pallez, négociant, Château-Thierry, Aisne.

Palliser, négociant, Alger.

Pallon, Louis, employé aux Messageries maritimes, cours Saint-Louis, 52, Bordeaux.

Pally, avoué, député des Bouches-du-Rhône.

Pamélard, représentant de commerce, conseiller municipal, faubourg de Tournai, 65, Lille.

Pams, Jules, négociant, Perpignan, Pyrénées-Orientales.

Pams-Bohé, propriétaire, Port-Vendres, Pyrénées-Orientales.

Pancard, brasseur, cours Lafayette, 145, Lyon.

Panchet, Armand, négociant en vins, au Mans, Sarthe.

Panchot, mécanicien, avenue du Champ-de-Mars, maison Blanchard, Chambéry, Savoie.

Pandelle, Edouard, Saint-Denis, île de la Réunion.

Panisset, Lyon.

Pannelier, avenue du Maine, 76, Paris.

Pannemaker, Stéphane, fils, grav. de la Banque de France, Paris.

Pannetier, commerçant en vins, quai de Bercy, 52, Paris.

Pannier, maçon, passage Maurice, 3, Paris.

Pannier, **Charles-Adolphe**, propriétaire, route de Dives, Lisieux, Calvados.

Pantoux, **Joseph, entrepreneur, Bezons,** Seine-et-Oise.

Papelier, **Albert, négociant en grains** Nancy.

Papinaud, Clovis, tonnelier, sous-préfet, député de l'Aude.

Papoin, **fabricant de plumes, rue Réaumur, 17, Paris.**

Papolani, **rue Lafayette, 43, Paris.**

Papon, **Alexandre, négociant,** cons. général et député de l'Eure.

Papot, **voyageur, hôtel de France, Loudron, Vienne.**

Pappert, **architecte, rue de Lévis, 18, Paris.**

Paquet, **Eugène, pharmacien, rue Rualménil, Epinal, Vosges.**

Paquet, **Siméon, entrepreneur de peinture, Bordeaux.**

Paquette, **officier retraité, rue Noire, 12, Nantes.**

Paquier, **entrepreneur de maçonnerie, Paris.**

Paquiet, **négociant en cuirs,** Bône, Algérie.

Paquin, **boulanger, rue du Temple, 211, Paris.**

Paquin, **Matthieu-Jacob, marchand-tailleur, Caen.**

Paquis, **Eugène, père, nég. en peaux, rue des Marais, 33, Paris.**

Paquis, **Georges, fils, employé, rue des Marais, 33, Paris.**

Paradis, **Louis-Toussaint,** employé au Chemin de fer d'Orléans, Bordeaux.

Parand, **E., pharmacien, Montbéliard, Doubs.**

. employé, rue des Blancs-Manteaux, 32, Paris.

..aravy, rue Neuve-Saint-Augustin, 58, Paris.

Parcellier, **Guillaume, cordonnier,** Périgueux, Dordogne.

Parché, **père, charpentier, Bordeaux.**

Paréja, **Manuel, comptable, rue d'Assas, 118, Paris.**

Parent, **conseiller général et sénateur de la Savoie.**

Parent, **bijoutier, rue Saint-Honoré, 207, Paris**

Parent, **Chalon-sur-Saône.**

Parent, **Nicolas, avocat, Chambéry, Savoie.**

Parent, **Ulysse,** homme de lettres, conseiller municipal de Paris, conseiller génu el de la Seine.

Parent-Toupet, **Prosper, marchand-mercier,** Charleville, Ard.

Parenthoux, **gérant d'immeubles,** rue du Faubourg-Saint-Martin, 237, Paris.

Parenty, **fleuriste, rue Saint-Denis, 366, Paris.**

Parès, **officier du service d'habill.,** quai Saint-Martin, 5, Lille.

Parès, **commandant en ret., propr., r. du Cadi, Bougie, Algérie.**

Paret, **Lyon.**

Parfait, **Noël, journaliste, député d'Eure-et-Loir.**

Paris, **rue Saint-Antoine, 214, Paris.**

Paris, **distillateur, rue de Ménilmontant, 47, Paris.**

Paris, **employé, rue de Montholon, 35, Paris.**

Paris, **employé, rue de La Villette, 81, Paris.**

Paris, **tailleur, rue du Temple, 9, Paris.**

Paris, **négociant en vins, Auch, Gers.**

Paris, Edmond, négociant en bois, Nevers, Nièvre.
Paris, Léon, rentier, rue du Temple, 9, Paris.
Paris, Paul-François, employé, Paris.
Parisot de Sainte-Marie, ingénieur, aven. de Clichy, 24, Paris.
Parizot, impasse Sainte-Léonie, 8, Paris.
Parker, Williams, négociant, Bordeaux.
Parmentier, sous-préfet.
Parmentier, rentier, boulevard Voltaire, 139, Paris.
Parmentier, Alexis-Ferdinand, contrôleur des contributions directes, rue Saint-Maur, 220, Paris.
Parnet, représentant de commerce, Dôle, Jura.
Paron, Hippolyte, cafetier, près du Grand-Théâtre, Toulon.
Parot, Ernest, Nîmes.
Parrod, pharmacien, rue de Rivoli, Paris.
Parrot, avocat, Vesoul, Haute-Saône.
Parthenay, négociant en vins, rue de la Douane, 13, Paris.
Pascal, pharmacien, Banyuls-sur-Mer, Pyrénées-Orientales.
Pascal, Port-Vendres, Pyrénées-Orientales.
Pascal, musicien, Oran, Algérie.
Pascal, Charles, employé, Hôtel des Invalides, Paris.
Pascal, Ernest, sculpteur, rue Fessart, 1, Paris.
Pascal, Léoni, propr., adjoint au maire, Tizi-Ouzou, Algérie.
Pascalet, Alexis-Casimir, libraire, rue de l'Arsenal, Toulon.
Pascaud, Charles, propriétaire, Confolens, Charente.
Pascaud, Ozanne, propriétaire, Confolens, Charente.
Pascot, sergent d'administration, rue des Récollets, 8, Paris.
Pasquet, Paulin-Marc, distillateur, rue Fessard, 7, Boulogne, Seine.
Pasquier, comptable, rue de La Chapelle, 46, Paris.
Pasquier, Jules-Alexandre, employé de commerce, Paris.
Pasquier, Nicolas-Ernest, lieutenant d'infanterie, Avignon, Vaucluse.
Passemard, marchand de charbons, rue de la Gaîté, 16, Paris.
Passenaud, J.-J.-Casimir, teinturier, Bègles, Gironde.
Passerard, propriétaire, La Grand'-Paroisse.
Passerieu, négociant, Fleurance, Gers.
Passerieu, Jean-Bernard, avocat, Paris.
Passerieux, horloger, Périgueux, Dordogne.
Passot, Auguste, employé aux Halles, rue Richer, 20, Paris.
Passy, Frédéric, économiste, conseiller général de Seine-et-Oise, député de la Seine.
Pasteur, mécanicien, rue des Poissonniers, 78, Paris.
Pastor, employé, rue Neuve, 9, Lyon.
Pastrie, Louis, entrepreneur de travaux publics, Gourdon, Lot.
Patault, Martial, négociant, rue de la Galerie, 11, Tours.
Patenne, conseiller municipal de Paris, conseiller général de la Seine.

Patenôtre, **Jules**, consul, ministre plénipotentiaire en Chine.
Pateron, **Louis**, tailleur de pierres, rue d'Alger, Paris.
Pathier, **François**, limonadier, Chenoise, Seine-et-Marne.
Patier, **Pierre**, maître-cordonn., r. Saint-Sernin, 13, Bordeaux.
Patillot, entrepreneur de maçonnerie, au Mée, Seine-et-Marne.
Patin, tailleur, rue des Abbesses, 23, Paris.
Patinier, **Jules**, limonadier, rue Papillon, 18, Paris.
Patricot, épicier, rue des Ecoles, 4, Lyon.
Patry, **Charles-Fultien**, mécanicien, Beurardes, Aisne.
Patte, **J.**, chef comptable, Port-Saïd, Egypte.
Pattette, **Eugène**, professeur de chant et de piano, place **Mas-
séna**, 1, Nice, Alpes-Maritimes.
Paturel, **A.**, capitaine au long cours, Saint-Pierre et Miquelon,
Terre-Neuve.
Paturel, **Emile**, huissier, Valence, Drôme.
Paturel, **Joseph**, comptable, rue Fondary, 40, Paris.
Pauchet, **Alfred**, coiffeur, rue de la Folie-Méricourt, 61, **Paris.**
Pauchot, **Aubin**, employé aux ponts-et-chaussées, rue de la Ré-
publique, Bègles, Gironde.
Paul, photographe, rue du Faubourg-Saint-Martin, 236, Paris.
Paul, chef de la division des travaux publics et du contentieux,
à la Préfecture d'Avignon.
Paul, **Alexandre**, négociant, rue de la République, 62, Toulon.
Paul, **Antoine**, clerc de notaire, Colayrac, Lot-et-Garonne.
Paul, **Ch.**, fab. de peignes à tisser, côte St-Sébastien, 20, Lyon.
Paul, **Henri**, préfet.
Paulauqui, propriétaire, Nemours, Seine-et-Marne.
Paulé, négociant, rue Godot-de-Mauroi, 36, Paris.
Paulian, **Ch.-Louis**, sergent d'armes, quartier du Temple, Toulon.
Pauliat, **Louis**, journaliste, sénateur du Cher.
Paulin, photographe, rue du Pradel, Toulon.
Paulis, chemisier en gros, rue d'Hauteville, 64, **Paris.**
Paullier.
Paulmier, **Michel**, négociant, Bonnétable, Sarthe.
Pauly, étudiant, rue Racine, 4, Paris.
Pauly, **Elie**, médecin-vétérinaire, Périgueux, Dordogne.
Paupier, **Léonard**, construct.-mécanicien, r. St-Maur, 84, **Paris.**
Pausiot, **Nicolas**, conducteur des ponts et chaussées, conseiller
municipal, place Saint-Nicolas, Dijon.
Paut (de), rue Saint-Sauveur, 26, Paris.
Pautonnier, bottier, rue des Acacias, 64, **Paris.**
Pautonnier, **Louis-Charles-Hippolyte**, lampiste, Caen.
Pautret, au Château-Robert, Les Milles, Bouches-du-Rhône.
Pauw (de), passementier, rue Saint-Sauveur, 26, Paris.
Pavard, **Charles**, imprimeur-lithographe, rue des Juges-Con-
suls, 2, et rue de la Verrerie, 68, Paris.
Payan, **Antoine**, propriétaire, Pertuis, Vaucluse.

Payan du Moulin (de), Charles, lieut. de vaisseau, au Sénégal.
Payant, cafetier, Vichy, Allier.
Payart, employé, Paris.
Payé, J., voyageur, Montbéliard, Doubs.
Payelle, avocat, chef adjoint de cabinet du ministre du Commerce, sous-directeur au ministère de l'Intérieur, rue du Ranelagh, 99 *bis*, Paris.
Payen, route de Versailles, 194, Paris.
Payen, fab. d'huiles, pl. des Arbres, Salons, Bouches-du-Rhône.
Payet, Louis, écrivain, Saint-Pierre, île de la Réunion.
Payet-Rosille, propriétaire, Saint-Pierre, île de la Réunion.
Payrault, receveur-buraliste, Saint-Geniès-de-Malgoirès, Gard.
Pays, marchand de vins, rue Villiot, 29, Paris.
Paysant, préfet.
Paz, Eugène, directeur de gymnase, rue des Martyrs, 34, Paris.
Pean, maître-clerc, rue du Faubourg-Saint-Antoine, 177, Paris.
Péan, Anselme, fabricant de caoutchouc, conseiller municipal et maire des Lilas, conseiller d'arrondissement et conseiller général de la Seine, rue du Tapis-Vert, 13, aux Lilas, Seine.
Peccot, propriétaire, rue Châteaubriand, Nantes.
Pech, bottier, boulevard des Italiens, 8, Paris.
Pech, Bordeaux.
Pech, Charles, négociant, rue Vinaigre, 7, Toulouse.
Pecharry, Lyon.
Péchegut, Célestin, boulanger, rue des Changes, 12, Toulouse.
Pechin, employé, La Feschotte.
Péchoin, Léon, avocat, rue Saint-Jean, 6, Nancy.
Pécou, A., statuaire, rue Vavin, 28, Paris.
Pécou, statuaire, Bordeaux.
Pécou, Marius, Saint-Pierre, Martinique.
Pecqueux, rentier, rue Gît-le-Cœur, 4, Paris.
Pécune, rue Montorgueil, 78, Paris.
Péhourticq, mécan. de navire, av. Alexandrine, Arcachon, Gir.
Peigné, père, homme de lettres, rue de la Harpe, 42, Paris.
Peigné, fils, professeur à Saint-Cyr, rue de la Harpe, 42, Paris.
Peimtre, Alfred, teinturier, Poitiers.
Peissel, Jean-Joseph, fondeur, cours Lafayette, Toulon.
Peisson, chapelier, Philippeville, Algérie.
Peker, restaurateur, rue de la Jussienne, 18, Paris.
Pélaquié, rue d'Allemagne, 46, Paris.
Pelé, horticulteur, rue de Lourcine, 151, Paris.
Pelé, propriétaire, rue de Bondy, 26, Paris.
Pelée, Pierre, artiste-graveur, rue Maublanc, 15, Paris.
Pélet, François, foulonnier, Aoust, Drôme.
Peleton, professeur de flûte, rue Bellefond, 20, Paris.
Pélin, homme de lettres, rue Neuve-Saint-Augustin, 51, Paris.
Pélissier, capitaine d'infanterie, Oran, Algérie.

Pélissier-Cornil, mercier, près de l'église St-Louis, Vichy, Allier.

Pélissier-Joanny, négociant, avenue de la Gare, 3, Vichy, Allier.

Pélissier-Tanon, Adolphe, capitaine de frégate en retraite, rue des Trois-Dauphins, 5, Toulon.

Pélisson, Alexandre, huissier, place du Centre, 5, Royan, Charente-Inférieure.

Pellat, docteur-médecin, rue du Pré, 21 *bis*, Pantin, Seine.

Pellé, marchand de vins en gros, aux Fourneaux, près Melun, Seine-et-Marne.

Pellegrin, directeur des ponts-et-chaussées.

Pellegrin-Lange, cafetier, La Seyne, Var.

Pellegrin-Rosselin, Pierrefeu, Var.

Pellegrini, Antouillet, Seine-et-Oise.

Pellenq, professeur d'escrime, rue Laffitte, 1, Paris.

Pellet, avoué, Montauban, Tarn-et-Garonne.

Pellet, Marcellin, journaliste, député.

Pelletan, Camille-Charles, journaliste, député des Bouches-du-Rhône.

Pelletan, Eugène, journaliste, député, sénateur des Bouches-du-Rhône, vice-président du Sénat.

Pelletan, Henri, représent. de commerce, rue Malher, 20, Paris.

Pelletier, fabric. d'huile, rue du Faub.-St-Martin, 173, Paris.

Pelletier, mécanicien, Paris.

Pelletier, fils, mécanicien, Paris.

Pelletier, représentant de commerce, rue des Blancs-Manteaux, 22, Paris.

Pelletier, restaurant des Quatre-Colonnes, Saint-Just, Lyon.

Pelletier, vétérinaire-militaire, Oran, Algérie.

Pelletier, Camille, architecte, rue Monge, 12, Paris.

Pelletier, Jérôme, vérificat. des poids et mesures, Poligny, Jura.

Pelletier, Jules, horloger, Angers.

Pelletier, Louis, marchand-tailleur, boulevard Saint-Michel, 13, Paris.

Pelletier, Pierre, propriét., Saint-Pierre, île de la Réunion.

Pelletreau, Pierre, fils, Chantenay, Loire-Inférieure.

Pellevoisin, rue des Trois-Cogneaux, 21, Niort, Deux-Sèvres.

Pellicot, Jules-Jean-Baptiste, machiniste, Toulon.

Pellissier, étudiant, Toulon.

Pellorce, Gustave, mécanicien, Epernay, Marne.

Pelloux, recev.-économe de l'Asile des Aliénés de Bron, Rhône.

Pelluet, Alphonse-Ambroise, comptable, Caen.

Peltier, employé, rue de Londres, 11, Paris.

Peltier, fabr. de boîtes métalliques, pass. du Saumon, 80, Paris.

Peltier, brasseur, Toul, Meurthe-et-Moselle.

Peltier, Anatole, commis-voyageur, Niort, Deux-Sèvres.

Peltier, Pierre-Charles-Ferdinand, marchand de cuirs, Nonancourt, Eure.

Peltret, Alfred-Louis, négociant, Maison-Rouge, Seine-et-Marne.
Pelut, Jean, gérant, Baïna, Algérie.
Pémol, employé, rue de Charenton, 72.
Penancier, conseiller général de Seine-et-Marne.
Pénard, marchand de vins, rue St-Sauveur, 31, Paris.
Penchinat, premier président à la Cour d'appel de Montpellier.
Penchinat, Emile-Alfred, avocat, conseiller municipal, conseil-
     ler d'arrondissement, St-Hippolyte-du-Fort, Gard.
Pène-Castel, Léopold, comptable, Mérignac, Gironde.
Pené, Eugène, aubergiste, Saint-Christophe, Indre-et-Loire.
Peneau, Pierre, photographe, Libourne, Gironde.
Penel, opticien, rue Michel-le-Comte, 25.
Pénent, mégissier, rue du Fer-à-Moulin, 46, Paris.
Penet, peintre en émail, rue de Rennes, 151, Paris.
Penet, menuisier, rue Dumont-d'Urville, 16, Lyon.
Penguern (de), Charles, négociant, boul. St-Aignan, Nantes.
Pénicault, maire de Limoges.
Pénières, secrétaire général de préfecture.
Penillard, rue de la Pyramide, 31, Lyon.
Pénivoust, représentant de commerce, rue de Paris, 86, Tours.
Pennavayre, employé, rue des Vinaigriers, Paris.
Penné, marchand de vins-traiteur, rue de Neuilly, 3, Clichy-
     la-Garenne, Seine.
Pennequin, quai de la Marne, 35, Thorigny, Seine-et-Marne.
Pennet, Lyon.
Penny, Achille, capitaine de la marine marchande, rue du Ca-
     sino, 17, Royan, Charente-Inférieure.
Pénot, architecte, avenue de la Reine, Boulogne, Seine.
Penot, entrepreneur, Grande-Rue, 156, Sèvres, Seine-et-Oise.
Penot, Charles, charcutier, rue de Paris, 140, St-Denis, Seine.
Penot, Jean-Félix, archit., route de la Reine, 88, Boulogne, Seine.
Penoyée, docteur-médecin, place Louvois, 8, Paris.
Penquier, maître-menuisier, rue de Montmorency, 8, Paris.
Pény, peintre, rue d'Entraignes, 33, Tours.
Pépin, P.-G.-Marie, mécan., r. des Fossés-St-Jacques, 14, Paris.
Péquin, Saintes, Charente-Inférieure.
Peraire, Abraham-Hippolyte, négociant, rue du Champ-de-
     Mars, 9, Bordeaux.
Pérat, Frédéric, charpentier, cité du Sablonat, 53, Bordeaux.
Pérault, Constant, march. de vins, cité Godot-de-Mauroi, 10, Paris.
Perceval, entrep. de plomb., r. de Sablonville, 40, Neuilly, Seine.
Perceval, Hippolyte, mécanicien, rue de Bordeaux, 24, Tours.
Perchaix, Louis, distillateur, Nouzilly, Indre-et-Loire.
Perchet, marchand de vins, rue de Grenelle, 58, Paris.
Percis, rue Roussin, 87, Paris.
Percy, boulevard des Invalides, 17, Paris.
Perderson, Christian, Caen.

Perdreaux, restaurateur, Grande-Rue, 65, Bourg-la-Reine, Seine.

Perdriel, Ferdinand, entrepreneur, hôtel de la Croix-Verte, Saint-Nazaire, Loire-Inférieure.

Perdriel, Ferdinand, quai Barbin, 7, Nantes.

Père, voyageur, quai Saint-Vincent, 58, Lyon.

Péré, boulanger, Auch, Gers.

Peret, employé de commerce, Charleville, Ardennes.

Peret, Hippolyte, juge au Tribunal civil, Châtellerault, Vienne.

Perez, Pierre, doct.-médec., r. de l'Argenterie, Béziers, Hérault.

Péricard, Jacques, marchand de meubles, rue de l'Eglise, 9, Boulogne, Seine.

Périé, Raymond, commis, rue Haute-Casserie, 4, Nantes.

Périer, court. de comm., r. Damrémont, 51, Constantine, Algérie.

Périer, Henri, voyageur de comm., r. de Lille, Bailleul, Nord.

Perigaud, Lyon.

Périllier, Jules, avocat, député.

Périn, homme de lettres, rue Vauban, 10 et 12, Lyon.

Périn, Georges, journaliste, préfet, député de la Haute-Vienne.

Périn, Léon, cultivateur, Boulzicourt, Ardennes.

Périnal, imprimeur, rue des Bourdonnais, 34, Paris.

Périnelle, Charles, propriétaire, boul. de Reuilly, 9, Paris.

Peringue, Paris.

Peringuez, docteur-médecin, route d'Espagne, 244, Bordeaux.

Pernaudet, comptable à la fab. de porcelaine, Grigny, Rhône.

Pernet, rue de Tocqueville, 74, Paris.

Pernet-Vallier, expert-comptable, rue de Bondy, 52, Paris.

Pernolet, Etienne, rue Lemaignan, 7, Paris.

Pernot, sculpteur, rue du Chemin-Vert, 13, Paris.

Pernot, propr.-rentier, conseiller mun., r. Mairet, 2, Besançon.

Pernot, Barthélemy, fab. de chauss., r. du Bastion, 2, Nancy.

Pernot, Gustave, propriétaire, rue d'Ambrail, Epinal, Vosges.

Pernot, Pierre, lieutenant de gend. coloniale, à la Réunion.

Perolini, Joseph, mouleur, place de la Sorbonne, 5, Paris.

Peronne, sénateur des Ardennes.

Péronnet, tapissier, rue Saint-Sabin, 18, Paris.

Pérot, crieur de ventes, rue Colbert, 139, Tours.

Pérot, père, conseiller d'arrondissement, Lille.

Pérot, Gaston, fils, brasseur, rue de Valenciennes, Lille.

Pérot, Jean, propriétaire, Cysoing, Nord.

Perotte, avocat.

Péroux, Louis, bijoutier, rue Sainte-Colombe, 28, Bordeaux.

Perrad, horloger-bijoutier, rue Ponsard, 5, Vienne, Isère.

Perras, sénateur du Rhône.

Perraud, courtier en vins, quai de Bercy, 39, Paris.

Perraud, contre-maître, rue Sainte-Julie, 4, Marseille.

Perraudeau, Pierre, père, entrepreneur, rue Basse-du-Château, Nantes.

Perréai, Ernest, docteur-médecin, maire de Béziers, conseiller général de l'Hérault, percepteur à Bordeaux.

Perreau, rue d'Aboukir, 83, Paris.

Perreau, entrepren. de serrurerie, rue d'Enghien, 35, Paris.

Perreau, aîné, mécanicien, rue Delambre, 30, Paris.

Perreau, Eugène, mécanicien, rue Delambre, 28, Paris.

Perreau, propriétaire, Philippeville, Algérie.

Perreaud, employé, rue du Faub.-Saint-Antoine, 119, Paris.

Perrel, rue Salneuve, 8, Paris.

Perrellon, Lyon.

Perret, fabricant de fleurs, rue du Caire, 31, Paris.

Perret, Lyon.

Perret, commis, Saint-Martin, Ain.

Perret, empl. au chemin de fer, Porte-Haute, Gray, Hte-Saône.

Perret, Antoine, commis-négociant, Constantine, Algérie.

Perreville, Christophe, blanchisseur, rue des Chariots, 19, Vanves, Seine.

Perreymond, docteur-médecin, Toulon.

Perrichon, architecte, rue des Filles-du-Calvaire, 10, Paris.

Perrichon, charpentier, rue Saint-Bernard, 6, Paris.

Perrichon, Lyon.

Perrichont, entrepr. de trav., villa de la Réunion, 14, Paris.

Perrier, fleuriste, rue de Bondy, 66, Paris.

Perrigueur, Jean, négociant, Sancoins, Nièvre.

Perrin, père, garde de commerce, r. Neuve-St-Merry, 19, Paris.

Perrin, élève en pharmacie, Paris.

Perrin, aîné, limonadier, Valence, Drôme.

Perrin, comptable, place Joubert, 5, Bourg, Ain.

Perrin, ancien instituteur, Vichy, Allier.

Perrin, fondeur en cuivre, rue Sainte-Elisabeth, Roanne, Loire.

Perrin, négociant, Philippeville, Algérie.

Perrin, Eugène, commis des postes et télégraphes, Sétif, Algér.

Perrin, Ferdinand, cafetier, Oran, Algérie.

Perrin, Pierre, négociant, rue St-Jean, Neufchâteau, Vosges.

Perrin, Pierre-Maxime, propriétaire, rue Saubat, 58, Bordeaux.

Perrineau, François, sculptr, rue des Fossés-St-Victor, 13, Paris.

Perrinelle, journaliste, conseiller municipal de Paris, conseiller général de la Seine.

Perrochau, entrepreneur, La Roche-sur-Yon, Vendée.

Perron, fabricant de chaussures, rue Combes, 6, Paris.

Perronneau, instituteur, Trèves, Rhône.

Perronnet, fabricant de lingerie, rue Réaumur, 5, Paris.

Perronnet, charpentier, Saint-Cyr-sur-Loire, Indre-et-Loire.

Perrot, chef de cuisine, rue Confort, 13, Lyon.

Perrot, commandant de place retraité, commissaire de surveillance administrative au Chemin de fer de l'Ouest, rue des Ecuyers, 13, Saint-Germain-en-Laye, Seine-et-Oise.

Perrot, **Aimé-François**, imprimeur, rue des Casernes, Gray, Haute-Saône.

Perrot, François, marchand de vins, Paris.

Perrot, Jean-François, maître-tailleur, La Flèche, Sarthe.

Perrotin, architecte, inspecteur de travaux, rue Saint-André, 8, Grenoble.

Perroud, Jean-Charles, fils, nég., rue Borie, 16, Bordeaux.

Perroudon, entrepreneur de plomberie, rue de Lévis, 6, Paris.

Perruchetti, fumiste, rue du Parc-Royal, 8, Paris.

Perry, Célestin, rue des Capucins, 14, Lyon.

Pers, Paris.

Perthuy, **Martineau**, marchand de vins, r. de Flandre, Nantes.

Pertmère, Henri-Nicolas, rue Magnan, 24, Paris.

Pertrissard, rue Traversière, Cayenne, Guyane française.

Pertus, propriétaire, rue de la Magdeleine, 35, Lyon.

Péru, conseiller général de la Seine.

Pérusse, **Nîmes.**

Pestourie, Edouard, employé, rue du Battoir, 3, Paris.

Pestourie, **Paul**, voyageur de commerce, Périgueux, Dordogne.

Pétecsh, passage Doudeauville, 33, Paris.

Pétel, **Alfred-Augustin**, employé de commerce, avenue de commerce, La Plaine-Saint-Denis, Seine.

Pételard, fruitier, rue de Turenne, 69, Paris.

Peters, **Louis**, Bordeaux.

Petiot, charpentier, Angoulême.

Petit, fils, employé des postes, rue du Faub.-St-Denis, 182, **Paris.**

Petit, entrep. de travaux, quai d'Orléans, 14, Paris.

Petit, lieutenant au 74e de ligne, Paris.

Petit, marchand de vins, rue de Turenne, 41, Paris.

Petit, négociant en vins, rue de Vanves, 31, Paris.

Petit, père, serrurier, rue Fontaine-Saint-Georges, 14, **Paris.**

Petit, fils, serrurier, rue de Lévis, 10, Paris.

Petit, avenue Blanche, au Parc-Saint-Maur, Seine.

Petit, rue de la Harpe, 9, Tours.

Petit, propriétaire, rue de Bourgogne, 7, Melun, Seine-et-Marne.

Petit, **Achille-Ferdinand**, négociant en liquides, rue Brissout-de-Barneville, 20, Rouen.

Petit, **Barthélemy**, employé, Caen.

Petit, **Benoist**, boulanger, rue St-Rémy, 1, St-Denis, Seine.

Petit, **Charles-Emile**, fondeur, Signy-le-Petit, Ardennes.

Petit, **Eugène**, avoué, Caen.

Petit, **Félix**, rue Dupetit-Thouars, 18, Paris.

Petit, **François**, négociant, rue Ste-Croix, Montélimar, Drôme.

Petit, **Gustave**, négociant, Périgueux, Dordogne.

Petit, **Gustave-Jules**, marchand de vins, rue Basfroi, 25, Paris.

Petit, **Jean**, receveur de commerce, rue Madame, 45, Paris.

Petit, **Jean**, Nevers, Nièvre.

Petit, Jean-Baptiste-Joseph, Corbigny, Nièvre.
Petit, Jules, frère, lim., r. Neuve-des-Petits-Champs, 15, Paris.
Petit, Jules, tailleur, rue de l'Arsenal, Toulon.
Petit, Michel-Eugène, agent de surveillance, Nouvelle-Calédonie.
Petit, Oscar, prof. de musique, rue Jacquemart-Giélée, Lille.
Petit, Pierre, limonadier, Saint-Pierre-le-Moutier, Nièvre.
Petit-Delaleu, lampiste, place Châteauneuf, Tours.
Petit-Dufrenoy, dir. de la Manufacture des tabacs, Bordeaux.
Petitbon, commissionnaire-négociant, rue de l'Ecole-de-Méde-
cine, 111, Paris.
Petitdidier, horloger, Troyes, Aube.
Petiteau, Joseph, horloger, Beauvoint-sur-Men, Vendée.
Petiteville, maître-sellier, quartier Saint-Jean, 10, Beauvais.
Petitfils, Victor, négociant, rue du Bac, 33, Asnières, Seine.
Petitfrère, Jules-Angénor, rentier, conseiller municipal, avenue
de Neuilly, 94, Neuilly, Seine.
Petitgnot, fabr. de capsules, route des Moulineaux, Issy, Seine.
Petitjean, pharmacien, avenue Sainte-Foy, 4, Neuilly, Seine.
Petitjean, huissier, Leurre, Côte-d'Or.
Petitmengin, Adolphe-Michel, sous-officier du génie militaire,
Mascara, Algérie.
Petiniaud, fils aîné, propriétaire, Limoges.
Petilot, limonadier, rue du Temple, 36, Paris.
Petilot, agriculteur, entrepreneur, Ferrière, Seine-et-Marne.
Petitpas, rue du Faubourg-Saint-Antoine, 98, Paris.
Petitpas, route d'Orléans, 43, Grand-Montrouge, Seine.
Petitpas, Auguste, charron, Dreux, Eure-et-Loir.
Petitperot, propriétaire, Brunoy, Seine-et-Oise.
Petitpot, marchand de bois, rue Oberkampf, 139, Paris.
Petitqueux, mécanicien, rue de la Fidélité, 12, Paris.
Petot, marchand de volaille, rue des Martyrs, 66, Paris.
Petot, tapissier, Beaune, Côte-d'Or.
Petot, Joseph, artiste-peintre, rue Sedaine, 11, Paris.
Pétral, restaurateur, rue Blondel, 24, Paris.
Pétrequin, Lyon,
Petri, horloger, rue de la Cossonnerie, 6, Paris.
Pétrot, Albert, avocat, conseiller municipal de Paris, conseiller
général de la Seine.
Peuchot, bijoutier, rue Beautreillis, 17, Paris.
Peulevey, avocat, boulevard de Sainte-Adresse, 1, au Havre.
Penlevey, Th., maire de Lisieux, Calvados.
Peuvrier, cordier, Ris-Orangis, Seine-et-Oise.
Peyfurtz, Paris.
Peylhieu, marchand de vins, rue Bichat, Paris.
Peyloud, épicier, rue du Mont-d'Or, 16, Lyon.
Peyrat, Alphonse, journaliste, sénateur de la Seine.
Peyrau, Bernard, tailleur, rue Neuve-Coquenard, 15, Paris.

Peyre, Jean-Baptiste-Noël, négociant en vins, Limoux, Aude.

Peyrecave, tailleur de pierres, rue Budé, 13, Paris.

Peyrelevade, chef-armurier au 3ᵉ dragons, Nantes.

Peyrels, Benjamin-Aaron, bijoutier, rue Papillon, 6, Paris.

Peyron, Léopold, journaliste, secrétaire-rédacteur du Sénat.

Peyronnet, Léonce, nég., q. de la République, 24, Cette, Hérault.

Peyrot, fabricant de dorures, rue de Lyon, 48, Lyon.

Peyrot, François-Oscar, élève pharmacien, Confolens, Charente.

Peyrot, Jean, oncle, entrepreneur, Périgueux, Dordogne.

Peyrot, Philippe, marchand de vins, av. de la Roquette, 29, Paris.

Peyrous, Pau, Basses-Pyrénées.

Peyroutet, négociant, quai de la Fosse, 34, Nantes.

Peyrusse, modeleur, route de Montpellier, 6, Cette, Hérault.

Peysson, ex-sergent-major.

Peysson, Laurent, employé aux travaux du chemin de fer, Champoreau, Haute-Loire.

Peytavi, Paul, Nîmes.

Peytavie, Léon, rue Petiniaud-Beauperret, 10, Limoges.

Peytout, maréchal-ferrant, rue Saint-Marcel, 3, Lyon.

Peytral, Paul-Louis, député des Bouches-du-Rhône, sous-secrétaire d'Etat.

Pezé, architecte, rue Notre-Dame-de-Lorette, 56, Paris.

Pezet, Joseph, banquier, Valence, Drôme.

Pfahl, comptoir de renseignements, rue de la Bourse, 2, Lyon.

Pfand, horloger, Philippeville, Algérie.

Phélipot, négociant, rue Saint-Louis, 36, Rennes.

Phélut, secrétaire général de préfecture.

Philbert, Emile, docteur-médecin, b. Beaumarchais, 34, Paris.

Philery, marchand de vins, boulevard Voltaire, 11, Paris.

Philiberthy, Louis, employé, Constantine, Algérie.

Philip, Démosth.-Pierre, retraité, r. de la Cathédrale, 4, Toulon.

Philip, Jos.-Touss., quart.-maître. r. de la Cathédrale, 4, Toulon,

Philipon, pharmacien, rue des Ecoles, 30, Paris.

Philipon, négociant, Lunel, Hérault.

Philipparie. Pierre, marchand de bois, Périgueux, Dordogne.

Philippe, rue Notre-Dame-de-Bonne-Nouvelle, 3, Paris.

Philippe, menuisier, rue de Charonne, 149, Paris.

Philippe, marchand-poêlier, rue Dufour-Dubergier, 4, Bordeaux.

Philippe, marchand de bois, Paimbœuf, Loire-Inférieure.

Philippe, Joseph, mécanicien, rue Pajol, 45.

Philippe, Edouard, auteur dramatique, rue Drouot, 7, Paris.

Philippe, Jean-Pierre-Joseph, journaliste, député de la Haute-Savoie.

Philippe, L.-Albert, conducteur des ponts et chaussées, rue Henri IV, 61, Bordeaux.

Philippe, Léon, directeur au ministère de l'Agriculture, avenue Marceau, 28, Paris.

Philippe, Théodore, charpentier, rue Dombasle, 52, Paris.
Philippe-Tourneur, propriétaire, Pacy-sur-Eure, Eure.
Philippon, publiciste, rue du Bac, 116, Paris.
Philippot, E., meunier, au moulin de Vrilly, près Reims.
Pianet, Toulouse.
Piarrot, Pau, Basses-Pyrénées.
Piat, ancien fondeur, Tours.
Piat, Emile-Joseph, fils, dentiste, Cherbourg.
Piau, représentant de commerce, rue Neuve-des-Petits-Champs, 39, Paris.
Piazza, officier au 9e bataillon de chasseurs à pied.
Pic, Auguste, peintre, Auch, Gers.
Pic, Gabriel, peintre, Auch, Gers.
Picanilh (de), substitut, Draguignan, **Var.**
Picard, négociant en cuirs, rue Beaurepaire, 20, Paris.
Picard, voyageur, rue de Magenta, 4, Pantin, Seine.
Picard, gardien en chef de la maison d'arrêt, Aurillac, Cantal.
Picard, huissier, Grande-Rue, Gray, Haute-Saône.
Picard, père, concierge, rue Cadet, 16, Paris.
Picard, A., représentant de commerce, rue Gohier, 31, Neuf-château, Vosges.
Picard, Abraham, négociant, r. des Ecluses-St-Martin, 12, Paris.
Picard, Adolphe, fab. de passement., r. de la Jussienne, 17, Paris.
Picard, E., libraire-éditeur, passage des Favorites, 5, Paris.
Picard, Ernest, employé, rue Cadet, 16, Paris.
Picard, Eugène, bijoutier, rue des Francs-Bourgeois, Paris.
Picard, Frédéric, employé, rue Cadet, 16, Paris.
Picard, Germain, lieutenant au 13e de ligne, Nevers, Nièvre.
Picard, Jules, bijoutier, rue des Francs-Bourgeois, Paris.
Picard, Théodore, employé, r. N.-D.-de-Nazareth, 39, Paris.
Picart, Ernest, serrurier-ménanicien, rue de la Gabelle, 7, Mantes, Seine-et-Oise.
Picat, Limoges.
Pichancourt, docteur-médecin, Bourgogne, Marne.
Pichard, rue Hélain, Cherbourg.
Pichaud, chef de train, rue Saint-Côme, Agen, Lot-et-Garonne.
Pichevin, perc. des contributions, St-Pierre, Antilles françaises.
Pichon, imprimeur, boulevard de Sébastopol, 21, Paris.
Pichon, rentier, rue Massillon, 4, Paris.
Pichon, imprimeur, rue Brossard, 9, Saint-Etienne, Loire.
Pichon, agent-voyer, Valence, Drôme.
Pichon, capitaine de cavalerie retraité, Bône, Algérie.
Pichon, Jean-Pierre, rue du Château-d'Eau, 56, Paris.
Pichon, Stéphen, journaliste, conseiller municipal de Paris, conseiller général et député de la Seine.
Pichot, boucher, conseiller municipal, Valence, Drôme.
Picon, négociant, Philippeville, Algérie.

Picon, **Fortuné**, liquoriste, rue de la Comédie, 26, Toulon.

Picon, Louis-Benoît, caporal à la 25ᵉ section des commis-ou-
vriers, Lyon.

Picot, marchand de vins-traiteur, rue Jacob, 40, Paris.

Picot, Emile-Jean, employé, Périgueux, Dordogne.

Picoury, Henri-Louis, ferblantier, Grande-Rue-de-la-Guillotière,
92, Lyon.

Pidancet, ferblantier, rue du Marché, Gray, Haute-Saône.

Pidault, clerc d'avoué, rue de l'Ecole-de-Médecine, 94, Paris.

Pie, **Charles**, employé d'octroi, Hyères, Var.

Piedallu, boulanger, Essonnes, Seine-et-Oise.

Pieglowski, docteur-médecin, rue des Fossés, 4, Castres, Tarn.

Piégu, journaliste.

Piérache, négociant, La Charité, Nièvre.

Piéri, **Marius**, professeur, rue Colbert, 15, Tours.

Piéron, **Maxime**, comptable, rue Beaurepaire, Saumur, Maine-
et-Loire.

Pierrard, Henri, comptable au *Petit Ardennais*, Charleville, Ard.

Pierre, négociant en vins, rue Sainte, 107, Marseille.

Pierre, Saint-Affrique, Aveyron.

Pierre, **Alfred**, employé de mairie, rue Grande, 63, Nancy.

Pierre, **Charles**, limonadier, Toul, Meurthe-et-Moselle.

Pierre (de), **Edouard**, peintre-vitrier, rue Vavin. 22, Paris.

Pierre, **François**, carrossier, rue Marbœuf, 64, Paris.

Pierre, **Jules**, employé, rue Saint-Michel, 20, Tours.

Pierre, dit **Dumas**, serrurier, Saint-Nazaire, Loire-Inférieure.

Pierret, **Emile**, deuxième maître-mécanicien, Toulon.

Pierron, cuisinier, rue Saint-Dominique, 135, Paris.

Pierron, **Auguste**, agent d'affaires, rue Dom-Colmet, Nancy.

Pierron, **Jean-Sébastien**, ex-maître-sellier aux dragons.

Pierron, Nicolas-Auguste, ancien notaire, r. des Carmes, Nancy.

Pierrotet, Paul, professeur de physique, rue Vauquelin, 1, **Paris.**

Pierson, rue de l'Université, 52, Paris.

Pierson, ferblantier, Philippeville, Algérie.

Piéton, au Havre.

Piéton, aîné, rue aux Dames, 68, au Havre.

Piétra, **Edouard**, sergent au 112ᵉ de ligne, Ajaccio, Corse.

Piétra, Nicolas-Barthélemy, principal clerc de notaire, **rue**
Saint-Louis, 1, Toulon.

Piétra, Paul-Victor, avocat, place Puget, 5, Toulon.

Piétrement, **H**ippolyte, ancien négociant en comestibles, boulevard Saint-Michel, 141, Paris.

Pigeon, **Charles**, marchand de vins-traiteur, avenue des
Ternes, **68**, Paris.

Pigerre, Jean-William, huissier, Coulommiers, Seine-et-Marne.

Pigiot, **employé, Tours.**

Piguatel, Edmoud, avoué, Sarrebourg, Lorraine.

Pignier, employé chez M. Barbedienne, boulevard Poissonnière, 30, Paris.

Pignol, boulanger, Agen, Lot-et-Garonne.

Pigot, rue de la Magdeleine, Gaillac, Tarn.

Piguiet, Adolphe, capitaine d'artillerie en retraite, rue de la Chaussée-d'Antin, 27, Paris.

Pilard, menuisier, La Ville-en-Bois, Loire-Inférieure.

Pilaz, teinturier, imp. Grand-Bichet, faub. de Bresse, 12, Lyon.

Pilet-Desjardins, vice-président du Tribunal de 1re instance de Paris, place de Valois, 6, Paris.

Pillard, marchand de vins, rue Sedaine, 51, Paris.

Pillard, René-Vincent, contre-maître, rue de la Grande-Truanderie, 41, Paris.

Pillette, employé, rue de Miroménil, 3, Paris.

Pilleux, Alfred, maréchal-ferrant, Limay, Seine-et-Oise.

Pilleux, J., traiteur, rue Montaigne, 11, Paris.

Pillié, peintre en bâtiments, cité des Fleurs, 1, Paris.

Pilliet, restaurateur, rue des Fossés-Saint-Bernard, 28, Paris.

Pimparé, Jacques-Franç.-Prosp., rentier, Maintenon, Eure-et-Loir.

Pinard, ferblantier, rue du Faubourg-Saint-Denis, 86, Paris.

Pinard, Albert, journaliste, résident général à Madagascar.

Pinard, Louis-Victor, Condé-lès-Vouziers, Ardennes.

Pinaud, Denis, arbitre de commerce, Bône, Algérie.

Pinaud, Jean-Gustave-Alfred, père, syndic des huiss., Bône, Alg.

Pinchauret, Pau, Basses-Pyrénées.

Pincherot, entrepreneur, rue Neuve, 40, Toulon.

Pinçon, ordonnateur, rue Thérèse, 2, Paris.

Pinçon, Charles-Frédéric, conducteur des ponts et chauss., Caen.

Pindray, Georges, recev. de l'enregistr., Périgueux, Dordogne.

Pineau, agent d'assurances, rue Victor-Hugo, 110, Tours.

Pineau, négociant, Angoulême.

Pineau, Eugène, fabric. de cuirs, St-Christophe, Indre-et-Loire.

Pineau-Boré, Eugène, minotier-chaudronn., en Maine-et-Loire.

Pinède, trésorier-payeur général, Agen, Lot-et-Garonne.

Pinel, vérificateur d'assurances, rue de Mazagran, 16, Paris.

Pinel, entrepreneur, Dôle, Jura.

Pinet, fab. de chaussures, r. de Paradis-Poissonnière, 44, Paris.

Pinet, négociant en vins, rue de l'Ouest, 13, Paris.

Pinet, libraire, Carpentras, Vaucluse.

Pingeon, quai du Nord, 10, Mâcon.

Pinguet, archit., route de Pornichet, St-Nazaire, Loire-Infér.

Pinguet, E., chemisier, Chaumont, Oise.

Pinguet, Ernest, employé, Montoulin, Aude.

Pinié, limonadier, rue de Bercy, 3, Paris.

Pinon, auteur-éditeur, rue et place Guilleminot, 6, Paris.

Pinot, rue du Faubourg-du-Temple, 84, Paris.

Pinot, employé de chemin de fer, rue Vitruve, 17, Paris.

Pinot, Hippolyte, marchand de vins, rue Croix-Nivert, 4, Paris.
Pinson, Charles, restaurateur, Joinville-le-Pont, Seine.
Pinsonneau, march. d'art. de tonnell., rue de Bercy, 27, Paris.
Pinsonneau, marchand-épicier, rue de Bercy, 32, Paris.
Pinsonneau, Joseph, rentier, Charenton, Seine.
Pinta, agent principal d'assurances, Soissons, Aisne.
Pinté, Paris.
Piolaine, rue Letort, 20, Paris.
Pion, limon., rue de l'Eglise, Brie-Comte-Robert, S.-et-Marne.
Piot, confiseur, rue des Innocents, 3, Paris.
Piot, rentier, boulevard Richard-Lenoir, 24, Paris.
Piot, rentier, adjoint au maire, Mézières, Seine-et-Oise.
Piperaud, conseiller municipal de Paris, conseiller général de
la Seine.
Piperoux, Gustave, employé, rue de l'Oseille, 7, Paris.
Piquet, Alexandre, capitaine de navire, Caen.
Piquet, Jean, serrurier, Bordeaux.
Pira, Honoré, secrétaire à la sous-préfecture, Brignolles, Var.
Piron, employé, boulevard des Italiens, 34, Paris.
Pirou, propriétaire, place de la Bourse, 6, Paris.
Pirou, Auguste, serrurier, rue de Montmorency, 36, Paris..
Piroux, Anatole, docteur-médecin, Baccarat, Meurthe-et-Mos.
Pisanni, fils, ingénieur civil, Bône, Algérie.
Pissot, Lyon.
Pithois, docteur-médecin, rue Royale, 3, Reims.
Piton, étudiant en médecine, boulev. Saint-Michel, 32, Paris.
Piton, Alexandre, docteur-médecin, faubourg des Moussets,
Maule, Seine-et-Oise.
Piton, Camille, artiste-peintre, boul. du Montparnasse, 136, Paris.
Piton, Hyacinthe, banquier, rue du Havre, 15, Paris.
Pitoye, brasseur, La Roche-sur-Yon, Vendée.
Pitrat, Pierre, négociant, Givors, Rhône.
Pitrout, Louis-Joseph, aîné, fabricant d'eau de javelle, route de
Versailles, 79, Paris.
Pittié, Francis, général, chef de la maison militaire du prési-
dent de la République.
Pivard, rue Daguerre, 29, Paris.
Pivont, Paris.
Pizot, secrétaire général de préfecture, sous-préfet.
Placet, propriétaire, Epernay, Marne.
Plady, Edouard, voyageur de commerce, au Mans, Sarthe.
Plagge, Fréd.-Auguste, fab. d'albums, r. St-Antoine, 130, Paris.
Plaideau, Edouard-Ernest-Léon, agent de change, courtier in-
terprète, rue Saint-Jean, 16, Dunkerque, Nord.
Plaideur, chemisier, rue Brochant, 47, Paris.
Plainchant, Hippolyte, cultivateur, Bezons, Seine-et-Oise.
Plan, Paul, artiste dramatique, rue Oberkampf, 12, Paris.

Planat, Oscar, négociant, député, conseiller municipal de Cognac et conseiller général de la Charente.

Plancade, J.-P., fabric. de pompes, rue Palaprat, 12, Toulouse.

Planchette, négociant, rue de la Santé, 1, Paris.

Planchon, employé des ponts et chaussées.

Planel-Arnoux, Jules-Auguste-Albert, principal clerc d'avoué, rue de la Liberté, La Pointe-à-Pitre, Antilles françaises.

Planet-Ganneval, Lyon.

Planteau, François-Edouard, traducteur et agent d'affaires, député de la Haute-Vienne.

Plantié, avenue de la Villa, 8, gare de Vitry, Seine.

Plantier, Lyon.

Plantier, E.

Plassan, Bruno-Joseph-Alexandre, avocat, adjoint au maire, propriétaire, rue Lafayette, 22, Toulouse.

Plat, entrepreneur de charpente, rue Chaligny, 2, Paris.

Platel, rue des Petites-Ecuries, 51, Paris.

Platel, propriétaire, conseiller municipal de Boulogne-sur-Seine, rue des Longs-Prés, 7, Billancourt, Seine.

Platel, Victor, photographe, Toulon.

Platon, Lucien, dir. d'assur., r. des Ciseaux-d'Or, 9, Avignon.

Platt, Samuel, directeur d'usine, r. St-Joseph, 65, Roubaix, Nord.

Platz, Jean-Jacques-Thomas, pâtissier, Bayeux, Calvados.

Playoust, fils, secrétaire du Denier des Ecoles laïques, Lille.

Pleger, restaurateur, rue du Pont-aux-Choux, 6, Paris.

Plessier, employé, rue Crébillon, 17, Nantes.

Plessis, Louis-François-Adélaïde, avoué, Caen.

Plestow, Charles-John-Berners, rentier, rue de Douai, 43, Paris.

Plet, Henri, rentier, rue Clovis, 47, Reims.

Pleuc (de), avocat, conseiller général des Bouches-du-Rhône.

Pleutret, marchand de vins, rue Cadet, 12, Paris.

Plichon, comptable, rue des Vinaigriers, 50, Paris.

Plicque, étudiant en droit, Courpier, Puy-de-Dôme.

Plisson, architecte, Paris.

Plista, Maximilien, lithographe, r. des Lions-St-Paul, 8, Paris.

Plister, papetier-relieur, place de la Sorbonne, 3, Paris.

Plocq, Ernest, ingénieur, Arras, Pas-de-Calais.

Plouvier, Louis, employé, rue Beccaria, 11, Paris.

Pocat, cours Rambaud, 69, Lyon.

Pochard, Ernest, pharmacien, Beau-Bassin, île Maurice.

Poché, Jean-Emile, ancien médecin, commis-voyageur, avenue de Pontaillac, Royan, Charente-Inférieure.

Pochon, Joseph-Alexandre, propriétaire, conseiller général et député de l'Ain.

Pochoy, Victor, propriétaire, Voiron, Isère.

Poggi, J.-B., commis de préfecture, r. du Bouloi, 8, Paris.

Pohin, Firmin, adjudant au 17e d'artillerie, Valence, Drôme.

Pohn, Jean, entrepreneur de charpente, rue d'Aguesseau, 12, Boulogne, Seine.

Poidevin, adjoint au maire, Beaune, Côte-d'Or.

Poidevin, fils, négociant, Beaune, Côte-d'Or.

Poiffait, Emile-Félix, conducteur de bâtiments, boulevard Pereire, 269, Paris.

Poignet, docteur-médecin, boul. Bonne-Nouvelle, 18, Paris.

Poilay, employé, rue Greneta, 56, Paris.

Poincet, coiffeur, rue de l'Abbaye, 4, Paris.

Poincinet, négociant en vins, Neufchâtel-sur-Aisne, Aisne.

Poinclaux, mécanicien, Monnaie, Indre-et-Loire.

Poinsignon, Eugène-Joseph, marchand de charbons, Caen.

Pointdedette, Anselme, peintre, Châteaudun, Eure-et-Loir.

Pointe, Lyon.

Pointeau, propriétaire, Melun, Seine-et-Marne.

Pointelit, Pierre, propriétaire, Bougival, Seine-et-Oise.

Pointu-Norès, préfet.

Poirel, photographe, rue Clauzel, 19, Paris.

Poiret, rentier, rue du Bois, 63, Levallois-Perret, Seine.

Poirez, Jean-Félix, ébéniste, Caen.

Poirier, bottier, rue des Arches-Sèches, Nantes.

Poirier, négociant-épicier, Saint-Mamès, Seine-et-Marne.

Poirier, Auguste, pâtissier-confiseur, rue Gambetta, 37, Royan, Charente-Inférieure.

Poirier, Casimir, restaurateur, au Mans, Sarthe.

Poirier, Médéric, chaudronnier, Albilly, Indre-et-Loire.

Poirier, Sylvain, entrepreneur de charpente, boulevard de Vaugirard, 46, Paris.

Poirot, rue Drouin, 5 *bis*, Nancy.

Poirot, géomètre forestier, Epinal, Vosges.

Poirson, Joseph, propriétaire, Domèvre-sur-Vezouze, Meurthe-et-Moselle.

Poirson, Jules, employé de commerce, rue du Faubourg-des-Trois-Maisons, Nancy.

Poisot, négociant en vins, Gray, Haute-Saône.

Poisson, menuisier, à La Chapelle, Paris.

Poisson, chef de la musique de Colombes, Seine.

Poisson, Pierre, négociant, Valparaiso, Chili.

Poissonnié, A., négociant, impasse des Tanneries, 20, Bordeaux.

Poissonnié, Jean, lithographe, rue Sainte-Eulalie, 35, Bordeaux.

Poitou-Duplessis, Paul, médecin de première classe, sur la *Normandie*, Toulon.

Poivrier, géomètre, Ouilly.

Pol, Edouard, négociant, rue du Jeu-de-Paume, 19, Dunkerque, Nord.

Polastron, marchand de chaussures, rue Nationale, Toulon.

Pollack, rentier, rue Pigalle, 40, Paris.

Pollan, Ferdinand, propriétaire, capitaine des sapeurs-pompiers, rue Gioffredo, 10, Nice, Alpes-Maritimes.

Pollio, Jules, consul à Valence, Espagne.

Polliot, Lyon.

Pollon, négociant, Thiers, Puy-de-Dôme.

Polton, rue Chevert, 11, Paris.

Pomarel, juge d'instruction, Sarlat, Dordogne.

Pomès, Philippe-Jean-Marie, comptable, maison Roussel et Cᵉ, Lézignan, Aude

Pommerais, entrepreneur de pavage, rue du Faubourg-Saint-Antoine, 246, Paris.

Pommereau, propriétaire, conseiller général du département d'Alger, Ténès, Algérie.

Pommier, rue de Seine, 78, Paris.

Pommier, employé, avenue du Bel-Air, Paris.

Pomonti, Antoine, commis des douanes, Bastia, Corse.

Pompanon, men., rue de Gravelle, 58, Levallois-Perret, Seine.

Pomparat, Lyon.

Pompéry (de), Edouard, journaliste, député du Finistère.

Pompon, march.-boucher, rue de la Grange-Batelière, 3, Paris.

Pompon, Pierre, marchand-boucher, rue des Dames, 28, Paris.

Poncelet, gantier, rue de Mulhouse, 13, Paris.

Poncerot, dessinateur, Paris.

Poncet, rue de Charenton, 271, Paris.

Poncet, fabric. de cages, rue du Faub.-Poissonnière, 33, Paris.

Poncet, agent d'affaires, Vichy, Allier.

Poncet, Célestin, doreur, Valence, Drôme.

Ponchard, Eugène, inspecteur de librairie, place Masséna, 4, Nice, Alpes-Maritimes.

Ponçot, rue Simon-Lefranc, 14, Paris.

Ponnat (de), rentier, rue des Dames, 25, Paris.

Pons, avocat.

Pons, rue Balagny, 29, Paris.

Pons, entrepreneur de frottage, rue des Messageries, 7, Paris.

Pons, peintre, Philippeville, Algérie.

Ponsardin, garde-mines, Angoulême.

Ponsart, Félix, mécanicien, Bordeaux.

Ponsart, Joseph-Alexis, fabricant de ferronnerie, Vrigne-aux-Bois, Ardennes.

Ponsin, papetier, quai de la Fosse, 22, Nantes.

Ponsin, père, architecte, Montmorency, Seine-et-Oise.

Ponsin, fils, élève-architecte, Montmorency, Seine-et-Oise.

Ponsin, Emile, ex-notaire à Fismes, agent de charbonnages, rue Boulard, 38, Reims.

Ponsolle, Alger.

Pont, Henri, directeur du gaz, Orange, Vaucluse.

ponteil, Guillaume, magasinier, quartier Valbourdin, Toulon.

Ponteil, Jean-Baptiste, commis aux vivres, rue des Beaux-Esprits, 20, Toulon.

Pontenay-Fontête, rue Saint-Michel, Chartres, Eure-et-Loir.

Ponty, Emile, soldat au 17e d'artillerie, Valence, Drôme.

Ponzio, fumiste, rue des Martyrs, 55, Paris.

Poperdu, fabricant de fleurs, rue Saint-Denis, 311, Paris.

Popolani, rentier, rue Lafayette, 43, Paris.

Porchat, employé, Paris.

Porché-Labreuil, rue Poissonnière, 26, Paris.

Porcner, entrep. de sciage de pierre, r. Germain-Pilon, 7, Paris.

Porcher, Marius, meunier, Aïn-Fékan, Algérie.

Porcheron, Louis-Alexandre, limonadier, Méziers-en-Drouais.

Porée, voyageur de commerce, rue de Charonne, 163, Paris.

Poret, épicier, cité Dumaine, Aubervilliers, Seine.

Porgès, négociant, rue de Provence, 23, Paris.

Porret, Auguste, négociant, rue du Caire, 36, Paris.

Port, jeune, agent commercial, Dôle, Jura.

Portailler, Lyon.

Portallier, négociant en vins, rue de la Source, 3, Paris.

Porte, instituteur, montée des Génovéfains, 9, Saint-Just, Lyon.

Porte, Belley, Ain.

Porte, Auguste-François, mécanicien au chemin de fer, Caen.

Porte, Eugène, march. de peausserie, rue Montmartre, 31, Paris.

Porte, Gabriel, maître d'hôtel, rue Stanislas, Nancy.

Porte, Marius, écrivain de marine, rue Victor-Clappier, Toulon.

Porte, Michel, entrepreneur, rue Picot, Toulon.

Portebled, route d'Orléans, 23, Grand-Montrouge, Seine.

Portier, négociant, rue Saint-Léonard, 43, Nantes.

Portier, Victor, négociant, Sillé-le-Guillaume, Sarthe.

Portois, A., rue de Rennes, 141, Paris.

Portwig, Auguste, horloger, rue de Rambuteau, 24, Paris.

Poste, Adolphe, fils, maître d'hôtel, Ruffec, Charente.

Postelle, rue de Paris, 10 bis, Bondy, Seine.

Postelle, Adrien-Théophile, commis à la préfecture, rue de la Forge, 57, Noisy-le-Sec, Seine.

Poté, Hippolyte, cafetier, Beaumont-sur-Sarthe, Sarthe.

Potel, employé à la Halle aux cuirs, rue Lacépède, 10, Paris.

Potel, voyageur de commerce, rue Saint-Martin, 114, Paris.

Potel, Auguste-Pierre, ingén. civil, boul. Voltaire, 185, Paris.

Potelet, employé, boulevard Richard-Lenoir, 65, Paris.

Potet, employé, rue Croix-Nivert, 66, Paris.

Pothier, liquoriste, quai de l'Est, 7, Lyon.

Pothuau, amiral, ministre, ambassadeur en Angleterre.

Potié, père, maître-couvreur, rue des Bouviers, Bordeaux.

Potier, comm. en marchandises, passage Chausson, 5, Paris.

Potier, marchand de vins en gros, rue des Bois, 87, Paris.

Potier, Andelu, Seine-et-Oise.

Potocki, employé, rue Linné, 15, Paris.
Pottier, boulanger, rue Mouffetard, 36, Paris.
Pottier, fab. de casquettes, rue des Amandiers, 111, Paris.
Pottier, inspecteur des travaux du gaz, rue Ramey, 8, Paris.
Pottier, marchand de vins, rue du Faub.-St-Martin, 240, Paris.
Pottier, mécan., rue Dubois-Savary, Saint-Nazaire, Loire-Infér.
Pottier, Alexandre, commis, avenue Launay, 17, Nantes.
Pottier, Alphée, épicier, Coulommiers, Seine-et-Marne.
Pottier, Louis-Philippe, employé, rue Troyon, 1, Sèvres, S.-et-O.
Pottot, doreur, rue Joubert, 5, Paris.
Poualion, Aurillac, Cantal.
Poubeau, Emile, au café de Paris, Nantes.
Poubelle, Eugène-René, préfet.
Poublanc, négociant, Marmande, Lot-et-Garonne.
Pouchon, march. de vins, r. Notre-Dame-de-Nazareth, 9, Paris.
Pouchot, Lyon.
Pouettre, Théophile-Joseph, huissier, Caen.
Pouget, Paul-Joseph, négociant, Saint-Ambroix, Gard.
Pouillard, Marcellin, lieut. d'inf. de marine, Brest, Finistère.
Pouillart, officier d'administration, Oran, Algérie.
Pouillet, journaliste.
Pouillot, restaurateur, rue Pirouette, 3, Paris.
Pouillot, employé, rue du Châtelet, 41, Chalon-sur-Saône.
Poujade, député du Vaucluse.
Poulain, rue d'Astorg, 12, Paris.
Poulain, ingénieur civil, boulevard Beaumarchais, 14, Paris.
Poulain, tonnelier, avenue de Clichy, 31, Paris.
Poulain, docteur-médecin, Dreux, Eure-et-Loir.
Poulain, E., Grande-Rue-du-Mouillage, St-Pierre, Martinique.
Poulain, L.-M., Dr-méd., Châteauneuf-en-Thimerais, Eure-et-L.
Poulet, pharmacien, rue Saint-Nicolas, 2, Nancy.
Poulet, Alfred, employé, rue de Marseille, 18, Lille.
Poulet, Marius, conseiller municipal de Paris, conseiller général
    de la Seine, député.
Poulet, Pierre-Victor, lampiste, rue de Jarente, 4, Paris.
Poulin, limonadier, rue des Batignolles, 3, Paris.
Poullain, négociant, rue de Lafayette, 59, Paris.
Poullain, représ. de commerce, r. de Lafayette, 83 bis, Paris.
Poulle, avoué, conseiller à la Cour d'appel de Douai, conseiller
    municipal d'Amiens, président à la Cour d'appel de Poitiers.
Poullenot, sellier-carrossier, rue Vanoise, Gray, Haute-Saône.
Poupart, entrepreneur de couverture, rue du Cherche-Midi, 23,
    Paris.
Poupelet, Jules, étudiant en droit, Confolens, Charente.
Poupier, Pierre-Jean, charpentier, rue Philippe-de-Girard, 80,
    Paris.
Poupin, Victor, journaliste, député du Jura.

Poupinel, conseiller général.

Poupinel, docteur-médecin, Port-Louis, Île Maurice.

Poupinel, boucher, Grande-Rue, 92, Sèvres, Seine-et-Oise.

Poupon, agent du contentieux aux Mines de la Loire, rue Saint-Charles, 22, Saint-Etienne, Loire.

Pourcel, agent principal d'assur., rue des Jacobins, 78, Amiens.

Pourcet, employé, rue Godot-de-Mauroy, 22, Paris.

Pourchet, dentiste, rue de la Chaussée-d'Antin, 24, Paris.

Pourchet, sous-chef de mus. au 43e de ligne, citadelle de Lille.

Pourquery de Boisserin, Gaston, avocat, ancien bâtonnier, rue du Petit-Paradis, 27, Avignon.

Pourrain, Jacques-Valentin, rentier, rue Violet, 21, Paris.

Poursin, marchand de bois, rue Mathis, 19, Paris.

Pourtet, rue du Dragon, 37, Paris.

Pourtheau, aubergiste, La Roche-sur-Yon, Vendée.

Poussin, maître d'hôtel, propriétaire, Pacy-sur-Eure, Eure.

Poussin, Clovis, coutelier, Châteaudun, Eure-et-Loir.

Poussin, Joseph, négociant, Flers, Orne.

Poussonnel, frère, cours d'Herbouville, 21, Lyon.

Pouteau, sergent-major au 34e de ligne, Mirande, Gers.

Poux-Laville, Albi, Tarn.

Pouy, entrepreneur de charpente, rue de Bercy, 87, Paris.

Pouyadoux, Ferdinand-Louis, avocat. chef de division à la Préfecture, rue du Jardin-Public, 15, Périgueux. Dordogne.

Pouyaud, Lucien-Noël, avoué, Périgueux, Dordogne.

Pouyet, entrepr. de charpente, Juvisy-sur-Orge. Seine-et-Oise.

Pouzin, Léon, propriétaire, quai de la Fosse, 88, Nantes.

Poyé, Antoine, machiniste, Périgueux, Dordogne.

Poyen, Jean, marchand de vins, rue de Lyon, 7, Paris.

Poyot, Paul, employé de banque, Epernay, Marne.

Poyzat, père, rue du Moulin-Vert, Paris.

Prad, Eugène, docteur-médecin, Périgueux, Dordogne.

Pradaud, Benoît-Marc, négociant, Périgueux, Dordogne.

Pradeau, employé, rue des Martyrs, 12, Paris.

Pradel, chimiste, rue Princesse, 1, Paris.

Pradelle, Octave, Paris.

Pradès, commis-négociant, Oran, Algérie.

Pradier, Henri, négociant en quincaillerie, Tulle, Corrèze.

Pradines, L.-J.-P., président de chambre à la Cour d'Appel de Paris, place de la Madeleine, 19, Paris.

Pradon, Christophe-Félix-Alphonse, avocat, député de l'Ain.

Pradon-Couturel, marchand de vins, rue d'Anjou, 78, Paris.

Pranville, gainier, rue Saint-Martin, 110, Paris.

Prat, Eugène, comptable, Saint-Pierre, Île de la Réunion.

Prat, Frédéric, docteur-médecin, rue de Rome, 145, Paris.

Prat, Louis, lieut. au 66e de ligne, r. de la Chevalerie, 16, Tours.

Prat, Nevers, Nièvre.

Praud, fondeur, rue d'Ambuton, Nantes.

Prault, marchand-bijoutier, rue des Francs-Bourgeois, Paris.

Préautheaux, rue de la République, 5 et 7, Lyon.

Prébois, Eugène, entrepreneur de camionnage, maison Cléricy, rue Chauvin, Nice, Alpes-Maritimes.

Précieux, bijoutier en or, rue de Poitou, 42, Paris.

Preg, Georges, tailleur d'habits, Constantine, Algérie.

Prégnon, chef de train à la Comp. Paris-Lyon-Méditerr., Paris.

Preissler, homme de lettres, rue de Bondy, 46, Paris.

Prélat, Pierre-Félix, restaurateur, r. Saint-Honoré, 71, Paris.

Prely, Lyon.

Premier, Louis, négociant, Romans, Drôme.

Prémillieux, marchand-tailleur, rue de la Lanterne, 1, Lyon.

Prenant, cordonnier, Montmartre. Paris.

Prequin, chapelier, rue des Singes, 9, Paris.

Pressac, sous-préfet.

Pressat, agriculteur, sous-préfet, député de la Haute-Vienne.

Prestat, lampiste, Epernay, Marne.

Presteau, rue du Serpent-Volant, 10, Tours.

Pretet, employé, boulevard Lamouroux, Vitry, Seine.

Preux, Alexandre-Pierre, lieutenant des douanes, Caen.

Prevelle, architecte, quai Flesselle, Nantes.

Prévet, Paul-Auguste, conseiller général et député de Seine-et-Marne.

Prévost, guillocheur, rue Saint-Martin, 295, Paris.

Prévost, photographe, boulevard Montmartre, 5, Paris.

Prévost, chauffeur, verrerie Marchand, avenue du port de Saint-Ouen, Saint-Ouen, Seine,

Prévost, charpentier, Lons-le-Saulnier, Jura.

Prévost, avocat, Abbeville, Somme.

Prévost, tonnelier, rue des Minimes, 8, Compiègne, Oise.

Prévost, Albert, employé, rue Saint-Didier, 8, Paris.

Prévost, Ferdin., march. de faïence, La Roche-sur-Yon, Vendée.

Prévost, Jules, chapelier, La Roche-sur-Yon, Vendée.

Prévost, Romain, boulanger, rue d'Angoulême, 70, Paris.

Prévot, Félix, marchand de vins en gros, rue du Coq-Français, 10, Romainville, Seine.

Prévot, Léonce, maître d'hôtel aux Messageries maritimes, rue Barada, 34, Bordeaux.

Prévot, Pierre, tonnelier, Argenteuil, Seine-et-Oise.

Prévot, Sébast., r. du Val-d'Osne, 3, Charenton-St-Maurice. Seine.

Prieur, propriétaire, boulevard du Temple, 10, Paris.

Prieur, Gust., maître-tonnelier, r. de la Trésorerie, 143, Bordeaux.

Prieur, Pierre, employé, rue du Fouare, 9, Paris.

Primault, Auguste, avocat, rue du Pont-Louis-Philippe, 16, Paris.

Prince, distillateur, rue de Paris, 24, Clichy-la-Garenne, Seine.

Pringuet, rentier, chemin de Bretagne, Beauvais.

Prins (de), Charles, direct. d'assurances, rue Coquerez, 11, Lille.

Priolet, Casimir-Antoine, boulanger, rue d'Avron, 33, Paris.

Priou, Louis-Emile, interprète judiciaire près le Tribunal de Mostaganem, conseiller général, Mostaganem, Algérie.

Prissette, imprimeur, passage du Caire, 17, Paris.

Privé, grainetier, rue Guisarde, 11, Paris.

Proal, Louis, ingénieur civil, professeur de dessin au Lycée Charlemagne, rue du Petit-Musc, 31, Paris.

Prochasson, employé de commerce, rue du Pot-au-Lait, 7, Paris.

Profit, employé de commerce, rue Bernard-Palissy, 11, Paris.

Pronnier, Victor-Paul, commerçant, rue de l'Hôpital, 1, Saint-Louis, Sénégal.

Prost, fabricant de boulons, rue de la Roquette, 30, Paris.

Prost, forgeron, rue Boursault, 4, Paris.

Prost, marchand de vins, Ecully, Rhône.

Prost, Victor, horloger, conseiller municipal, Gevrey-Chambertin, Côte-d'Or.

Prot, Georges, employé de banque, rue Brûlée, 17, Reims.

Protat, secrétaire général de préfecture.

Protat, marchand de charbons, rue du Commerce, 44, Paris.

Protheaux, rue de la Vierge, 5, Lyon.

Prou, maître de pension, rue de la Chapelle, Montlhéry, Seine-et-Oise.

Proust, Albert, commis-courtier maritime, Bordeaux.

Proust, Ant., député des Deux-Sèvres, sous-secrétaire d'Etat.

Proudhon, préfet.

Proudhon, capitaine au 37e d'artillerie, Bourges, Cher.

Proutier, fabr. de boîtes, La Ville-en-Bois, Loire-Inférieure.

Proux, Joseph-Alexandre-Magloire, fabricant, propriétaire, faubourg de Tallebourg, St.-Jean-d'Angély, Char.-Inférieure.

Prouzet, boulevard de Sébastopol, 17, Paris.

Provost, plombier, rue de Rivoli, 9, Paris.

Prud'homme, rue Pétrelle, 34, Paris.

Prudhomme, Jean, aîné, meunier, Decize, Nièvre.

Prudon, F., serrurier en voitures, rue Saucier-Leroy, 16, Paris.

Prudon, Hippolyte, mécanicien au Chemin de fer de Paris-Lyon-Méditerranée, député de Saône-et-Loire.

Prugnot, employé, rue Fondary, 43, Paris.

Prunelle, rue Lepic, 47, Paris.

Prunet, négociant, Villeréal, Lot-et-Garonne.

Prunier, négociant, rue des Petites-Ecuries, 11, Paris.

Prunier, fils, prof. au Conservatoire, rue de Rocroi, 1, Paris.

Prunier, Alphonse, avenue de la Gare, Cognac, Charente.

Pruvost, Charles, charpentier, quai de la Râpée, 14, Paris.

Puech, négociant, Nouméa, Nouvelle-Calédonie.

Puech, Louis, négociant, rue de la Fontaine-au-Roi, 6, Paris.

Puel, Charles-Eugène, comptable, rue Saint-Dizier, Nancy.

Pugeault, Léon, juge de paix, rue du Midi, 20, Vincennes, Seine.

Pugens, vétérinaire, Lavardens, Gers.

Pugliesi, Etienne, négociant, Ajaccio, Corse.

Pujade-Anjon, Théodore, employé des douanes, rue Claude-Bernard, 76 bis, Paris.

Pujo, employé, rue de Berry, 3, Paris.

Pujol, employé, rue des Petits-Hôtels, 25, Paris.

Pujol, rédacteur en chef du Journal de Toulouse, rue Saint-Rôme, 44, Toulouse.

Punant, boulanger, rue du Faubourg-Saint-Denis, 88, Paris.

Puny, rue Bénard, 10, Paris.

Purnot, Léon, secrétaire général de préfecture.

Pust, Barthélemy, imprimeur-lithographe, bibliothécaire, rue Emeric-David, 5, Aix, Bouches-du-Rhône.

Putel, fabricant de cartes pour billets de chemins de fer, Pontoise, Seine-et-Oise.

Puthod, avocat, préfet.

Putin, aîné, dit Constant, négoc., rue de Rame, Nevers, Nièvre.

Putz, Pierre, représ. de commerce, rue Stanislas, Nancy.

Puy de Jailly (du), sous-préfet.

Puyo, Michel-Henri, commis principal au ministère de l'Intérieur, rue des Longs-Prés, 40, Billancourt, Seine.

Puypeyroux, Paulin, négociant, Périgueux, Dordogne.

Puytorac, A., huissier, rue des Piliers-de-Tutelle, 23, Bordeaux.

Py, François, au Lycée de Vaux-en-Vélin, Rhône.

Pyard, Jean, marchand de vins, chaussée d'Arc, Gray, Haute-S.

Pyat, Félix, homme de lettres, député.

Pyel, Emile, fondeur en fer, Fontaine-les-Ribouts, Eure-et-Loir.

Q

Quaînon, courtier en vins, rue de Bercy, 114, Paris.

Quanquin, rue des Billettes, 12, Paris.

Quantin, fabricant d'eaux gazeuses, rue de Sèvres, 105, Paris.

Quarré, restaurateur, avenue Daumesnil, 275, Paris.

Quarrié, Alfred, route de Douai, Neuville-Saint-Rémy, Nord.

Quenardelle-Viéville, nég. en vins, Rilly-la-Montagne, Marne.

Quenet, prop.-rentier, quai des Jardins, 7, Dunkerque, Nord.

Quentin, Charles, journaliste, conseiller municipal de Paris, conseiller général de la Seine, directeur de l'Assistance publique, receveur des finances à Paris.

Quérat, négociant, rue Charlot, 24, Paris.
Querin, lithographe et papetier, rue du Marché, Gray, Haute-S.
Queriou, ingénieur civil, rue de la Tour-Neuve, 23, Orléans.
Queruel, fabricant de meubles, rue de Charonne, 37, Paris.
Quès, Félix, premier commis à la Direction des douanes, rue de la Porte-de-Pierre, 2, Perpignan, Pyrénées-Orientales.
Quès, Isidore, entrepreneur, Constantine, Algérie.
Quesnel, rue Tiquetonne, 62, Paris.
Quesnel, rentier, rue de la Maladrerie, 102, Boulogne, Seine.
Quesnot, architecte, rue Moncey, 1, Paris.
Quesnot, Eugène, maître d'hôtel, Falaise, Calvados.
Quétier, Jean-Louis, nég. en v., 12, r. Mollien, Boulogne, Seine.
Quettier, Brest, Finistère,
Quettier, Armand, pépiniériste, Ussy, Calvados.
Queulain, Alfred, directeur d'usine à gaz, boulevard de Caude-ran, 107, Bordeaux.
Queunié, Auguste, entr. de peinture, rue Capron, 1 et 3, Paris.
Quevrain.
Queydan, Albert, comptable, Alais, Gard.
Queyroi, Marc, pharmacien, Périgueux, Dordogne.
Quignaux, rue de Lourcine, 10, Paris.
Quillet, Joseph-Etienne, propriétaire, rue Violet, 21, Paris.
Quilliard, Lille.
Quillot, marchand de vins, rue Saint-Antoine, 111, Paris.
Quillot, imprimeur-lithographe, r. St-Martial, 1, Agen, L.-et-G.
Quinaud, Amédée, menuisier, rue du Marché, 24, Royan, Charente-Inférieure.
Quinault, buraliste, Blacé, Rhône.
Quinet, François, cultivateur-vigneron, Lacrost, Saône-et-Loire.
Quinier, Matthieu, maître d'hôtel, rue de Rivoli, 43, Paris.
Quintero, Lyon.
Quirouard, Evariste, courtier, St-Nazaire, Loire-Inférieure.
Quittareux, employé au Chemin de fer de Lyon.
Quoniam, Hippolyte, rue de Turbigo, 27, Paris.

R

Raap, courtier en diamants, r. de la Butte-Chaumont, 47, Paris.
Rabany, rue de la Charbonnière, 4, Paris.
Rabattu, Louis-Ferdinand, entrepreneur de trav. pub., place Saint-Etienne, Nice, Alpes-Maritimes.

Rabié, négociant, rue Bellefond, 32, Paris.
Rabié, négociant, avenue d'Italie, 98, Paris.
Rabier, maître-clerc d'huissier, rue Boutarel, Paris.
Rabier, rocailleur, Montmorency, Seine-et-Oise.
Rabiet, employé au Collège Chaptal, rue Blanche, 29, Paris.
Rabion, Jean-Urbain, maître-menuisier-ébéniste, rue de la Sellerie, 50, Tours.
Rabiot, Georges, marin, Tours.
Rabitz, Théodore, rue de Miromesnil, 52, Paris.
Rabot, A., négociant, rue Piron, Nantes.
Rabouille, capitaine-trésorier au 5e de ligne, Laval, Mayenne.
Racary, Louis, blanchisseur, au Val, Meudon, Seine-et-Oise.
Rachet, Michel, propriétaire, rue du Chariot, 2, Orléans.
Ract, Narbonne, Aude.
Raddenais, propriétaire, La Pointe-à-Pitre, Antilles françaises.
Radigue, restaurateur, rue de ...chy, 102, Paris.
Radulex, rue du Val-de-Grâce, .   Paris.
Raffard, Henri-Alexandre, propriétaire, Paris.
Raffard, Joseph, rentier, rue de Billancourt, 41, Boulogne, Seine.
Raffler, marchand de vins, Juvisy-sur-Orge, Seine-et-Oise.
Raffinesque, père, rue Sainte-Claire, 12, Paris.
Raffoux, Sylvain, architecte, Charleville, Ardennes.
Ragaigne, négociant, rue des Gravilliers, 42, Paris.
Ragon, Nicolas-Joseph, agent-voyer, Bar-le-Duc, Meuse.
Ragot, Adolphe, commis, Saint-Denis, île de la Réunion.
Raguin, Ernest, maire, Montrichard, Loir-et-Cher.
Rahoult, Victor, liquoriste, Grenoble, Isère.
Raibaud, Louis, commis de marine, en Guyane.
Raimbaud, Pierre, sous-bibliothécaire, Toulon.
Rain, Louis-Gust., chef de train, r. Philippe-de-Girard, 86, Paris.
Rainal, Adolphe-Jos., entrep. de peinture, r. de Vaugirard, Paris.
Rainot, sculpteur-ornem., r. du Faubourg-St-Martin, 13, Paris.
Rainy, propriétaire, Saint-Ay, Loiret.
Raisseguer, huissier, Philippeville, Algérie.
Raith, marchand de vins, rue Lacépède, 48, Paris.
Raltowski, Ignace, conducteur des ponts et chaussées, Coulommiers, Seine-et-Marne.
Rambaud, Alfred, chef de cabinet du ministre de l'Instruction publique.
Rambert, sergent, Périgueux, Dordogne.
Rambert, Etienne, caissier d'assurances, Caen.
Rambert, Eugène, employé au greffe militaire, Caen.
Rambert-Léger, propriétaire, Vichy, Allier.
Rambouillet, mécanic. au chemin de fer, Nogent-sur-Marne, Seine.
Rambourg, Stanislas, Givonne, Ardennes.
Rameau, empl. à l'Hôtel des Monnaies, av. d'Orléans, 114, Paris.
Rameau, agent-voyer, La Roche-sur-Yon, Vendée.

Rameau, **Jean-Auguste-Octavius**, négociant, aux Cayes, Haïti.
Ramel, trésorier-payeur général, Alger.
Ramel, maître-menuisier, rue de la Concorde, 17, Bordeaux.
Ramel, **Pierre-Alfred**, nég. en dentelles, r. de la Paix, 6, Paris.
Ramelot, **Théophile**, horl., calle Zarala, 80, Montevideo, Uruguay.
Ramon, rue Fontaine-Saint-Georges, 8, Paris.
Ramond, **Jules**, négociant, maire, rue de Nom, Nevers, Nièvre.
Rampont-Léchin, **Germain**, sénateur inamovible, questeur
   du Sénat.
Ramus, **Pierre-Alexandre**, tonnelier, rue Sillevan, 27, Bordeaux.
Ranc, **Arthur**, journaliste, conseiller municipal de Paris, con-
   seiller général et député de la Seine.
Rancillaz, nég., rue des Bordeaux, 28, Charenton-le-Pont, Seine.
Randon, rue Frémicourt, 4, Paris.
Randon, homme de lettres, Paris.
Rang, rue des Batignolles, 71, Paris.
Ranque, huissier, Sens, Yonne.
Ransillia, propriétaire., r. de Fontenay, 41, Vincennes, Seine.
Ranson, **Gabriel**, négociant, maire de Limoges, député de la
   Haute-Vienne.
Rantien, **Edmond**, fondeur. Bar-le-Duc, Meuse.
Rapenne, serrurier, passage d'Austerlitz, 20, Paris.
Raphael, tapissier, passage Josset, 8, Paris.
Raphanaud, serrurier, Paris.
Rapine, agent d'affaires, rue du Midi, Vincennes, Seine.
Rapp, limonadier, rue d'Argenteuil, 33, Paris.
Rapp, voyag. du comm., rue du Fg-Montmartre, 73, Paris.
Rapp, **Joseph**, entrepreneur de menuiserie, rue des Fossés-
   Saint-Victor, 32, Paris.
Rappin, propriétaire, rue Bel-Air, 17, Nantes.
Raps, directeur de l'usine à gaz, Carpentras, Vaucluse.
Rascouaille, **Louis**, sous-chef de bureau à la Préfecture, Cons-
   tantine, Algérie.
Raspail, **Benjamin**, conseiller général et député de la Seine.
Raspail, **Camille**, journaliste et docteur-médecin, député du **Var**.
Raspail, **Emile**, conseiller général de la Seine.
Raspail, **François-Vincent**, médecin-chimiste, député des Bou-
   ches-du-Rhône.
Raspail, **Marius**, docteur-médecin, conseiller gén. du Vaucluse.
Rassat, vétérinaire, rue de Sully, 4, Paris.
Rat, **Charles**, secrétaire de la mairie, Montmorillon, Vienne.
Rat, **Louis**, lieutenant au 66e de ligne, rue de Cluzel, 25, Tours.
Ratabout, **Michel**, négociant, avenue de Paris, Bordeaux.
Rateau, traiteur, boulevard de la Gare, 102, Paris.
Rateau, **Auguste**, père, entrepreneur, avenue de Pontillac, villa
   Georges, Royan, Charente-Inférieure.
Rateau, **Auguste**, fils, ingénieur des mines, **Paris**.

Rateau, Camille, entrepreneur, Jonzac, Charente-Inférieure.

Rathier, Jules, député de l'Yonne.

Ratier, André-Louis, architecte, rue Montplaisir, 11, Amiens.

Ratier, Gustave, avocat, maire de Lorient, préfet, conseiller général et député du Morbihan.

Ratte, au Conservatoire des arts-et-métiers, Paris.

Rau, L., courtier, rue Taitbout, 13, Paris.

Rauch, sous-lieutenant de gendarmerie, Bourganeuf, Creuse.

Raucourt, pâtissier, rue Biot, 17, Paris.

Raullot, fabricant de chaux, Sannois, Seine-et-Oise.

Rausch, Ernest, comptable, Lille.

Rauscher, mécanicien, Dôle, Jura.

Ravary, Ferdin., docteur-médecin, rue des Prés, 3, Issy, Seine.

Ravel, négociant, Valence, Drôme.

Raver-Vital, peintre, rue du Palais-Gallien, 84, Bordeaux.

Ravet, Lyon.

Ravidat, maître-bottier, Terrasson, Dordogne.

Ravier, Louis, prof. de mathématiques, au Lycée de Grenoble.

Ravin, capitaine, rue Saint-Clément, 54, Nantes.

Ravina, professeur de piano, rue de Douai, 22, Paris.

Ravon, caissier, rue Montmartre, 16, Paris.

Ravot, Adolphe, employé, rue du Luxembourg, 42, Paris.

Ravoul, Ferdinand, commerçant, Chaudron, Maine-et-Loire.

Ravoux, rue de Provence, 63, Paris.

Ray, directeur de l'Ecole communale, Vichy, Allier.

Raybaud, lithographe, Marseille.

Raybaud, Jean, directeur de l'Ecole communale, Vallauris, Alpes-Maritimes.

Raymond, ag. d'affaires, r. du Faubourg-Poissonnière, 64, Paris.

Raymond, homme de lettres, Paris.

Raymond, mécanicien, maison Blanc, au Grand-Trou, Lyon.

Raymond, greffier au Conseil de guerre, citadelle de Lille.

Raymond, agent-voyer, Montluel, Rhône.

Raymond, François-Xavier, employé, r. St-Honoré, 394, Paris.

Raymond, Guillaume, employé, Périgueux, Dordogne.

Raymond, Jean-Marie, entrepreneur de plomberie et de couverture, rédacteur en chef du *Mémorandum du Rite Ecossais*, rue Nollet, 1, Paris.

Raymondi, propriétaire, Ajaccio, Corse.

Raymondière, commis-négociant, rue Beau-Séjour, Nantes.

Raynal, boulevard de Magenta, 135, Paris.

Raynal, rue Lacroix, 6, Paris.

Raynal, dessinateur, rue de Calais, 43, Paris.

Raynal, tapissier, Perpignan, Pyrénées-Orientales.

Raynal, David, négociant, député de la Gironde, ministre.

Raynal, Joseph, entrepreneur, rue Corrientes, 342, Buenos-Ayres, République Argentine.

Raynaldi, fabricant de boutons, rue Saint-Denis, 258, Paris.

Raynaud, commandant en retraite, Grasse, Alpes-Maritimes.

Raynaud, fils, rue Blanquerie, 33, Limoux, Aude.

Raynaud, Alexandre, médecin-vétérinaire, Gaillac, Tarn.

Raynaud, Henri, propriétaire, Gaillac, Tarn.

Raynaud, J.-H.-F., chef-armurier, Pont-à-Mousson, M.-et-M.

Raynaud, P., étudiant en médecine, rue de Latran, 10, Paris.

Raysan, homme de lettres, rue d'Aboukir, 9, Paris.

Rayski, Jean-Népomucène, anc. officier, réfugié polonais, Paris.

Razimbaud, Jules-Antoine-Louis-Barthélemy, viticulteur, avocat, notaire, député de l'Hérault.

Razy, juge au Tribunal de 1re inst. de Nogent-sur-Seine, Aube.

Reade, Georges, Caen.

Rebiffé, avocat, rue Bréa, 24, Paris.

Rebillard, marchand de bois, Dôle, Jura.

Rebondin, Léandre, employé de commerce, Tours.

Reboul, rue des Feuillantines, 2, Paris.

Reboul, préfet, Alençon, Orne.

Rebouleau, L.-M., entrepreneur de maçonnerie, rue de Fontenoy, 11, Montreuil-sous-Bois, Seine.

Reboussin, fabricant d'instruments de précision, rue Saint-Jacques, 118, Paris.

Rebufa, Félix, agent-voyer, quartier Saint-Roch, Toulon.

Rebufa, Joseph, architecte, quartier Saint-Roch, Toulon.

Rebufa, Paul, concierge du théâtre, Toulon.

Rebuffat, Louis, Aubais, Gard.

Rebuffet, droguiste, rue des Dames, 106, Paris.

Réchou, François, professeur de mathématiques, rue de Pessac, 210, Bordeaux.

Rèche, journalier, rue Bonaparte, 37, Paris.

Récipon, Emile, négociant, prop., député d'Ille-et-Vilaine.

Reclus, Elisée, géographe, homme de lettres.

Recollin, rue de Chaillot, 49, Paris.

Recordon, médecin-vétérinaire, Corbeil, Seine-et-Oise.

Reculet, négociant en vins, Bercy, Paris.

Redon, fabricant, rue des Filles-du-Calvaire, 8, Paris.

Redon, employé d'agent de change, rue Cardinet, 83, Paris.

Redon, Georges, employé, rue Eugène-Sue, 27, Paris.

Redon, Gustave, négociant, Bordeaux.

Redon, Jules-Michel, marchand de vins, r. de Vaugirard, Paris.

Redon, Louis, commissionnaire-négoc., rue Lafayette, 54, Paris.

Refait, Lyon.

Refauvelet, marchand de vins-hôtelier, rue Vavin, Paris.

Refauvelet, Aurillac, Cantal.

Reffuveille, marchand de vins, rue Oberkampf, 37, Paris.

Régaré, Francis, rentier, rue de Versailles, 21, Nantes.

Régeas, Martial, appareilleur, rue des Faures, 55, Bordeaux.

Régen, inspecteur des Petites-Voitures, rue du Montparnasse, 23 bis, Paris.

Régimbeau, instituteur, rue du Sentier, 24, Paris.

Réginard, huissier près le Tribunal civil, Lunel, Hérault.

Regipas. Anse, Rhône.

Regnard, docteur-médecin, rue Gay-Lussac, 35, Paris.

Régnard, homme de lettres, rue des Ecoles, 56, Paris.

Régnard-Roux, notaire, juge de paix, maire, St-Saulge, Nièvre.

Regnauld, préfet.

Regnault, court. de comm. assermenté, r. de Trévise, 45, Paris.

Régnault, négociant, rue Lamartine, 19, Paris.

Regnault, rentier, Beaune, Côte-d'Or.

Regnier, menuisier, Philippeville, Algérie.

Regnier, Martin, maître-tonnelier, Saint-Cyr, Indre-et-Loire.

Régnier, Th.-Frédéric, rentier, Faremoutiers, Seine-et-Marne.

Régnier de la Mallenne, rue de la Cité, Arras, Pas-de-Calais.

Reguinot, limonadier, Villiers-sur-Marne, Seine-et-Oise.

Réguré, négociant, rue Sajet, Nantes.

Rehm, rue des Martyrs, 100, Paris.

Reibel, Philippe, boulanger, rue de Bercy, 4, Paris.

Reiche, Bernard, rue Richer, 10, Paris.

Reiff, typographe, rue Hautefeuille, 3, Paris.

Reignier, Jean, serrurier-mécanicien, Périgueux, Dordogne.

Reilhac, P., propriétaire, Saint-Pierre, Ile de la Réunion.

Reilhac, Sully, propriétaire, Saint-Pierre, Ile de la Réunion.

Reille, rue Notre-Dame-des-Champs, 119, Paris.

Reilly, tamisier-boisselier, rue Vieille-du-Temple, 22, Paris.

Reinach, Joseph, journaliste, Paris.

Reinhard, confiseur, rue de la Paix, 17, Paris.

Reinhard, limonadier, rue de Rivoli, 78, Paris.

Reinhart, tailleur, passage des Panoramas, galerie Montmartre, 16, Paris.

Reinhart, Louis, négociant, rue des Elus, 6, au Havre.

Reis, voyageur, rue du Faubourg-Poissonnière, 21, Paris.

Reiss, Albert, négociant, rue de Londres, 60, Paris.

Reist, serrurier, rue de Popincourt, 57, Paris.

Reither, restaurateur, rue de Valois, 26, Paris.

Reitlinger, Frédéric, représentant de commerce, rue d'Hauteville, 26, Paris.

Reitz, François, représentant de commerce, rue Héré, Nancy.

Remanger, maître-tailleur de pierres, marbrier, quai des Fossés, Nemours, Seine-et-Marne.

Remazielles, Jean, capitaine d'armes, Toulon.

Remé, rue des Lombards, 23, Paris.

Remézy, employé de commerce, rue d'Amboise, 19, Rouen.

Remi-Morel, négociant en vins, Villedieu-les-Poêles, Manche.

Remiot-le-Rebours, André-Achille, lieut. de vaisseau, Toulon.

Remoiville, Paul-Eugène, avoué, député de Seine-et-Oise, président de la Société pour l'Instruction élémentaire.

Rémond, vice-président de l'Association philotechnique, Paris.

Rémond, avenue du Bel-Air, 1, Paris.

Rémond, sous-inspecteur divisionnaire des douanes, rue des Ursulines, 16, Saint-Denis, Seine.

Rémond, Louis, receveur particulier des douanes, avenue de Clichy, 157, Paris.

Remoussin-Berton, brodeur, rue Saint-Honoré, 2, Paris.

Rémusat (de), Paul, sénateur de la Haute-Garonne.

Rémy, Paris.

Rémy, mécanicien, route de Flandre, 15, Aubervilliers, Seine.

Rémy, Eugène, md-mercier, rue de Paris, 51, St-Denis, Seine.

Renan, Ernest, homme de lettres, membre de l'Académie Française, administrateur du Collège de France.

Renancourt (de), négociant, rue Marmontel, Nantes.

Renard, épicier, aux Batignolles, Paris.

Renard, fabricant de boutons, rue Saint-Maur, 214, Paris.

Renard, capitaine en retraite, rue de la Moulière, Orléans.

Renard, défenseur agréé, rue de l'Eglise, 5, Saint-Germain-en-Laye, Seine-et-Oise.

Renard, marchand de vins, Grande-Rue, 58, Sèvres, Seine-et-O.

Renard, Lechâtelet, Ardennes.

Renard, Albert, étudiant, Caen.

Renard, Charles-Henri-Napoléon, princ. clerc de notaire, Caen.

Renard, Eugène, marchand d'osier, Pithiviers, Loiret.

Renard, Ferdinand, fabric. de chaussures, r. Aubriot, 5, Paris.

Renard, Jean, ingénieur civil, quai de Queyrie, 12, Bordeaux.

Renard, Jean-Emile, mécanicien, boul. du Temple, 14, Paris.

Renard, J.-Pierre, cantinier, caserne Duplex, Paris.

Renard, Pierre-Marie, entrepreneur de maçonnerie, rue Poulain, 2, Stains, Seine.

Renardeux, Charles, employé, quai de la gare, 58, Paris.

Renaud, préfet,

Renaud, passage Saint-Victor, 4, Paris.

Renaud, clerc, rue des Tournelles, 38, Paris.

Renaud, entrep. de maçonnerie, boul. Voltaire, 221, Paris.

Renaud, entrepreneur de charpente, adjoint au maire de Saint-Mandé, rue du Talus-du-Cours, 3, Saint-Mandé, Seine.

Renaud, fils, charpentier, rue du Talus-du-Cours, 3, Saint-Mandé, Seine.

Renaud, négociant, Baccarat, Meurthe-et-Moselle.

Renaud, constructeur de machines, Saint-Loup-sur-Semouse, Haute-Saône.

Renaud, Ch., voyageur de commerce, boul. Voltaire, 24, Paris.

Renaud, Emile, négociant, place Nationale, Dôle, Jura.

Renaud, Georges, rue de la Pompe, 76, Paris.

Renaud, Gustave, juge de paix, Moncoutant, Deux-Sèvres.

Renaud, Jules, ingénieur-mécanicien, prairie de Mavies, Nantes.

Renaud, Léon, ingénieur-mécanicien, prairie de Mavies, Nantes.

Renaudeau, tisserand, Champlan, Seine-et-Oise.

Renaudier, bijoutier, Brives, Corrèze.

Renaudier, L., chapelier, Brives, Corrèze.

Renaudin, propriétaire, rue des Arts, 16, Levallois-Perret, Seine.

Renaudin, Sébastien-Ambroise, entrepreneur de travaux publics, expert-liquidateur, aven. de la Gare, 34, Tarbes, Hautes-Pyrénées.

Renaudu, François, père, poêlier, Périgueux, Dordogne.

Renaudu, François-Henri, fils, poêlier, Périgueux, Dordogne.

Renauld, employé, rue du Quatorze-Juillet, 8, aux Prés-Saint-Gervais, Seine.

Renault, brigadier-musicien au 7e chasseurs.

Renault, rentier, rue Lécluse, 14, Paris.

Renault, anc. entrepreneur, propriétaire, route de Montrouge, 20, au Petit-Vanves, Seine.

Renault, Lille.

Renault, négociant et propriétaire, conseiller général, adjoint au maire, Oran, Algérie.

Renault, Alfred, entrepreneur, Douchy, Loiret.

Renault, Bernard, rue de la Collégiale, 1, Paris.

Renault, Léon, avocat, sénateur des Alpes-Maritimes, préfet de police.

Renault-Morlière, député de la Mayenne.

Renaut, négociant, rue des Trois-Frères, 26, Paris.

Renaut, Félix, négociant, Oran, Algérie.

Renaux, Nevers, Nièvre.

Renaux, voyageur, Revin, Ardennes.

Renaux, Claude, négociant, Baccarat, Meurthe-et-Moselle.

Renaux, J., directeur du gaz, rue Picot, Toulon.

Renavand, P.-F., entrep. de travaux publics, Souillac, Lot.

Rencker, comptable, rue Tastet, 3, Bordeaux.

Rencurel, maître-sellier au 3e dragons, Nantes.

Rencurel, Joseph, cuisinier, Toulon.

Renda, rue des Archives, 5, Paris.

Render, J.-M., employé, rue Crozatier, 2, Paris.

Renié, rue des Lombards, 23, Paris.

Rénier, fab. de coutils, rue de Crosne, 21, Rouen.

Renou, architecte du Palais de Compiègne, inspecteur des bâtiments de l'Etat, Compiègne, Oise.

Renouard, rue de la Mairie, Ivry-Centre, Seine.

Renouf, Bruno-Charles, propriétaire, Caen.

Renouleaud, Philippe, conducteur des ponts et chaussées, rue Gambetta, 28, Royan, Charente-Inférieure.

Renoult, quincaillier, Pacy-sur-Eure, Eure.

Renouvellat, avocat.

Renoux, Jules, libraire, place Saint-Pierre, Toulon.

Renucci, négociant en vins, rue des Chantiers, 5, Paris.

Reoyier, F.-N.-A., négociant, Châlons-sur-Marne.

Requier, Raymond, négociant, Périgueux, Dordogne.

Ressia, jardinier, Ris-Orangis, Seine-et-Oise.

Ressye, N., cafetier, Vendôme, Loir-et-Cher.

Resteau (de), ingénieur, Laneuveville, Haute-Marne.

Retaillant, Gustave, voyageur de commerce, au Mans, Sarthe.

Retailleau, marchand de vins, Mortagne, Vendée.

Retif, François, marchand de vins, rue Saint-Denis, 225, Paris.

Rétif de la Bretonne, Vaux-le-Pénil, Seine-et-Marne.

Retoré, dentiste, rue Monsieur-le-Prince, 46, Paris.

Retournard, Marie-Antoine, négociant, Rambervilliers, Vosges.

Retourné, bourrelier, Longjumeau, Seine-et-Oise.

Réty, charpentier, rue Lacordaire, 13, Paris.

Reuchin, voyageur de commerce, Châlons-sar-Marne.

Reuillet, Ferréol, docteur-médecin, député de la Loire.

Revault-d'Allonnes, sous-intendant militaire, Digne, B.-Alpes.

Réveille, capitaine au long-cours, armateur, Agde, Hérault.

Reveillet, propriétaire-agriculteur, Batna, Algérie.

Revel, Antoine, Perpignan, Pyrénées-Orientales.

Reverchon, sous-officier en retraite, rue des Martyrs, 20, Paris.

Reverchon, employé au Crédit lyonnais, rue St-Denis, 16, Lyon.

Reverchon, hameau de la Chaux, St-Cyr-au-Mont-d'Or, Rhône.

Revert, Théophile, entrepreneur, Constantine, Algérie.

Revest, Clément, économe aux Messageries maritimes, avenue Saint-Amand, 43, Caudéran, Gironde.

Révillon, rue de Lyon, 7, Paris.

Révillon, agent d'assurances, quai de Bercy, 29, Paris.

Révillon, Antoine, dit Tony, journaliste, conseiller municipal de Paris, conseiller général et député de la Seine.

Revol, peintre d'histoire, quai de Serin, 30, Lyon.

Rey, commerçant, rue Saint-Denis, 290, Paris.

Rey, bijoutier, Grande-Rue-de-la-Croix-Rousse, 61, Lyon.

Rey, négociant, Grenoble, Isère.

Rey, A., préfet.

Rey, Abel, voyageur de commerce, Lyon.

Rey, Adrien, docteur-médecin, Marseille.

Rey, Aristide, journaliste, conseiller municipal de Paris, conseiller général de la Seine, député de l'Isère.

Rey, Escudier, docteur-médecin, Toulon.

Rey, Guillaume, aîné, nég., place du Lion-d'Or, Condom, Gers.

Rey, Henri, médecin de marine de première classe, Toulon.

Rey, Jecques, capitaine au cabotage, Toulon.

Rey, Pierre-Auguste, commis-négociant, Agen, Lot-et-Garonne.

Rey-Taix, Valence, Drôme.

Reyboz, père, Lyon.
Reymond, négociant, avenue du Mesnil, 53, La Varenne, Maine-et-Loire.
Reymond, Francisque, ingénieur, député de la Loire.
Reymond, J., négociant, Saint-Jean-de-Maurienne, Savoie.
Reynard, Lyon.
Reynaud, Lille.
Reynaud, employé, Nîmes.
Reynaud, négociant, Léognan, Gironde.
Reynaud, A., médecin-vétérinaire, Gaillac, Tarn.
Reynaud, Auguste, rue de Montreuil, 32, Paris.
Reynaud, J.-M., pharmacien de la marine, Toulon.
Reynaud, Louis, décatisseur, rue Merle, 13, Toulon.
Reynaud, Pierre, mécanicien, Valence, Drôme.
Reyneau, député de Saône-et-Loire.
Reynes, Napoléon, maître-plâtrier, rue de l'Argenterie, Béziers, Hérault.
Reynier, fab. de parapluies, avenue de Saze, 91, Lyon.
Reynier, quincaillier, Batna, Algérie.
Reynwaan, négociant, Bordeaux.
Rézeau, teinturier, rue des Récollets, 27, Paris.
Rhodes, Guillaume, sergent au recrutement, Valence, Drôme.
Rialle, Gérard-J., rue de Vintimille, 20, Paris.
Riasse, employé, rue Martin, 5, Paris.
Ribaut, Pau, Basses-Pyrénées.
Ribert, Léonce, professeur libre, place de la Madeleine, 3, Paris.
Ribet, négociant, passage de Tivoli, 12 ter, Paris.
Ribière, sénateur de l'Yonne.
Ribolet, Lyon.
Ribot, Vigny, Seine-et-Oise.
Ribot, Charles, charcutier, avenue d'Antin, 73, Paris.
Riboux, Emile, confectionneur, Châtillon-sur-Indre, Indre.
Ribrol, Louis, marchand de bois, Blois, Loir-et-Cher.
Ricadat, jeune, architecte, Paris.
Ricadat, Edouard, receveur de l'octroi, r. des Moines, 44, Paris.
Ricard, tailleur, cité Gaillard, 12, Paris.
Ricard, ferblantier, Bordeaux.
Ricard, fabricant d'appareils électriques, rue Saint-Dizier, 7, Nancy.
Ricard, Charles-Louis-François, chapelier, Caen.
Ricard, Louis-Pierre-Hippolyte, avocat, maire de Rouen, conseiller général et député de la Seine-Inférieure.
Ricard, Pierre-François-Gustave, chapelier, Caen.
Ricart, agent d'assurances, rue des Ecoles, Arcueil, Seine.
Ricaud, Emile, négociant, rue Baste, 4, Bordeaux.
Ricci, Toussaint, marin, Saint-Pierre, île de la Réunion.
Richard, rue de Passy, 60, Paris.

Richard, docteur-médecin, rue de la Chaussée-d'Antin, 53 bis, Paris.

Richard, étudiant en médecine, rue du Renard, 46 bis, Paris.

Richard, propriétaire, à la Villa, Prés-Saint-Gervais, Seine.

Richard, officier d'administration, comptable, quai Saint-Martin, 5, Lille.

Richard, cloutier, rue Clément, 129, Nantes.

Richard, professeur de mathématiques, rue de Saint-Sever, 71, Rouen.

Richard, capitaine au 13e de ligne, Nevers, Nièvre,

Richard, entrepreneur de travaux publics, Aurillars, Tarn-et-Garonne.

Richard, Camille, conseiller général et député de la Drôme.

Richard, Charles, fils, dr-méd., r. des Fossés-Neufs, 38, Lille.

Richard, François, mécanicien, r. du Port, 44, St-Denis, Seine.

Richard, Georges.

Richard, J., intendant militaire en retraite., av. de Neuilly, 31, Neuilly, Seine.

Richard, Jean, coiffeur, pl. Bugeaud, 2, Périgueux, Dordogne.

Richard, Jean-Auguste, tailleur de pierres et marchand de vins, rue des Aubépines, 152, Colombes, Seine.

Richard, Léon, commis de banque, rue de Provence, 78, Paris.

Richard, Louis-Jules, archit., Neauphle-le-Château, Seine-et-O.

Richard, Paul, chef des ateliers de la Compagnie d'Orléans, Périgueux, Dordogne.

Richard, Paul, r. Traversière-St-Martin, Périgueux, Dordogne.

Richard, Pierre, père, march. d'huîtres, l'Eguille, Char.-Infér.

Richard, Pierre, fils, march. d'huîtres, L'Eguille, Char.-Infér.

Richard, Rémy, publiciste, rue d'Amsterdam, 44, Paris.

Richard, René-Marie, rentier, Caen.

Richard de la Missardière, propriétaire, St-Aignan, Loire-Inf.

Richardières, Ernest-Victor, au pont du chemin de fer, Saint-Denis, Seine.

Richardin, fabricant de bronzes d'art, rue de Turenne, 70, Paris.

Richardson, Saint-Pierre, Martinique,

Richarme, rue Saint-Marcel, 11, Lyon.

Richaud, directeur du Crédit foncier colonial de la Guadeloupe, La Pointe-à-Pitre, Antilles françaises.

Richaud, maître d'hôtel, Philippeville, Algérie.

Riche-Gardon, homme de lettres, rue de la Banque, 5, Paris.

Riché, Julien, ex-maître tailleur au 2me lanciers.

Richel, Clément-Félix, vice-président de la Société des Sauveteurs de la Seine, président de la Société française de Sauvetage, avenue de l'Opéra, 41, Paris.

Richelle, négociant, rue des Gravilliers, 29, Paris.

Richer, gendarme, Paris.

Richer, Léon, publiciste, rue des Deux-Gares, 4, Paris.

Richet, bandagiste, rue des Halles ou rue Nationale, Tours.

Richtemberger, secrétaire particulier du préfet de police.

Richy, Alexandre, charpentier, hameau du bois de Neuilly, Nogent, Seine.

Ricoux, pharmacien, Toulon.

Ricquer, Charles, artiste dramatique, Caen.

Rideau, Eugène, entrepreneur de maçonnerie, Monts

Rieaux, pharmacien, rue Saint-Jean, 8, Lyon.

Ried, Camille, commis, rue des Petites-Ecuries, 55, Paris.

Rieffel, père, propriétaire, boulevard Beaumarchais, 79, Paris.

Rieffel, fils, meunier, Alfort, Seine.

Riegel, Joseph, avenue de la Grande-Armée, 22, Paris.

Rieger, agent d'affaires, rue du Château-d'Eau, 59, Paris.

Riel, Nicolas-P., officier en retraite, Périgueux, Dordogne.

Riellant, employé, rue Muller, 15, Paris.

Riembault, rue Saint-Joseph, 8, Paris.

Riengpach, père, mécanicien, Paris.

Riès, employé de commerce, rue de Montmorency, 16, Paris.

Riess, tailleur, rue de la Fontenelle, 6 bis, Paris.

Riéter, employé, rue Pagevin, 32, Paris.

Riette, brasserie des Ecoles, à la Croix-Rousse, Lyon.

Rieu, Auguste, négociant, Constantine, Algérie.

Rieu, Simon, négociant, Constantine, Algérie.

Riff, rue de la Montagne-Sainte-Geneviève, 11, Paris.

Riffaud, Pierre, charpentier, rue de l'Equerre, 7, Toulon.

Riffaut, entrepreneur, boulevard Saint-Germain, 33, Paris.

Rigal, propriétaire, rue de Rivoli, 4, Paris.

Rigal, propriétaire, Villeneuve, Lot-et-Garonne.

Rigal, François, propr., rue de la Tôlisserie, Béziers, Hérault.

Rigaud, marchand de faïence, La Roche-sur-Yon, Vendée.

Rigaud, Achille, pharmacien, Montaigu, Vendée.

Rigaud, Jean-Marie-Jules, gantier, Confolens, Charente.

Rigault, horloger, rue Oberkampf, 49, Paris.

Rigault, rentier, boulevard Pereire, 131, Paris.

Rigault, père, rentier, Palaiseau, Seine-et-Oise.

Rigaut, Eugène, conseiller municipal de Paris, conseiller général de la Seine, président de la Compagnie des Chemins de fer de la Loire.

Rigaut-Jacquet, Hippolyte, négociant, rue des Grands-Jours, 3, Clermont-Ferrand.

Rigaux, comptable, rue Malard, 21, Paris.

Rigollé, propriétaire, Port-Louis, Ile Maurice.

Rigollet, gérant du café du Globe, rue de Cléry, 100, Paris.

Rigollet, Remy, charron-ferreur, Mascara, Algérie.

Rigollet, Roze, charcutier, Mascara, Algérie.

Rigouleau, Bordeaux.

Rimbaud, Charles, horticulteur, au Pont-du-Los, Var.

Rimet, boulevard Voltaire, 150, Asnières, Seine.

Rimèze, négociant, rue de la Sablière, 66, Paris.

Rinino, restaurateur, Nice, Alpes-Maritimes.

Rio, entrepreneur de voitures, Saint-Nazaire, Loire-Inférieure.

Riolot, Georges, rue de La Ferté, Chagny, Saône-et-Loire.

Riotteau, député, conseiller général de la Manche.

Riou Auguste, publ., rue du Pré, 16, aux Prés-St-Gervais, Seine.

Ripaux, journaliste.

Riquart, employé, rue Chapon, 26, Paris.

Risarelli, Dominique, artiste de cirque, Paris.

Risarelli, François, artiste de cirque, Paris.

Risch, fourreur, rue Lamartine, 46, Paris.

Risler, Charles, chimiste-manufacturier, maire du VII⁰ arrondissement de Paris.

Risler, Eugène, directeur de l'Institut national agronomique, boulevard Haussmann, 166, Paris.

Rispal, rue des Blancs-Manteaux, 23, Paris.

Rispal, professeur de mathématiques, rue de Tourneville, 142, au Havre.

Rispal, serrurier, Vichy, Allier.

Ritouret, J.-Bertrand, médecin-dentiste, Périgueux, Dordogne.

Ritthemann, Jacob, mécanicien, au Mans, Sarthe.

Riu, général, commandant de la force armée de la Chambre des Députés.

Rivaille, négociant, bastion Saint-Nicolas, La Rochelle, Charente-Inférieure.

Rivaillon, huissier, Nevers, Nièvre.

Rivals, Lyon.

Rivaud, préfet.

Rivaud, Théophile, chef de division à la Préfecture, rue Saint-Victor, 50, Nice, Alpes-Maritimes.

Rivaud-Landrau, médecin-oculiste, Lyon.

Rivenc, notaire, Cordes, Tarn.

Riverain, Colin-A., maître de poste, Vendôme, Loir-et-Cher.

Riveroll, photographe, rue de Verneuil, 20, Paris.

Rivert, Charles-Auguste, horticult., Tournan, Seine-et-Marne.

Rives, docteur-médecin, maire, Caussade, Tarn-et-Garonne.

Rives, avoué, Saint-Girons, Ariège.

Rivet, entrepreneur, quai des Tanneurs, Nantes.

Rivet, Gustave, journaliste, député de l'Isère.

Rivet, Paul, marchand de couleurs, rue Chaligny, 2, Paris.

Rivière, charpentier, Charonne, Paris.

Rivière, négociant, Beaucaire, Gard.

Rivière, grainetier, Pacy-sur-Eure, Eure.

Rivière, Armand, avocat, député d'Indre-et-Loire.

Rivière, Ernest, représ. de commerce, rue de la Gare, Lille.

Rivis, négociant, Auch, Gers.

Rivoire, cafetier, Valence, Drôme.
Rivolin, march. de vins, boulevard de l'Hôpital, 64, Paris.
Rivollet, négociant, rue Papillon, 18, Paris.
Rixem, tailleur, Oran, Algérie.
Robe, photographe, rue Rossini, 20, Paris.
Robe, Pierre, aubergiste, Coulommiers, Seine-et-Marne.
Roberge, fourreur, boulevard Saint-Martin, 55, Paris.
Robert, caissier, rue de Cléry, 13, Paris.
Robert, doreur sur métaux, boul. Richard-Lenoir, 59, Paris.
Robert, fabric. de couverts argentés, rue du Temple, 112, Paris.
Robert, marchand de vins, rue Marbœuf, 85, Paris.
Robert, employé, avenue de Paris, Bordeaux.
Robert, Nantes.
Robert, employé, Chambéry, Savoie.
Robert, carrossier, au Champ-de-Mars, Toulon.
Robert, contre-maître à la fonderie, Ruelle, Charente.
Robert, employé, dans la Lozère.
Robert (de), Narbonne, Aude.
Robert, Alfred, notaire, r. Foncillon, Royan, Charente-Inférieure.
Robert, Anatole-Edouard, avocat à la Cour d'appel, conseiller
    d'arr., cons. gén. de Maine-et-Loire, 'r. Boisnet, 3, Angers.
Robert, Auguste, ingénieur civil, rue Villars, 3, Grenoble.
Robert, E., préfet.
Robert, François-Xavier, préposé aux lits militaires, Valence,
    Drôme.
Robert, G., rédacteur au *Petit Nord*, Lille.
Robert, Gabriel, commerçant, Sainte-Marie, île de la Réunion.
Robert, Georges, imprimeur, rue du Faub.-St-Denis, 19, Paris.
Robert, Henri, capitaine au long-cours, Bordeaux.
Robert, Jean-Baptiste, tailleur, rue de la Paix, 29, Tours.
Robert, Jean-Joseph, agent-voyer, Mortcerf (S.-et-M.).
Robert, Joseph, négociant, rue Cardinet, 152, Paris.
Robert, Joseph, négociant, Nevers, Nièvre.
Robert, Joseph, maître-bottier, Constantine, Algérie.
Robert, Léon, député.
Robert, Louis, ancien avoué, agréé au Tribunal de Commerce,
    Dôle, Jura.
Robert, Louis, brasseur, Bazeilles, Ardennes.
Robert, Théodore, représentant de commerce, Angoulême.
Robert de Laborde, négociant, rue de l'Echiquier, 4, Paris.
Robert de Massy, préfet, sénateur du Loiret, trésorier-payeur
    général du Cher.
Robertrow, mécanicien, rue de Becon, Courbevoie, Seine.
Robichon, rue Pernety, 38, Paris.
Robillard, entrepr. de couverture, Grande-Rue, 28, Issy, Seine.
Robillard, Meulan, Seine-et-Oise.
Robin, rue Amelot, 36, Paris.

Robin, villa de l'Ermitage, 8, Paris.

Robin, constructeur de chaudronnerie, rue St-Maur, 82, Paris.

Robin, père, rue de Châlons, 16, Paris.

Robin, fils, rue de Châlons, 16, Paris.

Robin, Lyon.

Robin, Nevers, Nièvre.

Robin, ferblantier, Gray, Haute-Saône.

Robin, Ambroise, maître-carrier, Souppes, Seine-et-Marne.

Robin, Ernest, chef de bureau à la Direction de l'intendance, Nouméa, Nouvelle-Calédonie.

Robin, Gervais, avocat, Cognac, Charente.

Robin, Léon, commis, Saint-Denis, île de la Réunion.

Robin, Louis-Arsène, marc. de bimbloterie, r. Soufflot, 20, Paris.

Robinet, rue des Moines, 11, Paris.

Robinet, représentant de commerce, Charleville, Ardennes.

Robinet, Gabriel, docteur-médecin, conseiller municipal de Paris, conseiller général de la Seine.

Robino, Jean-Baptiste, Saint-Jean-de-Maurienne, Savoie.

Robinot, rentier, rue de la Maladrerie, 38, Boulogne, Seine.

Roblin, jeune, rue de Clichy, 49, Paris.

Roblot, march. de vins, rue de la Maison-Blanche, Paris.

Roby, rue d'Aguessau, Boulogne. Seine.

Roch, carreaux mosaïques, rue Febvotte, 6, Tours.

Rochaix, E.-Fr., employé, rue de l'Echiquier, 30, Paris.

Rochaland, avocat à la Cour d'Appel de Paris, professeur de droit commercial, place Dauphine, 24, Paris.

Roche, chef de bureau aux Chemins de fer de l'Etat, conseiller municipal de Clichy, boulevard National, 140, Clichy-la-Garenne, Seine.

Roche, marchand de couleurs, rue du Commerce, 86, Paris.

Roche, jeune, plafonneur, Angoulême.

Roche, restaurateur, Bougival, Seine-et-Oise.

Roche, mécanic., r. de la Claire, Villefranche-s-Saône, Rhône.

Roche, horloger, Aurillac, Cantal.

Roche, limonadier, La Fère, Aisne.

Roche, géomètre, Philippeville, Algérie.

Roche, Antoine, pharmacien, conseiller municipal de Rochefort et conseiller d'arrondissement de la Charente-Inférieure, rue des Fonderies, 117, Rochefort.

Roche, Aristide, voyageur de com., Chatillon-s-Indre, Indre.

Roche, Charles, avocat, directeur du *Var Républicain*, Toulon.

Roche, Charles, propriétaire, St-Denis-du-Sig, Algérie.

Roche, François, plafonneur, Larochefoucault.

Roche, J.-B., rue de la Claire, Villefranche, Rhône.

Roche, Joseph, appareilleur, Foussignargues.

Roche, Jules, journaliste, conseiller municipal de Paris, conseiller général de la Seine, député de la Savoie.

Roche-Papillon, rue de la Tonnellerie, Chartres, Eure-et-Loir.

Roché, Pierre, tripier, rue de Bègles, 27, Bordeaux.

Rocheblave, Achille, fabricant de chocolat, quai de Jemmapes, 310, Paris.

Rochée, Eugène, négociant, Angoulême.

Rochefort, Henri, publiciste.

Rocher, Alphonse, voyageur de commerce, rue Saint-Rémy, Bordeaux.

Rochet, capitaine au long-cours, Bordeaux.

Rochetin (comte de), Stanislas, ingénieur des mines, rue Timoni, 20, Constantinople, Turquie.

Rocheux, layetier, rue François-Miron, 7, Paris.

Rochu, facteur-chef des postes, rue Ferrari, 52, Marseille.

Rochulé, Léon, négociant en vins, au Mans, Sarthe.

Rocquain, Félix, publiciste, Paris.

Rodanet, fabricant de chronomètres, rue Vivienne, 36, Paris.

Rodde, voyageur de commerce, aux Batignolles, Paris.

Rode, grillageur, rue Oberkampf, 19, Paris.

Rodet, Charles, employé, rue Amelot, 50, Paris.

Rodet, Pierre, marchand de vins, rue Amelot, 50, Paris.

Rodier, Antoine, Grande-Rue, Pertuis, Vaucluse.

Rodrigue, Charles, négociant, Rambervilliers, Vosges.

Rodrigues, Gustave, négociant, rue Cornac, 31, Bordeaux.

Rodrigues, Henri, marchand-tailleur, place de la Comédie, 2, Bordeaux.

Roëlly, chimiste, rue de Vaugirard, 308, Paris.

Roeseler, rue Cachée, 12, Saint-Dié, Vosges.

Rœsler, marchand de vins, rue de la Légion-d'Honneur, 5, Saint-Denis, Seine.

Rogeat, Philibert, négociant, Vinay, Isère.

Roger, sénateur.

Roger, rue des Forges, 6 et 8, Paris.

Roger, rue Montmartre, 157, Paris.

Roger, passage du Génie, Paris.

Roger, chef du contentieux de la Compagnie d'Orléans, rue des Écoles, 40, Paris.

Roger, clerc d'huissier, place de la Bastille, 12, Paris.

Roger, commerçant, rue Saint-Maur, 153, Paris.

Roger, exploitant de carrières, rue du Bouloi, 19, Paris.

Roger, fabr. de chaussures, rue du Faub.-St-Denis, 162, Paris.

Roger, négociant, rue Montmartre, 157, Paris.

Roger, négociant en vins, rue de Saintonge, 13, Paris.

Roger, archiviste-conservateur du Musée, Philippeville, Algérie.

Roger, maître-sellier, Oran, Algérie.

Roger, Alphonse, cultivateur, Andilly, Meurthe-et-Moselle.

Roger, Désiré-Gabriel, directeur du Chemin de fer d'exploitation de Saint-Waast-les-Mello, Cramoisy-Saint-Vaast, Oise.

Roger, **Ernest**, entrepreneur de charpente, Caen.

Roger, **Henri-François**, chirurgien de la marine, Caen.

Roger, **Napoléon**, rentier, Orange, Vaucluse.

Roger-Marvaise, cons. gén. et sénateur d'Ille-et-Vilaine.

Rogeron, négociant, boulevard Voltaire, 95, Paris.

Rogeron, **Jules**, négociant, Belvès, Dordogne.

Rogier, percepteur, Fresnes-en-Woëvre, Meuse.

Roguet, **J.**, directeur du Collège Rollin.

Roguier, marchand de vins, Gde-Rue, Nogent-sur-Marne, Seine.

Rohart, parfumeur, rue Lhomond, 68, Paris.

Rohée, **Andoche**, fabricant de pompes à incendie, rue de Bondy, 72, Paris.

Rohül, rue de la Fontenelle, 10, Paris.

Rojon, Lyon.

Roland, employé, rue de la Cossonnerie, 12, Paris.

Roland, voiturier, quai Marin, Gray, Haute-Saône.

Rolland, passage Saint-Michel, 2, Paris.

Rolland, employé de commerce, rue Le Peletier, 43, Paris.

Rolland, homme de lettres, rue Dauphine, 16, Paris.

Rolland, fils, imprimeur, rue Dupuytren, 9, Paris.

Rolland, voyag. de comm., boulevard de Magenta, 144, Paris.

Rolland, Lyon.

Rolland, employé de comm., Perpignan, Pyrénées-Orientales.

Rolland (de), **A.**, ancien réd. du *Phare de la Loire*, Nantes.

Rolland de Rieul (de), père, propriétaire, Sainte-Marie, île de la Réunion.

Rolland de Rieul (de), fils, commis, Sainte-Marie, île de la Réunion.

Rollet, comptable, Lyon.

Rollet, **Pierre**, propriétaire, Saint-Cyr-au-Mont-d'Or, Rhône.

Rollier, apprêteur de châles, rue des Deux-Portes-Saint-Sauveur, 28, Paris.

Rollin, **Pierre**, fabricant de porcelaine, Lucez-Lévy, Nièvre.

Rolly, **Louis**, adjudant, Périgueux, Dordogne.

Romagnesi, éditeur de musique, rue du Bac, 34, Paris.

Romagnies, marchand-épicier, Charleville, Ardennes.

Romagny, propriétaire, Noisy-le-Sec, Seine-et-Marne.

Rome, négociant, rue de Babylone, 56, Paris.

Romeu, Perpignan, Pyrénées-Orientales.

Romian, père, employé de commerce, Petite-Rue-de-la-Bourse, 1, Saint-Étienne, Loire.

Romian, **Pierre**, marchand de cuirs et crépins, représentant de commerce, rue de Marengo, Saint-Étienne, Loire.

Ronchail, Lyon.

Ronchetti, entrepreneur, Oran, Algérie.

Ronchetti, **Pierre**, entrepreneur de travaux publics, boulevard du Champbonnet, Moulins, Allier.

Ronchier, fabricant de biscuits, Angoulême.

Roncin, pharmacien, Paris.

Rondeaux, Adolphe-Charles-Augustin, préfet, maire, propriétaire, rue de la Comédie, 26, Lorient, Morbihan.

Rondel, propriétaire, rue de la Jussienne, 13, Paris.

Rondeleux, Paul-Grégoire, conseiller d'arrondissement, directeur-gérant des Mines de la Condamine, député de l'Allier.

Rondepierre, J.-Baptiste, messager, Moulins-Engilbert, Nièvre.

Rondineau, préfet.

Rongier, maître-cordonnier, au 25e de ligne.

Rongier, Joseph, conducteur des ponts et chaussées, Tlemcen, Algérie.

Rongvaux, sculpteur, rue d'Allemagne, 127, Paris.

Ronnelle, Alexandre, architecte, conseiller municipal, rue Vaucelette, Cambrai, Nord.

Ronnet, rue de la Roquette, 39, Paris.

Ronzière, négociant, Chambéry, Savoie.

Ronzy, Joseph, huissier, Servian, Hérault.

Roqy, Auguste, lithographe, Bergerac, Dordogne.

Roque, maréchal des logis, Paris.

Roque de Fillol, Jean, député de la Seine.

Roques, Barthélemy, propriétaire, conseiller municipal de Bordeaux, rue des Douves, 2, Bordeaux.

Roques, Jean

Roquette-Buisson (comte de), trésorier-payeur général, Blois, Loir-et-Cher.

Roquière, rue Cler, 21, Paris.

Roschtein, Paris.

Rose, négociant, rue Centrale, 14, Lyon.

Rose, Louis, comptable, rue de la Verrerie, 58, Paris.

Rose, Victor, maître-tailleur, rue Saint-Lazare, 82, Paris.

Roseaux, instituteur, Hantay, Nord.

Rosée, Paul-Frédéric, négociant, Caen.

Rosemberg, Wilhelm, négociant, Saint-Claude, Jura.

Rosemblum, teinturier, rue du Vert-Bois, 57, Paris.

Rosenfeld, Samuel, négociant, Lyon.

Roshem, Jacques, commandant du génie.

Rosier, appareilleur de gaz, rue du Faub.-St-Martin, 76, Paris.

Rosier, chimiste, rue Galande, 36, Paris.

Rosier, Auguste, tailleur, rue de Richelieu, 92. Paris.

Rosny (de), Léon, orientaliste, Paris.

Ross, géomètre, boulevard Richard-Lenoir, 129, Paris.

Rosse, Louis, négociant, avenue du Perreux, 51, Nogent-sur-Marne, Seine.

Rosset, Alfred, vétérinaire, Saint-Denis, île de la Réunion.

Rossette, fabricant de verres d'optique, rue des Bois, 27, Paris.

Rossi, entrepreneur du génie, Bône, Algérie.

Rossi, propriétaire, Oran, Algérie.
Rossi, Jacques, négociant, Brives, Corrèze.
Rossignol, rue du Faubourg-Poissonnière, 4, Paris.
Rossignol, rue Saint-Lazare, 126, Paris.
Rossignol, rue de Londres, 16, Paris.
Rossignol, sergent d'infanterie, Caen.
Rossignol, Jules-Pierre, grav. pour dentelles, r. Houdon, 14, Paris.
Rossignol, Zéphyr, fabricant de tissus, Bar-le-Duc, Meuse.
Rossignon, Emile-Gabriel, employé, Charleville, Ardennes.
Rossin, Henri, ingénieur-mécanicien, Orange, Vaucluse.
Rossmann, maître-tailleur, rue de Fleurus, 27, Paris.
Rossy, employé, rue de Grammont, 16, Paris.
Rostain, commerçant, rue Vieille-du-Temple, 17, Paris.
Rostaing, mécanicien, rue de Poitou, 34, Paris.
Rota, docteur-médecin, rue de Picpus, 90, Paris.
Roth, employé, rue Saint-Lazare, 45, Paris.
Roth, négociant, rue de la Chaussée-d'Antin, 41, Paris.
Roth, Ch., caissier, Paris.
Roth, Guillaume, brasseur, Graulhet, Tarn.
Rothé, comptable à l'Ecole polytechnique, r. Descartes, 5, Paris.
Rothschild, Hugo, nég.-comm., rue Lafayette, 54, Paris.
Rotouillé, Jean-Fr., rentier, Coulommiers, Seine-et-Marne.
Rotrou (de), Réné, quai Bourbon, 51, Paris.
Rottay, docteur-médecin,
Rottembourg, fils, marchand-tailleur, rue St-Sauveur, Beauvais.
Rotulo, père, rue de la Tour, 108, Paris.
Roty, rue du Poteau, 74, Paris.
Roty, Henri, employé, maison Lerebour, r. St-Denis, 97, Paris.
Rouard, rue des Bretons, 12, Maisons-Alfort, Seine.
Roubaud, pharmacien.
Roubaud, entrepreneur, Oran, Algérie.
Roubaud, Alexis-Richard, tapissier, cours Lafayette, 37, Toulon.
Roubaud, Félix, commis-négociant, cours Lafayette, 89, Toulon.
Roubaud, Joseph, agent dramatique, ancien directeur du théâ-
    tre d'Amiens, rue de la Grange-Batelière, 14, Paris.
Roubeau, serrurier, Cusset, Allier.
Roubière, propriétaire, adj. au maire, Sidi-bel-Abbès, Algérie.
Rouchard, Amédée, banquier, Périgueux, Dordogne.
Rouchard, Louis-Jean, négociant, Périgueux, Dordogne.
Rouchas, courtier, Philippeville, Algérie.
Rouchouse, Paul-Léon-Louis, notaire, Saint-Ismier, Isère.
Rouchy, lamineur, rue de Popincourt, 33, Paris.
Rouchy, limonadier, Rueil, Seine-et-Oise.
Roucou, damasquineur, rue de Belleville, 78, Paris.
Roudaire, capitaine d'état-major, Alger.
Roudeau, pharmacien, Terrasson, Dordogne.
Roudet, Lyon.

Roudier, négociant, Terrasson, Dordogne.

Rouelle, soldat, Dreux, Eure-et-Loir.

Rouen, peintre, rue Lagille, 6, Paris.

Rouen, négociant, Laon, Aisne.

Rouff, Albert, négociant en broderies, officier de l'armée territoriale, Nice, Alpes-Maritimes.

Rouge, boulevard Montparnasse, 157, Paris.

Rougé, ancien chef de bureau à la Préfecture, rue Sainte, 3, Alger.

Rougé, Oscar, député de l'Aude, maire de Limoux, Aude.

Rouget, employé, rue Vaneau, 41, Paris.

Rouget, employé au chemin de fer, boulevard de Paris, 48, Marseille.

Rouget, marchand de nouveautés, Pacy-sur-Eure, Eure.

Rougey, Auguste, négociant, rue Nougey, La Bastide, Bordeaux.

Rougié, Adrien, commis, Saint-Denis, Ile de la Réunion.

Rougier, avenue de la Gare, 9, Saint-Ouen, Seine.

Rouhaud, chancelier du Consulat général de France, Shang-Haï, Chine.

Rouhier, cité Condorcet, 4, Paris,

Rouillard, Louis, fab. de crémonnes, r. des Epinettes, 20, Paris.

Rouiller, voyageur de commerce, rue de l'Hôtel-de-Ville, Lyon.

Roujean, entrepreneur, L'Aiguillon-sur-Mer, Vendée.

Roujean, fils, entrepreneur, L'Aiguillon-sur-Mer, Vendée.

Rouland, notaire, Pont-Château.

Roulet, Louis, rue Commines, 5, Paris.

Roulland, Pierre-Michel, sous-chef du mouvement, Caen.

Roulleau, J.-P., sculpteur, rue Rennequin, 1, Paris.

Roullier, voyageur, Lyon.

Roullière, bourrelier, rue de la République, Tours.

Roulon, chef de bureau au ministère des Finances, rue Nollet, 33, Paris.

Roumejou (de), Anatole, propriétaire, Périgueux, Dordogne.

Roumens, V., négociant, rue des Riquepets, 19, Toulouse.

Rounat (de la), Charles, ancien directeur de l'Odéon, rue du Faubourg-Poissonnière, 123, Paris.

Rouquette, ancien march. de vins, rue des Ecouffes, 11, Paris.

Rouquette, homme de lettres, Grande-Avenue, 9, au Parc-Saint-Maur, Seine.

Rouquette, jeune, tapis., rue de la Traverse, Sarlat, Dordogne.

Rouquette, Auguste, architecte, Sarlat, Dordogne.

Rouquier, Léon, fab. de couleurs et vernis, Dugny, Seine.

Roure, Ernest-Claude, notaire, maire de Grasse, député des Alpes-Maritimes.

Roure, F., économe aux Messageries maritimes, rue de Turenne, 145, Bordeaux.

Rous, Pierre, négociant, rue de la Tour, 12, Bordeaux.

Rousié, Thomas, rue Lagrange, 62, Bordeaux.

Rousiot, Stephane, brasseur, Besançon.

Roussat, libraire, rue Jean-Jacques-Rousseau, 6, Paris.

Rousse, marchand de fer, Toulon.

Rousse, Camille, méd. de marine, r. des Chaudronniers, Toulon.

Rousseau, directeur du secrétariat et de la comptabilité au ministère de l'Intérieur.

Rousseau, rue Dulong, Paris.

Rousseau, bijoutier, rue du Temple, 145, Paris.

Rousseau, fabricant de plumes, rue Thévenot, 26, Paris.

Rousseau, mécanicien, Ivry, Seine.

Rousseau, pâtissier, La Châtre, Indre.

Rousseau, limonadier, Bordeaux.

Rousseau, boulanger, rue Neuve, Orléans.

Rousseau, père, propriétaire, Périgueux, Dordogne.

Rousseau, menuisier, La Chaize-le-Vicomte, Vendée.

Rousseau, contre-maître à l'usine à gaz, Bône, Algérie.

Rousseau, propriét.-négoc., La Basse-Terre, Antilles françaises.

Rousseau, Olivier, rentier, rue Nationale, 2, Billancourt, Seine.

Rousseau, Stanislas, rue de la Charbonnière, 14, Paris.

Rousseaux, négociant, rue Dauphine, 35, Paris.

Rousseaux, Henri, architecte, rue Denfert-Rochereau, 61, Paris.

Roussel, conseiller, d'Etat, boulev. Saint-Germain, 177, Paris.

Roussel, rue Richer, 26, Paris.

Roussel, rue des Vinaigriers, 52, Paris.

Roussel, commerçant, rue Piat, 11, Paris.

Roussel, fleuriste, rue du Caire, 29, Paris.

Roussel, à la manufacture, Issy, Seine.

Roussel, rentier, ancien négociant, rue Saint-Jacques, Châlons-sur-Marne

Roussel, représentant du Syndicat des Hauts-Fourneaux de Longwy, Charleville, Ardennes.

Roussel, quai de l'Estrade, 34, Gien, Loiret.

Roussel, Anatole, employé, rue Gaillon, 10, Paris.

Roussel, Charles-Pierre, directeur de ménagerie, Lille.

Roussel, E., peintre-verrier, rue Saint-Thomas, Beauvais.

Roussel, Eugène, fabricant d'orfévrerie, r. de Braque, 10, Paris.

Roussel, François, architecte, conseiller municipal de Lille.

Roussel. Louis-Bernard, directeur de ménagerie, Lille.

Roussel, Louis-Ernest, employé, rue Ramey, 5, Paris.

Rousselet, employé, rue Neuve-Coquenard, 28, Paris.

Rousselet, fabr.-chaudronnier, rue de Courcelles, 114, Paris.

Rousselet, Alfred-Jules-Armand, employé de commerce, Vrigne-aux-Bois, Ardennes.

Rousselle, employé au chemin de fer, Tergnier, Aisne.

Rousselle, André, avocat, conseiller général de l'Oise, rue Hautefeuille, 1, Paris.

Rousselle, Ernest-Henri, négociant en vins, conseiller municipal de Paris, conseiller général de la Seine.

Rousselle, Gustave, fabricant de brosses, Voisinlieu, Oise.

Rousselle, Jules, négociant, Châlons-sur-Marne.

Roussellier, Henri, procureur général près la Cour d'Appel de Montpellier, avocat général près la Cour de Cassation.

Rousselot, négociant-épicier, Nancy.

Roussen (de), journaliste, directeur de la Colonie pénitentiaire de Porquerolles, îles d'Hyères.

Rousset, rue Myrrha, 83, Paris.

Roussette, Jules, propriétaire, Caen.

Roussey, Claude-Antide, rue d'Orléans, 17, Paris.

Roussille, Jean, sellier, Bergerac, Dordogne.

Roussin, Antoine, peintre, Saint-Denis, île de la Réunion.

Roussin, E., secrétaire général de Préfecture.

Roussou, bijoutier, rue Baillif, 3, Paris.

Roustan, docteur-médecin, Grasse, Alpes-Maritimes.

Roustan, conducteur des ponts et chaussées, Cayenne, Guyane française.

Routen, employé, Chambéry, Savoie.

Routier, voyageur de commerce, rue Montyon, 19, Paris.

Rouliou, François, marchand de chevaux, au Mans, Sarthe.

Rouverol, Hippolyte, Nîmes.

Rouvet, clerc de notaire, Périgueux, Dordogne.

Rouvier, négociant, Terrasson, Dordogne.

Rouvier, Maurice, ancien employé de commerce, député des Alpes-Maritimes, ministre.

Rouvières, Louis, pharmacien, Nîmes.

Roux, bonnetier, rue des Carmes, 34, Paris.

Roux, liquidateur-expert au Tribunal de Commerce, rue de la Sourdière, 31, Paris.

Roux, négociant, rue de Charonne, 166, Paris.

Roux, Lyon.

Roux, Bordeaux.

Roux, orfèvre-bijoutier, Valence, Drôme.

Roux, doct.-méd., près de l'église Saint-Louis, Vichy, Allier.

Roux, Alfred, propriétaire, juge de paix, château de Panassou, Saint-Cyprien, Dordogne.

Roux, Auguste, médecin-vétérinaire, Alais, Gard.

Roux, Auguste, commerçant, Orange, Vaucluse.

Roux, Baptiste, délégué cantonal, Sarlat, Dordogne.

Roux, Barthélemy, fabricant de bijouterie, conseiller municipal, rue Saint-Félix, Valence, Drôme.

Roux, E., comptable au Secrétariat général du Grand Orient de France.

Roux, Emile, sabotier, Cognac, Charente.

Roux, Eugène, Nîmes.

Roux, Ferdinand, bijoutier, Valence, Drôme.
Roux, Jacques, Nîmes.
Roux, L.-M., marchand de chevaux, Saint-Maurice, Drôme.
Rouxel, boulevard de Vaugirard, 111, Paris.
Rouxel, Théodore, marchand de bois, rue du Bac, 129, Paris.
Rouyer, négociant, avenue Victoria, 13, Paris.
Rouyer, vannier, rue des Prêcheurs, 9, Paris.
Rouyès, Emile, tailleur de pierre, rue Paulin, 12, Bordeaux.
Rouzaud, ancien officier de marine, négociant-armateur, Tourque, Annam.
Rouzé, conseiller municipal de Paris, cons. général de la Seine.
Rouzé, Emile, conseiller à la Cour d'Appel de Paris, rue de Rennes, 116, Paris.
Roy, homme de lettres, rue Saint-Martin, 20, Paris.
Roy, Clermont-Ferrand.
Roy, jeune, ancien papetier, Angoulême.
Roy, voyageur, Piriac, Loire-Inférieure.
Roy, propriétaire, Gernugneu.
Roy, Alexandre, directeur-gérant de la maison Durand, fabricant de pâtes aliment., rue des Grands-Augustins, 24, Paris.
Roy, Ernest, ingénieur-mécanicien, rue de la Dolve, 21, Tours.
Roy, François, marchand de vins, quai de la Loire, 46, Paris.
Roy, Louis, gabarrier, Saint-Amand-de-Grave.
Roy, Pierre, propriétaire, au Grand-Tilloux, Charente.
Roy-Guibet, négociant, rue de Noyon, Amiens.
Royer, rue d'Enghien, 39, Paris.
Royer, employé, rue du Marché-Saint-Honoré, 4, Paris.
Royer, limonadier, rue du Temple, 40. Paris
Royer, tisseur, maison Savariot, à Vaise, Lyon.
Royer, fumiste, Grande-Rue, 80 bis, Sèvres, Seine-et-Oise.
Royer, adjudant au 5e huss., Pont-à-Mousson, Meurthe-et-Mos.
Royer, André-Henri, huissier, conseiller municipal de Tours.
Royer, François, blanchiss., r. Puisjean, Meudon, Seine-et-Oise.
Royer, Louis, rue Albouy, 13, Paris.
Royez, maître-maçon, rue des Gourdes, Orléans.
Royné, Lucien, propriétaire, Bléré, Indre et-Loire.
Roze, conduct. des ponts et chaussées, rue d'Enghien, 33, Lyon.
Rozès, pharmacien, Agen, Lot-et-Garonne.
Rozet-Lerouge, Emile, négociant, Dijon.
Rozier, Edouard, négociant, Ville-en-Bois, Loire-Inférieure.
Rozier, Emile, négociant, Ville-en-Bois, Loire-Inférieure.
Rozier, Pierre, buraliste, Mouleydier, Dordogne.
Ruault, fabricant de chaussons, rue Neuve-Coquenard, 20, Paris.
Ruban, Ed., comptable, rue du Chemin-Vert, 1, Pantin, Seine.
Ruban, N., employé, Tours.
Ruben de Couder, conseiller général de la Seine, conseiller à la Cour d'Appel et vice-président du Tribunal civil de Paris.

Rubet, géomètre, cité des Fleurs, 29, Paris.
Rubino, Alfred, commis-négociant, La Rochelle, Char.-Infér.
Ruby, Victor, blanchisseur, rue du Bois, 10, Vanves, Seine.
Rueff, Adolphe, docteur-médecin, rue de Turenne, 95, Paris.
Rueff, Jules-Isaac, administrateur-délégué de la Compagnie fluviale de Cochinchine, rue Bergère, 9, Paris.
Rueg, tailleur, rue d'Argenteuil, 24, Paris.
Ruelle, rue Vavin, 43, Paris.
Ruelle, entrepreneur de peinture, rue Molière, 27, Paris.
Ruet, propriétaire, rue du Pont, Neuilly, Seine.
Ruffault, Eugène-Louis, marchand de couleurs, conseiller municipal, rue de la République, 24, Rouen.
Ruffel, Pierre, rue Saint-Merry, 14, Paris.
Ruffin, limonadier, propriétaire, conseiller municipal, place de la Croix-Rousse, Lyon.
Ruffy, Claude, serrurier, rue Saint-Laurent, 18, Paris.
Ruh, horloger-bijoutier, rue du Faub.-St-Antoine, 181, Paris.
Ruin, Isidore, opticien, Paris.
Ruizand, E., ajusteur-mécanicien, rue d'Aubervilliers, 22, Paris.
Rulat, père, commissionnaire de roulage, Valence, Drôme.
Rulat, fils, commissionnaire de roulage, Valence, Drôme.
Rulié, Ed.-A., docteur-médecin, r. Ximénès, Tlemcen, Algérie.
Runboldt, Henri, négociant, Philippeville, Algérie.
Russeil, Hilaire, voilier, quai de la Fosse, 24, Nantes.
Russel, employé, rue Saint-Dominique, 217, Paris.
Ruteau, rue Saint-Blaise, 42, Paris.
Ruyssen de Léteyrie, rue Rivet, 44, Levallois-Perret, Seine.
Ruzé, rue du Débarcadère, 5, Paris.

S

Sabaret, cafetier, Fairolles, Loiret.
Sabarly, entrepreneur de charpente, place d'Alleray, Paris.
Sabastia, limonadier, rue Saint-Honoré, 177, Paris.
Sabathé, garçon de caisse, rue du Sentier, 15, Paris.
Sabathé, fabricant d'amidon, Aiguillon, Lot-et-Garonne.
Sabatier, commissionnaire en vins et spiritueux, délégué cantonal pour l'instruction primaire, administrateur de la Caisse d'épargne, quai de Bercy, 26, Paris.
Sabatier, employé de commerce, rue des Capucins, 22, Lyon.
Sabatier, Camille, professeur, député de l'Algérie.

Sabattier, Jean-Joseph, marchand-tailleur, Charleville, Ardennes.
Sabattier, Prosper, propr., Ste-Marie-de-Madagascar, Inde franç.
Sabe, Pierre, bijoutier, rue Réaumur, 31, Paris.
Sabel-Castelly, rue Schœlcher, Saint-Pierre, Martinique.
Sablayrolles, soldat, Agen, Lot-et-Garonne.
Sabouré, François-Abraham, place aux Fruits, 4, Tours.
Sabouré, Joseph, propriétaire, place aux Fruits, 4, Tours.
Sabourin, Alphonse, arrimeur, quai Bacalan, 71, Bordeaux.
Sabourin, Jean, coiffeur, avenue des Ternes, 3, Paris.
Saccalais, Alfred, négociant, Mauperthuis, Seine-et-Marne.
Sacroste, médecin-major au 1er régiment du train des équi-
     pages, rue Négrier, 31, Lille.
Sacreste, Emmanuel, rue Masséna, 17, Lille.
Sadoux, voyageur de commerce, rue Quincampoix, 12, Paris.
Saffrey, J.-Ferd., propr., rue Mongenot, 1, St-Mandé, Seine.
Sage, Lyon.
Sage, capitaine, Tours.
Sage, Alfred, négociant, Brives, Corrèze.
Sage, David, entrepreneur, Bône, Algérie.
Sagnes, employé à la Préfecture de la Seine.
Sagny, Victor, meunier, Vic-sur-Aisne.
Sagny-Prince, cultivateur, Mercin, Aisne.
Sahler, ingénieur civil, Montbéliard, Doubs.
Sahler, Alphonse, manufacturier, Montbéliard, Doubs.
Sahler, Eugène, professeur, Montbéliard, Doubs.
Sahr, accordeur de pianos, boulevard de Strasbourg, 64, Paris.
Saignant, ferblant., Grande-Rue-de-la-Croix-Rousse, 28, Lyon.
Saillant, maître-blanchisseur, rue d'Aguesseau, 70, Bou-
     logne, Seine.
Saillant, poêlier, La Roche-sur-Yon, Vendée.
Saillard, Paul, fabricant de casquettes, rue de Braque, 5, Paris.
Saillard de Raveton, docteur-médecin, r. de Tivoli, 1 bis, Paris.
Saint-Aignan, rue de Trévise, 21, Paris.
Saint-André, L., rue Ségalier, 8, Bordeaux.
Saint-Ange-Coussicot, capitaine de navire, Bordeaux.
Saint-Aroman, père, propriétaire, Auch, Gers.
Saint-Aroman, fils, ouvrier au 64e de ligne.
Saint-Aubin, boucher, rue des Martyrs, 61, Paris.
Saint-Blancat, Barthélemy, charpentier, rue Guisarde, Paris.
Saint-Clair, employé, rue Mazarine, 36, Paris.
Saint-Cry, voyageur de commerce, Agen, Lot-et-Garonne.
Saint-Denis (de), Frédéric, nég., cour des Fossés, 30, Bordeaux.
Saint-Didier, Jean-Marie, marchand-corroyeur, rue Saint-Hip-
     polyte, 31, Paris.
Saint-Georges (de), chez M. Nicole, imprimeur, Fécamp,
     Seine-Inférieure.
Saint-Jean (de), docteur-médecin, rue de la Banque, 22, Paris.

Saint-Just, Williams, pharmacien, Confolens, Charente.
Saint-Marc, père, rentier, rue Legendre, 114, Paris.
Saint-Marc, fils, négociant, passage Violet, 3, Paris.
Saint-Marc, cafetier, Monségur, Gironde.
Saint-Martin, conseiller municipal de Paris, conseiller général de la Seine.
Saint-Martin, impasse Fondary, Paris.
Saint-Martin, Jean, avocat, député du Vaucluse.
Saint-Martin (de), Louis, docteur-médecin, Ris-Orangis, S.-et-O.
Saint-Martin, René-Jules, licencié en droit, prof., vice-président de l'Association polytechnique, rue du Pont-Neuf, 9, Paris.
Saint-Mézard, négociant en vins et eaux-de-vie, Condom, Gers.
Saint-Michel, lieutenant de la remonte, Caen.
Saint-Paul, P., capitaine au long cours, Ainhoa, B.-Pyrénées.
Saint-Perne (de), docteur-médecin, St-Denis, île de la Réunion.
Saint-Romme, Mathias-Grégoire-Auguste, avocat, conseiller général et député de l'Isère.
Saint-Selve, Jean, maître-d'hôtel aux Messageries maritimes, rue Cabirol, 1, Bordeaux.
Saint-Yves, ancien sous-directeur au ministère de l'Intérieur, rue de Clichy, 59, Paris.
Saint-Yves, jeune, propriétaire, St-Pierre, Antilles françaises.
Saintin, artiste-peintre, Paris.
Saintmont, lieutenant au 132e de ligne, Reims.
Saisset, Augustin, avoué, Perpignan, Pyrénées-Orientales.
Sala, Paris.
Salabert, charcutier, rue du Marché-au-Blé, Agen, Lot-et-Gar.
Salambier, A., court. de comm., rue Jean-sans-Peur, 56, Lille.
Salarnier, constructeur, rue Sedaine, 26, Paris.
Salban, Jean-Bapt., agent d'assurances, Périgueux, Dordogne.
Salbreux-Devevey, propriétaire, Beaune, Côte-d'Or.
Salcines, Jules, entrepreneur de peinture, rue Pavée, 24, Paris.
Salibon, Grande-Rue-Saint-Roch, Saint-Étienne, Loire.
Salichon, propriétaire, Philippeville, Algérie.
Salin, Edme, formier, rue de Rivoli, 33, Paris.
Salina, négociant, rue Chapon, 11, Paris.
Saline, libraire, maison Vier, Nantes.
Saliné, propriétaire, Monfort, Gers.
Salinger, interprète, Paris.
Salis, Jacques-Michel, avocat, député de l'Hérault.
Sallé, cordonnier, rue de Saint-Pétersbourg, 13, Paris.
Sallebert, négociant, Saint-Nazaire, Loire-Inférieure.
Sallerin, marchand de bois, Batna, Algérie.
Salles, fabricant, rue de Charonne, 42, Paris.
Salles, entrepr. de travaux publics, rue Colbert, 23, Bordeaux.
Salles, Gustave, contre-maître mécanicien, aux Pêcheries de l'Océan, Arcachon, Gironde.

Sallet, café des Négociants, place Grenette, Lyon.

Sallet, Jules, ébéniste, faubourg de Limoges, 24, La Souterraine, Creuse.

Salmet, marchand-tailleur, r. Croix-des-Petits-Champs, 34, Paris.

Salmon, comptable, rue Saint-Anastase, 18, Paris.

Salmon, limonadier, rue Poissonnière, 29, Paris.

Salmon, négociant en dentelles, boulevard de Strasbourg, 58, Paris.

Salmon, André, gueldivier, Saint-Denis, île de la Réunion.

Salmon, Bernard, rentier, rue Montesquieu, Nancy.

Salmon, Félix, restaurateur, r. de l'Eglise, 5, Boulogne, Seine.

Salmon, Jules-Henri, négociant en lin, Aubigny-au-Bac, Nord.

Salmon, Octave, entrepreneur, Parthenay, Deux-Sèvres.

Salmon-Gautier, grainier, rue de la Rôtisserie, Tours.

Salomon, charpentier, rue Tiquetonne, 31, Paris.

Salomon, fils, négociant, rue de Sévigné, 30, Paris.

Salomon, restaurateur, rue de Clignancourt, 10, Paris.

Salomon, voyageur, Paris.

Salomon, négociant, Berlin, Prusse.

Salomon, Georges, négociant, rue Michel, 5, Bordeaux.

Salomon, Samuel, père, négociant, rue de Sévigné, 30, Paris.

Salneuve, Matthieu-Marie-Claude, conseiller général et sénateur du Puy-de-Dôme.

Salse, commerçant, Agen, Lot-et-Garonne.

Salvador-Tuffet, ex-secrétaire général de l'Odéon, rue du Faubourg-Saint-Denis, 182, Paris.

Salvarelli, chef de division, Draguignan, Var.

Salvezin, André, Caen.

Salviac (de), baron de Vieil-Castel, propr., Vitry, Pas-de-Calais.

Salze, employé de commerce, rue de Turenne, 39, Paris.

Salze, propriétaire, rue des Gestes, 6, Toulouse.

Samson, négociant, Paris.

Samson, entrepreneur de maçonnerie, Clermont, Oise.

Samson, Arthur, négociant, rue Charles-Albert, Nice, Alpes-M.

Samuel, lieutenant-colonel d'état-major.

Samuel, Edouard, boulevard Beaumarchais, 47, Paris.

Samuel-Mayer, fabric. de casquettes, r. du Temple, 340, Paris.

Sandel, négociant, rue Béranger, 15, Paris.

Sandner, Eugène, négociant, Saïgon, Cochinchine française.

Sandras, Gustave, doct.-méd., rue des Jardins, Oran, Algérie.

Sandrin, entrepreneur de couverture, rue des Jardins, Nogent-sur-Marne, Seine.

Sandrique, avocat, député de l'Aisne.

Sanhes, apprêteur d'étoffes, rue Montorgueil, 96, Paris.

Sanrrefus, Auguste-Achille, marchand de meubles, Caen.

Santallier, directeur du journal *le Havre*, boulevard de Strasbourg, 162, au Havre.

Santelli, négociant, Marseille.
Santerre, contre-maître, avenue de Paris, 8, Saint-Denis, Seine.
Santesson, doreur, place des Vosges, 9, Paris.
Santon, aux Martigues, Bouches-du-Rhône.
Santonnax, négociant, Dôle, Jura.
Sanzel, statuaire, rue du Château-des-Rentiers, 16, Paris.
Sanzellon (de), Adhémar, propriétaire, Périgueux, Dordogne.
Sapin, Léon, chef de bureau de l'exportation des Chemins de
fer de l'Ouest, rue de l'Echiquier, 27, Paris.
Sar, limonadier, rue de Valois, 40, Paris.
Sarasate-Pablo, artiste, rue de la Grange-Batelière, 18, Paris.
Sarat, négoc. en vins et spiritueux, rue des Lyonnais, 6, Paris.
Sarazin, cuisinier, Paris.
Sarcey, Francisque, journaliste, Paris.
Sardat, tailleur, rue Saint-Jacques, 160, Paris.
Sardat, Etienne-François, négociant en vins, Loriol, Drôme.
Sarget, Henri, md-tailleur, quai des Chartrons, 14, Bordeaux.
Sarlat, Gaston, journaliste, député de la Guadeloupe.
Sarrade, Jean, march.-tailleur, r. Esprit-des-Lois, 1, Bordeaux.
Sarradon, médecin-dentiste, place du Palais-de-Justice, 5, Pau,
Basses-Pyrénées.
Sarrans, employé, allée de Brienne, 14, Toulouse.
Sarrat, Ferdinand, fab. d'engrais, pl. Gambetta, 47, Bordeaux.
Sarraut, Omer, rue Sainte-Lucie, Carcassonne, Aude.
Sarrazin, rue de l'Abattoir, 4, Montpellier.
Sarrazin, Alfred, plumassier, rue Richard-Lenoir, 36, Paris.
Sarre, représentant de comm. boul. du Temple, 35, Paris.
Sarret, brocanteur, Paris.
Sarrien, Jean-Marie-Ferdinand, avocat, conseiller général et
député de Saône-et-Loire, ministre.
Sarrouille, docteur-médecin, Marmande, Lot-et-Garonne.
Sarrus, Pierre-Auguste, chef de musique militaire, Caen.
Sarrut, Auguste, négociant, faubourg Trousseau, Béda-
rieux, Hérault.
Sarry, rue Childebert, 5, Lyon.
Sart, Jean, sergent au 64e de ligne.
Sarthou, négociant, rue du Lycée, 46, Pau, Basses-Pyrénées.
Sassier, Jacques, homme de confiance, au Mans, Sarthe.
Satot, peintre, Dôle, Jura.
Satier, marchand de vins en gros, quai de Bercy, 20, Paris.
Saufflant, voyageur, Nantes.
Saugé, cordonnier, rue du Mont-Cenis, 113, Paris.
Saugères, architecte, Vichy, Allier.
Sauguet.
Saulay, comptable, rue du Faubourg-Saint-Martin, 263, Paris.
Saulcy (de), membre de l'Institut, sénateur.
Saule, Louis, clerc de notaire, Brives, Corrèze.

Saulnier, crémier, avenue de la Roquette, 7, **Paris**.

Saumabère, limonadier, Saint-Clair, Lot.

Saumande, avoué, Périgueux, Dordogne.

Saumard, Gustave, rue de la Lune, 5. Paris.

Saunier, comptable, rue des Bernardins, 7, Paris.

Saunier, rue du Champ-d'Asile, 35, Paris.

Saunier, épicier, avenue de Neuilly, 185, Neuilly, Seine.

Saunier, ancien maître de forges, propriétaire, rue de la République, 41, Marseille.

Saunier, employé, rue Joséphine, Rueil, Seine-et-Oise.

Saunier, maire et conseiller général, Nemours, Seine-et-Marne.

Saunier, L., fab. de bottes, au Mont-St-Bernard, près Nantes.

Saunier, Pons, propriétaire, rue Bernex, 3, Marseille.

Saunière, Antoine-Raymond, lieutenant d'infanterie, Caen.

Sauriac, voyageur de commerce, Agen, Lot-et-Garonne.

Saussine, Pierre, Nîmes.

Sautereau, entrepreneur de travaux, Paris.

Sauton, rue de Rivoli, 150, Paris.

Sauton, boulevard de Port-Royal. 62, Paris.

Sautret, Victor, hôtelier, rue de Dunkerque, 31 *bis*, Paris.

Sauva, spécialité de patrons découpés, rue de Valois, 2, Paris.

Sauvage, employé, cité d'Odessa, 3, Paris.

Sauvage, entrepr. de charp., rue de la Procession. 95, Paris.

Sauvage, route d'Asnières, 37, Levallois-Perret. Seine.

Sauvage, Charles, médecin-vétérinaire, Caderousse, Vaucluse.

Sauvage, Etienne, tapissier, rue Rousselet, 11, Paris.

Sauvage, François, tapissier, rue Rousselet, 11, Paris.

Sauvage, Frédéric-Victor, négociant, chemin des Barlories,
Nogent-sur-Marne, Seine.

Sauvage, Louis, couvreur, rue Sedaine, 56, Paris.

Sauvageot, Jean-Baptiste, tonnelier, r. de Charenton, 11, Paris.

Sauvaget, aîné, propriétaire, Cognac, Charente.

Sauvaget, Benjamin, père, commis principal, r. Launay, Nantes.

Sauvaget, Benjam., fils, voyageur, r. de la Verrerie, 3, Nantes.

Sauvaget, Jean, propriétaire, Genté, Charente.

Sauvanet, maçon, Calais, Pas-de-Calais.

Sauvebois, Joseph, négociant, Crest, Drôme.

Sauvelet, Charles, entrepr. de maçonnerie, r. St-Martin, 9, Paris.

Sauvestre, ex-rédacteur à l'*Opinion Nationale*, directeur de l'*Enseignement laïque*, bulletin de la Ligue de l'Enseignement.

Sauvètre, Victor, négociant, Bordeaux.

Sauvinet, propriétaire, Château-l'Évêque, Dordogne.

Sauvrezis, négociant, rue Saint-Jean, 10, Nantes.

Sauzet, père, négociant en crépins, rue Palais-Grillet, 17, Lyon.

Sauzet, fils, négociant en crépins, rue Palais-Grillet, 17, Lyon.

Sauzin, Louis, maître-maçon, Ballancourt, Seine-et-Oise.

Sauzin, Pierre, maître-maçon, Ballancourt, Seine-et-Oise.

Savard, Eugène, boulanger, r. du Terrier, 38, Vincennes, Seine.

Savard, Louis, rentier, rue du Terrier, 38, Vincennes, Seine.

Savary, député de la Manche, sous-secrétaire d'Etat.

Savary, caporal des pompiers, rue de Poissy, 24, Paris.

Savary, Edouard, représentant de la Compagnie du chemin de fer, au Mans, Sarthe.

Savel, Jean-Pierre, march.-fripier, rue de la Corderie, 8, Paris.

Savert, Lucien-Charles, tailleur, rue de Sèvres, 100, Paris.

Savet, Emile-Marie-Adolphe, négociant, Isigny, Calvados.

Savignac, B., marchand de pierres, Saint-Quentin-de-Baron, Gironde.

Savigné, imprimeur-éditeur, publiciste, place de l'Hôtel-de-Ville, Vienne, Isère.

Savouré, cafetier, place du Martray, Orléans.

Savouret, Marie, instituteur, Bure, Seine-et-Oise.

Say, Léon, conseiller général et sénateur de Seine-et-Oise, ministre.

Sayer, voyageur de commerce, rue Stanislas, 47, Nancy.

Saynac, Jean, rentier, impasse Marseille, Bordeaux.

Scala, Georges, peintre, Constantine, Algérie.

Scaparone, Joseph, pharmacien, Constantine, Algérie.

Scelles, rue de Tracy, 7, Paris.

Scelles, grillageur, boulevard des Batignolles, 42, Paris.

Schadrack, Wilhelm, négociant, rue de Chabrol, 42, Paris.

Schæfer, rue Bergère, 18, Paris.

Schafer, rue Chauchat, 14, Paris.

Schafer, professeur d'histoire, Paris.

Schaferer, employé, Paris.

Schaken (de), François-Hippolyte, chef de bureau au chemin de fer, Nancy.

Schall, hôtel de Cologne, rue de Trévise, 10, Paris.

Schanb, Jean-Jacques, carrier, Sannois, Seine-et-Oise.

Scheffer, Jean, charpentier, quai Saint-Michel, 19, Paris.

Scherer, Edmond, journaliste, sénateur inamovible.

Scherff, Henri-Antoine, sculpteur sur bois, r. Keller, 11, Paris.

Scheurer-Kestner, Auguste, chimiste, sénateur inamovible.

Scheving, Florent, docteur-médecin, r. de Provence, 19, Paris.

Schibleur, fleuriste, rue du Faubourg-St-Denis, 63, Paris.

Schill, propriétaire, rue Montesquieu, 19, Nancy.

Schillings, rue de Saintonge, 66, Paris.

Schléicher, Auguste, fabricant de tableaux ardoisés, La Marche, Nièvre.

Schlichenmeyer, rue Violet, 36, Paris.

Schmer-Cerf, changeur, rue Nationale, 9, Lille.

Schmidt, Lyon.

Schmit, coupeur, Paris.

Schmith, marchand de vins, rue Blomet, 48, Paris.

Schmitt, employé, **Grande-Rue, 115, Bourg-la-Reine**, Seine.

Schmitz, rue de la **Maison-Blanche, 1, Paris.**

Schmitz, Camille-Hubert, employé de banque, Nancy.

Schmuk, **Jean,** entrepreneur, Toulon.

Schneider, boulevard Beaumarchais, 15, Paris.

Schneider, médecin-major au 43e de ligne, Lille.

Schneider, clerc principal, rue Charles III, 22, Nancy.

Schneider, comptable, rue des Broderas, Hanoi, Tonkin.

Schneider, Pierre, employé de commerce, rue d'Austerlitz, 11, Philippeville, Algérie.

Schneider-Esteulle, pharmacien, rue Gambetta, 81, Reims.

Schneitz, comptable, rue Félix, 8, Levallois-Perret, Seine.

Schneitzhaelfer, sous-chef de dépôt, Mouchard, Jura.

Schnerb, journaliste, préfet, directeur de la Sûreté générale.

Schnitzer, Henri, rue d'Enghien, 49, Paris.

Schœlcher, Victor, journaliste, sénateur inamovible.

Schœndœrfler, E., pharmacien, Beaucourt, territoire de Belfort.

Scholl, Aurélien, publiciste, Paris.

Schott, Edmond, négoc. en houblons, rue Stanislas, 100, Nancy.

Schrader, Ferdinand, négociant, rue Borie, 20, Bordeaux.

Schreyer, négociant, rue d'Hauteville, 21, Paris.

Schuldheis, rue du Château-d'Eau, 34, Paris.

Schuler, tailleur, rue Rameau, 9, Paris.

Schuller, rue de La Chapelle, 127, Paris.

Schultz, capit. au 124e de ligne, av. Philippe-Auguste, 33, Paris.

Schumacher, rue Custine, 34, Paris.

Schumacher, comm. en meubles, rue de Sévigné, 48, Paris.

Schumacher, dit van Leuven, compt., rue St-Antoine, 109, Paris.

Schumann, marchand, rue Saint-Martin, 138, Paris.

Schupp, négociant, rue Richer, 23, Paris.

Schurier, M., rue du Sentier, 8, Paris.

Schutz, mécanicien, rue des Martyrs, 49, Paris.

Schuwirth, négociant, boulevard Poissonnière, 14, Paris.

Schwab, maître d'hôtel, La Roche-sur-Yon, Vendée.

Schwabacher, **négociant en diamants, rue du Faubourg-Montmartre, 59, Paris.**

Sscwanhart, Charles, négociant, Montbéliard, Doubs.

Schwartz, chef de musique au 10e de ligne.

Schweig, commerçant, boulevard de Magenta, 93, Paris.

Schweig, ingénieur-opticien, rue Saint-Honoré, 294, Paris.

Schweigert, limonadier, rue Saint-Sauveur, 95, Paris.

Schweigert, sellier, rue du Vert-Bois, 165, Paris.

Schweigert, Aloïs, boulevard de Strasbourg, 30, Paris.

Schwenk, **Adolphe, comm., boulevard de Strasbourg, 6, Paris.**

Schwob, serrurier, rue du Chaume, 4, Paris.

Sciard, **préposé aux lits militaires, La Roche-sur-Yon, Vendée.**

Sciorelli, voyageur de commerce, place des Vosges, 2, Paris.

Sclafer, voyageur.

Scofoni, caporal, caserne Dupleix, Paris.

Scoquart, photographe, boulevard de Sébastopol, 47, Paris.

Scoquart, propriétaire, Saint-Martin-lès-Voulangis, S.-et-M.

Scossa-Baggy, limonadier, rue Drouot, 25, Paris.

Scotto, César, vice-consul de France à Botoschani, Moldavie.

Scrive, Achille, teinturier, cons. mun., rue d'Iéna, 17, Lille.

Scroupsal, à Grenelle, Paris.

Sebillaud, Louis, propriét., St-Sulpice-de-Cognac, Charente.

Sebillon, march. de vins-traiteur, rue Tiquetonne, 59, Paris.

Sébine.

Sebire, William, libraire-papetier, rue Boileau, 1, Nantes.

Secler, tailleur, rue Neuve-des-Petits-Champs, 60, Paris.

Seconda, aven. de la République, 112, au Grand-Montrouge, Seine.

Secouet, Louis-Clément, étudiant en médecine, Poitiers.

Secqueville, blanchisseur, rue Poireau, 35, Puteaux, Seine.

Secrestat, négociant, Bordeaux.

Secrestat, Henri, jeune, rentier, rue Notre-Dame, 30, Bordeaux.

Sécuy, entrepreneur, Solignai, Haute-Vienne.

Sée, Camille, député de la Seine, conseiller d'Etat.

Sée, E., sous-préfet.

Sée, Edmond, ingénieur, boulevard de la Liberté, 121, Lille.

Séeger, Michel, maître-teinturier, rue Bichat, 52, Paris.

Seeman, entrepreneur de menuiserie, rue du Château, La Garenne, Seine.

Seffer, Henri, négociant, Alexandrie, Egypte.

Ségard, Constant, directeur d'assurances, r. Colbert, 81, Tours.

Ségard, Eugène, maréchal-des-logis-chef au 2e régiment d'Afrique, Constantine, Algérie.

Ségaut, Pierre, fabricant, rue Volta, 8, Paris.

Segonne, Théophile, serrurier, Béziers, Hérault.

Séguier, dessinateur, rue Abraham, Tours.

Séguier, Louis, marchand de cuirs, rue du Boucassin, 22, Tours.

Seguin, artiste lyrique, rue de La Chapelle, 24, Paris.

Seguin, orfèvre, rue Lesage, 8, Paris.

Seguret, banquier, Mussidan, Dordogne.

Seidel, caissier, rue d'Hauteville, 32, Paris.

Seignier, maître-bottier, rue Dumont-d'Urville, 2, Lyon.

Seillier, fabricant de chaussures, Paris.

Seinguerlet, publiciste, Paris.

Séjournant, Charles, négociant, rue de Chamarande, 22, Chaumont, Haute-Marne.

Selen, propriétaire, capitaine des sapeurs-pompiers, rue Saint-Bernard, 13, Avignon.

Séligmann, sous-directeur de la Monnaie.

Séligmann, chef de bureau au ministère des Finances, rue de l'Université, 72 bis, Paris.

Selle, négociant en vins, rue du Vieux-Pont-de-Sèvres, 125, Billancourt, Seine.

Sellerier, entrepreneur, Chambéry, Savoie.

Sellier, propriétaire, rue Rodier, 20, Paris.

Sellier, rue du Bras-d'Or, 19, Boulogne-sur-Mer, Pas-de-Calais.

Selosse, fabric. d'appareils à gaz, rue Mandar, 4 ou 24, Paris.

Semac, négociant-propr., La Pointe-à-Pitre, Antilles franç.

Semeladis, Victor, prof. de musique, St-Denis, île de la Réunion.

Semelin, rue Hérold, 26, Paris.

Sénaud, Aristal, commerçant, St-André, île de la Réunion.

Senaux, commis-banquier, Cateau-Cambrésis, Nord.

Sendker, horloger, Grande-Rue, Nogent-sur-Marne, Seine.

Sène, hôtel de Londres, Vichy, Allier.

Séné, vérificateur, rue de Belleville, 21, Paris.

Sénécal, employé, rue du Faubourg-Poissonnière, 136, Paris.

Sénécart, archiviste-généalogiste, rue Thiers, 77, au Havre.

Sénéchal, vannier, boulevard Mérentie, 13, Marseille.

Sénequier, Edmond, avoué, rue Royale, 101, Toulon.

Sènes, Edouard, maître-charron, au Muy, Var.

Seney, Flore-Antoine, marchand-tailleur, rue Marmousse, 9, Issoudun, Indre.

Senez, maître-taill'ur au train, Vernon, Eure.

Sengel, négociant, rue Saint-Placide, 40, Paris.

Sengenes, Guillaume, comptable, Périgueux, Dordogne.

Senget, greffier, Dax, Landes.

Senglé, directeur d'usine, Attigny, Ardennes.

Sennet, Edmond-D., comptable, boulevard Voltaire, 110, Paris.

Sens, Jean-Bapt., sergent-major à la justice milit., Bône, Algérie.

Sentini, François, propriétaire, Agen, Lot-et-Garonne.

Sentini, fils, élève en pharmacie, Arcachon, Gironde.

Sérand, employé, rue des Deux-Gares, 7, Paris.

Serane, François, serrurier, rue du Puits, 3, Toulon.

Seraud, employé, rue d'Enghien, 9, Paris.

Séres, rue des Acacias, 20, Paris.

Serfati, négociant, Oran, Algérie.

Sergent, marchand de vins, rue de Seine, 74, Paris.

Sergent, rentier, rue des Tournelles, 18, Paris.

Sergent, coiffeur, rue Saint-Etienne, Melun, Seine-et-Marne.

Séries, Emile, comptable à la Banque coloniale, Port-Louis, île Maurice.

Serieys, marchand de vins, rue Dardan, 5, au Grand-Montrouge, Seine.

Serize, tailleur, rue Virginie, 12, Paris.

Serlippens, rue Oberkampf, 118, Paris.

Sermoz, comptable, Champagne, Rhône.

Serniclaès, cartonnier, rue Notre-Dame-de-Nazareth, 68, Paris.

Sérot, Léon, étudiant en droit, Constantine, Algérie.

Serpinet, Lyon.

Serre, fab. de chauss., boulevard de Magenta, 110, Paris.

Serre, fils, tailleur, rue de Chabanais, 5, Paris.

Serre, Alex.-A., artiste-décorateur, rue Bréa, 8, Paris.

Serré, employé, rue Portefoin, 19, Paris.

Serres, limonadier, boulevard Rochechouart, 44, Paris.

Serres, négociant, rue des Halles, 11, Paris.

Serres, au château de Bussières, Bussières, Allier.

Serres (de), Ch., artiste-peintre, rue du Fg-St-Denis, 76, Paris.

Serret, propriétaire, cours Tressac, Agen, Lot-et-Garonne.

Serrurier, menuisier, imp. Compoint, 13, rue Balagny, 40, Paris.

Servan, P., marchand de vins, rue Bénange, Bordeaux.

Servant, caporal au 58e de ligne, Paris.

Servant, Emile, nég., La Pointe-à-Pitre, Antilles françaises.

Servetti, libraire, rue du Cherche-Midi, 119, Paris.

Servois, Gustave, inspecteur général des Archives et Biblio-thèques.

Sesmaisons (comte de), conseiller général de la Manche, ministre plénipotentiaire à Haïti.

Sestier, Joseph, limonadier, Montélimar, Drôme.

Seunes, dit Comte, propriétaire, Casseneuil, Lot-et-Garonne.

Seurre, rue Le Peletier, 37, Paris.

Seurre, conducteur aux omnibus, Paris.

Sever, Jacques, commandant du génie, aide de camp du général Billot, à l'ambassade de Berne.

Séverin, Honoré, gérant de cercle, Bergerac, Dordogne.

Sevestre, conseiller à la Cour de Cassation, boulevard Males-herbes, 61, Paris.

Sevestre, capitaine au long-cours, Nantes.

Sevetti, libraire, rue du Cherche-Midi, 119, Paris.

Siant, Jean-Baptiste, propriétaire-rentier, Saint-Rambert-sur-Loire, Loire.

Siant, Louis, conducteur des ponts et chaussées, Saint-Cha-mond, Loire.

Siau, chemisier, boulevard de Sébastopol, 44, Paris.

Sibadon, Pierre-Louis, négociant-boulanger, place Canteloup, 21, Bordeaux.

Sibille, élève d'administration, Strasbourg, Alsace.

Sibilliat, fleuriste, rue Saint-Joseph, 12, Paris.

Sibre, voyageur de commerce, rue Bergère, 21, Paris.

Sicard, Pierre, menuisier, Vallauris, Alpes-Maritimes.

Sicaud, ingénieur civil, rue des Bons-Enfants, 29, Marseille.

Sicaud, propriétaire, cours Julien, 28, Marseille.

Sick, Léon, conseiller municipal de Paris, conseiller général de la Seine.

Sicurani, François-Matthieu, marchand de vins, rue Croix-Nivert, 6, Paris.

Siebecker, Edouard, journaliste, Paris.
Siebenthal (de), Ch., comptable du génie, Nice, Alpes-Maritimes.
Siégé, Charles, rentier, Charleville, Ardennes.
Siegfried, Jules, maire du Havre, député de la Seine-Inférieure.
Sieniers, rue Sainte-Anne, 18, Paris.
Sieutat, Pierre-Eugène, mécanicien, Paris.
Sieuve, directeur de bateaux, Oran, Algérie.
Sigaudy, sous-préfet.
Sigeac, Casimir, propriétaire, Lavaur, Tarn.
Signobosc, Alexandre, mécanicien, Valence, Drôme.
Siguier, président du Conseil général de la Guyane française.
Siguret, Adrien, chaudronnier, Poitiers.
Silbermann, au Collège de France, Paris.
Silbert, Alexandre-Léonard, propr., rue de Jessaint, 6, Paris.
Silva, négociant en tissus, boulevard Saint-Martin, 3, Paris.
Silvain, Angervilliers, Seine-et-Oise.
Silvestre, fabricant de chaussures, rue du Temple, 78, Paris.
Silvestre, négociant, rue Saint-Sauveur, 7, Paris.
Silvestre, constr. de canots, quai des Bains, 10, Boulogne, Seine
Silvestre, Armand, homme de lettres, Paris.
Silvestre, Edouard-Joseph, négoc., r. Poissonnière, 13, Paris.
Silvie, entrepreneur, La Basse-Terre, Antilles françaises.
Silvy, rue Ganneron, 28, Paris.
Silvy, rue Boulegon, 40, Aix, Bouches-du-Rhône.
Silz, négociant, rue de Trévise, 40, Paris.
Silz, négociant, maison Marx, rue du Calvaire, Nantes.
Siméon, Jean, sellier, Mascara, Algérie.
Simian, Henri-Marius, marchand-cordonnier, rue Ste-Croix, 8,
     Toulon.
Simon, boulevard Richard-Lenoir, 174, Paris.
Simon, fils, bijoutier, boulevard Beaumarchais, 27, Paris.
Simon, commerçant en vins, rue des Epinettes, 5, Paris.
Simon, employé, rue de Buci, 22, Paris.
Simon, entrepreneur, rue de Charonne, 86, Paris.
Simon, fabricant d'appareils à gaz, rue du Faubourg-du-
     Temple, 22, Paris.
Simon, marchand de vins, cours de Vincennes, 39, Paris.
Simon, mécanicien, rue Saint-Maur, 34, Paris.
Simon, négociant, rue de Turbigo, 9, Paris.
Simon, aux Batignolles, Paris.
Simon, propriétaire, rue Saint-James, Neuilly, Seine.
Simon, entrepreneur de charpente, rue de Paris, Nogent-sur-
     Marne, Seine.
Simon, café, rue Voltaire, 8, Tours.
Simon, propriétaire, Périgueux, Dordogne.
Simon, pépiniériste, Champlan, Seine-et-Oise.
Simon, père, rentier, Royan, Charente-Inférieure.

Simon, Amédée, entrepreneur, Montrichard, Loir-et-Cher.

Simon, Auguste, maître-maçon, Montrichard, Loir-et-Cher.

Simon, Charles (fils de M. Jules Simon), rédacteur au *Petit Nord*, rue de la Gare, Lille.

Simon, Charles, trésorier-payeur de la colonie, Nouméa, Nouvelle-Calédonie.

Simon, Charles, avoué, Saint-Pierre, île de la Réunion.

Simon, F., rue de Bercy, 65, Paris.

Simon, Fidèle, député de la Loire-Inférieure.

Simon, Frédéric-Emmanuel, avoué, St-Denis, île de la Réunion.

Simon, Gaëtan, professeur au Lycée de Lons-le-Saunier, Jura.

Simon, Gaston, voyag. de comm., rue des Fabriques, 10, Nancy.

Simon, Georges, sous-préfet.

Simon, Gustave, rédacteur au *Petit Nord*, Lille.

Simon, Henri, conducteur des ponts et chaussées, rue Gambetta, 42, Royan, Charente-Inférieure.

Simon, Jules, publiciste, député, sénateur inamovible, ministre.

Simon, Louis, négociant, rue de Châteaudun, 51, Paris.

Simon, Pierre, coiffeur, avenue de Lyon, 11, Toulouse.

Simon, Pierre, négociant, Verdun, Meuse.

Simon, Théodore, banquier, Ligny, Belgique.

Simond, Victor, direct. de journaux, r. Montmartre, 144, Paris.

Simon-Heymann, négociant, rue Bertin-Poirée, 13, Paris.

Simon-Tréfoux, entrepreneur, Montrichard, Loir-et-Cher.

Simoneau, marbrier, avenue du Cimetière-du-Nord, 17, Paris.

Simoneaux, employé, Coulommiers, Seine-et-Marne.

Simonel, marchand de bois, Andilly-sur-Varennes, Haute-Marne.

Simoni, vitrier, Cusset, Allier.

Simonin, employé, rue des Canettes, 13, Paris.

Simonin, Justin-Antoine, peseur public, rue de la Comédie, 12, Narbonne, Aude.

Simonnard, chef des bureaux de la correspondance de l'Union, rue du Faubourg-Poissonnière, 151, Paris.

Simonneau, Jules, employé de commerce, Paris.

Simonnet, menuisier, rue Bouchardon, 18, Paris.

Simonnet, François-Marcellin, docteur-médecin, conseiller général et député de l'Allier.

Simonot, Jean-Lazare, corroyeur, rue Nationale, 3, Paris.

Simor, Saint-Just, négociant, La Basse-Terre, Antilles françaises.

Simyan, Julien-Antoine, député de Saône-et-Loire.

Sincholle, Bertrand, architecte-voyer, ingénieur des arts et manufactures, rue Reflut, 2., Clichy-la-Garenne, Seine.

Sinding, Jean-Christian, Caen.

Singer, négociant, rue d'Argenteuil, 9, Paris.

Singla, négociant, boulevard de La Villette, 180, Paris.

Singre, Auguste, direct. de l'usine à gaz, Toul, Meurthe-et-M⁰⁵.

Sinsolliez, Gabriel, professeur de musique, r. Masséna, 53, Lille.

Sirand, **Lyon.**

Sirat, négociant, Royan, Charente-Inférieure.

Sirbin, Louis, serrurier.

Sirjean, Etienne, capit. en retraite, rue de la Boulangerie, 39, Saint-Denis, Seine.

Sirot, rue de l'Aiguillerie, 6, Paris.

Sivet, avenue de Choisy, 207, Paris.

Sivet, fils, entr. de charpente, rue de la Procession, 95, Paris.

Sixte, **Lyon.**

Sklower, professeur, au Havre.

Soderblom, fabricant de selles, rue de Bondy, 80, Paris.

Sohier, père, rentier, rue des Meuniers, 3, Vincennes, Seine.

Sohier, fils aîné, marchand-bijoutier, villa du Bel-Air, 7, Paris.

Sohier, fils, employé, rue de la Harpe, 7, Paris.

Sohier, Paul, serrurier, Hirson, Aisne.

Solé, **rue de Longchamps,** 14, Neuilly, Seine.

Soleil, receveur-buraliste, rue Château-Payan, 3, Marseille.

Soleillet, Paul, rue Madame, 44, Paris.

Solignac, Jean-Baptiste, serrurier, Paris.

Sollier, empl. de commerce, r. des Francs-Bourgeois, 35, Paris.

Solon, **Lyon.**

Soltyson, négociant en vins, rue de Lancry, 53, Paris.

Solvet, Antoine, cultivateur, Billebarteau.

Solvet, Eugène, quincaillier, rue du Faub.-St-Martin, 95, Paris.

Somakis, avocat, boulevard Saint-Michel, 18, Paris.

Sommer, buraliste, place du Lycée, Nevers, Nièvre.

Sommer, **John,** restaurateur, rue Sainte-Anne, 25, Paris.

Sommier, fab. de verrerie, rue de Paris, 150, Pantin, Seine.

Songeon, conseiller municipal de Paris, conseiller général et sénateur de la Seine.

Sonier, contre-maître, Paris.

Sonnet, avenue de Latour-Maubourg, 72, Paris.

Sonnet, Eugène, employé de commerce, Paris.

Sonrel, Jules, négociant en vins, rue Braconnot, 15, Nancy.

Sorbière, Louis, vétérinaire au 3e cuirassiers, Verdun, Meuse.

Sordelly, tailleur, rue de Thillois, Reims.

Sorel, quai des Orfèvres, 50, Paris.

Sorel, Félix, notaire, Vinay, Isère.

Soret, **Adolphe,** Vernon, Eure.

Soret, **Jules,** chaufournier, Vernonnet, Eure.

Sornin, représ. de commerce, rue de Palestro, 20, Paris.

Sornin, Anthelme, représentant de commerce, place des Terreaux, 3, Lyon.

Sory, imprimeur, La Roche-sur-Yon, Vendée.

Sosson, Antoine, limonadier, Chatou, Seine-et-Oise.

Sottil, **marchand de papiers peints,** rue du Gouvernement, 33, Bourg, **Ain.**

Soube, Pierre, négociant, Castets-en-Dorthe, Gironde.
Soubeyrol, Claude, carrossier, Bordeaux.
Soubie, docteur-médecin, Cormery, Indre-et-Loire.
Soubriars, employé de commerce, Philippeville, Algérie.
Soubrier, restaurateur, rue de Rambuteau, 41, Paris.
Soubrieu, rue Blomet, 62, Paris.
Soubrillard, Théophile, commis-négociant, Sorgues, Vaucluse.
Souchet, employé, rue du Faubourg-du-Temple, Paris.
Souchet, Charles-Henri, commissionnaire en marchandises, villa du Bel-Air, 4, Paris.
Souchotte, restaurateur, rue St-Barthélemy, Melun, Seine-et-M.
Souchu-Servinière, député de la Mayenne.
Soudan, Nevers, Nièvre.
Soudanas, Limoges.
Soudant, rue du Faubourg-du-Temple, 17, Paris.
Soudé, marchand de vins, boulevard de Sébastopol, 111, Paris.
Saufflaud, voyageur, Nantes.
Souillard, charron, rue Mathis, 15, Paris.
Souillard, marchand de vins, rue Richer, 34, Paris.
Soula, capitaine au long-cours, Nantes.
Soula, Joseph, restaurateur, au Tondu.
Soulages, Alfred, entrepreneur du génie, Constantine, Algérie.
Soulagne, A., bottier, rue de l'Argenterie, Béziers, Hérault.
Soulary, Lyon.
Soulas, tailleur, rue Vivienne, 53, Paris.
Soulassol, rue Crillon, 3, Paris.
Soulé, Edmond, maître-menuisier, rue Durand, Bordeaux.
Soulé, Lucien, propriétaire, rue Tolosane, 12, Toulouse.
Souleilhou, Emile, mécanicien, Hostens, Gironde.
Soulès, architecte, Cette, Hérault.
Soulié, restaurateur, rue du Rendez-Vous, 56, Paris.
Soulié, Alfred, directeur d'école communale, rue Saint-Charles, 15, Bordeaux.
Soulié, rue des Bons-Enfants, 29, Paris.
Soulivet, Charles, commis.
Souly, négociant, rue Saint-Georges, 9, Roubaix, Nord.
Soumy, faubourg Montmaillé, 4, Limoges.
Soupirot, rue de Reuilly, 61, Paris.
Sourd, inspecteur du service des Enfants-Assistés, Château-Chinon, Nièvre.
Sourd, Joseph, boulanger, place au Foin, 2, Toulon.
Soury, Achille-Victor, physique et électr., r. de Vanves, 12, Paris.
Soustra, Pierre, ferblantier, Sétif, Algérie.
Soutzo (prince), rue Basse-du-Rempart, 43, Paris.
Souvay, sous-lieutenant, Philippeville, Algérie.
Souvré, inspecteur des voitures, rue des Bœufs, 18, Paris.
Souzy, père, commerçant, rue d'Austerlitz, 2, Lyon.

Souzy, fils, commerçant, rue d'Austerlitz, 2, Lyon.

Soye, député de l'Aisne.

Sozio, Joseph, parfumeur, avenue Sainte-Lorette, Grasse, Alpes-Maritimes.

Spadacini, Tranquille, maître d'hôtel, Nice, Alpes-Maritimes.

Speitel, Charles, capitaine au 3e régiment de spahis, Constantine, Algérie.

Spielmann, cordonnier, rue d'Argout, 61, Paris.

Spiesman, bonnetier, rue La Bruyère, 16, Paris.

Spinelli, Joseph, chef ouvreur, Toulon.

Spira, Adolphe, négociant, boulevard de Sébastopol, 17, Paris.

Spitzer, Louis, négociant, rue du Château-d'Eau, 62, Paris.

Spitzer, Maxime, Venise, Italie.

Spitzner, Pierre, directeur du Musée anatomique, Lille.

Sponi, ancien notaire, rue de la Voirie, 53, Amiens.

Spony, Alfred, négociant, Remiremont, Vosges.

Sprank, rue du Faubourg-Saint-Antoine, 115, Paris.

Spuller, Eugène, avocat et journaliste, député de la Côte-d'Or, ministre.

Stackler, fabricant de drap, Sedan, Ardennes.

Staës-Brame, docteur-médecin, Croix-Wasquehal, Nord.

Stalberger, Désiré-Alphonse, menuisier, rue des Ursulines, 4, Saint-Denis, Seine.

Staplaux, Ad., publiciste, Paris.

Staressi, Pierre, serrurier, Bordeaux.

Stauber, maître-tailleur, Essonnes, Seine-et-Oise.

Stauber, fils, Essonnes, Seine-et-Oise.

Staup, Jules, capitaine au 72e de ligne.

Stecewicz, Maxime, docteur-médecin, rue Prosper, 7, Bordeaux.

Steckert, étudiant en droit, Toulouse.

Steeg, Jules, pasteur protestant, rédacteur en chef du *Patriote*, député de la Gironde.

Steenaeckers, Franç.-Frédéric, journaliste, député de la Haute-Marne, directeur des Postes.

Steffen, restaurateur, rue de Tivoli, 24, Paris.

Stehelin, Paul, préfet.

Steinbruck, Théodore, Nice, Alpes-Maritimes.

Steinmann, tailleur, rue des Orties, 7, Paris.

Steinmetz, boulevard de Magenta, 112, Paris.

Stepherd, rentier, rue Lafayette, 20, Paris.

Sterne, Gustave, négociant en vins, rue Stanislas, 50, Nancy.

Stévenin, Henri, ex-ingénieur des Forges de Stenay, Meuse, ingénieur du Chemin de fer de Salamanque à la frontière du Portugal, Salamanca, Espagne.

Stévenin, Julien, march. de vins, rue St-Placide, 4 *bis*, Paris.

Stevens, boulanger, Savigny-le-Temple, Seine-et-Marne.

Steyer, forgeron, rue de la Goutte-d'Or, 50, Paris.

Stiefvater, pharmacien, rue Notre-Dame, 9, Bourg, Ain.

Stiegelmann, marchand de bestiaux, Grande-Rue, Bourg-la-Reine, Seine.

Stiéheley, imprimeur, Paris.

Stock, Charles, chef de train, impasse Lafayette, 5, Paris.

Stoll, Ernest-Jules, représentant de commerce, Grande-Rue, 65, aux Prés-Saint-Gervais, Seine.

Stollet, Frédéric, tailleur, rue d'Aboukir, 118, Paris.

Stoltz, Jacob, Caen.

Stormer, hôtel du Télégraphe, rue de Strasbourg, 8, Paris.

Stouvenel, rue de Perrache, 2, Lyon.

Strauch, ex-lieutenant-colonel au train des équipages, Maisons-Alfort, Seine.

Straus, Henri, négociant, Philippeville, Algérie.

Strauss, Alphonse, caissier de banque, rue du Caire, 42, Paris.

Strauss, Paul, journaliste, conseiller municipal de Paris, conseiller général de la Seine.

Strauss, Raphaël, ex-sous-lieutenant au 31e de ligne, boulevard de Magenta, 39, Paris.

Strausse, comptable, rue de Bretagne, 24, Paris.

Strayer, Charles, négociant, Philippeville, Algérie.

Stritter, rue de Bondy, 52, Paris.

Stupuy, Hippolyte, journaliste, conseiller municipal de Paris, conseiller général de la Seine.

Suais, conducteur des ponts et ch., La Roche-sur-Yon, Vendée.

Suavi, Ali, effendi, rentier, rue Képler, 6, Paris.

Subra, négociant, Saint-Nazaire, Loire-Inférieure.

Suchet, Fulcran, négociant, maison Suchet, Toulon.

Sudre, agent-voyer, Gaillac, Tarn.

Sudre, Antoine, négociant, pl. intér. d'Aquitaine, Bordeaux.

Sudrie, Pierre, voyageur de comm , r. de Gourgues, 8, Bordeaux.

Suel, Grande-Rue, 125, Bessèges, Gard.

Sueur, chez Me Savart, notaire, Fontenay-sous-Bois, Seine.

Suffisant, fabricant d'huiles, Rennes.

Suire, boulevard de Reuilly, 47, Paris.

Suire, propriétaire, Saint-Sulpice, Charente-Inférieure.

Sulzbacher, négociant, rue de Bondy. 66, Paris.

Supligeon, Silvain, peintre en bâtiments, Montrichard, L.-et-C.

Suppligeon, Joseph, mécanicien, avenue de Paris, Bordeaux.

Sureau, fabricant d'équipement, rue du Temple, 147, Paris.

Suriray, fabricant de papier de verre, r. de la Plaine, 44, Paris.

Suriray, mandataire de l'entreprise de la Maison centrale, Melun, Seine-et-Marne.

Surleau, employé au Chemin de fer de Paris-Lyon-Méditerranée, rue de Taïti, 6, Paris.

Surleau, Frédéric, instituteur, directeur de l'Ecole communale, Nouméa, Nouvelle-Calédonie.

Surowiez, voyageur, Paris.
Surugue, rue Rochechouart, 26, Paris.
Suryot, Désiré-Prosper, docteur-médecin, Entrains, Nièvre.
Suser, Henri, fils, négociant, rue Sajet, Nantes.
Suser, J., négociant, rue Sajet, Nantes.
Susslé, tailleur, Oran, Algérie.
Sutter, fab. de fleurs, rue du Faubourg-Saint-Denis, 24, Paris.
Suveck, lapidaire, rue Servan, 39, Paris.
Suwinski, mécanicien, rue de l'Est, 18, Paris.
Suzor, négociant, Nantes.
Swarte (de), chef de cabinet du président du Sénat.
Sylvain, négociant, Batna, Algérie.
Sylvain, Cyprien, dessinateur, Constantine, Algérie.
Sylvano, bijoutier, rue des Singes, 7, Paris.
Sylvestre-Aubin, homme d'aff., r. Vieille-du-Temple, 11, Paris.

T

Tabary, receveur des contributions indirectes, rue de Valmy, 8, Lille, Nord.
Tabet, interprète judiciaire, Oran, Algérie.
Tabourey, opticien, rue Thouin, 11, Paris.
Tabouriech, sous-officier d'administration, Oran, Algérie.
Tachet, Isidore, négociant, président du Tribunal de Commerce, rue Juba, 2, Alger.
Tacussel, directeur des postes et télégraphes, Valence, Drôme.
Tadet, fabricant d'appareils à gaz, rue Pierre-Levée, 17, Paris.
Tadini, homme de lettres, rue des Petits-Pères, 1, Paris.
Tagnère, cordonnier, rue d'Aboukir, 98, Paris.
Tahère, Léon-Michel, docteur-médecin, rue du Jour, 1, Saint-Cloud, Seine-et-Oise.
Taillandier, Désiré, distillateur, place Saint-Martin, 7, Tours.
Taillant, cafetier, place du Marché, Agen, Lot-et-Garonne.
Taillard, négociant, rue des Bourdonnais, 31, Paris.
Taillefer, commissionnaire-négociant, rue de Rivoli, 33, Paris.
Taillefer, Narbonne, Aude.
Taillefosse, serrurier-mécanicien, rue Marqfoy, 5, Paris.
Tailleur, Henri, serrurier, Bougival, Seine-et-Oise.
Taillotte, aîné, négociant, Die, Drôme.
Tajan-Rogé, rentier, rue de Mazagran, 9, Paris.
Talandier, Alfred-Pierre-Théodore, avocat, député de la Seine.

Talbot, employé des ponts et chaussées, r. Polonceau, 27, Paris.
Talbot, tapissier, place de la Corderie, 9, Paris.
Talbot de Courty, Edouard, dentiste, Caen.
Talboutier, marinier, Clamecy, Nièvre.
Talexis, Jean-Isidore, lieutenant de vaisseau, Toulon.
Talfumière, maréchal ferrant, rue de Provence, 64, Paris.
Talfumière, Eugène, serrurier-forgeron, Caen.
Talibon, rue Neuve, 4, Colombes, Seine.
Talié, Bordeaux.
Tallard, Jean-Ambroise, commis-principal à l'Administration centrale de l'Octroi, avenue de Saint-Mandé, 74 bis, Paris.
Tallois, bijoutier, rue Béranger, 7, Paris.
Tallois, ancien négociant, rentier, Triel, Seine-et-Oise.
Tallois, Charles, rue de Reuilly, 11, Paris.
Tallon, rue des Filles-Saint-Thomas, 7, Paris.
Tallon, imprimeur-lithographe, rue de l'Ecu, Beauvais.
Tallon, Alfred, député du Puy-de-Dôme.
Taion, rue Monsigny, 13, Paris.
Tamisier, Raymond, publiciste, rue Montmartre, 55, Paris.
Tan, Anatole, restaurateur, r. de la Tourelle, 1, St-Mandé, Seine.
Tanferani, rue de Paradis-Poissonnière, 14, Paris.
Tangen (von), rue de Rocroy, 25, Paris.
Tangen (von), G., négociant, rue du Château-d'Eau, 34, Paris.
Tanguy, commis-négociant, rue Crébillon, 20, Nantes.
Tanneur, agent d'affaires, rue du Poirier, 14, Tours.
Tant, Louis, marchand-tailleur, Saint-Germain, Seine-et-Oise.
Tapin, Léon, fabricant de soie à coudre, Paris.
Tapré, journaliste, rue de Trévise, 36, Paris.
Tara, rentier, Malzéville, Meurthe-et-Moselle.
Tara, François, journaliste, Nancy.
Tarangé, avenue Saint-Charles, Paris.
Taratre, employé, Lyon.
Tarby, Louis-Joseph, tourneur-mécanicien, rue Keller, 41, Paris.
Tardan, Jean-Louis, comptable, Saint-Pierre, île de la Réunion.
Tardieu, fabricant de lanternes, rue des Gravilliers, 26, Paris.
Tardieu, ingénieur-géographe, r. des Fossés-St-Jacques, 26, Paris.
Tardif, Etienne, arbitre de commerce, inspecteur d'assurances, place du Musée, 8, Vienne, Isère.
Tardivat, rue de la Chaume, Vichy, Allier.
Tardy, Oscar, préfet.
Targau, Albert, voyageur de commerce, Bédarieux, Hérault.
Tariol, coiffeur, Saint-Girons, Ariège.
Tarlatini, M., doreur, route de Bayonne, 17, Bordeaux.
Tartarin, entrepreneur de charpente, Epernay, Marne.
Tartarin, Eugène, maître-armurier au dépôt, Caen.
Tartenson, docteur-médecin, rue du Général-Foy, 39, Paris.
Tartor, rue Coquillière, 23, Paris.

Tassin, Pierre, journaliste, conseiller général et député de Loir-et-Cher.

Tassy, professeur de sylviculture, boulev. St-Michel, 83, Paris.

Tassyn, professeur de langues, rue Violet, 57, Paris.

Taudin, Joseph, entrepreneur de charpente, Pessac, Gironde.

Taupin, rue du Roule, 23, Paris.

Taupin, menuisier, rue de l'Eglise, 7, Champigny, Haute-Marne.

Tauveron, J.-B., négociant, Nouméa, Nouvelle-Calédonie.

Taverne (de), rue Saint-Lazare, 94, Paris.

Tavernier, layetier, rue Colbert, Tours.

Tavernier, E., rue des Ecoles, 25, Sceaux, Seine.

Taylor, J.-Th., rentier, quai du Midi, 7, Nice, Alpes-Maritimes.

Tebbitt, Ch., empl. de comm., rue de Richelieu, 79, Paris.

Técheney, Jean, pépiniériste, rue Benange, Bordeaux.

Técheney, Pierre, papetier, rue des Treilles, 7, Bordeaux.

Tédenat, conseiller général de l'Hérault.

Teilhard, député du Lot.

Teissèdre, député du Cantal.

Teisseire, négociant, rue Châteaubriand, 19, Nantes.

Teisseire, distillateur-liquoriste, rue de la Grille, 32, Carcassonne, Aude.

Teisseire, Evariste, chef de bureau à la marine, rue des Pommets, 11, Toulon.

Teisserenc de Bort, E., secrétaire d'ambassade, av. Hoche, 82, Paris.

Teisserenc de Bort, Pierre-Edmond, sénateur de la Haute-Vienne, vice-président du Sénat, ambassadeur, ministre.

Teissier, rue Neuve-des-Mathurins, 49, Paris.

Teissier, fabricant de broderies, Paris.

Teissier, J.-Louis, ébéniste, rue de Charenton, 84, Paris.

Telle, sous-officier à la 2e section d'ouvriers d'administration, à la Manutention, Paris.

Telle, marchand-tailleur, rue de Paris, 3, Lyon.

Telle, Adolphe-Dominique, rue de la Constitution, Nancy.

Tellenne, Emile-François, publiciste, cours Sextius, 13, Aix, Bouches-du-Rhône.

Tellier, entrepreneur de charpente, rue d'Ourches, Saint-Germain-en-Laye, Seine-et-Oise.

Tellier, propriétaire, Valbourdin.

Tellier, employé au port, Philippeville, Algérie.

Tempel, Louis, tailleur, rue des Vieux Augustins, 13, Paris.

Temporal, rue Carnot, 12, Chalon-sur-Saône.

Temporal, directeur d'assurances, Melun, Seine-et-Marne.

Temporel, Alexandre, menuisier, rue Malgouverne, Melun, Seine-et-Marne.

Temporel, Joseph, menuisier, rue Malgouverne, Melun, Seine-et-Marne.

Tenaille-Saligny, Étienne-Philippe-Théodore, avocat, sénateur de la Nièvre.

Tendron, allée de Longchamps, 18, Boulogne, Seine.

Tendron, avenue du Perreux, 33 bis, Nogent-sur-Marne, Seine.

Tennevin, vérificateur, rue de Chabrol, 14, Paris.

Tennevin, E., caissier au Secrétariat général du Grand Orient de France,

Ténot, Eugène-Pierre-Paul, journaliste, député des Hautes-Pyrénées.

Térard, négociant, boulevard de Sébastopol, 89, Paris.

Tercé, négociant.

Tercier, courtier en librairie, place de la Bastille, 12, Paris.

Terlot, Pau, Basses-Pyrénées.

Terlumen, négociant, rue de Richelieu, 48, Paris.

Termet, Lyon.

Ternack, horloger, Oran, Algérie.

Ternois, Jules-Joseph, entrepreneur de vidanges, au Barrage-Saint-Denis, Saint-Denis, Seine.

Terpereau, Alphonse, photographe, r. Moneyra, 109, Bordeaux.

Terrade, propriétaire, Mostaganem, Algérie.

Terrasse, Philippe, menuisier, r. Foncillon, Royan, Char.-Infér.

Terreau, Camille, propriétaire, Nyons, Drôme.

Terrier, rue Saint-Martin, 40, Dreux, Eure-et-Loir.

Terrieu, rue Thiers, au Havre.

Territ, Eugène, avocat, Perpignan, Pyrénées-Orientales.

Tersolo, passage Saulnier, 20, Paris.

Terver, Écully, Rhône.

Tesseire, Marius, receveur de l'octroi, Nice, Alpes-Maritimes.

Tessereau, Louis, maître-charpentier, Draché, Indre-et-Loire.

Tessier, négociant, rue Balechoux, 12, Tours.

Tessier, Armand, représ. de commerce, rue Daval, 7, Paris.

Tessier, Octave, Haïti.

Testelin, Achille-Arthur-Armand, chirurgien, député, conseiller général du Nord, sénateur inamovible.

Testulat, père, négociant en vins de Champagne, Dizy-sur-Marne, Marne.

Testulat, fils, négociant en vins de Champagne, Dizy-sur-Marne, Marne.

Tétard, Victor, négociant, quai des Champs, Bordeaux.

Tétaud, étudiant en droit, Paris.

Tête, propriétaire, conseiller munic., rue Branville, 90, Caen.

Tetin, Victor, marchand de vins, rue Saint-Honoré, 47, Paris.

Teuffert, Pierre, tonnelier, quai de la Gare, 72, Paris.

Teule, employé, boulevard de La Villette, 60, Paris.

Teulon, Albin, Nîmes.

Teuly, Caussade, Tarn-et-Garonne.

Teutsch, S., négociant, rue des Martyrs, 43, Paris.

Texier, employé, passage du Grand-Cerf, 9, Paris.

Texier, maître de chais, Angoulême.

Texier, huissier, Périgueux, Dordogne.

Teyssier, propriétaire, sous-préfet, conseiller général, adjoint au maire, Carpentras, Vaucluse.

Teyssier, clerc d'avoué, Brives, Corrèze.

Teyssonneau, Edouard, Bordeaux.

Teyssou, Louis, serrurier, Terrasson, Dordogne.

Tézenas, Antoine-Hippolyte, officier, sénateur de l'Aube.

Thalamas, adjudant, à l'Hôtel des Invalides, Paris.

Thalamy, Jean, maître de l'hôtel de Bordeaux, Brive, Corrèze.

Thariat, Joseph, capitaine d'armes, Toulon.

Thauvin, meunier-boulanger, rue Saint-Honoré, 108, Paris.

Théault, élève pharmacien, rue d'Allemagne, 9, Paris.

Thébaud, négociant, rue d'Orléans, Nantes.

Thébaud, Louis, maître-charpentier, rue Thierry, 2, Ville-d'Avray, Seine-et-Oise.

Thébaud, Philippe-G., négociant, Jacmel, Haïti.

Thébaut, Hippolyte, négociant, quai de la Fosse, 102, Nantes.

Thelmier, docteur-médecin, rue de Mazagran, 5, Paris.

Thénard, professeur au Lycée d'Angoulême.

Thénard, professeur au Lycée de Versailles.

Thénard-Demousseux, architecte-vérific., r. de Vanves, 44, Paris.

Théodore, cartonnier, rue Saint-Denis, 311, Paris.

Theriot, vérificateur d'assurances, rue Saint-Maur, 191, Paris.

Théron, orthopédiste, rue Confort, 28, Lyon.

Thérond, Casimir, fils, nég., r. de l'Hôtel-de-Ville, Alais, Gard.

Théron, Ferdinand, conseiller général et député de l'Aude.

Théry, Edmond, publiciste, rue de Douai, 45, Paris.

Theulier, Albert, docteur-médecin, député de la Dordogne.

Thévelin, tailleur, rue des Moulins, 9, Paris.

Thévenard, employé, boulevard du Montparnasse, 25, Paris.

Thévenard, entrepreneur de maçonnerie, rue de l'Hôtel-de-Ville, 8, Vincennes, Seine.

Thévenard, Jean-Baptiste, négociant, maire de Nevers, conseiller général, rue Saint-Martin, Nevers, Nièvre.

Thévenet, avocat, conseiller général et député du Rhône.

Thévenet, chef de cabinet du sous-secrétaire d'Etat au ministère de l'Agriculture et du Commerce.

Thevenet, buraliste, rue de Belfort, Lyon.

Thevenet, Antoine, négociant, propr., Montevideo, Uruguay.

Thevenin, employé de commerce, rue de Palestro, 39, Paris.

Thévenin, négociant, Oran, Algérie.

Thévenin, chef du bureau central au Chemin de fer du Nord, boulevard Ornano, 34, Paris.

Thévenin, Louis, sous-chef de bureau au Chemin de fer du Nord, boulevard Ornano, 37, Paris.

Thévenin, Lucien, avocat, rue Saint-Jacques, 14, Lille.

Thévenot, rue Richer, 54, Paris.

Thévenot, Gilbert, chef du Secrétariat général du Grand-Orient de France, rue Versigny, 15, Paris.

Theveny, fabricant de boutons, rue Claude-Vellefaux, 4, Paris.

Theveret, chef-mécanicien, Ismaïlia, Égypte.

Thiaudière, Edmond, publiciste, Paris.

Thiault, avocat, Belfort.

Thibaud, François, voyageur de comm., Périgueux, Dordogne.

Thibaudau, Gustave, maître-plâtrier, rue d'Arès, 337, Bordeaux.

Thibaudier, négociant, rue des Gravilliers, 3, Paris.

Thibault, étalier, rue Germain-Pilon, 7, Paris.

Thibault, propriétaire, cours de Vincennes, 8, Paris.

Thibault, carrossier, rue Bel-Air, Nantes.

Thibault, J., négociant, Nogent-le-Rotrou, Eure-et-Loir.

Thibault, Jean-Louis, rentier, rue des Innocents, 15, Paris.

Thibault, Joseph, sellier-carross., pl. Vauban, Avallon, Yonne.

Thibault-Luc, Alexandre, clerc d'avoué, Nevers, Nièvre.

Thibaut, Lyon.

Thibaut, peintre, rue de la Rôtisserie, Tours.

Thiberville, rue Chapon, 24, Paris.

Thibierge, fabricant de perruques, Paris.

Thiboust, fils, boulanger, Gournay, Seine-Inférieure.

Thiébault, entrepreneur de peinture, r, St-Sébastien, 35, Paris.

Thiébault, Camille, propriétaire, cours Léopold, Nancy.

Thiébault, Gabriel, rentier, rue de Toul, 24, Nancy.

Thiébault, Léopold, insp. d'assur., faub. Stanislas, 29 bis, Nancy.

Thiébault, Pierre, prop., Malreville-lès-Nancy, Meurthe-et-Moselle.

Thiébaut, serrurier, rue des Marais, 88, Paris.

Thieffin, P.-Henri, tourn. en cuivre, r. de la Roquette, 69, Paris.

Thiériet, géomètre, Philippeville, Algérie.

Thierrat, limonadier, rue Saint-Martin, 212, Paris.

Thierré, Emile, architecte-vérificateur, rue Baillet, 3, Paris.

Thierry, comptable, place des Vosges, 11, Paris.

Thierry, Edouard, négociant, rue Ducau, 21, Bordeaux.

Thierry, Fernand, rue de Trévise, 9, Paris.

Thierry, Henri, rue de Trévise, 29, Paris.

Thierry, Jean-Auguste, négociant en grains, rue d'Orléans, 59, Saint-Quentin, Aisne.

Thierry de Maugras, médecin en chef des salles militaires de l'hôpital, Joigny, Yonne.

Thiers, Adolphe, historien, député, ministre, président de la République.

Thiers, Edouard, officier, député du Rhône.

Thiéry, Modeste, chef de cuisine, Lille.

Thiessé, Jules-Théodore, député de la Seine-Inférieure.

Thièvre, fondeur, Essonnes, Seine-et-Oise.

Thil, Marius, manufacturier, rue du Faubourg-Arnaud-Bernard, 15, Toulouse.

Thimonier, cantonnier-chef, Corbeil, Seine-et-Oise.

Thion, Ch., maître-maçon, Foussignargue».

Thiriat, marchand-chapelier, rue de la Verrerie, 55, Paris.

Thirifocq, boulevard de Sébastopol, 23, Paris.

Thirion, Auguste-Etienne, distillateur, boulevard du Montparnasse, 122, Paris.

Thiriou, employé, rue Corbeau, 3, Paris.

Thirot, employé, Grande-Rue, 36, Bagnolet, Seine.

Thiry, rue Thévenot, 7, Paris.

Thiry, Nicolas-Joseph, avoué, rue des Dominicains, Nancy.

Thode, négociant, rue des Petites-Ecuries, 59, Paris.

Thode, Drontheim, Norwège.

Thomaron, Lyon.

Thomas au 72e de ligne.

Thomas, arquebusier, passage Delorme, 2., Paris.

Thomas, charpentier, rue du Centre, 3, Paris.

Thomas, doreur-sculpteur, rue d'Anjou-au-Marais, 8, Paris.

Thomas, employé, rue de la Paix, 17, Paris.

Thomas, menuisier, rue Saint-Martin-le-Beau, Tours

Thomas, chef de musique retraité, teneur de livres, à la boulangerie Funel, Toulon.

Thomas, cultivateur, aux Ecreunes, près Melun, Seine-et-Marne.

Thomas, Achille, chimiste, boulevard de la Liberté, 80. Lille.

Thomas, François, propriétaire, Nantua, Ain.

Thomas, Jean, pharmacien, maire du XIIIe arrondissement de Paris.

Thomas, Jean, commis-négociant, Montpellier.

Thomas, Jean-Alfred-Jules, docteur-médecin, professeur de clinique interne à l'Ecole préparatoire de Reims, député de la Marne.

Thomas, John, ingénieur de la Compagnie du gaz, Caen.

Thomas, Joseph, boulanger, rue de Lourcine, 77, Paris.

Thomas, Joseph-Etienne, receveur de l'abattoir, Constantine, Algérie.

Thomas, Paul, compositeur de musique, rue Drouin, 28, Nancy.

Thomas, Pierre-Camille, employé, Falaise Calvados.

Thomas, Placide, avoué, Château-Chinon, Nièvre.

Thomas, Victor, marchand-épicier, Grande-Rue, 48, Issy, Seine.

Thomassin, Léo, avocat, avenue d'Orléans, 33, Paris.

Thomé, maître d'hôtel, rue d'Hauteville, 32, Paris.

Thomé, employé de banque, Charleville, Ardennes.

Thomire, rue du Faubourg-Saint-Denis, 16, Paris.

Thomson, Charles, préfet, gouverneur de la Cochinchine.

Thomson, Gaston-A.-Marie, journaliste, député de Constantine.

Thonet, Maurice-Louis, limon., rue du Solger, St-Denis, Seine.

Thonnelier, rue de Cléry, 16, Paris.

Thoraillies, architecte, Provins, Seine-et-Marne.

Thore, buraliste, Vichy, Allier.

Thoré, Louis, fabricant de roulettes, rue Keller, 26, Paris.

Thoreau, sergent d'administration, rue de Bercy, 25, Paris.

Thoreau, restaurateur, rue de Montreuil, Vincennes, Seine.

Thoreau, Joseph, marchand-épicier, rue de la Clef, 17, Paris.

Thorel, commis-tailleur, Grandvilliers, Oise.

Thorel, Pierre-Adolphe, fabricant de cire à cacheter, rue Saint-Sauveur, 16, Paris.

Thorin, comptable, rue du Perche, 14, Paris.

Thorin, Jules, comptable, avenue Quihou, 8, St-Mandé, Seine.

Thorond, Casimir, négociant, Alais, Gard.

Thouan, mécanicien, Châteaurenault, Indre-et-Loire.

Thouet, limonadier, rue du Saulger, 11, Saint-Denis, Seine.

Thourelle, tailleur, rue Montmartre, 54, Paris.

Thouron, Victor, ancien notaire, rue Saint-Louis, Toulon,

Thouvenin, repr. de comm., boulevard du Temple, 28, Paris.

Thouvenin, comptable, rue du Port-Commerce, Nantes.

Thouvenin, J., négoc. en métaux, quai des Tanneurs, 7, Nantes

Thubert, Jean, Perpignan, Pyrénées-Orientales.

Thublier, Ferdinand, notaire, Segonzac, Charente.

Thuet, Ariste, propriétaire, Caussade, Tarn-et-Garonne.

Thuillard, à la gare d'Orléans, Paris.

Thuillat, L., inspect. d'ass., place des Carmes, 6, Limoges.

Thuillier, employé, rue des Quatre-Fils, 2, Paris.

Thuillière, 1. piste, Auch, Gers.

Thuillot, Ed.-P., doreur sur papier, rue St-Anastase, 19, Paris.

Thuilot, ex-gérant de pharmacie à Reims, pharmacien, rue des Ecoles, 30, Paris.

Thulié, Henri, docteur-médecin, conseiller municipal de Paris, conseiller général de la Seine.

Thuot, Claude, fabricant de produits pharmaceutiques, rue Héricart, 1, Paris.

Thureau, Henri, négociant, au Mans, Sarthe.

Thurel, sénateur du Jura.

Thylstrup, Peters, cordonnier, rue de Provence, 69, Paris.

Tiercelin, blanchisseur, rue de Silly, 76, Boulogne, Seine.

Tiersot, docteur-médecin, député de l'Ain.

Tiger, Louis-Joseph, fabr. de bonneterie, Falaise, Calvados.

Tignol, Jacques, négociant, Graulhet, Tarn.

Tiller, comptable, rue de Sévigné, 50, Paris.

Timiné, négociant, Berlin, Prusse.

Tinant, André, rue Versigny, 6, Paris.

Tindel, Aphrodise, lampiste, place de l'Hôtel-de-Ville, Béziers, Hérault.

Tinel, docteur-médecin, Rouen.

Tinet, Jean-Hubert, greffier, Périgueux, Dordogne.

Tinière, inspecteur du service des Enfants-Assistés.

Tintelin, commerçant, rue de Jessaint, 10, Paris.

Tinus, capitaine, Nantes.

Tirard, industriel, maire du IIe arrondissement de Paris, député de la Seine, sénateur inamovible, ministre.

Tirard, négociant, boulevard de Sébastopol, 89, Paris.

Tirman, conseiller d'Etat honoraire, gouv. général de l'Algérie.

Tirot, Félix, géomètre, quai des Célestins, 50, Paris.

Tison-Sceler, rue Neuve-des-Petits-Champs, 60, Paris.

Tissandier, Arthur, avenue Victor-Hugo, 78, Paris.

Tisserand, député du Puy-de-Dôme.

Tisserand, perc. des contrib., cours Sablon, Clermont-Ferrand.

Tisserant, Alex., avoué à la Cour, rue de la Pépinière, Nancy.

Tissier, négoc. en laines, rue des Buttes-Chaumont, 12, Paris.

Tissier, rue de la Rampe, 132, Brest, Finistère.

Tissot, Lyon.

Titard, publiciste, Paris.

Titard, peintre en bâtiments, rue Baunier, Orléans.

Tixier, Jean-Gilbert, fabricant de toiles, rue Neuve-de-la-Villardière, 3, Lyon.

Toche, Honoré, peintre, rue Notre-Dame, 12, Toulon.

Tocquet, propriétaire, rue Félix, 42, Levallois-Perret, Seine.

Tognini, entrepr. de peint. et de vitr., rue Coquillière, 7, Paris.

Tognola, opticien, rue de Crussol, 14, Paris.

Toinet, Pierre, chaudronn., rue du Faub.-St-Antoine, 172, Paris.

Tolain, Henri-Louis, ancien ouvrier ciseleur en bronze, sénateur de la Seine.

Tombe, officier d'administration, Batna, Algérie.

Tomy, Eugène-Nicolas, professeur, place Stanislas, Nancy.

Tondu, conseiller général et député de l'Ain.

Tonnelli, Victor, sculpteur, rue d'Orsel, 47, Paris.

Tony, Antoine, propriétaire, Toulon.

Topart, rue Lafayette, 151, Paris.

Tordeux, Ernest, capitaine d'état-major, rue du Champ-de-Mars, 18, Paris.

Torey, rue du Retrait, Paris.

Torland, employé, Aurillac, Cantal.

Torlet, menuisier, rue Léonie, 2, Paris.

Torrens, Antoine, charcutier, Constantine, Algérie.

Torrès, négociant en vins, rue du Casino, 26, Royan, Charente-Inférieure, et rue des Remparts, 40, Bordeaux.

Torrès, Edouard, négociant, Périgueux, Dordogne.

Torta, épicier, Petite-Rue-de-Cuire, 5, Lyon.

Tortel, rue Boubonnais, 68, Lyon.

Toubert, Joseph, inspecteur d   'ouanes, Perpignan, Pyr.-Or.

Touchard, Alfred, ébéniste, rue   Cascades, 51, Paris.

Touchard, Eugène, marchand de fer, Nantes.

Touillier, marchand de vins, rue de Tanger, 13, Paris.

Toulet, Alexandre, nég., Grande-Rue, 38 *bis*, Roubaix, Nord.

Toupet, A., fils, Neufmanil, Ardennes.

Toupet, Ulysse, industriel, Nouzon, Ardennes.

Toupillier, Jules, géomètre, conducteur de travaux, rue Saint-Martin, 316, Paris.

Tours, Ernest, forgeron, rue Compoise, 26, St-Denis, Seine.

Tourangin, comptable, rue du Delta, 2, Paris.

Tourangin, négociant, place du Martray, 8, Orléans.

Tourdre, Philippe, chef de bureau à la gare, Nice, Alpes-Marit.

Tourel, Auguste, restaur., propr., r. Peyrolière, 24, Albi, Tarn.

Tourenne, serrurier, Périgueux, Dordogne.

Touret, entrepreneur de peinture, rue des Rosiers, 36, Paris.

Tourette, fabricant de boutons, rue de Turbigo, 32, Paris.

Tournadre, maire d'Anglards, Cantal.

Tournant, fils, avenue de Malakoff, 93, Paris.

Tournaud, fabricant d'ustensiles d'impr., r. Blomet, 36, Paris.

Tourne, peintre, rue Cessac, Agen, Lot-et-Garonne.

Tourné, sergent-major à la justice militaire, Bône, Algérie.

Tourné, Auguste, propriétaire, rue Gratteloup, 73, Bordeaux.

Tournemine, Louis, concierge, Lille.

Tourneur, menuisier, passage Gaillard, 8, Paris.

Tourneux, Etienne, maître d'hôtel, rue Saint-Sauveur, 40, Paris.

Tournié, négociant, Auch, Gers.

Tournier, Lycée Louis-le-Grand, rue Saint-Jacques, 123, Paris.

Tournier, commis-négociant, Lons-le-Saunier, Jura.

Tournier, Albert, avenue des Gobelins, 14, Paris.

Tournier, Augustin, représentant de comm., Chambéry, Savoie.

Tournier, Louis, chapelier, Graulhet, Tarn.

Tournier, Victor, sculpteur, rue de Bièvre, 29, Paris.

Tourniquet, chef d'atelier, manufacture d'armes, route d'Ivry, Ivry, Seine.

Tourot, rue des Gravilliers, 62, Paris.

Tourreil, docteur-médecin, rue des Bourdonnais, 38, Paris.

Tousé, marchand-tailleur, rue de Grenelle, 170 *bis*, Paris.

Toussaint, caissier, rue de Paradis-Poissonnière, 56, Paris.

Toussaint, sous-lieutenant au train des équipages, Philippeville, Algérie.

Toussaint, Charles, agent de transports en douane, rue du Faubourg-Saint-Denis, 193, Paris.

Toutain, Jean, dans le Nord.

Toutin, marchand de vins, Plaisir, Seine-et-Oise.

Touzé, Eugène, restaurateur, maire, fermier général des Eaux d'Enghien, Enghien, Seine-et-Oise.

Touzé, Jean, menuisier, Chatou, Seine-et-Oise.

Trahand, employé, rue de Turenne, 114, Paris.

Tramblay, chef de station, au Midi, Saint-Hilaire, Lot.

Trameson, capitaine au 11e chasseurs à cheval, Saint-Germain-en-Laye, Seine-et-Oise.

Trannoy, avoué, Epernay, Marne.

Trapé, Antoine, chef de cuisine, cours Balguerie, 113, Bordeaux.

Trarieux, chef de transit de la Compagnie de navigation mixte, rue de la Martinière, 7, Lyon.

Traus, Alfred, négociant, rue Sainte-Marie, Metz, Lorraine.

Travers, Louis-Désiré, commissaire de la marine, Cherbourg, Manche.

Trébois, F.-X., homme de lettres, propriétaire, maire de Levallois-Perret, Seine.

Trech, rue du Hamma, Alger.

Treillart, courtier, rue de Gallois, 17, Paris.

Treille, Alcide-Marie, docteur-médecin, député de Constantine.

Treillé, Auguste, rue d'Allemagne, 172, Paris.

Treillé, Charles-Nicolas, receveur des perceptions municipales de Paris, en retraite, quai de la Marine, 9, Auxerre, Yonne.

Tréjeaud, Pierre-Eugène, sergent-major au 99e de ligne, Paris.

Trélat, Emile, directeur de l'École spéciale d'Architecture, professeur au Conservatoire des Arts-et-Métiers, rue Denfert-Rochereau, 17, Paris.

Tremblay, receveur à la Compagnie du Midi, rue Saint-Jolifort, Agen, Lot-et-Garonne.

Tremblay, entrepreneur, rue des Hautes-Eaux, Bougival, Seine-et-Oise.

Tremblay, Eustache, marchand de vins, Rueil, Seine-et-Oise.

Trembloy, professeur au Lycée de Limoges.

Trément, négociant, rue de Turbigo, 5, Paris.

Tremeuge (de), piqueur au chemin de fer, Dôle, Jura.

Tremièges, Jean, tourneur, place Madeleine, Béziers, Hérault.

Trémiol, architecte, rue d'Assas, 2, Paris.

Trenca, professeur de musique, Chambéry, Savoie.

Trénel, négociant, boulevard Voltaire, 22, Paris.

Trépagne, maire de Forges-les-Bains, Seine-et-Oise.

Trepsat, employé, Aurillac, Cantal.

Trésor, Lyon.

Trésorier, photographe, rue Boileau, Nantes.

Tressigniez, archiviste du Conseil d'Etat, rue Magnan, 6, Paris.

Trévise, Paris.

Trézeguet, Joseph, entrepreneur de travaux publics, conseiller municipal, rue de Paradis, Mezin, Lot-et-Garonne.

Triaurault, rue du Pont-aux-Choux, 5, Paris.

Tribert, Louis, sénateur inamovible.

Tribou, marchand de bois des îles, rue de Charonne, 26, Paris.

Tribouillard, Henri-Armand, anc. libraire, Avranches, Manche.

Tribout, Louis, bonnetier, rue du Faub.-St-Honoré, 5, Paris.

Tricart, entrepreneur de maçonnerie, rue des Lavandières-Sainte-Opportune, 3, Paris.

Trichard, brasseur, rue d'Enfer, 3, Poitiers.

Trier, employé de banque, passage Verdeau, 8, Paris.

Trietsch, Ph., négociant, rue Greneta, 2 *bis*, Paris.

Trigit, lieutenant de gendarmerie, Grasse, Alpes-Maritimes.

Trin, Isidore, employé, rue d'Oran, 38, Paris.

Triollet, fabricant de creusets, rue Gambey, 16, Paris.

Tripoul, bouchonnier, La Roquebrussanne, Var.

Trivière, sculpteur, rue de la Fosse, 16, Nantes.

Trodoux père, rue des Abbesses, 13, Paris.

Trochu, employé, rue de Trévise, 11, Paris.

Trodoux, Emile, fils, employé, à Montmartre, Paris.

Trognon, cuisinier, rue des Martyrs, 22, Paris.

Troisvalets, rue de Ménilmontant, 61, Paris.

Trollé, Pierre-Victor, docteur-médecin, Saint-Denis, île de la Réunion.

Trolliet, Etienne, coupeur de chemises, rue de Nice, 6, Paris.

Tromont, Charles-Victor, employé au chemin de fer, Gretz, Seine-et-Marne.

Troncoso, propriétaire, rue Lafayette, 60, Paris.

Trouard, rue du Grenier-Saint-Lazare, 18, Paris.

Trouard-Riolle, avoué, conseiller général et député de la Seine-Inférieure.

Troubat, entrepreneur, Vichy, Allier.

Troubat, Jules, publiciste, ancien secrét. de Sainte-Beuve, Paris

Trouet, rue de Charenton, 185, Paris.

Trouet, boisselier, Blois, Loir-et-Cher.

Trouillard, négociant, rue Haudaudine, Nantes.

Trouillet, Charles, professeur de gymnastique, rue Chauvain, 9, Nice, Alpes-Maritimes.

Trouilloud, employé, rue Saint-Vincent-de-Paul, 6, Paris.

Troupel, propriétaire, Oran, Algérie.

Trubert, boulevard de Sébastopol, 135, Paris.

Troussard, Henri-Albert, prote d'imprim., rue Marceau, 5, Tours.

Troyaux, rue Lecourbe, 90, Paris.

Trubert, agent d'assurances, Montlhéry, Seine-et-Oise.

Truchet, fab. de manches de parapl., r. de Chartres, 91, Lyon.

Truelle, député d'Eure-et-Loir.

Truet, sellier, rue Denfert-Rochereau, 113, Paris.

Truffler, Adolphe, facteur de pianos, Périgueux, Dordogne.

Truguet, rentier, rue du Commerce, 37, Paris.

Trumeau, Armand, propriétaire, Rueil, Seine-et-Oise.

Trusson, Claude, rentier, Grande-Rue-Saint-Ambroise, 52, Melun, Seine-et-Marne.

Trussy, ingénieur, rue Perdonnet, 16, Paris.

Trystram, député du Nord.

Tschauder, pâtissier, rue de Rennes, Nantes.

Tuaillon, notaire, Vaufrey, Doubs.

Tual, rue de Bootz, Laval, Mayenne.

Tuetey, J., négociant en vins, Montbéliard, Doubs.

Tuffraud, boulanger, Angoulême.

Tuillié, E., Paris.

Tulliez, marchand de vins, rue Beccaria, Paris.

Tulliez, entrepreneur de menuiserie, rue de Villejust, 8, Paris.

Tupenot, mécanicien, rue des Vertus, 17, Paris.

Tupin, négociant en lingerie, rue de Cléry, 17, Paris.

Tuquet, rue de Cléry, 23, Paris.

Turcas, ouvrier, Toulon.

Turck, Léopold, docteur-médecin, Gray, Haute-Saône.

Turek, Sébastien-Antoine, Grande-Rue, Nancy.

Turge, courtier en bijouterie, rue Bailleul, 2, Paris.

Turigny, Jean-Placide, docteur-médecin et journaliste, conseiller général et député de la Nièvre.

Turin, Amédée, marchand de nouveautés, Sisteron, Basses-Alpes.

Turlure, peintre en bâtiments, rue de la Juiverie, Melun, Seine-et-Marne.

Turminy, A., employé aux Halles, rue St-Louis-en-l'Ile 55, Paris.

Turpin, marchand de vins, rue Croix-Nivert, 6, Paris.

Turquet, Edmond-Henri, avocat, député de l'Aisne, sous-secrétaire d'Etat.

Turrel, Alphonse, avocat et journaliste, député de l'Aude, auditeur au Conseil d'Etat.

Turrel, Jacques-Laurent, docteur-médecin, rue de l'Ordonnance, 3, Toulon.

Turu, chef-armurier, Toulon.

U

Uger, estampeur, rue des Enfants-Rouges, 7, Paris.

Uhlmann, Marie-Louis-Edouard, docteur-médecin, conseiller général, Mascara, Algérie.

Ulbach, Louis, homme de lettres, conservateur à la Bibliothèque de l'Arsenal, Paris.

Ulh, Ignace, boulanger, route du Pont-de-Champigny, 115, La Varenne-Saint-Maur, Seine.

Ulmann, rue Chaptal, 7, Paris.

Ulmann, négociant, rue Quincampoix, 101, Paris,

Ulmann-Gœtz, négociant, boulevard Poissonnière, 28, Paris.

Ulmer, rue Daunou, 21, Paris.

Ulmo, Léopold, représentant des Tanneries Ulmo (de Lyon), Nice, Alpes-Maritimes.

Ulpat, Aug., ancien bijoutier, rentier, rue St-Côme, 11, Lyon.

Ulrich, père, marchand de bois, rue de Charonne, 75, Paris.

Ulrich, fils, marchand de bois, rue de Charonne, 75, Paris.

Unal, avocat, secrétaire général de l'Association philotechnique, boulevard Saint-Germain, 168, Paris.

Urbain, caissier, rue du Sentier, 30, Paris.

Urbain, sellier, rue d'Astorg, 28, Paris.

Urban, Emile, adjoint au maire, Isles-sur-Suippe, Marne.

Uriot, Sébastien, notaire, Maxey-sur-Vaize, Marne.

Ury, employé aux fabriques d'allumettes, Blénod, Meurthe-et-M.

V

Vacca, Edmond, professeur agrégé de l'Université, avenue de Neuilly, 175, Neuilly, Seine.

Vachaud, boucher, rue d'Austerlitz, Lyon.

Vacher, Hippolyte, maître-taillandier, St-Avertin, Indre-et-L.

Vacher, Léon, docteur-médecin, conseiller général et député de la Corrèze.

Vacheri, pharmacien, Choisy-le-Roi, Seine.

Vacherie, capitaine d'état major, chef de cabinet.

Vacheron, Edouard-Charles, négociant, conseiller municipal, cours Vitton, 53, Lyon.

Vachet, Jean, cafetier, Monnaie, Indre-et-Loire.

Vachier, Léopold, négociant en vins, Toulon.

Vachon, rhabilleur, quai Pierre-Scize, 53, Lyon.

Vachot, marchand-boucher, rue d'Austerlitz, Lyon.

Vaganay, Lyon.

Vagany, Théodore, sergent-major, Périgueux, Dordogne.

Vagnon, rue Thomassin, 7, Lyon.

Vaillant, cons. municipal de Paris, cons. général de la Seine.

Vaillant, confiseur, rue Quincampoix, 105, Paris.

Vaillant, voyageur de commerce, rue de Cléry, 13, Paris.

Vaillant, entrep. de transports, quai de la Fosse, 8, Nantes.

Vaillant, Adolphe, sous-chef de bureau à l'Assistance publique, avenue de Saxe, 58, Paris.

Vaintax, Sylvain, employé, rue Coquillière, 8, Paris.

Vaissade, employé, rue Delaborde, 47, Paris.

Vaissier, Adolphe, industriel, Roubaix, Nord.

Vaissier, J.-E., constructeur-balancier, rue de la Fusterie, 25, Bordeaux.

Val, J., employé, rue du Delta, 6, Paris.

Val, Jean-Baptiste, huissier, Caen.

Valade, Léon, chapelier, Bordeaux.

Valat, passage Mateci, Madrid, Espagne.

Valbousquet, Jean-Alphonse, professeur au Collège de Bergerac, Dordogne.

Valdenaire, Auguste, négociant, Remiremont, Vosges.

Valdézo, Théophile, Nancy.

Valée, dentiste, Bône, Algérie.

Valençon, coiffeur de l'Opéra, rue du Helder, 25, Paris.

Valençon, conducteur de travaux, rue Chevalier, 23, Levallois-Perret, Seine.

Valencot, ingénieur civil, Bône, Algérie.

Valentin, passage Violet, 4, Paris.

Valentin, représ. de commerce, boulevard du Temple, 38, Paris.

Valentin, propriétaire, boulevard Bineau, 36, Neuilly, Seine.

Valentin, propr., conseiller d'arr., Château-Thierry, Aisne.

Valentin, entrepreneur, Lunel, Hérault.

Valentin, chapelier, rue Lafayette, Toulon.

Valentin, Bernard, fabricant, Limoges.

Valentin, Edmond, préfet, sénateur du Rhône.

Valentin, Henri, fabric. de tabac, St-Denis, île de la Réunion.

Valentin (de), Jules, notaire, Dieuze, Lorraine.

Valéry, artiste lyrique.

Valet, surveillant à la Chambre des Députés, Paris.

Valet, Célestin, entrepr. de maçonn., rue de Reuilly, 119, Paris.

Valet, Léon, entrepr. de travaux publics, Verdun, Meuse.

Valette, entrepreneur, à Montmartre, Paris.

Valette, propriétaire, place Saint-Charles, 11, Toulouse.

Valette, Auguste, propriétaire-cultivateur, Caen.

Valfort, voyageur de comm., boul. de Sébastopol, 31, Paris.

Valin, François, entrepreneur de maçonnerie, rue Maître-Jacques, 7, Boulogne, Seine.

Vallade, employé au chemin de fer, Soissons, Aisne.

Vallat, Prosper, Nîmes.

Vallée, employé au Muséum d'histoire naturelle, Paris.

Vallée, lieutenant aux zouaves, Oran, Algérie.

Vallée, Camille, voyageur de commerce, Tours.

Vallée, Henri, directeur d'atelier, Fives-Lille, Nord.

Vallès, Jules, homme de lettres, membre de la Commune.

Vallet, piqueur municipal, rue Borromée, 16, Paris.

Vallot, Hector, blanchisseur, Coulommiers, Seine-et-Marne.

Vallet, Jules, commis-négociant, rue du Roi-de-Sicile, 4, Paris.

Vallet, Léon, droguiste, rue de la Poterie-des-Halles, 7, Paris.

Vallette, caissier, boulevard Poissonnière, 24, Paris.

Vallette, graveur, rue du Poteau, 26, Paris.

Valley, P., horloger, Montbéliard, Doubs.

Vallier, entrepreneur de charpente, rue des Frères-Hébert, 60, Levallois-Perret, Seine.

Vallier, boulevard de la Colonne, 7, Chambéry, Savoie.

Vallière, Alexandre, représentant, Nevers, Nièvre.

Vallon, teinturier-dégraisseur, rue Saint-Honoré, 185, Paris.

Vallon, père, imprimeur, directeur-propriétaire du journal la Volière, Vichy, Allier.

Vallon, fils, imprimeur, Vichy, Allier.

Vallot, fabricant de noir, rue Saint-Bernard, 25, Paris.

Vally, Armand, directeur des postes, St-Denis, île de la Réunion.

Valot, mécanicien au chemin de fer, Valence, Drôme.

Valteau, juge de paix, Hiersac, Charente.

Valton, employé de commerce, boulev. Poissonnière, 13, Paris.

Valton, imprimeur, rue Dardan, 15, Grand-Montrouge, Seine.

Van-den-Eeden, tailleur, rue du Commerce, Tours.

Van-den-Thoren, dit Edouard, concierge au théâtre, Tours.

Van-Enden-Mayer, lapidaire, boulevard Voltaire, 71, Paris.

Van-Miden, opticien, boulevard Saint-Denis, Paris.

Van-Miden, Moïse, négociant, rue du Helder, 1, Paris.

Van-Trappe, artiste lyrique, rue Nollet, 31, Paris.

Vancleef, Abraham-Isaac, négociant, Bordeaux.

Vander-Burg, négociant, rue de Sévigné, 10, Paris.

Vander-Maël, march. de bois des îles, r. de Charonne, 33, Paris.

Vandereyken, plumassier, rue de Paris, 93, Pantin, Seine.

Vanderœft, comm. de roulage, rue Saint-Martin, 251, Paris.

Vandeville, march. de nouveautés, rue de Flandre, 3, Paris.

Vandevyvre, quai de Lughaner, 38, Dunkerque, Nord.

Vanéchop, homme d'affaires, Paris.

Vanhamme, mécanicien, rue Rouelle, 45, Paris.

Vanherzeele, J., négoc., rue du Faubourg-St-Martin, 88, Paris.

Vannier, entrepreneur de peinture, rue Nollet, 8, Paris.

Vannier, voyageur, Rugles, Eure.

Vanson, C., offic. sup. en retraite, rue Mouneyra, 8, Bordeaux.

Vantrion, Joseph, sculpteur, Sillé-le-Guillaume, Sarthe.

Vanvincq, voyageur de commerce, quai d'Anjou, 5, Paris.

Vanwik, négociant, rue du Figuier-Saint-Paul, 10, Paris.

Varambon, tisseur, place de la Croix-Rousse, 2, Lyon.

Varenne, négociant en vin, rue Chaligny, 17, Paris.

Varenne, tenant le café Riche, Vichy, Allier.

Varey, Charles, publiciste, rue Dulong, 72.

Varigard, entrepreneur, au Puy-en-Velay, Haute-Loire.

Varigault, P.-E., entrepreneur, Saint-Denis, île de la Réunion.

Varin, cultivateur, Pressagny, Eure.

Varlet, négociant, rue du Faubourg-du-Temple, 64, Paris.

Varnet, boulanger, place Dupleix, 25, Paris.

Varoque, jardinier, rue de la Vieille-Forge, 14, Vanves, Seine.

Varré, papetier, rue Grégoire-de-Tours, 4, Paris.

Varrot, tabletier, rue de Bretagne, 54, Paris.

Vaschalde, député.

Vassail, négoc. en graines fourragères, Carpentras, Vaucluse.

Vassart, Alfred, entrepreneur, Chatou, Seine-et-Oise.

Vasselin, directeur de l'usine à gaz, Fécamp, Seine-Inférieure.

Vasselin, Victor-Hippolyte, marchand de vins, rue Sedaine, 18, Paris.

Vasseur, employé, place du Château-Rouge, 2, Paris.

Vasseur, négociant, rue d'Hautpoul, 45, Paris.

Vasseur, marchand de nouveautés, route de la Reine, 104, Boulogne, Seine.

Vasseur, boucher, Athis-Mons, Seine-et-Oise.

Vassord, Emile, fils, à la gare de Nancy.

Vassord, Eugène, à la gare de Nancy.

Vaucheret, Vital-Joseph, voyageur de commerce, Lons-le-Saunier, Jura.

Vauchez, comptable, cours d'Herbouville, 31, Lyon.

Vauclaire, Léon, propriétaire, Pont-Saint-Esprit, Gard.

Vauconstant, négociant, rue Aumaire, 3, Paris.

Vaudey, maître de lavoir, rue d'Argenteuil, Paris.

Vaudey, Philippe-V., casernier du génie, Constantine, Algérie

Vaugeois, marchand de vins, boul. St-Michel, 8, Paris.

Vaugondy, François, propr.-cultiv., Vouvray, Indre-et-Loire.

Vaulet, Joseph-Henri, fondeur en fer, Revin, Ardennes.

Vaumorin, commissionnaire, rue Jacob, 11, Paris.

Vauquelin, Louis-Joseph, cuisinier, r. de l'Université, 113, Paris.

Vauréal (de), Charles-Just, doct.-méd., r. de Rennes, 156, Paris.

Vaussanges, Raymond, banquier, Périgueux, Dordogne.

Vautheleret, Philibert, employé, rue de Sèvres, 105, Paris.

Vauthier, piqueur municipal, avenue des Gobelins, 31, Paris.

Vauthier, Adrien-Alphonse, fabr. de bonneterie, Caen.

Vauthier, Charles, agréé au Tribunal de Commerce, rue aux Lisses, 21, Caen.

Vautor, Paris.

Vautrain, md de vins, r. du Faub.-St-Denis, 161, Paris.

Vautravers, Henri, négociant, Ballancourt, Seine-et-Oise.

Vautrin, banquier et maire, Neufchâteau, Vosges.

Vautrin, Léopold, voyageur de comm., faub. Stanislas, 6, Nancy.

Vauvray, vétérinaire, Remiremont, Vosges.

Vauwetter, Alphonse, adjudant de marine, Toulon.

Vauzanges, Jules-B., huissier, adjoint au maire, rue de la Barrière, 19, Tulle, Corrèze.

Vavasseur, Frédéric, négociant, délégué cantonal, adjoint au maire, Nevers, Nièvre.

Vavre, Louis, propriétaire, ancien entrepreneur de travaux publics, rue des Potiers, 5, Bourg, Ain.

Vaxelaire, Elophe, négociant, rue de la Faïencerie, Nancy.

Vayssière, Louis, commis principal des contributions indirectes, Foix, Ariège.

Veau, rue de Paris, Sannois, Seine-et-Oise.

Vedel, propriétaire du café Continental, Toulon.

Védie, rue de Paris, 63, Sannois, Seine-et-Oise.

Védrenne, Noël, maître-sellier au 1er régiment du génie, Constantine, Algérie.

Védrine, peintre sur porcelaine, rue Oberkampf, 5, Paris.

Veil, père, rentier, Tours.

Veil, Edouard, marchand-tailleur, rue de Rohan, 7, Rennes.

Veillault, Jules-Joseph, fils, menuisier, Athée, Indre-et-Loire.

Veirrind, Pierre-Alfred, libraire-imprimeur, Alais, Gard.

Velay, Roch, mécanicien, Orange, Vaucluse.

Vel-Durand, préfet.

Vellu, architecte, avenue de la Gare, Argenteuil, Seine-et-Oise.

Velter, profess. de comptabilité, rue St-Denis, 8, Bondy, Seine.

Venant, Zéphirin, tonnelier, rue de la Galerie, Tours.

Vendenjou, marchand de fauteuils et chaises, rue de Lyon, 33, Libourne, Gironde.

Vendenplas, monteur en bronze, rue Oberkampf, 14, Paris.

Venel, télégraphiste à l'Arsenal, Toulon.

Véort, passementier, rue des Chaufourniers, 44, Paris.

Verburgt, Henri, mécanicien, Bordeaux.

Verchaffel, Achille, inspecteur des tramways, Roubaix, Nord.

Verd, Louis-Etienne, sellier, Valence, Drôme.

Verdan, instituteur, montée de la Boucle, 12, Lyon.

Verdan, Jules, maître-carrossier, rampe des Casernes, 2, Béziers, Hérault.

Verdavoine, Louis-Antoine, coiffeur, Grande-Rue, 115, Nogent-sur-Marne, Seine.

Verdeil-Fleury, aux Trois-Ponts, Saint-Affrique, Aveyron.

Verdeil-Fleury, quincaillier, Mascara, Algérie.

Verdet, Alexandre, négociant, Saint-Pierre, Martinique.

Verdier, chapelier, avenue d'Orléans, 9, Paris.

Verdier, médecin-dentiste, rue Laffitte, 18, Paris.

Verdier, restaurateur, rue Laffitte, 1, Paris.

Verdier, marchand de vins, rue des Moulineaux, 3, Issy, Seine.

Verdo, docteur-médecin, rue du Palais, Marmande, Lot-et-Gar.

Verdon, marchand de vins, rue de Saussure, 10, Paris.

Verdure, rue Corbeau, 27, Paris.

Verduron, caissier, Sens, Yonne.

Verette, principal honor., r. du Collège, Château-Thierry, Aisne.

Vergeat, restaurateur, rue des Passants, 19, Lyon.
Vergely, ouvrier au 34e de ligne, Mirande, Gers.
Verger, rue Mabillon, 10, Paris.
Verger, François, march.-tailleur, rue Saint-Martin, 107, Paris.
Verger, Léon-Lambert, marchand de chaux, Cruas, Ardèche.
Vergès, Bertrand, rue des Noyers, 8, Issy, Seine.
Vergne, Paris.
Vergnol, Jean-Baptiste, greffier, Périgueux, Dordogne.
Vergnolet, Tony, peintre-décorateur, rue Masséna, 11 bis, Lille.
Vergoin, avocat, député de Seine-et-Oise.
Vergon, Charles-Nestor, mécanicien, Dôle, Jura.
Vérignon, La Crau, Var.
Vérillon, commissaire de police, boulevard St-Marcel, 38, Paris.
Verjon, Marie-Alexandre, rentier, rue du Faubourg-Saint-Martin, 212, Paris.
Verlet, rue de Bretagne, 56, Paris.
Verly, Hippolyte, rédacteur en chef de l'*Echo du Nord*, rue de Solférino, 7, Lille.
Vermond, député de Seine-et-Oise.
Vernange, rue des Deux-Ponts, 4, Paris.
Vernaudon, jeune, entrepreneur, rue Rochechouart, 56, Paris.
Verne, négociant, Chaussin, Jura.
Vernet, employé au Grand Orient de France, Paris.
Vernet, François, employé, Montélimar, Drôme.
Vernhes, Hercule-Emile, docteur-médecin, député de l'Hérault.
Vernier, conducteur des ponts et chaussées. Nouméa, Nouvelle-Calédonie.
Vernier, ingénieur civil, rue Sainte-Marie, 1 bis, Oran, Algérie.
Vernier, Charles, négociant en vins de Champagne, rue de Vesle, 164, Reims.
Vernier, Jean-Baptiste, chef de section, Charleville, Ardennes.
Vernier, Jules, huissier, Marly-le-Roi, Seine-et-Oise.
Vernière, Michel-Pierre, fabricant de produits chimiques, député de l'Hérault.
Verninac (de), conseiller général et sénateur du Lot, secrétaire d'Etat.
Verninac (de), T., premier secrétaire d'ambassade, rue La Boëtie, 64, Paris.
Vernis, Bernard, professeur de musique, rue du Palais-Gallien, Bordeaux.
Verolle, Eugène, au 10e régiment d'artillerie, Vincennes, Seine.
Veron, capitaine, Pacy-sur-Eure, Eure.
Véron, rentier, Charly, Aisne.
Véron, François, directeur d'assurances, rue de la Paroisse, 54, Versailles.
Vérot, rue des Chaufourniers, 14, Paris.
Verpy, ancien directeur de théâtre, Caen.

Verraert, employé, rue Vic-d'Azir, 4, Paris.

Verret, ferblantier, rue Saint-Blaise, 60, Paris.

Verret, Céleste, marchand-tailleur, rue du Temple, 3, Bordeaux.

Verrier, chef de gare.

Verrier, fleuriste, rue Vaucauson, 2, Paris.

Verrier, A., restaurateur, rue du Faub.-Saint-Denis.

Verrier, H., restaurateur, rue du Faub.-Saint-Denis

Verrier, J., employé restaur., rue du Faub.-St-Deni

Verrier, Paul, mécanicien-ajusteur, rue de de Rochefort, yan, Charente-Inférieure.

Verrier, Ph., restaurateur, quai de Bercy, 30, Paris.

Verrière, J., fabricant de comptoirs, cour Damoye, 21, Paris.

Verroux, fabricant d'appareils à gaz, rue Godot-de-Mauroy, 16, Paris.

Versaillieux, Joseph-Claude, limonad., quai de Bercy, 50, Paris.

Verséjoux, Edouard, employé, passage de l'Elysée-des-Beaux-Arts, 25, Paris.

Versigny, Agapit-Claude-Marie, avocat, député de la Haute-Saône.

Vert, père, entrepren. de charp., rue de Bagnolet, 143, Paris.

Vert, Antonin, entrepreneur, avenue de Royat, Clermont-Ferrand.

Vert, Auguste, entrepreneur de charpente, r. St-Blaise, 51, Paris.

Vert, Germain, entrepreneur de serrurerie, rue de Bagnolet, 143, Paris.

Vertus (de), métreur, rue Pigalle, 36, Paris.

Veruholes, bijoutier, rue Barbette, 13, Paris.

Vescillier, entrepr., rue Charles VII, Nogent-sur-Marne, Seine.

Vesseaux, J., vétérinaire, Montbéliard, Doubs.

Vêtu, Charles, Paris.

Vial, rue d'Aboukir, 99, Paris.

Vial, père, imprimeur, boulevard Voltaire, 67, Paris.

Vial, Antoine, avenue Beaulieu, 33, Nice, Alpes-Maritimes.

Vial, J.-F., écrivain-lithographe, rue du Grand-Prieuré, 26, Paris.

Viala, Louis-Pierre, tailleur, cour du Commerce, 2, Paris.

Vialard, E.-H., facteur au chemin de fer, bd Diderot, 37, Paris.

Viallet, imprimeur-papetier, rue Cadet, 18, Paris.

Viallet, F., entrep. de peinture, impasse Béranger, 10, Paris.

Vian, marchand de vins, rue des Trois-Oliviers, 66, Toulon.

Viard, entrepreneur, rue Notre-Dame-des-Champs, 30, Paris.

Viard, boulevard Héloïse, 32, Argenteuil, Seine-et-Oise.

Viard, sergent-major du génie, Bône, Algérie.

Viard, Louis-Dominique, ancien notaire, Ryes, Calvados.

Viaud, A., mécanicien, rue de la Gare, Béziers, Hérault.

Vibert, Paul, rue Laugier, 25, Paris.

Vibout, H., restaurateur, quai de Bacalan, 63, Bordeaux.

Vicini, musicien, rue Du Sommerard, 15, Paris.

Vicque, boucher, place d'Armes, 4, Fontenay-sous-Bois, Seine.
Victor, professeur de musique, cons. mun., Valence, Drôme.
Victor, J.-A., professeur de langues, Valence, Drôme.
Victor, Louis-Désiré, négociant, avenue du Perreux, 71, Nogent-sur-Marne, Seine.
Vidal, marchand de vins, impasse Gaudelet, 3, Paris.
Vidal, notaire, Chambéry, Savoie.
Vidal, huissier, place Huboc, 1, Toulon.
Vidal, Carcassonne, Aude.
Vidal, Alfred-Charles, secrétaire général de préfecture.
Vidal, Eugène, Nîmes.
Vidal, Honoré-Guillaume-Adolphe, capitaine d'infanterie, Caen.
Vidal, Jean, limonadier, Lézignan, Aude.
Vidal, Jean-Baptiste-Auguste, officier au 3e régiment de spahis, Constantine, Algérie.
Vidal, Léopold, limonadier, Conilhac-du-Plat-Pays, Aude.
Vidal, Louis, peintre, faubourg du Pont, Béziers, Hérault.
Vidal, Pierre, march. de vins, rue des Bouviers, 34, Bordeaux.
Vidal, Pierre-Jacques, limonadier, place de Breteuil, 1, Paris.
Vidal-Naquet, Jul.-Aaron, banquier, r. du Quatre-Septemb., Paris.
Vidau, Joseph, employé à la Caisse d'épargne, Toulon.
Vidau, Samuel-Louis-Dominique-Constantin, employé aux Chemins de fer de l'Etat, cité Milton, 5, Paris.
Vidau, Sauveur, marchand-tailleur, rue Bourbon, 40, Toulon.
Vidaud-Lapierre, négociant, Brives, Corrèze.
Videt, maître de musique, Oran, Algérie.
Vidot, François-Alexandre, propr., juge de paix, Fours, Nièvre.
Vidou, maître-tailleur, au 72e de ligne.
Vidron, Adrien, fabricant de dents artificielles, rue de l'Hôtel-de-Ville, 12, Paris.
Vié, représentant de commerce, quai de Béthune, 34, Paris,
Vié, Benjamin, bottier, place Madeleine, Béziers, Hérault.
Viée, charpentier, rue Galleron, 25, Paris.
Viegl, Auguste, marbrier, Menton, Alpes-Maritimes.
Vieillard, Joseph, capit.-trésor. au 2e spahis, Mascara, Algérie.
Vielle-Marchiset, rue Roger, 1, Paris.
Viellot, maître-sellier au train, Vernon, Eure.
Viennet, Joseph, juge au Trib. de 1re instance, Béziers, Hérault.
Viennev, Louis, maréchal-des-logis au 3e chasseurs d'Afrique, Constantine, Algérie.
Viénot, avocat agréé près le Tribunal de Commerce, rue de la Vicomté, 37, Rouen.
Viénot, fils, avocat, Caen.
Viénot, entrepreneur, Héricourt, Haute-Saône.
Viérey, Charles-Casimir, empl. à la mairie, Constantine, Algérie.
Viéser, Emile, commerçant en meubles, rue Richer, 48, Paris.
Viet, filateur de laine, faubourg Basset, Beauvais.

Viette, étudiant, Paris.

Viette, rue de la Réunion 45, Paris.

Viette, François, journaliste, cons. gén. et député du Doubs.

Vieitte, J.-F., propriétaire, Blamont, Meurthe-et-Moselle.

Vieules, sous-officier au 2e chasseurs d'Afrique, Oran, Algérie.

Viger, Albert, docteur-médecin, député du Loiret.

Vigier, rue Dugommier, 15, Paris.

Vigier, voyageur de commerce, rue de Bondy, 60, Paris.

Vigier, Adolphe, avocat, Montauban, Tarn-et-Garonne.

Vigier, Alfred, employé, Périgueux, Dordogne.

Vigier, Antoine, négociant, Brives, Corrèze.

Vigier, Arthur, tonnelier, rue du Portail, 6, Bordeaux.

Virgineix-Roche, rue de la Pépinière, 86, Paris.

Viglient, peintre en bâtiments, Bône, Algérie.

Vigne, Joseph, Nîmes.

Vigneau, maître de chai, Sainte-Foy-la-Grande, Gironde.

Vigneau, Pierre, capitaine de navire, Portets.

Vigneau, R., arrimeur, cours Le Rouzié, La Bastide, Bordeaux.

Vigneresse, Julien, entrepreneur, Sancoins, Nièvre.

Vigneron, percepteur, Cucherie, Marne.

Vignet, rue Montbernard, 34, Lyon.

Vignier, Evariste, négociant, Cognac, Charente.

Vignolle, Paul, appareilleur, Villefort, Lozère.

Vignon, négociant, rue Stéphenson, 23, Paris.

Vigot, médecin-dentiste, rue Notre-Dame-de-Lorette, 8, Paris.

Vigou, lieutenant retraité, directeur de postes, Villedaigne, Aude.

Vigourel, pharmacien, Bonnes, Aisne.

Vigoureux, Charles, fabricant d'abats-jour, rue Saint-Martin, 293, Paris.

Vigoureux, Emile, vice-consul. Nice, Alpes-Maritimes.

Vigoureux, Jean-Baptiste, employé, rue Dupuis, 6, Paris.

Vigoureux de Ker-Morvant, notaire honoraire, rue La Bourdonnais, 47, Port-Louis, île Maurice.

Viguié, Toulouse.

Viguié, L., secrétaire général de préfecture.

Viguier, marchand de vins, rue de Meaux, 8, Paris.

Viguier, Paul-Louis, publiciste, conseiller municipal de Paris, conseiller général de la Seine.

Vilain, Paul, marchand-vannier, Nemours, Seine-et-Marne.

Vilar, Edouard, avocat, conseiller général et député des Pyrénées-Orientales.

Vilenne, adjoint au maire de St-Jean-de-Thouars, Deux-Sèvres.

Villain, Jean-Louis-Henri, fabric. de sucre, député de l'Aisne.

Villain, ferblantier, Charleville, Ardennes.

Villalongue, Sylvestre, négociant, Perpignan, Pyrénées-Orientales.

Villamaux, Antoine, employé, rue Bichat, 11, Paris.

Villard, agent-voyer, Valence, Drôme.

Villard, Th., ingénieur, conseiller municipal de Paris, conseiller général de la Seine.

Villaret (de), rue du Faubourg-du-Temple. 38, Paris.

Villaret (de), propriétaire, rue du Lycée, 8, Toulouse.

Villars, marchand-tailleur, calle Soriano, Montevideo, Uruguay.

Villary, menuisier, rue des Treize-Vents, 26, Toulouse.

Villatte, Clément, négociant, Terrasson, Dordogne.

Ville, Lyon.

Ville, Gilbert, négociant en vins, St-Pierre-le-Moutier, Nièvre.

Ville, Jean-Baptiste, maître d'hôtel, Cérilly, Allier.

Villefosse (baron de), conseiller général de Seine-et-Marne.

Villemin, Jean-Baptiste-Auguste, entrepreneur de maçonnerie, avenue de Malakoff, 11, Paris.

Villemot, anc. caiss. à la Banque, rue de la Victoire, 34, Paris.

Villemsens, Paris.

Villeneuve, docteur-médecin et journaliste, député de la Seine.

Villeneuve, Georges, officier en retraite, rue de l'Hôtel-de-Ville, 23, Vincennes, Seine.

Villeneuve, Pierre, entrepreneur, Constantine, Algérie.

Villère, banquier, Charleville, Ardennes.

Villeret, Louis, chef-armurier au 43e de ligne, citad. de Lille.

Villermoz, appareill.-gazier, rue du Buisson-St-Louis, 28, Paris.

Villers, avoué, sous-préfet.

Villers, docteur-médecin, Lorient, Morbihan.

Villetard, négociant, r. N.-D.-de-Bonne-Nouvelle, 7, Paris.

Villette, rue d'Argout, 40, Paris.

Villette, rue des Petits-Hôtels, 25. Paris.

Villette, Albert, gérant de l'*Ami du Progrés*, r. Daubenton, 37, Roubaix, Nord.

Villier, marchand de grains, Beaugency, Loiret.

Villiers (de), Adam-Louis, mécanicien, Sainte-Marie-la-Mare, île de la Réunion.

Villiers, Edmond, avoué, Coulommiers, Seine-et-Marne.

Villoing, Charles-Martin, chef de l'imprimerie du gouvernement, La Basse-Terre, Antilles françaises.

Villot, négociant-teinturier, rue Molinier, Agen, Lot-et-Garonne.

Villox, publiciste, Lille.

Villy, conducteur de travaux, rue Puget, 7, Paris.

Viltart, Edouard-Ernest, tourneur, rue Poissonnière, 29, Paris.

Vimeux, Achille, comptable, rue de Charenton, 19, Paris.

Vinardell, Barcelone, Espagne.

Vinaugé, rentier, rue de Montreuil, 9, Vincennes, Seine.

Vincenot, Jean-Louis, marinier, rue Montmartre, 5, Paris.

Vincent, négociant, rue Richepanse, 6, Paris.

Vincent, limon., port de Bercy, 4, Carrières-Charenton, Seine.

Vincent, Lyon.
Vincent, commis, Bordeaux.
Vincent, docteur-médecin, Carpentras, Vaucluse.
Vincent, propriétaire, Podensac, Gironde.
Vincent, père, négociant, Beaune, Côte-d'Or.
Vincent, fils, tonnelier, Beaune, Côte-d'Or.
Vincent, Auguste, teinturier, conseiller municipal, premier adjoint au maire, président du Tribunal de Commerce, président de la Société de secours mutuels, administrateur des hospices, Dôle, Jura.
Vincent, Hyacinthe, imprimeur, rue Neuve, 20, Toulon.
Vincent, Jean-Baptiste-Ernest, professeur, Tournus, S.-et-L.
Vincent, Joseph, charron, Sauzet, Drôme.
Vincent, L., secrétaire général de préfecture.
Vinche, artiste lyrique, rue Dulong, 67, Paris.
Vinchelin, Louis, maître-couvreur, Rueil, Seine-et-Oise.
Vinches, Limoges.
Vincou, Pierre, maître-tailleur au 2e spahis, Mascara, Algérie.
Vindayer, négociant en vins, quai de Bercy, 50, Paris.
Vinet, Saint-Pierre, Martinique.
Vingon, François, maître d'hôtel, Nice, Alpes-Maritimes.
Vingtain, représentant de commerce, Aurillac, Cantal.
Vinot, cour de Rohan, Paris.
Vinot, rue Ramey, 19, Paris.
Vinsac, Jules-Michel, professeur, Béziers, Hérault.
Vinson, professeur de langues, Paris.
Vinson, Alger.
Vinsonnaud, J.-B.-V., off. d'administr., Constantine, Algérie.
Viochot, comptable, rue Sainte-Félicité, 4, Marseille.
Viol, rue Beauregard, 6, Paris.
Violet, chef de cabinet au ministère des Postes et Télégraphes.
Violet, Chalon-sur-Saône.
Violet, architecte, Hyères, Var.
Violland, aîné, sous-chef de gare, Beaune, Côte-d'Or.
Vion, artiste-peintre, Paris.
Viotti-Joinesse, plâtrier, Bléré, Indre-et-Loire.
Viratelle, Hippolyte, fabricant de briques, Passy-Egreville, Seine-et-Marne.
Viray, Jules, architecte, Caen.
Virideau, employé des contributions indirectes, rue Loret, 3, Asnières, Seine.
Virieux, E., rue de la Corderie, 51, Port-Louis, île Maurice.
Virolle, avocat et agréé près le Trib. de Commerce, Limoges.
Viron, Adolphe, boulanger, place aux Porcs, Nemours, Seine-et-Marne.
Virot, contre-maître, Ivry, Seine.
Virtely, employé, rue de Dunkerque, 18, Paris

Visier, avocat, Chalon-sur-Saône.

Visinet, direct. de l'Administration du gaz, Alexandrie, Egypte.

Visser, employé, Bordeaux.

Viste, négociant en cotons, rue Molinier, Agen, Lot-et-Garonne.

Vité, homme de lettres, rue de Paradis-Poissonnière, 10, Paris.

Viteau, Benoît, forgeron-mécanicien, r. de Flandre, 153, Paris.

Vitoux, Antoine, rue de la Grande-Truanderie, 6, Paris.

Vitry, négociant, rue du Château-d'Eau, Paris.

Vits, Arn., fondeur en caractères, r. Bernard-Palissy, 11, Paris.

Villecoq, Edouard-Désiré, farinier, Caen.

Villemant, Pierre, agréé près le Tribunal de Commerce, Montereau-Faut-Yonne, Seine-et-Marne.

Villenet, épicier en gros, au Port, Gray, Haute-Saône.

Vivenot, sénateur.

Vivenot, employé, aux Batignolles, Paris.

Vivent, avocat, Lapaillargue, Lot-et-Garonne.

Vivet, Henri, lieutenant au 66e de ligne, rue San-Francisco, 16, Tours.

Vivien, marchand de vins, Paris.

Vivien, charron-forgeron, Pacy-sur-Eure, Eure.

Vivien, menuisier, Batna, Algérie.

Vivier, rue Ville, Ténès, Algérie.

Vivier, F.-J., lieut. au 66e de ligne, place Thiers, 12, Tours.

Viville, Henri, propriétaire, Vitry-lès-Reims, Marne.

Vililain, Edouard-Victor, voyageur de comm., Hirson, Aisne.

Voëlker, docteur-médecin, rue de la Michodière, 4, Paris.

Vogler, André, relieur, rue Bordelet, 12, Dreux, Eure-et-Loir.

Vohlen, mercier, rue Saint-Marc, 19, Paris.

Vohlen, Joseph, rentier, rue Rochechouart, 67, Paris.

Voillepin, confiseur, rue Saint-Martin, 206, Paris.

Voillot, employé, rue Truffaut, 37, Paris.

Voillot, ébéniste, Grande-Rue, Gray, Haute-Saône.

Voirin, Charles, deuxième maître-mécanicien, Cayenne, Guyane française.

Voirin, Paul-Charles-Félix, employé à la cristallerie, Baccarat, Meurthe-et-Moselle.

Voirin, Pierre-Joseph, employé, rue de Lourcine, 71, Paris.

Voisard, Eugène, doct.-méd., rue du Breuil, Vesoul, H.-Saône.

Voisin (de), négociant, rue de Turbigo, Paris.

Voisin, conseiller municipal de Tours.

Voisin, faïencier-modeleur, rue Jacques-Amyot, Melun, S.-et-M.

Voisin, Alexis, ingénieur-électricien, conseiller municipal de Paris, conseiller général de la Seine.

Voising, André, entrepreneur de peinture, Avon, Seine-et-Marne.

Voitelain, Emile, imprimeur-lithog., rue du Sentier, 15, Paris.

Voituriez, Léon, directeur d'assurances, q. St-Martin, 3, Lille.

Voizot, chaussée de la Muette, 15, Paris.

Volant, Jean, maître-tonnelier, Bléré, Indre-et-Loire.
Volbès, Charles, ébéniste, rue de la Fontaine-au-Roi, 51, Paris.
Volcy-Hingray, premier commis du Trésor, propriétaire, Saint-Denis, île de la Réunion.
Volf, Joseph, négociant en vins, rue Saint-Jean, Nancy.
Volk, voyageur, boulevard de Strasbourg, 30, Paris.
Volkerick, marchand de papiers peints, cours Balguerie-Stuttemberg, 52, Bordeaux.
Vollat, débitant de tabac, rue d'Aboukir, 91, Paris.
Vollée.
Volpy, employé, Philippeville, Algérie.
Vorbe, Emile, mécanicien, Lons-le-Saunier, Jura.
Vosges, Auguste, maçon, Orange, Vaucluse.
Vosges, Eugène, cafetier, Orange, Vaucluse.
Votrain, Elie, pharmacien, rue des Boucheries, 4, Toulon.
Voyer, entrepreneur, rue de Charenton, 306, Paris.
Vuacheux-Rusnassier, rue des Oulches, Nogent-sur-Marne, Seine.
Vuillemin, avoué, Remiremont, Vosges.
Vuillemot, menuisier, rue de Clichy, 54, Paris.
Vuillemot, rue André, 4, Saint-Cloud, Seine-et-Oise.
Vuiller, blanchisseur, rue des Panoyaux, 15, Paris.
Vuillermedunand, rue de Constantine, Paris.
Vuitton, rampiste, rue Lacornée, 34, Bordeaux.
Vulmont, François-Désiré, négociant, place du Marché, Nancy.

W

Waché, Henri, pharmacien, rue Esquermoise, 91, Lille.
Wackenheim, professeur au Lycée de Charleville, Ardennes.
Waddington, Richard, négociant, conseiller général et député de la Seine-Inférieure.
Waghemaecker.
Wagner, rue de la Goutte-d'Or, 51 bis, Paris.
Wagner, fabric. de schakos, r. des Vieux-Augustins, 27, Paris.
Wagner, tailleur, Paris.
Wagner, Adalbert, artiste-musicien, Senlis, Oise.
Wahl, rédacteur au Petit Nord, Lille.
Wahl-Sée, banquier, Lille.
Waignier, caissier, rue de Mulhouse, 7, Paris.
Wall, Ancel, rue du Pont-Louis-Philippe, 5, Paris.
Walbert, Pierre, typographe, rue d'Aboukir, 103, Paris.

Wald, Gustave, cour des Petites-Ecuries, 8, Paris.

Waldeck-Rousseau, Pierre-Marie-René-Ernest, avocat, député d'Ille-et-Vilaine, ministre.

Wahler, Alfred-Melchior, confiseur, Château-Salins, Lorraine.

Walker, Emile, marchand de comestibles, rue de Montrouge, 21, Vanves, Seine.

Wall, Albert-Daniel, négociant, cours du Chemin-Rouge, 44, Bordeaux.

Wall, Arthur-Isale, nég., cours du Chemin-Rouge, 44, Bordeaux.

Wallerstein, Jos., rue du Château-d'Eau, 37, Paris.

Wallet, sous-préfet.

Wallon, imprimeur-libraire, route de Cusset, Vichy, Allier.

Walthery, Emile-Eugène, employé, Coulommiers, Seine-et-Marne.

Waltz, employé de commerce, boulevard de Magenta, 28, Paris.

Waltz, Emile, rédacteur en chef de la *République de Nevers*, sous-préfet.

Waltz, François, négociant, rue de la Bourse, 1, Paris.

Walzinski, Jean, docteur-médecin, rue Contrescarpe, 5, Nantes.

Wanceslas de Fanti, Louis-François, rue Catulienne, 17, Saint-Denis, Seine.

Wannez, boulevard de la Reine, 131, Versailles.

Wanschooten, Joseph-François, entrepreneur de charpente, rue Perrier, 19, Levallois-Perret, Seine.

Wanschooten, peintre en décors, rue Perrier, 19, Levallois-Perret, Seine.

Warcollier, négociant en vins, rue de Bercy, 19, Paris.

Wargnier, Charles, tailleur, rue de l'Hôtel-de-Ville, 5, Lyon.

Warin, capitaine au 11e dragons, aide de camp du grand-chancelier de la Légion d'honneur.

Warin, Calixte-Ludovic, percepteur, Châteauroux, Indre.

Waroquier.

Waser, architecte, boulevard Voltaire, 161, Paris.

Wasnier père, horloger, rue des Halles, Tours.

Wasnier, Jean-Pierre, horloger-bijoutier, rue Royale, 1, Tours.

Watrelos, G., négociant, conseiller d'arrondissement, rue du Bois-Saint-Sauveur, Lille.

Watteau, Hippolyte, cordonnier, Dreux, Eure-et-Loir.

Wattier, Etienne-François, capitaine de navire, Caen.

Webel, Philippe, brasseur, place Saint-Eloi, Tours.

Weber, Jean, restaurateur, place Cambronne, 9, Paris.

Weber, Louis-Edouard, industriel, conseiller général de la Seine, avenue Péreire, 72, Asnières, Seine.

Weber, Martin, arquebusier, Mascara, Algérie.

Wehrstein jeune, ébéniste, passage du Génie, 5, Paris.

Weichmann, faïencier, quai de l'Archevêché, 7 et 8, Lyon.

Weil, agent d'affaires, rue de l'Arbre-Sec, 35, Paris.

Weil, employé, boulevard Beaumarchais, 111, Paris.

Weil, huissier, boulevard Saint-Martin, 49, Paris.

Weil, Camille, Châteaudun, Eure-et-Loir.

Weil, Samuel, rentier, Nice, Alpes-Maritimes.

Weill, Jos., voyageur de commerce, rue Beauregard, 5, Paris.

Weill-Bernet, négt. en houblon, rue des Fabriques, 8, Nancy.

Weinaether, propriétaire, à Enghien, Seine-et-Oise, et boulevard de Magenta, 144, Paris.

Weingaertner, lithographe, rue Jacob, 33, Paris.

Weiser, passage Jouffroy, 37, Paris.

Weiss, boulanger, rue Saint-Denis, 351, Paris.

Weiss, nég. en vins, r. Michel-Montaigne, 33, Libourne, Gironde.

Weiss, Guillaume, brasseur, boulevard Napoléon, Toulon.

Wel, Ernest, fabric. de produits chimiques, r. Meslay, 14, Paris.

Welkembach, rue Pergolèse, 32, Paris.

Welle, lieut. à la garde républicaine, caserne de la Cité, Paris.

Wellhoff, Bernard, négociant, rue Thiers, 20, Lille.

Wellhoff, Silvain, négociant, place du Lion-d'Or, 14, Lille.

Wentz, Henri.

Wentzinger, Louis, brasserie du Grand-Orient, rue de la Fidélité, 7, Paris.

Werkest, ébéniste, rue du Faubourg-Saint-Antoine, 150, Paris.

Werkmann, march. de vins-traiteur, r. de Courcelles, 54, Paris.

Werler, Lyon.

Werth, Chalon-sur-Saône.

Wertz, Alphonse, fabricant, rue de l'Hôpital-Militaire, 5, Nancy.

Weyl, Achille, négociant en houblon, faub. St-Jean, 38, Nancy.

Whitehouse, rue des Tanneurs, Beauvais.

Wialtz, François, négociant, Caracas, Venezuela.

Wickersheimer, Emile, ingénieur, député de l'Aude.

Wiel, Michel, employé à l'Hôtel des Invalides, rue de Grenelle, Paris.

Wienrich, commissionnaire, rue de Mazagran, 11, Paris.

Wild, Emile, lieutenant au 66e de ligne, pl. du Palais, Tours.

Wilhelm, marchand de vins, rue de Paris, 23, Clichy-la-Garenne, Seine.

Wilhelm, mécanicien, rue du Cluzel, Tours.

Wilhelmy, capitaine au 94e de ligne, Compiègne, Oise.

Wilhem, accordeur de pianos, Paris.

Wilhem, Jean, typographe, rue de la Tacherie, 10 bis, Paris.

Wilke, emballeur, rue Debelleyme, 37, Paris.

Will, Georges, ébéniste, impasse Lafayette, 7, Paris.

Wille, négociant, rue Debelleyme, 16, Paris.

Wilmot, J.-B., md de vins, r. des Vieilles-Haudriettes, 8, Paris.

Wilmotte, horloger, rue Amelot, 74, Paris.

Wilmotte, négociant, rue Debelleyme, 30, Paris.

Wilson, Daniel, propriétaire, conseiller général et député d'Indre-et-Loire, sous-secrétaire d'Etat.

Winom, parqueteur, rue des Bois, 89, Paris.
Winter, David, négociant, rue Jean-Jacques-Rousseau, 52, Paris.
Wisner-Moritz, dentiste, rue Neuve-des-Pet.-Champs, 39, Paris.
Witzig, facteur des postes, avenue La Motte-Piquet, 23, Paris.
Wœlflel, E., inspecteur des forêts, Audincourt, Doubs.
Wœlflin, N., chef-machiniste, rue Colbert, 92, Tours.
Wohlgemuth, négociant, rue Richer, 22, Paris.
Woirhaye, Alfred, avocat à la Cour d'Appel, rue Beaurepaire, 30, Paris.
Wolf, Alfred, rue Réaumur, 52, Paris.
Wolf, Antoine, limonadier, rue du Faub.-Montmartre, 10, Paris.
Wolff, tailleur, rue Dauphine, 13, Paris.
Wolff, Eugène, représentant de comm., r. Stanislas, 74, Nancy.
Wolff, Gustave, négociant, rue de Chabrol, 52, Paris.
Wolff, Joseph, rentier, faubourg Stanislas, 17 *bis*, Nancy.
Wolff, Théodore, avocat, rue Gambetta, 38, Nancy.
Wolff, Michel, comptable, en Alsace-Lorraine.
Wolker, mécanicien, passage Sainte-Marie-du-Temple, 32, Paris.
Wollenfang, tailleur, rue Vivienne, 4, Paris.
Wolpheim, Auguste, commis aux travaux hydrauliques, rue du Trésor, 1, Toulon.
Worms, négociant en lingerie, rue de Mulhouse, 4, Paris.
Worms, rue de la Chaussée, Argenteuil, Seine-et-Oise.
Wosseler, tailleur, rue d'Aboukir, 27, Paris.
Wouters, ancien négociant, rentier, rue Pleuvry, 2, au Havre.
Wrezniewski, Ladislas, voyageur, avenue Carnot, 16, Paris.
Wuillamie, négociant, boulevard de Sébastopol, 8, Paris.
Wuillet, marchand de ..., rue Saint-Martin, 251, Paris.
Wulff, commis-voyageur, rue Meslay, 46, Paris.
Wulherme, fabricant de pendules, rue Commines, 8, Paris.
Wunstel, négociant, rue de Strasbourg, Paris.
Wursthorn, pâtissier, rue Jeanne-d'Arc, 12, Nancy.
Wursthorn, F.-J., coiffeur, rue des Fabriques, Nancy.
Wuy, Armand, commis d'assurances, Caen.
Wyrouboff, publiciste, directeur de la revue la *Philosophie Positive*, rue Molitor, 18, Paris.
Wyse, Lucien-N.-B., avenue de Messine, 10, Paris.

X

Xaver, J., négociant, Ste-Marie-de-Madagascar, Inde française.
Xiffre, Perpignan, Pyrénées-Orientales.

Y

Yaigre, fruitier, rue Oberkampf, 100, **Paris.**
Yard, comptable, rue Albouy, 2, **Paris.**
Ydot, Paul, bijoutier, rue d'Argenteuil, 23, **Paris.**
Yon, Polydore, architecte, Senlis, Oise.
Yot, Auguste-Maximilien, entrepreneur de peinture, rue d'A-
    guesseau, 30, Boulogne, Seine.
Ysabelle, coiffeur, Louviers, Eure.
Yunck, boulanger, boulevard de Clichy, 54, **Paris.**
Yung, directeur du Gymnase civil, Valence, Drôme.
Yvanichevitch, docteur-médecin, rue du Poteau. 13, Paris.
Yvernat, employé des contributions indirectes, Murat, Cantal.
Yvoix, Tb., commissionnaire-négociant, Angoulême.
Yvon, mécanicien, Chelles, Seine-et-Marne.
Yvon, fils, propriétaire, Grollet, Charente.

Z

Zablot, Joseph, secrétaire du Bureau de bienfaisance, Nancy.
Zadig, négociant, rue du Sentier, 17, **Paris.**
Zahm, employé, rue des Vieux-Augustins, 16, **Paris.**
Zanis, entrepreneur de peinture, Aurillac, Cantal.
Zegelaar, Grande-Rue, 60, Fontainebleau, Seine-et-Marne.
Zeich, docteur-médecin, Paris.
Zell, facteur de pianos, rue du Faubourg-du-Temple, 50. Paris.
Zenkernagel, artiste en mosaïque, Ermont, Seine-et-Oise.
Zénon, entrepr. de bâtim., La Pointe-à-Pitre, Antilles françaises.
Ziem, rue Lepic, 72, Paris.
Zienkowiez, Antoine-Ferdinand, père, Caen.
Zienkowiez, Albert-Lucien, fils, attaché à la Préfecture de la
    Seine, Paris.
Zimmer, march.-tailleur, rue Croix-des-Petits-Champs, 34, Paris.
Zimmermann, cuisinier, rue d'Allemagne, 164, **Paris.**
Zimmermann, maître-d'armes au 9e dragons, Tours.

Zimmermann, Edouard, employé à la Préfecture de la Seine, rue de Rambuteau, 15, Paris.

Zinger, mécanicien, rue d'Alger, Toulon.

Zobrisky, Joseph, route de Flandre, 22, Pantin, Seine.

Zœllin, maître d'hôtel, rue de l'Ecu, Beauvais.

Zollinger, Henri, tailleur, Caen.

Zopff, tailleur-chemisier, av. de l'Opéra, 29, Paris.

Zucconi, entrepreneur de fumisterie, Vincennes, Seine.

Zunz, Victor, changeur, passage Verdeau, 8, Paris.

Zurkowski, Jean, garde-frein, rue de la Gare, Béziers, Hérault.

Zypressembaum, négociant, rue Rampon, 6, Paris.

Zypressembaum, Léon, chef de comptab., r. de Malte, 17, Paris.

LISTE COMPLÉMENTAIRE

Pendant l'impression de la liste qui précède, nous avons relevé encore quelques noms parmi les documents en notre possession ; nous les donnons ici, sans attendre la publication d'un nouveau volume.

Allegri, ancien banquier, rue Richer, 18, Paris.

Almin, rue Vieille-du-Temple, 75, Paris.

Amelot, chef de bataillon en retraite.

Amigues, rue de Flandre, 86, Paris.

Andreucci, négociant, Bastia, Corse.

Arnulf, César, place Nationale, Menton, Alpes-Maritimes.

Astruc, Sauveur, négociant, Perpignan.

Aubergo, Perpignan.

Aubert, rue d'Enghien, 54, Paris.

Aussel, rue des Tessiers, 5, Montpellier.

Autant, Alexandre, rue Baudin, 1, Paris.

Badelon, rue Canolle, 12, La Ciotat, Bouches-du-Rhône.

Bagnaux (de), rue d'Amsterdam, 30, Paris.

Balduc, rue de l'Etoile, 16, Paris.

Balló, rue de Sèvres, 79, Paris.

Barbier, rue Castel-Marly, Nanterre, Seine.

Barbier, J., rue Saint-Lazare, 20, Paris.

Barbouz, aux Milles, Bouches-du-Rhône.

Barentzen, Franck-Emile, Saint-Pierre, Martinique.

Barrera, ancien magistrat, Perpignan.

Barry, rue Peyremale, 36, Bessèges, Gard.
Barthe, propriétaire, Pau, Basses-Pyrénées.
Barthe, Emile, rue des Batignolles, 52, Paris.
Basset, rue Bertin-Poirée, 14, Paris.
Baudouin, entrepreneur de bâtiments, Bordeaux.
Bazus, Jean-Bernard, garde d'artillerie, Marseille.
Beaujanot, directeur de la Société coopérative de crédit, rue de
    Provence, 21, Paris.
Becker, rue Verte, 6, Amiens.
Béguin, directeur de l'Ecole normale, Perpignan.
Bel, rue du Rocher, 85, Paris.
Bellevue, au Havre.
Bénard, place de l'Hôtel-de-Ville, 18, au Havre.
Benoist, rue Barbette, 2, Paris.
Berge, Jean-Baptiste, négociant, Perpignan.
Bernard, Chalon-sur-Saône.
Bernard, Athanase, négociant, Perpignan.
Bernard, Auguste, rue de Vaugirard, 403, Paris.
Bernond, rue Pey, Aix, Bouches-du-Rhône.
Berryer, rue du Havre, Sainte-Adresse, Seine-Inférieure.
Bertrand, Charles-Eugène, rue d'Alger, Amiens.
Beschemont, impasse de l'Orillon, 5, Paris.
Bézier, Edouard, rue Pétel, 11, Paris.
Bianco, rue du Paquier, Annecy, Haute-Savoie.
Bilbaust, rue Tronchet, 36, Paris.
Blanchin, employé, à Belleville, Paris.
Bocquet, architecte, rue de Paris, 120, Boulogne, Seine.
Bognard, boulevard de la Contrescarpe, 28, Paris.
Bognard, rue de la Perle, 5, Paris.
Bonnard (de), rue de Mazagran, 15, Paris.
Bonthoux, boulevard de la Madeleine, 429, Marseille.
Bonvoux, teneur de livres, Marseille.
Borel, Frédéric, Marseille.
Borniol, Cannes, Alpes-Maritimes.
Bouché, rue du Moulin-Vert, 12, Paris.
Bouchet, négociant, Montpellier.
Boudet, préfet.
Bouffet, préfet, secrétaire-général de préfecture.
Bougenier, Alger.
Bourgoing, rue des Ecluses-Saint-Martin, 7, Paris.
Bouron, rue Raune, 9, Nantes.
Bouteville, rue des Feuillantines, 65, Paris.
Bouvat, rue de Lesdiguières, 9, Grenoble.
Bouvier, rue Saint-Honoré, 334, Paris.
Brandreth, boulevard de Magenta, 52, Paris.
Bresson, propriétaire, Perpignan.
Breton, avenue de Saint-Mandé, 60, Paris.

Brissac, rue d'Enghien, 11, Paris.
Brunard, Grande-Rue-de-la-Guillotière, 31, Lyon.

Caillé, ruelle de l'Eglise, Argenteuil, Seine-et-Oise.
Canivet, Raoul, journaliste, Paris.
Carry, négociant, Boulogne, Seine.
Cartier, Brest, Finistère.
Castellana-Guerrero (de), rue du Faub.-Montmartre, 17, Paris.
Causse, chef de dépôt au chemin de fer, Gisors, Rhône.
Caux, rue Beaubourg, 85, Paris.
Celse, teneur de livres, boulevard d'Italie, 3, Paris.
Chanut, rue du Faubourg-Saint-Denis, 104, Paris.
Chaptal, conseiller de préfecture.
Chatouillot, rue des Trois-Couronnes, 30, Paris.
Chayla, Cayenne, Guyane française.
Chéron, rue du Faubourg-Saint-Honoré, 14, Paris.
Chevalier, pharmacien, Cayenne, Guyane française.
Chiesa, A., rue Lieusson, Ismaïlia, Égypte.
Clairet, rue des Bouteilles, 17, Aix, Bouches-du-Rhône.
Clavel, S., place Saint-Léger, 22, Chambéry, Savoie.
Clément, rue de Maubeuge, 84, Paris.
Clément, Frédéric, Bordeaux.
Cléricy, rue du Pont-Neuf, 5, Nice, Alpes-Maritimes.
Coislin, île de la Réunion.
Conte, directeur du Grand-Hôtel, Cannes, Alpes-Maritimes.
Contini, Joseph, Cannes, Alpes-Maritimes.
Coppon, avenue des Fleurs, Nice, Alpes-Maritimes.
Cornette, rue des Grandes-Fontaines, Argenteuil, Seine-et-Oise.
Coulon, propriétaire, avenue Duquesne, 27, Paris.
Courtet, rue de Belleville, 38, Paris.
Couston, boulevard de Bonne-Nouvelle, 7, Paris.
Crozon, rue Gozlin, 17, Paris.

Daclin, rue de Viarmes, 17, Paris.
Daunis, rue de Bercy, 245, Paris.
David, fabricant de chaînes-câbles, au Havre.
Dechosal, quai de Valmy, 54, Paris.
Delahaye, Charly, Aisne.
Delasalle, rue Saint-Martin, 108, Paris.
Delaune, rue d'Argout, 32, Paris.
Delesse, boulevard de Sébastopol, 16, Paris.
Delvaille, rue de l'Entrepôt, 13, Paris.
Demeuse, rue d'Offémont, 31, Paris.
Denise, rue du Château-d'Eau, 12, Paris.
Denus, rue Saint-Denis, 168, Paris.
Dereins, rue Bréa, 23, Paris.
Desbleumortiers, boulev. de Montmorency, Argenteuil, S.-et-O.

Desnoes, rue Saint-Honoré, 113, Paris.
Desprez, officier d'administration.
Destrées, négociant, Bordeaux.
Deyrolle, rue du Colisée, 27, Paris.
Domenech, François, juge de paix, Perpignan.
Donnadieu, rue de Turenne, 19, Paris.
Dourlent, rue de la Borne, 7, Sannois, Seine-et-Oise.
Drier, rue de la Harpe, 57, Paris.
Dubuyat, rue Vendôme, 221, Lyon.
Dumas, Savinien, Bordeaux.
Dumoulin, Paris.
Dupierris, docteur-médecin, Bordeaux.
Duprat, médecin-major de 1re classe, Perpignan.
Dupré, Gaëtano, rue de Sévigné, 11, Paris.
Durand, layetier-emballeur, r. N.-D.-de-Nazareth, 63, Paris.
Durand, rue Beaurepaire, 3, Colombes, Seine.
Durand, ingénieur des hauts-fourneaux, Bessèges, Gard.
Durignieux, rue de la Fidélité, 5, Paris.
Duru, rue du Puits-d'Amour, Villeneuve-sur-Yonne, Yonne,
Dusserre, rue de Castries, 11, Lyon.
Duvineau, route de Lyon-la-Glacière, Chambéry, Savoie.

Epitalon, rue de Lyon, 73, Saint-Etienne, Loire.
Erhard, rue Félix, 41, Levallois-Perret, Seine.
Esperiquète, Joseph, propriétaire, Perpignan.

Fabas, rue des Etuves, 47, Carcassonne, Aude.
Fabre, Stanislas, négociant, Marseille.
Fautrel, négociant, au Havre.
Favre, F., rue Brochant, 5, Paris.
Febvre, négociant, Marseille.
Febvret, rue de Sèvres, 45, Paris.
Fein, Alger.
Feucht, rue Taitbout, 41, Paris.
Feuillette, passage Saint-Paul, 18, Paris.
Filleul, propriétaire, rue Scheffer, 13, Paris.
Fizot-Lavergne, avoué, Limoges.
Flages, rue du Cardinal-Fesch, 9, Paris.
Flotte, Thomas, chef de fanfare, île de la Réunion.
France (Lecreux, Paul, dit Jacques France), sculpteur, Paris.

Kœchlin-Schwartz, président de la Société pour la propagation
de la crémation, Paris.

Lamouroux, négociant, passage du Caire, 76-78, Paris.

Mathivet, Antoine, journaliste, directeur de l'Intérieur, à
Taïti (protectorat).

Monod, conseiller d'Etat, rue d'Aumale, 19, Paris.

Napoléon, Joseph-Charles-Paul Bonaparte (prince), député, sénateur, général, ministre de l'Algérie et des Colonies.

Ollendorff, Gustave, chef de bureau au ministère des Beaux Arts, rue de Richelieu, 28, Paris.

Pérals el Garrigos, Joseph-Jean, consul d'Espagne, négociant, conseiller municipal, rue Nationale, 13, Constantine, Algérie.

Roussel, fleuriste, rue du Caire, 29, Paris.
Roye, Zacharie, employé, Rueil, Seine-et-Oise.

Servois, inspecteur général des services administratifs au ministère de l'Intérieur, rue La Boëtie, 85, Paris.

NOMENCLATURE DES ATELIERS

EN 1888

GRANDS POUVOIRS MAÇONNIQUES

1

Grand Orient de France

(Rite Français)

GRAND COLLÈGE DES RITES

Le Grand Collège des Rites se compose de 17 membres, inamovibles, tous pourvus du 33e grade, qui est le plus haut degré de l'initiation maçonnique, et portant le titre de Souverains Grands Inspecteurs Généraux.

CONSEIL DE L'ORDRE

Le Conseil de l'Ordre se compose de 33 membres, nommés pour trois ans. Il est renouvelable par tiers, chaque année. Ses membres sont élus par le Convent, ou réunion annuelle des délégués des Loges.

CHAMBRE DE CASSATION

La Chambre de Cassation, tribunal suprême des Loges pour les questions de discipline intérieure, se compose de 15 membres, élus par le Convent annuel.

2

Suprême Conseil de France

(Rite Écossais)

SUPRÊME CONSEIL

Le Suprême Conseil se compose de 33 membres, inamovibles, tous pourvus du 33e grade et portant le titre de Souverains Grands Inspecteurs Généraux. Dans le Rite Écossais, ce sont les membres du Suprême Conseil eux-mêmes qui pourvoient aux vacances se produisant parmi eux.

CONSISTOIRE OU GRAND CAMPEMENT

Le Consistoire est le conseil directif des Maçons possédant le 32e grade, lesquels portent le titre de Sublimes Princes du Royal-Secret. Ses membres sont inamovibles et nommés par le Suprême Conseil.

SOUVERAIN TRIBUNAL

Le Souverain Tribunal est le conseil directif des Maçons possédant le 31e grade, lesquels portent le titre d'Inquisiteurs Inspecteurs Commandeurs. Ses membres sont inamovibles et nommés par le Suprême Conseil.

GRANDE LOGE CENTRALE

La Grande Loge Centrale est l'assemblée des délégués ou Députés des divers Ateliers du Rite. Elle se divise en trois sections : la 1re section, dite Section Symbolique, formée des Députés élus par les Loges ou Ateliers des grades inférieurs ;

la 2e section, dite Section Chapitrale, formée des Députés élus par les Chapitres ou Ateliers des premiers grades d'Arrière-Loges (du 4e au 18e degré, Rose-Croix, inclusivement); la 3e section, dite Section des Hauts Grades, formée des Députés élus par les Ateliers Philosophiques, des grades d'Arrière-Loges (du 19e au 30e degré, Chevalier Kadosch, inclusivement.) Les Députés, dont la réunion constitue la Grande Loge Centrale, sont soumis chaque année à la réélection dans leurs Ateliers respectifs.

3

Grande Loge symbolique.

(Écossais Dissidents.)

La Grande Loge Symbolique est une fédération, de fondation récente, composée de Maçons qui se sont retirés de l'obédience du Suprême Conseil, pour administrer leurs Ateliers et créer des groupes autonomes ne pratiquant pas les hauts grades. Les Ateliers de l'obédience de la Grande Loge Symbolique sont donc uniquement des Loges, où l'on ne confère que les trois premiers degrés de l'initiation (Apprenti, Compagnon et Maître). La Grande Loge est le Conseil administratif de la fédération; le nombre de ses membres varie, et eux-mêmes sont soumis chaque année à la réélection des Loges.

4

Souverain Conseil de Misraïm

(Rite Oriental)

Ce quatrième pouvoir maçonnique ne dirige que fort peu de Loges. Il a une administration à part et une hiérarchie de 90 grades, dont 10 à peine sont pratiqués. Le chef suprême du Rite possède seul le 90e degré, porte le titre de Souverain Grand Maître Absolu et dirige les Ateliers de l'obédience, assisté des membres des 89e, 88e et 87e degrés, tous inamovibles et choisis par lui.

ATELIERS MAÇONNIQUES

(ARÉOPAGES, CHAPITRES, LOGES)

NOTA. — En outre des grands pouvoirs maçonniques désignés ci-dessus, d'autres Ateliers ou groupes de Francs-Maçons fonctionnent d'une manière permanente. Ces Ateliers portent les noms de : 1° *Aréopages*, quand, pour en faire partie, il est nécessaire de posséder le 30e degré de l'initiation, grade de Chevalier Kadosch ; 2° *Chapitres*, quand, pour en faire partie, il est nécessaire de posséder le 18e degré, grade de Rose-Croix ; 3° *Loges*, quand, pour en faire partie, il suffit d'avoir été initié à l'un des grades inférieurs, Maître, Compagnon ou simplement Apprenti. — Dans la nomenclature qui va suivre, les Ateliers sont classés, toujours dans leur ordre hiérarchique, par départements et par villes. Pour distinguer les obédiences auxquelles ils appartiennent, nous les avons fait suivre, selon le cas, d'une des indications que voici : **G. O.**, obédience du Grand Orient ; **S. C.**, du Suprême Conseil ; **G. L. S.**, de la Grande Loge Symbolique ; **R. M.**, du Rite de Misraïm.

PARIS

ARÉOPAGES

La Clémente Amitié. — Local des séances : rue Cadet, 16. — Tenue ou réunion : le 3e lundi des mois de février, avril, juin, octobre et décembre. **(G. O.)**

Les Frères Unis Inséparables. — Rue Cadet, 16. — Tenue : le 2e mercredi de chaque mois. **(G. O.)**

Isis Montyon. — Rue Cadet, 16. — Tenue : le 2e mercredi des mois de février, mars, juin et novembre. **(G. O.)**

(Le Rite Ecossais, à Paris, n'a pas d'Aréopage proprement dit ; c'est la 3e section de la Grande Loge Centrale qui en tient lieu.)

CHAPITRES

Les Amis Bienfaisants et Imitateurs d'Osiris réunis. — Rue Cadet, 16. — Tenue : le 4e mardi de chaque mois. **(G. O.)**

La Clémente Amitié. — Rue Cadet, 16. — Tenue : les 1er et 3e lundis de janvier, mars, mai, juillet, septembre et novembre. **G. O.)**

L'Etoile Polaire. — Rue La Condamine, 71 *bis*. — Tenue : (le 2e vendredi de chaque mois. **(G O.)**

Les Fidèles Écossais. — Rue Rochechouart, 42. — Tenue : sur convocations, à dates irrégulières. (**S. C.**)

Les Frères Unis Inséparables. — Rue Cadet, 16. — Tenue : le 2e mercredi de chaque mois. (**G. O.**)

Les Hospitaliers Français. — Rue Rochechouart, 42. — Tenue : sur convocations, à dates irrégulières. (**S. C.**)

Isis-Montyon. — Rue Cadet, 16. — Tenue : le 2e mercredi de chaque mois. (**G. O.**)

Le Phare des Hospitaliers de Saint-Ouen. — Rue Rochechouart, 42. — Tenue : sur convocations, à dates irrégulières. (**S. C.**)

Les Trinitaires. — Rue Rochechouart, 42. — Tenue : sur convocations, à dates irrégulières. (**S. C.**)

Les Zélés Philanthropes. — Rue Croix-Nivert, 154. — Tenue : le 3e mercredi de chaque mois. (**G. O.**)

LOGES

Les Admirateurs de l'Univers. — Rue Cadet, 16. — Tenue : le 3e jeudi de chaque mois. (**G. O.**)

L'Alliance. — Rue Rochechouart, 42. — Tenue : le 1er mardi de chaque mois. (**S. C.**)

Alsace-Lorraine. — Rue Cadet, 16. — Tenue : le 2e jeudi de chaque mois. (**G. O.**)

Les Amis Bienfaisants. — Rue Cadet, 16. — Tenue : le 3e jeudi de chaque mois. (**G. O.**)

Les Amis de l'Humanité. — Rue du Champ-d'Asile, 63. — Tenue : le 1er vendredi de chaque mois. (**G. O.**)

Les Amis de l'Indépendance. — Rue Baron, 17. — Tenue : les 2e et 4e vendredis de chaque mois (**G. L. S.**)

Les Amis Inséparables. — Rue Rochechouart, 42. — Tenue : le 2e mercredi de chaque mois. (**S. C.**)

Les Amis de la Patrie. — Rue Cadet, 16. — Tenue : le 2e mardi de chaque mois. (**G. O.**)

Les Amis du Progrès. — Rue Cadet, 16. — Tenue : le 3e lundi de chaque mois. (**G. O.**)

Les Amis de la Tolérance. — Rue Cadet, 16. — Tenue : le 2e mercredi de chaque mois. (**G. O.**)

Les Amis Triomphants. — Rue Cadet, 16. — Tenue : le 1er mardi de chaque mois. (**G. O.**)

L'Amitié. — Rue Cadet, 16. — Tenue : le 2e lundi de chaque mois. (**G. O.**)

L'Arc-en-Ciel. — Rue Rochechouart, 42. — Tenue : les 1er et 3e jeudis de chaque mois. (**R. M.**)

L'Atelier. — Rue Cadet, 16. — Tenue : le 1er jeudi de chaque mois. (**G. O.**)

L'Avant-Garde Maçonnique. — Rue Cadet, 16. — Tenue : le 3e mercredi de chaque mois. (**G. O.**)

L'Avenir. — Rue Cadet, 16. — Tenue : le 2e mardi de chaque mois. (**G. O.**)

Le Buisson Ardent. — Rue Rochechouart, 42. — Tenue : le 3e jeudi de chaque mois. (**R. M.**)

La Clémente Amitié.— Rue Cadet, 16.— Tenue : le 1er jeudi et le 3e vendredi de chaque mois (**G. O.**)

La Clémente Amitié Cosmopolite. — Rue Cadet, 16. — Tenue : le 4e vendredi de chaque mois. (**G. O.**)

Les Cœurs Unis. — Rue Cadet, 16. — Tenue : le 2e mardi de chaque mois. (**G. O.**)

Les Cœurs Unis Indivisibles. — Rue du Champ-d'Asile, 63. — Tenue : le 2e mercredi de chaque mois. (**S. C.**)

Constante Amitié. — Rue Cadet, 16. — Tenue : le 2e vendredi de chaque mois. (**G. O.**)

Cosmos. — Rue Rochechouart, 42. — Tenue : le 4e samedi de chaque mois (**S. C.**)

Le Devoir. — Rue Cadet, 16. — Tenue le 1er jeudi de chaque mois. (**G. O.**)

Diderot. — Boulevard Soult, 46. — Tenue : le 4e mercredi de chaque mois (**G. L. S.**)

Les Disciples du Progrès.—Rue Cadet, 16.—Tenue : le 3e mercredi de chaque mois. (**G. O.**)

Droit et Justice. — Rue du Champ-d'Asile, 63. — Tenue : les 1er et 3e mardis de chaque mois. (**G. O.**)

Les Droits de l'Homme. — Rue Cadet, 16. — Tenue : le 1er lundi de chaque mois. (**G. O.**)

Ecole, Equité, Travailleurs Unis. — Rue Cadet, 16. — Tenue : le 1er mardi de chaque mois. (**G. O.**)

Les Ecossais Inséparables. — Rue Rochechouart, 42. — Tenue : les 2e et 4e mercredis de chaque mois. (**S. C.**)

L'Etoile Polaire.— Rue La Condamine, 71 *bis.* — Tenue : les 1er et 3e mercredis de chaque mois (**G. O.**)

La Fédération Maçonnique.—Avenue de Ségur, 49.—Tenue : le 2e mardi de chaque mois. (**G. L. S.**)

La Fédération Universelle. — Avenue de La Bourdonnais, 41. — Tenue :   . (**G. O.**)

La Franche Union. — Rue Payenne, 5. — Tenue : le 3e mercredi de chaque mois. (**G. L. S.**)

Franchise et Osiris. — Rue Rochechouart, 42. — Tenue : le 3e vendredi de chaque mois. (**S. C.**)

La Fraternité des Peuples. — Rue Cadet, 16. — Tenue : le 1er vendredi de chaque mois. (**G. O.**)

Les Frères Unis Inséparables. — Rue Cadet, 16. — Tenue : le 2e jeudi de chaque mois. (**G. O.**)

Le Héros de l'Humanité. — Rue Rochechouart, 42. — Tenue : le 3e mercredi de chaque mois. (**S. C.**)

Les Héros de l'Humanité. — Rue Payenne, 5. — Tenue : le 3e mercredi de chaque mois. (**G. L. S.**)

L'Homme Libre. — Rue Cadet, 16. — Tenue : le 3e vendredi de chaque mois. (**G. O.**)

Les Hospitaliers de la Palestine. — Rue Rochechouart, 42. — Tenue : le 2e mardi de chaque mois. (**S. C.**)

Les Hospitaliers de Saint-Ouen. — Rue Rochechouart, 42. — Tenue : le 4e jeudi de chaque mois. (**S. C.**)

Les Indivisibles Ecossais. — Rue Rochechouart, 42. — Tenue : le 1er mercredi de chaque mois. (**S. C.**)

Isis-Montyon. — Rue Cadet, 16. — Tenue : le 2e vendredi de chaque mois. (**G. O.**)

La Jérusalem Ecossaise. — Rue Payenne, 5. — Tenue : le 3e jeudi de chaque mois. (**G. L. S.**)

Jérusalem des Vallées Egyptiennes. — Rue Cadet, 16. — Tenue : le 1er mercredi de chaque mois. (**G. O.**)

La Justice. — Rue Cadet, 16. — Tenue : le 3e mardi de chaque mois. (**G. O.**)

La Justice. — Rue Payenne, 5. — Tenue : le 1er vendredi de chaque mois. (**G. L. S.**)

Liberté de Conscience. — Rue Cadet, 16. — Tenue : le 3e mardi de chaque mois (**G. O.**)

La Liberté Maçonnique. — Rue Rochechouart, 42. — (**S. C.**)

La Liberté Maçonnique. — Rue Payenne, 5. — Tenue : le 2e jeudi de chaque mois. (**G. L. S.**)

Le Libre Examen. — Rue Rochechouart, 42. — Tenue : le 2e lundi de chaque mois. (**S. C.**)

La Libre-Pensée. — Rue du Champ-d'Asile, 63. — Tenue : le 3e lundi de chaque mois. (**G. O.**)

Le Lien des Peuples et les Bienfaiteurs réunis. — Rue Cadet, 16. — Tenue : le 4e mercredi de chaque mois. (**G. O.**)

La Ligne Droite. — Rue Payenne, 5. — Tenue : le 1er lundi de chaque mois. (**G. L. S.**)

Le Matérialisme Scientifique. — Rue Cadet, 16. — (**G. O.**)

Le Mont-Sinaï. — Rue Rochechouart, 42. — Tenue : le 1er lundi de chaque mois. (**S. C.**)

Osiris. — Rue Payenne, 5. — Tenue : le 4e mercredi de chaque mois. (**G. L. S.**)

Patrie. — Rue Cadet, 16. — Tenue : le 4e vendredi de chaque mois. (**G. O.**)

Les Philanthropes Réunis. — Rue Rochechouart, 42. — Tenue : le 2e vendredi de chaque mois. (**S. C.**)

Les Pyramides. — Rue Rochechouart, 42. — Tenue le 2e mardi de chaque mois. — (**R. M.**)

La Prévoyance. — Rue Rochechouart, 42. — Tenue : le 1er jeudi de chaque mois. (**S. C.**).

Le Progrès. — Rue Cadet, 16. — Tenue : les 1er et 3e mardis de chaque mois (G. O.)

La Réforme. — Boulevard Saint-Marcel, 53. — Tenue : le 4e jeudi de chaque mois. (G. L. S.)

La Renaissance. — Rue Cadet, 16. — Tenue : le 2e lundi de chaque mois (G. O.)

La Rose Écossaise. — Rue Rochechouart, 42. — Tenue : le 4e mardi de chaque mois. (S. C.)

La Rose du Parfait Silence. — Rue Cadet, 16. — le 1er mercredi de chaque mois. (G. O.)

La Ruche Libre. — Rue Cadet, 16. — Tenue : le 4e mardi de chaque mois. (G. O.)

Les Sept Écossais Unis. — Rue Rochechouart, 42. — Tenue : le 3e mercredi de chaque mois. (S. C.)

Les Sept Écossais Unis. — Rue Payenne, 5. — Tenue : le 2e mercredi de chaque mois. (G. L. S.)

La Société. — Rue Ramey, 40. — Tenue : les 1er et 3e lundis de chaque mois. (G. L. S.)

Le Temple des Amis de l'Honneur Français. — Rue Cadet, 16. — Tenue : le 4e lundi de chaque mois. (G. O.)

Thélème. — Rue Cadet, 16, — Tenue : le 3e vendredi de chaque mois. (G. O.)

Le Travail. — Rue Payenne, 5, — Tenue : le 1er mardi de chaque mois. (G. L. S.)

Les Trinitaires. — Rue Rochechouart, 42. — Tenue : le 3e mercredi de chaque mois. (S. C.).

Les Trinosophes de Bercy. — Rue Cadet, 16. — Tenue : le 4e vendredi de chaque mois. (G. O.)

L'Union de Belleville. — Rue de la Mare, 75 — Tenue : le 1er mercredi et le 3e jeudi de chaque mois. (G. O.)

Union et Bienfaisance. — Boulevard Saint-Marcel, 53. — Tenue : le 3e mercredi de chaque mois. (G. L. S.)

L'Union Fraternelle. — Rue Cadet, 16. — Tenue : le 2e vendredi de chaque mois. (G. O.)

L'Union Maçonnique. — Rue Cadet, 16. — Tenue le 4e jeudi de chaque mois. (G. O.)

Union et Persévérance. — Rue Cadet, 16. — Tenue : le 4e lundi de chaque mois. (G O.)

L'Union des Peuples. — Rue Rochechouart, 42. — Tenue : le 3e jeudi de chaque mois. (S. C.)

Les Vrais Amis. — Rue Cadet, 16. — Tenue : le 4e jeudi de chaque mois. (G.O.)

Les Vrais Amis Fidèles. — Rue Payenne, 5. — Tenue : le 2e mardi de chaque mois. (G. L. S.)

Les Vrais Experts. — Rue Cadet, 16. — Tenue : le 4e mercredi de chaque mois. (G. O.)

Les Vrais Frères Unis Inséparables. — Rue Rochechouart, 42. —Tenue : le 1er mercredi de chaque mois. (**S. C.**)

Les Zélés Philanthropes. — Rue Croix-Nivert, 154. — Tenue : les 2e et 4e vendredis de chaque mois. (**G. O.**)

SEINE

(BANLIEUE DE PARIS)

Alfort. — LOGE : *Travail et Lumière.* — Grande-Rue, 2. — Tenue : le 2e mercredi de chaque mois. (**S. C.**)

Asnières. — LOGE : *La Concorde.* — Rue de la Station, 3. — Tenue : le 1er samedi de chaque mois. (**G. O.**) .

Boulogne. — LOGE : *Bienfaisance et Progrès.* — Grande-Rue, 57, maison Maupoix. — Tenue : le 3e vendredi de chaque mois. (**G. O.**)

LOGE : *Le Réveil Maçonnique.* — Boulevard de Strasbourg, 116 — Tenue : le 2e samedi de chaque mois. (**S. C.**)

Clichy-la-Garenne. — LOGE : *Les Rénovateurs.* — Rue de Paris, 82. — Tenue : les 2e et 4e vendredis de chaque mois. (**G. O.**)

Courbevoie. — LOGE : *Fraternité Universelle.* — Rue de Bezons, 22. — Tenue : le 1er lundi de chaque mois. (**G. O.**)

Issy. — LOGE : *La Solidarité.* — Place des Marronniers, 3. — Tenue : le 1er jeudi de chaque mois. (**G. O.**)

Levallois-Perret. — LOGE : *Les Travailleurs.* — Rue de Courcelles, 85. — Tenue : les 1er et 3e mardis de chaque mois. (**G. O.**)

Neuilly. — LOGE : *La Lumière.* — Boulevard d'Argenson, 9, villa de l'Acacia. — Tenue : les 2e et 4e mardis de chaque mois. (**G. O.**)

Nogent-sur-Marne. — LOGE : *La Nogentaise.* — Allée d'Antin, 39, Perreux. — Tenue : le 2e samedi de chaque mois. (**G. O.**)

Pantin. — LOGE : *La Démocratie Maçonnique.* — Rue Marmillon, 3. — Tenue : le 3e dimanche de chaque mois, à trois heures. (**G. O.**)

Saint-Denis. — LOGE : *L'Union Philanthropique.* — Rue Denfert-Rochereau, 9. — Tenue : le 2e mardi de chaque mois. (**G. O.**)

Saint-Maur. — LOGE : *Travail et Concorde.* —Rue Révol, 8. — Tenue : les 1er et 3e samedis de chaque mois. (**S. C.**)

Saint-Ouen. —LOGE : *Les Hospitaliers de Saint-Ouen.* — Rue de La Chapelle, 1. — Tenue le 2e dimanche de chaque mois. (**G. L. S.**)

Vincennes. — LOGE : *Le Globe.* — Avenue des Charmes, 12. — Tenue : le 1er vendredi de chaque mois. (**G. O.**)

DÉPARTEMENTS

AIN

Bourg. — Loge : *L'Amitié Fraternelle*. — Rue des Tanneries, 3. — Tenue : les 1er samedi et 3e dimanche de chaque mois. (G. O.)

Belley. — Loge : *Les Trois Souhaits*. — Grande-Rue, 55, ancienne église, et rue du Mail, 54. — Tenue : les 1er et 3e samedis de chaque mois. (G. O.)

Saint-Sorlin. — Loge : *La Fraternité Bugeysienne*. — Avenue de la Gare. — Tenue : le 2e samedi et le 4e dimanche de chaque mois. (G. O.)

AISNE

Laon. — Loge : *Les Frères du Mont-Laonnois*. — Rempart Saint-Just, 7. — Tenue : les 2e et 4e mercredis de chaque mois. (G. O.)

Saint-Quentin. — Loge : *Justice et Vérité*. — Boulevard du 8 Octobre. — Tenue : le 3e lundi de chaque mois. (G. O.)

Soissons. — Loge : *Patrie et Humanité*. — A Saint-Paul-lès-Soissons, route de de Crouy. — Tenue : les 1er et 3e lundis de chaque mois. (G. O.)

ALLIER

Moulins. — Loge : *L'Equerre*. — Rue Gaston, 17. — Tenue : les 1er et 3e vendredis de chaque mois. (G. O.)

Vichy. — Loge : *La Cosmopolite de Vichy*. — Avenue Victoria, ancienne chapelle des Pères Célestins. — Tenue : les 1er et 3e lundis de chaque mois. (G. O.)

ALPES-MARITIMES

Nice. — Chapitre : *Les Philanthropes*. — Rue Biscara, 10. — Tenue : sur convocations, à dates irrégulières. (S. C.)

Loge : *La Démocratie*, — Rue Biscara, 10. — Tenue : tous les lundis. (S. C.)

Loge : *La France Démocratique*. — Rue Chauvain, 12. — Tenue : tous les jeudis. (G. O.)

Loge : *La Philanthropie Ligurienne*. — Rue Biscara, 10. — Tenue : tous les mardis. (S. C.)

Loge : *La Philosophie Cosmopolite*. — Rue Biscara, 10, maison Vial. — Tenue : les 1er et 3e samedis de chaque mois. (G. C.)

Cannes. — Loge : *Les Amis de la Science.* — Rue de Châteaudun, 19. — Tenue : tous les mercredis. (G. O.)

Grasse. — Loge : *La Concorde.* — Rue de la Délivrance, ancienne école municipale. — Tenue : les 2ᵉ et 4ᵉ jeudis de chaque mois. (G. O.)

Menton. — Loge : *Union et Concorde.* — Rue de Castellan. Tenue : tous les mercredis. (S. C.)

ARDÈCHE

Annonay. — Loge : *Concorde et Persévérance.* — Rue de la Croizette, 9. — Tenue : le 1ᵉʳ mercredi de chaque mois. (G. O.)

ARDENNES

Charleville. — Loge : *La Fraternité.* — Rue de Tivoli. — Tenue : le 2ᵉ samedi de chaque mois. (G. O.)

Sedan. — Loge : *Égalité, Justice, Progrès.* — Lieu dit : Ancien-Corps-de-Garde-de-Larochette. — Tenue : le 2ᵉ mardi de chaque mois. (G. O.)

ARIÈGE

Foix. — Loge : *La Fraternité Latine.* — Rue Villeneuve prolongée. — Tenue : tous les samedis (G. O.)

Pamiers. — Chapitre : *Union et Progrès.* — Boulevard d'Alsace-Lorraine. — Tenue : sur convocations, à dates irrégulières. (S. C.)

Loge : *Union et Progrès.* — Boulevard d'Alsace-Lorraine. — Tenue : (S. C.)

AUBE

Troyes. — Loge : *L'Union Fraternelle.* — Rue de la Montée-des-Changes, 3. — Tenue : les 2ᵉ et dernier mercredis de chaque mois. (G. O.)

AUDE

Carcassonne. — Loge : *L'Égalité.* — Rue Sainte-Lucie, 26. Tenue : tous les samedis. (S. C.)

Loge : *Les Vrais Amis Réunis.* — Boulevard Barbès, 5, ancien Casino. — Tenue : tous les samedis (G. O.)

Lésignan. — Loge : *École de la Vertu.* — Rue du 22 Septembre. — Tenue : les 2ᵉ et 4ᵉ dimanches de chaque mois. (G. O.)

Limoux. — Loge : *L'Alliance Fraternelle.* — Rue Blanquerie, 21. — Tenue : tous les dimanches. (G. O.)

Narbonne. — Loge : *L'Indépendante.* — Rue du Pont, 2. — Tenue : tous les jeudis et le 4ᵉ dimanche de chaque mois (**G. O.**)
Loge : *La Libre-Pensée.* — Rue Arago, 14. — Tenue : tous les mercredis. (**G. O.**)

AVEYRON

Millau. — Loge : *Union, Travail et Liberté.* — Boulevard d'Ayrolles, maison Galtier. — Tenue : tous les mardis. (**G. O.**)
Saint-Affrique. — Loge : *Intime Union.* —Aux Trois-Ponts. — Tenue : tous les premiers samedis de chaque mois et les veilles de foire. (**G. O.**)

BASSES-ALPES

Sisteron. — Loge : *Le Réveil du Parfait Silence.* — Rue de l'Evêché.—Tenue : les 1ᵉʳ et 3ᵉ samedis de chaque mois. (**G. O.**)

BOUCHES-DU-RHONE

Marseille. — Aréopage : *Réunion des Amis Choisis.* — Rue Piscatoris, 24. — Tenue : le 2ᵉ dimanche des mois de février, mai, août et novembre. (**G. O.**)
Chapitre : *Parfaite Sincérité et Réunion des Amis Choisis et Réunis.*—Rue Piscatoris, 24. — Tenue : la première et la dernière quinzaine de chaque mois. (**G. O.**)
Loge : *Les Amis du Travail.* — Traverse des Victimes, 17, Belle-de-Mai. — Tenue : tous les samedis. (**G. O.**)
Loge : *L'Avenir.* — Rue Piscatoris, 24. — Tenue : tous les vendredis. (**R. M.**)
Loge : *Parfaite Sincérité.* — Rue Piscatoris, 24. — Tenue : tous les samedis. (**G. O.**)
Loge : *La Parfaite Union.* — Rue Piscatoris, 24. — Tenue : tous les lundis. (**G. O.**)
Loge : *Le Phare de la Renaissance.* — Rue Piscatoris, 24. — Tenue : tous les mardis. (**G. O.**)
Loge : *Réunion des Amis Choisis.* — Rue Piscatoris, 24. — Tenue : tous les mercredis. (**G. O.**)
Loge : *Vérité et Réforme.* — Rue Piscatoris, 24. — Tenue : tous les jeudis. (**G. O.**)
Aix-en-Provence. — Loge : *Les Arts et l'Amitié.*— Rue de la Mule-Noire, 11. — Tenue : tous les vendredis. (**G. O.**)
La Ciotat. — Loge : *L'Espérance Misratmite.* — Chemin de la Brulière, campagne Sabatin. — Tenue : les 1ᵉʳ et 3ᵉ samedis de chaque mois. (**R. M.**)
Martigues. — Loge : *L'Étoile du Sud.* — Grand'Rue, café du Port. — Tenue : tous les samedis. (**R. M.**)

Salon. — Loge : *L'Unité.* — Boulevard de la République, au Casino. — Tenue : tous les mercredis. (G. O.)

CALVADOS

Caen. — Chapitre : *Thémis.* — Rue Neuve-Saint-Jean, 44. — Tenue : le 2e samedi de chaque trimestre. (G. O.)
Loge : *Thémis.* — Rue Neuve-Saint-Jean, 44. — Tenue : les 2e et dernier mercredis de chaque mois. (G. O.)
Lisieux. — Loge : *L'Humanité.* — Rue Petite-Couture, 29. — Tenue : le 2e dimanche de chaque mois. (G. O.)
Trouville. — Loge : *L'Etoile des Deux-Pôles.* — Rue d'Isly, 15. — Tenue : les 2e et 4e samedis de chaque mois. (G. O.)

CANTAL

Aurillac. — Loge : *La Libre-Pensée.* — Avenue de la République. — Tenue : les 1er et 3e samedis de chaque mois. (S. C.)

CHARENTE

Angoulême. — Loge : *Les Amis de la Paix.* — Place Jean-Faure, 11. — Tenue : les 1er et 3e samedis de chaque mois. (G. O.)
Loge : *L'Etoile de la Charente.* — Place Jean-Faure, 11. — Tenue : les 2e et 4e samedis de chaque mois. (G. O.)
Baignes-Sainte-Radegonde. — Loge : *Les Amis Réunis.* — Quartier du Champ-de-Foire, partie sud-ouest. — Tenue : le 2e mercredi et le 4e dimanche de chaque mois. (G. O.)
Cognac. — Loge : *La Liberté* — Rue Madeleine, 10. — Tenue : les 1er et 2e samedis de chaque mois. (G. O.)
Loge : *Le Travail.* — Rue Madeleine, 8. — Tenue : tous les quinze jours, le samedi. (S. C.)
Ruffec. — Loge : *Les Amis du Lien.* — Rue de Valence, 2. — Tenue : les 1er et 3e samedis de chaque mois. (G. O.)

CHARENTE-INFÉRIEURE

La Rochelle. — Loge : *L'Union Parfaite.* — Petite rue de l'Escale, 1. — Tenue : les 1er et 3e lundis de chaque mois. (G. O.)
Jonzac. — Loge : *L'Etoile de la Saintonge.* — Au château Jonzac. — Tenue : le 2e vendredi de chaque mois (G. O.).
Rochefort. — Loge : *L'Accord Parfait* — Rue Lafayette, 63. — Tenue : les 2e et 4e lundis de chaque mois. (G. O.)
Royan-les-Bains. — Loge : *Le Triple Accord.* — Rue du Marché, 23. — Tenue : les 2e et 4e jeudis de chaque mois. (G. O.)
Saint-Jean-d'Angely. — Loge : *L'Egalité Régénérée.* — Place

de l'Orme-Vert. — Tenue : les 2e et 4e mercredis de chaque mois. (G. O.)

Saintes. — Loge : *La Sincérité.* — Rue de l'Evêché, 5. — Tenue : les 1er et 3e vendredis de chaque mois. (S. C.)

CHER

Aucun Atelier maçonnique dans ce département.

CORRÈZE

Tulle. — Loge : *L'Intime Fraternité.* — Rue des Portes-Chanac, 4. — Tenue : les 1er et 3e samedis de chaque mois. (G. O.)

Brive. — Loge : *La Fraternité.* — Rue de l'Estang. — Tenue : les 1er et 3e samedis de chaque mois. (G. O.)

CORSE

Aucun Atelier maçonnique dans ce département.

COTE-D'OR

Dijon. — Loge : *Solidarité et Progrès.* — Rue Courtépée, 11. — Tenue : les 2e et 4e vendredis de chaque mois. (G. O.)

Beaune. — Loge : *Les Amis de la Nature et de l'Humanité.* — Rempart de la Comédie. — Tenue : les 2e et 4e samedis de chaque mois. (G. O.)

Loge : *Le Réveil de la Côte-d'Or.* — Rempart de la Comédie. — Tenue : les 1er et 3e samedis de chaque mois. (S. C.)

COTES-DU-NORD

Aucun Atelier maçonnique dans ce département.

CREUSE

Aucun Atelier maçonnique dans ce département.

DEUX-SÈVRES

Niort. — Loge : *Les Amis de l'Ordre.* — Rue Saint-André, 6. — Tenue : les 1er et 3e samedis de chaque mois. (S. C.)

Parthenay. — Loge : *Les Amis de la République.* — Rue des Cordeliers. — Tenue : le 1er mercredi de chaque mois. (S. C.)

Thouars. — Loge : *Les Pionniers de l'Avenir.* — (S. C.)

DORDOGNE

Périgueux. — CHAPITRE : *La Concorde.* — Rue Duplantier, 24. — Tenue : sur convocations, à dates irrégulières. (S. C.)

LOGE : *Les Amis Persévérants et l'Etoile de Vésone réunis.* — Rue Saint-Front, 15. — Tenue : tous les vendredis. (G. O.)

LOGE : *La Tolérance.* — Rue Duplantier, 24. — Tenue : tous les vendredis. (S. C.)

Bergerac. — LOGE : *Les Vrais Frères.* — Rue Merline. — Tenue : tous les samedis. (G. O.)

Monpont-sur-l'Isle. — LOGE : *L'Union Sincère.* — Près le pont sur l'Isle. — Tenue : les 1er et 3e mercredis de chaque mois. (G. O.)

Ribérac. — LOGE : *La Ruche des Patriotes.* — Rue Notre-Dame. — Tenue : les 1er et 3e vendredis de chaque mois. (G. O.)

Sarlat. — LOGE : *La Parfaite Harmonie.* — Hôtel-de-Ville. — Tenue : les 1er et 3e samedis de chaque mois. (G. O.)

DOUBS

Besançon. — CHAPITRE : *Sincérité, Parfaite Union et Constante Amitié réunies.* — Rue Saint-Antoine, ancienne église Saint-Antoine. — Tenue : le 3e jeudi de chaque mois. (G. O.)

LOGE : *Sincérité, Parfaite Union et Constante Amitié réunies.* — Rue Saint-Antoine, ancienne église Saint-Antoine. — Tenue : les 2e et 4e vendredis de chaque mois. (G. O.)

Montbéliard. — LOGE : *Les Amis Eprouvés.* — Rue Cuvier, 23. — Tenue : le 1er samedi et le 3e dimanche de chaque mois. (G. O.)

DRÔME

Valence. — LOGE : *L'Humanité de la Drôme.* — Rue Côte-des-Chapeliers et Côte-Courbe-Sylvante, 1. — Tenue : les 2e et 4e samedis de chaque mois. (G. O.)

EURE

Pacy-sur-Eure. — LOGE : *Union et Progrès.* — Rue du Carquois, 24. — Tenue : le 3e dimanche de chaque mois. (G. O.)

Vernon-sur-Seine. — LOGE : *L'Etoile Neustrienne.* — Rue Riquier, 9. — Tenue : le 2e mercredi de chaque mois. (G. O.)

EURE-ET-LOIR

Chartres. — LOGE : *La Franchise Beauceronne.* — Rue Saint-Maurice, 8. — Tenue : le 1er dimanche et le 3e samedi de chaque mois. (S. C.)

FINISTÈRE

Aucun Atelier maçonnique dans ce département.

GARD

Nîmes. — CHAPITRE : *Le Trait d'Union.* — Rue Saint-Thomas, 4.
— Tenue : sur convocations, à dates irrégulières. **(S. C.)**
LOGE : *L'Echo du Grand-Orient.* — Boulevard Victor-Hugo. —
Tenue : tous les mercredis. **(G. O.)**
LOGE : *Indépendance et Progrès.* — Rue Saint-Thomas, 4. —
Tenue : les 3 premiers lundis de chaque mois. **(S. C.)**
LOGE : *Némausa.* — Rue Saint-Thomas, 4. — **(S. C.)**
Alais. — LOGE : *L'Etoile des Cévennes.* — Quai Neuf, 8, et
rue Savy. — Tenue : les 1er et 3e samedis de chaque mois. **(G. O.)**
Bessèges. — LOGE : *Progrès et Humanité.* — Rue Pas-du-Cros,
maison Bousige. — Tenue : les 1er et 3e samedis de chaque
mois. **(S. C.)**
Pont-Saint-Esprit. — LOGE : *La Ligne Droite.* — Rue Haut-
Mazeau, maison Crintiguan. — Tenue : le 2e samedi et le
4e dimanche de chaque mois. **(G. O.)**
Saint-Geniès-de-Malgoirès. — LOGE : *Le Progrès.* — Boulevard du Jeu-de-Balle. — Tenue : le 1er dimanche de chaque
mois. **(G. O.)**

GERS

Auch. — LOGE : *La Solidarité.* — Rue de Metz, 19. — Tenue :
les 2e et 4e samedis de chaque mois. **(G. O.)**
LOGE : *La Vraie Fraternité.* — Rue Dessolles, maison Brunet.
— Tenue : les 1er et 2e samedis de chaque mois. **(G. O.)**
Condom. — LOGE : *L'Auguste Amitié.* — Rue de Gèle. —
Tenue : les 1er et 3e samedis de chaque mois. **(G. O.)**

GIRONDE

Bordeaux. — ARÉOPAGE : *La Candeur.* — Rue Ségalier, 8.
— Tenue : le 2e mercredi de chaque mois. **(G. O.)**
ARÉOPAGE : *La Concorde d'Aquitaine.* — Rue Mouneyra, 22.
— Tenue : sur convocations, à dates irrégulières. **(S. C.)**
CHAPITRE : *La Candeur.* — Rue Ségalier, 8. — Tenue : le
2e lundi de chaque mois. **(G. O.)**
CHAPITRE : *L'Espérance Bordelaise.* — Rue Mouneyra, 22. —
Tenue : sur convocations, à dates irrégulières. **(S. C.)**
CHAPITRE : *Française d'Aquitaine.* — Rue Ségalier, 8. —
Tenue : le 1er vendredi de chaque mois. **(G. O.)**

CHAPITRE : *Les Francs Chevaliers de Saint-André d'Ecosse.* — Rue Ségalier, 8. — Tenue : le 3e lundi de chaque mois. (G. O.)

CHAPITRE : *La Vérité.*—Rue Ségalier, 8.—Tenue : le 1er lundi de chaque mois. (G. O.)

LOGE : *Les Amis Réunis.* — Rue Ségalier, 8. — Tenue : tous les jeudis. (G. O.)

LOGE : *L'Anglaise.* — Rue Ségalier 8. — Tenue : tous les mardis. (G. O.)

LOGE : *L'Avenir.*— Rue Mouneyra, 22. — Tenue : le 1er mercredi de chaque mois. (S. C.)

LOGE : *La Candeur.* — Rue Ségalier, 8. — Tenue : tous les jeudis. (G. O.)

LOGE : *Les Chevaliers de la Fraternité.* — Rue Ségalier, 8. — Tenue : tous les lundis. (G. O.)

LOGE : *L'Etoile du Progrès.* — Rue Ségalier, 8. — Tenue : tous les mardis. (G. O.)

LOGE : *Française d'Aquitaine.* — Rue Ségalier, 8. — Tenue : tous les vendredis. (G. O.)

LOGE : *Française Elue, Ecossaise et Amitié réunies.* — Rue Ségalier, 8. — Tenue : tous les mercredis. (G. O.)

LOGE : *Les Francs Chevaliers de Saint-André d'Ecosse.* — Rue Ségalier, 8. — Tenue : tous les samedis. (G. O.)

LOGE : *Les Neuf Sœurs.* — Rue Ségalier, 8. — Tenue : tous les mercredis. (G. O.)

LOGE : *Le Problème Social.* — Rue Ségalier, 8. — Tenue : tous les vendredis. (G. O.)

LOGE : *La Sincérité.* — Rue Ségalier. 8. — Tenue : tous les samedis (G. O.)

LOGE : *La Vérité.* — Rue Ségalier, 8. — Tenue : tous les samedis. (G. O.)

Bègles. — LOGE : *La Concorde.* — Rue Adolphe-Thiers. — Tenue : tous les mercredis. (G. O.)

Castillon-sur-Dordogne. — LOGE : *La Concorde Castillonaise.* — Rue Michel-Montaigne, maison Léon Lavignac. — Tenue : les 1er et 3e lundis de chaque mois. (G. O.)

La Teste-de-Buch. — LOGE : *La Candeur.* — A la Loge. — Tenue : tous les samedis. (G. O.)

Libourne. — LOGE : *Le Réveil Maçonnique.*— Quai du Pont, 13. — Tenue : tous les mercredis. (G. O.)

LOGE : *Les Enfants du Progrès.* — Tenue : les 1er et 3e samedis de chaque mois. (R. M.)

Lormont.— LOGE : *L'Avenir.* — Rue du Carbon-Blanc, 1.— Tenue : tous les samedis. (G. O.)

Monségur. — LOGE : *L'Espérance.* — Grande-Rue. —Tenue : le 3e dimanche de chaque mois. (G. O.)

HAUTE-GARONNE

Toulouse.—CHAPITRE : *Les Cœurs Réunis.*— Rue de l'Orient, 3. — Tenue : les 1er et 3e vendredis de chaque mois. (G. O.)

CHAPITRE : *L'Encyclopédique.*—Rue de l'Orient, 3. — Tenue : les 2e et 4e vendredis de chaque mois. (G. O.)

LOGE : *Les Cœurs Réunis.* — Rue de l'Orient, 3. — Tenue : tous les mercredis. (G. O.)

LOGE : *L'Encyclopédique.* — Rue de l'Orient, 3. — Tenue : tous les lundis. (G. O.)

LOGE : *Française des Arts.* — Rue de l'Orient, 3. — Tenue : tous les samedis. (G. O.)

LOGE : *Indépendance Française.*—Rue de l'Orient, 3.—Tenue : tous les vendredis. (G. O.)

LOGE : *La Parfaite Harmonie.* — Rue de l'Orient, 3.— Tenue : tous les mardis. (G. O.)

LOGE : *La Vérité.* — Tenue : (S. C.)

LOGE : *Les Vrais Amis Réunis.* — Rue de l'Orient, 3. — Tenue : tous les jeudis. (G. O.)

Grenade-sur-Garonne. — LOGE : *La Solidarité.* — Rue de Toulouse. — Tenue : les 2e et 4e jeudis de chaque mois. (G. O.)

HAUTE-LOIRE

Aucun Atelier maçonnique dans ce département.

HAUTE-MARNE

Chaumont. — CHAPITRE : *L'Étoile de la Haute-Marne.*—Place de la Loge. — Tenue : le 4e dimanche des mois d'avril, juillet, octobre et janvier. (G. O.)

LOGE : *L'Étoile de la Haute-Marne.* — Place de la Loge. — Tenue : le 2e dimanche des mois d'avril, juin, octobre, décembre, février, et le 2e samedi des mois de mai, juillet, septembre, novembre, janvier, mars. (G. O.)

HAUTE-SAONE

Vesoul. — LOGE : *Les Cœurs Unis.* — Place du Trau.— Tenue : les 1er et 3e samedis de chaque mois. (G. O.)

Gray. — LOGE : *La Vraie Réunion Désirée.* — Rue de l'Ancienne-Comédie, salle de l'Ancien-Théâtre. — Tenue : les 1er samedi et 3e dimanche de chaque mois. (G. O.)

HAUTE-SAVOIE

Annecy. — LOGE : *L'Allobrogie.* — Faubourg des Annonciades.— Tenue : (S. C.)

HAUTE-VIENNE

Limoges. — Loge : *Les Artistes Réunis.* — Rue Gaignolle, 20.—Tenue : les 2° et dernier mercredis de chaque mois.(G. O.)

Loge : *L'Étoile Limousine.* — Rue du Consulat, 11. — Tenue : le mardi, tous les quinze jours. (S. C.)

HAUTES-ALPES

Gap. — Loge : *Les Amis des Hautes-Alpes.* — Rue Neuve, 5. Tenue : les 2° samedi et 4° dimanche de chaque mois. (G. O.)

HAUTES-PYRÉNÉES

Tarbes. — Loge : *La Propagation de la Vraie Lumière.* — Avenue de la Gare, 34. — Tenue : les 1er et 4° samedis de chaque mois. (G. O.)

HÉRAULT

Montpellier. — Chapitre : *Progrès et Sincérité.* — Rue Boussairolles. — Tenue : sur convocations, à dates irrégulières. (S. C.)

Loge : *Les Vrais Fidèles.* — Rue Boussairolles. — Tenue · tous les vendredis. (S. C.)

Bédarieux. — Loge : *Les Vrais Amis Réunis.* — Quartier de la Plaine. — Tenue : tous les samedis. (G. O.)

Béziers. — Loge : *Réunion des Amis Choisis.* — Place de la Loge, 12. — Tenue : tous les samedis. (G. O.)

Cette. — Loge : *Les Amis Réunis.* — Rue Nationale, 6. — Tenue : tous les vendredis. (G. O.)

Loge : *Les Vrais Amis Fidèles.* — Quai de Bosc, 7. — Tenue : tous les jeudis. (G. O.)

ILLE-ET-VILAINE

Rennes. — Chapitre : *La Parfaite Union.* — Rue du Mail-d'Onges, 13. — Tenue : le 1er vendredi de chaque mois. (G. O.)

Loge : *La Parfaite Union.* — Rue du Mail-d'Onges, 13. — Tenue : les 1er et 3° lundis de chaque mois. (G. O.)

INDRE

Issoudun. — Loge : *La Gauloise.* — Rue Foulerie, 8. — Tenue : le 1er jeudi de chaque mois. (G. O.)

INDRE-ET-LOIRE

Tours. — Loge : *Les Démophiles.* — Rue de Jérusalem, 11. — Tenue : tous les lundis. (G. O.)

Loge : *Les Enfants de la Vérité.* — Rue de la Paix, 4. — Tenue : le 1er samedi de chaque mois. (R. M.)

Loge : *Les Persévérants Ecossais.* — Rue Bretonneau, 29. — Tenue : le 4e samedi de chaque mois. (G. L. S.)

Loge : *La Sincérité.* — Rue de la Paix, 4. — Tenue : le 1er dimanche de chaque mois. (R. M.)

Chinon. — Loge : *Les Enfants de Rabelais.* — Rue Haute-Saint-Maurice, 62. — Tenue : le 2e samedi et le 4e dimanche de chaque mois. (G. O.)

ISÈRE

Grenoble. — Loge : *L'Alliance Ecossaise.* — Rue de Strasbourg, 9. — Tenue : les 2e et 4e samedis de chaque mois. (S. C.)

Loge : *Les Arts Réunis.* — Rue de Strasbourg, 9. — Tenue : le 3e mercredi de chaque mois. (G. O.)

Vienne. — Loge : *La Concorde.* — Rampe de Coupe-Jarret. Tenue : le 1er lundi de chaque mois. (G. O.)

Loge : *La Persévérance.* — Rue des Epis, 5. — Tenue : les 2e et 4e lundis de chaque mois. (G. O.)

Voiron — Loge : *Triple Union et Amitié.* — Rue du Colombier, maison Giraud. — Tenue : le 2e dimanche de chaque mois. (G. O.)

JURA

Lons-le-Saunier. — Loge : *La Prudente Amitié.* — Quai de la Mégisserie, 9. — Tenue : le 1er samedi et le 3e dimanche de chaque mois. (G. O.)

Dôle. — Loge : *Le Val d'Amour.* — Rue des Tanneurs, 5. — Tenue : les 1er et 3e jeudis de chaque mois, du 1er mars au 31 octobre ; les 1er et 3e dimanches de chaque mois, du 1er novembre au 28 février. (G. O.)

Saint-Claude. — Loge : *Le Réveil de la Montagne.* — Rue du Collège, 22. — Tenue : le 2e vendredi de chaque mois. (G. O.)

LANDES

Aucun Atelier maçonnique dans ce département.

LOIR-ET-CHER

Montrichard. — Loge : *Les Enfants de la Vallée du Cher.* — Place du Grand-Marché. — Tenue : le 1er lundi de chaque mois. **(G. O.)**

LOIRE

Saint-Etienne. — Chapitre : *Les Elus.* — Grande-Rue-Saint-Roch, 96, — Tenue : le 2e vendredi de mars, avril, juillet, octobre. **(G. O.)**

Loge : *Les Elus.* — Grande-Rue-Saint-Roch, 96. — Tenue : les 1er et 3e jeudis de chaque mois. **(G. O.)**

Loge : *L'Industrie.* — Grande-Rue-Saint-Roch, 96. — Tenue : les 2e et 4e mercredis de chaque mois. **(G. O.)**.

Loge : *Les Travailleurs Unis.* — Rue Paillon, tour Voltaire. — Tenue : les 2e et 4e lundis de chaque mois. **(S. C.)**

Roanne. — Loge : *Les Ecossais Roannais.* — Rue Bayard, 2. — Tenue : les 1er et 3e samedis de chaque mois. **(G. O.)**

LOIRE-INFÉRIEURE

Nantes. — Aréopage : *Paix et Union.* — Place de la Bourse, 23 — Tenue : le 4e lundi de chaque mois. **(G. O.)**

Chapitre : *Paix et Union.* — Place de la Bourse, 23. — Tenue : le 4e lundi de chaque mois. **(G. O.)**

Loge : *La Libre Conscience.* — Place de la Bourse, 23. — Tenue : les 1er et 3e vendredis de chaque mois. **(S. C.)**

Loge : *Paix et Union.* — Place de la Bourse, 23. — Tenue : les 1er, 2e et 3e lundis de chaque mois. **(G. O.)**

Saint-Nazaire. — Loge : *Le Trait d'Union.* — Rue de Paris et rue des Caboteurs. — Tenue :   **(G. O.)**

LOIRET

Orléans. — Loge : *Les Adeptes d'Isis-Montyon.* — Rue de Turcies, 22. — Tenue : les 1er et 3e mercredis de chaque mois. **(G. O.)**

Loge : *La Véritable Amitié.* — Rue de Patay, 4. — Tenue : le 2e mardi et le dernier samedi de chaque mois. **(G. O.)**

LOT

Cahors. — Loge : *Le Phare de Quercy.* — Rue du Four-Sainte-Catherine, près du port Bullier. — Tenue :   **(G. O.)**

Gourdon. — Loge : *Les Parfaits Amis.* — Rue du Majou. — Tenue : les 2e et 4e samedis, du 1er mai au 1er novembre; et tous les samedis, du 1er novembre au 1er mai. (G. O.)

Souillac. — Loge : *Le Réveil du Lot.* — Route Nationale. — Tenue : les 1er et 3e samedis de chaque mois. (G. O.)

LOT-ET-GARONNE

Agen. — Loge : *La Solidarité Fraternelle.* — Rue Pontarique, 3. — Tenue : tous les lundis. (G. O.)

Marmande. — Loge : *La Justice.* — Péristyle de la place du Marché-Couvert. — Tenue : les 1er et 3e samedis de chaque mois. (G. O.)

Nérac. — Loge : *Le Triangle Sacré.* — Rue des Conférences. — Tenue : le 2e samedi de chaque mois. (G. O.)

Villeneuve-sur-Lot. — Loge : *Le Réveil.* — Rue Labay, maison Eugène Lavergne. — Tenue : les 1er et 3e mardis de chaque mois. (G. O.)

LOZÈRE

Mende. — Loge : *L'Union Lozérienne.* — Place Sainte-Marie. — Tenue : les 1er et 3e samedis de chaque mois. (G. O.)

MAINE-ET-LOIRE

Angers. — Aréopage : *Travail et Perfection.* — Rue de la Parcheminerie, 12. — Tenue : le 2e lundi du 1er mois de chaque trimestre. (G. O.)

Chapitre : *Travail et Perfection.* — Rue de la Parcheminerie, 12. — Tenue : le 2e lundi du 1er mois de chaque trimestre. (G. O.)

Loge : *Travail et Perfection.* — Rue de la Parcheminerie, 12. — Tenue : les 2e et 4e lundis de chaque mois. (G. O.)

Saumur. — Loge : *La Persévérance.* — Rue Daillé, 28. — Tenue : les 1er et 3e vendredis de chaque mois. (G. O.)

MANCHE

Cherbourg. — Loge : *La Fidèle Maçonne.* — Rue Louis-Philippe. — Tenue : les 2e et 4e lundis de chaque mois. (G. O.)

Coutances. — Loge : *Liberté et Progrès.* — Rue Tour-Morin, 16, et rue Geoffroy-de-Montbraye, 58. — Tenue : (G. O.)

Villedieu-les-Poêles. — Loge : *L'Union Libérale.* — Rue de la Carrière. — Tenue : le 1er mercredi de chaque mois. (G. O.)

MARNE

Châlons-sur-Marne. — Loge : *La Bienfaisance Châlonnaise.* — Rue de la Grande-Etape, 54. — Tenue : le 4e samedi de chaque mois. (G. O.)

Reims. — Loge : *La Sincérité.* — Rue Buirette, 27. — Tenue : les 2e et dernier mercredis de chaque mois. (G. O.)

MAYENNE

Aucun Atelier maçonnique dans ce département.

MEURTHE-ET-MOSELLE

Nancy. — Loge : *Saint-Jean de Jérusalem.* — Rue Drouin, 5 bis. — Tenue : les 1er et 3e lundis de chaque mois. (G. O.)

MEUSE

Bar-le-Duc. — Loge : *La Régénération.* — Rue Gilles-de-Trèves, 2. — Tenue : les 1er et 3e samedis de chaque mois. (G. O.)

MORBIHAN

Vannes. — Loge : *Progrès et Liberté.* — Rue du Moulin, maison Moisan. — Tenue : les 2e et 4e samedis de chaque mois. (G. O.)

Lorient. — Chapitre : *Nature et Philanthropie.* — Place d'Alsace-Lorraine, 1, maison Maury. — Tenue : le 2e mardi de chaque mois. (G. O.)

Loge : *Nature et Philanthropie.* — Place d'Alsace-Lorraine, 1, maison Maury. — Tenue : les 1er et 3e samedis de chaque mois. (G. O.)

NIÈVRE

Nevers. — Loge : *L'Humanité.* — Rue de l'Oratoire, 52. — Tenue : les 2e et 4e samedis de chaque mois. (G. O.)

NORD

Lille. — Aréopage : *Fidélité ad Superum.* — Contour de l'Hôtel-de-Ville. — Tenue : sur convocations, à dates irrégulières. (S. O.)

Chapitre : *La Fidélité sub Rosa.* — Rue de Lens, hôtel de la Prévoyance. — Tenue : sur convocations, à dates irrégulières. (S. O.)

Loge : *La Fidélité*. — Rue de Lens, hôtel de la Prévoyance. — Tenue : tous les samedis. (S. C.)

Loge : *Le Réveil du Nord*. — Contour de l'Hôtel-de-Ville. — Tenue : tous les samedis. (S. C.)

Cambrai. — **Loge** : *La Solidarité Fraternelle*. — Rue de l'Arbre-à-Poires, 5. — Tenue : les 2e et 4e samedis de chaque mois. (S. C.)

Loge : *Thémis*. — Petite-Rue-Vanderbuch. — Tenue : le dernier jeudi de chaque mois. (G. O.)

Dunkerque. — **Loge** : *La Vertu*. — Rue David-d'Angers, 32. — Tenue : le 1er vendredi de chaque mois. (G. O.)

Valenciennes. — **Loge** : *La Parfaite Union du Nord*. — Tenue : (S. C.)

OISE

Beauvais. — **Loge** : *L'Etoile de l'Espérance*. — Rue du Théâtre, 5. — Tenue : le dernier samedi de chaque mois. (G. O.)

Chantilly. — **Loge** : *Union Cosmopolite*. — (S. C.)

Compiègne. — **Loge** : *Le Mont-Ganelon*. — Rue du Port-à-Bateaux. — Tenue : le 1er samedi de chaque mois. (S. C.)

Creil. — **Chapitre** : *Les Maçons Unis de l'Oise*. — Rue du Pré-Saint-Médard, 7. — Tenue : le 1er dimanche de chaque trimestre. (G. O.)

Loge : *Les Maçons Unis de l'Oise*. — Rue du Pré-Saint-Médard, 7. — Tenue : le 2e dimanche de chaque mois. (G. O.)

ORNE

Aucun Atelier maçonnique dans ce département.

PAS-DE-CALAIS

Arras. — **Loge** : *La Constante Amitié*. — Rue aux Ours. — Tenue : le 1er vendredi de chaque mois. (S. C.)

Boulogne-sur-Mer. — **Loge** : *L'Amitié*. — Rue Charles-Butor, boulevard Daunou. — Tenue : les 1er et 3e vendredis de chaque mois. (G. O.)

Calais. — **Loge** : *Le Réveil du Calaisis* (constituée tout récemment). (G. O.)

PUY-DE-DOME

Clermont-Ferrand. — **Loge** : *Les Enfants de Gergovie*. — Rue Gaulthier-de-Biauzat. — Tenue : les 1er et 3e samedis de chaque mois. (G. O.)

PYRÉNÉES-ORIENTALES

Perpignan. — Aréopage : *La Triple Union.* — Rue Côte-Saint-Sauveur, 24. — Tenue : sur convocations, à dates irrégulières (S. C.)

Chapitre : *Les Chevaliers de Saint-Jean de la Régularité.* — Rue Côte-Saint-Sauveur, 24. — Tenue : sur convocations, à dates irrégulières. (S. C.)

Loge : *Saint-Jean d's Arts de la Régularité.* — Rue Côte-Saint-Sauveur, 24. — Tenue : tous les samedis. (S. C.)

Port-Vendres. — Loge : *Industrie Maritime.* — Rue Mailly. — Tenue : tous les samedis. (S. C.)

RHONE

Lyon. — Aréopage : *Le Conseil Ecossais.* — Rue Garibaldi, 45. — Tenue : sur convocations, à dates irrégulières. (S. C.)

Aréopage : *Le Parfait Silence.* — Rue Garibaldi, 45. — Tenue : le 4e lundi de chaque mois. (G. O.)

Chapitre : *Le Parfait Silence.* — Rue Garibaldi, 45. — Tenue : le 2e lundi de chaque mois. (G. O.)

Chapitre : *Union Ecossaise.* — Rue Garibaldi, 45. — Tenue : sur convocations, à dates irrégulières (S. C.)

Loge : *Les Amis des Hommes.* — Montée du Gourguillon, 20. — Tenue : tous les mardis. (G. L. S.)

Loge : *Les Amis de la Vérité.* — Montée du Gourguillon, 20. — Tenue : tous les mardis (G. L. S.)

Loge : *L'Asile du Sage.* — Rue Garibaldi, 45. — Tenue : tous les mercredis. (G. O.)

Loge : *Bienfaisance et Amitié.* — Passage de l'Enfance, 2 *bis*, à la Croix-Rousse. — Tenue : tous les lundis. (G. O.)

Loge : *La Candeur.* — Rue Garibaldi, 45. — Tenue : tous les mercredis. (G. O.)

Loge : *Les Chevaliers du Temple.* — Rue Garibaldi, 45. — Tenue : tous les mercredis. (G. O.)

Loge : *Etoile et Compas.* — Rue Garibaldi, 45. — Tenue : tous les mercredis. (G. O.)

Loge : *Fraternité et Progrès.* — Rue de l'Abattoir, Lyon-Vaise. — Tenue : tous les mardis. (G. L. S.)

Loge : *Lumière et Justice.* — Rue Garibaldi, 45. — Tenue : les 2e et 4e mardis de chaque mois. (S. C.)

Loge : *Le Parfait Silence.* — Rue Garibaldi, 45. — Tenue : tous les mercredis. (G. O.)

Loge : *Simplicité-Constance.* — Rue Garibaldi, 45. — Tenue : tous les mercredis. (G. O.)

Loge : *La Sincère Amitié.* — Montée du Gourguillon, 20. — Tenue : tous les mardis. (G. L. S.)

Loge : *Tolérance et Cordialité*. — Rue Garibaldi, 45. — Tenue : les 2e et 4e mardis de chaque mois. (S. C.)

Loge : *Union et Confiance*. — Rue Garibaldi, 45. — Tenue : tous les mercredis. (G. O.)

Belleville-sur-Saône. — **Loge** : *La Fraternité Beaujolaise*. — Route de Saint-Georges-de-Reneins. — Tenue : le 3e dimanche de chaque mois. (G. O.)

Givors. — **Loge** : *La Solidarité*. — Impasse de la Plâtrière. — Tenue : les 1er et 3e vendredis de chaque mois. (S. C.)

Tarare. — **Loge** : *Les Amis de la Raison*. — Rue de Paris. — Tenue : les 1er et 3e samedis de chaque mois. (G. O.)

Villefranche-sur-Saône. — **Loge** : *La Fraternité Progressive*. — Route de Frans, près de la Gare. Tenue : le 1er dimanche de chaque mois. (G. O.)

Villeurbanne. — **Loge** : *La Solidarité*. — Rue Jeanne-d'Arc, 25. — Tenue : tous les lundis. (G. L. S.)

SAONE-ET-LOIRE

Mâcon. — **Loge** : *Les Arts Réunis*. — Rue Lacretelle prolongée. — Tenue : les 2e et 4e samedis de chaque mois. (G. O.)

Loge : *Parfaite Union*. — Rue de Lyon, 44. — (S. C.)

Autun. — **Loge** : *Vigilance et Patrie*. — Faubourg des Marbres. — Les 2e et dernier samedis de chaque mois. (S. C.)

Chagny. — **Loge** : *Egalité et Progrès*. — Rue du Pavillon. — Tenue : le 1er dimanche de chaque mois. (S. C.)

Chalon-sur-Saône. — **Chapitre** : *Saint-André d'Ecosse*. — Rue Philibert-Guide. — Tenue : sur convocations, à dates irrégulières. (S. C.)

Loge : *Progrès et Egalité*. — Rue Philibert-Guide. — Tenue : les 1er et 3e samedis de chaque mois. (S. C.)

Loge : *Les Vrais Zélés*. — Rue Denon, salon du Colisée. — Tenue : les 2e et 4e mercredis de chaque mois. (G. O.)

La Motte-Bouchot. — **Loge** : *Les Zélés*. — Maison Bette, père, aux Sept-Ecluses, par Montchanin. — Tenue : le 2e dimanche de chaque mois. (G. O.)

Tournus. — **Loge** : *La Concorde*. — Rue des Tanneries, 7. — Tenue : les 1er et 3e dimanches de chaque mois. (G. O.)

SARTHE

Le Mans. — **Loge** : *Les Amis du Progrès*. — Rue Gastelier, 3. — Tenue : les 1er et 3e jeudis de chaque mois. (G. O.)

SAVOIE

Chambéry. — **Loge** : *L'Espérance Savoisienne*. — Rue de la

République. — Tenue : les 1er et 3e samedis de chaque mois (S. C.)

Arbertville. — Loge : *Les Allobroges.* — Quai des Allobroges. — Tenue : les 1er et 3e samedis de chaque mois. (S. C.)

SEINE-INFÉRIEURE

Rouen. — Aréopage : *Des Arts Réunis.* — Rue des Carmes, 20. — Tenue : tous les deux mois, le 1er jeudi. (G. O.)

Chapitre : *Les Arts Réunis.* — Rue des Carmes, 20. — Tenue : le 4e mardi de chaque mois. (G. O.)

Loge : *Les Arts Réunis.* — Rue des Carmes, 20. — Tenue : les 1er et 3e mardis de chaque mois. (G. O.)

Loge : *La Constance Éprouvée.* — Rue des Carmes, 20. — Tenue : les 2e et 4e jeudis de chaque mois. (G. O.)

Loge : *La Persévérance Couronnée.* — Rue des Carmes, 20. — Tenue : les 2e et 4e mercredis de chaque mois (G. O.)

Loge : *La Raison.* — Place des Carmes, 46. — Tenue : les 2e et 4e mardis de chaque mois. (G. O.)

Loge : *La Vérité.* — Rue des Carmes, 20. — Tenue : les 2e et 4e lundis de chaque mois. (G. O.)

Dieppe. — Loge : *La Conciliation.* — Rue Desmarets. — Tenue : les 1er et 3e jeudis de chaque mois. (G. O.)

Loge : *L'Espérance Couronnée.* — Rue Desmarets. — Tenue : les 2e et 4e mercredis de chaque mois. (G. O.)

Fécamp. — Loge : *La Triple Unité.* — Rue des Prés. — Tenue : le 2e mercredi de chaque mois. (G. O.)

Forges-les-Eaux. — Loge : *L'Émancipation Brayonne.* — Hôtel de la Gare, chez M. Pontsoué. — Tenue : les 1er et 3e vendredis de chaque mois (G. O.)

Le Havre. — Chapitre : *Les Chevaliers de la Rénovation.* — Place de l'Hôtel-de-Ville. — Tenue : sur convocations, à dates irrégulières. (S. C.)

Loge : *L'Aménité.* — Rue Caroline, 10. — Tenue : les 1er et 3e mercredis de chaque mois. (G. O.)

Loge : *L'Olivier Écossais.* — Place de l'Hôtel-de-Ville. — Tenue : tous les quinze jours. (S. C.)

Loge : *L'Olivier Écossais.* — Rue Caroline, 10. — Tenue : le 2e lundi de chaque mois. (G. L. S.)

Loge : *Les Trois H.* — Rue Caroline, 10. — Tenue : les 2e et 4e vendredis de chaque mois. (G. O.)

SEINE-ET-MARNE

Melun. — Loge : *Les Enfants d'Hiram.* — Impasse du Château, 18. — Tenue : le 1er jeudi de chaque mois. (G. O.)

SEINE-ET-OISE

Versailles. — Loge : *Les Amis Philanthropes et Discrets Réunis.* — Avenue de St-Cloud, 52, ancienne Horlogerie. — Tenue : les 1er et 3e mercredis de chaque mois. (G. O.)

Argenteuil. — Loge : *L'Espérance Fraternelle.* — Rue du Port, 19. — Tenue : le 1er mardi de chaque mois. (S. C.)

Beaumont-sur-Oise. — Loge : *L'Évolution Maçonnique.* — A Beaumont. — Tenue : les 2e et 4e jeudis de chaque mois. (G. L. S.)

Conflans-Andrésy. — Loge : *Droits et Devoirs.* — A la Station. — Tenue : (G. O.)

Corbeil. — Loge : *Le Triangle Sacré.* — Rue de Galignany. — Tenue : le 4e vendredi de chaque mois. (G. O.)

Le Pecq. — Loge : *Les Libres Penseurs.* — Route Nationale, 8. — Tenue : le 3e vendredi de chaque mois. (G. L. S.)

Mantes. — Loge : *Liberté par le Travail.* — Rue de la Gabelle, 5. — Tenue : le 2e mardi de chaque mois. (G. O.)

Maule. — Loge : *Ordre et Progrès.* — Rue Quincampois, 1. — Tenue : le 4e dimanche de chaque mois. (G. O.)

Meulan. — Loge : *Les Amis de l'Humanité.* — Rue du Quai-de-l'Arquebuse, 3. — Tenue : le 3e dimanche de chaque mois. (G. O.)

Montlhéry. — Loge : *Les Amis du Progrès.* — Place du Marché. — Tenue : le 1er jeudi de chaque mois. (S. C.)

Montmorency. — Loge : *Jean-Jacques-Rousseau.* — Rue du Marché, 10. — Tenue : le 2e vendredi de chaque mois. (G. O.)

Neuilly-Plaisance. — Loge : *L'Étoile de l'Avenir.* — Avenue de la Station, 67. — Tenue : le 4e dimanche de chaque mois. (G. O.)

Pontoise. — Loge : *Les Amis du Peuple.* — Rue Neuve-Saint-Jacques, 3. — Tenue : le 2e samedi de chaque mois. (G. O.)

Rambouillet. — Loge : *L'Amitié Discrète.* — Rue d'Angivilliers, 23. — Tenue : le 3e dimanche de chaque mois. (G. O.)

Rueil. — Loge : *Les Fidèles d'Hiram.* — Boulevard des Ormes, 28. — Tenue : le 3e mardi de chaque mois. (G. O.)

Saint-Germain-en-Laye. — Loge : *La Bonne Foi.* — Rue d'Ayen, 9. — Tenue : le 2e mardi de chaque mois. (G. O.)

Thoiry. — Loge : *Le Travail et la Paix.* — Place de Thoiry. — Tenue : le 3e dimanche de chaque mois. (S. C.)

SOMME

Aucun Atelier maçonnique dans ce département.

TARN

Albi. — Loge : *La Parfaite Amitié.* — Rue de la Buade, 17. — Tenue : les 2e et 4e samedis de chaque mois. (G. O.)

Castres. — Loge : *Les Cœurs Unis.* — Rue Gambetta. — Tenue : tous les samedis. (G. O.)

Gaillac. — Loge : *Orion.* — Rue Peyriac, 14. — Tenue : les 2e et 4e mercredis de chaque mois. (G. O.)

TARN-ET-GARONNE

Castelsarrasin. — Loge : *La Libre-Pensée.* — Avenue de Moissac, quartier Saint-Jean, en face de la caserne. — Tenue : tous les jeudis et le dernier dimanche de chaque mois. (G. O.)

Caussade. — Loge : *La Fraternité.* — Place de la Grande-Promenade. — Tenue : les 1er et 3e lundis de chaque mois. (G. O.)

Moissac. — Loge : *L'Union du Quercy.* — Rue de la Bourse, 7. — Tenue : tous les lundis. (G. O.)

TERRITOIRE DE BELFORT

Belfort. — Loge : *Tolérance et Fraternité.* — Rue Stractmann. — Tenue : le 2e dimanche de chaque mois. (G. O.)

VAR

Toulon. — Aréopage : *La Réunion.* — Tenue : le 1er vendredi de chaque mois. (G. O.)

Chapitre : *La Réunion.* — Tenue : le 1er vendredi de chaque mois. (G. O.)

Loge : *La Réunion.* — Tenue : tous les lundis. (G. O.)

VAUCLUSE

Avignon. — Chapitre : *Les Vrais Amis Réunis.* — Rue Portail-Matheron, 26. — Tenue : le dernier dimanche de chaque mois. (G. O.)

Loge : *Les Vrais Amis Réunis.* — Rue Portail-Matheron, 26. — Tenue : tous les mercredis. (G. O.)

Apt. — Loge : *La Concorde Intime.* — Rue de la Barre, ancienne maison des pompiers. — Tenue : tous les samedis. (G. O.)

Pertuis. — Loge : *Fidèle Amitié.* — Avenue de la Gare. — Tenue : (S. O.)

VENDÉE

La Roche-sur-Yon. — Loge : *La Fraternité Vendéenne.* — Rue Victor-Hugo, 22. — Tenue : tous les lundis de chaque mois, hormis le 2e. (G. O.)

VIENNE

Poitiers. — Chapitre : *Les Vrais Amis Unis.* — Rue du Trottoir, 22. — (Constitué tout récemment). (G. O.)
Loge : *Les Amis Réunis.* — Rue du Trottoir, 22, près de la place du Pilori. — Tenue : tous les 1er et 3e vendredis de chaque mois. (G. O.)
Châtellerault. — Loge : *L'Avenir.* — Impasse de la Guadeloupe. — Tenue : les 1er et 3e mercredis de chaque mois. (G. O.)

VOSGES

Epinal. — Loge : *La Fraternité Vosgienne.* — Avenue de la Petite-Provence, 7. — Tenue : le 4e samedi de chaque mois. (G. O.)
Neufchâteau. — Loge : *La Paix.* — Rue de l'Hôpital, 43. — Tenue : le 3e lundi de chaque mois. (G. O.)
Remiremont. — Loge : *Le Travail.* — Rue des Brasseries, 3. — Tenue : le 3e lundi de chaque mois (G. O.)
Saint-Dié. — Loge : *L'Égalité Vosgienne.* — Rue Saint-Charles, 12. — Tenue : le 3e dimanche de chaque mois. (G.O.)

YONNE

Auxerre. — Loge : *Le Réveil de l'Yonne.* — Route de Saint-Florentin. — Tenue : le 1er dimanche et le 3e mardi de chaque mois. (G. O.)
Avallon. — Loge : *La Fraternité.* — Rue des Merciers, maison Nègre. — Tenue : le 3e samedi de chaque mois. (G. O.)
Joigny. — Loge : *Le Phénix.* — Route de Lyon, près de la gare du chemin de fer. — Tenue : le 4e mercredi de chaque mois, et une tenue obligatoire le 1er dimanche des mois de janvier, avril, juillet, octobre. (G. O.)

ALGÉRIE

PROVINCE D'ALGER

Alger. — CHAPITRE : *Le Phare du Delta.* — Boulevard de la République. — Tenue : sur convocations, à dates irrégulières. (S. C.)

LOGE : *Bélisaire.* — Rue de Navarin, 6. — Tenue : tous les mercredis. (G. O.)

LOGE : *Le Delta.* — Boulevard de la République. — Tenue : les 1er et 3e vendredis de chaque mois. (S. G.)

Blidah. — CHAPITRE : *Le Phare du Tell.* — Rue de l'Orangerie. — Tenue : sur convocations, à dates irrégulières. (S. C.)

LOGE : *La Fraternité dans la Mitidja.* — Rue de l'Orangerie. Tenue : les 2e et 4e mercredis de chaque mois. (S. C.)

Orléansville. — CHAPITRE : *L'Etoile du Chéliff.* — Rue Bugeaud. — Tenue : sur convocations, à dates irrégulières. (S. C.)

LOGE : *Les Frères Unis du Chéliff.* — Rue Bugeaud. — Tenue : tous les samedis. (S. C.)

Ténès. — LOGE : *La Renaissance.* — Boulevard de l'Est, 2. — Tenue : les 1er et 3e samedis de chaque mois. (S. C.)

PROVINCE DE CONSTANTINE

Constantine. — LOGE : *Les Hospitaliers de Constantine.* — Impasse Caraman. — Tenue : les 1er et 3e vendredis de chaque mois. (S. C.)

LOGE : *Union et Progrès.* — Rue Vieux, 51. — Tenue : les 2e et 4e mercredis de chaque mois. (G. O.)

Bône. — CHAPITRE : *Hippone.* — Rue Trézel. — Tenue : le 3e lundi de chaque mois. (G. O.)

LOGE : *Hippone.* — Rue Trézel. — Tenue : les 1er et 3e vendredis de chaque mois. (G. O.)

Philippeville. — LOGE : *Les Enfants de Mars.* — Rue de l'Arsenal. — Tenue : tous les lundis. (G. O.)

Sétif. — LOGE : *L'Union Sétipenne.* — Tenue : les 1er et 3e vendredis de chaque mois. (S. C.)

PROVINCE D'ORAN

Oran. — Aréopage : *L'Union Africaine.* — Rue d'Austerlitz, 30. — Tenue : le dernier samedi de mars, juillet et novembre. (G. O.)

Chapitre. — *L'Union Africaine.* — Rue d'Austerlitz, 30. — Tenue : le 1er lundi de chaque mois. (G. O.)

Loge : *L'Union Africaine.* — Rue d'Austerlitz, 30. — Tenue : les 2e et 4e vendredis de chaque mois. (G. O.)

Mascara. — Loge : *L'Étoile.* — Au Tivoli. — Tenue : les 1er et 3e vendredis de chaque mois. (G. O.)

Mostaganem. — Loge : *Les Trinosophes Africains.* — Rue de l'Alma. — Tenue : les 1er et 3e lundis de chaque mois. (G. O.)

Saint-Denis-du-Sig. — *La Libre Pensée.* — Boulevard Sliman. — Tenue : les 2e et 4e dimanches de chaque mois. (G. O.)

Sidi-bel-Abbès. — Loge : *Les Maçons Réunis.* — Rue Saint-Augustin. — Tenue : les 1er et 3e mercredis de chaque mois. (G. O.)

Tlemcen. — Loge : *L'Union de Tlemcen.* — Rue des Almohades. — Tenue : les 2e et 4e samedis de chaque mois. (G. O.)

COLONIES

COCHINCHINE FRANÇAISE

Saïgon. — Loge : *Le Réveil de l'Orient.* — Rue d'Espagne. — Tenue : les 1er et 3e lundis de chaque mois. (G. O.)

GUADELOUPE

La Pointe-à-Pitre. — Aréopage : *La Paix et les Disciples d'Hiram.* — Morne des Francs-Maçons. — Tenue : sur convocations, à dates irrégulières. (G. O.)

Chapitre : *Les Disciples d'Hiram.* — Habitation « La Poterie. » — Tenue : le 1er jeudi de chaque mois. (G. O.)

Chapitre : *La Paix.* — Morne des Francs-Maçons. — Tenue : en janvier, février et mars. (G. O.)

Loge : *Les Disciples d'Hiram.* — Habitation « La Poterie ». — Tenue : le 1er dimanche et le 3e samedi de chaque mois. (G. O.)

Loge : *La Paix* — Morne des Francs-Maçons. — Tenue : le 1er lundi et le 3e dimanche de chaque mois. (G. O.)

La Basse-Terre. — Loge : *Les Elus d'Occident*. — Rue de Bologne, 5. — Tenue : les 2e et 4e samedis de chaque mois. (G. O.)

GUYANE FRANÇAISE

Cayenne. — Chapitre : *Les Elus de la France Equinoxiale*. — Rue du Port. — Tenue : sur convocations, à dates irrégulières. (S. O.)

Loge : *La France Equinoxiale*. — Rue du Port. — Tenue : le 7 de chaque mois. (S. C.)

MARTINIQUE

Saint-Pierre. — Chapitre : *La Persévérance*. — Rue de Montmirail. — Tenue : sur convocations, à dates irrégulières. (S. C.)

Loge : *L'Union*. — Rue de Montmirail. — Tenue : le 1er vendredi de chaque mois. (S. C.)

NOUVELLE-CALÉDONIE

Nouméa. — Loge : *L'Union Calédonienne*. — Tenue : le premier samedi de chaque mois. (G. O.)

RÉUNION

Saint-Denis. — Aréopage : *L'Amitié*. — Rue du Barachois, 97. — Tenue : une fois par trimestre. (G. O.)

Chapitre : *L'Amitié*. — Rue du Barachois, 97. — Tenue : le 4e samedi de chaque mois. (G. O.)

Loge : *L'Amitié*. — Rue du Barachois, 97. — Tenue : tous les mercredis. (G. O.)

SÉNÉGAL

Saint-Louis. — Loge : *L'Union Sénégalaise*. — Rue Boufflers. — Tenue : tous les vendredis. (G. O.)

TONKIN

Hanoï. — Loge : *La Fraternité Tonkinoise*. — Tenue : le 4e jeudi de chaque mois. (G. O.)

ÉTRANGER

Indépendamment des Ateliers constitués en France, en Algérie et aux colonies, les grands pouvoirs maçonniques ayant leur siège à Paris dirigent quelques autres Ateliers constitués à l'étranger et directement affiliés à eux. Bien que ces Ateliers ne soient pas français par eux-mêmes, nous croyons, à cause de leur direction française, en faire, du moins, une rapide mention.

OBÉDIENCE DU GRAND ORIENT

SUISSE

Genève : 1 loge.

ESPAGNE

Barcelone : 1 loge, 1 chapitre.

GRÈCE

Corfou : 1 loge, 1 chapitre

ROUMANIE

Botochani : 1 loge. — Braïla : 1 loge. — Bukarest : 1 loge. — Constantsa : 1 loge. — Galatz : 1 loge, 1 chapitre, 1 aréopage. — Jassy : 1 loge. — Ploechti : 1 loge. — Turn Severin : 1 loge. — Toultcha : 1 loge.

TURQUIE D'EUROPE

Constantinople : 3 loges, 1 chapitre.

TURQUIE D'ASIE

Beyrouth : 1 loge.

TUNISIE

Tunis : 1 loge.

ÉGYPTE

Alexandrie : 1 loge. — **Mansourah** : 1 loge.

ILE MAURICE

Port-Louis : 2 loges, 1 chapitre, 1 aréopage.

MEXIQUE

Mexico : 1 loge.

CHILI

Valparaiso : 1 loge.

RÉPUBLIQUE ARGENTINE

Buenos-Ayres : 1 loge.

URUGUAY

Montevideo : 1 loge, 1 chapitre, 1 aréopage.

OBÉDIENCE DU SUPRÊME CONSEIL

ESPAGNE

Barcelone : 1 loge. — **Cadix :** 2 loges, 1 chapitre. — **Séville :** 1 loge.

ILES BALÉARES

Mahon : 1 loge, 1 chapitre.

HAÏTI

Cayes : 1 loge, 1 chapitre, 1 aréopage. — **Jacmel :** 1 loge, 1 chapitre.

ILES HAWAÏ

Honolulu : 1 loge.

ÉGYPTE

Port-Saïd : 1 loge.

ANTILLES DANOISES

Saint-Thomas : 1 loge, 1 chapitre

RÉCLAMATIONS

Pendant le tirage des dernières feuilles du présent volume, nous avons reçu une réclamation de M. Franck-Chauveau, ancien député, sénateur, qui figure sur nos listes maçonniques. M. Franck-Chauveau affirme qu'il y a erreur en ce qui le concerne. Nous avions, cependant, relevé son nom sur l'annuaire d'une société politique connue pour ses attaches à la Maçonnerie (en 1884). Néanmoins, devant les raisons convaincantes que nous donne M. Franck-Chauveau, nous avons lieu de croire que son nom a été abusivement inscrit par ladite société, et, prenant acte de sa déclaration, nous le supprimerons lors de notre prochaine édition, ainsi que de la *Liste des Francs-Maçons hommes politiques*.

Nous avons aussi reçu une lettre de M. Jules Gaillard, conseiller général de l'Oise, qui désire qu'il soit bien entendu qu'il n'a rien de commun avec la personne inscrite dans nos listes, comme suit : « Gaillard, J., conseiller général. » N'ayant trouvé aucune autre indication, nous avons bien été obligé d'inscrire ainsi l'homonyme de notre correspondant, et tout ce que nous pouvons faire, c'est donner acte de sa déclaration à M. Gaillard (de l'Oise), pour éviter toute confusion.

Pour M. Laurençon, député des Hautes-Alpes, même observation que pour M. Franck-Chauveau.

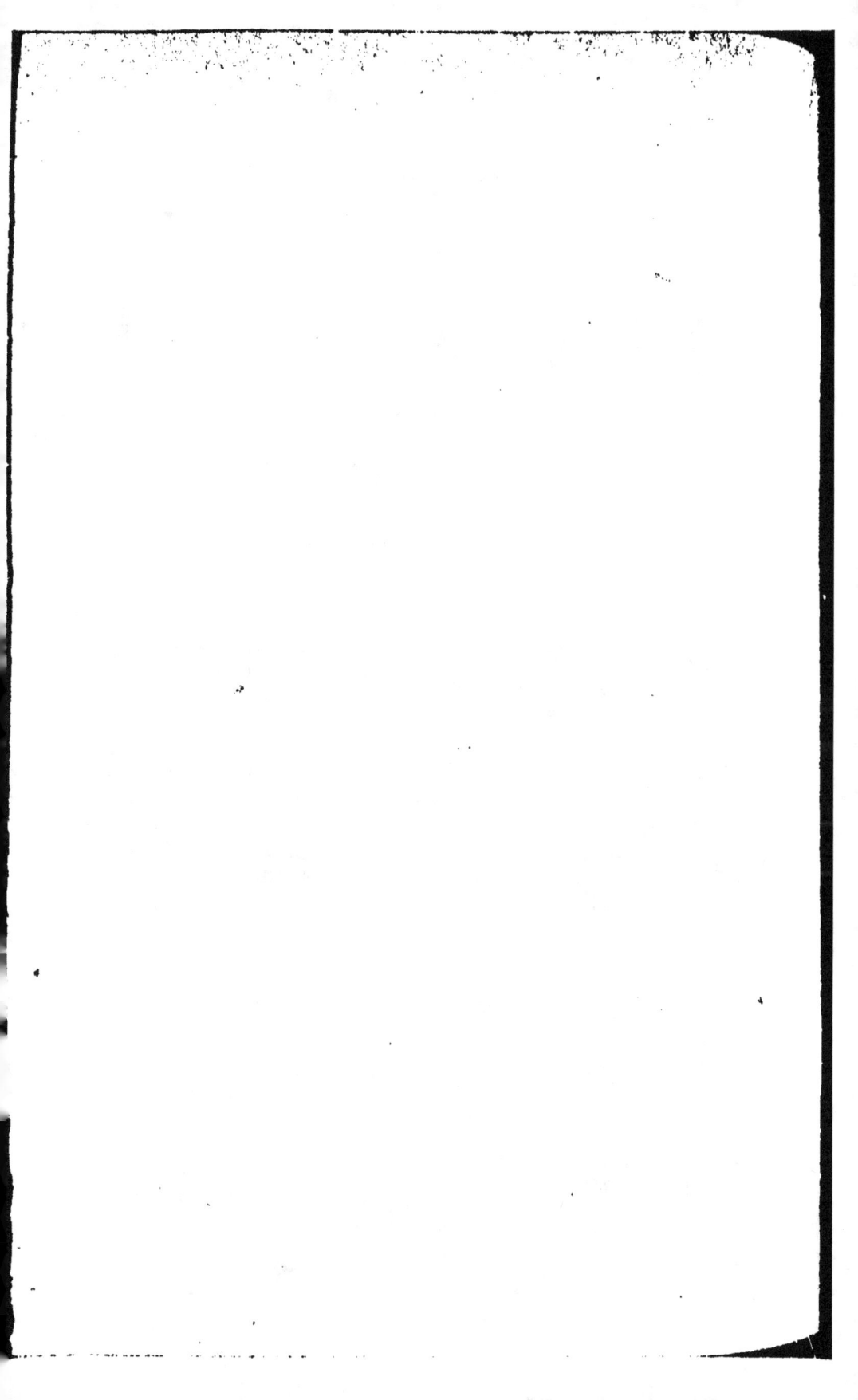

AGENCE CENTRALE

POUR LA

PROPAGANDE DES BONS LIVRES

Direction et Administration : rue de Lille, 51, Paris

L'**Agence Centrale des Bons Livres** n'est pas une maison d'édition, mais simplement une *Maison de Commission* servant d'intermédiaire *gratuit* entre le public et les Editeurs catholiques.

En s'adressant à l'**Agence Centrale**, on se procure, *sans frais de port*, n'importe quel ouvrage publié chez un éditeur catholique parisien. Il suffit d'envoyer au directeur de l'Agence la commande du livre désiré, accompagnée d'un mandat-poste représentant sa valeur d'achat à Paris ; on reçoit immédiatement et *franco* le volume commandé, l'*Agence des Bons Livres prenant les frais à sa charge*.

Les mandats-poste pour achat de volumes doivent être mis à cette adresse : « M. le Directeur de l'*Agence des Bons Livres*, rue de Lille, 51, à Paris. »

Quand on ignore le prix d'un ouvrage désiré, on doit joindre à la demande de renseignements un timbre-poste pour la réponse.

L'*Agence des Bons Livres* se charge également, sans aucun frais, de prendre, pour le compte de ses clients, des abonnements aux divers journaux conservateurs de Paris. En un mot, l'Agence exécute, comme intermédiaire gratuit, toutes les opérations des commissionnaires en librairie.

Adresse télégraphique : « *Agence Centrale, Lille, 51, Paris*. »

Nous donnons ci-dessous une liste de quelques ouvrages recommandés par l'*Agence des Bons Livres*.

~~~~~~~~~~~~~~~~

RÉVÉLATIONS COMPLÈTES DE LÉO TAXIL
SUR LA FRANC-MAÇONNERIE

La série des *Révélations complètes de Léo Taxil sur la Franc-Maçonnerie*, forme en tout quatre volumes in-18 d'environ 450 pages chacun en moyenne. Chaque volume coûte 3 fr. 50 et peut être vendu séparément.

1°
LES FRÈRES TROIS-POINTS

Organisation, grades et secrets des Francs-Maçons. Constitutions et Statuts *in extenso* de la Maçonnerie en France. Principales cérémonies des Loges et Arrière-Loges. Reproduction complète des Rituels de réception à tous les grades. Deux forts volumes se vendant séparément. Prix de chaque volume : **3 fr. 50**.

SOMMAIRE DE L'OUVRAGE :

I. *Préliminaires*. 1. But de l'ouvrage. 2. Mes démêlés avec le Grand Orient. — II. *Effectif de la Maçonnerie universelle*. Nomenclature des Grandes Loges, Suprêmes Conseils et Grands Orients de tous les pays du monde, avec noms et adresses des hauts dignitaires de chaque nation. Chiffres exacts et détaillés des forces de la secte. — III. *Organisation de la Maçonnerie en France*. 1. Rite français : sa constitution et ses règlements. 2. Rite écossais : sa constitution et ses règlements. 3. Rite de Misraïm et Grande Loge symbolique : aperçu. — IV. *Les Rites et les Grades*. Étude générale explicative. — V. *Grade d'apprenti*. 1. Comment se pratique l'enrôlement. 2. Epreuves et cérémonial de la réception. 3. Catéchisme d'apprenti. — VI. *Grade de Compagnon*. 1. Cérémonial de la réception. 2. Catéchisme du Compagnon. — VII. *Grade de Maître*. 1. Cérémonial de la réception. 2. Catéchisme du Maître. 3. Impressions de l'initié Maître. — VIII. *Le Rose-Croix et les grades capitulaires*. — 1. Les premiers grades capitulaires. 2. Le Rose-Croix : sa réception et son catéchisme. — IX. *Le Chevalier Kadosch et les grades philosophiques.* 1. Les premiers grades philosophiques. 2. Le Kadosch : sa réception et son catéchisme. — X. *La Direction suprême.* 1. La Hiérarchie des ateliers. 2. Les Grades supérieurs, 3. L'autorité fictive et l'autorité réelle. — XI. *Les Secrets maçonniques.* Divulgation complète des secrets révélés à chacun des 156 grades pratiqués en France. — XII. *Rôle politique et social de la Secte.* 1. La prétendue bienfaisance maçonnique. 2. L'espionnage fraternel. 3. Tripotages politiques de la Maçonnerie. 4. Comment on se débarrasse des gêneurs. 5. Les infamies antipatriotiques. — Les Frères Trois-Points ont-ils des Sœurs ? — *Conclusion.* Comment finira la Franc-Maçonnerie.

2°

LE CULTE DU GRAND ARCHITECTE

Solennités diverses des Temples Maçonniques et renseignements complémentaires sur la Franc-Maçonnerie des hommes (Carbonari, Juges, Philosophes, etc.). Un seul volume : **3 fr. 50.**

SOMMAIRE DE L'OUVRAGE

Solennités des Temples maçonniques : Consécration d'un temple ; installation d'un Vénérable ; baptême d'un Louveteau ; reconnaissance conjugale ou mariage maçonnique ; pompe funèbre maçonnique ; banquets et agapes, etc. — *Nomenclature complète des Loges et Arrière-Loges de France :* Adresse des locaux dans chaque ville ; jours et heures des réunions ; noms, adresses et professions civiles des Vénérables et des principaux chefs inconnus de la maçonnerie française, d'après le relevé officiel de 1885. — *La Maçonnerie forestière :* Organisation des Carbonari ou Charbonniers fendeurs, branche politique occulte de la Franc-Maçonnerie. — *Les Juges philosophes :* Régime secret des Kadosch appelés à la direction des vengeances maçonniques ; leur noviciat ; leurs études spéciales ; leurs mystères. — *L'Argot des Enfants de la Veuve :* Vocabulaire alphabétique et explicatif de tous les mots et expressions qui composent l'argot de la secte. — *La Paperasse dite sacrée :* Reproduction des principaux documents officiels maçonniques. — *Appendice :* Statuts du rite de Misraïm ; statuts des Chevaliers défenseurs de la Maçonnerie universelle.

3°

LES SŒURS MAÇONNES

Entière divulgation des Mystères des Loges de Dames. Reproduction complète des Rituels de Réception à tous les grades de la Maçonnerie Féminine. Cérémonies secrètes des Sœurs Maçonnes. Banquets androgynes. Divertissements spéciaux, dits : « Amusements Mystérieux ». Cantiques des Maçonnes. Rites divers (nomenclature complète avec tous les détails). Clef des Symboles secrets de la Franc-Maçonnerie. Un fort volume : 3 fr 50.

SOMMAIRE DE L'OUVRAGE

Au lecteur. — I. *Préliminaires.* — *L'Apprentie.* — III. *La Compagnonne.* — IV. *La Maîtresse.* — V. *Banquets d'Adoption.* VI. *La Maîtresse Parfaite.* — VII. *La Sublime Ecossaise.* — VIII. *Grades spéciaux du Rite Ecossais :* l'Elue ; l'Ecossaise ; la Chevalière de la Colombe ; la Chevalière de la Bienfaisance ; la Princesse de la Couronne. — IX. *Les Amusements mystérieux :* la Réception de Vénus ; la Réception des Grâces ; la Réception de l'Amour. — X. *Cantiques Maçonniques :* Bénédicité des Francs-Maçons ; Eloge d'Eve ; les Filles d'Eve ; Eva ; à une Nouvelle Initiée ; Honneur aux Maçonnes ; les Qualités des Vrais Maçons ; Aimons sagement ; Cantique des Santés ; le Feu Maçonnique ; Pour fêter un Vénérable ; le Secret des Francs-Maçons ; En faveur des Maçonnes ; nos Mystères ; le Maçon aux Profanes ; le Nombre Cinq ; la Paix des cœurs maçons ; le Bonheur paisible ; l'Amour Maçon ; les Vertus maçonniques ; Apologie de l'Amitié ; Eloge de la Maçonnerie ; l'Esprit des Vrais Maçons ; les Mérites des Maçons ; Cantique des Fendeurs ; Hymne à l'Amitié ; Allégorie des Banquets ; l'Excommunication. — XI. *Rites divers de la Maçonnerie Androgyne :* Rite Egyptien dit de Cagliostro, l'Apprentie, la Compagnonne, la Maîtresse Egyptienne, pratiques diaboliques des Loges misraïmites ; Rite du Mont-Thabor ou des Sœurs Ecossaises, la Novice Maçonne, la Compagnonne Discrète, la Maîtresse Adonaïte, la Maîtresse Moraliste ; Rites Palladiques, Ordre des Sept Sages, Ordre du Palladium, l'Adelphe, le Compagnon d'Ulysse, la Compagne de Pénélope ; Rite des Mopses ; Rite des Feuillantes ou Dames Philéides ; Rite de la Félicité, le Mousse, le Patron, le Chef d'Escadre, le Vice-Amiral ; Rite des Fendeurs et Fendeuses ; Rite de la Persévérance ; Rite des Chevaliers et des Nymphes de la Rose ; Rite des Amants du Plaisir. — XII. *Clef des Symboles secrets de la Maçonnerie.* — Conclusion.

(**Avis.** — Ce volume ne doit pas être mis entre les mains des jeunes gens.)

GRANDE ÉDITION ILLUSTRÉE

DES

RÉVÉLATIONS MAÇONNIQUES DE LÉO TAXIL

LES MYSTÈRES

DE LA

FRANC-MAÇONNERIE

Beau volume grand in-8° jésus, orné de 101 magnifiques dessins explicatifs, dessinés par Méjanel et gravés par Pannemaker. — Prix : 10 francs.

Ce splendide ouvrage se vend aussi par séries, afin que l'acquisition en soit facilitée aux classes populaires. — Prix de la série : 50 centimes. Vingt séries en tout. La vente par séries est permanente.

Cet ouvrage, d'une importance capitale, est certainement le plus clair de tous ceux qui ont été publiés sur la Franc-Maçonnerie. Il n'est pas une révélation de l'auteur qui ne soit accompagnée d'un document à l'appui. Dès ses premières divulgations, en 1885, M. Léo Taxil a montré qu'il était armé de toutes pièces, et il l'a si bien établi que pas un Franc-Maçon n'a osé contester l'existence des rituels reproduits dans les *Frères Trois-Points*, le *Culte du Grand Architecte* et les *Sœurs maçonnes*, ni l'exactitude des récits impartiaux de l'auteur. Quelques journaux, inféodés à la Franc-Maçonnerie, ont crié à la trahison ; mais aucun n'a songé un instant à nier ; ils savaient bien qu'en présence d'une lumière aussi éclatante, le moindre démenti ne pouvait être opposé à une publication étayée par les documents les plus authentiques. Ici, M. Léo Taxil donne à son œuvre une nouvelle forme ; c'est un ouvrage vraiment encyclopédique qu'il écrit au sujet de la Franc-Maçonnerie. Tout est passé en revue, tout est exposé avec une netteté et une précision dont personne n'a approché jusqu'à ce jour. Enfin, ce qui rend cet ouvrage parfait, c'est l'accompagnement du texte par des dessins explicatifs, rendant d'une manière irréprochable la physionomie de tous les incidents mystérieux les plus saillants des Loges et Arrière-Loges.

DIVISION DE L'OUVRAGE

AVANT-PROPOS

La Maçonnerie jalouse de ses secrets.

PREMIÈRE PARTIE

Les Loges ou la Maçonnerie Bleue.

DEUXIÈME PARTIE

Les Chapitres ou la Maçonnerie Rouge.

TROISIÈME PARTIE

Les Aréopages ou la Maçonnerie Noire.

Chap. I⁰ʳ. *Le Collège ou Conseil du Liban.* — 1. Le Grand Pontife de la Jérusalem céleste (19⁰ degré). — 2. Le Grand Patriarche Vénérable Maître ad Vitam (20⁰ degré). — 3. Le Chevalier Prussien Noachite (21⁰ degré). — 4. Le Prince du Liban, Royale-Hache (22⁰ degré).

Chap. II. *La Cour.* — 1. Le Chef du Tabernacle (23⁰ degré). — 2. Le Prince du Tabernacle (24⁰ degré). — 3. Le Chevalier du Serpent d'Airain (25⁰ degré). — 4. Le Prince de Merci (26⁰ degré). — 5. Le Souverain Commandeur du Temple (27⁰ degré).

Chap. III. *La Grande Loge.* — 1. Le Chevalier du Soleil, Prince Adepte (28⁰ degré). — 2. Le Grand Écossais de Saint-André d'Écosse (29⁰ degré).

Chap. IV. *L'Aréopage ou Conseil.* — 1. Le Kadosch, ou Grand Élu Chevalier Kadosch, Parfait Initié (30⁰ degré). — 2. Catéchisme du Kadosch. — 3. Les séances ordinaires.

Chap. V. *Banquet des Aréopages.*

Chap. VI. *Ensemble des secrets de la Maçonnerie Noire.*

QUATRIÈME PARTIE

La Direction Suprême ou la Maçonnerie Blanche

Chap. I⁰ʳ. *Le Noviciat.* — 1. Les Juges Philosophes Grands Commandeurs Inconnus. — 2. Secrets des Juges Philosophes. — 3. Règlement du régime.

Chap. II. *Le Souverain Tribunal.* — 1. L'Inquisiteur Inspecteur Commandeur (31⁰ degré). — 2. La Suprématie Judiciaire.

Chap. III. *Le Consistoire ou Grand Campement.* — 1. Le Prince de Royal-Secret (32⁰ degré). — 2. La Suprématie Exécutive.

Chap. IV. *Le Suprême Conseil.* — 1. Le Souverain Grand Inspecteur Général (33⁰ degré). — 3. La Suprématie Gouvernementale.

Chap. V. *L'Autorité active.*

Chap. VI. *Ensemble des secrets de la Maçonnerie Blanche.*

CINQUIÈME PARTIE

La Maçonnerie Forestière ou le Carbonarisme.

Chap. I⁰ʳ. *Hiérarchie des Ventes.*

Chap. II. *Les Grades Forestiers.* — 1. L'Apprenti Bon Cousin (1⁰ʳ degré). — 2. Le Maître Bon Cousin (2⁰ degré). — Le Grand

Réformé. — 4. Rite Ecossais Philosophique. — 5. Rite de Zin-
nendorf. — 6. Rite Eclectique. — 7. Rite de Swedenborg. —
8. Rite de Misraïm.

Chap. II. *Maçonnerie Androgyne.* — 1. Rite des Ecossaises de
Perfection. — 2. Rite Egyptien dit de Cagliostro. — 3. Rite du
Mont-Thabor. — 4. Rite des Mopses. — 5. Rite des Feuillantes
ou Dames Philéides. — 6. Rite de la Félicité. — 7. Rite des
Fendeuses du Devoir. — 8. Rite de la Persévérance. — 9. Rite
des Chevaliers et Nymphes de la Rose. — 10. Rite des Philo-
choréïtes ou Amants du Plaisir.

DIXIÈME PARTIE
Précis Historique.

Revue sommaire de l'histoire de la Franc-Maçonnerie ; les
ancêtres de la secte et la Maçonnerie contemporaine.

Les Précurseurs : Les Gnostiques ; les Ophites ; les Manichéens ;
les Albigeois ; les Lucifériens ; les Templiers ; les Ismaëliens ;
les Assassins ; les Sociniens ; les Francs-Juges ; les Frères de la
Rose-Croix.

La Maçonnerie contemporaine : Sa fondation et ses rapides
progrès ; en Angleterre ; en Allemagne ; en Autriche ; en Belgique ;
en Hollande ; en Danemark ; en Suède ; en Russie ; en Suisse ;
en Italie ; en Espagne ; en Portugal ; en Amérique ; en France.

CONCLUSION.

Cet ouvrage est réellement remarquable. On en aura une
nouvelle preuve en jetant un coup d'œil sur la nomenclature
suivante de ses magnifiques illustrations.

Frontispice.

1. — Le postulant, dans le Cabinet des Réflexions, assiste à
l'assassinat d'un faux-frère.

2. — Initiation de l'Apprenti : le Profane est jeté dans la
caverne.

3. — Initiation de l'Apprenti : comment la lumière est donnée
au récipiendaire.

4. — Consécration de l'Apprenti par le Vénérable.

5. — Cérémonie de la radiation d'un Frère en retard pour le
paiement de ses cotisations.

6. — Initiation au grade de Compagnon : la génuflexion devant l'Etoile Flamboyante.

7. — L'enseignement des Compagnons : le prétendant Charles-
Edouard Stuart à Arras.

8. — Initiation au grade de Maître : la culbute du récipiendaire dans le cercueil d'Hiram.

9. — La légende d'Hiram : Balkis et Salomon devant la vigne de Noé.

10. — La légende d'Hiram (suite) : Caïn protégé par Eblis, l'ange de Lumière.

11. — La légende d'Hiram (suite) : Hiram trace le signe mystérieux et 300,000 hommes accourent.

12. — La légende d'Hiram (suite) : Tubalcaïn entraîne Hiram au centre de la terre.

13. — La légende d'Hiram (suite) : Hiram et Balkis se prêtent serment de fidélité en face de la nature.

14. — La légende d'Hiram (fin) : Hiram, assassiné par les trois mauvais Compagnons, est enterré sous un tertre solitaire du Liban.

15. — Banquet d'une Loge : la manœuvre des verres.

16. — L'exercice de la Chaîne d'Union et la circulation du baiser maçonnique.

17. — Le signe de détresse : épisode du capitaine Mac-Kinsty chez les Peaux-Rouges.

18. — La voûte d'acier : honneurs extraordinaires rendus à un Chevalier Kadosch, député d'une Sœur-Loge affiliée.

19. — Initiation du Maître Secret sous le laurier et l'olivier.

20. — Initiation du Maître Parfait : le Scherebiah conduit le néophyte au mausolée d'Hiram.

21. — Initiation du Secrétaire Intime : la querelle des deux rois.

22. — Initiation du Prévôt et Juge : la clef mystérieuse.

23. — Initiation de l'Intendant des Bâtiments : révélation du triangle redoutable.

24. — Initiation de l'Elu des Neuf : le serment de vengeance sur la tête du fils d'Hiram.

25. — Initiation de l'Elu des Neuf (suite) : le récipiendaire tue Abibala, le premier des meurtriers d'Hiram.

26. — Initiation de l'Elu des Quinze : le récipiendaire apporte à Salomon les têtes de Sterkin et d'Oterfut, les derniers meurtriers d'Hiram.

27. — Consécration du Sublime Chevalier Elu : la vengeance est accomplie.

28. — Initiation du Grand Maître Architecte : le baiser secret de l'Etoile Flamboyante.

29. — Initiation du Royale-Arche : les récipiendaires descendus sous la Voûte Sacrée de Jacques VI.

30. — Initiation du Grand Ecossais : l'arche d'alliance gardée par le lion.

31. — Initiation du Chevalier d'Orient ou de l'Epée : les fers de Zorobabel sont brisés.

32. — Initiation du Prince de Jérusalem : le Respectable Vieillard amené devant Darius.

33. — Le tableau apocalyptique du Chevalier d'Orient et d'Occident.

34. — Initiation du Rose-Croix : comment le Très-Sage éteint la colonne de la Charité.

35. — Les candidats Rose-Croix dans la Chambre-Infernale.

36. — Agapes des Rose-Croix : l'agneau symbolique sacrifié au Génie du Feu.

37. — La légende de la Jérusalem Céleste ; l'assaut donné à la cité d'Adonaï.

38. — Initiation du Grand Patriarche : l'encens est brûlé devant le symbole de Lucifer, étoile du matin.

39. — Initiation du Chevalier Prussien : scène imitée de la Sainte-Wehme.

40. — La légende du Royale-Hache : le sacrifice à Moloch.

41. — La légende du Chef du Tabernacle : Eblis défend l'humanité contre le Dieu-Crocodile.

42. — Enseignement du Prince du Tabernacle : le Jéhovah blanc et le Jéhovah noir.

43. — Initiation du Chevalier du Serpent d'Airain : le pèlerinage au Sinaï.

44. — Initiation du Prince de Merci : le puits de la Vérité et le récipiendaire montant au septième ciel.

45. — Initiation du Souverain Commandeur du Temple : comment on devient un homme libre.

46. — Initiation du Chevalier du Soleil : Hiram éventé par les Sylphes.

47. — Initiation du Grand Ecossais de Saint-André : la procession du Baphomet.

48. — Initiation du Chevalier Kadosch : le récipiendaire conduit au tombeau de Jacques Molay.

49. — Initiation du Chevalier Kadosch (suite) : l'épreuve du mouton.

50. — Agapes des Chevaliers Kadosch : le punch infernal.

51. — Une séance du Souverain Tribunal : le vote de mort.

52. — Initiation du Prince de Royal-Secret : l'explication du grand campement et du plan de bataille.

53. — Initiation du Souverain Grand Inspecteur Général : l'épreuve suprême du plomb fondu.

54. — Les Carbonari : le crucifiement, grande épreuve de la Maçonnerie Forestière.

55. — Les Carbonari (suite) : la Haute-Vente *la Jeune Italie*, constituée par Mazzini dans une auberge de Marseille.

56. — Les Sœurs Maçonnes : initiation de l'Apprentie, épreuve symbolique du faux-pas.

57. — Les Sœurs Maçonnes (suite) : initiation de la Maîtresse Parfaite, l'oiseau du mystère.

La plupart de ces gravures sont de vraies compositions artistiques; aussi, le grand ouvrage de Léo Taxil est digne de figurer dans les meilleures bibliothèques et peut être offert comme livre d'étrennes. C'est un magnifique cadeau, puisque l'illustration, à elle seule, a coûté aux éditeurs près de quinze mille francs.

En outre, l'auteur a eu soin d'élaguer, des chapitres scabreux (relatifs aux Sœurs Maçonnes), tout ce qui ne peut pas être lu par le public populaire ; les révélations n'en sont pas moins complètes, quoique mitigées en certains points ; mais, grâce aux précautions prises, ce livre peut être mis entre les mains de tout le monde.

———

A titre tout à fait exceptionnel, le grand ouvrage illustré **Les Mystères de la Franc-Maçonnerie** forme une prime pour les abonnés de la *Petite Guerre*.

Moyennant **Six francs** (au lieu de **Dix francs**), les abonnés de la *Petite Guerre* ont droit à cet ouvrage splendide, pris dans les bureaux du journal. Pour le recevoir *franco* par la poste, il faut ajouter **1 fr. 50**, attendu que ce volume ne pèse pas moins de *quinze cents grammes*.

L'abonnement à la *Petite Guerre*, journal hebdomadaire, coûte, pour la France et l'Algérie : 6 francs par an, et 3 franc par semestre. A titre d'essai, l'Administration accepte des abonnements de deux mois au prix d'*un franc*. Ce journal, très bien renseigné, tient régulièrement le public au courant des réunions secrètes des Loges ; il traite aussi les questions d'actualité politique. — Bureaux : rue de Lille, 51, à Paris

LES SOCIÉTÉS SECRÈTES
ET LA SOCIÉTÉ
OU PHILOSOPHIE DE L'HISTOIRE CONTEMPORAINE
Par N. DESCHAMPS

SIXIÈME ÉDITION

Entièrement refondue et continuée jusqu'aux événements actuels

AVEC UNE INTRODUCTION SUR L'ACTION DES SOCIÉTÉS SECRÈTES AU XIX° SIÈCLE

Par M. Claudio JANNET

3 beaux et forts vol. gr. in-8. — Prix net : 15 fr.

———

SOMMAIRE DE L'OUVRAGE :

AVERTISSEMENT de la deuxième édition. — Extraits des jugements de la presse sur la première édition.

INTRODUCTION : **De l'action des Sociétés secrètes au XIX° siècle**, par Claudio JANNET.

LIVRE PREMIER : **Les Doctrines de la Franc-Maçonnerie et la Révolution.** — *Chapitre premier.* L idée-mère de la Franc-Maçonnerie et les Sociétés secrètes. — *Chapitre deuxième.* Les Sociétés secrètes destructrices de toute religion. — *Chapitre troisième.* La Franc-Maçonnerie destructrice de toute morale. — *Chapitre quatrième.* La Franc-Maçonnerie destructrice de la famille. — *Chapitre cinquième.* La Franc-Maçonnerie et les Sociétés secrètes destructrices de la société civile et politique. — *Chapitre sixième.* La Franc-Maçonnerie destructrice de la propriété.

LIVRE SECOND : **L'Action des Sociétés secrètes et l'Histoire moderne.** — *Chapitre premier.* Les origines de la Franc-Maçonnerie. — *Chapitre deuxième.* La secte maçonnique depuis l'abolition des Templiers jusqu'au XVIII° siècle. — *Chapitre troisième.* La propagation de la Franc-Maçonnerie au XVIII° siècle et les philosophes. — *Chapitre quatrième.* La destruction de l'enseignement chrétien, premier objet de la conspiration maçonnique et l'abolition de la Compagnie de Jésus. — *Chapitre cinquième.* La préparation de l'explosion révolutionnaire. — *Chapitre sixième* La Révolution en France et en Europe, 1789 à 1800. — *Chapitre septième.* La dictature napoléonienne. — *Chapitre huitième.* Les Sociétés secrètes de 1815 à 1830. La Charbonnerie et le gouvernement constitutionnel. — *Chapitre neuvième.* La guerre à la Papauté et la République universelle, 1830 à 1852. — *Chapitre dixième.* La destruction du pouvoir temporel du Pape et l'unité italienne, 1852 à 1870. — *Chapitre onzième.* La Prusse et l'empire maçonnique. — *Chapitre douzième.* La République de 1870 et la guerre à l'enseignement chrétien. — *Chapitre treizième.* La Franc-Maçonnerie en Belgique. — *Chapitre quatorzième.* La République universelle, l'Internationale et le Socialisme. — *Chapitre quinzième.* Le Nihilisme russe.

CONCLUSION. — ANNEXES.

LIVRE TROISIÈME : **Les Sociétés secrètes et la Révolution.** — *Chapitre préliminaire.* Des caractères particuliers de la Maçonnerie, suivant les temps et les pays. — *Chapitre premier.* La Franc-Maçonnerie au XVIII° siècle. — *Chapitre deuxième.* Les Sociétés secrètes pendant la Révolution. — *Chapitre troisième.* Napoléon et le monopole universitaire, d'après un publiciste bonapartiste. — *Chapitre quatrième.* La conspiration maçonnique de 1815 à 1830. — *Chapitre cinquième.* Les Bonaparte et les sectes révolutionnaires, d'après M. de Metternich.

CONFESSIONS D'UN EX-LIBRE-PENSEUR

Par LÉO TAXIL

Beau volume in-12 de 400 pages. — Prix : 3 fr. 50.

SOMMAIRE DE L'OUVRAGE :

LA
FRANC-MAÇONNERIE
SOUS LA 3ᵉ RÉPUBLIQUE
D'APRÈS
LES DISCOURS MAÇONNIQUES
Prononcés dans les Loges

Par les FF∴ Brisson, Jules Ferry, Alb. Ferry, Le Royer
Floquet, Andrieux, Clémenceau, Emm. Arago
De Heredia, Caubet, Anat. de la Forge, Paul Bᵢ

Par **Adrien LEROUX**
SOUVERAIN GRAND INSPECTEUR GÉNÉRAL, 33ᵉ DEGRÉ

2 beaux vol. in-12. — Prix : **7 fr.**

Les orateurs qui ont, en cent occasions diverses, prononcé ces allocutions, dont beaucoup sont parfaitement littéraires, ont tous des noms fort connus en Politique ou en Maçonnerie, ce sont évidemment des maîtres dont nul ne saurait contester la compétence ou l'autorité.

Le premier volume contient les discours ayant pour objet la campagne religieuse, le second ceux ayant trait à la campagne politique, que mène la Maçonnerie contre la société.

L'œuvre religieuse, ou pour dire plus vrai, l'œuvre anti-religieuse s'ouvre, comme il convient, par des proclamations ou *appels* contre le cléricalisme ; on montre ensuite sa mission, sa philosophie, sa théorie, sa morale et son culte ; puis enfin on s'étend sur l'enseignement dont elle entend se servir pour propager ses doctrines.

L'œuvre politique est également complète. Le premier chapitre présente d'abord au lecteur la Loge en grande tenue de cérémonie ; puis, après connaissance faite, on entend développer le programme politique que doivent suivre les Enfants de la Veuve, raconter l'histoire des temps modernes comme la comprennent les Francs-Maçons ; expliquer les principes politiques et les principes sociaux qui dirigent la Maçonnerie ; et on la voit enfin joindre la pratique à la théorie et travailler, avec une ardeur et une persévérance dignes d'une meilleure cause, à la réalisation effective du plan qu'ils ont rêvé.

On voit venir l'un après l'autre chacun de ces austères Maçons, équerre et truelle en main et tablier sur le ventre, apposer, comme témoin irrécusable, leur signature authentique au bas de ces documents qui constatent l'œuvre fatale qu'ils exécutent sans le savoir, peut-être.

IMPRIMERIE GUSTAVE PICQUOIN

Rue de Lille, 51, Paris

EN VENTE, DÈS LE JEUDI, CHAQUE SEMAINE

CHEZ TOUS LES LIBRAIRES & MARCHANDS DE JOURNAUX

Ainsi que dans les Gares

LA PETITE GUERRE

Journal satirique hebdomadaire

DIRECTEUR : LÉO TAXIL

La *Petite Guerre*, tout en traitant d'une manière humouristique les questions d'actualité, mène avec vigueur une campagne indépendante contre les oppresseurs qui occupent le pouvoir et en particulier contre la Franc-Maçonnerie.

Ce journal, très bien renseigné, tient régulièrement le public au courant des réunions secrètes des Loges.

PRIX DU NUMÉRO : **10 CENTIMES**

ABONNEMENTS pour la France et l'Algérie : **SIX FRANCS PAR AN**

POUR SIX MOIS : TROIS FRANCS

À titre d'essai, l'Administration accepte des Abonnements de DEUX MOIS au prix d'UN FRANC.

Administration : 51, Rue de Lille, à Paris.

PRIME AUX ABONNÉS DE LA *PETITE GUERRE*

Les abonnés de la *Petite Guerre* (abonnements de 6 mois au moins) ont droit, moyennant **SIX FRANCS** (au lieu de **DIX FRANCS**, prix pour le public), au magnifique ouvrage, grande édition illustrée :

LES MYSTÈRES DE LA FRANC-MAÇONNERIE

Dévoilés par LÉO TAXIL, avec 100 belles gravures sur bois

Cet ouvrage, formant un superbe volume de 800 pages, *grand in-octavo jésus*, contient toutes les révélations de Léo Taxil sur la Franc-Maçonnerie, réunies et expliquées par 100 dessins inédits de Méjanel, gravures de Pannemaker.

C'est une remise de **40 pour 100** que l'Administration du journal accorde à ses abonnés. — Au prix de 6 fr., l'ouvrage doit être pris dans nos bureaux. — Pour le recevoir FRANCO par la Poste, ajouter 2 fr. 50, ledit volume pesant 1,800 grammes.

www.ingramcontent.com/pod-product-compliance
Lightning Source LLC
Chambersburg PA
CBHW060957280326
41935CB00009B/742